윤혜정의
기출의
나비효과

고교 국어 입문 1위
베스트셀러

윤혜정의 개념의 나비효과 입문편 & 입문편 워크북

윤혜정 선생님

입문편

시, 소설, 독서. 더도 말고 덜도 말고 딱 15강씩.
영역별로 알차게 정리하는 필수 국어 개념 입문서
3단계 Step으로 시작하는 국어 개념 공부의 첫걸음

입문편 | 워크북

'윤혜정의 개념의 나비효과 입문편'과 찰떡 짝꿍 워크북
바로 옆에서 1:1 수업을 해 주는 것처럼 음성 지원되는
혜정샘의 친절한 설명과 함께하는 문제 적용 연습

개념도, 패턴도 잡았다면
이제 기출의 나비효과로 끝낸다.

개념의 나비효과에서부터 항상 그랬지?
'기출, 그것은 진리'라고.
결국 너희가 풀어낼 수능 날의 그 문제들도
기출문제가 될 거야.
우리가 지금부터 이제까지보다 더 깊게 볼 이 기출문제들이
알려 줄 것들은
수능에서 반드시 널 도울 거야.

이제까지 그 귀한 수능 기출문제들을
마냥 풀고 채점하고 점수 체크하기에 급급했다면
이제부터 제대로 된 기출문제 공부를 해 보자.

그래서 말했잖아.
기출문제는 '풀이'의 대상이 아니라 '분석'의 대상이라고.
기출문제 분석은 정답을 알고 시작해야 가능한 거거든.
어떤 선지가 정답이고,
어떤 선지들이 오답인지,
오답들은 어떤 매력적인 함정을 가지고 있는지, 꼼꼼하게 볼 거야.
그리고 이 수업이 끝나면, 너 스스로도 꾸준히 그런 기출 공부를 해 나갈 수 있을 거야.

지금부터 우리의 수능 날,
함정을 알아보고 그 함정을 안전하게 지나쳐 가게 해 줄
'기출의 나비효과', 시작해 보자.

윤혜정의
기출의 나비효과
차례

기출 Pick 목록

지금 틀린 문제가 날 살린다.
1Day

제 **1** 강

현대시 기출 Pick

#001 ~ #003

현대시 문제, 왜 틀리지?
오답률 높은 기출문제들을 분석해 보니,

첫째, <보기>의 조건 Check Miss
둘째, 시 자체가 어려워지면 @.@ 해석 능력 부족

나만의 현대시 기출문제, 선지 분석 리포트를 만들어 보자.

☑️ 현대시 문제 풀 때, 다시 한번 명심할 것

1. <보기>의 스타일 파악 ▶▶▶ <보기>를 적극 활용하기 ☑

2. 시간 단축 방해하는 중복 읽기 절대 금물 ▶▶▶ 실시간용 문제로 시간 절약하기 ☐

3. 정답일 확률이 높은 선지를 알아보고, 정답일 확률이 낮은 선지 솎아 내기 ☐

4. '적절한 것은?' 유형의 발문 ▶▶▶ 적절하지 않은 선지 위주로 빠르게 Drop ☐

5. 맥락을 놓치지 않기 ▶▶▶ 시도, 선지도 맥락을 따라 읽기 ☐

[32~34] 다음 글을 읽고 물음에 답하시오.   ✱ 걸린 시간: 분   초

(가)

무너지는 꽃 이파리처럼
휘날려 발 아래 깔리는
서른 나문 해야

구름같이 피려던 뜻은 **날로** 굳어
한 금 두 금 곱다랗게 감기는 연륜(年輪)

갈매기처럼 꼬리 떨며
산호 핀 바다 바다에 나려앉은 섬으로 가자

비취빛 하늘 아래 피는 꽃은 맑기도 하리라
무너질 적에는 눈빛 파도에 적시우리

초라한 경력을 육지에 막은 다음
주름 잡히는 연륜마저 끊어버리고
나도 **또한** 불꽃처럼 **열렬히** 살리라

                    - 김기림, 「연륜」 -

(나)

제 손으로 만들지 않고
한꺼번에 싸게 사서
마구 쓰다가
망가지면 내다 버리는
플라스틱 물건처럼 느껴질 때
나는 **당장** 버스에서 뛰어내리고 싶다
현대 아파트가 들어서며
홍은동 사거리에서 사라진
털보네 대장간을 찾아가고 싶다
풀무질로 이글거리는 불 속에
시우쇠처럼 나를 달구고
모루 위에서 벼리고
숫돌에 갈아
시퍼런 무쇠 낫으로 바꾸고 싶다
땀 흘리며 두들겨 **하나씩** 만들어 낸
꼬부랑 호미가 되어
소나무 자루에서 송진을 흘리면서
대장간 벽에 걸리고 싶다
지금까지 살아온 인생이
온통 부끄러워지고
직지사 해우소
아득한 나락으로 떨어져 내리는
똥덩이처럼 느껴질 때
나는 가던 길을 멈추고 문득
어딘가 걸려 있고 싶다

                    - 김광규, 「대장간의 유혹」 -

32.

(가)와 (나)에 대한 설명으로 가장 적절한 것은?

① (가)는 (나)와 달리 과정을 나타내는 시어들을 나열하여 시간의 급박한 흐름을 드러내고 있다.
② (나)는 (가)와 달리 자연물에 빗대어 화자의 움직임을 드러내고 있다.
③ (나)는 (가)와 달리 색채어를 활용하여 공간적 배경이 만들어내는 분위기를 드러내고 있다.
④ (가)와 (나)는 모두 하강의 이미지가 담긴 시어를 활용하여 화자의 인식을 드러내고 있다.
⑤ (가)와 (나)는 모두 표면에 드러난 청자에게 말을 건네는 방식으로 화자의 정서를 드러내고 있다.

33.

(가), (나)의 시어에 대한 이해로 적절하지 **않은** 것은?

① (가)에서 '열렬히'는 화자가 추구하는 삶에 대한 적극적인 태도를 표방한다.
② (나)에서 '한꺼번에'와 '하나씩'의 대조는 개별적인 존재의 고유성을 부각한다.
③ (나)에서 '온통'은 화자의 성찰적 시선이 자신의 삶 전반에 걸쳐 있음을 부각한다.
④ (가)에서 '날로'는 부정적 상황의 지속적인 심화를, (나)에서 '당장'은 당면한 상황에서 벗어나려는 절박감을 강조한다.
⑤ (가)에서 '또한'은 긍정적인 존재와 화자의 동질성을, (나)에서 '마구'는 부정적으로 취급되는 대상과 화자 간의 차별성을 부각한다.

34.

〈보기〉를 참고하여 (가), (나)를 감상한 내용으로 적절하지 **않은** 것은? [3점]

─────── 〈보기〉 ───────

시인은 결핍을 느끼는 상황에서 새로운 가치를 발견하고 이를 통해 삶을 성찰하는 경우가 많다. 예컨대 「연륜」은 축적된 인생 경험에서, 「대장간의 유혹」은 현대인이 추구하는 편리함에서 결핍을 발견한 화자를 통해 일상에서 경험하는 것들이 재해석된다. 두 작품은 결핍된 상황에서 벗어나려는 의지를 구심점으로 삼아 시상을 전개한다.

① (가)에서 '서른 나문 해'를 '초라한 경력'으로 표현한 것은, 화자가 자신이 살아온 인생을 변변치 않은 경험으로 재해석한 것이겠군.
② (가)에서 '불꽃'을 긍정적인 이미지로 표현한 것은, '주름 잡히는 연륜'에 결핍되어 있는 속성을 끊을 수 있는 수단이라는 의미로 재해석한 것이겠군.
③ (나)에서 지금은 사라진 '털보네 대장간'을 '찾아가고 싶다'고 표현한 것은, 일상에서 결핍된 가치를 찾고자 하는 화자의 열망을 공간에 투영한 것이겠군.
④ (나)에서 '가던 길을 멈추고' '걸려 있고 싶다'고 표현한 것은, 화자가 추구하는 가치를 표상하는 사물의 상태가 되고 싶다고 진술함으로써 결핍에서 벗어나고자 하는 의지를 드러낸 것이겠군.
⑤ (가)에서 '육지'를 지나간 시간을 막아 둘 공간으로, (나)에서 '버스'를 벗어나고 싶은 공간으로 표현한 것은, '육지'와 '버스'를 화자가 결핍을 느끼는 공간으로 재해석한 것이겠군.

[34] 다음 글을 읽고 물음에 답하시오.

(가)

무너지는 꽃 이파리처럼
휘날려 발 아래 깔리는
서른 나문 해야

구름같이 피려던 뜻은 날로 굳어
한 금 두 금 곱다랗게 감기는 연륜(年輪)

갈매기처럼 꼬리 떨며
산호 핀 바다 바다에 나려앉은 섬으로 가자

비취빛 하늘 아래 피는 꽃은 맑기도 하리라
무너질 적에는 눈빛 파도에 적시우리

초라한 경력을 육지에 막은 다음
주름 잡히는 연륜마저 끊어버리고
나도 또한 불꽃처럼 열렬히 살리라

　　　　　　　　　　　　　－ 김기림, 「연륜」 －

(나)

제 손으로 만들지 않고
한꺼번에 싸게 사서
마구 쓰다가
망가지면 내다 버리는
플라스틱 물건처럼 느껴질 때
나는 당장 버스에서 뛰어내리고 싶다
현대 아파트가 들어서며
홍은동 사거리에서 사라진
털보네 대장간을 찾아가고 싶다
풀무질로 이글거리는 불 속에
시우쇠처럼 나를 달구고
모루 위에서 벼리고
숫돌에 갈아
시퍼런 무쇠 낫으로 바꾸고 싶다
땀 흘리며 두들겨 하나씩 만들어 낸
꼬부랑 호미가 되어
소나무 자루에서 송진을 흘리면서
대장간 벽에 걸리고 싶다
지금까지 살아온 인생이
온통 부끄러워지고
직지사 해우소
아득한 나락으로 떨어져 내리는
똥덩이처럼 느껴질 때
나는 가던 길을 멈추고 문득
어딘가 걸려 있고 싶다

　　　　　　　　　　　　－ 김광규, 「대장간의 유혹」 －

34. 〈보기〉를 참고하여 (가), (나)를 감상한 내용으로 적절하지 **않은** 것은? [3점]

─── 〈보기〉 ───

　시인은 **결핍을 느끼는 상황**에서 **새로운 가치를 발견**하고 이를 통해 **삶을 성찰**하는 경우가 많다. 예컨대 「연륜」은 **축적된 인생 경험**에서, 「대장간의 유혹」은 **현대인이 추구하는 편리함**에서 **결핍을 발견**한 화자를 통해 일상에서 경험하는 것들이 재해석된다. 두 작품은 **결핍된 상황**에서 **벗어나려는 의지**를 구심점으로 삼아 시상을 전개한다.

check

　　분석 대상

① (가)에서 '서른 나문 해'를 '초라한 경력'으로 표현한 것은, /
화자가 자신이 살아온 인생을 변변치 않은 경험으로 재해석한 것이겠군.

check

★

② (가)에서 '불꽃'을 긍정적인 이미지로 표현한 것은, /
'주름 잡히는 연륜'에 결핍되어 있는 속성을 끊을 수 있는 수단이라는 의미로 재해석한 것이겠군.

check

③ (나)에서 지금은 사라진 '털보네 대장간'을 '찾아가고 싶다'고 표현한 것은, /
일상에서 결핍된 가치를 찾고자 하는 화자의 열망을 공간에 투영한 것이겠군.

check

④ (나)에서 '가던 길을 멈추고' '걸려 있고 싶다'고 표현한 것은, /
화자가 추구하는 가치를 표상하는 사물의 상태가 되고 싶다고 진술함으로써 결핍에서 벗어나고자 하는 의지를 드러낸 것이겠군.

check

★

⑤ (가)에서 '육지'를 지나간 시간을 막아 둘 공간으로, (나)에서 '버스'를 벗어나고 싶은 공간으로 표현한 것은, /
'육지'와 '버스'를 화자가 결핍을 느끼는 공간으로 재해석한 것이겠군.

check

매력적인 오답

[43~45] 다음 글을 읽고 물음에 답하시오.

✱ 걸린 시간:　　분　　초

(가)

흙이 풀리는 내음새
강바람은
산짐승의 우는 소릴 불러
㉠다 녹지 않은 얼음장 울멍울멍 떠내려간다.

진종일
나룻가에 서성거리다
행인의 손을 쥐면 따듯하리라.

고향 가차운 주막에 들러
㉡누구와 함께 지난날의 꿈을 이야기하랴.
양귀비 끓여다 놓고
주인집 늙은이는 공연히 눈물짓는다.

간간이 잰나비 우는 산기슭에는
아직도 무덤 속에 조상이 잠자고
설레는 바람이 가랑잎을 휩쓸어간다.

예제로* 떠도는 장꾼들이여!
상고(商賈)하며 오가는 길에
㉢혹여나 보셨나이까.

전나무 우거진 마을
집집마다 누룩을 디디는 소리, 누룩이 뜨는 내음새……

- 오장환, 「고향 앞에서」 -

*예제로: 여기저기로.

(나)

　귀향이라는 말을 매우 어설퍼하며 마당에 들어서니 다리를 저는 오리 한 마리 유난히 허둥대며 두엄자리로 도망간다. ㉣나의 부모인 농부 내외와 그들의 딸이 사는 슬레이트 흙담집, 겨울 해어름의 ㉤집 안엔 아무도 없고 방바닥은 선뜩한 냉돌이다. 여덟 자 방구석엔 고구마 뒤주가 여전하며 벽에 메주가 매달려 서로 박치기한다. 허리 굽은 어머니는 냇가 빨래터에서 오셔서 콩깍지로 군불을 피우고 동생은 면에 있는 중학교에서 돌아와 반가워한다. 닭똥으로 비료를 만드는 공장에 나가 일당 서울 광주 간 차비 정도를 버는 아버지는 한참 어두워서야 귀가해 장남의 절을 받고, 가을에 이웃의 텃밭에 나갔다 팔매질 당한 다리병신 오리를 잡는다.

- 최두석, 「낡은 집」 -

43.

(가), (나)에 대한 이해로 가장 적절한 것은?

① (가)의 화자는 낯선 행인에게서 친근감을 기대하고 있고, (나)의 화자는 익숙했던 공간에 들어서며 낯선 느낌을 받는다.

② (가)의 화자는 아직도 조상의 권위가 지속되는 공간을, (나)의 화자는 여전히 가난이 지속되는 공간을 벗어나고자 한다.

③ (가)의 화자는 세상이 변해도 각박한 인심이 여전함에 좌절하고 있고, (나)의 화자는 세상이 변해도 인심은 변하지 않기를 바라고 있다.

④ (가)의 화자는 떠돌아다니는 자신의 처지를 통해, (나)의 화자는 공장 노동자로 전락한 농민의 처지를 통해 삶의 무상함을 드러내고 있다.

⑤ (가)의 화자는 자연과 조화를 이루는 농촌의 모습이 보존되기를 희망하고, (나)의 화자는 산업화를 통해 농촌의 모습이 변화되기를 희망한다.

44.

㉠~㉤에 대한 이해로 적절하지 **않은** 것은?

① ㉠: 계절이 바뀌면서 얼음이 풀리는 강변 풍경을 시각적으로 묘사하고 있다.

② ㉡: 꿈이 있던 시절을 함께 회상할 사람이 없는 아쉬움을 설의적으로 드러내고 있다.

③ ㉢: 이리저리 떠돌며 고향에 가지 못하는 장꾼들의 설움을 독백조로 토로하고 있다.

④ ㉣: 가족의 일원이면서도 자신의 가족을 객관화하여 지칭하고 있다.

⑤ ㉤: 썰렁한 집 안의 정경 묘사를 통해 화자가 느끼는 심정을 간접적으로 드러내고 있다.

45.

〈보기〉를 참고하여, (가)와 (나)를 감상한 학생들의 반응으로 적절하지 **않은** 것은? [3점]

〈보기〉

　고향을 떠난 사람들이 고향을 각박하고 차가운 현실과 대비되는 공간으로 인식하고, 그곳으로 복귀하려는 것을 귀향 의식이라고 한다. 이때 고향은 공동체의 인정과 가족애가 살아 있는 따뜻한 공간으로 표상된다. 이들의 기억 속에서 고향은 평화로운 이상적 공간으로 남아 있기도 하다. 그러나 고향으로 돌아가더라도 고향이 변해 있거나 고향이 고향처럼 느껴지지 않을 때 귀향은 미완의 형태로 남게 된다.

① (가)에서 주인집 늙은이의 슬픔에 공감하는 것을 보니 화자는 타인과의 조화를 통해서 현실을 따뜻한 공간으로 만들어 귀향을 완성하겠군.

② (가)에서 전나무가 울창하고 집집마다 술을 빚고 있는 모습으로 고향을 묘사한 것을 보니, 화자의 의식 속에서 고향은 평화로운 공간으로 기억되고 있겠군.

③ (나)에서 고향의 가족들이 궁핍한 삶을 살고 있는 것을 본 화자는 현재의 고향을 이상적인 공간이라고 생각하지 않겠군.

④ (나)에서 어머니가 군불을 피우고 아버지가 오리를 잡아 주는 것을 본 화자는 고향에 와서 가족애를 느낄 수 있겠군.

⑤ (가)에서는 고향을 앞에 두고도 고향 근처 주막에 머물고 있고, (나)에서는 고향에 와서도 마음이 편치 않아 보인다는 점에서 화자의 귀향이 완성되었다고 보기 어렵겠군.

[45] 다음 글을 읽고 물음에 답하시오.

(가)

흙이 풀리는 내음새
강바람은
산짐승의 우는 소릴 불러
다 녹지 않은 얼음장 울멍울멍 떠내려간다.

진종일
나룻가에 서성거리다
행인의 손을 쥐면 따듯하리라.

고향 가차운 주막에 들러
누구와 함께 지난날의 꿈을 이야기하랴.
양귀비 끓여다 놓고
주인집 늙은이는 공연히 눈물지운다.

간간이 잰나비 우는 산기슭에는
아직도 무덤 속에 조상이 잠자고
설레는 바람이 가랑잎을 휩쓸어간다.

예제로* 떠도는 장꾼들이여!
상고(商賈)하며 오가는 길에
혹여나 보셨나이까.

전나무 우거진 마을
집집마다 누룩을 디디는 소리, 누룩이 뜨는 내음새……

                     - 오장환, 「고향 앞에서」-

*예제로: 여기저기로.

(나)

　귀향이라는 말을 매우 어설퍼하며 마당에 들어서니 다리를 저는 오리 한 마리 유난히 허둥대며 두엄자리로 도망간다. 나의 부모인 농부 내외와 그들의 딸이 사는 슬레이트 흙담집, 겨울 해어름의 집 안엔 아무도 없고 방바닥은 선뜩한 냉돌이다. 여덟 자 방구석엔 고구마 뒤주가 여전하며 벽에 메주가 매달려 서로 박치기한다. 허리 굽은 어머니는 냇가 빨래터에서 오셔서 콩깍지로 군불을 피우고 동생은 면에 있는 중학교에서 돌아와 반가워한다. 닭똥으로 비료를 만드는 공장에 나가 일당 서울 광주 간 차비 정도를 버는 아버지는 한참 어두워서야 귀가해 장남의 절을 받고, 가을에 이웃의 텃밭에 나갔다 팔매질당한 다리병신 오리를 잡는다.

                     - 최두석, 「낡은 집」-

오답률 3위 61.7%

45. 〈보기〉를 참고하여, (가)와 (나)를 감상한 학생들의 반응으로 적절하지 <u>않은</u> 것은? [3점]

―― 〈보기〉 ――

　　고향을 떠난 사람들이 **고향을 / 각박하고 차가운 현실과 대비되는 공간**으로 인식하고, **그곳**으로 복귀하려는 것을 **귀향 의식**이라고 한다. 이때 고향은 **공동체의 인정과 가족애가 살아 있는 따뜻한 공간**으로 표상된다. 이들의 기억 속에서 고향은 **평화로운 이상적 공간**으로 남아 있기도 하다. 그러나 고향으로 돌아가더라도 **고향이 변해 있거나 고향이 고향처럼 느껴지지 않**을 때 귀향은 **미완의 형태**로 남게 된다.

check

....

....

....

분석 대상

선택률 38.2% ★① (가)에서 주인집 늙은이의 슬픔에 공감하는 것을 보니, / 화자는 타인과의 조화를 통해서 현실을 <u>따뜻한 공간</u>으로 만들어 <u>귀향을 완성</u>하겠군.

정답!

check

....

....

선택률 3.7% ② (가)에서 전나무가 울창하고 집집마다 술을 빚고 있는 모습으로 고향을 묘사한 것을 보니, / 화자의 의식 속에서 고향은 평화로운 공간으로 기억되고 있겠군.

check

....

....

선택률 27.2% ★③ (나)에서 고향의 가족들이 궁핍한 삶을 살고 있는 것을 본 화자는 / 현재의 고향을 이상적인 공간이라고 생각하지 않겠군.

매력적인 오답

check

....

....

선택률 20.2% ★④ (나)에서 어머니가 군불을 피우고 아버지가 오리를 잡아 주는 것을 본 화자는 / 고향에 와서 가족애를 느낄 수 있겠군.

매력적인 오답

check

....

....

선택률 9.5% ⑤ (가)에서는 고향을 앞에 두고도 고향 근처 주막에 머물고 있고 / (나)에서는 고향에 와서도 마음이 편치 않아 보인다는 점에서, / 화자의 귀향이 완성되었다고 보기 어렵겠군.

check

....

....

1Day 지금 틀린 문제가 날 살린다.

[28~30] 다음 글을 읽고 물음에 답하시오. ✻ 걸린 시간:　　분　　초

(가)

　벌목정정(伐木丁丁)* 이랬거니 아름드리 큰 솔이 베어
짐직도 하이 골이 울어 **멩아리 소리 쩌르렁** 돌아옴직도
하이 다람쥐도 좇지 않고 멧새도 울지 않아 깊은 산 **고요
가 차라리 뼈를 저리우는데** 눈과 밤이 종이보담 희고녀!
달도 보름을 기다려 흰 뜻은 **한밤 이 골을 걸음이랸다?**
웃절 중이 여섯 판에 여섯 번 지고 웃고 올라간 뒤 조찰
히 늙은 사나이의 남긴 내음새를 줍는다? 시름은 바람도
일지 않는 고요에 심히 흔들리우노니 오오 견디랸다 차
고 올연히* 슬픔도 꿈도 없이 장수산 속 겨울 한밤내—

　　　　　　　　　　　　　　　　- 정지용, 「장수산 1」 -

*벌목정정: 깊은 산에서 커다란 나무가 베어질 때 쩡쩡하고 나는 큰
　소리.
*올연히: 홀로 우뚝한 모양.

(나)

초록으로 쓸어 놓은 마당을 낳은 고요는　　　　　┐
새암가에 뭉실뭉실 수국송이로 부푼다　　　　　[A]
　　　　　　　　　　　　　　　　　　　　　┘

날아갈 것 같은 감나무를 누르고 앉은 **동박새**가
딱 한 번 울어서 넓히는 고요의 면적,
감잎들은 유정무정을 죄다 토설하고 있다

작년에 담가 둔 송순주 한 잔에 생각나는 건
이런 정오, 멸치국수를 말아 소반에 내놓던
어머니의 소박한 고요를
윤기 나게 닦은 마루에 꼿꼿이 앉아 들던
아버지의 묵묵한 고요,

초록의 군림이 점점 더해지는　　　　　　　　┐
마당, 담장의 덩굴장미가 내쏘는 향기는　　　[B]
고요의 심장을 붉은 진동으로 물들인다　　　┘

사랑은 갔어도 가락은 남아, 그 몇 절을 안주 삼고
삼베올만치나 무수한 고요를 둘러치고 앉은
고금*의 시골집 마루,

아무것도 새어 나게 하지 않을 것 같은 고요가　┐
초록바람에 반짝반짝 누설해 놓은 오월의　　　[C]
날 비린내 나서 **더 은밀한 연주를 듣는다**　　┘

　　　　　　　　　　　　　　- 고재종, 「고요를 시청하다」 -

*고금: 외롭게 홀로 자는 잠자리.

28.

(가)에 대한 이해로 적절하지 **않은** 것은?

① '아름드리 큰 솔'과 '베어짐직도 하이'를 관련지어 인간에게 아낌없이 내어 주는 자연의 속성을 환기하고 있다.

② '다람쥐도 좇지 않고'와 '멧새도 울지 않아'를 연달아 제시하여 시적 공간의 적막한 분위기를 부각하고 있다.

③ '여섯 판에 여섯 번 지고'도 '웃고 올라간' 행동을 제시하여 세속적인 욕심에서 벗어난 인물의 모습을 암시하고 있다.

④ '바람도 일지 않는'과 '심히 흔들리우노니'를 대비하여 시적 공간에 동화하지 못하는 화자의 내적 고뇌를 강조하고 있다.

⑤ '오오 견디란다'를 '차고 올연히'와 연결하여 화자가 지향하는 삶의 태도를 드러내고 있다.

29.

[A]~[C]에 대한 이해로 가장 적절한 것은?

① [A]에서 '새암'은 부푸는 '수국송이'의 모습에 비유되어 풍성한 생명력을 낳는 존재로 인식된다.

② [A]에서 '마당'을 물들인 '초록'은 [B]에서 점점 확산하여 '덩굴장미'의 색채와 어우러지며 계절감을 부각한다.

③ [B]에서 '초록'은 '마당' 위에 군림하는 존재로 묘사되어 마당에 '붉은 진동'을 방해하는 힘으로 인식된다.

④ [B]에서 '마당'에 군림하던 '초록'은 [C]에서 '초록바람'으로 변주되어 다시 계절이 바뀔 것을 암시한다.

⑤ [C]에서 '초록바람'은 '오월'이 누설하는 것들을 감추어 줌으로써 '오월'의 신비로움이 지속되도록 한다.

30.

〈보기〉를 참고하여 (가), (나)를 감상한 내용으로 적절하지 **않은** 것은? [3점]

> ─── 〈보기〉 ───
>
> 시에서 조용하고 잠잠한 상태인 '고요'를 형상화하는 방식은 다양하다. 고요한 상태를 직접 드러낼 수도 있지만 오히려 소리를 활용하여 고요를 부각하는 효과를 얻기도 한다. 또한 고요에 어울리는 다양한 소재나 감각적 이미지를 활용하여 고요를 형상화하기도 한다. 이를 통해 고요는 시에서 시적 분위기를 드러낼 뿐만 아니라 화자의 내면세계를 암시하는 역할을 한다.

① (가)의 '눈과 밤이 종이보담 희고녀!'는 색채 이미지를 활용하여 눈 내린 겨울 달밤의 고요한 분위기가 드러나도록 한 것이겠군.

② (나)의 화자가 떠올린 추억 속의 '어머니'와 '아버지'는 시적 상황을 통해 표현하고자 하는 '이런 정오'의 고요에 어울리는 인물로 볼 수 있겠군.

③ (가)의 '멩아리 소리 쩌르렁'과 (나)의 '동박새가 / 딱 한 번 울어서'는 모두 소리를 활용함으로써 오히려 고요한 상황이 부각되도록 한 것이겠군.

④ (가)의 '고요가 차라리 뼈를 저리우는데'는 촉각적 심상을 활용하여, (나)의 '삼베올만치나 무수한 고요'는 시각적 심상을 활용하여 고요를 형상화한 것이겠군.

⑤ (가)의 '한밤 이 골을 걸음이랸다?'는 화자 내면의 고요가 외부 세계로 이어지고 있음을, (나)의 '더 은밀한 연주를 듣는다'는 외부 세계의 고요가 화자 내면의 동요를 잠재우게 되었음을 나타낸 것이겠군.

[28] 다음 글을 읽고 물음에 답하시오.

(가)

벌목정정(伐木丁丁)* 이랬거니 아름드리 큰 솔이 베어
짐직도 하이 골이 울어 멩아리 소리 쩌르렁 돌아옴직도
하이 다람쥐도 좇지 않고 멧새도 울지 않아 깊은 산 고요
가 차라리 뼈를 저리우는데 눈과 밤이 종이보담 희고녀!
달도 보름을 기다려 흰 뜻은 한밤 이 골을 걸음이랸다?
웃절 중이 여섯 판에 여섯 번 지고 웃고 올라간 뒤 조찰
히 늙은 사나이의 남긴 내음새를 줍는다? 시름은 바람도
일지 않는 고요에 심히 흔들리우노니 오오 견디란다 차
고 올연히* 슬픔도 꿈도 없이 장수산 속 겨울 한밤내―

- 정지용, 「장수산 1」 -

*벌목정정: 깊은 산에서 커다란 나무가 베어질 때 쩡쩡하고 나는 큰
소리.
*올연히: 홀로 우뚝한 모양.

me
mo

오답률 2위 66.8%

28. (가)에 대한 이해로 적절하지 **않은** 것은?

분석 대상

선택률 33.2% ★ ① '아름드리 큰 솔'과 '베어짐직도 하이'를 관련지어 /
인간에게 아낌없이 내어 주는 자연의 속성을 환기하고 있다.

정답!

check

_____

선택률 4.1% ② '다람쥐도 좋지 않고'와 '멧새도 울지 않아'를 연달아 제시하여 /
시적 공간의 적막한 분위기를 부각하고 있다.

check

_____

선택률 18.3% ③ '여섯 판에 여섯 번 지고'도 '웃고 올라간' 행동을 제시하여 /
세속적인 욕심에서 벗어난 인물의 모습을 암시하고 있다.

check

_____

선택률 35.3% ★ ④ '바람도 일지 않는'과 '심히 흔들리우노니'를 대비하여 /
시적 공간에 동화하지 못하는 화자의 내적 고뇌를 강조하고 있다.

매력적인 오답

check

_____

선택률 9.0% ⑤ '오오 견디란다'를 '차고 올연히'와 연결하여 /
화자가 지향하는 삶의 태도를 드러내고 있다.

check

_____

Self Check

YES?

1. <보기>의 정보, 특히 수식어를 통해 제시되는 정보를 꼼꼼히 체크한다. <보기 분석> ☑

2. 겹문장으로 구성된 선지의 의미를 정확하게 해석한다. <선지 해석> ☐

3. 시의 전체 맥락을 간과하지 않는다. <상황 고려> ☐

4. My Check point: ☐

1Day 지금 틀린 문제가 날 살린다.

과거에서 온 미래,
힘이 되는
선배들의 이야기

너에게서 온 편지

2019년 11월 10일

선생님 안녕하세요. 국어교육과 진학을 목표로 하고 있는 고1 학생입니다.

처음에 고등학교에 입학하고 정말 힘들었습니다. 평생 학원조차 다니지 않던 저였기에, 몰아치는 수행 평가나 진도 빠른 수업 등 많이 힘들었습니다.

중학교 때에는 저 자신이 공부를 잘하는 줄 알았지만, 고등학교에 들어오고 나서 그렇지 않음을 깨닫고 스트레스를 많이 받았었죠. 그러던 중, 선생님 강의를 알게 되었습니다. 무작정 오리엔테이션을 클릭했고, 그대로 끝까지 듣게 되었습니다.

선생님께서 읽어 주신 조랑말 이야기가 아직도 잊히지 않습니다. OT를 들으면서 교사가 되겠다는 저의 꿈을 제 '조랑말'로 더욱 확실히 할 수 있었습니다.

저에게는 아직 수능이 2년 남았지만, 제 조랑말을 잃지 않고 꿈을 향해 달려가겠습니다.

저의 희망을 만들어 주셔서 감사합니다.

(3개월 뒤) 2020년 2월 16일

선생님, 안녕하세요. 저번에 메시지 드렸던 랜선 제자입니다!

제가 드디어 1년 만에 개념의 나비효과 완강했습니다!! 학교 시험공부 말고는 공부를 꾸준히 해 본 적이 없어서 정말 긴 시간이 걸렸네요... 선생님 덕분에 재미있게 국어 개념 이해할 수 있었습니다. 정말, 정말 감사합니다.

저에게는 정말 완벽한 강의였습니다. 이제 작년 수특 강의랑 패턴나비 들으러 가겠습니다. 강의해 주셔서 진심으로 감사드립니다!!

(1년 10개월 뒤) 2021년 12월 16일

선생님 안녕하세요?

1학년 때 나비효과 듣고 이번에 수능 본 고3 학생입니다!

저 이번에 서울대 국어교육과 합격했습니다!! 비록 수시 모집이고 수능도 잘 보지는 못했지만 선생님 강의로 얻은 지식이나 느낀 것들이 3년 동안 저의 기반이 되어 주었던 것 같습니다.

오늘 합격 확인하고 선생님 생각이 났습니다. 비록 온라인으로 뵀지만 많은 깨달음을 주셔서 감사합니다.

앞으로 선생님같이 멋있는 사람이 되고 싶습니다.

나중에 꼭 찾아뵙고 싶습니다. 선생님 감사합니다!!!

2021년 12월 16일

선생님, 저 고려대도 합격했습니다. ㅠㅠ
다시 한번 감사드립니다.
제 조랑말을 생각하며 더욱 열심히 살겠습니다.
감사합니다!!

끝날 때까지 끝난 게 아니다.
2Day

제 **2** 강

현대시 기출 Pick

| #004 | ~ | #006 |

현대시 문제를 틀리는 이유는?

첫째, <보기>의 조건 Check Miss
둘째, 시 자체가 어려워지면 @.@ 해석 능력 부족

이번 시간에는 한 가지 이유 더 플러스!
셋째, 시구의 정확한 의미를 읽어 내지 못하고 감으로 선지의 정오를 판단하기 때문이야.

특히 시구의 문맥적 의미를 파악할 수 있는지 묻는 문제는 VVVVVIP 단골 문제인데,
느낌으로? NO!
<보기> + 선지들 + 3人
시험장에서 써먹을 수 있는 모든 것들을 동원해서
객관적이고 타당한 근거를 확인하며 시구의 의미를 정확하게 파악해야지.

이 패턴의 문제는 꼭 나올 예정이니까,
함정 피하는 방법, 오해하지 않는 방법을
연습해야지, 대비하자!

[43~45] 다음 글을 읽고 물음에 답하시오.   ⚡ 걸린 시간: 분   초

(가)

　내 언제고 지나치는 길가에 한 그루 남아 선 노송(老松) 있어 바람 있음을 조금도 깨달을 수 없는 날씨에도 아무렇게나 뻗어 높이 치어든 그 검은 가지는 추추히* 탄식하듯 울고 있어, 내 항상 그 아래 한때를 머물러 아득히 생각을 그 소리 따라 천애(天涯)*에 노닐기를 즐겨하였거니, 하룻날 다시 와서 그 나무 이미 무참히도 베어 넘겨졌음을 보았나니

　진실로 현실은 이 한 그루 나무 그늘을 길가에 세워 바람에 울리느니보다 빠개어 육신의 더움을 취함에 미치지 못하겠거늘, 내 애석하여 그가 섰던 자리에 서서 팔을 높이 허공에 올려 보았으나, 그러나 어찌 나의 손바닥에 그 유현(幽玄)한* 솔바람 소리 생길 리 있으랴

　그러나 나의 머리 위, 저 묘막(渺漠)한* 천공(天空)에 시방도 오고 가는 신운(神韻)*이 없음이 아닐지니 오직 그를 증거할 선(善)한 나무 없음이 안타까울 따름이로다

- 유치환, 「선한 나무」 -

*추추히: 우는 소리가 구슬프게.
*천애: 하늘의 끝.
*유현한: 깊고 그윽하며 미묘한.
*묘막한: 아득하게 넓은.
*신운: 고상하고 신비스러운 운치.

(나)

가문 섬진강을 따라가며 보라
㉠퍼가도 퍼가도 전라도 실핏줄 같은
개울물들이 끊기지 않고 모여 흐르며
해 저물면 저무는 강변에
쌀밥 같은 토끼풀꽃,
숯불 같은 자운영꽃 머리에 이어주며
지도에도 없는 동네 강변
식물도감에도 없는 풀에
어둠을 끌어다 죽이며
㉡그을린 이마 훤하게
꽃등도 달아준다
흐르다 흐르다 목메이면
영산강으로 가는 물줄기를 불러
㉢뼈 으스러지게 그리워 얼싸안고
지리산 뭉툭한 허리를 감고 돌아가는
섬진강을 따라가며 보라
섬진강물이 어디 몇 놈이 달려들어
퍼낸다고 마를 강물이더냐고,
㉣지리산이 저문 강물에 얼굴을 씻고
일어서서 껄껄 웃으며
무등산을 보며 그렇지 않느냐고 물어보면
노을 띤 무등산이 그렇다고 훤한 이마 끄덕이는
고갯짓을 바라보며
저무는 섬진강을 따라가며 보라
㉤어디 몇몇 애비 없는 후레자식들이
퍼간다고 마를 강물인가를.

- 김용택, 「섬진강 1」 -

43.

(가), (나)에 대한 설명으로 가장 적절한 것은?

① (가)는 시간의 경과에 따라, (나)는 시선의 이동에 따라 시상이 전개된다.
② (가)는 특정 어미를 통해, (나)는 의문과 확인을 통해 화자의 의지를 드러낸다.
③ (가)는 명암의 대비를 통해, (나)는 대립적 시어를 통해 사물의 속성을 표출한다.
④ (가)는 음성 상징어를 사용하여, (나)는 관찰 사실을 묘사하여 대상의 역동성을 부각한다.
⑤ (가)는 친숙한 상황을 가정하여, (나)는 의인화된 대상을 등장시켜 공감적 정서를 표현한다.

44.

(가)를 이해한 내용으로 적절하지 않은 것은?

① '바람 있음을 조금도 깨달을 수 없는 날씨'에도 노송이 '추추히 탄식하듯 울고' 있다고 표현한 것에는 자연의 미세한 변화에 반응하는 노송에 대한 화자의 인식이 담겨 있다.
② '무참히도'에는 '항상 그 아래 한때를 머물러' 노닐었던 화자가 노송이 '베어 넘겨'진 상황에 대해 안타까워하는 심정이 드러난다.
③ '애석하여'에는 노송을 '길가에 세워 바람에 울리'는 것보다 '빠개어 육신의 더움을 취'하는 상황에 대한 화자의 부정적 인식이 담겨 있다.
④ '팔을 높이 허공에 올려'보려 했으나, '유현한 솔바람 소리가 생길 리' 없다고 한 것에는 자신이 노송에 미치지 못한다는 화자의 인식이 담겨 있다.
⑤ '증거할 선한 나무 없음이 안타까울 따름'이라는 표현에는 '묘막한 천공'에 '신운이 없음'을 인지한 화자의 상실감이 드러난다.

45.

〈보기〉를 참고하여 ㉠~㉤을 감상한 내용으로 적절하지 않은 것은? [3점]

> ─────〈보기〉─────
>
>   「섬진강 1」은 섬진강과 그 주변의 자연물을 소재로 하여 끊임없는 수탈로 황폐해진 농촌의 고된 상황과 그러한 상황 속에서도 넉넉한 마음으로 공동체적 삶을 영위하는 농민들의 생명력을 보여 준다. 이를 통해 시인은 절망적 상황 속에서도 건강한 삶을 살아가는 농민들에 대한 애정과 믿음을 드러내고 있다.

① ㉠에서 끊어지지 않고 흘러가는 개울물의 이미지는 농민들의 끈질긴 생명력을 환기하는군.
② ㉡에서 꽃등은 황폐한 농촌 상황에 놓인 농민들의 고된 삶을 부각하는 소재이군.
③ ㉢에서 그리워 얼싸안는 행위는 힘겨운 삶 속에서 서로에게 의지하며 살아가는 농민들의 모습을 형상화한 것이군.
④ ㉣에서 지리산이 껄껄 웃는 모습은 수탈을 당하면서도 삶의 여유를 잃지 않는 농민들의 삶을 보여 주는군.
⑤ ㉤에서 강물이 마르지 않을 것이라는 인식은 건강한 삶을 살아가는 농민들에 대한 믿음을 보여 주는군.

[44] 다음 글을 읽고 물음에 답하시오.

(가)

　내 언제고 지나치는 길가에 한 그루 남아 선 노송(老松) 있어 바람 있음을 조금도 깨달을 수 없는 날씨에도 아무렇게나 뻗어 높이 치어든 그 검은 가지는 추추히* 탄식하듯 울고 있어, 내 항상 그 아래 한때를 머물러 아득히 생각을 그 소리 따라 천애(天涯)*에 노닐기를 즐겨하였거니, 하룻날 다시 와서 그 나무 이미 무참히도 베어 넘겨졌음을 보았나니

　진실로 현실은 이 한 그루 나무 그늘을 길가에 세워 바람에 울리느니보다 빠개어 육신의 더움을 취함에 미치지 못하겠거늘, 내 애석하여 그가 섰던 자리에 서서 팔을 높이 허공에 올려 보았으나, 그러나 어찌 나의 손바닥에 그 유현(幽玄)한* 솔바람 소리 생길 리 있으랴

　　그러나 나의 머리 위, 저 묘막(渺漠)한* 천공(天空)에 시방도 오고 가는 신운(神韻)*이 없음이 아닐지니 오직 그를 증거할 선(善)한 나무 없음이 안타까울 따름이로다

　　　　　　　　　　　　　- 유치환, 「선한 나무」-

*추추히: 우는 소리가 구슬프게.
*천애: 하늘의 끝.
*유현한: 깊고 그윽하며 미묘한.
*묘막한: 아득하게 넓은.
*신운: 고상하고 신비스러운 운치.

me mo

44. (가)를 이해한 내용으로 적절하지 **않은** 것은?

분석 대상

선택률 12.4% **①** '바람 있음을 조금도 깨달을 수 없는 날씨'에도 노송이 '추추히 탄식하듯 울고' 있다고 표현한 것에는 / 자연의 미세한 변화에 반응하는 노송에 대한 화자의 인식이 담겨 있다.

check
_____
_____

선택률 4.1% **②** '무참히도'에는 / '항상 그 아래 한때를 머물러' 노닐었던 화자가 노송이 '베어 넘겨'진 상황에 대해 안타까워하는 심정이 드러난다.

check
_____
_____

선택률 26.7% ★**③** '애석하여'에는 / 노송을 '길가에 세워 바람에 울리'는 것보다 '빠개어 육신의 더움을 취'하는 상황에 대한 화자의 부정적 인식이 담겨 있다.

check 진실로 현실은 / 이 한 그루 나무 그늘을 길가에 세워 바람에 울리느니보다 / 빠개어 육신의 더움을 취함에 미치지 못하겠거늘, 내 애석하여

매력적인 오답

선택률 18.2% **④** '팔을 높이 허공에 올려'보려 했으나, '유현한 솔바람 소리가 생길 리' 없다고 한 것에는 / 자신이 노송에 미치지 못한다는 화자의 인식이 담겨 있다.

check
_____
_____

선택률 33.2% ★**⑤** '증거할 선한 나무 없음이 안타까울 따름'이라는 표현에는 / '묘막한 천공'에 '신운이 없음'을 인지한 화자의 상실감이 드러난다.

정답!

check 그러나 나의 머리 위, 저 묘막(渺漠)한 천공(天空)에 시방도 오고 가는 신운(神韻)이 없음이 아닐지니 / 오직 그 를 증거할 선(善)한 나무 없음이 안타까울 따름이로다

_____
_____
_____
_____

me
mo

[13~16] 다음 글을 읽고 물음에 답하시오.

✱ 걸린 시간: 분   초

(가)

두만강 너 우리의 강아

이용악

나는 죄인처럼 수그리고
나는 코끼리처럼 말이 없다
두만강 너 우리의 강아
너의 언덕을 달리는 찻간에
조고마한 자랑도 자유도 없이 앉았다

아무것두 바라볼 수 없다만
너의 가슴은 얼었으리라
그러나
나는 안다
다른 한 줄 너의 흐름이 쉬지 않고
바다로 가야 할 곳으로 흘러내리고 있음을

지금 / 차는 차대로 달리고
바람이 이리처럼 날뛰는 강 건너 벌판엔
나의 젊은 넋이
무엇인가 기다리는 듯 얼어붙은 듯 섰으니
욕된 운명은 밤 우에 밤을 마련할 뿐

잠들지 말라 우리의 강아
오늘 밤도
너의 가슴을 밟는 뭇 슬픔이 목마르고
얼음길은 거칠다 길은 멀다

길이* 마음의 눈을 덮어줄
검은 날개는 없느냐
두만강 너 우리의 강아
북간도로 간다는 강원도치*와 마주앉은
나는 울 줄 몰라 외롭다

*길이: 오랜 세월이 지나도록
*강원도치: 강원도 사람

(나)

산

이형기

산은 조용히 비에 젖고 있다.
밑도 끝도 없이 내리는 가을비
가을비 속에 진좌한 무게를
그 누구도 가늠하지 못한다.

표정은 뿌연 시야에 가리우고
다만 ㉠윤곽만을 드러낸 산
천 년 또는 그 이상의 세월이
오후 한때 가을비에 젖는다.
이 심연 같은 적막에 싸여
조는 둥 마는 둥
아마도 반쯤 눈을 감고
방심무한 비에 젖는 산
그 옛날의 ㉡격노의 기억은 간 데 없다.
깎아지른 절벽도 앙상한 바위도
오직 한 가닥
완만한 곡선에 눌려 버린 채
어쩌면 눈물 어린 눈으로 보듯
가을비 속에 어룽진 윤곽
아 아 그러나 지울 수 없다. ┐
                              │ [A]
                              ┘

(다)

마음의 수수밭

천양희

마음이 또 수수밭을 지난다. 머위잎 몇장 더 얹어 뒤란
으로 간다. 저녁만큼 저문 것이 여기 또 있다.
개밥바라기별이
내 눈보다 먼저 땅을 들여다본다
세상을 내려놓고는 길 한쪽도 볼 수 없다
논둑길 너머 길 끝에는 보리밭이 있고
㉢보릿고개를 넘은 세월이 있다
바람은 자꾸 등짝을 때리고, 절골의
그림자는 암처럼 깊다. 나는
몇 번 머리를 흔들고 산 속의 산,
산 위의 산을 본다. 산은 올려다보아야
한다는 걸 이제야 알았다. 저기 저
하늘의 자리는 싱싱하게 푸르다.
푸른 것들이 어깨를 툭 친다. 올라가라고
그래야 한다고. 나를 부추기는 솔바람 속에서
내 막막함도 올라간다. 번쩍 제정신이 든다
정신이 들 때마다 우짖는 내 속의 ㉣목탁새들
나를 깨운다. 이 세상에 없는 길을
만들 수가 없다. 산 옆구리를 끼고
절벽을 오르니, 천불산(千佛山)이
몸속에 들어와 앉는다.
내 ㉤맘속 수수밭이 환해진다.

[B]

13.

(가)~(다)에 대한 설명으로 가장 적절한 것은?

① (가)와 (나)는 계절감을 드러내어 시적 분위기를 형성하고 있다.
② (가)와 (다)는 과거와 현재를 대비하여 시적 대상의 상황을 드러내고 있다.
③ (나)와 (다)는 공간의 이동에 따라 정서의 변화를 드러내고 있다.
④ (가), (나), (다)는 구체적인 지명을 활용하여 화자의 처지를 부각시키고 있다.
⑤ (가), (나), (다)는 자연물의 변화 과정을 통해 화자의 의지를 드러내고 있다.

14.

〈보기〉를 참고하여 (가)를 이해한 내용으로 적절하지 <u>않</u>은 것은?

〈보기〉

「두만강 너 우리의 강아」는 '두만강'을 배경으로 일제 강점하의 민족 현실과 만주 등지로 떠나는 사람들의 실상을 보여 주고 있다. 이 작품에서 화자인 '나'는 현실에 적극적으로 대응하지 못하고 밤기차로 두만강을 건너고 있다. 이때 화자는 두만강에게 말을 건네는 방식을 통해 역사에 대한 긍정적 자각과 아울러 떠나는 자의 죄의식을 드러내고 있다.

① 제1연에서 '나'가 '죄인'처럼 고개를 숙인 채 '말이 없다'고 한 것은 현실에 대해 무기력한 자신에 대한 자책으로 볼 수 있다.
② 제2연에서 강물이 '바다로 가야 할 곳'으로 흘러가고 있다는 것은 역사에 대한 긍정적 인식을 나타낸 것으로 볼 수 있다.
③ 제3연에서 '강 건너 벌판'은 암담한 현실에서 벗어나 보다 나은 미래를 보장받을 수 있는 곳으로 볼 수 있다.
④ 제4연에서 '목마르고', '거칠다'는 일제 강점하에서 우리 민족이 겪는 고통스러운 상황을 의미한다고 할 수 있다.
⑤ 제5연에서 '북간도로 간다는 강원도치'는 고향을 떠나 먼 타지로 떠날 수밖에 없었던 사람들의 모습이라 할 수 있다.

15.

[A]와 [B]를 비교한 내용으로 적절하지 <u>않</u>은 것은?

① [A]는 [B]와 달리 의인화를 통해 친근감을 나타내고 있다.
② [A]는 [B]와 달리 영탄적 표현을 통해 정서를 표출하고 있다.
③ [B]는 [A]와 달리 색채어를 통해 선명한 인상을 드러내고 있다.
④ [B]는 [A]와 달리 상승 이미지를 통해 화자의 심리 변화를 보여 주고 있다.
⑤ [B]는 [A]와 달리 화자를 직접 드러내어 화자 자신의 상황을 부각하고 있다.

16.

㉠~㉤에 대한 설명으로 적절하지 <u>않</u>은 것은?

① ㉠: '비'에 젖어 뿌옇게 보이는 산으로 화자 자신의 답답한 심정을 암시하고 있다.
② ㉡: '완만한 곡선'이 되기 전 격정적인 감정에 휩싸였던 '산'의 지난날을 의미하고 있다.
③ ㉢: '보리밭'과 겹치어 마음속에 연상된 것으로 화자의 힘들었던 과거를 함축하고 있다.
④ ㉣: '하늘'과 '솔바람'에 의해 제정신이 든 화자를 일깨우는 존재를 의미하고 있다.
⑤ ㉤: '절벽'에 오르고 '산'을 받아들이면서 어둡고 우울한 상태에서 벗어나고 있는 화자의 심리를 의미하고 있다.

[16] 다음 글을 읽고 물음에 답하시오.

(나)

산

이형기

산은 조용히 비에 젖고 있다.

밑도 끝도 없이 내리는 가을비

가을비 속에 진좌한 무게를

그 누구도 가늠하지 못한다.

표정은 뿌연 시야에 가리우고

다만 ㉠윤곽만을 드러낸 산

천 년 또는 그 이상의 세월이

오후 한때 가을비에 젖는다.

이 심연 같은 적막에 싸여

조는 둥 마는 둥

아마도 반쯤 눈을 감고

방심무한 비에 젖는 산

그 옛날의 ㉡격노의 기억은 간 데 없다.

깎아지른 절벽도 앙상한 바위도

오직 한 가닥

완만한 곡선에 눌려 버린 채

어쩌면 눈물 어린 눈으로 보듯

가을비 속에 어룽진 윤곽

아 아 그러나 지울 수 없다.

(다)

마음의 수수밭

천양희

마음이 또 수수밭을 지난다. 머위잎 몇장 더 얹어 뒤란
으로 간다. 저녁만큼 저문 것이 여기 또 있다.

개밥바라기별이

내 눈보다 먼저 땅을 들여다본다

세상을 내려놓고는 길 한쪽도 볼 수 없다

논둑길 너머 길 끝에는 보리밭이 있고

㉢보릿고개를 넘은 세월이 있다

바람은 자꾸 등짝을 때리고, 절골의

그림자는 암처럼 깊다. 나는

몇 번 머리를 흔들고 산 속의 산,

산 위의 산을 본다. 산은 올려다보아야

한다는 걸 이제야 알았다. 저기 저

하늘의 자리는 싱싱하게 푸르다.

푸른 것들이 어깨를 툭 친다. 올라가라고

그래야 한다고. 나를 부추기는 솔바람 속에서

내 막막함도 올라간다. 번쩍 제정신이 든다

정신이 들 때마다 우짖는 내 속의 ㉣목탁새들

나를 깨운다. 이 세상에 없는 길을

만들 수가 없다. 산 옆구리를 끼고

절벽을 오르니, 천불산(千佛山)이

몸속에 들어와 앉는다.

내 ㉤맘속 수수밭이 환해진다.

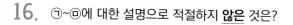

오답률 1위 44.1%

16. ㉠~㉣에 대한 설명으로 적절하지 **않은** 것은?

분석 대상

선택률 44.1% ★① ㉠: '비'에 젖어 뿌옇게 보이는 산으로 화자 자신의 답답한 심정을 암시하고 있다.

check

선택률 24.9% ★② ㉡: '완만한 곡선'이 되기 전 격정적인 감정에 휩싸였던 '산'의 지난날을 의미하고 있다.

check

매력적인 오답

선택률 8.3% ③ ㉢: '보리밭'과 겹치어 마음속에 연상된 것으로 화자의 힘들었던 과거를 함축하고 있다.

check

선택률 12.9% ④ ㉣: '하늘'과 '솔바람'에 의해 제정신이 든 화자를 일깨우는 존재를 의미하고 있다.

check

선택률 9.7% ⑤ ㉤: '절벽'에 오르고 '산'을 받아들이면서 어둡고 우울한 상태에서 벗어나고 있는 화자의 심리를 의미하고 있다.

check

me
mo

[43~45] 다음 글을 읽고 물음에 답하시오.

✷ 걸린 시간:　　　분　　　초

(가)

차례를 지내고 돌아온
구두 밑바닥에
고향의 저문 강물소리가 묻어 있다
겨울보리 파랗게 꽂힌 강둑에서
살얼음만 몇 발자국 밟고 왔는데
쑥골 상엿집 흰 눈 속을 넘을 때도
골목 앞 보세점 흐린 불빛 아래서도
찰랑찰랑 강물소리가 들린다
내 귀는 얼어
한 소절도 듣지 못한 강물소리를 　　　　[A]
구두 혼자 어떻게 듣고 왔을까
구두는 지금 황혼
뒤축의 꿈이 몇 번 수습되고
지난 가을 터진 가슴의 어둠 새로
누군가의 살아 있는 오늘의 부끄러운 촉수가 　[B]
싸리 유채 꽃잎처럼 꿈틀댄다
고향 텃밭의 허름한 꽃과 어둠과
구두는 **초면** 나는 **구면**
건성으로 겨울을 보내고 돌아온 내게 　　　[C]
고향은 꽃잎 하나 바람 한 점 꾸려주지 않고
영하 속을 흔들리며 떠나는 내 낡은 구두가
저문 고향의 강물소리를 들려준다.
출렁출렁 아니 덜그럭덜그럭.

– 곽재구, 「구두 한 켤레의 시」 –

(나)

열무를 심어놓고 게을러
뿌리를 놓치고 줄기를 놓치고
가까스로 꽃을 얻었다 공중에
흰 열무꽃이 파다하다
채소밭에 꽃밭을 가꾸었느냐
사람들은 묻고 나는 망설이는데
그 문답 끝에 나비 하나가
나비가 데려온 또 하나의 나비가 　　　[D]
흰 열무꽃잎 같은 나비 떼가
흰 열무꽃에 내려앉는 것이었다
가녀린 발을 딛고
3초씩 5초씩 **짧게짧게** 혹은
그네들에겐 보다 **느슨한** 시간 동안
날개를 접고 바람을 잠재우고
편편하게 앉아 있는 것이었다
설핏설핏 선잠이 드는 것만 같았다
발 딛고 쉬라고 내줄 곳이 　　　[E]
선잠 들라고 내준 무릎이
살아오는 동안 나에겐 없었다
내 열무밭은 꽃밭이지만
나는 **비로소** 나비에게 꽃마저 잃었다

– 문태준, 「극빈」 –

43.

(가)와 (나)의 표현상 특징으로 가장 적절한 것은?

① (가)는 (나)와 달리 하강적 이미지를 활용하여 시적 공간의 변화를 보여 주고 있다.
② (나)는 (가)와 달리 현재형 시제를 활용하여 화자의 정서를 부각하고 있다.
③ (가)와 (나) 모두 색채 이미지를 활용하여 대상의 특성을 드러내고 있다.
④ (가)와 (나) 모두 청자를 명시적으로 설정하여 화자의 의도를 강조하고 있다.
⑤ (가)와 (나) 모두 반어적 표현을 활용하여 대상의 이중적 태도를 드러내고 있다.

44.

〈보기〉를 참고하여 [A]~[E]를 감상한 내용으로 적절하지 **않은** 것은? [3점]

〈보기〉

　(가)와 (나) 모두 특정 대상이 계기로 작용하여 화자가 자신의 삶을 반성하고 성찰하는 과정을 드러내고 있는 작품이다. (가)는 오랜만에 들른 고향에 신고 갔던 '구두'를 통해, 고향에 대해 무심한 채로 살아온 자신의 삶을 돌아보고 있다. (나)는 '열무꽃'에 앉은 '나비'의 모습을 계기로 타인을 배려하는 삶의 태도에 대한 깨달음을 드러내고 있다.

① [A]: '강물소리'를 듣고 온 '구두'는 '귀'가 '얼어' 있는 화자의 모습과 대비를 이루는 것으로서, 화자가 고향을 떠올리는 매개체로 작용하고 있군.
② [B]: '꿈틀'대는 '부끄러운 촉수'는 화자의 정서를 드러내는 것으로서, 고향에 대해 무심했던 모습과 연결되고 있군.
③ [C]: '꽃잎 하나 바람 한 점' 허락하지 않은 '고향'의 모습은 화자가 처한 냉혹한 현실을 드러낸 것으로서, 화자가 '건성으로' 살아온 자신의 삶을 되돌아보게 하는군.
④ [D]: '망설'임은 '사람들'의 질문에 대한 화자의 반응을 나타낸 것으로서, 화자가 '열무꽃에 내려앉는' '나비'를 바라보는 것과 연결되고 있군.
⑤ [E]: '내줄 곳'과 '내준 무릎'은 타인에 대한 배려를 의미하는 것으로서, '살아오는 동안' 그것이 '없었'던 삶에 대한 화자의 성찰이 드러나는군.

45.

(가)와 (나)에 대한 이해로 적절하지 **않은** 것은?

① '찰랑찰랑'에서 '출렁출렁'으로의 어감 변화를 통해 화자의 정서가 심화되었음을 드러내고 있다.
② '초면'과 '구면'의 대비를 통해 대상에 대한 화자의 과거 경험이 내포되어 있음을 드러내고 있다.
③ '짧게짧게'와 '느슨한'의 대비를 통해 동일한 것도 주체에 따라 다르게 받아들여질 수 있다는 화자의 인식을 드러내고 있다.
④ '편편하게'와 '설핏설핏'을 통해 예기치 않게 조성된 화자의 상황이 대상에게 긍정적으로 작용하고 있음을 드러내고 있다.
⑤ '가까스로'와 '비로소'를 통해 본래의 의도가 실현되지 못한 상황에 대한 화자의 안타까움을 드러내고 있다.

[44] 다음 글을 읽고 물음에 답하시오.

(가)

차례를 지내고 돌아온
구두 밑바닥에
고향의 저문 강물소리가 묻어 있다
겨울보리 파랗게 꽂힌 강둑에서
살얼음만 몇 발자국 밟고 왔는데
쑥골 상엿집 흰 눈 속을 넘을 때도
골목 앞 보세점 흐린 불빛 아래서도
찰랑찰랑 강물소리가 들린다
내 귀는 얼어
한 소절도 듣지 못한 강물소리를   [A]
구두 혼자 어떻게 듣고 왔을까
구두는 지금 황혼
뒤축의 꿈이 몇 번 수습되고
지난 가을 터진 가슴의 어둠 새로
누군가의 살아 있는 오늘의 부끄러운 촉수가   [B]
싸리 유채 꽃잎처럼 꿈틀댄다
고향 텃밭의 허름한 꽃과 어둠과
구두는 초면 나는 구면
건성으로 겨울을 보내고 돌아온 내게   [C]
고향은 꽃잎 하나 바람 한 점 꾸려주지 않고
영하 속을 흔들리며 떠나는 내 낡은 구두가
저문 고향의 강물소리를 들려준다.
출렁출렁 아니 덜그럭덜그럭.

- 곽재구, 「구두 한 켤레의 시」 -

(나)

열무를 심어놓고 게을러
뿌리를 놓치고 줄기를 놓치고
가까스로 꽃을 얻었다 공중에
흰 열무꽃이 파다하다
채소밭에 꽃밭을 가꾸었느냐
사람들은 묻고 나는 망설이는데
그 문답 끝에 나비 하나가
나비가 데려온 또 하나의 나비가   [D]
흰 열무꽃잎 같은 나비 떼가
흰 열무꽃에 내려앉는 것이었다
가녀린 발을 딛고
3초씩 5초씩 짧게짧게 혹은
그네들에겐 보다 느슨한 시간 동안
날개를 접고 바람을 잠재우고
편편하게 앉아 있는 것이었다
설핏설핏 선잠이 드는 것만 같았다
발 딛고 쉬라고 내줄 곳이
선잠 들라고 내준 무릎이   [E]
살아오는 동안 나에겐 없었다
내 열무밭은 꽃밭이지만
나는 비로소 나비에게 꽃마저 잃었다

- 문태준, 「극빈」 -

44. 〈보기〉를 참고하여 [A]~[E]를 감상한 내용으로 적절하지 **않은** 것은? [3점]

— 〈보기〉 —

(가)와 (나) 모두 **특정 대상이 계기로 작용**하여 화자가 자신의 삶을 **반성하고 성찰**하는 과정을 드러내고 있는 작품이다. (가)는 오랜만에 들른 고향에 신고 갔던 **'구두'**를 통해, **고향에 대해 무심한 채로 살아온 자신의 삶**을 돌아보고 있다. (나)는 **'열무꽃'**에 앉은 **'나비'**의 모습을 계기로 **타인을 배려하는 삶**의 태도에 대한 깨달음을 드러내고 있다.

분석 대상

선택률 8.0%
① [A]: '강물소리'를 듣고 온 '구두'는 '귀'가 '얼어' 있는 화자의 모습과 대비를 이루는 것으로서, 화자가 고향을 떠올리는 매개체로 작용하고 있군.

check

선택률 13.4%
② [B]: '꿈틀'대는 '부끄러운 촉수'는 화자의 정서를 드러내는 것으로서, 고향에 대해 무심했던 모습과 연결되고 있군.

check

선택률 48.0% ★
③ [C]: '꽃잎 하나 바람 한 점' 허락하지 않은 '고향'의 모습은 화자가 처한 냉혹한 현실을 드러낸 것으로서, 화자가 '건성으로' 살아온 자신의 삶을 되돌아보게 하는군.

check

정답!

선택률 20.4% ★
④ [D]: '망설'임은 '사람들'의 질문에 대한 화자의 반응을 나타낸 것으로서, 화자가 '열무꽃에 내려앉는' '나비'를 바라보는 것과 연결되고 있군.

check

매력적인 오답

선택률 5.6%
⑤ [E]: '내줄 곳'과 '내준 무릎'은 타인에 대한 배려를 의미하는 것으로서, '살아오는 동안' 그것이 '없었'던 삶에 대한 화자의 성찰이 드러나는군.

check

Self Check

YES?

1. 문장으로 구성된 시구를 의미 단위로 끊어 읽으며, 그 의미를 정확하게 이해한다. 〈시구 이해〉 ☐

2. 수식어와 피수식어 사이의 의미 관계에 주목한다. 〈시구 이해〉 ☐

3. 적절하지 **않은** 것을 고르는 문제의 선지들을 똑똑하게 활용한다. 〈전체 맥락 이해〉 ☐

4. My Check point: ☐

과거에서 온 미래,
힘이 되는
선배들의 이야기

인★그램으로
날아온 소식들

선생님 ㅠㅠㅠ 안녕하세요. 2019년에 대학에 들어
간 제자입니다. 국어를 잘 못하던 제게 국어의 메커니
즘을 파악하게 해 주신 혜정 쌤...
인★ 하시는지 몰라서 모르고 지내다가, 나비효과 책
사진을 보고 반가워서 들어왔는데 선생님 인★ 계정
이네요..!!
선생님 덕분에 저는 어려웠던 19 수능에서 국어 1등급
을 받았고, 제가 원하는 과에 와서 열심히 공부를 하고
있습니다. 늦게나마 감사하다고 말씀드리고 싶어서 이
렇게 메시지 드려요.
날이 많이 추운데 감기 조심하시고 항상 힘내세요!
제자들이 응원합니다. ♥

안녕하세요.
선생님을 잊고 살다가 갑자기 뜬 인★ 속 선생님 얼굴을 보니 뭉클하기도 하고
그때의 추억이 떠올라서 감사 인사 전하고 싶어 연락한 랜선 제자입니다.
10년 전 저는 9월 모의고사 4등급을 맞아서 불안하고 절망했지만 꾸준히 선생님
인강을 듣고 수능을 준비해서 결국 수능에서는 1등급 받았습니다.
그래서 저는 교대에 갈 수 있게 되었고 지금은 5년 차 초등 교사가 되었습니다.
감사합니다!! 선생님 덕분에 직업을 얻을 수 있었어요.
정말 감사합니다.
저의 랜선 은사님 새해 복 많이 받으시고 항상 건강하시길 바라요.♥ ♥

제 3 강
현대시 기출 Pick

#007 ~ #009

현대시 문제를 풀면서 함정에 빠지게 되는 이유는!

첫째, <보기>의 조건 Check Miss
둘째, 시 자체가 어려워지면 @.@ 해석 능력 부족
셋째, 시구의 정확한 의미를 읽어 내지 못하고 감으로 선지의 정오를 판단하는 습관

그리고 의외로 기본 중의 기본이 흔들리는 경우가 있는데,
바로 시에 사용된 표현법을 알아보지 못하거나
표현법의 기능이나 그것을 통해 드러나는 의미를 이해하지 못하는 경우야.
표현상의 특징을 파악하는 문제가 오답률 랭킹 1, 2위를 다툴 때가 있다니까!

우리, 개념의 나비효과부터 열공했는데, 시에서 표현법 문제는 틀리지 말자, 꼭!

[32~35] 다음 글을 읽고 물음에 답하시오.   ✱ 걸린 시간: 분   초

(가)

폭포는 곧은 절벽을 무서운 기색도 없이 떨어진다

규정할 수 없는 물결이
무엇을 향하여 떨어진다는 의미도 없이
㉠계절과 주야를 가리지 않고
고매한 정신처럼 쉴 사이 없이 떨어진다

금잔화도 인가도 보이지 않는 밤이 되면
폭포는 곧은 **소리**를 내며 떨어진다

곧은 소리는 소리이다
곧은 소리는 곧은
소리를 부른다

번개와 같이 떨어지는 물방울은
취할 순간조차 마음에 주지 않고
㉡**나타(懶惰)와 안정(安定)**을 뒤집어 놓은 듯이
높이도 폭도 없이
떨어진다

                                    - 김수영, 「폭포」 -

(나)

살아 있는 것은 흔들리면서
튼튼한 줄기를 얻고
잎은 흔들려서 스스로
살아 있는 몸인 것을 증명한다.

바람은 오늘도 분다.
수만의 잎은 제각기
몸을 엮는 하루를 가누고
들판의 **슬픔 하나** 들판의 **고독 하나**
들판의 **고통 하나**도
다른 곳에서 바람에 쓸리며
자기를 헤집고 있다.

피하지 마라
㉢**빈 들**에 가서 깨닫는 그것
우리가 늘 흔들리고 있음을.

        - 오규원, 「살아 있는 것은 흔들리면서 - 순례 11」 -

(다)

내 마음의 고향은 이제
참새 떼 와자히 내려앉는 대숲 마을의
노오란 초가을의 초가지붕에 있지 아니하고
내 마음의 고향은 이제
토란 잎에 후두둑 빗방울 스치고 가는
여름날의 ㉣**고요 적막한 뒤란**에 있지 아니하고
내 마음의 고향은 이제
추수 끝난 빈 들판을 쿵쿵 울리며 가는
서늘한 뜨거운 기적 소리에 있지 아니하고
내 마음의 고향은 이제
빈 들길을 걸어 걸어 흰 옷자락 날리며
서울로 가는 순이 누나의 파르라한 옷고름에 있지 아니
하고
내 마음의 고향은 이제
아늑한 상큼한 짚벼늘에 파묻혀
나를 부르는 소리도 잊어버린 채
까닭 모를 굵은 눈물 흘리던 그 어린 저녁 무렵에도 있
지 아니하고
내 마음의 마음의 고향은
싸락눈 홀로 이마에 받으며
내가 그 어둑한 신작로 길로 나섰을 때 끝났다
눈 위로 막 얼어붙기 시작한
작디작은 ㉤**수레바퀴 자국**을 뒤에 남기며

                        - 이시영, 「마음의 고향 6 - 초설」 -

32.

(가)~(다)의 공통점으로 가장 적절한 것은?

① 도치의 방식으로 시상을 마무리하여 주제 의식을 드러낸다.
② 명령적 어조를 활용하여 화자의 강한 의지를 표출한다.
③ 색채의 선명한 대조를 통해 시적 분위기를 환기한다.
④ 영탄법을 사용하여 화자의 고조된 감정을 나타낸다.
⑤ 유사한 어구를 반복하여 시적 상황을 부각한다.

33.

〈보기〉를 참고하여 (가), (나)를 감상한 내용으로 적절하지 **않은** 것은? [3점]

〈보기〉

김수영은 한때 자유를 이상으로 내세우면서 생활인으로서의 자신을 뛰어넘으려고 했고, 오규원은 '순례' 연작시에서 생성과 변화를 중시하면서 사물에 대한 고정된 인식이나 관념에서 탈피하려고 했다. 오규원에게는 그것이 자유를 추구하는 일이었다. 이와 관련하여 김수영은 위대성에 주목하면서 대상의 숭고한 면이나 뛰어난 점을 발견하려 했고, 오규원은 구체적 언어에 주목하여 대상의 동적 이미지와 몸의 이미지를 포착하려 했다.

① (가)의 '고매한 정신처럼'에서는, 생활인으로서 시인이 지녔던 고뇌와 대비되는 대상의 위대성을 느낄 수 있어.
② (나)의 '슬픔 하나', '고독 하나', '고통 하나'가 '자기를 헤집고 있다'는 것에서는, 몸의 이미지를 통해 관념에서 탈피하려는 화자의 태도를 느낄 수 있어.
③ (가)의 '소리'와 (나)의 '바람'은 자유의 의미와 대비되는 소재들로서, 화자는 이에 부정적 의미를 부여하고 있어.
④ (가)에 비해 (나)의 화자는 흔들리는 현상을 바탕으로 자신을 대상과 동일시하고 있어.
⑤ (가)의 대상이 지닌 숭고한 면모와, (나)의 대상이 지닌 동적인 속성은 자유와 관련하여 그 의미를 해석할 수 있어.

34.

(다)를 이해한 내용으로 적절하지 **않은** 것은?

① 고향에서의 삶과 관련된 소재들을 열거하고 있다.
② 감각적 심상을 활용하여 화자의 정서를 드러내고 있다.
③ 고향의 특정 인물에 대한 기억을 떠올리면서 시상을 반전시키고 있다.
④ 고향을 떠나올 때의 장면으로 시상을 마무리하면서 시적 여운을 남기고 있다.
⑤ 고향에 대한 상실감을 내세워 고향에 대한 화자의 그리움을 담아내고 있다.

35.

㉠~㉤에 대한 설명으로 적절한 것은?

① ㉠: '폭포'의 낙하가 지닌 항상성을 나타낸다.
② ㉡: '폭포'가 지닌 긍정적 속성들이다.
③ ㉢: 화자와 공동체가 화합을 이루는 공간이다.
④ ㉣: 화자의 절망적인 상황을 드러낸다.
⑤ ㉤: 화자가 지향하는 미래를 표상한다.

[32] 다음 글을 읽고 물음에 답하시오.

(가)

폭포는 곧은 절벽을 무서운 기색도 없이 떨어진다

규정할 수 없는 물결이
무엇을 향하여 떨어진다는 의미도 없이
계절과 주야를 가리지 않고
고매한 정신처럼 쉴 사이 없이 떨어진다

금잔화도 인가도 보이지 않는 밤이 되면
폭포는 곧은 소리를 내며 떨어진다

곧은 소리는 소리이다
곧은 소리는 곧은
소리를 부른다

번개와 같이 떨어지는 물방울은
취할 순간조차 마음에 주지 않고
나타(懶惰)와 안정(安定)을 뒤집어 놓은 듯이
높이도 폭도 없이
떨어진다

　　　　　　　　　　　　　　　- 김수영, 「폭포」-

(나)

살아 있는 것은 흔들리면서
튼튼한 줄기를 얻고
잎은 흔들려서 스스로
살아 있는 몸인 것을 증명한다.

바람은 오늘도 분다.
수만의 잎은 제각기
몸을 엮는 하루를 가고
들판의 슬픔 하나 들판의 고독 하나
들판의 고통 하나도

다른 곳에서 바람에 쓸리며
자기를 헤집고 있다.

피하지 마라
빈 들에 가서 깨닫는 그것
우리가 늘 흔들리고 있음을.

　　　　　　　- 오규원, 「살아 있는 것은 흔들리면서 - 순례 11」-

(다)

내 마음의 고향은 이제
참새 떼 왁자히 내려앉는 대숲 마을의
노오란 초가을의 초가지붕에 있지 아니하고
내 마음의 고향은 이제
토란 잎에 후두둑 빗방울 스치고 가는
여름날의 고요 적막한 뒤란에 있지 아니하고
내 마음의 고향은 이제
추수 끝난 빈 들판을 쿵쿵 울리며 가는
서늘한 뜨거운 기적 소리에 있지 아니하고
내 마음의 고향은 이제
빈 들길을 걸어 걸어 흰 옷자락 날리며
서울로 가는 순이 누나의 파르라한 옷고름에 있지 아니하고
내 마음의 고향은 이제
아늑한 상큼한 짚벼늘에 파묻혀
나를 부르는 소리도 잊어버린 채
까닭 모를 굵은 눈물 흘리던 그 어린 저녁 무렵에도 있지 아니하고
내 마음의 마음의 고향은
싸락눈 홀로 이마에 받으며
내가 그 어둑한 신작로 길로 나섰을 때 끝났다
눈 위로 막 얼어붙기 시작한
작디작은 수레바퀴 자국을 뒤에 남기며

　　　　　　　　　　　　　- 이시영, 「마음의 고향 6 - 초설」-

32. (가)~(다)의 공통점으로 가장 적절한 것은?

분석 대상

선택률 46.0%   ★ ① 도치의 방식으로 시상을 마무리하여 / 주제 의식을 드러낸다.

매력적인 오답

check

선택률 2.5% ② 명령적 어조를 활용하여 / 화자의 강한 의지를 표출한다.

check

선택률 1.8% ③ 색채의 선명한 대조를 통해 / 시적 분위기를 환기한다.

check

선택률 2.1% ④ 영탄법을 사용하여 / 화자의 고조된 감정을 나타낸다.

check

선택률 47.4%   ★ ⑤ 유사한 어구를 반복하여 / 시적 상황을 부각한다.

정답!

check

me
mo

[20~22] 다음 글을 읽고 물음에 답하시오. ✺ 걸린 시간: 분 초

(가)

섣달에도 보름께 달 밝은 밤
㉠앞내강 쨍쨍 얼어 조이던 밤에
내가 부른 노래 는 강 건너 갔소

㉡강 건너 하늘 끝에 사막도 닿은 곳
내 노래는 제비같이 날아서 갔소

못 잊을 계집애 집조차 없다기에
가기는 갔지만 어린 날개 지치면
㉢그만 어느 모래불에 떨어져 타서 죽겠죠.

사막은 끝없이 푸른 하늘이 덮여
㉣눈물 먹은 별들이 조상* 오는 밤

㉤밤은 옛일을 무지개보다 곱게 짜내나니
한 가락 여기 두고 또 한 가락 어디멘가
내가 부른 노래는 그 밤에 강 건너 갔소.

- 이육사, 「강 건너간 노래」 -

*조상: 남의 죽음에 대하여 슬퍼하는 뜻을 드러내어 위문함.

(나)

한 줄의 시(詩)는커녕
단 한 권의 소설도 읽은 바 없이
그는 한평생을 행복하게 살며
많은 돈을 벌었고
높은 자리에 올라
이처럼 훌륭한 비석을 남겼다
그리고 어느 유명한 문인이
그를 기리는 묘비명 을 여기에 썼다
비록 이 세상이 잿더미가 된다 해도
불의 뜨거움 꿋꿋이 견디며
이 묘비는 살아 남아
귀중한 사료(史料)가 될 것이니
역사는 도대체 무엇을 기록하며
시인(詩人)은 어디에 무덤을 남길 것이냐

- 김광규, 「묘비명(墓碑銘)」 -

(다)

[A] 시는 인간의 삶을 반영한다. 시에서 반영은 현실과 인생을 모방한다는 의미에서 외부 현실을 시 속에 담아내는 것으로, 역사와 현실의 상황을 시를 통해 어떻게 재현할 것인가에 초점을 둔다. 여기서 반영은 '있는 그대로의 현실'로서의 반영과 '있어야 하는 현실'로서의 반영으로 구분할 수 있다. 전자는 역사와 현실의 모습을 사실 그대로 보여 주는 일상적 진실을 반영하는 것을 말하고, 후자는 일상적 현실을 넘어 화자가 지향하는 당위적 진실을 반영하는 것을 말한다.

한편 '시에 대한 시 쓰기'라는 형식을 통해 시 그 자체를 반영하는 특수한 경우도 있다. 이때 반영의 대상은 외부 현실이 아니라 시 쓰기 상황이나 시를 쓰는 시인이 된다. 이 경우 시는 그 자체로 시론 혹은 시인론의 성격을 지닌다. 이러한 성격의 작품에서 시는 노래나 기타 여러 갈래의 글로 표상되기도 한다.

이처럼 시인들은 시 속에 형상화된 세계를 통해 인간이 지향해야 할 바람직한 삶의 방향을 모색한다. 이를 통해 시는 무엇을 말해야 하고, 시인은 어떤 존재로 살아가야 하는가에 대한 자기 성찰의 태도를 드러내는 것이다.

20.

(가)와 (나)의 공통점으로 가장 적절한 것은?

① 청자를 명시적으로 설정하여 풍자적으로 비판하고
있다.
② 유사한 시구를 반복함으로써 화자의 의지를 강조하고
있다.
③ 시적 대상에 생명력을 부여하여 의지를 지닌 존재로
나타내고 있다.
④ 다양한 이미지를 통해 자연의 모습을 감각적으로 드
러내고 있다.
⑤ 반어적 어조를 활용하여 현실에 대한 비관적 태도를
드러내고 있다.

21.

[A]의 관점에서 ㉠~㉤을 이해한 내용으로 적절하지 않은
것은?

① ㉠: 극한의 추위를 드러내는 시간적 배경을 제시하여,
화자나 인물이 처한 상황을 드러내고 있다.
② ㉡: 현실의 모습을 사막으로 표상하여, 화자나 인물이
직면하게 될 공간적 배경을 드러내고 있다.
③ ㉢: 죽음의 상황을 가정하여, 화자에게 닥친 일상적
현실이 절망적인 상황임을 노래에 투영하여 드러내고
있다.
④ ㉣: 자연물에 대한 화자의 태도 변화를 통해, 일상적
현실이 희망적으로 바뀌었음을 보여 주고 있다.
⑤ ㉤: 밤과 무지개의 이미지를 대응시켜, 화자가 추구하
는 당위적 진실에 대한 소망을 담아내고 있다.

22.

(다)를 참고하여, (가)의 노래와 (나)의 묘비명을 이해
한 것으로 적절하지 않은 것은? [3점]

① '노래'가 시를 표상한다면, 이 '노래'는 (가)를 쓴 시인
자신이 추구하는 바람직한 삶의 방향을 반영하고 있
다고 할 수 있겠군.
② '노래'가 시를 표상한다면, 이 '노래'는 시가 '집조차
없는' 처지에 있는 이의 삶에 다가서야 한다는, (가)를
쓴 시인의 관점을 드러내고 있겠군.
③ '묘비명'이 시를 표상한다면, 이 '묘비명'은 (나)를 쓴
시인 자신이 추구하는 삶과는 거리가 있는 사람의 인
생을 반영하고 있겠군.
④ '묘비명'이 시를 표상한다면, 이 '묘비명'은 (나)를 쓴
시인이 시 쓰기를 통해 '무엇을 기록'해야 하는지에
대해 자기 성찰을 하게 되는 계기라 할 수 있겠군.
⑤ '묘비명'이 시를 표상한다면, 이 '묘비명'은 한 줄의
시조차 읽지 않아도 '행복하게 살' 수 있다는, (나)를
쓴 시인의 관점을 드러내는 소재라 할 수 있겠군.

[20] 다음 글을 읽고 물음에 답하시오.

(가)

설달에도 보름께 달 밝은 밤
앞내강 쨍쨍 얼어 조이던 밤에
내가 부른 노래는 강 건너 갔소

강 건너 하늘 끝에 사막도 닿은 곳
내 노래는 제비같이 날아서 갔소

못 잊을 계집애 집조차 없다기에
가기는 갔지만 어린 날개 지치면
그만 어느 모래불에 떨어져 타서 죽겠죠.

사막은 끝없이 푸른 하늘이 덮여
눈물 먹은 별들이 조상* 오는 밤

밤은 옛일을 무지개보다 곱게 짜내나니
한 가락 여기 두고 또 한 가락 어디멘가
내가 부른 노래는 그 밤에 강 건너 갔소.

- 이육사, 「강 건너간 노래」-

*조상: 남의 죽음에 대하여 슬퍼하는 뜻을 드러내어 위문함.

(나)

한 줄의 시(詩)는커녕
단 한 권의 소설도 읽은 바 없이
그는 한평생을 행복하게 살며
많은 돈을 벌었고
높은 자리에 올라
이처럼 훌륭한 비석을 남겼다
그리고 어느 유명한 문인이
그를 기리는 묘비명을 여기에 썼다
비록 이 세상이 잿더미가 된다 해도
불의 뜨거움 꿋꿋이 견디며
이 묘비는 살아 남아
귀중한 사료(史料)가 될 것이니
역사는 도대체 무엇을 기록하며
시인(詩人)은 어디에 무덤을 남길 것이냐

- 김광규, 「묘비명(墓碑銘)」-

문항 코드 23638-0008

오답률 9위 50.4%

20. (가)와 (나)의 공통점으로 가장 적절한 것은?

분석 대상

선택률 6.6%

① 청자를 명시적으로 설정하여 / 풍자적으로 비판하고 있다.

check

선택률 3.5%

② 유사한 시구를 반복함으로써 / 화자의 의지를 강조하고 있다.

check

선택률 49.6% ★

③ 시적 대상에 생명력을 부여하여 / 의지를 지닌 존재로 나타내고 있다.

정답!

check

선택률 5.7%

④ 다양한 이미지를 통해 / 자연의 모습을 감각적으로 드러내고 있다.

check

선택률 29.9% ★

⑤ 반어적 어조를 활용하여 / 현실에 대한 비판적 태도를 드러내고 있다.

매력적인 오답

check

me mo

3Day 포기하면 그 순간 시험 종료다.

41

[29~32] 다음 글을 읽고 물음에 답하시오.   ✦ 걸린 시간: 분   초

(가)

산과 들이
늙은 풍경에서 **앙상한 계절**을 시름할 때
나는 **흙을 뚜지고 들어왔다**
차군 달빛을 피해
둥글소의 앞발을 피해
나는 깊이 ㉠**땅속**으로 들어왔다

멀어진 태양은
아직 꺼머첩첩한 의혹의 길을 더듬고
지금 **태풍이 미쳐 날뛴다**
얼어빠진 혼백들이 지온*을 불러 곡성이 높다
그러나 나는
내 자신의 체온에 실망한 적이 없다

온갖 어둠과의 접촉에서도
생명은 빛을 더불어 사색이 너그럽고
갖은 학대를 체험한 나는
날카로운 무기를 장만하리라
풀풀의 물색으로 평화의 의장도 꾸민다

얼음 풀린
냇가에 버들이 휘늘어지고
어린 종다리 파아란 항공을 시험할 때면
나는 봄볕 짜듯한 ㉡**땅 우**에 나서리라
죽은 듯 눈감은 명상—
나의 **동면**은 **위대한 약동**의 전제다

　　　　　　　　　- 이용악, 「동면하는 곤충의 노래」 -

*지온: 땅의 온도.

(나)

㉢느티나무 둥치에 매미 허물이 붙어 있다
바람이 불어도 꼼짝도 하지 않고 착 달라붙어 있다
나는 허물을 떼려고 손에 힘을 주었다
순간
죽어 있는 줄 알았던 허물이 갑자기 **몸에 힘**을 주었다
내가 **힘**을 주면 줄수록 허물의 발이 느티나무에 더 착 달라붙었다
허물은 허물을 벗고 날아간 **어린 매미**를 생각했던 게 분명하다
허물이 없으면 **매미의 노래**도 사라진다고 생각했던 게 분명하다
나는 떨어지지 않으려고 안간힘을 쓰는 허물의 힘에 놀라
슬며시 손을 떼고 ㉣**집**으로 돌아와 어머니를 보았다
팔순의 어머니가 무릎을 곧추세우고 **걸레**가 되어 마루를 닦는다
어머니는 나의 허물이다
어머니가 **안간힘**을 쓰며 아직 느티나무 둥치에 붙어 있는 까닭은
아들이라는 매미 때문이다

　　　　　　　　　　　- 정호승, 「허물」 -

29.

(가)와 (나)의 표현상 특징에 대한 설명으로 적절한 것은?

① (가)와 달리 (나)는 청각적 심상을 활용하여 시상을 구체화하고 있다.

② (가)와 달리 (나)는 대조적 이미지를 활용하여 시적 의미를 강조하고 있다.

③ (나)와 달리 (가)는 음성 상징어를 사용하여 화자의 정서를 표현하고 있다.

④ (가)와 (나)는 특정 시어를 반복하여 시적 상황을 부각하고 있다.

⑤ (가)와 (나)는 다양한 색채어를 활용하여 시적 분위기를 조성하고 있다.

30.

〈보기〉를 바탕으로 (가)를 감상한 내용으로 적절하지 <u>않</u>은 것은? [3점]

― 〈보기〉 ―

이 작품은 동면하는 곤충을 화자로 설정하여 일제 강점기의 혹독하고 암담한 현실에 대한 극복 의지를 형상화하고 있다. 동면하는 곤충은 강인한 생명력을 지녀 능동적으로 추위를 이겨 낼 뿐만 아니라 인고의 시간 속에서 스스로를 단련시킨다. 그런데 이때 곤충이 떠올리는 봄에 대한 전망은 당대 현실이 극복될 것이라는 작가의 현실 인식을 짐작하게 한다.

① '흙을 뚜지고 들어'가 '동면'하며 '위대한 약동'을 준비하는 곤충의 모습은 능동적인 주체의 모습을 형상화한 것으로 볼 수 있겠군.

② '둥글소'를 도와 '앙상한 계절'과 '차군 달빛'에 대항하는 곤충의 모습은 일제 강점기 혹독한 현실에 대한 극복 의지를 의미한다고 볼 수 있겠군.

③ '태풍이 미쳐 날'뛰고 '혼백들'이 '얼어빠진' 상황에서도 '자신의 체온에 실망'하지 않는 곤충의 모습은 주체의 강인한 생명력을 보여 준다고 할 수 있겠군.

④ '온갖 어둠과' '접촉'하면서도 '날카로운 무기를 장만'하는 곤충의 모습은 동면이라는 인고의 시간 속에서 스스로를 단련시키는 주체를 형상화한 것이라고 할 수 있겠군.

⑤ '풀풀의 물색'으로 단장하며 '얼음 풀린' 계절에 나설 것을 떠올리는 곤충의 모습은 당대 현실이 극복될 것이라는 작가의 현실 인식이 반영된 것으로 볼 수 있겠군.

31.

(나)에 대한 이해로 적절하지 <u>않은</u> 것은?

① '매미 허물'이 없으면 '매미의 노래'도 사라질 수 있다는 화자의 추측에는 어머니 없이는 자식의 삶도 지속될 수 없다는 인식이 드러나 있다.

② '죽어 있는 줄 알았던 허물'의 이미지와 '걸레'가 된 '팔순의 어머니'의 이미지는 자식을 위한 헌신으로 남루해진 모습을 형상화하고 있다.

③ '몸에 힘'을 주는 허물을 떼려는 '힘'은 자식을 향한 끈질긴 모성을 의미하고 있다.

④ '어린 매미'가 벗어 놓은 '허물'이 어린 매미를 낳은 어머니라는 발상을 바탕으로 하고 있다.

⑤ '안간힘'을 쓰고 있는 이유가 자식 때문이라는 점에서 화자는 매미의 허물과 자신의 어머니를 동일시하고 있다.

32.

〈보기〉는 (가)와 (나)를 시상 전개에 따라 구조화한 것이다. 이를 바탕으로 ㉠~㉣에 대해 이해한 것으로 가장 적절한 것은?

― 〈보기〉 ―

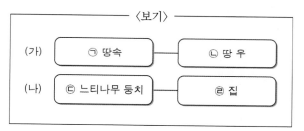

① ㉠과 ㉢은 화자에게 실망감을 느끼게 하는 미래의 공간이다.

② ㉡과 ㉣은 화자가 자신의 삶의 방식이 지닌 긍정적 가치를 발견하는 공간이다.

③ ㉠은 화자의 행위에 담긴 의미가 드러나는 공간이고, ㉣은 대상의 행위에 담긴 의미가 드러나는 공간이다.

④ ㉡은 삶에 대한 화자의 절망적 태도가 드러나는 공간이고, ㉢은 삶에 대한 화자의 반성적 태도가 드러나는 공간이다.

⑤ ㉡은 화자가 동경하는 대상이 머무는 공간이고, ㉣은 화자가 혐오하는 대상이 머무는 공간이다.

[29] 다음 글을 읽고 물음에 답하시오.

(가)

산과 들이
늙은 풍경에서 앙상한 계절을 시름할 때
나는 흙을 뚜지고 들어왔다
차군 달빛을 피해
둥글소의 앞발을 피해
나는 깊이 땅속으로 들어왔다

멀어진 태양은
아직 꺼머첩첩한 의혹의 길을 더듬고
지금 태풍이 미쳐 날뛴다
얼어빠진 혼백들이 지온*을 불러 곡성이 높다
그러나 나는
내 자신의 체온에 실망한 적이 없다

온갖 어둠과의 접촉에서도
생명은 빛을 더불어 사색이 너그럽고
갖은 학대를 체험한 나는
날카로운 무기를 장만하리라
풀풀의 물색으로 평화의 의장도 꾸민다

얼음 풀린
냇가에 버들이 휘늘어지고
어린 종다리 파아란 항공을 시험할 때면
나는 봄볕 짜듯한 땅 우에 나서리라
죽은 듯 눈감은 명상—
나의 동면은 위대한 약동의 전제다

                    - 이용악, 「동면하는 곤충의 노래」 -

*지온: 땅의 온도.

(나)

느티나무 둥치에 매미 허물이 붙어 있다
바람이 불어도 꼼짝도 하지 않고 착 달라붙어 있다
나는 허물을 떼려고 손에 힘을 주었다
순간
죽어 있는 줄 알았던 허물이 갑자기 몸에 힘을 주었다
내가 힘을 주면 줄수록 허물의 발이 느티나무에 더 착 달라붙었다
허물은 허물을 벗고 날아간 어린 매미를 생각했던 게 분명하다
허물이 없으면 매미의 노래도 사라진다고 생각했던 게 분명하다
나는 떨어지지 않으려고 안간힘을 쓰는 허물의 힘에 놀라
슬며시 손을 떼고 집으로 돌아와 어머니를 보았다
팔순의 어머니가 무릎을 곧추세우고 걸레가 되어 마루를 닦는다
어머니는 나의 허물이다
어머니가 안간힘을 쓰며 아직 느티나무 둥치에 붙어 있는 까닭은
아들이라는 매미 때문이다

                    - 정호승, 「허물」 -

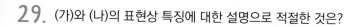

문항 코드 23638-0009

오답률 1위 73.8%

29. (가)와 (나)의 표현상 특징에 대한 설명으로 적절한 것은?

분석 대상

선택률 23.8% ★ ① (가)와 달리 (나)는 청각적 심상을 활용하여 / 시상을 구체화하고 있다.

매력적인 오답

check
....
....

선택률 33.7% ★ ② (가)와 달리 (나)는 대조적 이미지를 활용하여 / 시적 의미를 강조하고 있다.

매력적인 오답

check
....
....

선택률 12.1% ③ (나)와 달리 (가)는 음성 상징어를 사용하여 / 화자의 정서를 표현하고 있다.

check
....
....

선택률 26.2% ★ ④ (가)와 (나)는 특정 시어를 반복하여 / 시적 상황을 부각하고 있다.

정답!

check
....
....

선택률 4.3% ⑤ (가)와 (나)는 다양한 색채어를 활용하여 / 시적 분위기를 조성하고 있다.

check
....
....

Self Check

YES?

1. 표현법들의 정확한 개념 정의를 안다. 〈개념 이해〉 ▢

2. 다수 작품의 공통점을 파악하는 문제와 공통점 및 차이점을 파악하는 문제의 풀이법을 안다. ▢
   〈접근법 적용〉

3. 선지의 전반부와 후반부의 의미 관계를 파악해, 작품에 빠르고 정확하게 적용한다. 〈접근법 적용〉 ▢

4. My Check point: ▢

3Day 포기하면 그 순간 시험 종료다.

45

과거에서 온 미래,
힘이 되는
선배들의 이야기

인★그램으로
날아온 소식들

선생님! 안녕하세요.
벌써 10년이 지났네요. 선생님 강의를 ebs로 보면서 듣고
덕수 고등학교에도 놀러가 보고, 지금은 초등학교 선생님이
되어 곧 1정 연수 들어간답니다. ^^
우연히 피드 통해 반가운 얼굴 뵙고 인사드려요.
공교육에서 오랜 시간 동안 학생들을 위해 애써 주셔서
고맙습니다.
선생님 같은 선생님이 될게요.
감사하고 존경하고 사랑합니다. ^^ ♥

쌤, 안녕하세요.
인★에 쌤 피드가 뜨기에 수험생 때 생각도 나고 해서 갑
작스럽게? 디엠 드려요. ㅎㅎ
'수능'의 '수' 자도 모르던 제가 나비효과 하나로 수능에서
백분위 99까지 받고, 지금은 의대 본과 1학년 진입 앞두고
있습니다. ㅠㅠ 정말 말로 표현이 안 될 정도로 너무 감사드
리면서 살아가고 있고, 얼굴 한 번 뵌 적 없지만 평생 쌤에
대한 은혜 잊지 못할 것 같아요.
워낙 바쁘셔서 디엠 읽으실지 모르겠지만... 그냥 언제 한번
너무너무 정말 감사하다고 말씀드리고 싶었어요. ㅎㅎ
국어라고는 1도 모르던 학생 인생 역전시켜 주셔서 정말 감
사합니다! 20 수능 대비 주황색 나비효과 책 아직도 집에
모셔 두고 있습니다. ㅋㅋㅋ 나비효과 짱이고, 최고예요!!

제 4 강

고전 시가 기출 Pick

#010 ~ #012

아직도 고전 시가 세트를 무서워하고 있으면 어떡해?
고전 시가가 현대시와 다른 영역이라고 생각하니까 그런 걱정이 생기는 거야.
현대시와 고전 시가는 개념도, 문제 패턴도, 선지 패턴도 공유하는 같은 '운문' 영역이야.

여기에 고전 시가의 역사적 갈래별 특징과
고전 시가에 반복되어 등장하는 어휘, 주제, 발상을 조금 더 정리해 두면 되는 거라니까.

고전 시가에서 가장 오답률이 높았던 문제들과 선지들을 분석해 보면서
내가 할 수 있는 실수의 가능성을 미리 알고 차단해 두는 거야.

☑ 고전 시가 문제 풀 때, 다시 한번 명심할 것

1. 고전 시가 세트도 접근법도 현대시 세트와 똑같음 ▶▶▶ 하던 대로 시 읽고 문제 풀기 ☐

2. 주석의 도움을 받아 시구를 해석하되, 지엽적인 어휘 의미에 얽매이지 않기 ▶▶▶ 전체 의미 맥락 파악하기 ☐

3. 갈래와 작가층을 확인한 후, 〈보기〉의 도움 받아 감상의 방향 잡기 ▶▶▶ 시조와 가사 이해해 두기 ☐

4. 고전 시가에 자주 나오는 단골 발상들을 떠올리며 지문 읽기 ▶▶▶ 한 시간밖에 안 걸리는 개념 정리하기 ☐

[38~40] 다음 글을 읽고 물음에 답하시오.

✻ 걸린 시간:　　분　　초

(가)
 어져 내 일이야 그릴 줄을 모로ᄃ냐
 이시라 ᄒ더면 가랴마ᄂ **제 구틔여**
 보내고 그리ᄂ **정(情)은 나도 몰라 ᄒ노라**

- 황진이 -

(나)
 임이별 하올져긔 **져는 나귀 한치 마소**
 가노라 돌쳐 셜졔 저난 거름 안이런딜
 꽃 아릭 눈물 젹신 얼골을 엇지 자셰이 보리요

- 안민영 -

(다)
 내게는 원수가 업셔 개와 닭이 큰 원수로다
 벽사창 깁픈 밤에 품에 들어 자는 님을 자른 목 느르혀
해해 쳐 울어 늬러 가게 하고 적막 중문(重門)에 왔는 님
을 물으락 나으락 캉캉 즈저 도로 가게 하니
 아마도 유월유두 백종(百種) 전에 스러져 업씨하리라

- 박문욱 -

38.

(가)~(다)의 공통점으로 가장 적절한 것은?

① 부정적인 현실을 비판하고 있다.
② 세속적인 삶과 거리를 두고 있다.
③ 임과 함께 있고 싶은 소망을 담고 있다.
④ 이별로 인한 삶의 무상감이 나타나고 있다.
⑤ 힘든 상황을 낙천적인 자세로 극복하고 있다.

39.

(가)와 (나)에 대한 이해로 적절하지 <u>않은</u> 것은?

① (가)의 '어져 내 일이야 그릴 줄을 모로ᄃ냐'는 영탄과 설의적 표현을 활용하여 화자의 회한을 나타내고 있다.
② (가)의 '제 구티여'는 행동의 주체를 중의적으로 표현하여 화자의 복잡한 심경을 드러내고 있다.
③ (가)의 '보내고 그리는 정(情)'은 화자의 행위와 심리를 대비시켜 임을 그리워하는 화자의 모습을 드러내고 있다.
④ (나)의 '져는 나귀 한치 마소'는 다리를 절며 느리게 걷는 '나귀'를 통해 임과 함께 있는 시간을 연장하고 싶은 화자의 심정을 담아내고 있다.
⑤ (나)의 '꽃 아리 눈물 젹신 얼골'은 감정 이입을 통해 화자의 암담한 심정을 강조하고 있다.

40.

(다)와 〈보기〉를 비교하여 감상한 내용으로 적절하지 <u>않은</u> 것은? [3점]

> ───── 〈보기〉 ─────
>
> 행궁견월상심색(行宮見月傷心色)*의 달만 비쳐도 님의 생각
> 춘풍도리화개야(春風桃李花開夜)*의 꽃만 피여도 님의 생각
> 야우문령단장성(夜雨聞鈴斷腸聲)*의 비 죽죽 와도 님의 생각
> 추절(秋節) 가고 동절(冬節)이 오면 명사벽해(明沙碧海)를 바라보고
> 뚜루룰 꾈룩 울고 가는 기러기 소리에도 님의 생각
> 앉어 생각 누어 생각 생각 끝일 날이 전혀 없어
> 모진 간장의 불이 탄들 어느 물로 이 불을 끌거나
> 아이고 아이고 내 일이야
>
> ─ 작자 미상, 「춘향가」 ─
>
> *행궁견월상심색: 행궁에서 달을 보니 사뭇 구슬픈 느낌이 듦.
> *춘풍도리화개야: 복숭아꽃, 오얏꽃이 활짝 핀 봄의 으스름 달밤.
> *야우문령단장성: 밤비에 울리는 풍경 소리가 간장을 도려내는 듯함.

① (다)와 〈보기〉는 독백적 어조를 통해 화자의 심정을 드러내고 있군.
② (다)와 〈보기〉는 유사한 구조를 지닌 문장을 반복하여 화자의 정서를 강조하고 있군.
③ (다)와 달리 〈보기〉는 계절의 변화에 따른 화자의 그리움을 드러내고 있군.
④ 〈보기〉와 달리 (다)는 상황을 가정하여 화자의 소망을 드러내고 있군.
⑤ 〈보기〉와 달리 (다)의 의성어는 화자에게 원망의 감정을 불러일으키고 있군.

[39-40] 다음 글을 읽고 물음에 답하시오.

(가)

어져 내 일이야 그릴 줄을 모로ᄃ냐

이시라 ᄒ더면 가랴마는 제 구ᄐ여

보내고 그리ᄂ 정(情)은 나도 몰라 ᄒ노라

- 황진이 -

(나)

임이별 하올져긔 져는 나귀 한치 마소

가노라 돌쳐 셜졔 저난 거름 안이런딜

꽃 아릭 눈물 젹신 얼골을 엇지 자세이 보리요

- 안민영 -

(다)

내게는 원수가 업셔 개와 닭이 큰 원수로다

벽사창 깁픈 밤에 품에 들어 자는 님을 자른 목 느르혀

홰홰 쳐 울어 닐어 가게 하고 적막 중문(重門)에 왔는 님

을 물으락 나으락 캉캉 즈저 도로 가게 하니

아마도 유월유두 백종(百種) 전에 스러져 업씨하리라

- 박문욱 -

문항 코드 23638-0010

오답률 1위 58.7%(B형 기준)

39. (가)와 (나)에 대한 이해로 적절하지 **않은** 것은?

분석 대상

선택률 12.2% ① (가)의 '어져 내 일이야 그릴 줄을 모로ᄃ냐'는 /
영탄과 설의적 표현을 활용하여 / 화자의 회한을 나타내고 있다.

check

선택률 26.3% ★ ② (가)의 '제 구ᄐ여'는 /
행동의 주체를 중의적으로 표현하여 / 화자의 복잡한 심경을 드러내고 있다.

check

매력적인 오답

선택률 6.9% ③ (가)의 '보내고 그리ᄂ 정(情)'은 /
화자의 행위와 심리를 대비시켜 / 임을 그리워하는 화자의 모습을 드러내고 있다.

check

선택률 14.1% ④ (나)의 '져는 나귀 한치 마소'는 /
다리를 절며 느리게 걷는 '나귀'를 통해 / 임과 함께 있는 시간을 연장하고 싶은 화자의 심정을 담아내고 있다.

check

선택률 39.3% ★ ⑤ (나)의 '꽃 아릭 눈물 젹신 얼골'은 /
감정 이입을 통해 / 화자의 암담한 심정을 강조하고 있다.

정답!

check

40. (다)와 〈보기〉를 비교하여 감상한 내용으로 적절하지 **않은** 것은? [3점]

─────────〈보기〉─────────

행궁견월상심색(行宮見月傷心色)*의 달만 비쳐도 님의 생각
춘풍도리화개야(春風桃李花開夜)*의 꽃만 피여도 님의 생각
야우문령단장성(夜雨聞鈴斷腸聲)*의 비 죽죽 와도 님의 생각
추절(秋節) 가고 동절(冬節)이 오면 명사벽해(明沙碧海)를 바라보고
뚜루룰 낄룩 울고 가는 기러기 소리에도 님의 생각
앉어 생각 누어 생각 생각 끝일 날이 전혀 없어
모진 간장의 불이 탄들 어느 물로 이 불을 끌거나
아이고 아이고 내 일이야

*행궁견월상심색: 행궁에서 달을 보니 사뭇 구슬픈 느낌이 듦.
*춘풍도리화개야: 복숭아꽃, 오얏꽃이 활짝 핀 봄의 으스름달밤.
*야우문령단장성: 밤비에 울리는 풍경 소리가 간장을 도려내는 듯함.

- 작자 미상, 「춘향가」 -

분석 대상

선택률 4.1% ① (다)와 〈보기〉는 독백적 어조를 통해 / 화자의 심정을 드러내고 있군.
(다)는 독백적 어조를 통해 / 화자의 심정을 드러내고 있군.
〈보기〉는 독백적 어조를 통해 / 화자의 심정을 드러내고 있군.

check

선택률 28.8% ★② (다)와 〈보기〉는 유사한 구조를 지닌 문장을 반복하여 / 화자의 정서를 강조하고 있군.
(다)는 유사한 구조를 지닌 문장을 반복하여 / 화자의 정서를 강조하고 있군.
〈보기〉는 유사한 구조를 지닌 문장을 반복하여 / 화자의 정서를 강조하고 있군.

check

매력적인 오답

선택률 4.2% ③ (다)와 달리 〈보기〉는 계절의 변화에 따른 / 화자의 그리움을 드러내고 있군.
(다)는 계절의 변화에 따른 / 화자의 그리움을 드러내고 있지 않군.
〈보기〉는 계절의 변화에 따른 / 화자의 그리움을 드러내고 있군.

check

선택률 50.8% ★④ 〈보기〉와 달리 (다)는 상황을 가정하여 / 화자의 소망을 드러내고 있군.
(다)는 상황을 가정하여 / 화자의 소망을 드러내고 있군.
〈보기〉는 상황을 가정하여 / 화자의 소망을 드러내고 있지 않군.

정답!

check

선택률 11.5% ⑤ 〈보기〉와 달리 (다)의 의성어는 / 화자에게 원망의 감정을 불러일으키고 있군.
(다)는 의성어를 통해 / 화자에게 원망의 감정을 불러일으키고 있군.
〈보기〉는 의성어를 통해 / 화자에게 원망의 감정을 불러일으키고 있지 않군.

check

[32~34] 다음 글을 읽고 물음에 답하시오.   ✹ 걸린 시간: 분   초

(가)

공후배필은 못 바라도 군자호구 원하더니
삼생의 원업(怨業)이오 월하의 연분으로
장안유협(長安遊俠) 경박자(輕薄子)를 ㉠꿈같이 만나 있어
당시의 용심(用心)하기 살얼음 디디는 듯
삼오이팔 겨우 지나 천연여질 절로 이니
이 얼골 이 태도로 백년기약하였더니
연광(年光)이 훌훌하고 조물이 다시(多猜)*하여
봄바람 가을 물이 베오리에 북 지나듯   ⎤
설빈화안 어디 두고 면목가증(面目可憎)* 되거고나   [A]
                                                  ⎦
내 얼골 내 보거니 어느 임이 날 괼소냐
                    (중략)
옥창에 심은 매화 몇 번이나 피여 진고   ⎤
겨울밤 차고 찬 제 자최눈 섯거 치고   [B]
여름날 길고 길 제 궂은비는 무슨 일고   ⎦
삼춘화류(三春花柳) 호시절(好時節)의 경물이 시름없다
가을 달 방에 들고 **실솔(蟋蟀)이 상(床)에 울 제**
긴 한숨 지는 눈물 속절없이 혬만 많다
아마도 모진 목숨 죽기도 어려울사
도로혀 풀쳐 혜니 이리하여 어이하리
청등을 돌라 놓고 녹기금(綠綺琴) 빗겨 안아
벽련화(碧蓮花) 한 곡조를 시름 좇아 섯거 타니
소상야우(瀟湘夜雨)의 댓소리 섯도는 듯
화표천년(華表千年)의 별학이 우니는 듯
옥수(玉手)의 타는 수단 옛 소리 있다마는
부용장(芙蓉帳) 적막하니 뉘 귀에 들리소니
간장이 구곡되어 굽이굽이 끊쳤어라
차라리 잠을 들어 ㉡꿈에나 보려 하니
바람의 지는 잎과 풀 속에 우는 짐승
무슨 일 원수로서 잠조차 깨우는다

                        - 허난설헌, 「규원가」 -

*다시: 시기가 많음.
*면목가증: 얼굴 생김이 남에게 미움을 살 만한 데가 있음.

(나)

재 위에 우뚝 선 **소나무 바람 불 적마다 흔덕**흔덕 ⎤
개울에 섰는 **버들** 무슨 일 좇아서 흔들흔들   [C]
임 그려 우는 눈물은 옳거니와 **입하고 코**는 어이 무슨 ⎦
일 좇아서 **후루룩 비쭉** 하나니

                        - 작자 미상 -

32.

[A]~[C]의 표현상 특징에 대한 설명으로 적절하지 <u>않은</u> 것은?

① [A]는 여성의 생활에 밀접한 소재를 활용하여 흘러 가는 세월에 대한 화자의 인식을 시각적으로 표현하 였다.

② [B]는 단어를 반복하는 구절을 행마다 사용하여 화자 가 주목하는 각 계절의 특성을 강조하였다.

③ [C]는 두 대상을 발음이 비슷한 의태어로 표현하여 움 직이는 모습의 유사성을 드러내었다.

④ [A], [B]는 계절적 배경을 알려 주는 시어를 활용하여 시간에 따라 화자의 처지가 달라졌음을 드러내었다.

⑤ [B], [C]는 대구를 활용하여 리듬감을 형성하였다.

34.

〈보기〉를 참고하여 (가), (나)를 감상한 내용으로 적절하 지 <u>않은</u> 것은? [3점]

〈보기〉

(가), (나)는 이별에 대한 서로 다른 대처를 보여 준다. (가)의 화자는 외부와 단절된 채 자신의 쓸쓸 한 내면에 몰입하고, 자신의 슬픔을 주변으로 확장 한다. (나)의 화자는 외부 대상의 모습에서 자신과 의 동질성을 발견하며 슬픔을 확인하면서도, 슬픔 을 분출하는 자신의 우스운 외양에 주목한다. (가) 는 슬픔을 확장하고 펼쳐 냄으로써, (나)는 슬프 지만 슬픔과 거리를 둠으로써 이별에 대처한다.

---

① (가)에서 '실솔이 상에 울 제'는 화자가 자신의 슬픔을 주변으로 확장한 것을 보여 주는군.

② (가)에서 '부용장 적막하니 뉘 귀에 들리소니'는 화자가 외부와의 교감을 거부하고 내면에 몰입하는 모습을 드 러내는군.

③ (나)에서 화자는 '소나무'가 '바람 불 적마다 흔덕'거리 는 모습에서 자신과의 동질성을 발견한 것이겠군.

④ (가)의 '삼춘화류'는, (나)의 '버들'과 달리 화자의 내면 과 대비되어 외부와의 단절감을 강조하는군.

⑤ (나)의 '후루룩 비쭉'하는 '입하고 코'는, (가)의 '긴 한숨 지는 눈물'과 달리 화자가 자신의 우스운 외양에 주목하 여 슬픔과 거리를 두는 것을 보여 주는군.

33.

㉠, ㉡에 대한 이해로 가장 적절한 것은?

① ㉠은 흐릿한 기억 때문에 혼란스러운 화자의 심정을 나타낸다.

② ㉡은 현실에서는 화자가 문제를 해결할 수 없어서 선 택한 방법이다.

③ ㉠은 임과의 만남에 대한 기대에서, ㉡은 임과의 이별 에 대한 망각에서 비롯된다.

④ ㉠은 이미 일어난 일에 대해 회상하고, ㉡은 곧 일어 날 일에 대해 단정하고 있다.

⑤ ㉠은 인연의 우연성에 대한, ㉡은 재회의 필연성에 대 한 화자의 우려를 드러내고 있다.

[34] 다음 글을 읽고 물음에 답하시오.

(가)

공후배필은 못 바라도 군자호구 원하더니

삼생의 원업(怨業)이오 월하의 연분으로

장안유협(長安遊俠) 경박자(輕薄子)를 꿈같이 만나 있어

당시의 용심(用心)하기 살얼음 디디는 듯

삼오이팔 겨우 지나 천연여질 절로 이니

이 얼골 이 태도로 백년기약하였더니

연광(年光)이 훌훌하고 조물이 다시(多猜)*하여

봄바람 가을 물이 베오리에 북 지나듯

설빈화안 어디 두고 면목가증(面目可憎)* 되거고나

내 얼골 내 보거니 어느 임이 날 괼소냐

(중략)

옥창에 심은 매화 몇 번이나 피여 진고

겨울밤 차고 찬 제 자최눈 섯거 치고

여름날 길고 길 제 궂은비는 무슨 일고

삼춘화류(三春花柳) 호시절(好時節)의 경물이 시름없다

가을 달 방에 들고 실솔(蟋蟀)이 상(床)에 울 제

긴 한숨 지는 눈물 속절없이 헴만 많다

아마도 모진 목숨 죽기도 어려울사

도로혀 풀쳐 혜니 이리하여 어이하리

청등을 돌라 놓고 녹기금(綠綺琴) 빗겨 안아

벽련화(碧蓮花) 한 곡조를 시름 좇아 섯거 타니

소상야우(瀟湘夜雨)의 댓소리 섯도는 듯

화표천년(華表千年)의 별학이 우니는 듯

옥수(玉手)의 타는 수단 옛 소리 있다마는

부용장(芙蓉帳) 적막하니 뉘 귀에 들리소니

간장이 구곡되어 굽이굽이 끊쳤어라

차라리 잠을 들어 꿈에나 보려 하니

바람의 지는 잎과 풀 속에 우는 짐승

무슨 일 원수로서 잠조차 깨우는다

- 허난설헌, 「규원가」 -

*다시: 시기가 많음.

*면목가증: 얼굴 생김이 남에게 미움을 살 만한 데가 있음.

(나)

재 위에 우뚝 선 소나무 바람 불 적마다 흔덕흔덕

개울에 섰는 버들 무슨 일 좇아서 흔들흔들

임 그려 우는 눈물은 옳거니와 입하고 코는 어이 무슨 일 좇아서 후루룩 비쭉 하나니

- 작자 미상 -

오답률 1위 64.4%

34. 〈보기〉를 참고하여 (가), (나)를 감상한 내용으로 적절하지 **않은** 것은? [3점]

―〈보기〉―

(가), (나)는 **이별에 대한 서로 다른 대처**를 보여 준다. (가)의 화자는 **외부와 단절된 채 자신의 쓸쓸한 내면에 몰입**하고, 자신의 **슬픔을 주변으로 확장**한다. (나)의 화자는 **외부 대상의 모습에서 자신과의 동질성을 발견**하며 슬픔을 확인하면서도, **슬픔을 분출하는 자신의 우스운 외양에 주목**한다. (가)는 슬픔을 확장하고 펼쳐 냄으로써, (나)는 슬프지만 슬픔과 거리를 둠으로써 이별에 대처한다.

check

....
....

분석 대상

선택률 6.6% ① (가)에서 '실솔이 상에 울 제'는 /
화자가 자신의 슬픔을 주변으로 확장한 것을 보여 주는군.

check

....

....

선택률 35.6% ★ ② (가)에서 '부용장 적막하니 뉘 귀에 들리소니'는 /
화자가 외부와의 교감을 거부하고 내면에 몰입하는 모습을 드러내는군.

check

....

....

정답!

선택률 6.1% ③ (나)에서 화자는 '소나무'가 '바람 불 적마다 흔덕'거리는 모습에서 /
자신과의 동질성을 발견한 것이겠군.

check

....

....

선택률 42.3% ★ ④ (가)의 '삼춘화류'는, (나)의 '버들'과 달리 화자의 내면과 대비되어 / 외부와의 단절감을 강조하는군.
(가)의 '삼춘화류'는 화자의 내면과 대비되어 / 외부와의 단절감을 강조하는군.
(나)의 '버들'은 화자의 내면과 대비되어 / 외부와의 단절감을 강조하지 않는군.

check

....

....

매력적인 오답

선택률 8.4% ⑤ (나)의 '후루룩 비쭉'하는 '입하고 코'는, (가)의 '긴 한숨 지는 눈물'과 달리
화자가 자신의 우스운 외양에 주목하여 / 슬픔과 거리를 두는 것을 보여 주는군.
(가)의 '긴 한숨 지는 눈물'은 화자가 자신의 우스운 외양에 주목하여 / 슬픔과 거리를 두는 것을 보여 주지 않는군.
(나)의 '후루룩 비쭉'하는 '입하고 코'는 화자가 자신의 우스운 외양에 주목하여 / 슬픔과 거리를 두는 것을 보여 주는군.

check

....

....

[37~39] 다음 글을 읽고 물음에 답하시오.

✳ 걸린 시간: 분   초

방초(芳草)를 밟아 보며 난초 영지도 뜯어보자
배 세워라 배 세워라
일엽편주(一葉片舟)*에 실은 것이 무엇인가
지국총(至匊恖) 지국총(至匊恖) 어사와(於思臥)
㉠갈 때는 안개뿐이요 올 때는 달이로다
〈춘(春) 7〉

궂은 비 멎어 가고 시냇물이 맑아 온다
배 띄워라 배 띄워라
㉡낫대를 둘러메니 깊은 흥을 못 참겠다
지국총(至匊恖) 지국총(至匊恖) 어사와(於思臥)
㉢연강첩장(煙江疊嶂)*은 뉘라서 그려낸고
〈하(夏) 1〉

옷 위에 서리 오되 추운 줄을 모르겠다
닻 내려라 닻 내려라
㉣조선(釣船)*이 좁다 하나 부세(浮世)*와 어떠한가
지국총(至匊恖) 지국총(至匊恖) 어사와(於思臥)
㉤내일도 이리하고 모레도 이리하자
〈추(秋) 9〉

┌ 물가의 외로운 솔 혼자 어찌 씩씩한고
│ 배 매어라 배 매어라
[A]│ 험한 구름 한(恨)치 마라 세상을 가리온다
│ 지국총(至匊恖) 지국총(至匊恖) 어사와(於思臥)
└ 파랑성(波浪聲)* 염(厭)치* 마라 진훤(塵喧)*을 막는도다
〈동(冬) 8〉

- 윤선도, 「어부사시사(漁父四時詞)」 -

*일엽편주: 한 척의 작은 배.
*연강첩장: 안개 낀 강과 겹겹이 쌓인 산봉우리.
*조선: 낚싯배.
*부세: 헛되고 덧없는 세상.
*파랑성: 물결 소리.
*염치: 싫어하지.
*진훤: 속세의 시끄러움.

37.

윗글의 표현상 특징에 대한 설명으로 가장 적절한 것은?

① 의문형 어구를 반복하여 심리적 갈등을 드러내고 있다.
② 대상을 점층적으로 강조하여 시적 긴장감을 높이고 있다.
③ 통사 구조가 유사한 구절을 대응시켜 운율을 형성하고 있다.
④ 색채어를 활용하여 시의 분위기를 다채롭게 조성하고 있다.
⑤ 상승 이미지와 하강 이미지를 반복하여 심리 변화의 양상을 표현하고 있다.

38.

㉠~㉤을 중심으로 시적 상황을 추리했을 때, 적절하지 <u>않</u>은 것은? [3점]

① ㉠에서 화자가 친숙하게 대하는 소재인 '달'은 자연에 동화된 삶을 드러내는군.
② ㉡에서 화자의 흥을 돋우는 '낚대'는 자연에서 느끼는 충만감을 고조시키는군.
③ ㉢에서 '그려낸' 것으로 여기는 '연강첩장'은 자신을 둘러싼 자연에 대한 긍정적 인식을 나타내는군.
④ ㉣에서 '부세'와 대응하는 '조선'은 세속적 삶에 대한 화자의 미련을 반영하는군.
⑤ ㉤에서 화자가 기대하는 '내일'과 '모레'에는 현재의 삶이 지속되기를 바라는 심리가 내재되어 있군.

39.

[A]와 〈보기〉를 비교하여 감상한 내용으로 가장 적절한 것은?

> ──────〈보기〉──────
>
> 강호 한 꿈을 꾼 지도 오래러니
> 입과 배가 누가 되어 어즈버 잊었도다
> 저 물을 바라보니 푸른 대도 하도 할샤
> 훌륭한 군자들아 낚대 하나 빌려스라
> 갈대꽃 깊은 곳에 명월 청풍 벗이 되어
> 임자 없는 풍월 강산에 절로절로 늙으리라
> 무심한 백구(白鷗)야 오라 하며 말라 하랴
> 다툴 이 없을 건 다만 이건가 여기노라
>
> - 박인로, 「누항사(陋巷詞)」 -

① 〈보기〉는 [A]와 달리 현실 개혁에 대한 화자의 의지를 드러내고 있다.
② [A]는 〈보기〉와 달리 현재의 삶에 순응하려는 자세를 보이고 있다.
③ [A]의 '구름'은 〈보기〉의 '명월'과 달리 부정적 현실을 차단하는 자연물로 기능하고 있다.
④ [A]는 '물가'와 '세상'의 대비를 통해, 〈보기〉는 '강호'와 '풍월 강산'의 대비를 통해 주제를 부각하고 있다.
⑤ [A]와 〈보기〉 모두 화자 자신의 삶에 대해 반성하는 태도를 보이고 있다.

[39] 다음 글을 읽고 물음에 답하시오.

방초(芳草)를 밟아 보며 난초 영지도 뜯어보자

배 세워라 배 세워라

일엽편주(一葉片舟)*에 실은 것이 무엇인가

지국총(至匊悤) 지국총(至匊悤) 어사와(於思臥)

갈 때는 안개뿐이요 올 때는 달이로다

〈춘(春) 7〉

굳은 비 멎어 가고 시냇물이 맑아 온다

배 띄워라 배 띄워라

낚대를 둘러메니 깊은 흥을 못 참겠다

지국총(至匊悤) 지국총(至匊悤) 어사와(於思臥)

연강첩장(煙江疊嶂)*은 뉘라서 그려낸고

〈하(夏) 1〉

옷 위에 서리 오되 추운 줄을 모르겠다

닻 내려라 닻 내려라

조선(釣船)*이 좁다 하나 부세(浮世)*와 어떠한가

지국총(至匊悤) 지국총(至匊悤) 어사와(於思臥)

내일도 이리하고 모레도 이리하자

〈추(秋) 9〉

┌ 물가의 외로운 솔 혼자 어찌 씩씩한고

│ 배 매어라 배 매어라

[A]│ 험한 구름 한(恨)치 마라 세상을 가리온다

│ 지국총(至匊悤) 지국총(至匊悤) 어사와(於思臥)

└ 파랑성(波浪聲)* 염(厭)치* 마라 진훤(塵喧)*을 막는도다

〈동(冬) 8〉

- 윤선도, 「어부사시사(漁父四時詞)」 -

*일엽편주: 한 척의 작은 배.
*연강첩장: 안개 낀 강과 겹겹이 쌓인 산봉우리.
*조선: 낚싯배.
*부세: 헛되고 덧없는 세상.
*파랑성: 물결 소리.
*염치: 싫어하지.
*진훤: 속세의 시끄러움.

me
mo

39. [A]와 〈보기〉를 비교하여 감상한 내용으로 가장 적절한 것은?

─────── 〈보기〉 ───────

강호 한 꿈을 꾼 지도 오래러니　　　　　　　　　임자 없는 풍월 강산에 절로절로 늙으리라
입과 배가 누가 되어 어즈버 잊었도다　　　　　무심한 백구(白鷗)야 오라 하며 말라 하랴
저 물을 바라보니 푸른 대도 하도 할샤　　　　다툴 이 없을 건 다만 이건가 여기노라
훌륭한 군자들아 낚대 하나 빌려스라
갈대꽃 깊은 곳에 명월 청풍 벗이 되어　　　　　　　　　　　　　　　　　　　　　　　　　　- 박인로, 「누항사(陋巷詞)」 -

분석 대상

선택률 6.0%　① 〈보기〉는 [A]와 달리 / 현실 개혁에 대한 화자의 의지를 드러내고 있다.
　　　　　　　　〈보기〉는 현실 개혁에 대한 화자의 의지를 드러내고 있다.
　　　　　　　　[A]는 현실 개혁에 대한 화자의 의지를 드러내고 있지 않다.

　　　　　　　　check

선택률 7.5%　② [A]는 〈보기〉와 달리 / 현재의 삶에 순응하려는 자세를 보이고 있다.
　　　　　　　　〈보기〉는 현재의 삶에 순응하려는 자세를 보이고 있지 않다.
　　　　　　　　[A]는 현재의 삶에 순응하려는 자세를 보이고 있다.

　　　　　　　　check

선택률 46.1%　★③ [A]의 '구름'은 〈보기〉의 '명월'과 달리 / 부정적 현실을 차단하는 자연물로 기능하고 있다.
　　　　　　　　〈보기〉의 '명월'은 부정적 현실을 차단하는 자연물로 기능하고 있지 않다.
　　　　　　　　[A]의 '구름'은 부정적 현실을 차단하는 자연물로 기능하고 있다.

정답!

　　　　　　　　check

선택률 35.9%　★④ [A]는 '물가'와 '세상'의 대비를 통해, / 〈보기〉는 '강호'와 '풍월 강산'의 대비를 통해 주제를 부각하고 있다.

매력적인 오답

　　　　　　　　check

선택률 3.5%　⑤ [A]와 〈보기〉 모두 / 화자 자신의 삶에 대해 반성하는 태도를 보이고 있다.

　　　　　　　　check

Self Check

YES?

1. 표현법들의 정확한 개념 정의를 안다. 〈개념 이해〉 ▢

2. 자연물의 의미나 기능을 판단할 때 고정 관념을 개입하지 않는다. 〈의미 이해〉 ▢

3. My Check point: ▢

4Day 내 최고의 성적은 수능날 터진다.

과거에서 온 미래,
힘이 되는
선배들의 이야기

너에게서 온 편지

10년 만에 다시 도전합니다.

2011년 고등학교 2학년, 제일 취약했던 과목이었던 언어 영역을 극복하기 위해 선생님과 함께하게 되었습니다. 성적이 안 나오진 않는데, 확실한 개념이 안 잡힌 상태에서 무작정 점수를 올리려고 하니 오히려 점수가 떨어지게 되었고 절망을 느끼던 차에 선생님 수업을 만나 처음부터 시작하자는 마음으로 수험 생활을 하게 되었습니다. 늘 1등급과 2등급의 사이를 애매하게 오가던 점수가 2013학년도 수능 날 100점이 되었고, 원하던 학교에 들어가게 되었습니다.

대기업 취직 후 부족할 것 없는 생활을 하고 있지만, 오랜 꿈이었던 일을 이뤄 보고자 10년 만에 다시 한번 수능에 도전하려고 합니다.

고등학생이던 10년 전만큼 잘할 수 있을지는 잘 모르겠습니다. 선생님 강의와 함께 포기 없이 한 해 열심히 해 보려고 합니다. 다시 한번 잘 부탁드립니다.

선생님, 안녕하세요? 저는 N수생입니다.
저는 현역으로 대학교에 입학한 후에도, 심지어 나이를 더 먹고 회사 일을 할 때도, 가고 싶은 과가 있다 보니 항상 마음만은 수능에 있었던 것 같아요. 저도 선생님처럼 멋진 학교 선생님이 되고 싶어서요. 그렇지만 그런 마음과는 달리, 가슴에 손을 얹고 생각해 보자면 저는 공부 시간을 거의 갖지 못했고, 당연하지만 원하는 성과를 내지 못했어요.
그런데 어느 날 문득, 마지막으로, 용기를 가지고 제대로 해 보자고 결심했습니다!
그래서, 후회 없이 수능 전까지 이 한 몸 불사르려고요.
하지만 중간에 마음이 약해지거나 고민이 생기거나, 시험 전까지 제가 흔들리는 일도 있을 거라고 생각해요. 그렇지만 꽃 한 송이가 피려면 정말 수없이 흔들리는 과정을 거치는 것처럼, 저도 그런 과정 속에 있는 것이라 믿고, 또 마음 다잡고 나아갈게요.
선생님과 함께 국어를 열심히 공부하고, 꼭 목표를 이루고 싶어요. 그리고 선생님께, 그때 글을 남겼던 제자라며 자랑하고 싶어요.

제 5 강

고전 시가 기출 Pick

#013 ~ #015

알고 있어?
수능에 EBS 교재의 내용이 연계되기 시작한 이래로
고전 시가는 거의 대부분 EBS 연계 교재에 있는 작품이 출제돼 오고 있다는 사실을!

EBS 연계를 최대한 잘 활용해야 하는 영역이 바로
고전 시가 영역과 고난도 독서 영역이거든.

5강에서는
2024 수능 대비 EBS 연계 교재에 수록돼 있는 작품을 지문으로 했던 기출문제들 중
오답률이 높은 문제들을 뽑아서 함께 볼 거야.
수능 연계에 대비한다는 마음으로 정신 똑바로 차리고 실전처럼 문제부터 풀어 봐!
매력도 높은 오답지의 함정에 빠지지 않도록 집중해서 연습해 보자.

2019학년도 수능 9월 모평 갈래 복합

정답 12쪽

[16~20] 다음 글을 읽고 물음에 답하시오. ✻걸린 시간:　분　초

(가)

생평(生平)에 원ᄒᆞ느니 다만 충효(忠孝)뿐이로다
이 두 일 말면 금수(禽獸) ㅣ 나 다르리야
마음에 ᄒᆞ고져 ᄒᆞ야 십재황황(十載遑遑)*ᄒᆞ노라
　　　　　　　　　　　　　　　　　　〈제1수〉

계교(計校)* 이렇더니 공명(功名)이 늦었어라
부급동남(負笈東南)*ᄒᆞ야 여공불급(如恐不及)*ᄒᆞᄂᆞᆫ 뜻을
세월이 물 흐르듯 ᄒᆞ니 못 이룰까 ᄒᆞ야라
　　　　　　　　　　　　　　　　　　〈제2수〉

강호(江湖)에 놀자 ᄒᆞ니 성주(聖主)를 버리겠고
성주를 섬기자 ᄒᆞ니 소락(所樂)에 어긋나네
호온자 기로(岐路)에 서서 갈 데 몰라 ᄒᆞ노라
　　　　　　　　　　　　　　　　　　〈제4수〉

출(出)ᄒᆞ면 치군택민(致君澤民) 처(處)ᄒᆞ면 조월경운(釣月耕雲)
명철군자(明哲君子)는 이룰사 즐기ᄂᆞ니
하물며 부귀(富貴) 위기(危機) ㅣ라 빈천거(貧賤居)를 ᄒᆞ오리라
　　　　　　　　　　　　　　　　　　〈제8수〉

행장유도(行藏有道)*ᄒᆞ니 버리면 구태 구ᄒᆞ랴
산지남(山之南) 수지북(水之北) 병들고 늙은 나를
뉘라서 회보미방(懷寶迷邦)*ᄒᆞ니 오라 말라 ᄒᆞᄂᆞ뇨
　　　　　　　　　　　　　　　　　　〈제16수〉

성현(聖賢)의 가신 길이 만고(萬古)에 ᄒᆞᆫ가지라
은(隱)커나 현(見)*커나 도(道) ㅣ 어찌 다르리
일도(一道) ㅣ오 다르지 아니커니 아무 덴들 어떠리
　　　　　　　　　　　　　　　　　　〈제17수〉

　　　　　　　　　　　　　　　- 권호문, 「한거십팔곡」 -

*십재황황: 급한 마음에 십 년을 허둥지둥함.
*계교: 견주어 헤아림.
*부급동남: 책을 짊어지고 여기저기 다니면서 열심히 공부함.
*여공불급: 이르지 못할까 두려워하듯 함.
*행장유도: 쓰이면 세상에 나아가 도(道)를 행하고 버려지면 은둔하는 것을 자신의 상황에 따라 알맞게 함.
*회보미방: 뛰어난 능력을 지니고서 은둔하는 것은 나라를 혼란스럽게 하는 것과 같음.
*현: 세상에 나아감.

(나)

진주 장터 생어물전에는
바닷밑이 깔리는 해 다 진 어스름을,

울 엄매의 장사 끝에 남은 고기 몇 마리의
빛 발(發)하는 눈깔들이 속절없이
은전(銀錢)만큼 손 안 닿는 한(恨)이던가
울 엄매야 울 엄매,

별 밭은 또 그리 멀리
우리 오누이의 머리 맞댄 골방 안 되어
손 시리게 떨던가 손 시리게 떨던가,

진주 남강 맑다 해도
오명 가명
신새벽이나 밤빛에 보는 것을,
울 엄매의 마음은 어떠했을꼬,
달빛 받은 옹기전의 옹기들같이
말없이 글썽이고 반짝이던 것인가.

　　　　　　　　　　　　　　　- 박재삼, 「추억에서」 -

(다)

시의 원심력을 담당하는 비유와 달리 리듬은 시의 구심력을 담당한다. 글자의 개수이건 음의 보폭이건 동일 요소의 반복은 시에 질서를 부여하고 리듬을 형성한다. 그런데 고전 시가의 리듬에는 외적 규율이 전제되어 있는 반면 현대 시의 리듬은 내적 규범을 창출한다. 가령 시조는 4음보를 기본으로 종장 첫 음보는 3음절을 유지하고, 둘째 음보는 그보다 길게 하는 규율을 따른다. 현대 시에서는 따라야 할 규율이 없는 대신 말소리, 휴지(休止), 고전 시가에 없던 쉼표나 마침표 등 모든 요소들의 책임이 더 커졌다. 이들의 반복은 내적 규범을 형성하여 시의 고유한 의미를 만들어 낸다.

"멀위랑/ᄃᆞ래랑/먹고"와 같은 고려 속요의 3음보, "동짓돌/기나긴 밤을/한 허리를/버혀 내여"와 같은 시조의 4음보 등 고전 시가의 리듬은 현대에 이르러 해체되었다기보다는 배후로 물러나 때로는 강하게, 때로는 약하게 압력을 행사하고 있다고 보는 것이 적절하다. 어떤 시는 고전 시가의 리듬이 강하게 감지되어 친숙하지만 어떤 시는 리듬이라고 할 만한 부분이 거의 감지되지 않아 낯설다. 우리는 앞의 예를 김소월의 시에서, 뒤의 예를 이상의 시에서 찾을 수 있다. 한국의 현대 시는 김소월과 이상 사이에서 각각의 좌표를 찍는다.

16.

(가)와 (나)의 공통점으로 가장 적절한 것은?

① 의문형 어미를 활용하여 화자의 정서를 강조하고 있다.
② 특정 대상과 대화하는 방식으로 주제를 부각하고 있다.
③ 시적 공간의 탈속성이 시상을 형성하는 데 기여하고 있다.
④ 계절적 배경을 소재로 하여 시적 분위기를 고조하고 있다.
⑤ 의성어와 의태어를 구사하여 화자의 상황을 제시하고 있다.

17.

(가)에 대한 설명으로 적절하지 <u>않은</u> 것은?

① 〈제2수〉의 '부급동남'은 〈제4수〉의 '성주를 섬기'기 위해 화자가 행한 일이다.
② 〈제2수〉의 '공명'을 이루기 위해 화자는 〈제17수〉의 '성현의 가신 길'을 따르고자 한다.
③ 〈제4수〉의 '강호'를 화자가 선택한 이유 중 하나는 〈제8수〉의 '부귀 위기'이다.
④ 〈제4수〉의 '기로'가 〈제17수〉의 '일도'로 나타난 데에서 화자의 내적 갈등이 해소되었음을 알 수 있다.
⑤ 〈제8수〉의 '빈천거를 ᄒ'면서도 화자는 〈제17수〉의 '도'를 실천할 수 있다고 생각한다.

18.

〈보기〉를 통해 (가)를 감상한 것으로 적절하지 <u>않은</u> 것은? [3점]

〈보기〉

　조선 시대에 과거 급제는 개인이 입신양명하는 길이자 부모에게 효도하고, 임금을 보필할 수 있는 주된 통로였다. 권호문 역시 이를 위해 과거에 여러 번 응시하였으나 뜻을 이루지 못했다. 모친 사후, "뜻을 얻으면 그 은택을 백성들에게 베풀고, 뜻을 얻지 못하면 자신을 수양한다."라는 유교적 출처관(出處觀)에 따라 은자로서의 삶을 살아가던 그는 42세 이후 줄곧 조정에 천거되어 정치 현실로 나올 것을 권유받았으나 매번 이를 거절했다. 「한거십팔곡」에는 권호문의 이러한 삶과 생각이 반영되어 있는 것으로 보인다.

① 〈제1수〉의 '충효'는 화자가 이루고자 했던 삶의 덕목으로 볼 수 있겠군.
② 〈제1수〉에서 화자가 '십재황황'하는 모습은 과거에 여러 차례 응시했으나 급제하지 못했기 때문으로 볼 수 있겠군.
③ 〈제16수〉의 '행장유도ᄒ니'는 화자가 유교적 출처관을 따르고 있음을 보여 주는 것이라고 할 수 있겠군.
④ 〈제16수〉의 '병들고 늙은 나를'은 화자가 정치 현실로 나오라는 권유를 거절하는 표면적 이유라고 할 수 있겠군.
⑤ 〈제16수〉의 '회보미방'은 조정의 권유에 대한 화자의 답변으로 볼 수 있겠군.

19.

(나)에 대한 감상으로 적절하지 <u>않은</u> 것은?

① '해 다 진 어스름'은 어둠이 깔리는 파장 무렵 '생어물전'의 분위기를 보여 주는군.
② '빛 발하는 눈깔'은 '손 안 닿는' '은전'과 연결되어 '한'의 정서를 유발하는군.
③ '손 시리게 떨던가'에서는 추운 밤 '별 밭' 아래의 '골방' 속에서 느꼈던 행복감이 드러나는군.
④ '진주 남강'은 공간적 구체성을 보여 주는 한편 낮에 강을 보지 못할 정도로 바삐 생계를 꾸려 가던 '울 엄매'를 떠올리게 하는군.
⑤ '글썽이고 반짝이던'은 달빛이 비친 '옹기'의 표면과 '울 엄매'의 눈물을 함께 환기하는군.

20.

(다)를 참고하여 (가)와 (나)를 이해한 내용으로 가장 적절한 것은?

① (가)에서 각 수의 종장 첫째 음보를 3음절로 한 것은 내적 규범을 따른 것이다.
② (가)에서 각 수의 종장 둘째 음보의 글자 수가 첫째 음보의 글자 수보다 많은 것은 따라야 하는 규칙을 위반한 것이다.
③ (나)에서 '울 엄매야 울 엄매'는 울림소리의 반복으로 리듬을 창출하고 화자의 정서를 표출한 것이다.
④ (나)에서 '오명 가명'은 외적 규율에 따라 'ㅇ'을 반복하여 일터의 무료한 삶에 생동감을 불어넣은 예이다.
⑤ (나)에서 1연부터 3연까지 쉼표로 연을 마무리한 것은 고전 시가의 리듬을 계승한 예이다.

[17] 다음 글을 읽고 물음에 답하시오.

(가)

생평(生平)에 원ᄒᄂ니 다만 충효(忠孝)뿐이로다
이 두 일 말면 금수(禽獸) ㅣ나 다르리야
마음에 ᄒ고져 ᄒ야 십재황황(十載遑遑)*ᄒ노라

〈제1수〉

계교(計校)* 이렇더니 공명(功名)이 늦었어라
부급동남(負笈東南)*ᄒ야 여공불급(如恐不及)*ᄒᄂ 뜻을
세월이 물 흐르듯 ᄒ니 못 이룰까 ᄒ야라

〈제2수〉

강호(江湖)에 놀자 ᄒ니 성주(聖主)를 버리겠고
성주를 섬기자 ᄒ니 소락(所樂)에 어긋나네
호온자 기로(岐路)에 서서 갈 데 몰라 ᄒ노라

〈제4수〉

출(出)ᄒ면 치군택민(致君澤民) 처(處)ᄒ면 조월경운(釣月耕雲)
명철군자(明哲君子)는 이룰사 즐기ᄂ니
하물며 부귀(富貴) 위기(危機) ㅣ라 빈천거(貧賤居)를 ᄒ오리라

〈제8수〉

행장유도(行藏有道)*ᄒ니 버리면 구태 구ᄒ랴
산지남(山之南) 수지북(水之北) 병들고 늙은 나를
뉘라서 회보미방(懷寶迷邦)*ᄒ니 오라 말라 ᄒᄂ뇨

〈제16수〉

성현(聖賢)의 가신 길이 만고(萬古)에 ᄒ가지라
은(隱)커나 현(見)*커나 도(道) ㅣ 어찌 다르리
일도(一道) ㅣ오 다르지 아니커니 아무 덴들 어떠리

〈제17수〉

- 권호문, 「한거십팔곡」 -

*십재황황: 급한 마음에 십 년을 허둥지둥함.
*계교: 견주어 헤아림.
*부급동남: 책을 짊어지고 여기저기 다니면서 열심히 공부함.
*여공불급: 이르지 못할까 두려워하듯 함.
*행장유도: 쓰이면 세상에 나아가 도(道)를 행하고 버려지면 은둔하는 것을 자신의 상황에 따라 알맞게 함.
*회보미방: 뛰어난 능력을 지니고서 은둔하는 것은 나라를 혼란스럽게 하는 것과 같음.
*현: 세상에 나아감.

17. (가)에 대한 설명으로 적절하지 **않은** 것은?

분석 대상

선택률 6.3%

① 〈제2수〉의 '부급동남'은 〈제4수〉의 '성주를 섬기'기 위해 화자가 행한 일이다.

check

선택률 42.4% ★

② 〈제2수〉의 '공명'을 이루기 위해 화자는 〈제17수〉의 '성현의 가신 길'을 따르고자 한다.

정답!

check

선택률 29.8% ★

③ 〈제4수〉의 '강호'를 화자가 선택한 이유 중 하나는 〈제8수〉의 '부귀 위기'이다.

?

매력적인 오답

check

선택률 9.5%

④ 〈제4수〉의 '기로'가 〈제17수〉의 '일도'로 나타난 데에서 화자의 내적 갈등이 해소되었음을 알 수 있다.

check

선택률 10.1%

⑤ 〈제8수〉의 '빈천거를 ㅎ'면서도 화자는 〈제17수〉의 '도'를 실천할 수 있다고 생각한다.

check

me
mo

[43~45] 다음 글을 읽고 물음에 답하시오.

⚹ 걸린 시간: 분   초

산중(山中)에 책력(冊曆) 없어 사시(四時)를 모르더니
눈 아래 헤친 경(景)이 철철이 절로 나니
듣거니 보거니 일마다 선간(仙間)이라.
㉠매창(梅窓) 아침볕에 향기(香氣)에 잠을 깨니
산옹(山翁)의 할 일이 곧 없지도 아니하다.
울 밑 양지(陽地) 편에 외씨를 뿌려 두고   ⎤
매거니 돋우거니 빗김에 가꿔 내니   [A]
청문고사(靑門故事)를 이제도 있다 하겠다.   ⎦
망혜(芒鞋)를 단단히 신고 죽장(竹杖)을 흩어 짚으니   ⎤
도화(桃花) 핀 시내 길이 방초주(芳草洲)에 이었어라.
잘 닦은 거울 속 절로 그린 석병풍(石屛風)   [B]
그림자를 벗을 삼아 서하(西河)로 함께 가니
도원(桃園)은 어드매오 무릉(武陵)이 여기로다.   ⎦
남풍(南風)이 건듯 불어 녹음(綠陰)을 헤쳐 내니
계절 아는 꾀꼬리는 어디에서 오는가.
희황(羲皇) 베개 위에 풋잠을 얼핏 깨니   ⎤
공중(空中) 젖은 난간(欄干) 물 위에 떠 있구나. [C]
마의(麻衣)를 걷어 올리고 갈건(葛巾)을 기울여 쓰고 ⎦
구부렸다 기대었다 보는 것이 고기로다.
하룻밤 빗기운에 홍백련(紅白蓮)이 섞어 피니   ⎤
바람기 없어서 만산(萬山)이 향기로다.   [D]
염계(廉溪)를 마주보아 태극(太極)*을 묻는 듯   ⎦
태을진인(太乙眞人)*이 옥자(玉字)를 헤쳐 놓은 듯
노자암(鸕鷀巖) 바라보며 자미탄(紫微灘) 곁에 두고
장송(長松)을 차일(遮日) 삼아 석경(石逕)에 앉으니
인간(人間) 유월(六月)이 여기는 삼추(三秋)로다.
청강(淸江)에 떠 있는 오리 백사(白沙)에 옮겨 앉아   ⎤
백구(白鷗)를 벗을 삼고 잠 깰 줄 모르나니   [E]
무심(無心)코 한가(閑暇)함이 주인(主人)과 어떠한가.   ⎦

- 정철, 「성산별곡」 -

*태극(太極): 우주만물이 생긴 근원이라고 보는 본체(本體).
*태을진인(太乙眞人): 하늘에 있는 진선(眞仙).

43.

윗글에 대한 설명으로 가장 적절한 것은?

① 음성 상징을 활용하여 생동감을 자아내고 있다.
② 애상적 어조를 통해 시적 분위기를 조성하고 있다.
③ 과거와 미래를 대비하여 주제 의식을 부각하고 있다.
④ 계절의 변화 양상과 관련지어 시상을 전개하고 있다.
⑤ 동일한 시구를 주기적으로 반복하여 운율을 형성하고 있다.

44.

〈보기〉와 〈자료〉를 참고하여 윗글을 감상한 내용으로 적절하지 **않은** 것은? [3점]

─────〈보기〉─────

선생님: 고전 시가에서는 고사(古事) 속에 등장하는 '인물'이나 '소재'를 활용한 표현이 자주 등장하는데, 이러한 표현들은 고사와 시적 상황의 유사성을 바탕으로 한 연상의 과정을 통해 이루어지는 경우가 많아요. 이 작품에서는 다음의 〈자료〉와 같이 고사에 나오는 소재들이 활용되고 있습니다.

─────〈자료〉─────

◦ **외씨**: 중국 진나라 때 '소평'이 나라가 망하자 벼슬을 버리고 청문 부근에서 농사를 지으며 심었다는 오이씨.
◦ **도화(桃花)**: 중국 진나라 때 한 어부가 별천지인 무릉도원에 가게 되었다는 고사에 나오는 복숭아꽃. '무릉도원'에는 복숭아꽃이 만발하였다고 함.
◦ **희황(羲皇) 베개**: '희황'은 태평성대를 이룬 중국 전설에 나오는 '복희씨'의 다른 이름으로, '희황 베개'는 '태평한 세상'을 상징함.
◦ **홍백련(紅白蓮)**: '염계(濂溪)'가 지은 '애련설(愛蓮說)'에 나오는 '연꽃'. 이 '연꽃'은 '군자'의 풍모를 빗대었음.
◦ **백구(白鷗)**: 인간의 '무심(無心)'을 알아보는 갈매기. 어부가 갈매기를 잡으려는 마음을 갖고 바다로 나서자 평소에는 그를 따르던 갈매기들이 멀리 도망가 버렸다는 고사에서 나옴.

① [A]에서 '외씨'를 활용한 것은, '외씨'를 뿌리며 사는 '산옹'의 소박한 삶에서 '소평'의 삶이 연상되었기 때문이겠군.
② [B]에서 '도화'를 활용한 것은, '시내 길'에서 본 '도화'의 모습에서 '복숭아꽃'이 만발한 '무릉도원'이 연상되었기 때문이겠군.
③ [C]에서 '희황 베개'를 활용한 것은, '풋잠'을 자다 깨며 느낀 평안함에서 '희황'의 태평한 시대가 연상되었기 때문이겠군.
④ [D]에서 '홍백련'을 활용한 것은, '만산'의 연꽃 '향기'를 맡으면서 '염계'가 말한 '군자'의 덕이 연상되었기 때문이겠군.
⑤ [E]에서 '백구'를 활용한 것은, '무심코 한가'한 '주인'의 모습과 갈매기를 잡으려던 '어부'의 모습이 같은 것으로 연상되었기 때문이겠군.

45.

윗글의 ㉠과 〈보기〉를 비교한 내용으로 적절하지 **않은** 것은?

─────〈보기〉─────

기러기 우는 밤에 내 홀로 잠이 없어
잔등(殘燈) 돋워 켜고 전전불매(輾轉不寐) 하는 차에
창(窓) 밖에 굵은 빗소리에 더욱 망연(茫然)하여라
　　　　　　　　　　　　　　 - 강강월의 시조 -

① ㉠의 '매창'과 〈보기〉의 '창'은 모두 '산옹'과 '나'가 각각 머물고 있는 곳의 안과 밖을 연결하는 통로의 역할을 하고 있다.
② ㉠의 '아침볕'은 '산옹'이 맞고 있는 아침의 분위기를 자아내고, 〈보기〉의 '기러기 우는 밤'은 '나'가 지새고 있는 밤의 분위기를 자아내고 있다.
③ ㉠의 '향기'는 '산옹'의 잠을 깨우는 역할을 하고, 〈보기〉의 '굵은 빗소리'는 '나'가 잠들지 못하는 데 영향을 주고 있다.
④ ㉠의 '할 일'은 '산옹'이 세상을 위해 해야 할 과업이고, 〈보기〉의 '잔등 돋워'는 '나'가 자신을 위해 해야 할 일이다.
⑤ ㉠의 '곧 없지도 아니하다'에서는 '산옹'의 생활에 대한 긍정적 인식이 드러나고, 〈보기〉의 '더욱 망연하여라'에서는 '나'의 처지에 대한 애상감이 드러나 있다.

[43] 다음 글을 읽고 물음에 답하시오.

산중(山中)에 책력(冊曆) 없어 사시(四時)를 모르더니
눈 아래 헤친 경(景)이 철철이 절로 나니
듣거니 보거니 일마다 선간(仙間)이라.
매창(梅窓) 아침볕에 향기(香氣)에 잠을 깨니
산옹(山翁)의 할 일이 곧 없지도 아니하다.
울 밑 양지(陽地) 편에 외씨를 뿌려 두고
매거니 돋우거니 빗김에 가꿔 내니
청문고사(靑門故事)를 이제도 있다 하겠다.
망혜(芒鞋)를 단단히 신고 죽장(竹杖)을 흘어 짚으니
도화(桃花) 핀 시내 길이 방초주(芳草洲)에 이었어라.
잘 닦은 거울 속 절로 그린 석병풍(石屛風)
그림자를 벗을 삼아 서하(西河)로 함께 가니
도원(桃園)은 어드매오 무릉(武陵)이 여기로다.
남풍(南風)이 건듯 불어 녹음(綠陰)을 헤쳐 내니
계절 아는 꾀꼬리는 어디에서 오는가.
희황(羲皇) 베개 위에 풋잠을 얼핏 깨니
공중(空中) 젖은 난간(欄干) 물 위에 떠 있구나.
마의(麻衣)를 걷어 올리고 갈건(葛巾)을 기울여 쓰고
구부렸다 기대었다 보는 것이 고기로다.
하룻밤 빗기운에 홍백련(紅白蓮)이 섞어 피니
바람기 없어서 만산(萬山)이 향기로다.
염계(濂溪)를 마주보아 태극(太極)*을 묻는 듯
태을진인(太乙眞人)*이 옥자(玉字)를 헤쳐 놓은 듯
노자암(鸕鶿巖) 바라보며 자미탄(紫微灘) 곁에 두고
장송(長松)을 차일(遮日) 삼아 석경(石逕)에 앉으니
인간(人間) 유월(六月)이 여기는 삼추(三秋)로다.
청강(淸江)에 떠 있는 오리 백사(白沙)에 옮겨 앉아
백구(白鷗)를 벗을 삼고 잠 깰 줄 모르나니
무심(無心)코 한가(閑暇)함이 주인(主人)과 어떠한가.
                 - 정철, 「성산별곡」 -

*태극(太極): 우주만물이 생긴 근원이라고 보는 본체(本體).
*태을진인(太乙眞人): 하늘에 있는 진선(眞仙).

43. 윗글에 대한 설명으로 가장 적절한 것은?

분석 대상

 선택률 7.7%

① 음성 상징을 활용하여 /
생동감을 자아내고 있다.

check

 선택률 19.8% ★

② 애상적 어조를 통해 /
시적 분위기를 조성하고 있다.

check

 매력적인 오답

선택률 6.4%

③ 과거와 미래를 대비하여 /
주제 의식을 부각하고 있다.

check

 정답! ★

선택률 43.5%

④ 계절의 변화 양상과 관련지어 시상을 전개하고 있다.

check

 선택률 15.9% ★

⑤ 동일한 시구를 주기적으로 반복하여 /
운율을 형성하고 있다.

check

 매력적인 오답

 me mo

[43~45] 다음 글을 읽고 물음에 답하시오. ✳ 걸린 시간: 　 분 　 초

배 방에 누워 있어 내 신세를 생각하니
가뜩이 심란한데 대풍(大風)이 일어나서
태산(泰山) 같은 성난 물결 천지에 자욱하니
크나큰 만곡주가 나뭇잎 불리이듯
하늘에 올랐다가 지함(地陷)*에 내려지니
열두 발 쌍돛대는 차아*처럼 굽어 있고
쉰두 폭 초석(草席) 돛은 반달처럼 배불렀네
굵은 우레 잔 벼락은 등[背] 아래서 진동하고
성난 고래 동(動)한 용(龍)은 물속에서 희롱하니
방 속의 요강 타구(唾具) 자빠지고 엎어지며
상하좌우 배 방 널은 잎잎이 우는구나
이윽고 해 돋거늘 장관(壯觀)을 하여 보세
일어나 배 문 열고 문설주 잡고 서서
사면(四面)을 돌아보니 어와 장할시고
인생 천지간에 ㉠**이런 구경** 또 있을까
구만리 우주 속에 큰 물결뿐이로다
　　　　　　　　(중략)
그중에 전승산이 글 쓰는 양(樣) 바라보고 　[A]
필담(筆談)으로 써서 뵈되 전문(傳聞)에 퇴석(退石) 선생 ⌉
쉬 짓기가 유명(有名)터니 선생의 빠른 재주　　　[B]
일생 처음 보았으니 엎디어 문잡나니
필연코 귀한 별호(別號) 퇴석인가 하나이다 ⌋
내 웃고 써서 뵈되 늙고 병든 둔한 글을 　⌉　[C]
포장(褒奬)을 과히 하니 수괴(羞愧)*키 가이 없다 ⌋
승산이 다시 하되 소국(小國)의 천한 선비 　⌉
세상에 났삽다가 ㉡**장(壯)한 구경** 하였으니 　[D]
저녁에 죽사와도 여한이 없다 하고 　⌋
어디로 나가더니 또다시 들어와서
아롱보(褓)에 무엇 싸고 삼목궤(杉木櫃)에 무엇 넣어
이마에 손을 얹고 엎디어 들이거늘
받아 놓고 피봉(皮封)* 보니 봉(封)한 위에 쓰였으되
각색 대단(大緞) 삼단이요 사십삼 냥 은자(銀子)로다
놀랍고 어이없어 종이에 써서 뵈되 　⌉
그대 비록 외국이나 선비의 몸으로서
은화를 갖다 가서 글 값을 주려 하니 　　[E]
그 뜻은 감격하나 의(義)에 크게 가하지 않아
못 받고 도로 주니 허물하지 말지어다 　⌋

　　　　　　　　　　- 김인겸, 「일동장유가」 -

*지함: 땅이 움푹하게 주저앉은 곳.
*차아: 줄기에서 벋어 나간 곁가지.
*수괴: 부끄럽고 창피함.
*피봉: 겉봉.

43.

윗글에 대한 설명으로 적절하지 **않은** 것은?

① 동물의 역동성을 통해 공간의 분위기를 긍정적으로 바꾸고 있다.
② 거대한 자연물에 비유하여 악화된 기상 상황을 표현하고 있다.
③ 식물의 연약한 속성을 활용하여 화자의 위태로운 상황을 드러내고 있다.
④ 상승과 하강의 이미지를 대비하여 목전에 닥친 위기감을 강조하고 있다.
⑤ 인물의 행동을 시간의 흐름에 따라 열거하여 상황을 구체적으로 보여 주고 있다.

44.

㉠과 ㉡에 대한 이해로 가장 적절한 것은?

① ㉠과 ㉡은 모두 화자의 고난 극복 의지를 드러내고 있다.
② ㉠과 ㉡은 모두 화자가 구경하는 대상의 실체를 은폐하고 있다.
③ ㉠은 자연의 풍광에 대한 감탄을, ㉡은 인물의 능력에 대한 감탄을 표현하고 있다.
④ ㉠은 화자의 관찰력에 대한, ㉡은 화자의 창조력에 대한 타인의 평가를 담고 있다.
⑤ ㉠은 대상에 대한 화자의 만족을, ㉡은 대상에 대한 화자의 아쉬움을 드러내고 있다.

45.

〈보기〉를 바탕으로 윗글을 감상한 내용으로 적절하지 **않** 은 것은? [3점]

> ─────── 〈보기〉 ───────
>
> 사행 가사인 「일동장유가」에는 화자와 일본인 문인 사이의 필담 장면이 기술되어 있는데, 필담을 통한 문답 형식은 일종의 대화의 성격을 지닌다. 필담 속에는 대화가 시작되는 상황, 문답의 주요 내용, 의사소통의 심층적 의미, 선비로서의 예법 등이 자연스럽게 포함되어 있다.

① [A]는 [B]~[D]의 필담이 시작되는 계기를 보여 주는군.
② [B]의 '빠른 재주'는 '나'의 글에 대한 상대의 평가를, [C]의 '늙고 병든 둔한 글'은 자신의 글에 대한 '나'의 입장을 보여 주는군.
③ [B]의 '필담으로 써서 뵈되'와 [C]의 '내 웃고 써서 뵈되'를 통해, 문답의 형식을 활용하여 의사소통 장면을 구체적으로 제시하는군.
④ [B]의 '귀한 별호 퇴석'과 [D]의 '소국의 천한 선비'는 선비의 예법을 동원하여 동일한 사람을 다르게 지칭한 표현이군.
⑤ [D]에는 '나'의 글에 대한 상대의 찬사가 나타나 있고, [E]에는 상대의 글 값에 대한 '나'의 거절이 드러나 있군.

[45] 다음 글을 읽고 물음에 답하시오.

배 방에 누워 있어 내 신세를 생각하니

가뜩이 심란한데 대풍(大風)이 일어나서

태산(泰山) 같은 성난 물결 천지에 자욱하니

크나큰 만곡주가 나뭇잎 불리이듯

하늘에 올랐다가 지함(地陷)*에 내려지니

열두 발 쌍돛대는 차아*처럼 굽어 있고

쉰두 폭 초석(草席) 돛은 반달처럼 배불렀네

굵은 우레 잔 벼락은 등[背] 아래서 진동하고

성난 고래 동(動)한 용(龍)은 물속에서 희롱하니

방 속의 요강 타구(唾具) 자빠지고 엎어지며

상하좌우 배 방 널은 잎잎이 우는구나

이윽고 해 돋거늘 장관(壯觀)을 하여 보세

일어나 배 문 열고 문설주 잡고 서서

사면(四面)을 돌아보니 어와 장할시고

인생 천지간에 이런 구경 또 있을까

구만리 우주 속에 큰 물결뿐이로다

(중략)

그중에 전승산이 글 쓰는 양(樣) 바라보고 [A]

필담(筆談)으로 써서 뵈되 전문(傳聞)에 퇴석(退石) 선생 ┐

쉬 짓기가 유명(有名)터니 선생의 빠른 재주

일생 처음 보았으니 엎디어 묻잡나니 [B]

필연코 귀한 별호(別號) 퇴석인가 하나이다 ┘

내 웃고 써서 뵈되 늙고 병든 둔한 글을 ┐
[C]
포장(褒獎)을 과히 하니 수괴(羞愧)*키 가이 없다 ┘

승산이 다시 하되 소국(小國)의 천한 선비 ┐

세상에 났삽다가 장(壯)한 구경하였으니 [D]

저녁에 죽사와도 여한이 없다 하고 ┘

어디로 나가더니 또다시 들어와서

아롱보(褓)에 무엇 싸고 삼목궤(杉木櫃)에 무엇 넣어

이마에 손을 얹고 엎디어 들이거늘

받아 놓고 피봉(皮封)* 보니 봉(封)한 위에 쓰였으되

각색 대단(大緞) 삼단이요 사십삼 냥 은자(銀子)로다

놀랍고 어이없어 종이에 써서 뵈되 ┐

그대 비록 외국이나 선비의 몸으로서

은화를 갖다 가서 글 값을 주려 하니 [E]

그 뜻은 감격하나 의(義)에 크게 가하지 않아

못 받고 도로 주니 허물하지 말지어다 ┘

                              － 김인겸, 「일동장유가」 －

*지함: 땅이 움푹하게 주저앉은 곳.
*차아: 줄기에서 벌어 나간 곁가지.
*수괴: 부끄럽고 창피함.
*피봉: 겉봉.

오답률 15위 52.7%

45. 〈보기〉를 바탕으로 윗글을 감상한 내용으로 적절하지 **않은** 것은? [3점]

─── 〈보기〉 ───

사행 가사인 「일동장유가」에는 **화자**와 **일본인 문인** 사이의 **필담 장면**이 기술되어 있는데, **필담을 통한 문답 형식**은 일종의 **대화의 성격**을 지닌다. 필담 속에는 **대화가 시작되는 상황, 문답의 주요 내용, 의사소통의 심층적 의미, 선비로서의 예법 등**이 자연스럽게 포함되어 있다.

분석 대상

선택률 4.4% ① [A]는 [B]~[D]의 필담이 시작되는 계기를 보여 주는군.

check
....

선택률 13.7% ★② [B]의 '빠른 재주'는 '나'의 글에 대한 상대의 평가를,
[C]의 '늙고 병든 둔한 글'은 자신의 글에 대한 '나'의 입장을 보여 주는군.

check
....

매력적인 오답

선택률 14.8% ★③ [B]의 '필담으로 써서 뵈되'와 [C]의 '내 웃고 써서 뵈되'를 통해,
문답의 형식을 활용하여 / 의사소통 장면을 구체적으로 제시하는군.

check
....

매력적인 오답

선택률 47.3% ★④ [B]의 '귀한 별호 퇴석'과 [D]의 '소국의 천한 선비'는
선비의 예법을 동원하여 / 동일한 사람을 다르게 지칭한 표현이군.

check
....
....

정답!

선택률 15.6% ★⑤ [D]에는 '나'의 글에 대한 상대의 찬사가 나타나 있고,
[E]에는 상대의 글 값에 대한 '나'의 거절이 드러나 있군.

check
....

매력적인 오답

Self Check

YES?

1. 연시조를 이해할 때는 각 수 사이의 의미 연결에 주의한다. 〈의미 이해〉 ⬤

2. 표현법들의 정확한 개념 정의를 안다. 〈개념 이해〉 ⬤

3. 살짝 달리 보이는 문제의 패턴에 당황하지 않고, 묻고자 하는 본질은 같음을 기억한다.
〈마인드 세팅〉 ⬤

4. My Check point: ⬤

과거에서 온 미래,
힘이 되는
선배들의 이야기

너에게서 온 편지

강의가 끝나고 태그 체크 보면서 한 페이지에 그 개념을 다 적어 보며 복습하고 있습니다. 처음에는 검은색 펜, 놓친 부분은 빨간색 펜, 추가적인 부분은 파란색으로 보충해요. 미니 과제도 풀고 있어요!

소설 파트 읽는데 너무 국어가 재밌더라고요!! 짧게 주어져 있는 지문만 읽고도 뒤에 이어질 내용은 무엇일까 궁금하고, 어느 순간 등장인물에 감정 이입하고, 지문 속에서 개념 찾기(보물찾기도 아니고 ㅋㅋ)하는 재미도 쏠쏠했어요.

개념의 나비효과를 살 때 각오를 하나 했어요.
'이 책 하나만큼은 꼭꼭 씹어서 완전히 소화하겠다.'
강의에서 툭툭 던져 주시는 팁들, 선생님의 국어 풀이 사고방식도 모두 이해하고 제 것으로 만들겠다고요. 선생님처럼 사고하면서 국어 문제 풀고, 선생님처럼 하루를 알차게 써서 후회 없는 고등 학교 생활을 마무리 짓고 싶어요.

제가 말의 힘을 믿는다고 그랬잖아요. 그래서 선생님 앞에서 하나 더 말하고 싶어요.
"제 꿈은 뇌공학자가 되는 거예요. 성균관대학교 바이오 메디컬 공학과를 희망 중이고요. (지금 성적으로는 우주 우주 상향인데요..) 이것도 포기하지 않고 끝까지 이뤄 낼 거예요."
이젠 혼자만의 작은 다짐이 아니라 선생님과 공유한 목표예요!
공부하다가 무너질 때마다 이 글 보며 마음 다잡을게요.
수능 국어를 배우는 것 그 이상을 얻어 가고 있네요. 감사합니다.

안녕하세요. 개념의 나비효과로 22학년도 수능을 치른 온라인 수강생입니다. 정말 많은 도움을 받아서 늦게나마 수강 후기 올립니다.

수강하게 된 동기는 6평에서 너무나도 충격적인 성적을 받아서였습니다. 큰 충격으로 망령처럼 EBS를 떠 돌던 저는 처음부터 개념까지 싹 갈아엎어야겠다는 생각으로 과감하게 나비효과를 수강하게 됐습니다. 반드시 1등급을 받아 내겠다는 엄청난 열정으로 OT를 들은 저는 저보다 열정이 더한 선생님을 보고 큰 감동을 느꼈습니다. ㅋㅋ

나비효과에서 문학, 독서 개념을 공부하니 안개 걷히듯 국어가 명확해지기 시작했고 이를 끊임없이 적용하고 정리하면서 감으로만 선지를 고르던 저는 확실한 기준을 가지고 판단할 수 있는 경지에 다다르게 되었 습니다.

올해 수능 국어는 불불불이어서 11분 쓰기로 했던 언매에서만 20분이 걸려 멘탈이 흔들렸지만 그동안 국어 공부를 열심히 한 게 아까워서 선생님 제자답게 포기하는 대신 문학부터 이를 악물고 풀기로 했습니다. 다행히 문학에서 시간을 원상 복구할 수 있었고 백분위 99라는 결과를 받을 수 있었습니다.

항상 한결같이 열정과 진정성 넘치는 모습으로 강의해 주셔서 정말 감사합니다. 열정이 꺼지는 순간에는 선생님과 함께한 교재를 보며 마음을 다잡고 대학 생활 열심히 하겠습니다. 감사합니다!!

제 6 강

현대 산문 기출 Pick

#016 ~ #018

최근 오답률이 높은 문제들을 순서대로 늘어놓을 때
현대 소설 지문의 문제들은 명함도 못 내밀 때가 많아.
문학보다는 독서 지문의 문제들이 상대적으로 어렵게 출제되고 있는 편이잖아.

6강에서는 실전에서 절반 이상의 학생들이 틀렸던 현대 소설 지문의 문제들을 모아서 만나 볼 거야.
선배들은 이 문제들을 왜 어려워했는지, 내가 이런 지문, 이런 문제를 실전에서 만난다면
어떻게 대처하면 좋을지를 고민해 보자.

항상 기본을 잊지 말 것 생소한 작품일지라도 겁먹지 말고,
<보기>가 제시해 준 감상의 방향을 확인하고, 있는 그대로 지문의 상황을 읽어 내는 거야.

☑ 현대 산문 문제 풀 때, 다시 한번 명심할 것

1. 서술자와 시점의 특징 이해 ▶▶▶ 단골 출제 요소 체크 ☐

2. 줄거리의 세부 내용 파악 ▶▶▶ 지문의 세부 내용까지 허투루 읽지 않기 ☐

3. 오버 해석 금물 ▶▶▶ 선지의 맥락 정확히, 꼼꼼하게 읽기 ☐

4. 연계 교재에서 읽었던 장면 ▶▶▶ 큰 줄기의 흐름을 파악하는 데에 활용하기 ☐

[34~36] 다음 글을 읽고 물음에 답하시오.

✱ 걸린 시간: 분   초

[A]
그러나 옛 동무는 너무나 영락(零落)하였다. 모시 두루마기에 흰 고무신, 오직 새로운 맥고모자를 쓴 그의 행색은 너무나 초라하다. 구보는 망설거린다. 그대로 모른 체하고 지날까. 옛 동무는 분명히 자기를 알아본 듯싶었다. 그리고, 구보가 자기를 알아볼 것을 두려워하는 듯싶었다. 그러나, 그러나 마침내 두 사람이 서로 지나치는, 그 마지막 순간을 포착하여, 구보는 용기를 내었다.

[B]
"이거 얼마 만이야, 유(劉)군."
그러나 벗은 순간에 약간 얼굴조차 붉히며,
"네, 참 오래간만입니다."
"그동안 서울에, 늘, 있었어."
"네."
구보는 다음에 간신히,
"어째서 그렇게 뵈올 수 없었에요."

[C]
한마디를 하고, 그리고 서운한 감정을 맛보며, 그래도 또 무슨 말이든 하고 싶다 생각할 때, 그러나 벗은, 그만 실례합니다, 그렇게 말하고, 그리고 구보의 앞을 떠나, 저 갈 길을 가버린다.
구보는 잠깐 그곳에 섰다가 다시 고개 숙여 걸으며 울 것 같은 감정을 스스로 억제하지 못한다.

조그만
한 개의 기쁨을 찾아, 구보는 남대문을 안에서 밖으로 나가보기로 한다. 그러나 그곳에는 불어드는 바람도 없이, 양옆에 웅숭그리고 앉아 있는 서너 명의 지게꾼들의 그 모양이 맥없다.
구보는 고독을 느끼고, 사람들 있는 곳으로, 약동하는 무리들이 있는 곳으로, 가고 싶다 생각한다. 그는 눈앞에 경성역을 본다. 그곳에는 마땅히 인생이 있을 게다. 이 낡은 서울의 호흡과 또 감정이 있을 게다. 도회의 소설가는 모름지기 이 도회의 항구와 친하여야 한다. 그러나 물론 그러한 직업의식은 어떻든 좋았다. 다만 구보는 고독을 삼등 대합실 군중 속에 피할 수 있으면 그만이다.
그러나 오히려 고독은 그곳에 있었다. 구보가 한옆에 끼여 앉을 수도 없게시리 사람들은 그곳에 빽빽하게 모여 있어도, 그들의 누구에게서도 인간 본래의 온정을 찾을 수는 없었다. 그네들은 거의 옆엣사람에게 한마디 말을 건네는 일도 없이, 오직 자기네들 사무에 바빴고, 그리고 간혹 말을 건네도, 그것은 자기네가 타고 갈 열차의 시각이나 그러한 것에 지나지 않았다. 그네들의 동료가 아닌 사람에게 그네들은 변소에 다녀올 동안의 그네들 짐을 부탁하는 일조차 없었다. 남을 결코 믿지 않는 그네들의 눈은 보기에 딱하고 또 가엾었다.

구보는 한구석에 가 서서, 그의 앞에 앉아 있는 노파를 본다. 그는 뉘 집에 드난*을 살다가 이제 늙고 또 쇠잔한 몸을 이끌어, 결코 넉넉하지 못한 어느 시골, 딸네 집이라도 찾아가는지 모른다. 이미 굳어 버린 그의 안면 근육은 어떠한 다행한 일에도 펴질 턱 없고, 그리고 그의 몽롱한 두 눈은 비록 그의 딸의 그지없는 효양(孝養)을 가지고도 감동시킬 수 없을지 모른다. 노파 옆에 앉은 중년의 시골 신사는 그의 시골서 조그만 백화점을 경영하고 있을 게다. 그의 점포에는 마땅히 주단포목도 있고, 일용 잡화도 있고, 또 흔히 쓰이는 약품도 갖추어 있을 게다. 그는 이제 그의 옆에 놓인 물품을 들고 자랑스러이 차에 오를 게다. 구보는 그 시골 신사가 노파와 사이에 되도록 간격을 가지려고 노력하는 것을 발견하고, 그리고 그를 업신여겼다. 만약 그에게 얕은 지혜와 또 약간의 용기를 주면 그는 삼등 승차권을 주머니 속에 간수하고 일 이등 대합실에 오만하게 자리 잡고 앉을 게다.
문득 구보는 그의 얼굴에 부종(浮腫)을 발견하고 그의 앞을 떠났다. 신장염. 그뿐 아니라, 구보는 자기 자신의 만성 위확장(胃擴張)을 새삼스러이 생각해 내지 않으면 안 되었다. 그러나 구보가 매점 옆에까지 갔을 때, 그는 그곳에서도 역시 병자를 보지 않으면 안 되었다. 40여 세의 노동자. 전경부(前頸部)의 광범한 팽륭(澎隆). 돌출한 안구. 또 손의 경미한 진동. 분명한 바세도씨병. 그것은 누구에게든 결코 깨끗한 느낌을 주지는 못한다. 그의 좌우에는 좌석이 비어 있어도 사람들은 그곳에 앉으려 들지 않는다. 뿐만 아니라, 그에게서 두 칸통 떨어진 곳에 있던 아이 업은 젊은 아낙네가 그의 바스켓 속에서 꺼내다 잘못하여 시멘트 바닥에 떨어뜨린 한 개의 복숭아가 굴러 병자의 발 앞에까지 왔을 때, 여인은 그것을 쫓아와 집기를 단념하기조차 하였다.
구보는 이 조그만 사건에 문득, 흥미를 느끼고, 그리고 그의 '대학노트'를 펴들었다. 그러나 그가 문 옆에 기대어 섰는 캡 쓰고 린네르 쓰메에리* 양복 입은 사내의, 그 온갖 사람에게 의혹을 갖는 두 눈을 발견하였을 때, 구보는 또다시 우울 속에 그곳을 떠나지 않으면 안 된다.

– 박태원, 「소설가 구보씨의 일일」 –

*드난: 임시로 남의 집 행랑에 붙어 지내며 그 집의 일을 도와줌.
*쓰메에리: 목을 둘러 바싹 여미게 지은 양복.

34.

윗글에 대한 설명으로 가장 적절한 것은?

① 사건을 역순행적으로 구성하고 있다.
② 여러 인물의 입장에서 사건을 기술하고 있다.
③ 공간을 이동하며 인물의 내면을 드러내고 있다.
④ 새로운 인물을 등장시켜 갈등을 해소하고 있다.
⑤ 과거 회상을 통해 사건의 원인을 제시하고 있다.

35.

[A]~[C]에 대한 이해로 적절하지 **않은** 것은?

① 구보와 '옛 동무'의 물리적 거리는 [A]에서는 가까워
　지며 [C]에서는 멀어지고 있다.
② [A]에서 구보가 '옛 동무'에 대해 느끼는 심리적 거리
　감은 [C]로 가면서 심화되고 있다.
③ [A]와 [C]에는 '옛 동무'에 대한 구보의 복합적인 감정
　이 직접 서술되어 있다.
④ [A]에서 '옛 동무'가 구보를 대하는 태도에서 두 사람
　이 반목하는 이유가 드러나고 있다.
⑤ [B]에서 구보와 '옛 동무'는 대화를 하고 있지만 소통
　에 대한 구보의 기대는 충족되지 못하고 있다.

36.

〈보기〉를 바탕으로 윗글을 감상한 내용으로 적절하지 **않**
은 것은? [3점]

———— 〈보기〉 ————

　구보가 관찰하는 것은 사람들의 몸과 그 연장선
인 그들의 행색이나 행동이다. 몸은 육체적, 정신적
으로 끊임없이 세계와 교섭하며 그 흔적을 내재하
고 있는 하나의 기호이기 때문이다. 구보의 시선이
포착하는 것은 자신을 포함한 사람들의 병든 육체
와 정신이다. 이는 식민지 근대에 대한 구보의 진단
이자, 지식인의 우울한 내면에 대한 은유라고 할 수
있다.

① '구보'가 '대학노트'를 꺼내 든 것은 '바세도씨병'을
　앓는 '노동자'와 그를 대하는 '젊은 아낙네'의 태도에
　서 육체적, 정신적으로 병든 시대의 일면을 포착한 때
　문으로 볼 수 있군.
② '군중'들이 '온정'을 잃고 '남을 결코 믿지 않는' 모습
　에 '구보'가 '딱하고 가엾은' 감정을 느끼는 것은 병든
　정신에 대한 비판적 태도로 볼 수 있군.
③ '노파'의 '굳어 버린 안면 근육'과 '딸의 그지없는 효
　양'으로도 감동시킬 수 없는 '눈'은 육체적, 정신적 생
　기를 상실한 삶의 모습으로 볼 수 있군.
④ '캡 쓰고 쓰메에리 양복 입은 사내'의 '의혹을 갖는
　두 눈'에 지식인의 우울과 회의가 담겨 있다고 볼 수
　있군.
⑤ '구보' 역시 '만성 위확장'을 앓는 환자라는 사실은 구
　보의 '고독'한 내면에 대한 은유로 볼 수 있군.

[36] 다음 글을 읽고 물음에 답하시오.

그러나 옛 동무는 너무나 영락(零落)하였다. 모시 두루마기에 흰 고무신, 오직 새로운 맥고모자를 쓴 그의 행색은 너무나 초라하다. 구보는 망설거린다. 그대로 모른 체하고 지날까. 옛 동무는 분명히 자기를 알아본 듯싶었다. 그리고, 구보가 자기를 알아볼 것을 두려워하는 듯싶었다. 그러나, 그러나 마침내 두 사람이 서로 지나치는, 그 마지막 순간을 포착하여, 구보는 용기를 내었다.

"이거 얼마 만이야, 유(劉)군."

그러나 벗은 순간에 약간 얼굴조차 붉히며,

"네, 참 오래간만입니다."

"그동안 서울에, 늘, 있었어."

"네."

구보는 다음에 간신히,

"어째서 그렇게 뵐 수 없었에요."

한마디를 하고, 그리고 서운한 감정을 맛보며, 그래도 또 무슨 말이든 하고 싶다 생각할 때, 그러나 벗은, 그만 실례합니다, 그렇게 말하고, 그리고 구보의 앞을 떠나, 저 갈 길을 가버린다.

구보는 잠깐 그곳에 섰다가 다시 고개 숙여 걸으며 울 것 같은 감정을 스스로 억제하지 못한다.

조그만

한 개의 기쁨을 찾아, 구보는 남대문을 안에서 밖으로 나가보기로 한다. 그러나 그곳에는 불어드는 바람도 없이, 양옆에 웅숭그리고 앉아 있는 서너 명의 지게꾼들의 그 모양이 맥없다.

구보는 고독을 느끼고, 사람들 있는 곳으로, 약동하는 무리들이 있는 곳으로, 가고 싶다 생각한다. 그는 눈앞에 경성역을 본다. 그곳에는 마땅히 인생이 있을 게다. 이 낡은 서울의 호흡과 또 감정이 있을 게다. 도회의 소설가는 모름지기 이 도회의 항구와 친하여야 한다. 그러나 물론 그러한 직업의식은 어떻든 좋았다. 다만 구보는 고독을 삼등 대합실 군중 속에 피할 수 있으면 그만이다.

그러나 오히려 고독은 그곳에 있었다. 구보가 한옆에 끼여 앉을 수도 없게시리 사람들은 그곳에 빽빽하게 모여 있어도, 그들의 누구에게서도 인간 본래의 온정을 찾을 수는 없었다. 그네들은 거의 옆엣사람에게 한마디 말을 건네는 일도 없이, 오직 자기네들 사무에 바빴고, 그리고 간혹 말을 건네도, 그것은 자기네가 타고 갈 열차의 시각이나 그러한 것에 지나지 않았다. 그네들의 동료가 아닌 사람에게 그네들은 변소에 다녀올 동안의 그네들 짐을 부탁하는 일조차 없었다. 남을 결코 믿지 않는 그네

들의 눈은 보기에 딱하고 또 가엾었다.

구보는 한구석에 가 서서, 그의 앞에 앉아 있는 노파를 본다. 그는 뉘 집에 드난*을 살다가 이제 늙고 또 쇠잔한 몸을 이끌어, 결코 넉넉하지 못한 어느 시골, 딸네 집이라도 찾아가는지 모른다. 이미 굳어 버린 그의 안면 근육은 어떠한 다행한 일에도 펴질 턱 없고, 그리고 그의 몽롱한 두 눈은 비록 그의 딸의 그지없는 효양(孝養)을 가지고도 감동시킬 수 없을지 모른다. 노파 옆에 앉은 중년의 시골 신사는 그의 시골서 조그만 백화점을 경영하고 있을 게다. 그의 점포에는 마땅히 주단포목도 있고, 일용잡화도 있고, 또 흔히 쓰이는 약품도 갖추어 있을 게다. 그는 이제 그의 옆에 놓인 물품을 들고 자랑스러이 차에 오를 게다. 구보는 그 시골 신사가 노파와 사이에 되도록 간격을 가지려고 노력하는 것을 발견하고, 그리고 그를 업신여겼다. 만약 그에게 얕은 지혜와 또 약간의 용기를 주면 그는 삼등 승차권을 주머니 속에 간수하고 일 이등 대합실에 오만하게 자리 잡고 앉을 게다.

문득 구보는 그의 얼굴에 부종(浮腫)을 발견하고 그의 앞을 떠났다. 신장염. 그뿐 아니라, 구보는 자기 자신의 만성 위확장(胃擴張)을 새삼스러이 생각해 내지 않으면 안 되었다. 그러나 구보가 매점 옆에까지 갔었을 때, 그는 그곳에서도 역시 병자를 보지 않으면 안 되었다. 40여 세의 노동자. 전경부(前頸部)의 광범한 팽륭(澎隆). 돌출한 안구. 또 손의 경미한 진동. 분명한 바세도씨병. 그것은 누구에게든 결코 깨끗한 느낌을 주지는 못한다. 그의 좌우에는 좌석이 비어 있어도 사람들은 그곳에 앉으려 들지 않는다. 뿐만 아니라, 그에게서 두 칸통 떨어진 곳에 있던 아이 업은 젊은 아낙네가 그의 바스켓 속에서 꺼내다 잘못하여 시멘트 바닥에 떨어뜨린 한 개의 복숭아가 굴러 병자의 발 앞에까지 왔을 때, 여인은 그것을 쫓아와 집기를 단념하기조차 하였다.

구보는 이 조그만 사건에 문득, 흥미를 느끼고, 그리고 그의 '대학노트'를 펴 들었다. 그러나 그가 문 옆에 기대어 섰는 캡 쓰고 린네르 쓰메에리* 양복 입은 사내의, 그 온갖 사람에게 의혹을 갖는 두 눈을 발견하였을 때, 구보는 또다시 우울 속에 그곳을 떠나지 않으면 안 된다.

- 박태원, 「소설가 구보씨의 일일」 -

*드난: 임시로 남의 집 행랑에 붙어 지내며 그 집의 일을 도와줌.

*쓰메에리: 목을 둘러 바싹 여미게 지은 양복.

오답률 2위 52.9%

36. 〈보기〉를 바탕으로 윗글을 감상한 내용으로 적절하지 **않은** 것은? [3점]

─── 〈보기〉 ───

　구보가 관찰하는 것은 **사람들의 몸**과 그 연장선인 그들의 **행색이나 행동**이다. 몸은 육체적, 정신적으로 끊임없이 세계와 교섭하며 그 흔적을 내재하고 있는 하나의 기호이기 때문이다. 구보의 시선이 포착하는 것은 **자신을 포함한 사람들의 병든 육체와 정신**이다. 이는 **식민지 근대에 대한 구보의 진단**이자, **지식인의 우울한 내면에 대한 은유**라고 할 수 있다.

check

....

....

....

....

분석 대상

① '구보'가 '대학노트'를 꺼내 든 것은 /
'바세도씨병'을 앓는 '노동자'와 그를 대하는 '젊은 아낙네'의 태도에서 육체적, 정신적으로 병든 시대의 일면을 포착한 때문으로 볼 수 있군.

check

....

....

....

★② '군중'들이 '온정'을 잃고 '남을 결코 믿지 않는' 모습에 '구보'가 '딱하고 가엾은' 감정을 느끼는 것은 /
병든 정신에 대한 비판적 태도로 볼 수 있군.

check

매력적인 오답

....

....

....

③ '노파'의 '굳어 버린 안면 근육'과 '딸의 그지없는 효양'으로도 감동시킬 수 없는 '눈'은 /
육체적, 정신적 생기를 상실한 삶의 모습으로 볼 수 있군.

check

....

....

....

★④ **'캡 쓰고 쓰메에리 양복 입은 사내'의 '의혹을 갖는 두 눈'에 /
지식인의 우울과 회의가 담겨 있다고 볼 수 있군.**

check

정답!

....

....

....

⑤ '구보' 역시 '만성 위확장'을 앓는 환자라는 사실은 /
구보의 '고독'한 내면에 대한 은유로 볼 수 있군.

check

....

....

....

[31~34] 다음 글을 읽고 물음에 답하시오.

✴ 걸린 시간:　　분　　초

"집이 거기쇼?"

고깔모자를 쓴 사람은 색안경이라면 질색이다. 그에겐 색안경을 쓴 사람은 형사다. 그리고 형사는 기피자를 단속한다. 그는 직장에서 쫓겨났을 때까지 매달 월급날이면 정기적으로 형사의 '예방'을 받은 적이 있다.

"예? 예. 선생님은요."

"나요? 난 거긴 배꼽 따고 처음이오."/"호 호 호."

여자의 웃음소리는 김 씨의 상상을 망쳐 버린다. 그는 장님이 되는 생각을 비장한 마음 없이는 하지 못한다. 그런데 그 생각이 바야흐로 절정에 도달하고 있을 때 갑자기 킬킬거리는 여자의 ㉠웃음소리가 들려온다. 살찐 여자. 그리고 그는 안마장이. 그러나 그는 별로 서운치 않다. 포동포동한 여인을 안마한다는 생각도 그렇게 나쁘진 않다. 원래는 이렇게 되어 있다. 그를 부르는 여자는 그의 애인이고 킬킬거리며 웃는 사람은 그녀의 남편이다. 그는 그녀의 남편을 안마한다. 그녀는 바로 곁에서 시중들고 있지만 안경을 낀 그를 알아보지 못한다. 그는 안마를 끝마친다. 그녀는 그에게 몇 푼의 돈을 쥐여준다. 그는 그것을 받아넣고 다시 길거리로 나온다. 그리고 퉁소를 꺼내 불기 시작한다.

"아, 인제 떠날랴나?"

창문인 줄만 알았던 앞쪽의 유리창 일부가 밑에까지 움푹 패이면서 열리자 장갑 낀 손이 쑥 들어오더니 턱과 뺨 위로 수염이 검실검실 돋은 운전사의 머리를 차 안으로 끌어들인다. 머리가 들어오자 잠바가 따라 들어오고 그 뒤로 호주머니께가 허옇게 닳은 낡은 코르덴 바지가 딸려 들어온다. 운전사는 자리에 앉자 한 손으로 운전륜을 잡고 고개를 돌려 뒤를 돌아본다. 손님 머릿수가 적은 것이 눈에 안 차는 모양이다. 쿵 하고 돌아앉아서 한쪽 어깨를 기울이고 스위치를 넣더니 부르릉 발동을 건다. 삼십 분 동안이나 기다린 손님들이 오히려 미안해해야 할 모양이다. 우리들은 왜 이렇게 수가 적은가! 정원 사십팔 명에 한 백 명쯤 타가지고 숨도 못 쉬고 북적거리고 있더라면 운전사가 조금은 미안해했을는지도 모를 텐데.

"얘, 이제 슬슬 떠나보련?"

잠바를 입은 사나이는 엉덩이부터 차에 오르고 있는 여차장을 쳐다보고 있다.

"네, 곧 가요."

차장은 질문한 사람이 누구인지를 알아볼 생각이 전혀 없다.

"아직 안 가?"

"곧 가요."/"여기가 중국집인 줄 아니?"

"왜 내가 중국집에 있어요?"

ⓐ차장은 비로소 뒤를 돌아본다.

"너, 곰이로구나?"/"내가 왜 곰이어요? 아저씬 뭔데요?"

"나? 난 네 할배다."

차가 달리기 시작하자 고깔모자는 자연스럽게 좌우로 움직일 수 있다. 특히 왼쪽으로. 여자는 그럴 때마다 창문 쪽으로 피하는 척한다. 그리고 미안한 생각에서 그를 쳐다봐준다.

"군하리엔 뭣 하러 가세요?"/"놀러요."

"일행이세요?"

"예." ⓑ그는 목소리를 낮춘다. "저 사람은 늙은 대학생 김 씨. 이쪽은 세무서 직원 이 씨. 그리고 난 얼마 전까지 국민학교 선생. 성은 박 씨. 대개 이렇소."

"정말 묘하게 어울리셨어요. 친구분들이세요?"

"우린 한 집에 살고 있지요."/"어머, 그러세요?"

"그럼은요. 우리집에 저 두 사람이 하숙하고 있지요."

김 씨는 차창 유리에 이마를 댄다. 차체의 진동이 그대로 전달되어온다. 그는 이마를 뗀다.

ⓒ"이 차도 달릴 줄 아는군. 난 세워두려고 만든 줄 알았더니."

"그게 다 우리 차장이 '오라이' 한 덕분이지. 얘, 안 그래?"

잠바를 입은 이 씨는 나일론 천의 윤이 나는 검은빛 바지를 입은 여차장의 엉덩이가 크다고 생각한다. 차장은 아직 화가 나 있다. 이 씨는 잠바 호주머니에서 껌을 한 통 꺼낸다. 김 씨는 창밖을 내다보고 있다. 달리는 버스는 유쾌하다. 속이 훅 트이는 것이 만사가 술술 풀릴 것 같다.

"너 이거 먹을 줄 아니?"

이 씨가 껌을 하나 쑥 뽑아서 차장의 등뒤로 들이민다. 차장은 뒤를 돌아보고 피식 웃는다.

ⓓ"곰이 어떻게 껌을 먹어요?"

"뭐? 하 하. 제법이구나. 됐어. 곰은 원래 재주를 잘 부리지. 먹어둬. 손해될 거 있니?"

차장은 껌을 받는다. 이 씨는 옆에 있는 김 씨에게 그리고 뒤에 앉은 박 씨와 그 옆의 여자에게까지 고루 껌을 하나씩 권한다. 그리고 남은 하나를 끄집어내서 껍질을 벗긴다.

박 씨는 여자와 급속도로 친해지고 있다.

"집이 원래 군하리요?"

"아뇨. 인천예요."

"아, 이사허셨군."

"아뇨, 그냥 거기서 살아요. 엄마하고 언니하고… 그렇게 그냥 셋이 살아요."

"인천서요?"/"아뇨. 군하리서요."

"인천엔 아무도 없구요?"

ⓔ"아뇨. 거기두… 아이 , 뭘 그렇게 꼬치꼬치 물으세요?"

"참, 그렇군."

참 그렇다니. 김 씨는 실소한다. 그는 창밖을 내다보고 있지만 등뒤에서 하는 이야기를 죄다 듣고 있다. 그는 항상 시치미를 뚝 떼고 있기를 좋아한다. 알고도 모른 척, 모르고도 모른

척. 그것은 대단히 즐거운 일이다. "당신 아무래도 수상한데?" 뭐가? "어제 두시에서 다섯시까지 사이에 어디에 있었수?" 건 왜 물우? "안 되오. 난 못 속이우. 박형은 속여두 난 못 속인단 말이우." 허 허 허 허.

그는 슬쩍 이 씨를 옆눈질해 본다. 제 비록 약다 하나 이쪽에서 가가대소만 하고 있는 한 어떻게 결론을 내릴 수 있으리오. "앉어, 응? 서 있으면 몸에 해롭지."/"괜찮아요."

"아, 지금이야 괜찮지. 이 댐에 커서 시집갈 때 해롭단 이야기야."

차장은 얼굴을 붉히고 중간쯤에 있는 빈자리에 가서 앉는다. 이 씨는 빙그레 웃는다. 실속이 없는 줄 알면서도 여자와 이야기를 나누면 그는 기분이 좋다. 그는 잠바 목 속에서 하얀 목도리를 조금 꺼내올려 귓부리를 포근히 감싸주고 의자에 등을 기대면서 담배를 뽑아 문다. 불을 붙일 생각을 하지 않고 창밖을 내다본다. 뿌듯이 흐린 하늘에는 눈발이 이따금씩 희끗거리고 있다. 두 사람은 말없이 생각 속으로 빠져들어간다. 뒤에 앉은 박 씨만이 낮은 목소리로 여자와 소근거린다. 멋쩍은 몇 낱의 ⓛ웃음소리만 가끔 엔진 소리 위로 솟아오를 뿐, 대체로 무슨 이야긴지 알아들을 수가 없다.

  – 서정인, 「강」 -

31.

윗글에 대한 이해로 적절한 것은?

① '여차장'은 버스가 정원을 채우지도 못하고 출발한 것에 대해 기분이 상해 있다.
② '김 씨'는 '이 씨'의 옆에, '박 씨'는 '이 씨'의 뒤에 앉아 있다.
③ '이 씨'는 '여자'에게 군하리에 가는 이유를 묻고 있다.
④ '운전사'는 손님들에 대해 미안한 기색을 보이고 있다.
⑤ '김 씨'는 일행이 하숙하고 있는 집의 주인이다.

32.

㉠과 ㉡에 대한 설명으로 가장 적절한 것은?

① ㉠은 인물이 하던 상상의 흐름에 영향을 미친다.
② ㉡은 다른 인물과의 관계를 어색하게 만들고 있다.
③ ㉠으로 인해 조성된 긴장감은 ㉡을 통해 해소되고 있다.
④ ㉠은 인물에 대한 호감을 강화하고, ㉡은 인물에 대한 반감을 불러일으키고 있다.
⑤ ㉠과 ㉡은 모두 인물의 상상 속에서만 들리는 것이다.

33.

ⓐ~ⓔ에 대한 설명으로 적절하지 <u>않은</u> 것은?

① ⓐ: 대화를 나누고 있는 인물에 대해 지금까지는 별로 신경을 쓰고 있지 않았음을 짐작할 수 있다.
② ⓑ: 대화를 나누는 상대방에 대해 심리적인 거리를 두고자 함을 엿볼 수 있다.
③ ⓒ: 비꼬는 말투를 통해 버스가 늦게 출발하게 된 상황에 대한 불만을 엿볼 수 있다.
④ ⓓ: 상대방이 앞에서 자신에게 했던 농담을 활용하여 대응하고 있다.
⑤ ⓔ: 상대방이 자신에 대해 알려고 하는 것에 대해 불편한 기색을 드러내고 있다.

34.

〈보기〉를 바탕으로 윗글을 감상한 내용으로 적절하지 <u>않은</u> 것은? [3점]

---- 〈보기〉 ----

윗글에서는 인물에 대한 정보가 부분적이고, 파편적으로 제시된다. 이들이 나누는 대화는 제자리에서 겉돌며 진정한 의미의 소통에는 도달하지 못하고 있다. 한편, 일반적인 소설에서 사건이 시간의 흐름에 따라 자연스럽게 전개되는데 윗글에서는 사건의 자연스러운 전개를 방해하는 서사적 장치들도 사용되고 있다.

---

① '박 씨'에 대한 정보는 '고깔모자', '기피자', '전직 교사'와 같이 부분적인 것들이 흩어져서 제시되고 있다.
② 한집에 사는 '김 씨', '이 씨', '박 씨' 들은 서로 의미 있는 대화를 하고자 하지만 진정한 소통에는 이르지 못하고 있다.
③ '이 씨'가 '여차장'에게 무의미한 농담을 건네는 모습에서 진정한 의미의 소통이 이루어지지 않는 상황을 확인할 수 있다.
④ '박 씨'와 '김 씨', '이 씨' 등으로 서술 대상을 계속 바꾸어 서술하여 시간의 흐름에 따른 서사 전개를 지연시키고 있다.
⑤ '김 씨'가 장님이 되는 상상에 빠져드는 장면이 다른 인물들의 대화에 바로 이어져서 서사의 자연스러운 흐름을 방해하고 있다.

[34] 다음 글을 읽고 물음에 답하시오.

"집이 거기죠?"

고깔모자를 쓴 사람은 색안경이라면 질색이다. 그에겐 색안경을 쓴 사람은 형사다. 그리고 형사는 기피자를 단속한다. 그는 직장에서 쫓겨났을 때까지 매달 월급날이면 정기적으로 형사의 '예방'을 받은 적이 있다.

"예? 예. 선생님은요."

"나요? 난 거긴 배꼽 따고 처음이오."/"호 호 호."

여자의 웃음소리는 김 씨의 상상을 망쳐 버린다. 그는 장님이 되는 생각을 비장한 마음 없이는 하지 못한다. 그런데 그 생각이 바야흐로 절정에 도달하고 있을 때 갑자기 킬킬거리는 여자의 웃음소리가 들려온다. 살찐 여자. 그리고 그는 안마장이. 그러나 그는 별로 서운치 않다. 포동포동한 여인을 안마한다는 생각도 그렇게 나쁘진 않다. 원래는 이렇게 되어 있다. 그를 부르는 여자는 그의 애인이고 킬킬거리며 웃는 사람은 그녀의 남편이다. 그는 그녀의 남편을 안마한다. 그녀는 바로 곁에서 시중들고 있지만 안경을 낀 그를 알아보지 못한다. 그는 안마를 끝마친다. 그녀는 그에게 몇 푼의 돈을 쥐여준다. 그는 그것을 받아넣고 다시 길거리로 나온다. 그리고 퉁소를 꺼내 불기 시작한다.

"아, 인제 떠날래나?"

창문인 줄만 알았던 앞쪽의 유리창 일부가 밑에까지 움푹 패이면서 열리자 장갑 낀 손이 쑥 들어오더니 턱과 뺨 위로 수염이 검실검실 돋은 운전사의 머리를 차 안으로 끌어들인다. 머리가 들어오자 잠바가 따라 들어오고 그 뒤로 호주머니께가 허옇게 닳은 낡은 코르덴 바지가 딸려 들어온다. 운전사는 자리에 앉자 한 손으로 운전륜을 잡고 고개를 돌려 뒤를 돌아본다. 손님 머릿수가 적은 것이 눈에 안 차는 모양이다. 끙 하고 돌아앉아서 한쪽 어깨를 기울이고 스위치를 넣더니 부르릉 발동을 건다. 삼십 분 동안이나 기다린 손님들이 오히려 미안해해야 할 모양이다. 우리들은 왜 이렇게 수가 적은가! 정원 사십팔 명에 한 백 명쯤 타가지고 숨도 못 쉬고 북적거리고 있었더라면 운전사가 조금은 미안해했을는지도 모를 텐데.

"얘, 이제 슬슬 떠나보련?"

잠바를 입은 사나이는 엉덩이부터 차에 오르고 있는 여차장을 쳐다보고 있다.

"네, 곧 가요."

차장은 질문한 사람이 누구인지를 알아볼 생각이 전혀 없다.

"아직 안 가?"

"곧 가요."/"여기가 중국집인 줄 아니?"

"왜 내가 중국집에 있어요?"

차장은 비로소 뒤를 돌아본다.

"너, 곰이로구나?"/"내가 왜 곰이어요? 아저씬 뭔데요?"

"나? 난 네 할배다."

차가 달리기 시작하자 고깔모자는 자연스럽게 좌우로 움직일 수 있다. 특히 왼쪽으로. 여자는 그럴 때마다 창문 쪽으로 피하는 척한다. 그리고 미안한 생각에서 그를 쳐다보아준다.

"군하리엔 뭣 하러 가세요?"/"놀러요."

"일행이세요?"

"예." 그는 목소리를 낮춘다. "저 사람은 늙은 대학생 김 씨. 이쪽은 세무서 직원 이 씨. 그리고 난 얼마 전까지 국민학교 선생. 성은 박 씨. 대개 이렇소."

"정말 묘하게 어울리셨어요. 친구분들이세요?"

"우린 한 집에 살고 있지요."/"어머, 그러세요?"

"그럼은요. 우리집에 저 두 사람이 하숙하고 있지요."

김 씨는 차창 유리에 이마를 댄다. 차체의 진동이 그대로 전달되어온다. 그는 이마를 뗀다.

"이 차도 달릴 줄 아는군. 난 세워두려고 만든 줄 알았더니."

"그게 다 우리 차장이 '오라이' 한 덕분이지. 얘, 안 그래?"

잠바를 입은 이 씨는 나일론 천의 윤이 나는 검은빛 바지를 입은 여차장의 엉덩이가 크다고 생각한다. 차장은 아직 화가 나 있다. 이 씨는 잠바 호주머니에서 껌을 한 통 꺼낸다. 김 씨는 창밖을 내다보고 있다. 달리는 버스는 유쾌하다. 속이 훅 트이는 것이 만사가 술술 풀릴 것 같다.

"너 이거 먹을 줄 아니?"

이 씨가 껌을 하나 쑥 뽑아서 차장의 등뒤로 들이민다. 차장은 뒤를 돌아보고 피식 웃는다.

"곰이 어떻게 껌을 먹어요?"

"뭐? 하 하. 제법이구나. 됐어. 곰은 원래 재주를 잘 부리지. 먹어둬. 손해될 거 있니?"

차장은 껌을 받는다. 이 씨는 옆에 있는 김 씨에게 그리고 뒤에 앉은 박 씨와 그 옆의 여자에게까지 고루 껌을 하나씩 권한다. 그리고 남은 하나를 끄집어내서 껍질을 벗긴다.

박 씨는 여자와 급속도로 친해지고 있다.

"집이 원래 군하리요?"/"아뇨. 인천예요."

"아, 이사허셨군."

"아뇨, 그냥 거기서 살아요. 엄마하고 언니하고… 그렇게 그냥 셋이 살아요."

"인천서요?"/"아뇨. 군하리서요."

"인천엔 아무도 없구요?"

"아뇨. 거기두… 아이 , 뭘 그렇게 꼬치꼬치 물으세요?"

"참, 그렇군."

참 그렇다니. 김 씨는 실소한다. 그는 창밖을 내다보고 있지만 등뒤에서 하는 이야기를 죄다 듣고 있다. 그는 항상 시치미를 뚝 떼고 있기를 좋아한다. 알고도 모른 척, 모르고도 모른 척. 그것은 대단히 즐거운 일이다. "당신 아무래도 수상한데?" 뭐가? "어제 두시에서 다섯시까지 사이에 어디에 있었수?" 건 왜 물우? "안 되지. 난 못 속이우. 박형은 속여두 난 못 속인단 말이우." 허 허 허 허.

그는 슬쩍 이 씨를 옆눈질해 본다. 제 비록 약다 하나 이쪽에서 가가대소만 하고 있는 한 어떻게 결론을 내릴 수 있으리오.
"앉어, 응? 서 있으면 몸에 해롭지."/"괜찮아요."
"아, 지금이야 괜찮지. 이 댐에 커서 시집갈 때 해롭단 이야기야."
차장은 얼굴을 붉히고 중간쯤에 있는 빈자리에 가서 앉는다. 이 씨는 빙그레 웃는다. 실속이 없는 줄 알면서도 여자와 이야기를 나누면 그는 기분이 좋다. 그는 잠바 목 속에서 하얀 목

도리를 조금 꺼내올려 귓부리를 포근히 감싸주고 의자에 등을 기대면서 담배를 뽑아 문다. 불을 붙일 생각을 하지 않고 창밖을 내다본다. 뿌듯이 흐린 하늘에는 눈발이 이따금씩 희끗거리고 있다. 두 사람은 말없이 생각 속으로 빠져들어간다. 뒤에 앉은 박 씨만이 낮은 목소리로 여자와 소근거린다. 멋쩍은 몇 낱의 웃음소리만 가끔 엔진 소리 위로 솟아오를 뿐, 대체로 무슨 이야긴지 알아들을 수가 없다.

– 서정인, 「강」 –

문항 코드 23638-0018

오답률 3위 61.7%

34. 〈보기〉를 바탕으로 윗글을 감상한 내용으로 적절하지 **않은** 것은? [3점]

—————— 〈보기〉 ——————

윗글에서는 **인물에 대한 정보가 부분적이고, 파편적으로 제시**된다. 이들이 나누는 대화는 **제자리에서 겉돌며 진정한 의미의 소통에는 도달하지 못하고 있다.** 한편, 일반적인 소설에서 사건이 시간의 흐름에 따라 자연스럽게 전개되는데 윗글에서는 **사건의 자연스러운 전개를 방해하는 서사적 장치들**도 사용되고 있다.

분석 대상

선택률 5.4% ① '박 씨'에 대한 정보는 /
'고깔모자', '기피자', '전직 교사'와 같이 부분적인 것들이 흩어져서 제시되고 있다.

check

선택률 38.3% ★ ② 한집에 사는 '김 씨', '이 씨', '박 씨' 들은 /
서로 의미 있는 대화를 하고자 하지만 진정한 소통에는 이르지 못하고 있다.

check

정답!

선택률 11.5% ③ '이 씨'가 '여차장'에게 무의미한 농담을 건네는 모습에서 /
진정한 의미의 소통이 이루어지지 않는 상황을 확인할 수 있다.

check

선택률 18.5% ★ ④ '박 씨'와 '김 씨', '이 씨' 등으로 서술 대상을 계속 바꾸어 서술하여 /
시간의 흐름에 따른 서사 전개를 지연시키고 있다.

check

매력적인 오답

선택률 17.7% ★ ⑤ '김 씨'가 장님이 되는 상상에 빠져드는 장면이 다른 인물들의 대화에 바로 이어져서 /
서사의 자연스러운 흐름을 방해하고 있다.

check

매력적인 오답

[28~31] 다음 글을 읽고 물음에 답하시오. ✳ 걸린 시간: 분 초

그런 일이 있은 지 한 달쯤 지나니 내 겨드랑에 생긴 이변의 전모가 대강 드러났다. **파마늘**은 어김없이 밤 12시부터 새벽 4시 사이에 솟구친다는 것. **방**에 있으면 쑤시고 밖에 나가면 씻은 듯하다는 것. 까닭은 전혀 알 길이 없다는 것 등이었다. **의사**는 나에게 전혀 이상이 없다고 잘라 말했다. 그도 그럴 것이 그 시간에는 내 겨드랑은 멀쩡했기 때문이다. 그때부터 나의 괴로움은 비롯되었다. 파마늘은 전혀 불규칙한 사이를 두고 튀어나왔다. 연이틀을 쑤시는가 하면 한 일주일 소식을 끊고 하는 것이었다. 하루 이틀이지 이렇게 줄곧 밖에서 새운다는 것은 못 할 일이었다. 나는 제집이면서 꼭 **도적놈처럼** 뜰의 어느 구석에 숨어서 밤 지내야 했기 때문이다. 그런 생활이 두 달째에 접어들었을 때 나는 견디다 못해서 담을 넘어서 밖으로 나가 보았다. 그랬더니 참으로 이상한 일도 다 있었다. 뜰에 나와 있어도 가끔 뜨끔거리고 손을 대 보면 미열이 있던 것이 거리를 거닐게 되면서는 아주 깨끗이 편한 상태가 되었다. 이렇게 되면서 독자들은 곧 짐작이 갔겠지만, 문제가 생겼다. 내가 의료적인 이유로 산책을 강요당하게 되는 시간이 행정상의 **통행 제한**의 시간과 우연하게도 겹치는 점이었다. 고민했다. 나는 부르주아의 썩은 미덕을 가지고 있었다. 관청에서 정하는 규칙은 따라야 한다는 것이 그것이다. 12시부터 4시까지는 모든 **시민**은 밖에 나다니지 말기로 되어 있다. 모든 사람이 받아들이는 규칙이니까 **페어플레이**를 지키는 사람이면 이것은 소형(小型)의 도덕률일 수밖에 없다. 그러나 이 도덕률을 지키는 한 내 겨드랑은 요절이 나고 나는 죽을는지도 모른다.

[중략 부분의 줄거리] '나'는 겨드랑이에 파마늘 같은 것이 돋으면 밤거리를 몰래 산책하곤 한다. '나'는 밤 산책 중 종종 다른 사람들과 마주친다.

오늘은 경관을 만났다. 나는 얼른 몸을 숨겼다. 그는 부산하게 내 앞을 지나갔다. 그 순간 나는 내가 레닌*인 것을, 안중근인 것을, 김구인 것을, 아무튼 그런 인물임을 실감한 것이다. 그가 지나간 다음에도 나는 ㉠**은신처**에서 나오지 않았다. 공화국의 시민이 어찌하여 그런 엄청난 변모를 할 수 있었는지 모를 일이다. 나는 정치적으로 백치나 다름없는 감각을 가진 사람이다. 위에서 레닌과 김구를 같은 유(類)에 놓은 것만 가지고도 알 만할 것이다. 그런데 경관이 지나가는 순간에 내가 혁명가였다는 것도 분명한 사실이다. **혁명가**라고 자꾸 하는 것이 안 좋으면 간첩이래도 좋다. 나는 그 순간 분명히 **간첩**이었던 것이다. 그런데 내가 간첩이 아닌 것은 역시 분명하였다.

도적놈이래도 그렇다. 나는 분명히 도적놈이었으나 분명히 도적놈은 아니었다. 나는 아주 희미하게나마 혁명가, 간첩, 도적놈 그런 사람들의 마음이 알 만해지는 듯싶었다. 이 맛을 못 잊는 것이구나 하고 나는 생각하였다. 나도 물론 처음에는 치료라는 순전히 **공리적인** 이유로 이 산책에 나섰다. 그러나 지금으로서는 반드시 그런 것만은 아니다. 설사 내 겨드랑의 달걀이 영원히 가 버린다 하더라도 이 금지된 산책을 그만둘 수 있을지는 심히 의심스럽다. 나의 산책의 성격은 **변질**되기 시작하였다. **누룩 반죽**처럼.

기적(奇蹟). 기적. 경악. 공포. 웃음. 오늘 세상에도 희한한 일이 내 몸에 일어났다. 한강 근처를 산책하고 있는데 겨드랑이 간질간질해 왔다. 나는 속옷 사이로 더듬어 보았다. 털이 만져졌다. 그런데 닿임새가 심상치 않았다. 털이 팬히 빳빳하고 잘 묶여 있는 느낌이다. 빗자루처럼. 잘 만져 본다. 아무래도 보통이 아니다. 나는 ㉡**바위틈**에 몸을 숨기고 윗옷을 벗었다. 속옷은 벗지 않고 들치고는 겨드랑을 들여다보았다. 나는 실소하고 말았다. 내 겨드랑에는 새끼 까마귀의 그것만 한 아주 치사하게 쬐끄만 **날개**가 돋아나 있었다. 다른 쪽 겨드랑을 또 들여다보았다. 나는 쿡 웃어 버렸다. 그쪽에도 장난감 몽당빗자루만 한 것이 달려 있는 것이었다. 날개가 보통 새들의 것과 다른 점이 그 깃털이 곱슬곱슬한 고수머리라는 것뿐이었다. 흠. 이놈이 나오려는 아픔이었구나 하고 나는 생각했다. 나는 그 날개를 움직이려고 해 보았다. **굇바퀴**가 말을 안 듣는 것처럼 그놈도 움직이지 않았다. 나는 참말 부끄러워졌다.

　　　　　　　　　　　　- 최인훈, 「크리스마스 캐럴 5」 -

*레닌: 러시아의 혁명가.

28.

윗글의 서술상 특징으로 가장 적절한 것은?

① 시간의 순서를 뒤바꾸어 이야기의 인과 관계를 재구성하고 있다.
② 유사한 사건을 반복해서 제시하며 서술의 초점을 분산시키고 있다.
③ 장면에 따라 서술자를 달리하여 사건의 의미를 입체적으로 조명하고 있다.
④ 공간의 이동에 따른 인물의 경험을 다른 인물의 시선을 통해 서술하고 있다.
⑤ 사건에 대한 중심인물의 내적 반응을 중심인물 자신의 목소리를 통해 제시하고 있다.

29.

윗글에 대한 이해로 적절하지 <u>않은</u> 것은?

① '의사'가 '나'의 증상을 진단하지 못한 것은 '나'의 증상이 '의사' 앞에서는 나타나지 않았기 때문이다.
② '나'는 자신의 집에서 '도적놈'과 비슷한 방식으로 행동하곤 했다.
③ '뜰'에서의 '나'의 고통은 '방'에서보다는 덜하지만 완전히 사라지지는 않는다.
④ '나'는 '시민'이 정한 규칙을 준수해야 하는 '페어플레이'를 지키지 못하게 되어 고민한다.
⑤ '혁명가'와 '간첩'은 '나'가 자신의 행동을 이해하기 위해 자신과 비교해 보는 대상이다.

30.

㉠과 ㉡에 대한 이해로 가장 적절한 것은?

① ㉠은 정신적 안정을, ㉡은 신체적 회복을 위한 공간이다.
② ㉠은 윤리적인, ㉡은 정치적인 이유로 몸을 숨기는 공간이다.
③ ㉠은 ㉡과 달리, 타인의 출현으로 인해 몸을 감춘 공간이다.
④ ㉡은 ㉠과 달리, 반복적으로 사용하는 공간이다.
⑤ ㉠과 ㉡은 모두, 과거의 자신을 긍정하는 공간이다.

31.

〈보기〉를 바탕으로 윗글을 감상한 내용으로 적절하지 <u>않</u>은 것은? [3점]

〈보기〉

「크리스마스 캐럴 5」는 자유가 억압된 시대적 상황에서 자유의 가능성과 한계를 묻는 작품이다. '나'의 겨드랑이에 돋은 정체불명의 파마늘이 주는 통증은 자유에 대한 요구를, 그로 인한 밤 '산책'은 자유를 위한 실천을 의미한다. 작품은 처음에는 명료하지 않고 미약했던 자유를 향한 의지가 밤 산책을 거듭하면서 심화되는 모습과 함께 그 과정에서 생기는 문제점을 드러낸다.

① '통행 제한'으로 인해 산책의 자유가 제한된 상황은, 단순히 이동의 자유에 대한 억압만이 아니라 자유가 억압되는 시대적 상황 자체에 대한 문제 제기라고 할 수 있겠군.
② '파마늘'이 돋을 때의 극심한 통증은, 자유가 그만큼 절박하게 요구되었던 상황을 보여 주는 동시에 자유를 얻기 위해 필요한 고통을 암시하기도 하겠군.
③ '공리적인' 목적을 가지고 있었던 산책이 점차 '누룩 반죽'처럼 '변질'되었다는 표현은, 자유의 필요성이 망각되어 자유를 위한 실천의 목적이 훼손되는 문제점에 대한 비판이겠군.
④ 정체불명의 파마늘이 '날개'의 형상으로 바뀐 것은, 처음에는 명료하지 않았던 자유를 향한 의지가 산책을 통해 심화되었다는 것을 의미하겠군.
⑤ '날개'가 '귓바퀴' 같다는 점에 대해 '나'가 느낀 부끄러움은, 여러 차례의 산책에도 불구하고 자유를 의지대로 실현하기 어려웠던 한계에 대한 인식으로 볼 수 있겠군.

[29] 다음 글을 읽고 물음에 답하시오.

그런 일이 있은 지 한 달쯤 지나니 내 겨드랑에 생긴 이변의 전모가 대강 드러났다. 파마늘은 어김없이 밤 12시부터 새벽 4시 사이에 솟구친다는 것. 방에 있으면 쑤시고 밖에 나가면 씻은 듯하다는 것. 까닭은 전혀 알 길이 없다는 것 등이었다. 의사는 나에게 전혀 이상이 없다고 잘라 말했다. 그도 그럴 것이 그 시간에는 내 겨드랑은 멀쩡했기 때문이다. 그때부터 나의 괴로움은 비롯되었다. 파마늘은 전혀 불규칙한 사이를 두고 튀어나왔다. 연이틀을 쑤시는가 하면 한 일주일 소식을 끊고 하는 것이었다. 하루 이틀이지 이렇게 줄곧 밖에서 새운다는 것은 못 할 일이었다. 나는 제집이면서 꼭 도적놈처럼 뜰의 어느 구석에 숨어서 밤을 지내야 했기 때문이다. 그런 생활이 두 달째에 접어들었을 때 나는 견디다 못해서 담을 넘어서 밖으로 나가 보았다. 그랬더니 참으로 이상한 일도 다 있었다. 뜰에 나와 있어도 가끔 뜨끔거리고 손을 대 보면 미열이 있던 것이 거리를 거닐게 되면서는 아주 깨끗이 편한 상태가 되었다. 이렇게 되면서 독자들은 곧 짐작이 갔겠지만, 문제가 생겼다. 내가 의료적인 이유로 산책을 강요당하게 되는 시간이 행정상의 통행 제한의 시간과 우연하게도 겹치는 점이었다. 고민했다. 나는 부르주아의 썩은 미덕을 가지고 있었다. 관청에서 정하는 규칙은 따라야 한다는 것이 그것이다. 12시부터 4시까지는 모든 시민은 밖에 나다니지 말기로 되어 있다. 모든 사람이 받아들이는 규칙이니까 페어플레이를 지키는 사람이면 이것은 소형(小型)의 도덕률일 수밖에 없다. 그러나 이 도덕률을 지키는 한 내 겨드랑은 요절이 나고 나는 죽을는지도 모른다.

[중략 부분의 줄거리] '나'는 겨드랑이에 파마늘 같은 것이 돋으면 밤거리를 몰래 산책하곤 한다. '나'는 밤 산책 중 종종 다른 사람들과 마주친다.

오늘은 경관을 만났다. 나는 얼른 몸을 숨겼다. 그는 부산하게 내 앞을 지나갔다. 그 순간 나는 내가 레닌*인 것을, 안중근인 것을, 김구인 것을, 아무튼 그런 인물임을 실감한 것이다. 그가 지나간 다음에도 나는 은신처에서 나오지 않았다. 공화국의 시민이 어찌하여 그런 엄청난 변모를 할 수 있었는지 모를 일이다. 나는 정치적으로 백치나 다름없는 감각을 가진 사람이다. 위에서 레닌과 김구를 같은 유(類)에 놓은 것만 가지고도 알 만할 것이다. 그런데 경관이 지나가는 순간에 내가 혁명가였다는 것도 분명한 사실이다. 혁명가라고 자꾸 하는 것이 안 좋으면 간첩이래도 좋다. 나는 그 순간 분명히 간첩이었던 것이다. 그런데 내가 간첩이 아닌 것은 역시 분명하였다. 도적놈이래도 그렇다. 나는 분명히 도적놈이었으나 분명히 도적놈은 아니었다. 나는 아주 희미하게나마 혁명가, 간첩, 도적놈 그런 사람들의 마음이 알 만해지는 듯싶었다. 이 맛을 못 잊는 것이구나 하고 나는 생각하였다. 나도 물론 처음에는 치료라는 순전히 공리적인 이유로 이 산책에 나섰다. 그러나 지금으로서는 반드시 그런 것만은 아니다. 설사 내 겨드랑의 달걀이 영원히 가 버린다 하더라도 이 금지된 산책을 그만둘 수 있을지는 심히 의심스럽다. 나의 산책의 성격은 변질되기 시작하였다. 누룩 반죽처럼.

기적(奇蹟). 기적. 경악. 공포. 웃음. 오늘 세상에도 희한한 일이 내 몸에 일어났다. 한강 근처를 산책하고 있는데 겨드랑이 간질간질해 왔다. 나는 속옷 사이로 더듬어 보았다. 털이 만져졌다. 그런데 닿임새가 심상치 않았다. 털이 꽤나 빳빳하고 잘 묶여 있는 느낌이다. 빗자루처럼. 잘 만져 본다. 아무래도 보통이 아니다. 나는 바위틈에 몸을 숨기고 윗옷을 벗었다. 속옷은 벗지 않고 들치고는 겨드랑을 들여다보았다. 나는 실소하고 말았다. 내 겨드랑에는 새끼 까마귀의 그것만 한 아주 치사하게 쬐끄만 날개가 돋아나 있었다. 다른 쪽 겨드랑을 또 들여다보았다. 나는 쿡 웃어 버렸다. 그쪽에도 장난감 몽당빗자루만 한 것이 달려 있는 것이었다. 날개가 보통 새들의 것과 다른 점이 그 깃털이 곱슬곱슬한 고수머리라는 것뿐이었다. 흠. 이놈이 나오려는 아픔이었구나 하고 나는 생각했다. 나는 그 날개를 움직이려고 해 보았다. 귓바퀴가 말을 안 듣는 것처럼 그놈도 움직이지 않았다. 나는 참말 부끄러워졌다.

- 최인훈, 「크리스마스 캐럴 5」-

*레닌: 러시아의 혁명가.

오답률 9위 50.4%

29. 윗글에 대한 이해로 적절하지 **않은** 것은?

분석 대상

선택률 3.9%

① '의사'가 '나'의 증상을 진단하지 못한 것은 / '나'의 증상이 '의사' 앞에서는 나타나지 않았기 때문이다.

check

선택률 10.4%

② '나'는 / 자신의 집에서 '도적놈'과 비슷한 방식으로 행동하곤 했다.

check

선택률 18.2%

★

③ '뜰'에서의 '나'의 고통은 / '방'에서보다는 덜하지만 완전히 사라지지는 않는다.

check

매력적인 오답

선택률 49.6%

★

④ '나'는 / '시민'이 정한 규칙을 준수해야 하는 '페어플레이'를 지키지 못하게 되어 고민한다.

check

정답!

선택률 17.9%

★

⑤ '혁명가'와 '간첩'은 / '나'가 자신의 행동을 이해하기 위해 자신과 비교해 보는 대상이다.

check

매력적인 오답

Self Check

YES?

1. 길이가 긴 선지는 의미 단위로 끊어 이해하되, 주어와 수식어에 주의한다. 〈선지 이해〉

2. 낯선 작품의 생소한 장면일지라도 있는 그대로 주어진 상황을 읽어 낸다. 〈지문 이해〉

3. 〈보기〉가 제시하는 작품 감상의 방향을 잊어버리지 않는다. 〈보기 활용〉

4. My Check point:

과거에서 온 미래,
힘이 되는
선배들의 이야기

인★그램으로
날아온 소식들

선생님, 저번에 댓글 남긴 초등 임용고시생입니다.
고등학교 시절 선생님의 강의를 듣고 꿈을 키워 갔던 아이가 교
대생이 되었고, 지난 2월 4일 날 최종 합격 결과를 받게 되었습
니다. 이제 진짜 초등 교사입니다. 앞으로 파이팅 하겠습니다!

와... 너무너무 축하해. 그동안 얼마나 노력했을지...
처음 만나는 아이들은 참 좋겠다~ 충분히 바라봐 주고 작은 것도
칭찬해 주는 멋진 선생님이 되어 줘~~~~~~! >.<

네! 꼭 그런 선생님이 될게요. ㅎㅎ

선생님, 안녕하세요!! 2015년도에 선생님 강의를 들었던 랜선 제자입니다. ㅎㅎ 벌써 선생님 강의 들은 지 7년
가까이 됐네요.
다른 과목에 비해 국어가 항상 부족했었는데 선생님 나비효과 강의 덕분에 수능 국어
개념을 확실히 잡을 수 있었어요. ㅎㅎ 특히 문학 작품 분석을 어려워했었는데 선생님 수
업 들은 후로 훨씬 수월해졌던 기억이...
그 뒤로 친구들이나 동생들한테 정말 많이 추천했었던 것 같아요. ㅎㅎ 선생님 수업 처음
들었을 때가 중학교 3학년 올라갈 때였는데 그 이후로 국어 개념 헷갈릴 때마다 강의
노트 찾아보고 그랬던 기억이 나네요. 아직도 제 방 메인 책꽂이에 쌤 교재가 꽂혀 있는
거 보면 제가 입시 끝나고 책 정리할 때에도 이 교재는 남겨 두고 싶었나 봅니다. ㅎㅎ 어후,
너무 글이 길어졌네요. 항상 감사 인사드리고 싶었었는데 이렇게라도 연락드릴 수 있어
서 다행입니다. 선생님 덕분에 고등학교 국어 내신이랑 수능 국어까지 잘 해낼 수 있었
던 것 같습니다.
항상 건강하시고 새해 복 많이 받으세요. 존경합니다. 선생님.

제 7 강

현대 산문 기출 Pick

#019 ~ #021

이번에는 극작품들을 볼 거야.

소설과 극이 다른 점은?
바로 '서술자'가 있고 없고의 차이라고 했지?
그러니까 소설 지문을 대할 때 가졌던 마음가짐과 접근법 그대로 보면 된다고.
거기에 희곡과 시나리오만의 특징을 살짝 플러스해 줄 것!

7강에는 극 지문 중에서 오답률 1, 2위를 다퉜던 기출문제들만 뽑아 왔어.
독서 문제들 다 제치고 오답률 상위권을 차지한 극 문제들은
어떤 함정들을 준비해 놓았을지 궁금하지 않아?

실전에서 이런 함정을 만났을 때,
살포시 그 함정을 뛰어넘어 가 주겠다는 마음으로
집중해서 지문과 문제를 파헤쳐 보자!

2021학년도 수능 6월 모평 고전 소설·시나리오 복합

정답 17쪽

[43~45] 다음 글을 읽고 물음에 답하시오.

✦ 걸린 시간: 분   초

(가)

[앞부분의 줄거리] 전우치는 구미호로부터 천서를 빼앗아 술법을 배웠으나 구미호가 전우치를 속여 천서의 일부를 가져간다.

우치 대노 왈,

"흉악한 요물이 나를 업수이 여겨 이같이 속이니 내 이제 여우 굴에 가 책을 찾고 요괴를 소멸하리라."

하고 방망이와 송곳을 가지고 여우 굴로 가니, 산천이 깊고 길이 아득하여 찾을 수 없어 도로 돌아와 생각하되, '이 요괴 변화가 예측하기 어려우니 가히 이곳에 오래 머물지 못하리라.' 하고 서책을 수습하여 돌아오니, 대저 천서 상권은 부적을 붙인 까닭에 빼앗아 가지 못함이러라.

[A] 우치 집에 돌아와 천서를 보아 못 할 술법이 없으매, 과거에 뜻이 없어 스스로 생각하되, '내 벼슬하여 모친을 봉양하려 하면 자연히 더디리라.' 하고 이에 한 계교를 생각하여 몸을 흔들어 변하여 선관이 되어 오색구름을 타고 하늘에 올라 바로 궐내에 들어가 대명전에 자리하니 서기가 공중에 어리었으니 궁중이 황겁했다. 이에 조정의 신하들이 당황하여 갈팡질팡하고 임금께 아뢰기를,

"고금에 드문 괴변이라."

하니, 왕이 대경하사 여러 신하를 모아 의논하시더니, 우치가 운무 중에 서고 청의동자가 외쳐 왈,

"고려국 왕은 옥황상제 전교를 들으라."

하거늘, 왕이 명하사 바닥에 깔 자리와 향로를 올려놓은 상을 갖춰 놓게 하고 나아가 보니 한 선관이 금관 홍포로 동자를 좌우에 세우고 오색구름 중에 싸여 단정히 섰거늘, 왕이 네 번 절한 후 땅에 엎드리시니, 우치 왈,

"하늘의 궁궐이 오래되어 낡고 헐었기에 이제 수리하고자 하여 인간 여러 나라에 뜻을 전하여 모든 물건을 다 바쳤으나 다만 황금 들보 하나가 없는지라. 옥황상제께서 그대 나라에 황금이 유족함을 아시고 이제 뜻을 전하사 칠 월 칠 일 오시에 상량하리니, 그날 미쳐 대령하되 길이 십 척 오 촌이요, 너비 삼 척 이 촌, 만일 그날 미치지 못하면 큰 변을 내리우시리라."

하고 말을 마치자 선악 소리 은은하며 오색구름이 남녘으로 향하여 가더라.

(후략)

― 작자 미상, 「전우치전」 ―

(나)

S#1. 궁궐. 낮.

궁궐을 향해 날아 내려가는 오색구름. ㉠**선녀와 천군 호위 속에 전우치가 지상을 내려 본다.**

왕: 옥황상제의 아드님께서 오신다. 예를 갖춰라.

왕이 손짓하자, 궁중 악사들이 정악을 연주한다. 지상으로 내려온 구름. 전우치가 입을 연다. 쩌렁쩌렁한 목소리에 왕이 고개를 더 낮춘다.

전우치: 지상의 왕은 내가 시킨 대로 황금 1만 냥을 함경도 기근 지역에 보냈느냐?

왕: 그제 제 꿈에 나타나 하명하신 대로 한 치 틀림없이 그리했습니다.

전우치: 하늘에서 그대의 덕을 높이 사 그대가 하늘로 돌아올 때 7배 70배 700배로 갚아 줄 것이다.

왕: 황공하옵니다. 왕가의 보물을 보자시길래 그것 역시 준비했습니다.

전우치: 지상의 왕이 보기보다 아주 똘똘하구나. 근데… 에이 가락이 맘에 안 드는구나.

전우치가 손짓하자, 궁중 악사들이 무엇에 홀린 듯 다른 음악을 연주한다. 맘에 안 드는지, 전우치가 손가락을 튕기자, 악사들은 음악을 바꾼다. 그제서야 맘에 든 전우치. 머리를 흔들며 박자를 느끼며, 보물이 늘어선 곳으로 걷는다. 보물을 발로 툭 쳐 보고, 도자기는 관심 없어 깨고, 보고, 던지고, 보고, 깨는데,

(중략)

거울을 연신 깨던 전우치. ㉡**한 거울에 눈이 멈춘다.** 작고 투박하다. 앞면은 청동이라 탁하고 뒷면은 자개로 덮여 있다. 전우치가 슬쩍 주머니에 넣는다.

전우치: 왕은 고개를 들라.

왕: 예?

전우치: 내 본시 그림 그리기를 즐겨 해 나무를 그리면 나무가 점점 자라고 짐승을 그리면 그림에서 튀어나오니 내 재주가 아까워 그런데…

전우치가 품에서 두루마리를 꺼내 펼친다. 산수화. 궁녀 2 손에 들게 한다.

전우치: 어떤가?

왕: 지상의 풍경이 아닌 듯 살아 움직이는 것 같습니다. 소인이 과문하여 묻는데 주인 없는 빈 말은 무엇을 상징하는 것입니까?

전우치: 이 도사 전우치가 타고 갈 말이니라.

왕: … 전우치? 망나니 전우치?

전우치가 대동하고 왔던 천군들을 보면, ㉢**그저 허수아비에 불과하다.**

전우치: 나를 아는가? 유명하면 아무리 이름을 숨긴다고 숨겨지는 것도 아니고 거 참.

왕: 감히 도사 놈이 주상을 능멸해. 여봐라 이놈을 잡아라.

궁중 무관들이 들이닥치는데, 전우치는 태평하게 한 잔 더 걸치고는, 손가락을 튕겨 음악을 바꾼다. 음악은 점점 흥겨워

진다. 진땀나는 궁중 악사들.

전우치: 도사 놈이라? 에… 도사는 무엇이냐? ㉣<u>**도사는 바람을 다스리고 (바람이 분다) 마른 하늘에 비를 내리고 (순식간에 장대비가 내린다) 땅을 접어 달리고 (술상을 향해 축지법으로 갔다가 돌아온다)**</u> 날카로운 검을 바람보다도 빨리 휘두르고 (검이 쉭 - 하는 소리와 함께 허공을 가르고) 그 검을 꽃처럼 다룰 줄 아니 (검이 왕 얼굴 앞에서 꽃으로 변한다) 가련한 사람들을 돕는 게 바로 도사의 일이다. **무릇 생선은 대가리부터 썩는 법!** 왕과 대신들이 기근에 시달리는 백성을 보살피지 않아 이 도사 전우치가 친히 백성들 심부름을 하고자 왔으니 공치사 받을 일도 아니고.

전우치를 에워싸는 궁중 무관들. 섣불리 접근하지 못하는데, 전우치 천천히 붉은 붓을 들어 술병 모가지 테두리를 둘러 원을 그린다. 서로를 바라보다 자신의 목을 보는 무관들. 모두의 목에 붉은 테두리가 그려져 있다.

전우치: 내가 이 병 목을 치면 너희들은 어떻게 될 거 같으냐?

무관들, 술렁거리며 주춤한다.

왕: 저놈을 잡는 자에게 황금 2천 냥을 주겠다.
전우치: 하하하… 돈을 막 쓰는구나. 하하하…

전우치가 그림 속으로 들어가 말을 타고 사라진다. ㉤<u>**웃음소리는 오래도록 왕을 언짢게 한다.**</u>

– 최동훈, 「전우치」 –

43.

(가)를 토대로 (나)가 창작되었다고 할 때, [A]와 (나)에 대한 비교로 적절하지 **않은** 것은?

① 전우치가 왕에게 말하는 태도는 [A]에서는 근엄하였으나, (나)에서는 거드름을 피우는 것으로 변화하였다.
② 전우치가 왕에게 황금을 요구한 까닭은 [A]에서는 모친 봉양을 위한 것이었으나, (나)에서는 백성을 보살피는 것으로 바뀌었다.
③ 전우치가 자신의 요구 실현에 대해 취한 조치는 [A]에서는 실행하지 않을 경우 변을 당하리라 위협하는 것으로, (나)에서는 실행한 것에 대해 보상을 약속하는 것으로 표현되었다.
④ 전우치가 왕과의 만남을 끝내는 모습이 [A]에서는 구름을 타고 남쪽으로 가는 것으로, (나)에서는 돌아올 것을 예고하며 말을 타고 산수화 속으로 들어가는 것으로 나타났다.
⑤ 전우치가 왕에게 자신의 요구를 전하는 장면은 [A]에서는 왕에게 요구하는 모습이 자세히 서술되었으나, (나)에서는 꿈에 나타나 하명하였다는 왕의 대사로 간략히 처리되었다.

44.

(나)에 나타난 갈등 양상에 대한 이해로 적절하지 **않은** 것은?

① 전우치가 자신의 정체를 드러낸 것을 계기로 왕과의 갈등이 표출되어 상황이 새로운 국면으로 전환된다.
② 전우치가 '생선은 대가리부터 썩는 법'이라고 말함으로써 왕과의 갈등이 부패한 지배층에 대한 비판으로 확장된다.
③ 왕이 전우치에게 속아 그를 최고의 예우로 대하는 것은 장차 전우치의 정체가 밝혀질 때 갈등이 증폭되는 요인이 된다.
④ 왕이 전우치를 '옥황상제의 아드님'에서 '도사 놈'으로 바꿔 부르는 것에서 전우치를 향한 왕의 적대적인 인식이 드러난다.
⑤ 왕과 전우치의 주문에 따라 연주되는 음악이 계속 바뀜으로써 왕과 전우치 간의 대결이 우열을 가리기 힘든 상황임이 드러난다.

45.

(나)를 영화로 제작한다고 할 때, ㉠~㉤에 대한 연출 계획으로 적절하지 **않은** 것은?

① ㉠: 전우치의 권위와 위엄이 느껴지게 하려면, 지상을 내려다보는 전우치를 올려다보며 촬영해야겠군.
② ㉡: 전우치가 거울에 관심을 갖고 있음을 강조하려면, 전우치의 얼굴이나 눈동자를 화면에 가득 담아야겠군.
③ ㉢: 천군들의 정체로 인한 왕의 당혹감을 표현하려면, 천군이 있던 자리에 놓인 허수아비를 왕의 시점으로 보여 주어야겠군.
④ ㉣: 전우치가 도사로서 가진 출중한 능력을 입체적으로 전달하려면, 여러 공간에서 동시에 일어나는 각각의 장면을 번갈아 보여 주어야겠군.
⑤ ㉤: 왕이 전우치로 인해 불쾌감을 지속적으로 느끼고 있음을 감각적으로 표현하려면, 언짢아하는 왕의 표정을 보여 주며 전우치가 남긴 웃음소리를 효과음으로 길게 끌어야겠군.

[45] 다음 글을 읽고 물음에 답하시오.

(나)

S#1. 궁궐. 낮.

 궁궐을 향해 날아 내려가는 오색구름. ㉠선녀와 천군 호위 속에 전우치가 지상을 내려 본다.

왕: 옥황상제의 아드님께서 오신다. 예를 갖춰라.

 왕이 손짓하자, 궁중 악사들이 정악을 연주한다. 지상으로 내려온 구름. 전우치가 입을 연다. 쩌렁쩌렁한 목소리에 왕이 고개를 더 낮춘다.

전우치: 지상의 왕은 내가 시킨 대로 황금 1만 냥을 함경도 기근 지역에 보냈느냐?

왕: 그제 제 꿈에 나타나 하명하신 대로 한 치 틀림없이 그리 했습니다.

전우치: 하늘에서 그대의 덕을 높이 사 그대가 하늘로 돌아올 때 7배 70배 700배로 갚아 줄 것이다.

왕: 황공하옵니다. 왕가의 보물을 보자시길래 그것 역시 준비 했습니다.

전우치: 지상의 왕이 보기보다 아주 똘똘하구나. 근데… 에이 가락이 맘에 안 드는구나.

 전우치가 손짓하자, 궁중 악사들이 무엇에 홀린 듯 다른 음악을 연주한다. 맘에 안 드는지, 전우치가 손가락을 튕기자, 악사들은 음악을 바꾼다. 그제서야 맘에 든 전우치. 머리를 흔들어 박자를 느끼며, 보물이 늘어선 곳으로 걷는다. 보물을 발로 툭 쳐 보고, 도자기는 관심 없어 깨고, 보고, 던지고, 보고, 깨는데,

(중략)

 거울을 연신 깨던 전우치. ㉡한 거울에 눈이 멈춘다. 작고 투박하다. 앞면은 청동이라 탁하고 뒷면은 자개로 덮여 있다. 전우치가 슬쩍 주머니에 넣는다.

전우치: 왕은 고개를 들라.

왕: 예?

전우치: 내 본시 그림 그리기를 즐겨 해 나무를 그리면 나무가 점점 자라고 짐승을 그리면 그림에서 튀어나오니 내 재주가 아까워 그런데…

 전우치가 품에서 두루마리를 꺼내 펼친다. 산수화. 궁녀 2 손에 들게 한다.

전우치: 어떤가?

왕: 지상의 풍경이 아닌 듯 살아 움직이는 것 같습니다. 소인이 과문하여 묻는데 주인 없는 빈 말은 무엇을 상징하는 것입니까?

전우치: 이 도사 전우치가 타고 갈 말이니라.

왕: … 전우치? 망나니 전우치?

 전우치가 대동하고 왔던 천군들을 보면, ㉢그저 허수아비에 불과하다.

전우치: 나를 아는가? 유명하면 아무리 이름을 숨긴다고 숨겨지는 것도 아니고 거 참.

왕: 감히 도사 놈이 주상을 능멸해. 여봐라 이놈을 잡아라.

 궁중 무관들이 들이닥치는데, 전우치는 태평하게 한 잔 더 걸치고는, 손가락을 튕겨 음악을 바꾼다. 음악은 점점 흥겨워진다. 진땀나는 궁중 악사들.

전우치: 도사 놈이라? 에… 도사는 무엇이냐? ㉣도사는 바람을 다스리고 (바람이 분다) 마른 하늘에 비를 내리고 (순식간에 장대비가 내린다) 땅을 접어 달리고 (술상을 향해 축지법으로 갔다가 돌아온다) 날카로운 검을 바람보다도 빨리 휘두르고 (검이 쉭 - 하는 소리와 함께 허공을 가르고) 그 검을 꽃처럼 다룰 줄 아니 (검이 왕 얼굴 앞에서 꽃으로 변한다) 가련한 사람들을 돕는 게 바로 도사의 일이다. **무릇 생선은 대가리부터 썩는 법!** 왕과 대신들이 기근에 시달리는 백성을 보살피지 않아 이 도사 전우치가 친히 백성들 심부름을 하고자 왔으니 공치사 받을 일도 아니고.

 전우치를 에워싸는 궁중 무관들. 섣불리 접근하지 못하는데, 전우치 천천히 붉은 붓을 들어 술병 모가지 테두리를 둘러 원을 그린다. 서로를 바라보다 자신의 목을 보는 무관들. 모두의 목에 붉은 테두리가 그려져 있다.

전우치: 내가 이 병 목을 치면 너희들은 어떻게 될 거 같으냐?

 무관들, 술렁거리며 주춤한다.

왕: 저놈을 잡는 자에게 황금 2천 냥을 주겠다.

전우치: 하하하… 돈을 막 쓰는구나. 하하하…

 전우치가 그림 속으로 들어가 말을 타고 사라진다. ㉤웃음소리는 오래도록 왕을 언짢게 한다.

– 최동훈, 「전우치」 –

오답률 2위 63.7%

45. (나)를 영화로 제작한다고 할 때, ㉠~㉤에 대한 연출 계획으로 적절하지 **않은** 것은?

분석 대상

선택률 7.3% ① ㉠: 전우치의 권위와 위엄이 느껴지게 하려면, /
지상을 내려다보는 전우치를 올려다보며 촬영해야겠군.

check

선택률 29.0% ★ ② ㉡: 전우치가 거울에 관심을 갖고 있음을 강조하려면, /
전우치의 얼굴이나 눈동자를 화면에 가득 담아야겠군.

check

매력적인 오답

선택률 22.3% ★ ③ ㉢: 천군들의 정체로 인한 왕의 당혹감을 표현하려면, /
천군이 있던 자리에 놓인 허수아비를 왕의 시점으로 보여 주어야겠군.

check

매력적인 오답

선택률 36.3% ★ ④ ㉣: 전우치가 도사로서 가진 출중한 능력을 입체적으로 전달하려면, /
여러 공간에서 동시에 일어나는 각각의 장면을 번갈아 보여 주어야겠군.

check

정답!

선택률 12.5% ⑤ ㉤: 왕이 전우치로 인해 불쾌감을 지속적으로 느끼고 있음을 감각적으로 표현하려면, /
언짢아하는 왕의 표정을 보여 주며 전우치가 남긴 웃음소리를 효과음으로 길게 끌어야겠군.

check

me
mo

[31~33] 다음 글을 읽고 물음에 답하시오.

⋇ 걸린 시간:　　분　　초

[앞부분의 줄거리] 옛날 어느 가난한 집안에 자식을 많이 둔 어머니가 죽을 끓이다 옷만 남긴 채 행방불명이 된다.

맏형 우리들이 가 버리면 여기 남은 형제자매 그 누가 보살펴 주겠소?

노파·남자 3 그건 염려 말아. 우리가 정성껏 보살펴 주겠네.

둘째 우린 몰라 못 가겠소.

노파·남자 3 몰라 못 간다니……

둘째 우리 모친 어느 곳에 계실는지 몰라 못 가겠소.

노파·남자 3 살았으면 이승 있겠고 죽었으면 저승 있겠지.

막내 우린 당장 떠나겠소. 떠날 때가 분명하듯 돌아올 때 분명하게 기약이나 정합시다. 십 년 기약 어떻겠소?

노파·남자 3 (치마에 모은 노잣돈을 막내에게 준다.) 십 년 기약 그게 좋군! 자네들이 그때까지 꼭 찾아서 데려오게.

맏형 막내 네가 바보구나! 노잣돈을 받았으니 안 떠날 수 있겠느냐!

둘째 (맏형을 붙잡고 탄식하며) 차마 못갈 이승 길을, 몰라 못 갈 저승길을 울며불며 가야겠네!

막내 (일곱 자식들에게 작별인사를 한다.) 몸 성히들 잘 계시오. 우리 어머니 꼭 찾아서 모셔올 테요.

맏누나 장하구나, 우리 막내! 십 년 기한 차기 전에 꼭 찾아서 모셔 오너라!

(열 자식들이 세 자식들과 일곱 자식들로 나눠 이별한다. 맏형, 둘째, 막내는 무대 밖으로 퇴장한다. 구경꾼들도 퇴장한다. 일곱 자식들은 무대 후면으로 물러간다. 맏누나는 무대 가운데서 세 자식들이 나간 방향을 향하여 손을 흔든다. 이별의 서러움이 역력한 모습이다. 맏누나, 입었던 누더기 옷을 벗어 관객석 쪽으로 다가와서 말한다.)

맏누나 나는 자꾸만 손을 흔들었어요. 큰오빠, 작은오빠, 막내가 멀리 멀리 사라져 보이지 않을 때까지…… 그건 **옛날이야기**지만, 사실은 나 자신의 체험이기도 하죠. 가난한 어린 시절, 나의 슬픈 기억 속에는, 가족과의 이별이 있어요. 노오란 먼지가 바람에 휘날리던 황톳길, 그 바짝바짝 메마른 황톳길을 오빠들이 떠나가면서 나한테 말했어요.

맏형 울지 말고 십 년만 기다려라! 그럼 성공해서 돌아올게!

맏누나 어머니도 없고 아버지도 없는 틈을 노려서, 도망치듯이 몰래 집을 떠나가는 오빠들…… 난 홀쩍홀쩍 울면서 손목이 떨어져라 떨어져라 흔들었죠. (누더기 옷을 다시 입고 무대 가운데로 가서 세 자식들이 떠나간 방향을 향하여 외친다.) 가는 듯이 돌아들 오소! 기다리는 마음, 미치고 달치겠네!

(중략)

맏형 여기가 세 갈래 길이구나. 그동안엔 우리 함께 다녔으나, 지금부턴 제각기 길을 택해 가기로 하자.　　⟩㉮

둘째 (표지판을 소리 내어 읽는다.) 서울로 가는 길, 바다로 가는 길, 산으로 가는 길…… 형님은 어느 길로 가시려요?

맏형 이 생각 저 생각 온갖 생각을 다 해봤다만, 우리 어머니는 도망간 게 여실하다. 열 명 자식 키우느라 그 고생이 막심한데 평생 수절하기 또 얼마나 힘들었겠니? 답답한 맘 풀어보려 서울 구경 갔을 테니, 난 이쪽 서울로 가는 길을 택하겠다.

둘째 나도 별의별 생각 다 했소만, 아무래도 우리 어머니는 죽은 것 같소. 혹시나 바다에는 용궁 있어 저승과 통한다 하니, 나는 바다로 가는 길을 택할 테요.

맏형 막내 너는 어쩔 거냐?

막내 나도 여러 생각 다 했소만, 우리 어머닌 죽었는지 살았는지 모르겠소. 나는 높은 산으로 올라가서 이승도 살펴보고 저승도 살펴볼 테요.

맏형 네 생각이 그리하면 저쪽 산으로 가는 길이 네 길이다. 이제 각자 길로 가기 전에 노잣돈을 나눠 갖자. (노잣돈을 삼등분으로 나눈 다음, 자기 몫에서 조금 덜어 막내에게 준다.) 막내야, 너는 어리니 노잣돈을 더 가져라.

막내 아니요, 형님. (자기 몫에서 덜어내 맏형과 둘째에게 준다.) 나는 젊으니 형님들이 더 가지시오.

둘째 (맏형과 막내에게 자기 몫을 덜어주며) 형님도 더 가지시고, 막내도 더 가져라.

맏형 우애 깊은 우리 형제, 여기에서 헤어지다니…… 십 년 기한 잊지 말고 다시 만나자!

둘째 형님이나 잊지 마오! 막내야, 너도 잊지 마라!

맏형 (길을 나눠 떠나는 둘째와 막내에게 손을 흔들어 전송하며, 목이 멘 소리로) 너희들, 어머니를 꼭 찾아 모셔 오너라!

(맏형, 관객석으로 다가와서 입고 있던 옷을 벗는다.)

맏형 어머니를 찾는다니, 그게 뭡니까? 사람이란 그 누구나 어른이 되면, 어린 시절의 어머니를 잃어버리도록 되어 있습니다. 그러니깐 어른이 되어서 찾는 어머니는 옛날과는 다른 어머니입니다. 그 어머니는 권력일 수도 있고, 이상일 수도 있으며,　　⟩㉯

예술일 수도 있습니다.

하지만 아직도 나는 내가 찾는 어머니가 무엇인지 알지 못합니다. 초등학교 다닐 때 내 꿈은 화가였습니다. 오색 물감으로 하늘의 태양과 구름, 땅의 언덕과 나무들을 아름답게 그리고 싶었었지요. 그런데 중학교 땐 군인이 되고 싶었습니다. 물론 졸병이 아니라 수많은 졸병들을 거느리는 장군이었어요. 고등학생 시절엔 장군보다는 정치가가 되고 싶었습니다. 그래서 대학에 들어가서는 행정학을 전공했었는데, 졸업할 무렵 그 모든 것이 막연하다는 생각이 들었습니다. 나의 인생에는 예술가가 되려는 욕구, 군인이 되려는 욕구, 정치가가 되려는 욕구가 같이 있었습니다만…… 나는 배우가 되었습니다. (다시 옷을 입으며) 어머니를 찾기는 찾아야 할 텐데…… (이정표에 다가가서 방향판을 바라본다.) 서울로 가는 길, 길에 내 운명을 맡기고 떠나보자!

- 이강백 원작 · 김아라 연출, 「동지섣달 꽃 본 듯이」 -

31.

윗글의 내용을 **잘못** 이해한 것은?

① '세 자식들'은 서로 간의 우애가 돈독하다.
② '세 자식들'은 기꺼이 어머니를 찾는 길을 나선다.
③ '세 자식들'은 십 년 기약을 하고 어머니를 찾아 나선다.
④ '세 자식들'은 세 갈래 길에서 각자가 선택한 길로 떠난다.
⑤ '세 자식들'은 어머니의 행방을 두고 서로 다르게 생각하고 있다.

32.

〈보기〉를 참고하여 윗글을 이해한다고 할 때, 그 내용으로 적절하지 **않은** 것은? [3점]

〈보기〉

이 작품에서 무대는 물리적으로 동일한 공간이지만 서로 다른 이야기가 진행된다는 특징이 있다. 이를 도식화하면 다음과 같다.

무대		관객석
A	B	C

A에서는 '옛날이야기'가, B에서는 현재의 이야기가 교차적으로 진행되고 있다.

① A에서 진행되는 이야기의 일부가 B에서 언급되면서 두 이야기가 연결되고 있다.
② 등장인물들이 '옷'을 입고 벗음은 A와 B의 상호 전환을 알리는 장치이다.
③ B에서 등장인물들은 C의 관객들과의 심리적 거리에 따라 말하는 위치를 바꾸고 있다.
④ C의 관객들은 A와 B에서 진행되는 이야기를 종합하여 극의 의미를 구성해야 한다.
⑤ B에서는 A에서와는 다른 역할을 하는 등장인물들이 자신의 이야기를 C의 관객들에게 직접 말하고 있다.

33.

㉮, ㉯를 해석한 내용으로 적절하지 **않은** 것은?

① '어머니 찾기'는 인간이 추구하는 욕망의 비유적 표현으로 볼 수 있다.
② '세 갈래 길'은 각 개인이 추구하는 욕망의 상이함을 나타내는 것으로 볼 수 있다.
③ 함께 다니던 형제들의 이별은 '어린 시절의 어머니'와의 분리를 의미하는 사건으로 이해할 수 있다.
④ '서울', '바다', '산'으로 가는 길은 욕망의 실현을 위해서 떠나는 인생의 길로 해석할 수 있다.
⑤ '어른이 되어서 찾는 어머니'는 욕망의 무상함을 상징하는 존재라 할 수 있다.

[32] 다음 글을 읽고 물음에 답하시오.

[앞부분의 줄거리] 옛날 어느 가난한 집안에 자식을 많이 둔 어머니가 죽을 끓이다 옷만 남긴 채 행방불명이 된다.

맏형 우리들이 가 버리면 여기 남은 형제자매 그 누가 보살펴 주겠소?

노파·남자 3 그건 염려 말아. 우리가 정성껏 보살펴 주겠네.

둘째 우린 몰라 못 가겠소.

노파·남자 3 몰라 못 간다니……

둘째 우리 모친 어느 곳에 계실지 몰라 못 가겠소.

노파·남자 3 살았으면 이승 있겠고 죽었으면 저승 있겠지.

막내 우린 당장 떠나겠소. 떠날 때가 분명하듯 돌아올 때 분명하게 기약이나 정합시다. 십 년 기약 어떻겠소?

노파·남자 3 (치마에 모은 노잣돈을 막내에게 준다.) 십 년 기약 그게 좋군! 자네들이 그때까지 꼭 찾아서 데려오게.

맏형 막내 네가 바보구나! 노잣돈을 받았으니 안 떠날 수 있겠느냐!

둘째 (맏형을 붙잡고 탄식하며) 차마 못갈 이승 길을, 몰라 못 갈 저승길을 울부짖며 가야겠네!

막내 (일곱 자식들에게 작별인사를 한다.) 몸 성히들 잘 계시오. 우리 어머니 꼭 찾아서 모셔올 테요.

맏누나 장하구나, 우리 막내! 십 년 기한 차기 전에 꼭 찾아서 모셔 오너라!

(열 자식들이 세 자식들과 일곱 자식들로 나눠 이별한다. 맏형, 둘째, 막내는 무대 밖으로 퇴장한다. 구경꾼들도 퇴장한다. 일곱 자식들은 무대 후면으로 물러간다. 맏누나는 무대 가운데서 세 자식들이 나간 방향을 향하여 손을 흔든다. 이별의 서러움이 역력한 모습이다. 맏누나, 입었던 누더기 옷을 벗어 관객석 쪽으로 다가와서 말한다.)

맏누나 나는 자꾸만 손을 흔들었어요. 큰오빠, 작은오빠, 막내가 멀리 멀리 사라져 보이지 않을 때까지…… 그건 **옛날이야기**지만, 사실은 나 자신의 체험이기도 하죠. 가난한 어린 시절, 나의 슬픈 기억 속에는, 가족과의 이별이 있어요. 노오란 먼지가 바람에 휘날리던 황톳길, 그 바짝바짝 메마른 황톳길을 오빠들이 떠나가면서 나한테 말했어요.

맏형 울지 말고 십 년만 기다려라! 그럼 성공해서 돌아올게!

맏누나 어머니도 없고 아버지도 없는 틈을 노려서, 도망치듯이 몰래 집을 떠나가는 오빠들…… 난 훌쩍훌쩍 울면서 손목이 떨어져라 떨어져라 흔들었죠. (누더기 옷을 다시 입고 무대 가운데로 가서 세 자식들이 떠나간 방향을 향하여 외친다.) 가는 듯이 돌아들 오소! 기다리는 마음, 미치고 달치겠네!

(중략)

맏형 여기가 세 갈래 길이구나. 그동안엔 우리 함께 다녔으나, 지금부턴 제각기 길을 택해 가기로 하자.

둘째 (표지판을 소리 내어 읽는다.) 서울로 가는 길, 바다로 가는 길, 산으로 가는 길…… 형님은 어느 길로 가시려오?

맏형 이 생각 저 생각 온갖 생각을 다 해봤다만, 우리 어머니는 도망간 게 여실하다. 열 명 자식 키우느라 그 고생이 막심한데 평생 수절하기 또 얼마나 힘들었겠니? 답답한 맘 풀어보려 서울 구경 갔을 테니, 난 이쪽 서울로 가는 길을 택하겠다.

둘째 나도 별의별 생각 다 했소만, 아무래도 우리 어머니는 죽은 것 같소. 혹시나 바다에는 용궁 있어 저승과 통한다 하니, 나는 바다로 가는 길을 택할 테요.

맏형 막내 너는 어쩔 거냐?

막내 나도 여러 생각 다 했소만, 우리 어머닌 죽었는지 살았는지 모르겠소. 나는 높은 산으로 올라가서 이승도 살펴보고 저승도 살펴볼 테요.

맏형 네 생각이 그리하면 저쪽 산으로 가는 길이 네 길이다. 이제 각자 길로 가기 전에 노잣돈을 나눠 갖자. (노잣돈을 삼등분으로 나눈 다음, 자기 몫에서 조금 덜어 막내에게 준다.) 막내야, 너는 어리니 노잣돈을 더 가져라.

막내 아니요, 형님. (자기 몫에서 덜어내 맏형과 둘째에게 준다.) 나는 젊으니 형님들이 더 가지시오.

둘째 (맏형과 막내에게 자기 몫을 덜어주며) 형님도 더 가지시고, 막내도 더 가져라.

맏형 우애 깊은 우리 형제, 여기에서 헤어지다니…… 십 년 기한 잊지 말고 다시 만나자!

둘째 형님이나 잊지 마오! 막내야, 너도 잊지 마라!

맏형 (길을 나눠 떠나는 둘째와 막내에게 손을 흔들어 전송하며, 목이 멘 소리로) 너희들, 어머니를 꼭 찾아 모셔 오너라!

(맏형, 관객석으로 다가와서 입고 있던 옷을 벗는다.)

맏형 어머니를 찾는다니, 그게 뭡니까? 사람이란 그 누구나 어른이 되면, 어린 시절의 어머니를 잃어버리도록 되어 있습니다. 그러니깐 어른이 되어서 찾는 어머니는 옛날과는 다른 어머니입니다. 그 어머니는 권력일 수도 있고, 이상일 수도 있으며, 예술일 수도 있습니다.

하지만 아직도 나는 내가 찾는 어머니가 무엇인지 알지 못합니다. 초등학교 다닐 때 내 꿈은 화가였습니다. 오색 물감으로 하늘의 태양과 구름, 땅의 언덕과 나무들을 아름답게 그리고 싶었었지요. 그런데 중학교 땐 군인이 되고 싶었습니다. 물론 졸병이 아니라 수많은 졸병들을 거느리는 장군이었어요. 고등학생 시절엔 장군보다는 정치가가 되고 싶었습니다. 그래서 대학에 들어가서는 행정학을 전공했었는데, 졸업할 무렵 그 모든 것이 막연하다는 생각이 들었습니다. 나의 인생에는 예술가가 되려는 욕구, 군인이 되려는 욕구, 정치가가 되려는 욕구가 같이 있었습니다만…… 나는 배우가 되었습니다. (다시 옷을 입으며) 어머니를 찾기는 찾아야 할 텐데…… (이정표에 다가가서 방향판을 바라본다.) 서울로 가는 길, 길에 내 운명을 맡기고 떠나보자!

- 이강백 원작·김아라 연출, 「동지섣달 꽃 본 듯이」 -

32. 〈보기〉를 참고하여 윗글을 이해한다고 할 때, 그 내용으로 적절하지 **않은** 것은? [3점]

─── 〈보기〉 ───

이 작품에서 무대는 **물리적으로 동일한 공간**이지만 **서로 다른 이야기**가 진행된다는 특징이 있다. 이를 도식화하면 다음과 같다.

무대		관객석
A	B	C

A에서는 **'옛날이야기'**가, **B**에서는 **현재의 이야기**가 교차적으로 진행되고 있다.

check

 분석 대상

 선택률 5.9%

① A에서 진행되는 이야기의 일부가 B에서 언급되면서 두 이야기가 연결되고 있다.

check

선택률 6.7%

② 등장인물들이 '옷'을 입고 벗음은 A와 B의 상호 전환을 알리는 장치이다.

check

선택률 42.7% ★

③ B에서 등장인물들은 C의 관객들과의 심리적 거리에 따라 말하는 위치를 바꾸고 있다.

 정답!

check

선택률 3.8%

④ C의 관객들은 A와 B에서 진행되는 이야기를 종합하여 극의 의미를 구성해야 한다.

check

선택률 40.5% ★

⑤ B에서는 A에서와는 다른 역할을 하는 등장인물들이 자신의 이야기를 C의 관객들에게 직접 말하고 있다.

 매력적인 오답

check

[37~39] 다음 글을 읽고 물음에 답하시오.   ✳ 걸린 시간: 분   초

형석 집은 일 년 아니면 언제든지 도루 물려준다니깐, 원종차* 서서히 어떡허든지 한다지만, (사이) 허! 인전 내일 하루 더 지나서 모린다 치면 벼락같이 (얼굴로 좌우를 가리키면서) 저걸 모두 경매하러 달려들지! (사이) 허기야 집안이 티검불 하나 없이 폭 망하는 판에 세간 나부랭이가 그리 대수냐마는, 세상에 그런 망신이 어딨단 말이냐? 돈이나 아니나 많지두 않구 겨우 이백 원에! (사이) 돈 겨우 이백 원에 그래, 경매꾼 놈들이 내 집 내정을 둘와서 세간을 모두 끌어내다가 놓구, 이건 암만*이요오, 이건 암만이요오 하는 꼴을 당해야 옳단 말이냐?

고 씨 막말이지, 느이 아버님은 사뭇 자결을 하시러 드시리라!

형석 그러니, 그러니 말이루구나! 요행 참, 내일 해전까지만 형님이 무슨 도리를 해 가지구 내려오셔서, 천하 못 당할 그 창피두 끄구, 논 일사두 우선이나마 무사하게 규정을 짓구 하게 된다면 모르거니와, 만약 그렇지 못 하는 날이면? 응? 만약 그렇지 못 하는 날이면? (길게 한숨) 어떡허면 좋으냐 어떡허면!

정석 (덤덤하니 담배 연기만 뽑으면서, 무언)

형석 애야! 정석아?

정석 (마주볼 뿐, 무언)

형석 어떡허면 좋으냐? 응?

정석 ㉠글쎄요!

형석 글쎄요라니! (사이) 이십 명 권솔이 장차 목숨을 들었어야 할 논 그것마저 떠내려가! 세간은 경매를 당해! 집두 터두 없이 우리 집이란 건 폭 망해! 그렇게 돼두 넌 괜찮으냐? 상관두 없구?

정석 상관이 있구 없구가 아니라, 걸 지가 어떡허나요?

형석 그야 넨들 별수가 없지! 없지만서두, 난 이렇게 애가 밭구 간이 타는데, 넌 본다치면 아-무 걱정두 없는 것처럼 그저, 태연하니, 그래서 하는 말이다!

정석 쯧! 그런 게 형님허구 저허군 다른 점이 아녜요?

형석 다른 점이라니?

정석 (무언)

형석 (노여서) 넌 속에 신학문두 들구, 사람이 다아 참 도저해서* 그러나 보다마는, 못생기구 어리석은 형놈이라구 그렇게 괄시하질랑 마라!

정석 괄시가 아녜요!

형석 내가 이렇게 농투산이*루, 꿍꿍소처럼 일이나 하구 기우는 집안을 붙들구 싶어서 앨 써 쌓구 하는 것이 무슨 내 한 몸뚱이나 내게 딸린 인간들만 위하자는 노릇이더냐? (사이) 어떻게 해서든지 우리 집안을.

정석 또오, 형님 공로나 정성을 모르는 것두 아녜요. 아니구, 형님허구 저허구 다르다는 건, 형님은 인생의 목적을 갖다가 한낱 가족에다가 두구서, 그 가족의 행복만을 최선이요 궁극의 이상으루 삼구, (사이) 그러자니깐 자연 온갖 정성이며 노력이 글러루만 쏠리는 것이구, (사이) 전 그런데, 가족이나 집안일에 대해선 도무지 경황이라는 게 없구, 해서 말하자면 등한하달까, (사이) 그게 그러니깐 형님허구 저허군 다아 참, 동태 동기간이로되 서루 다르다는 그 말씀예요! 속담에두, 한날 한시에 한 어머니 뱃속에서 나온 손꾸락두 길구 짧구 하다구 안 해요? 그렇다구서 무슨, 형님의 그런 가족 본위 이상이, 그런 포부가 구태라 나쁘다는 것두 아니구- (사이) 그러니깐 우열이나 장단은 둘째 문제루 치구서 말씀예요!

형석 수신, 제가 연후에 치국, 평천하란다!

정석 위천하자는 불고가사*니라구두 일르잖었어요?

형석 그렇다구 글쎄, 집안이 당장 눈앞에서 망하는 걸 번연히 보구 있으면서두, 태평으루 눠서, 걱정 한 번 하는 법 없구! (사이) 그래야 옳아?

정석 걱정을 해서 면할 도리가 있다면야, 기왕 보기두 딱한 노릇이구 허니, 같이서 걱정두 해 드리구 하겠지만서두, 어디, 걱정으루 일이 피나요? 차라리 당하는 일은 당하구, 그 다음 일이나 잘 조처할 도릴 궁리하는 게, 훨씬.

형석 그래? 막말루, 일을 당한다구. (사이) 그 다음? (사이) 아니, 일을 당하구 나면 집안은 영영 망하구 마는 걸, 다시 도린 무슨 도리란 말이냐?

정석 집안이 망하면 재산이나 없어졌지, 사람까지 없어지나요?

형석 ⓐ그러니 말이여!

정석 ⓑ그러니 말씀예요! 사람은 없어진 게 아이구서 죄다 그대루 처졌으니깐, 그 다음버틈 다시 살아나갈 도릴 마련해야 않겠어요?

형석 그래 글쎄! (사이) 집안은 한푼 껀지 없이 망했는데 우쿠를 하니 이십여 명 식구가 무얼 먹구 살아가느냐 말이여?

정석 헤쳐예죠! 집안을.

고 씨 집안을 헤치다니 그야 어디 될 말이냐!

정석 알구 보면 아버님 고집으루 집안이 이 지경투룩 됐습넨다! (사이) 진작에 집안을 세 포기면 세 포기 네 포기면 네 포기를 뚜욱둑 갈라서 헤쳐놨어만 보시우? 그랬으면야, 그 중에서 한 포기나 두 포긴 망했을 값이라두 성한 포긴 성했지! 어디가 요렇게 물루

제 7 강 현대산문 #019~#021

씻은 듯 말끔히 망해 버리구 말아요?

- 채만식, 「당랑(螳螂)의 전설」-

*종차: 이 다음에.
*암만: '얼마'를 뜻하는 일본말.
*도저해서: 훌륭해서.
*농투산이: '농부'를 낮잡아 부르는 말.
*위천하자 불고가사: '천하를 돌보는 자는 집안을 돌볼 겨를이 없다'는 뜻.

37.

ⓐ와 ⓑ에 대한 설명으로 가장 적절한 것은?

① ⓐ는 집안이 망하는 것은 '정석'의 탓이라는 '형석'의 생각을 강조한다.
② ⓑ는 집안이 절대로 망해서는 안 된다는 '정석'의 생각을 강조한다.
③ ⓐ와 ⓑ는 모두 집안이 망하면 가족의 분가를 막을 수 없음을 의미한다.
④ ⓐ는 집안이 망하면 살아갈 도리가 없음을, ⓑ는 집안이 망하더라도 살아갈 도리를 마련해야 함을 의미한다.
⑤ ⓐ와 ⓑ를 통해 '형석'과 '정석' 모두 '아버님'의 고집을 원망하고 있음이 드러난다.

38.

㉠의 앞에 지시문을 추가한다고 할 때, 가장 적절한 것은? [1점]

① 무덤덤하게　　　② 빈정거리며
③ 원통하다는 듯　　④ 화가 난 표정으로
⑤ 호기심에 가득 차서

39.

〈보기〉의 '선생님'의 질문에 대한 대답으로 적절하지 않은 것은?

─── 〈보기〉 ───

선생님: 연극을 감상할 때는 무대에서 벌어지는 사건뿐만 아니라 예고된 사건이나 무대 바깥에서 일어나는 사건까지 주목해야 합니다. 예고된 사건이나 무대 밖의 사건은 무대의 사건이나 무대 위의 인물들뿐만 아니라 관객의 심리와 태도에까지 영향을 주기 때문입니다. 이러한 관점에서 이 작품을 이해해 볼까요?

① 형석의 형이 집안을 일으킬 방편을 마련한다는 것은 무대 밖의 사건인데, 이는 형석의 심리에 영향을 주고 있어요.
② 형석의 말을 통해 세간의 경매가 예고되어 관객들은 그 사건의 실제 발생 여부와 관련해 긴장하게 될 것 같아요.
③ 예고된 사건으로 긴장하고 있는 형석과, 이 사건에 무관심해 보이는 듯한 정석이 서로 대립하고 있어요.
④ 극이 진행됨에 따라 형석과 다른 정석의 생각이 표출되면서, 그것을 바라보는 관객들의 긴장도 고조될 것 같아요.
⑤ 고 씨는 무대 밖에서 일어난 사건을 무대 위의 인물들과 관객들에게 전달하는 역할을 하고 있어요.

[39] 다음 글을 읽고 물음에 답하시오.

형석 집은 일 년 아니면 언제든지 도루 물려준다니깐, 원 종차* 서서히 어떡허든지 한다지만, (사이) 허! 인전 내일 하루 더 지나서 모린다 치면 벼락같이 (얼굴로 좌우를 가리키면서) 저걸 모두 경매하러 달려들지! (사이) 허기야 집안이 티검불 하나 없이 폭 망하는 판에 세간 나부랭이가 그리 대수냐마는, 세상에 그런 망신이 어딨단 말이냐? 돈이나 아니나 많지두 않구 겨우 이백 원에! (사이) 돈 겨우 이백 원에 그래, 경매꾼 놈들이 내 집 내정을 둘와서 세간을 모두 끌어내다가 놓구, 이건 암만*이요오, 이건 암만이요오 하는 꼴을 당해야 옳단 말이냐?

고 씨 막말이지, 느이 아버님은 사뭇 자결을 하시러 드시리라!

형석 그러니, 그러니 말이루구나! 요행 참, 내일 해전까지만 형님이 무슨 도리를 해 가지구 내려오셔서, 천하 못 당할 그 창피두 끄구, 논 일사두 우선이나마 무사하게 규정을 짓구 하게 된다면 모르거니와, 만약 그렇지 못 하는 날이면? 응? 만약 그렇지 못 하는 날이면? (길게 한숨) 어떡허면 좋으냐 어떡허면!

정석 (덤덤하니 담배 연기만 뽑으면서, 무언)

형석 얘야! 정석아?

정석 (마주볼 뿐, 무언)

형석 어떡허면 좋으냐? 응?

정석 글쎄요!

형석 글쎄요라니! (사이) 이십 명 권솔이 장차 목숨을 들었어야 할 논 그것마저 떠내려가! 세간은 경매를 당해! 집두 터두 없이 우리 집이란 건 폭 망해! 그렇게 돼두 넌 괜찮으냐? 상관두 없구?

정석 상관이 있구 없구가 아니라, 걸 지가 어떡허나요?

형석 그야 넨들 별수가 없지! 없지만서두, 난 이렇게 애가 밭구 간이 타는데, 넌 본다치면 아-무 걱정두 없는 것처럼 그저, 태연하니, 그래서 하는 말이다!

정석 쯧! 그런 게 형님허구 저허군 다른 점이 아녜요?

형석 다른 점이라니?

정석 (무언)

형석 (노여서) 넌 속에 신학문두 들구, 사람이 다아 참 도저해서* 그러나 보다마는, 못생기구 어리석은 형놈이라구 그렇게 괄시하질랑 마라!

정석 괄시가 아녜요!

형석 내가 이렇게 농투산이*루, 꿍꿍소처럼 일이나 하구 기우는 집안을 붙들구 싶어서 앨 써 쌓구 하는 것이 무슨 내 한 몸뚱이나 내게 딸린 인간들만 위하자는 노릇이더냐? (사이) 어떻게 해서든지 우리 집안을.

정석 또오, 형님 공로나 정성을 모르는 것두 아녜요. 아니구, 형님허구 저허구 다르다는 건, 형님은 인생의 목적을 갖다가 한낱 가족에다가 두구서, 그 가족의 행복만을 최선이요 궁

극의 이상으루 삼구, (사이) 그러자니깐 자연 온갖 정성이며 노력이 글러루만 쏠리는 것이구, (사이) 전 그런데, 가족이나 집안일에 대해선 도무지 경황이라는 게 없구, 해서 말하자면 등한하달까, (사이) 그게 그러니깐 형님허구 저허군 다아 참, 동태 동기간이로되 서루 다르다는 그 말씀예요! 속담에두, 한날 한시에 한 어머니 뱃속에서 나온 손꾸락두 길구 짧구 하다구 안 해요? 그렇다구서 무슨, 형님의 그런 가족 본위 이상이, 그런 포부가 구태라 나쁘다는 것두 아니구- (사이) 그러니깐 우열이나 장단은 둘째 문제루 치구서 말씀예요!

형석 수신, 제가 연후에 치국, 평천하란다!

정석 위천하자는 불고가사*니라구두 일르잖었어요?

형석 그렇다구 글쎄, 집안이 당장 눈앞에서 망하는 걸 번연히 보구 있으면서두, 태평으루 눠서, 걱정 한 번 하는 법 없구! (사이) 그래야 옳아?

정석 걱정을 해서 면할 도리가 있다면야, 기왕 보기두 딱한 노릇이구 허니, 같이서 걱정두 해 드리구 하겠지만서두, 어디, 걱정으루 일이 피나요? 차라리 당하는 일은 당하구, 그 다음 일이나 잘 조처할 도릴 궁리하는 게, 훨씬.

형석 그래? 막말루, 일을 당한다구. (사이) 그 다음? (사이) 아니, 일을 당하구 나면 집안은 영영 망하구 마는 걸, 다시 도린 무슨 도리란 말이냐?

정석 집안이 망하면 재산이나 없어졌지, 사람까지 없어지나요?

형석 그러니 말이여!

정석 그러니 말씀예요! 사람은 없어진 게 아이구서 죄다 그대루 처졌으니깐, 그 다음버틈 다시 살아나갈 도릴 마련해야 않겠어요?

형석 그래 글쎄! (사이) 집안은 한푼 껀지 없이 망했는데 우쿠를 하니 이십여 명 식구가 무얼 먹구 살아가느냔 말이여?

정석 헤쳐예죠! 집안을.

고 씨 집안을 헤치다니 그야 어디 될 말이냐!

정석 알구 보면 아버님 고집으루 집안이 이 지경투룩 됐습넨다! (사이) 진작에 집안을 세 포기면 세 포기 네 포기면 네 포기를 뚜욱뚝 갈라서 헤쳐놨어만 보시우? 그랬으면야, 그 중에서 한 포기나 두 포긴 망했을 값이라두 성한 포긴 성했지! 어디가 요렇게 물루 씻은 듯 말끔히 망해 버리구 말아요?

　　　　　　　　　　　　　　　　　　- 채만식, 「당랑(螳螂)의 전설」 -

*종차: 이 다음에.
*암만: '얼마'를 뜻하는 일본말.
*도저해서: 훌륭해서.
*농투산이: '농부'를 낮잡아 부르는 말.
*위천하자 불고가사: '천하를 돌보는 자는 집안을 돌볼 겨를이 없다'는 뜻.

39. ⟨보기⟩의 '선생님'의 질문에 대한 대답으로 적절하지 **않은** 것은?

── ⟨보기⟩ ──

선생님: 연극을 감상할 때는 무대에서 벌어지는 사건뿐만 아니라 **예고된 사건**이나 **무대 바깥에서 일어나는 사건**까지 주목해야 합니다. 예고된 사건이나 무대 밖의 사건은 **무대의 사건**이나 **무대 위의 인물들**뿐만 아니라 **관객의 심리와 태도에까지 영향을 주기 때문**입니다. 이러한 관점에서 이 작품을 이해해 볼까요?

check
....
....

분석 대상

선택률 18.6% ★ ① 형석의 형이 집안을 일으킬 방편을 마련한다는 것은 / 무대 밖의 사건인데, 이는 형석의 심리에 영향을 주고 있어요.

check
....

매력적인 오답

선택률 9.5% ② 형석의 말을 통해 세간의 경매가 예고되어 / 관객들은 그 사건의 실제 발생 여부와 관련해 긴장하게 될 것 같아요.

check
....

선택률 9.5% ③ 예고된 사건으로 긴장하고 있는 형석과, 이 사건에 무관심해 보이는 듯한 정석이 / 서로 대립하고 있어요.

check
....

선택률 14.0% ★ ④ 극이 진행됨에 따라 형석과 다른 정석의 생각이 표출되면서, / 그것을 바라보는 관객들의 긴장도 고조될 것 같아요.

check
....

매력적인 오답

선택률 48.1% ★ ⑤ 고 씨는 / 무대 밖에서 일어난 사건을 무대 위의 인물들과 관객들에게 전달하는 역할을 하고 있어요.

정답!

check
....
....

Self Check

YES?

1. 기본적인 시나리오 용어들과 그 효과는 정리해 둔다. ⟨개념 이해⟩ ☐

2. ⟨보기⟩를 통해 제시된 희곡을 연극으로 상연할 때의 설정에 주목한다. ⟨보기 적용⟩ ☐

3. 무대 위에서 일어나지 않더라도 인물의 대사를 통해 알 수 있는 사건을 파악한다. ⟨지문 이해⟩ ☐

4. My Check point: ☐

과거에서 온 미래,
힘이 되는
선배들의 이야기

너에게서 온 편지

선생님 강의로 국어 습관 뜯어고치기

선생님, 안녕하세요!
개념의 나비효과 1권을 완강했습니다. 한 건 했다는 생각에 뿌듯하면서도, 남들보다 늦게 완강한 것 같아 조금 초조하네요.
사실 강의 듣는 내내 초조했습니다. 남들은 선생님의 강의를 듣고 출제 요소가 보인다며 좋아하는데, 사실 저는 잘 안 보이거든요. 선생님께서 보여 주신 대로 따라 하면서 워크북을, 기출문제를 풀다가도 이내 제 습관으로 돌아가고, 출제 요소를 예상하고 '이게 문제에 출제되겠네?' 이런 생각을 하기보다 지문 내용 이해에만 급급한 저를 발견하게 됩니다.

오늘 마지막 19강을 듣고 워크북의 카메라 문제(?)를 보는데, 드디어!! 처음으로 이게 선지로 나올 것 같은데.... 했던 것이 선지에 보였고, 문단 별로 끊어 읽으면서 실시간으로 문제가 척척 잘 해결되는 저를 만났습니다.
아직 문제 '사진 찍기'와 '내비게이션' 만들기도 더디고, 지문 내용 이해도 버겁고, 문제 모양만 보고 덜컥 겁을 먹는 저지만, 오늘 처음으로 희망을 보았습니다.
여전히 몹쓸 습관들이 제 몸에 남아 있지만, 앞으로 고쳐 나갈 수 있겠죠?
수능이 279일 남은 이 시점에, 사실 저는 나태해져 있습니다. 최근에 지금까지의 노력이 여러 문제들 앞에서 무용지물이 되는 것 같은 경험을 많이 했거든요. 하지만 오늘 문제를 풀고 나서, 조금 발전한 저를 보니 다시 공부할 의지가 생깁니다.
선생님, 감사합니다. 앞으로 남은 기간 선생님 이름에, 그리고 제 이름에 부끄럽지 않도록, 당당히 '내 성적은 윤혜정 선생님의 강의와 나의 노력으로 이루어진 결과다!!'라고 말할 수 있도록 열심히 하겠습니다.
지켜봐 주세요!!

제 8 강

고전 산문 기출 Pick

#022 ~ #024

고전 문학을 제대로 공부해 봤다면 이제 말할 수 있어.
아, 고전은 정말 반복되는 요소들이 많구나.
고전 시가에 반복적으로 드러나는 주제와 발상이 많듯이 고전 소설에서도 마찬가지야.
수능에는 영웅 군담 소설, 애정 소설, 가정 소설, 판소리계 소설, 우화 소설 등
주제 및 성격에 따라 나눠 볼 수 있는 작품들이 번갈아 가며 출제되고 있거든.
연계 교재에 실려 있는 작품들을 외우려고 하기보다
연계 교재와 기출문제의 고전 소설 작품들을 가지고 제대로 연습해 보는 게 중요해.
오답률이 높았던 고전 소설 지문의 기출문제들을 가지고
지문 읽는 연습, 함정을 피하는 연습을 제대로 다시 해 보자!

☑ 고전 산문 문제 풀 때, 다시 한번 명심할 것

1. 인물 파악 ▶▶▶ 인물을 지칭하는 표현을 통해 인물 간의 관계를 정확히 파악하기 ◯

2. 줄거리의 세부 내용 파악 ▶▶▶ 최근 고전 소설에서 오답률 높은 문항 패턴이므로 꼼꼼력 발휘하기 ◯

3. 소재, 공간의 의미 기능 파악 ▶▶▶ 고정 관념 NO! 지문 속 상황과 맥락에 근거해 판단하기 ◯

4. 연계 교재에서 읽었던 장면 ▶▶▶ 큰 줄기의 흐름을 파악하는 데에 활용하기 ◯

[43~45] 다음 글을 읽고 물음에 답하시오.

✖ 걸린 시간:　　분　　초

[앞부분의 줄거리] 명나라 양 부인에게 삼 형제가 있는데, 맏이 위윤은 현숙한 반씨를 아내로 맞아 아들 흥을 얻는다. 위진의 아내 채씨와 위준의 아내 맹씨가 반씨를 모해하자 양 부인이 채씨를 친정으로 보낸다. 채씨의 부친 채 승상은 이에 분노하여 위윤을 귀양 보내고, 양 부인은 채씨를 들이지 말라는 유언을 남기고 죽는다.

반씨가 시체를 붙들고 통곡 혼절하니, 흥이 대경하여 수족을 주무르며 약물을 드리오니 이윽고 진정하거늘, 흥이 위로 왈,

"모친은 진정하사 초상을 극진히 하소서."

반씨 망극한 중이나 그 말을 옳게 여겨 치상(治喪)할새, 문중이 모여 채씨에게 부고를 알릴 것을 의논하니, 위진이 왈,

"㉠채씨가 잘못함이 아니라 모친이 잠깐 노하여 보내 계시니, 무슨 일로 알리지 아니하리오."

하고, 즉시 시비를 불러 왈,

"채씨의 집에 가 **부고를 전하되 상복 입기 전에 오라** 하라. 그렇지 않으면 부부의 의를 끊으리라."

(중략)

차설, 위진이 크게 노하여 왈,

"반씨는 어떤 사람인데 **상중에 시비(是非)를 돋우어 요란하게 하느뇨. 형님이 아니 계시어 내가 주장*할 것**이니, 두 번 이르지 말라."

하고 노복을 재촉하여 보내니, 흥이 죽은 양 부인의 옆에 엎드려 통곡하더니 큰 소리로 왈,

"숙부는 주장이 되었을 따름이거늘 초상 망극 중에 벌써 할머니의 유언을 저버리시니, 한갓 아내만 중히 여기사 저다지 노하시니, 소질*이 알 바는 아니로되, 금일 문중이 모두 다 공론이 여차한데도 구태여 유언을 저버리니, 이는 문중의 뜻에도 맞지 아니하오며 소질의 마음에도 불가하니이다."

반씨가 꾸짖어 왈,

"너는 조그만 아이라. 어찌 방자히 어른을 시비하리오."

위진이 크게 노하여 왈,

"이는 분명 너의 말이 아니라. 누구의 부탁을 듣고, 내 말이 여차여차하거든 너는 대답을 이리이리하라 한 것이 아니더냐. 너에게 기걸한 사람은 극한 요물이라. 너 혼자의 말이라면 어찌 이러하리오. 내 비록 유약하나 네 말대로 시행할까 보냐."

하니, 모든 친척이 칭찬 불이하더라.

흥이 숙부의 불측한 심사를 듣고 큰 소리로 왈,

"㉡아까 소질이 사뢴 바를 어른에게 배운 바라 하시니,

말씀이 옳사오면 따를 것이요, 비록 어른의 말이라도 부당하오면 따를 이유 없으니, 할머니의 상사를 당하였어도 부친이 삼천 리 밖에 계셔 상변(喪變)을 알지 못하시고 발상*도 못하오니, 비록 아니 계시나 **장자 장손이 발상함**은 예문(禮文)에 당당하옵거늘, 그는 의논치 아니하시니 누구와 더불어 대상*하시나니이까. 금일 문중이 다 모였으니 결정하소서."

위진 형제 왈,

"㉢형님이 비록 귀양살이를 하고 있으나 죽지 아니하였고, 미처 부고를 알리지 못하였으나, 조그만 아이가 알 바가 아니라. 예문에 이상이라는 말이 없으니 불가하니라."

모든 사람이 왈,

"흥이 비록 어리나 소견에 이치가 있어 우리도 생각지 못한 일이거늘, 이 말이 가장 옳은지라. 바삐 대상하라."

위진 형제가 큰 소리로 노하여 왈,

"어찌 어린아이의 말로 인하여 상중 대사를 그릇되게 하리오. 우리는 예문대로 하리니 어찌 장자를 두고 대상하리오."

하고 일시에 피신하니, 문중이 상의하여 왈,

"상인(喪人)이 이제 우리를 피하니 더 있어 무엇하리오."

하고 상복 입는 것을 보지 아니하고 모두 귀가하니, 흥이 망극하여 실성통곡 왈,

"우리 집의 가세는 어찌 남과 다른고. ㉣숙부가 불의를 행하여 문중이 따로따로 흩어지니 무슨 아름다운 일이 있으리오."

말을 마치기 전에 채씨가 이르러 부인의 영위*에 곡하고 반씨를 보며 왈,

"나는 시댁에 득죄하여 본가에 있기로 존고*께 통신을 못하니 어찌 부끄럽지 아니하리오. 그대는 지극한 정성을 가지고 어찌 존고의 뒤를 따르지 아니하고 지금까지 부지하였느뇨. 그 사이 우애가 지극하여 저 나를 기다렸다 죽으려 하였느뇨. 지금도 참소와 아첨을 존고께 고하리잇고."

하고 욕설이 무수하니, 반씨가 분함을 겨우 참아 다만 대답하지 아니하더라.

채씨가 흥을 꾸짖어 왈,

"너는 황구소아*라. 무슨 일을 아는 척하고 우리를 원수로 지목하니, 네 그러면 **우리 일문을 다 삼킬 줄 아느냐.**"

흥이 대답치 아니할 뿐이더라. 장례일을 당하니, 부인을 선산에 안장하고 집안을 정리할새 **집안 형세가 모두 채씨와 맹씨에게 돌아가니,** 두 사람이 주야로 남편을 미혹하게 하여 반씨 모자를 백 가지로 모해하니, 반씨가 흥을 불러 왈,

"ⓜ우리 모자가 이제 독수(毒手)를 면치 못할지니 미리 화를 피할 곳을 정하라."

하고, 인하여 양 부인 묘소에 초막(草幕)을 짓고 삼년상을 마친 후에, 다시 거취를 정하고자 하여, 이에 약간의 비복을 거느리고 조상을 모신 사당에 올라 통곡하고 산중으로 들어가니, 보는 사람들이 저마다 비창해 하지 않을 이 없더라.

- 작자 미상, 「반씨전」-

*주장: 어떤 일을 책임지고 맡음. 또는 그런 사람.
*소질: 조카가 아저씨를 상대하여 자기를 낮추어 이르는 말.
*발상: 상례에서 초상난 것을 알림.
*대상: 장자가 없을 시 장손이 대신 상례를 주관함.
*영위: 상가에서 모시는 혼백이나 가주(假主)의 신위.
*존고: 시어머니를 높여 이르는 말.
*황구소아: 철없이 미숙한 사람을 낮잡아 이르는 말.

43.

윗글에 대한 이해로 가장 적절한 것은?

① 흥은 문중 사람들의 의견을 근거로 채씨에게 부고를 알리는 것에 반대했다.
② 채씨는 자신을 본가로 보낸 양 부인에게 지속적으로 사죄의 뜻을 전했다.
③ 반씨는 남편에게 부고를 전하지 않으려는 위진을 질책했다.
④ 문중 사람들은 위진에게 모친의 묘소를 정하도록 위임했다.
⑤ 위진은 위윤의 뜻에 따라 자신이 대상할 것을 주장했다.

44.

㉠~ⓜ에 대한 설명으로 적절하지 **않은** 것은?

① ㉠: 과거의 사건에 대한 자신의 판단을 제시하며 자신이 하려는 행위의 정당성을 강조하고 있다.
② ㉡: 다른 사람의 권위에 기대며 자신의 생각이 옳음을 강조하고 있다.
③ ㉢: 현재 상황을 설명하며 상대방의 제안에 대해 무시하는 태도를 드러내고 있다.
④ ㉣: 상대방의 행동을 평가하며 현재 상황에 대한 실망감을 드러내고 있다.
⑤ ⓜ: 앞으로의 일을 예측하며 행동의 방향을 제시하고 있다.

45.

〈보기〉를 바탕으로 윗글을 감상한 내용으로 적절하지 **않은** 것은? [3점]

───〈보기〉───

조선 후기 사대부 집안은 가문의 권위를 유지하기 위하여 장자 중심의 수직적 위계질서를 중시하였고, 가문의 중대사를 결정할 때에는 문중의 공론과 예문을 따르도록 했다. 특히 장자의 부재 시 장손이 아버지를 대신하는 대상을 행할 수 있다는 상례에는 이러한 위계질서가 잘 나타난다. 이 작품에는 장자의 부재 시에 상례가 발생한 상황에서 기존의 가권(家權)을 지키고자 하는 세력과, 가권을 차지하려는 욕망으로 이에 도전하는 세력 간의 갈등이 다양한 양상으로 드러난다.

① 위진이 채씨에게 '부고를 전하되 상복 입기 전에 오라'고 한 것에서, 위진이 모친의 유언에 담긴 수직적 위계질서를 따라 상례를 치르려 했음을 알 수 있군.
② 위진이 '상중에 시비를 돋'운다며 '형님이 아니 계시어 내가 주장할 것'이라고 말하는 것에서, 위진이 가권을 차지하는 데 반씨를 방해가 되는 존재로 인식하고 있음을 알 수 있군.
③ 흥이 예문을 근거로 '장자 장손이 발상함'을 주장하고 이에 대해 문중이 결정하도록 한 것에서, 흥이 예문과 문중의 공론을 통해 기존의 가권을 지키려고 했음을 알 수 있군.
④ 채씨가 '우리 일문을 다 삼킬 줄 아느냐'고 흥을 꾸짖는 것에서, 가권을 차지하려는 채씨의 욕망이 흥에 대한 적대감으로 나타난 것을 알 수 있군.
⑤ '집안 형세가 모두 채씨와 맹씨에게 돌아가'고, 반씨 모자가 '산중으로 들어'간 것에서, 가권을 둘러싼 갈등을 통해 가권이 위진 쪽으로 기울게 되었음을 알 수 있군.

[43] 다음 글을 읽고 물음에 답하시오.

[앞부분의 줄거리] 명나라 양 부인에게 삼 형제가 있는데, 맏이 위윤은 현숙한 반씨를 아내로 맞아 아들 흥을 얻는다. 위진의 아내 채씨와 위준의 아내 맹씨가 반씨를 모해하자 양 부인이 채씨를 친정으로 보낸다. 채씨의 부친 채 승상은 이에 분노하여 위윤을 귀양 보내고, 양 부인은 채씨를 들이지 말라는 유언을 남기고 죽는다.

반씨가 시체를 붙들고 통곡 혼절하니, 흥이 대경하여 수족을 주무르며 약물을 드리오니 이윽고 진정하거늘, 흥이 위로 왈,

"모친은 진정하사 초상을 극진히 하소서."

반씨 망극한 중이나 그 말을 옳게 여겨 치상(治喪)할새, 문중이 모여 채씨에게 부고를 알릴 것을 의논하니, 위진이 왈,

"채씨가 잘못함이 아니라 모친이 잠깐 노하여 보내 계시니, 무슨 일로 알리지 아니하리오."

하고, 즉시 시비를 불러 왈,

"채씨의 집에 가 부고를 전하되 상복 입기 전에 오라 하라. 그렇지 않으면 부부의 의를 끊으리라."

(중략)

차설, 위진이 크게 노하여 왈,

"반씨는 어떤 사람인데 상중에 시비(是非)를 돋우어 요란하게 하느뇨. 형님이 아니 계시어 내가 주장*할 것이니, 두 번 이르지 말라."

하고 노복을 재촉하여 보내니, 흥이 죽은 양 부인의 옆에 엎드려 통곡하더니 큰 소리로 왈,

"숙부는 주장이 되었을 따름이거늘 초상 망극 중에 벌써 할머니의 유언을 저버리시니, 한갓 아내만 중히 여기사 저다지 노하시니, 소질*이 알 바는 아니로되, 금일 문중이 모두 다 공론이 여차한데도 구태여 유언을 저버리니, 이는 문중의 뜻에도 맞지 아니하오며 소질의 마음에도 불가하니이다."

반씨가 꾸짖어 왈,

"너는 조그만 아이라. 어찌 방자히 어른을 시비하리오."

위진이 크게 노하여 왈,

"이는 분명 너의 말이 아니라. 누구의 부탁을 듣고, 내 말이 여차여차하거든 너는 대답을 이리이리하라 한 것이 아니더냐. 너에게 기걸한 사람은 극한 요물이라. 너 혼자의 말이라면 어찌 이러하리오. 내 비록 유약하나 네 말대로 시행할까 보냐."

하니, 모든 친척이 칭찬 불이하더라.

흥이 숙부의 불측한 심사를 듣고 큰 소리로 왈,

"아까 소질이 사뢴 바를 어른에게 배운 바라 하시니, 말씀이 옳사오면 따를 것이요, 비록 어른의 말이라도 부당하오면 따를 이유 없으니, 할머니의 상사를 당하였어도 부친이 삼천 리 밖에 계셔 상변(喪變)을 알지 못하시고 발상*도 못하오니, 비록 아니 계시나 장자 장손이 발상함은 예문(禮文)에 당당하옵거늘, 그는 의논치 아니하시니 누구와 더불어 대상*하시나니이까. 금일 문중이 다 모였으니 결정하소서."

위진 형제 왈,

"형님이 비록 귀양살이를 하고 있으나 죽지 아니하였고, 미처 부고를 알리지 못하였으나, 조그만 아이가 알 바가 아니라. 예문에 이상이라는 말이 없으니 불가하니라."

모든 사람이 왈,

"흥이 비록 어리나 소견에 이치가 있어 우리도 생각지 못한 일이거늘, 이 말이 가장 옳은지라. 바삐 대상하라."

위진 형제가 큰 소리로 노하여 왈,

"어찌 어린아이의 말로 인하여 상중 대사를 그릇되게 하리오. 우리는 예문대로 하리니 어찌 장자를 두고 대상하리오."

하고 일시에 피신하니, 문중이 상의하여 왈,

"상인(喪人)이 이제 우리를 피하니 더 있어 무엇하리오."

하고 상복 입는 것을 보지 아니하고 모두 귀가하니, 흥이 망극하여 실성통곡 왈,

"우리 집의 가세는 어찌 남과 다른고. 숙부가 불의를 행하여 문중이 따로따로 흩어지니 무슨 아름다운 일이 있으리오."

말을 마치기 전에 채씨가 이르러 부인의 영위*에 곡하고 반씨를 보며 왈,

"나는 시댁에 득죄하여 본가에 있기로 존고*께 통신을 못하니 어찌 부끄럽지 아니하리오. 그대는 지극한 정성을 가지고 어찌 존고의 뒤를 따르지 아니하고 지금까지 부지하였느뇨. 그 사이 우애가 지극하여 저 나를 기다렸다 죽으려 하였느뇨. 지금도 참소와 아첨을 존고께 고하리잇고."

하고 욕설이 무수하니, 반씨가 분함을 겨우 참아 다만 대답하지 아니하더라.

(후략)

— 작자 미상, 「반씨전」 —

*주장: 어떤 일을 책임지고 맡음. 또는 그런 사람.
*소질: 조카가 아저씨를 상대하여 자기를 낮추어 이르는 말.
*발상: 상례에서 초상난 것을 알림.
*대상: 장자가 없을 시 장손이 대신 상례를 주관함.
*영위: 상가에서 모시는 혼백이나 가주(假主)의 신위.
*존고: 시어머니를 높여 이르는 말.

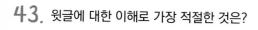

43. 윗글에 대한 이해로 가장 적절한 것은?

분석 대상

선택률 32.2% ★① 홍은 / 문중 사람들의 의견을 근거로 채씨에게 부고를 알리는 것에 반대했다.

정답!

check

선택률 6.7% ② 채씨는 / 자신을 본가로 보낸 양 부인에게 지속적으로 사죄의 뜻을 전했다.

check

선택률 21.3% ★③ 반씨는 / 남편에게 부고를 전하지 않으려는 위진을 질책했다.

매력적인 오답

check

선택률 19.6% ★④ 문중 사람들은 / 위진에게 모친의 묘소를 정하도록 위임했다.

매력적인 오답

check

선택률 11.7% ⑤ 위진은 / 위윤의 뜻에 따라 자신이 대상할 것을 주장했다.

check

me mo

[23~26] 다음 글을 읽고 물음에 답하시오. ✖ 걸린 시간: 분   초

[앞부분의 줄거리] 조웅은 송나라 회복을 위해 태자를 구해 함께 위국으로 가던 중 서번국 병사가 매복한 함곡을 향한다.

이적에 원수가 여러 날 만에 연주에 도달하여 군마를 다 쉬게 하고 원수도 노곤하여 사관에서 쉬고 있었는데,

[A] ┌ 한 나비가 침상에 날아들거늘 원수도 자연스럽게 날개를 얻어 그 나비를 따라 공중에 날아 한 곳에 이르니, 첩첩한 산중에 수목이 빽빽한 곳을 깊이 들어가니 그 가운데 광활하여 완연한 별세계라. 또 한 곳을 들어가니 아름다운 궁궐이 하늘에 닿았거늘, 나아가 보니 문에 현판을 └ 붙였으되, '만고충렬문'이라 뚜렷이 쓰여 있었다.

궁궐 위를 바라보니 한 노인이 앉았으되 얼굴은 관옥 같고 머리에 황금관을 쓰고 몸에 용포를 입고 윗자리에 높이 앉았는데, 무수한 사람들이 열좌하여 큰 잔치 를 배설하고 술과 음식이 가득한 중에 절대 가인이 차례로 앉았으니, 그 아름다움이 측량없더라. 좌석에 가득 앉은 사람들이 여러 왕의 흥망성쇠와 만고역대를 역력히 이르는지라. 맨 윗자리에 앉은 제왕은 어찌 된 줄을 모르매 분부 왈,

"그대 등은 각각 공을 밝히어 올리라."

하니 좌석에 가득 앉은 사람들이 각각 공을 밝히는 글을 올리니 그 공적에 왈,

"저는 본래 한나라 신하로 깊은 뜻이 많지 아니하리로다. 옛 일을 살펴보니 복이 북두칠성과 일월에 찬란하리로다."

또 한 공적에 왈,

"칼을 잡아 흉적을 소멸하니 제후 될 만하도다. 천하를 성처럼 막았으니 문호 세상에 진동하는도다." / 하였더라.

그 남은 공적은 어찌 다 기록하리오. 좌중의 여러 사람들이 각각 소회를 다하고, 혹 노기 등천하며, 혹 칼을 빼들고 매우 성을 내고, 어떤 자는 땅에 서고, 어떤 자는 깡충깡충 뛰며, 어떤 자는 노래하고, 어떤 자는 춤추기도 하는지라. 이러한 좋은 장면을 세밀히 구경할새, 한 사람이 좌중에 나와 앉으며 왈,

"우리 각각 소회는 옛일이라. 한하여도 미치지 못하려니와 알지 못하겠노라. 대송이 역적에 망하니 인하여 멸송이 되오면 언제 회복되오리까?" / 하니 한 사람이

"송나라의 복은 아직 길고 멀었는지라. 어찌 회복이 없사오리까?" / 한데, 또 한 사람이,

"그대 등은 알지 못하는도다. 하늘이 송나라 왕실을 회복하고자 조웅을 명하였더니, 불쌍하도다 조웅이여! 일시가 극난하여 명일 미명에 서번 적의 간계에 걸려들어 죽을 듯하니 불쌍하도다. 조웅의 일도 우리와 같을지라. 정해진 나이를 못 마치고 전쟁의 패한 혼이 될 듯하니 불쌍코 가련하다."

이러할 제 문 지키는 군사 급히 고하기를,

"송나라 문제 들어오시나이다."

하니, 여러 사람이 일시에 뜰로 내려와 영접하여 상좌한 후에 여러 사람이 아뢰기를,

"오늘날 만날 약속을 정하옵고 어찌 늦게 도착하시나이까?"

문제 왈,

"송나라 왕실을 회복할 신하 조웅이라. 오다가 한 곳을 보니 불측한 서번이 조웅을 잡으려고 이러저러하였거늘, 행여 그러할까 하여 시운일수를 통치 못하여 죽을 듯함에, 도사를 찾아가 구하라 하고 부탁하고 오노라." / 하시니,

좌중이 외쳐 왈,

"우리는 분명 조웅이 죽으리라 하고 불쌍한 공론을 하였더니, 대운이 막히지 아니하였사오니 천수를 어찌 하오리까?"

원수가 깨달으니 남가일몽이라.

(중략)

원수 꿈속의 일을 생각하니 저절로 마음이 비창하여 슬픔을 머금고 종일 행군할 동안에 염려가 끊이지 않았다.

[B] ┌ 이날 함곡에 도달하니 해는 서쪽 산 위로 떨어지고 달은 동쪽 고개 위로 떠올랐는데, 무심한 잔나비는 달빛 아래에서 슬피 울고, 그윽한 두견성은 불여귀를 일삼았다. 갈 길은 험악한데 동쪽은 험한 산이고 서쪽은 깊은 골짜기여서 층층이 험한 산봉우리는 가슴을 찌르는 듯하고 야광은 └ 희미하기만 했다.

선봉을 재촉하여 함곡으로 들어가는데 문득 바라보니 동편 작은 골짜기에 갈포로 만든 두건과 베옷을 입은 한 노옹이 있어 푸른 나귀를 재촉하며 백우선으로 원수를 만류하거늘 원수가 그 노옹을 바라보니 정신이 황홀하였다. 원수가 말을 머물게 하고 잠깐 기다리니 그 노옹이 묻기를,

"연주로부터 오십니까?"

원수가 답 왈, / "그러하오이다."

노옹이 왈,

"위국으로 가는 조 원수를 혹 보셨습니까? 보시면 바삐 알려 주소서."

하였다. 원수는 마음속으로 의심하고 한편으로 이상하게 여겨 왈,

"내가 바로 조웅이거니와 무슨 일로 긴히 찾습니까?"

하니, 노옹이 크게 기뻐하며 왈,

"나는 떠돌아다니는 나그네라. 성품이 남과 달라 빼어난 산천과 명승지지를 즐겨 구경하고 두루 다녔는데, 오로봉에 들어갔다가 천명 도사를 만나 수삼 일을 머물렀더니 출발할 때 한 서찰을 주며 왈, '그대에게 오늘 오시에 전하라' 하여 나귀를 바삐 몰아 진시에 도착하려고 했으나 피곤한 나귀 탓으로 시간을 넘겨 버렸기에 행여 못 만날까 염려하였더니 이곳에서 만나니 어찌 즐겁지 아니하겠습니까?"

하며, 소매 속에서 한 통 편지를 내어 주고는 팔을 들어 하직하거늘 원수 다시 노옹을 바라보니 행색이 아득하였다. 마음속으로 신기하게 여겨 그 편지를 급히 떼어 보니 다른 말은 없고 '함곡에 들어가지 말고 성중으로 먼저 들어가서 포를 한

번 쏘라'고만 쓰여 있었다. 원수가 편지를 다 보고는 대경실
색하여 좌장군 위홍창을 불러 왈,
　"장졸을 함곡에 들어가지 못하게 하라."
하니, 홍창이 급히 아뢰길,
　"선봉이 이미 함곡에 들어갔습니다."
하거늘 원수가 크게 놀라며 왈,
　"너는 급히 들어가 선봉을 데려오라. 데려올 때 조금도 어
　수선하게 하지 말고 그곳에 진을 치고 있는 것처럼 하면서
　한둘씩 숨어 나오되 빨리 데리고 나오너라."
홍창이 원수의 명을 듣고는 급히 함곡에 들어가서 전하니
선봉이 군사를 물려 돌아왔다. 원수가 편지를 얻어 기뻐하며
진을 쳤다.

- 작자 미상, 「조웅전」-

23.

윗글에 대한 이해로 가장 적절한 것은?

① 송 문제는 서번 적의 간계에 빠져 사람들과의 약속을
　지키지 못했다.
② 원수는 함곡에서 연주로 가는 도중에 사관에서 쉬려고
　군마를 멈추었다.
③ 노옹은 자신의 계획보다 늦게 도착했음에도 조웅을 만
　나게 되어 기뻐했다.
④ 위홍창은 역적에게 망한 송나라를 구하고자 선봉을 이
　끌고 함곡에 들어갔다.
⑤ 황금관을 쓴 노인은 모임의 상석에 앉아 있다가 뜰로
　내려와 여러 사람을 맞이했다.

24.

[A]와 [B]에 대한 설명으로 가장 적절한 것은?

① [A]에서는 공간의 광활함을 통해 인물의 진취적인 기
　상이 드러나고 있다.
② [B]에서는 시간의 흐름을 통해 인물의 낙관적 태도가
　드러나고 있다.
③ [A]에서는 낭만적인 사건에 의한 환상성이, [B]에서
　는 구체적인 시대적 상황에 의한 현실성이 부각되고
　있다.
④ [A]에서는 공간적 변화에서 비롯되는 긴장감이, [B]
　에서는 계절적 상황에서 비롯되는 쓸쓸함이 강조되고
　있다.
⑤ [A]에서는 비현실적 공간에서 느껴지는 신비로움이,
　[B]에서는 현실 공간에서 느껴지는 불길함이 드러나
　고 있다.

25.

큰 잔치 에 대한 설명으로 적절하지 않은 것은?

① 참석자들은 서로의 공적을 평가하며 소회를 드러내고
　있다.
② 참석자들은 특정 인물에 대한 염려와 기대를 드러내
　고 있다.
③ 참석자들은 대화를 통해 국가의 흥망성쇠에 대한 관
　심을 드러내고 있다.
④ 참석자들은 소회를 다한 후 여러 행위를 통해 각자의
　심정을 드러내고 있다.
⑤ 많은 참석자와 가득한 음식 차림을 통해 풍성한 잔치
　분위기를 드러내고 있다.

26.

〈보기〉를 참고하여 윗글을 감상한 내용으로 적절하지 않
은 것은? [3점]

> ──────〈보기〉──────
>
> 　「조웅전」에서 꿈은 초월적 세계의 뜻을 주인공에
> 게 전달하는 기능을 한다. 꿈속 경험을 통해 주인공
> 은 자신에게 부여된 천명과 현실 세계에서의 위기,
> 자신에 대한 초월적 세계의 비호 등을 알게 된다.
> 이러한 초월적 세계의 뜻에 대해 주인공은 확신하
> 지 못하지만, 전달자와 구체적 증거물을 통해 초월
> 적 세계의 뜻을 확인하게 된다. 주인공은 이와 같이
> 초월적 세계의 뜻을 확인하고 실천하여 영웅적 면
> 모를 드러낸다.

① 꿈속에서 송 문제가 조웅을 구하려 하는 것은, 조웅에
　대한 초월적 세계의 비호를 보여 주는 것이겠군.
② 조웅이 행군 중에 슬퍼하는 것은, 전쟁에 패한 혼이 될
　것이라는 꿈속의 말에 대해 확신하지 못한 것이겠군.
③ 꿈속에서 송나라 왕실을 회복할 신하로 조웅이 거론
　되는 것은, 조웅에게 주어진 천명을 알게 하려는 것이
　겠군.
④ 조웅이 노옹을 통해 전달 받은 편지의 지시에 따른 것
　은, 조웅이 꿈속 경험에서 알게 된 초월적 세계의 뜻
　을 신뢰한 것이겠군.
⑤ 노옹이 천명 도사의 부탁을 받아 편지를 전하고 떠나
　는 것은, 노옹이 초월적 세계의 뜻을 조웅에게 전달하
　는 사람임을 보여 주는 것이겠군.

[25] 다음 글을 읽고 물음에 답하시오.

[앞부분의 줄거리] 조웅은 송나라 회복을 위해 태자를 구해 함께 위국으로 가던 중 서번국 병사가 매복한 함곡을 향한다.

이적에 원수가 여러 날 만에 연주에 도달하여 군마를 다 쉬게 하고 원수도 노곤하여 사관에서 쉬고 있었는데,

한 나비가 침상에 날아들거늘 원수도 자연스럽게 날개를 얻어 그 나비를 따라 공중에 날아 한 곳에 이르니, 첩첩한 산중에 수목이 빽빽한 곳을 깊이 들어가니 그 가운데 광활하여 완연한 별세계라. 또 한 곳을 들어가니 아름다운 궁궐이 하늘에 닿았거늘, 나아가 보니 문에 현판을 붙였으되, '만고충렬문'이라 뚜렷이 쓰여 있었다.

궁궐 위를 바라보니 한 노인이 앉았으되 얼굴은 관옥 같고 머리에 황금관을 쓰고 몸에 용포를 입고 윗자리에 높이 앉았는데, 무수한 사람들이 열좌하여 큰 잔치를 배설하고 술과 음식이 가득한 중에 절대 가인이 차례로 앉았으니, 그 아름다움이 측량없더라. 좌석에 가득 앉은 사람들이 여러 왕의 흥망성쇠와 만고역대를 역력히 이르는지라. 맨 윗자리에 앉은 제왕은 어찌 된 줄을 모르매 분부 왈,

"그대 등은 각각 공을 밝히어 올리라."

하니 좌석에 가득 앉은 사람들이 각각 공을 밝히는 글을 올리니 그 공적에 왈,

"저는 본래 한나라 신하로 깊은 뜻이 많지 아니하리로다. 옛 일을 살펴보니 복이 북두칠성과 일월에 찬란하리로다."

또 한 공적에 왈,

"칼을 잡아 흉적을 소멸하니 제후 될 만하도다. 천하를 성처럼 막았으니 문호 세상에 진동하는도다."

하였더라.

그 남은 공적은 어찌 다 기록하리오. 좌중의 여러 사람들이 각각 소회를 다하고, 혹 노기 등천하며, 혹 칼을 빼들고 매우 성을 내고, 어떤 자는 땅에 섰고, 어떤 자는 깡충깡충 뛰며, 어떤 자는 노래하고, 어떤 자는 춤추기도 하는지라. 이러한 좋은 장면을 세밀히 구경할새, 한 사람이

좌중에 나와 앉으며 왈,

"우리 각각 소회는 옛일이라. 한하여도 미치지 못하려니와 알지 못하겠노라. 대송이 역적에 망하니 인하여 멸송이 되오면 언제 회복되오리까?"

하니 한 사람이

"송나라의 복은 아직 길고 멀었는지라. 어찌 회복이 없사오리까?"

한데, 또 한 사람이,

"그대 등은 알지 못하는도다. 하늘이 송나라 왕실을 회복하고자 조웅을 명하였더니, 불쌍하도다 조웅이여! 일시가 극난하여 명일 미명에 서번 적의 간계에 걸려들어 죽을 듯하니 불쌍하도다. 조웅의 일도 우리와 같을지라. 정해진 나이를 못 마치고 전쟁의 패한 혼이 될 듯하니 불쌍코 가련하다."

이러할 제 문 지키는 군사 급히 고하기를,

"송나라 문제 들어오시나이다."

하니, 여러 사람이 일시에 뜰로 내려와 영접하여 상좌한 후에 여러 사람이 아뢰기를,

"오늘날 만날 약속을 정하옵고 어찌 늦게 도착하시나이까?"

문제 왈,

"송나라 왕실을 회복할 신하는 조웅이라. 오다가 한 곳을 보니 불측한 서번이 조웅을 잡으려고 이러저러하였거늘, 행여 그러할까 하여 시운일수를 통치 못하여 죽을 듯함에, 도사를 찾아가 구하라 하고 부탁하고 오노라."

하시니, 좌중이 외쳐 왈,

"우리는 분명 조웅이 죽으리라 하고 불쌍한 공론을 하였더니, 대운이 막히지 아니하였사오니 천수를 어찌 하오리까?"

원수가 깨달으니 남가일몽이라.

(후략)

— 작자 미상, 「조웅전」—

25. 큰 잔치 에 대한 설명으로 적절하지 **않은** 것은?

분석 대상

선택률 36.1% ★ ① 참석자들은 <u>서로의 공적을 평가</u>하며 <u>소회를 드러내고</u> 있다.

check

선택률 18.3% ★ ② 참석자들은 <u>특정 인물에 대한 염려와 기대</u>를 드러내고 있다.

check

선택률 10.5% ③ 참석자들은 대화를 통해 / <u>국가의 흥망성쇠에 대한 관심</u>을 드러내고 있다.

check

선택률 25.4% ★ ④ 참석자들은 <u>소회</u>를 다한 후 <u>여러 행위를 통해 각자의 심정</u>을 드러내고 있다.

check

선택률 8.2% ⑤ 많은 참석자와 가득한 음식 차림을 통해 / <u>풍성한 잔치 분위기</u>를 드러내고 있다.

check

me
mo

[34~36] 다음 글을 읽고 물음에 답하시오.   ✹ 걸린 시간: 분   초

일일은 승상이 술에 취하시어 ⓐ**책상**에 의지하여 잠깐 졸더니 문득 봄바람에 이끌려 한 곳에 다다르니 이곳은 승상이 평소에 고기도 낚으며 풍경을 구경하던 조대(釣臺)*라. 그 위에 상서로운 기운이 어렸거늘 나아가 보니 청룡이 ⓑ**조대**에 누웠다가 승상을 보고 고개를 들어 소리를 지르고 반공에 솟거늘, 깨달으니 일장춘몽이라.

[A]
심신이 황홀하여 죽장을 짚고 월령산 ⓒ**조대**로 나아가니 나무 베는 아이가 나무를 베어 시냇가에 놓고 버들 그늘을 의지하여 잠이 깊이 들었거늘, 보니 의상이 남루하고 머리털이 흩어져 귀밑을 덮었으며 검은 때 줄줄이 흘러 두 뺨에 가득하니 그 추레함을 측량치 못하나 그 중에도 은은한 기품이 때 속에 비치거늘 승상이 깨우지 않으시고, 옷에 무수한 이를 잡아 죽이며 잠 깨기를 기다리더니, 그 아이가 돌아누우며 탄식 왈,
"형산백옥이 돌 속에 섞였으니 누가 보배인 줄 알아 보랴. 여상의 자취 조대에 있건마는 그를 알아본 문왕의 그림자 없고 와룡은 남양에 누웠으되 삼고초려한 유황숙의 자취는 없으니 어느 날에 날 알아줄 이 있으리오."
하니 그 소리 웅장하여 산천이 울리는지라.

탈속한 기운이 소리에 나타나니, 승상이 생각하되, '영웅을 구하더니 이제야 만났도다.' 하시고, 깨우며 물어 왈,
"봄날이 심히 곤한들 무슨 잠을 이리 오래 자느냐? 일어앉으면 물을 말이 있노라."
"어떤 사람이관데 남의 단잠을 깨워 무슨 말을 묻고자 하는가? 나는 배고파 심란하여 말하기 싫도다."
아이 머리를 비비며 군말하고 도로 잠이 들거늘, 승상이 왈,
"네 비록 잠이 달지만 어른을 공경치 아니하느냐. 눈을 들어 날 보면 자연 알리라."
그 아이 눈을 뜨고 이윽히 보다가 일어앉으며 고개를 숙이고 잠잠하거늘, 승상이 자세히 보니 두 눈썹 사이에 천지조화를 갈무리하고 가슴속에 만고흥망을 품었으니 진실로 영웅이라. 승상의 명감(明鑑)*이 아니면 그 누가 알리오.

[중략 부분의 줄거리] 승상은 아이(소대성)를 자기 집에 묵게 하고 딸과 부부의 연을 맺도록 하지만, 승상이 죽자 그 아들들이 대성을 제거하려고 한다. 이에 대성은 영보산으로 옮겨 공부하다가 호왕이 난을 일으킨 소식에 산을 나가게 된다.

한 동자 마중 나와 물어 왈,
"상공이 해동 소상공 아니십니까?"
"동자, 어찌 나를 아는가?"
소생이 놀라 묻자, 동자 답 왈,
"우리 노야의 분부를 받들어 기다린 지 오랩니다."
"노야라 하시는 이는 뉘신고?"

"아이 어찌 어른의 존호를 알리이까? 들어가 보시면 자연 알 리이다."

[B]
생이 동자를 따라 들어가니 청산이 불이 명랑하고 한 노인이 자줏빛 도포를 입고 금관을 쓰고 책상을 의지하여 앉았거늘 생이 보니 학발 노인은 청주 이 승상일러라. 생이 생각하되, '승상이 별세하신 지 오래이거늘 어찌 ⓓ**이곳**에 계신가?' 하는데, 승상이 반겨 손을 잡고 왈,
"내 그대를 잊지 못하여 줄 것이 있어 그대를 청하였나니 기쁘고도 슬프도다."
하고 동자를 명하여 저녁을 재촉하며 왈,
"내 자식이 무도하여 그대를 알아보지 못하고 망령된 의사를 두었으니 어찌 부끄럽지 아니하리오. 하나 그대는 대인 군자로 허물치 아니할 줄 알았거니와 모두 하늘의 뜻이라. 오래지 아니하여 공명을 이루고 용문에 오르면 딸과의 신의를 잊지 말라."
하고 갑주 한 벌을 내어 주며 왈,
"이 갑주는 보통 물건이 아니라 입으면 내게 유익하고 남에게 해로우며 창과 검이 뚫지 못하니 천하의 얻기 어려운 보배라. 그대를 잊지 못하여 정을 표하나니 전장에 나가 대공을 이루라."
생이 자세히 보니 쇠도 아니요, 편갑도 아니로되 용의 비늘같이 광채 찬란하며 백화홍금포로 안을 대었으니 사람의 정신이 황홀한지라. 생이 매우 기뻐 물어 왈,
"이 옷이 범상치 아니하니 근본을 알고자 하나이다."
"이는 천공의 조화요, 귀신의 공역이라. 이름은 '보신갑'이니 그 조화를 헤아리지 못하리라. 다시 알아 무엇 하리오?"
승상이 답하시고, 차를 내어 서너 잔 마신 후에 승상 왈,
"이제 칠성검과 보신갑을 얻었으니 만 리 청총마를 얻으면 그대 재주를 펼칠 것이나, 그렇지 아니하면 당당한 기운을 걷잡지 못하리라. 하나 적을 가벼이 여기지 말라. 지금 적장은 천상 나타의 제자 익성이니 북방 호국 왕이 되어 중원을 침노하니 지혜와 용맹이 범인과 다른지라. 삼가 조심하라."
"만 리 청총마를 얻을 길이 없으니 어찌 공명을 이루리까?"
생이 묻자, 승상이 답 왈,
"동해 용왕이 그대를 위하여 이리 왔으니 내일 오시에 얻을 것이니 급히 공을 이루라. 지금 싸움이 오래되었으나 중국은 익성을 대적할 자 없으며 황제 지금 위태한지라. 머물지 말고 바삐 가라. 할 말이 끝없으나 밤이 깊었으니 자고 가라."
하시고 책상을 의지하여 누우시니 생도 잠깐 졸더니, 홀연 찬바람, 기러기 소리에 깨달으니 승상은 간데없고 누웠던 자리에 갑옷과 투구 놓였거늘 좌우를 둘러보니 ⓔ**소나무 밑**이라.

- 작자 미상, 「소대성전」 -

*조대: 낚시터.
*명감: 사람을 알아보는 뛰어난 능력.

34.

[A]와 [B]에 나타난 서술상 특징으로 가장 적절한 것은?

① [A]는 묘사를 통해 인물의 외양을, [B]는 발화를 통해 인물의 감회를 드러내고 있다.
② [A]와 달리, [B]는 대구적 표현을 통해 인물에 대한 부정적 인식을 드러내고 있다.
③ [B]와 달리, [A]는 요약적 서술을 통해 시대적 배경을 제시하고 있다.
④ [A]와 [B]는 모두 인물들 간의 대화를 통해 인물들 사이의 갈등을 제시하고 있다.
⑤ [A]와 [B]는 모두 과거 사건에 대한 회상을 통해 현재 사건의 원인을 제시하고 있다.

35.

윗글의 '승상'에 대한 감상으로 가장 적절한 것은?

① 곤히 잠든 '아이'를 깨우지 않고 이를 잡아 주며 기다리는 모습에서 따뜻한 인정을 느낄 수 있군.
② 나이 어린 '소생'에게 자신이 범한 과오를 시인하고 부끄러워하는 모습에서 자신을 비우고 낮추는 겸허함을 볼 수 있군.
③ '소생'에게 '딸과의 신의'를 잊지 않아야 공명을 이룰 수 있다고 당부하는 모습에서 신의를 중시하는 가치관을 볼 수 있군.
④ '청총마'를 이미 얻고 '동해 용왕'의 도움까지 얻은 '소생'에게 적을 가벼이 여기지 말라고 하는 모습에서 신중한 자세를 볼 수 있군.
⑤ 살아서는 '소생'을 도왔지만 죽은 몸으로 '소생'을 도울 수 없어 안타까워하는 모습에서 남을 도우려는 한결같은 성품을 느낄 수 있군.

36.

〈보기〉를 참고할 때, ⓐ~ⓔ를 이해한 내용으로 적절하지 **않은** 것은? [3점]

〈보기〉

　고전 소설에서 공간은 산속이나 동굴 등 특정 현실 공간에 초현실 공간이 겹쳐진 것으로 설정되기도 한다. 이 경우, 초현실 공간이 특정 현실 공간에 겹쳐지거나 특정 현실 공간에서 사라지는 것은 보통 초월적 존재의 등·퇴장과 관련된다. 한편 어떤 인물이 꿈을 꿀 때, 그는 현실의 어떤 공간에서 잠을 자고 있지만, 그의 정신은 꿈속 공간을 경험한다. 이 경우, 특정 현실 공간이 꿈에 나타나면 이 꿈속 공간은 특정 현실 공간에 근거하면서도 초현실 공간의 성격을 지니기도 한다.

---

① '승상'은 ⓐ에 몸을 의지하고 있지만 정신은 봄바람에 이끌려 ⓑ로 나아갔으니, 그는 현실의 한 공간에서 잠들어 꿈속 공간을 경험하고 있는 것이군.
② ⓑ는 ⓒ에 근거를 둔 꿈속 공간으로, ⓑ에서 본 '청룡'은 ⓒ에서 자고 있는 '아이'를 상징하는군.
③ ⓑ와 ⓓ는 모두 초현실 공간으로, ⓑ는 '승상'을 '아이'에게로 이끌기 위해, ⓓ는 '소생'과 초월적 존재인 '승상'의 만남을 위해 설정된 곳이군.
④ ⓒ는 '승상'의 정신이 경험하는 꿈속 공간이고, ⓔ는 '소생'이 자기 경험이 꿈이었음을 확인하는 공간이군.
⑤ '승상'이 '누웠던 자리'에 '갑옷과 투구'가 놓여 있는 것으로 보아, ⓔ에 ⓓ가 겹쳐져 있었지만 '승상'이 사라지면서 ⓓ도 함께 사라졌군.

[35] 다음 글을 읽고 물음에 답하시오.

일일은 승상이 술에 취하시어 책상에 의지하여 잠깐 졸더니 문득 봄바람에 이끌려 한 곳에 다다르니 이곳은 승상이 평소에 고기도 낚으며 풍경을 구경하던 조대(釣臺)*라. 그 위에 상서로운 기운이 어렸거늘 나아가 보니 청룡이 조대에 누웠다가 승상을 보고 고개를 들어 소리를 지르고 반공에 솟거늘, 깨달으니 일장춘몽이라.

심신이 황홀하여 죽장을 짚고 월령산 조대로 나아가니 나무 베는 아이가 나무를 베어 시냇가에 놓고 버들 그늘을 의지하여 잠이 깊이 들었거늘, 보니 의상이 남루하고 머리털이 흩어져 귀밑을 덮었으며 검은 때 줄줄이 흘러 두 뺨에 가득하니 그 추레함을 측량치 못하나 그 중에도 은은한 기품이 때 속에 비치거늘 승상이 깨우지 않으시고, 옷에 무수한 이를 잡아 죽이며 잠 깨기를 기다리더니, 그 아이가 돌아누우며 탄식 왈,

"형산백옥이 돌 속에 섞였으니 누가 보배인 줄 알아 보랴. 여상의 자취 조대에 있건마는 그를 알아본 문왕의 그림자 없고 와룡은 남양에 누웠으되 삼고초려한 유황숙의 자취는 없으니 어느 날에 날 알아줄 이 있으리오."

하니 그 소리 웅장하여 산천이 울리는지라.

탈속한 기운이 소리에 나타나니, 승상이 생각하되, '영웅을 구하더니 이제야 만났도다.' 하시고, 깨우며 물어 왈,

"봄날이 심히 곤한들 무슨 잠을 이리 오래 자느냐? 일어앉으면 물을 말이 있노라."

"어떤 사람이관데 남의 단잠을 깨워 무슨 말을 묻고자 하는가? 나는 배고파 심란하여 말하기 싫도다."

아이 머리를 비비며 군말하고 도로 잠이 들거늘, 승상이 왈,

"네 비록 잠이 달지만 어른을 공경치 아니하느냐. 눈을 들어 날 보면 자연 알리라."

그 아이 눈을 뜨고 이윽히 보다가 일어앉으며 고개를 숙이고 잠잠하거늘, 승상이 자세히 보니 두 눈썹 사이에 천지조화를 갈무리하고 가슴속에 만고흥망을 품었으니 진실로 영웅이라. 승상의 명감(明鑑)*이 아니면 그 누가 알리오.

[중략 부분의 줄거리] 승상은 아이(소대성)를 자기 집에 묵게 하고 딸과 부부의 연을 맺도록 하지만, 승상이 죽자 그 아들들이 대성을 제거하려고 한다. 이에 대성은 영보산으로 옮겨 공부하다가 호왕이 난을 일으킨 소식에 산을 나가게 된다.

한 동자 마중 나와 물어 왈,

"상공이 해동 소상공 아니십니까?"

"동자, 어찌 나를 아는가?"

소생이 놀라 묻자, 동자 답 왈,

"우리 노야의 분부를 받들어 기다린 지 오랩니다."

"노야라 하시는 이는 뉘신고?"

"아이 어찌 어른의 존호를 알리까? 들어가 보시면 자연 알 리이다."

생이 동자를 따라 들어가니 청산에 불이 명랑하고 한 노인이 자줏빛 도포를 입고 금관을 쓰고 책상을 의지하여 앉았거늘 생이 보니 학발 노인은 청주 이 승상일러라. 생이 생각하되, '승상이 별세하신 지 오래이거늘 어찌 이곳에 계신가?' 하는데, 승상이 반겨 손을 잡고 왈,

"내 그대를 잊지 못하여 줄 것이 있어 그대를 청하였나니 기쁘고도 슬프도다."

하고 동자를 명하여 저녁을 재촉하며 왈,

"내 자식이 무도하여 그대를 알아보지 못하고 망령된 의사를 두었으니 어찌 부끄럽지 아니하리오. 하나 그대는 대인 군자로 허물치 아니할 줄 알았거니와 모두 하늘의 뜻이라. 오래지 아니하여 공명을 이루고 용문에 오르면 딸과의 신의를 잊지 말라."

하고 갑주 한 벌을 내어 주며 왈,

"이 갑주는 보통 물건이 아니라 입으면 내게 유익하고 남에게 해로우며 창과 검이 뚫지 못하니 천하의 얻기 어려운 보배라. 그대를 잊지 못하여 정을 표하나니 전장에 나가 대공을 이루라."

생이 자세히 보니 쇠도 아니요, 편갑도 아니로되 용의 비늘같이 광채 찬란하며 백화홍금포로 안을 대었으니 사람의 정신이 황홀한지라. 생이 매우 기뻐 물어 왈,

"이 옷이 범상치 아니하니 근본을 알고자 하나이다."

"이는 천공의 조화요, 귀신의 공역이라. 이름은 '보신갑'이니 그 조화를 헤아리지 못하리라. 다시 알아 무엇 하리오?"

승상이 답하시고, 차를 내어 서너 잔 마신 후에 승상 왈,

"이제 칠성검과 보신갑을 얻었으니 만 리 청총마를 얻으면 그대 재주를 펼칠 것이나, 그렇지 아니하면 당당한 기운을 걷잡지 못하리라. 하나 적을 가벼이 여기지 말라. 지금 적장은 천상 나타의 제자 익성이니 북방 호국 왕이 되어 중원을 침노하니 지혜와 용맹이 범인과 다른지라. 삼가 조심하라."

"만 리 청총마를 얻을 길이 없으니 어찌 공명을 이루리까?"

생이 묻자, 승상이 답 왈,

"동해 용왕이 그대를 위하여 이리 왔으니 내일 오시에 얻을 것이니 급히 공을 이루라. 지금 싸움이 오래되었으나 중국은 익성을 대적할 자 없으며 황제 지금 위태한지라. 머물지 말고 바삐 가라. 할 말이 끝없으나 밤이 깊었으니 자고 가라."

하시고 책상을 의지하여 누우시니 생도 잠깐 졸더니, 홀연 찬 바람, 기러기 소리에 깨달으니 승상은 간데없고 누웠던 자리에 갑옷과 투구 놓였거늘 좌우를 둘러보니 소나무 밑이라.

　　　　　　　　　　　　　　　- 작자 미상, 「소대성전」 -

*조대: 낚시터.
*명감: 사람을 알아보는 뛰어난 능력.

오답률 1위 66.0%

35. 윗글의 '승상'에 대한 감상으로 가장 적절한 것은?

분석 대상

선택률 34.0% ① 곤히 잠든 '아이'를 깨우지 않고 이를 잡아 주며 기다리는 모습에서 /
따뜻한 인정을 느낄 수 있군.

check

선택률 11.5% ② 나이 어린 '소생'에게 자신이 범한 과오를 시인하고 부끄러워하는 모습에서 /
자신을 비우고 낮추는 겸허함을 볼 수 있군.

check

선택률 17.6% ③ '소생'에게 '딸과의 신의'를 잊지 않아야 공명을 이룰 수 있다고 당부하는 모습에서 /
신의를 중시하는 가치관을 볼 수 있군.

매력적인 오답

check

선택률 23.2% ④ '청총마'를 이미 얻고 '동해 용왕'의 도움까지 얻은 '소생'에게 적을 가벼이 여기지 말라고 하는 모습에서 /
신중한 자세를 볼 수 있군.

매력적인 오답

check

선택률 12.4% ⑤ 살아서는 '소생'을 도왔지만 죽은 몸으로 '소생'을 도울 수 없어 안타까워하는 모습에서 /
남을 도우려는 한결같은 성품을 느낄 수 있군.

check

Self Check

〈지문 이해〉 YES?

1. 같은 인물을 지칭하는 표현이 다양하게 제시될 수 있음을 알고 서사 구조를 정확하게 이해한다. ☐

2. 세부 정보를 묻는 문제의 문두와 선지에서 제시한 인물들을 미리 확인한다. 〈접근법 적용〉 ☐

3. 판단 범위(⑩ [A], ㉠, 지문 전체 등)를 혼동하지 않는다. 〈접근법 적용〉 ☐

4. My Check point: ☐

과거에서 온 미래,
힘이 되는
선배들의 이야기

너에게서 온 편지

안녕하세요, 윤혜정 선생님.
저는 2023년 제78회 한의사 국가 고시를 합격하여 올해 신출 한의사가 된 나OO라고 합니다.
17학년도 문과 수능을 준비하며 선생님의 EBSi 강의를 들었으며 덕분에 좋은 성적으로 원하던 대학에 입학할 수 있었습니다. 합격 당시 감사 인사로 후기를 올리지 않았던 것이 생각나 금일 찾아보니 변함없이 수험생들을 위한 수능특강을 진행하고 계신 것을 보게 되어 너무 기쁩니다.
정말 오랜만에 24학년도 수능특강 OT를 보았는데요. '너온편' 코너가 마련되어 있어 저의 이야기를 이메일로 짧게 적어 보내 봅니다.

7년 전, 저는 재수생이었고 가정 형편이 어려워 군립 도서관에서 독학을 하고 있었습니다. 혼자서 공부하기가 힘이 들어 인터넷 강의를 찾아보았는데 당시 유명했던 사설 강의는 비용이 부담되어 들어 볼 엄두조차 나지 않았고 그래서 찾게 된 것이 EBSi 무료 수능 강의였습니다.
현역 시절 저의 국어 성적은 7등급으로 공부를 잘하는 학생이 아니었습니다. 하지만 EBSi 강의는 이런 학생들도 수능을 준비할 수 있게 기초가 부족한 학생을 위한 개념 강의부터, 수능특강, 수능완성 그리고 그 이후 수능 직전 파이널 강의까지 체계적으로 잘 짜인 커리큘럼이 마련되어 있었습니다. 이에 저는 개념 나비 강의부터 들었으며 수능 시험에 필요한 국어의 개념을 확실하게 채울 수 있었고 이후 조금씩 문제가 풀릴 때마다 공부에 재미가 생겨났었습니다. 여전히 심화 문제는 어렵게 느껴졌지만, 이후 선생님의 수능특강, 수능완성 강의를 들으며 실력이 향상되어 심화 문제를 두려워하지 않게 되었습니다.
그리고 분명, 저에게도 수험생 시절 중간에 '이 길이 맞는 것인지'하는 의문과 여러 힘든 순간은 찾아왔었던 것 같습니다. 하지만 강의 속 선생님께서 말씀해 주시는 독려와 동기 부여의 말씀들 그리고 수험 후기 속 선배님들의 응원 글을 보며 마음을 다잡았습니다.
결과적으로 해당 연도에 저는 좋은 성적을 받아 원하던 한의과 대학에 입학을 할 수 있었고 2023년 현재, 저는 한의사가 되었습니다.
2024년 수능을 준비하는 수험생 여러분들, 윤혜정 선생님의 강의면 충분합니다. 윤혜정 선생님과 함께 앞으로의 1년! 잘 준비하셔서 모두 원하던 대입의 꿈을 이루시길 간절히 응원하겠습니다. :)

제 9 강

고전 산문 기출 Pick

#025 ~ #027

9강에서 함께 볼 기출 지문들은 정~말 어렵지 않아.
전래 동화마냥(?) 재미있게 읽을 수 있는 수준의 지문인데,
이 지문들의 세트 문제들 중에 오답률이 무려 60%에 가까운
오답률 1위 문제들이 막 섞여 있는 것 실화냐?
왜 그랬을까?
왜 선배들은 이 문제들의 정답을 골라내지 못했을까?
게다가
매력적인 오답지의 선택률이 36.6%? 37.7%?
파헤쳐 보자.
그리고 일단 넌 그 함정에 빠지지 않을 수 있을지도 궁금하지 않니?
이런 쉬운 지문의 함정, 빠지면 안 되는 거다...

[21~23] 다음 글을 읽고 물음에 답하시오.

✱ 걸린 시간:　　　분　　　초

하루는 승상이 심사가 상쾌하여 정신을 깨달아 내당에 들어가 부인을 위로하여 말하기를,

"우리가 어려서부터 남에게 해를 끼친 일이 없는지라. 아무리 생각하여도 저것이 우리의 **골육**이니, 남은 다 흉물이라 하여도 출산할 때에 선녀의 말이 있었을 뿐만 아니라, 무심한 것이라면 어찌 선녀가 와서 해산까지 시켰으리오? 필경 무슨 이상한 일이 있을 듯하니, 아무리 흉악해도 집에 두고 나중을 보사이다."

하고 저녁을 먹으니, 그것이 밥상 곁에서 밥 먹는 소리를 듣고는 이불 속에서 데굴데굴 굴러 나와 승상 곁에 놓이었다. 승상이 크게 놀라 이윽히 보다가 갑자기 생각하되, '**이것**이 귀와 눈이 없건마는 밥 먹는 소리를 듣고 나오니 필연 **밥**을 먹고자 함이라. 아무렇거나 밥을 주어 보리라.'

하였다. 부인도 고이하여 밥을 갖다가 곁에 놓으니, 그것의 한쪽 옆이 들먹들먹하더니 한 모서리가 봉긋하며 마치 주걱 모양 같은 부리를 내밀어 밥을 완연히 먹었다. 승상이 하도 고이하여 부인을 돌아보고 말하기를,

"이것이 입이 없는가 하였는데 밥을 먹으니, 사람일 것 같으면 태어난 지 십여 일 만에 어찌 한 그릇 밥을 다 먹으리오? 아무렇거나 밥을 더 주어 보라."

하였다.

부인이 웃고 밥을 또 가져다 놓으니, 그것이 주는 대로 먹으매 승상과 부인이 더욱 고이하게 여겼다.

그것이 밥 먹는 대로 점점 자라 큰 동이만 하게 되었다. 승상이 부인을 청하여 함께 보고 크게 의혹하여 가로되,

"이후는 밥을 끊지 말고 아침저녁으로 먹이라."

하고,

"매양 이것저것 하지 말고 이름을 지어 원(圓)이라 하라."

하였다.

밥 먹기를 잘하여 점점 자라 큰 방 안에 가득하니, 더욱 흉하고 고이함을 측량치 못하여 말하기를,

"원이 더 자라면 방을 찢을까 싶으니 넓은 집으로 옮기자."

하고, 노복에게 명령하여 이르되,

"이것을 여럿이 옮겨 후원 월영각에 가져다 두라."

하였다. 비복이 겨우 옮겨 월영각에 두고 아침과 저녁을 공급하였다. 몇 년 안에 한 섬의 밥을 능히 먹으니, 원이 점점 자라 방이 터지게 되었다. 승상 부부와 비복들이 그 연고를 알지 못하여 답답하여 밤낮 근심으로 지내는데, 세월이 물 흐르듯 하여 어느덧 십여 년이 되었다.

(중략)

이때 승상이 부인과 함께 집에 돌아오니 내실(內室)이 텅 비어 있었다. 가뜩이나 염려하던 차에 의혹이 가슴에 가득하여 집안 내외인을 다 찾으니, 비복 중에 한 사람이 먼저 와서 아뢰되,

"월영각에 난데없는 선동(仙童)이 노복 등을 부르시나 차마 혼자 가지 못하여 모두 보온즉, 방 안에 가득한 것은 없고 한 소년 선동이 앉아서 '아버님께서 집에 돌아와 계시냐.' 물으시니, 그 연고를 알지 못하겠나이다."

승상이 이 말을 듣고 의혹하여 그 비복을 데리고 월영각에 가보니, 한 소년이 승상을 보고 섬돌 아래로 내려와 엎드려 가로되,

"소자는 십 년을 부모 걱정시키던 **불초자** 원이로소이다."

승상이 우연히 그 형상을 보고 급히 부인을 청하여 좌정하고 소년을 불러 대청 위에 앉히고 묻기를,

"이 일이 하도 고이하니 사실을 자세히 이르라."

하였다.

소년이 아뢰기를,

"오늘 묘시(卯時)에 붉은 도포를 입은 선관이 내려와 이르기를, '남두성이 옥황상제께 득죄하여 십 년 동안 허물을 쓰고 세상을 보지 못하게 하였는데, 죄악이 다 끝났다.' 하고, 허물을 벗겨 방 안에 두고 이르기를, '이 허물을 가져갈 것이로되 네 부모께 뵈어 확실한 자취를 알게 하라.' 하고 갔사오니, 소자가 보자기를 벗고 보온즉 허물이 곁에 놓여 있고 책 세 권이 놓였사오니, 십 년 불효를 어찌 다 아뢰리이까?"

승상이 자세히 살펴보니 과연 허물이 방 안에 놓여 있고 천서(天書) 세 권이 분명히 놓였거늘, 마음에 크게 놀라고 기뻐하여 소년의 손을 잡고 마음 가득 기뻐하여 말하기를,

"네가 십 년 동안을 보자기 속에 들어 있었으니 무슨 알 만한 일이 있을 것이니, 자세히 일러서 우리의 의혹을 덜게 하라."

원이 고개를 숙여 재배하고 말하기를,

"소자가 보자기 속에서 십 년 동안 고행하였사오나 아무런 줄을 몰랐사오니 황송함을 이길 수 없사옵니다."

승상 부부가 그제야 원을 안고 등을 어루만지며 가로되,

"네가 어이하여 십 년 고생을 이다지도 하였느냐?"

하고 못내 기뻐하였다. 내외 상하(內外上下)며 이웃과 친척 가운데 뉘 아니 기뻐하리오.

– 작자 미상, 「김원전」 –

21.

윗글의 내용에 대한 이해로 적절한 것은?

① 김 승상은 흉물의 탄생을 자신의 탓으로 여겼다.
② 부인은 흉물이 밥을 먹자 근심했다.
③ 노복은 흉물을 대하는 부인의 태도를 비웃었다.
④ 김원은 흉한 모습이 부모께 걱정을 끼쳤다고 여겼다.
⑤ 김 승상 부부는 이웃의 반응을 보고 의혹을 해소했다.

23.

〈보기〉를 바탕으로 추론할 수 있는 내용으로 적절하지 않은 것은? [3점]

① ㉮의 공간 이동은 죄의 대가라는 점에서 주인공이 ㉮에 대해 수동적임을 알 수 있다.
② ㉯, ㉰는 ㉮에서 비롯된다는 점에서 천상계가 지상계보다 근원적인 공간임을 알 수 있다.
③ ㉯, ㉱에 대한 부모의 의심은 천상계와 다른 지상계 나름의 질서가 있음을 보여 준다.
④ ㉯, ㉱에 김원과 부모가 모두 참여하는 것은 지상계의 의지만으로 천상계의 질서가 구현될 수 있음을 보여 준다.
⑤ ㉱는 증거물을 통해 부모에게 확인받는다는 점에서 천상계의 질서는 지상계와의 소통 속에서 구현된다고 할 수 있다.

※ 〈보기〉를 참고하여 22번과 23번의 두 물음에 답하시오.

> ─── 〈보기〉 ───
>
> 주인공이 천상에서 죄를 지어 지상으로 내려와 살다가 다시 천상으로 돌아가는 화소를 적강화소(謫降話素)라 한다. 이 화소를 수용한 「김원전」에서 공간은 천상계와 지상계로 나뉘고, 천상계와 지상계는 주인공 김원의 공간 이동을 중심으로 다양하게 소통한다. 윗글에서 공간의 이동에 따른 주인공의 변화를 그림으로 나타내면 다음과 같다.
>
>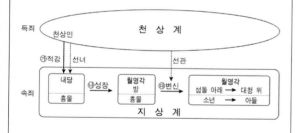

22.

〈보기〉를 참고하여 윗글의 내용을 설명한 것으로 적절하지 않은 것은?

① ㉮의 결과로 얻게 된 '이것'이라는 호칭은 주인공이 사람으로 인식되지 않음을 보여 준다.
② ㉮의 성격 때문에 ㉱의 과정에 선관이 개입한다.
③ ㉯에서 '밥' 먹기를 통해 흉물은 이름을 얻게 되어 '골육'으로서의 성격이 강화된다.
④ ㉱의 결과를 비복은 김 승상에게 보고하여 부자 관계 확인의 정당성을 제시한다.
⑤ ㉱ 이후, 부자 관계를 확인받으려는 김원의 바람은 '불초자'라는 호칭으로 구체화된다.

[22] 다음 글을 읽고 물음에 답하시오.

하루는 승상이 심사가 상쾌하여 정신을 깨달아 내당에 들어가 부인을 위로하여 말하기를,

"우리가 어려서부터 남에게 해를 끼친 일이 없는지라. 아무리 생각하여도 저것이 우리의 골육이니, 남은 다 흉물이라 하여도 출산할 때에 선녀의 말이 있었을 뿐만 아니라, 무심한 것이라면 어찌 선녀가 와서 해산까지 시켰으리오? 필경 무슨 이상한 일이 있을 듯하니, 아무리 흉악해도 집에 두고 나중을 보사이다."

하고 저녁을 먹으니, 그것이 밥상 곁에서 밥 먹는 소리를 듣고는 이불 속에서 데굴데굴 굴러 나와 승상 곁에 놓이었다. 승상이 크게 놀라 이윽히 보다가 갑자기 생각하되, '이것이 귀와 눈이 없건마는 밥 먹는 소리를 듣고 나오니 필연 밥을 먹고자 함이라. 아무렇거나 밥을 주어 보리라.' 하였다. 부인도 고이하여 밥을 갖다가 곁에 놓으니, 그것의 한쪽 옆이 들먹들먹하더니 한 모서리가 봉긋하며 마치 주걱 모양 같은 부리를 내밀어 밥을 완연히 먹었다. 승상이 하도 고이하여 부인을 돌아보고 말하기를,

"이것이 입이 없는가 하였는데 밥을 먹으니, 사람일 것 같으면 태어난 지 십여 일 만에 어찌 한 그릇 밥을 다 먹으리오? 아무렇거나 밥을 더 주어 보라."

하였다.

부인이 웃고 밥을 또 가져다 놓으니, 그것이 주는 대로 먹으매 승상과 부인이 더욱 고이하게 여겼다.

그것이 밥 먹는 대로 점점 자라 큰 동이만 하게 되었다. 승상이 부인을 청하여 함께 보고 크게 의혹하여 가로되,

"이후는 밥을 끊지 말고 아침저녁으로 먹이라."

하고,

"매양 이것저것 하지 말고 이름을 지어 원(圓)이라 하라."

하였다.

밥 먹기를 잘하여 점점 자라 큰 방 안에 가득하니, 더욱 흉하고 고이함을 측량치 못하여 말하기를,

"원이 더 자라면 방을 찢을까 싶으니 넓은 집으로 옮기자."

하고, 노복에게 명령하여 이르되,

"이것을 여럿이 옮겨 후원 월영각에 가져다 두라."

하였다. 비복이 겨우 옮겨 월영각에 두고 아침과 저녁을 공급하였다. 몇 년 안에 한 섬의 밥을 능히 먹으니, 원이 점점 자라 방이 터지게 되었다. 승상 부부와 비복들이 그 연고를 알지 못하여 답답하여 밤낮 근심으로 지내는데, 세월이 물 흐르듯 하여 어느덧 십여 년이 되었다.

(중략)

이때 승상이 부인과 함께 집에 돌아오니 내실(內室)이 텅 비어 있었다. 가뜩이나 염려하던 차에 의혹이 가슴에 가득하여 집안 내외인을 다 찾으니, 비복 중에 한 사람이 먼저 와서 아뢰되,

"월영각에 난데없는 선동(仙童)이 노복 등을 부르시나 차마 혼자 가지 못하여 모두 보온즉, 방 안에 가득한 것은 없고 한 소년 선동이 앉아서 '아버님께서 집에 돌아와 계시냐.' 물으시니, 그 연고를 알지 못하겠나이다."

승상이 이 말을 듣고 의혹하여 그 비복을 데리고 월영각에 가보니, 한 소년이 승상을 보고 섬돌 아래로 내려와 엎드려 가로되,

"소자는 십 년을 부모 걱정시키던 불초자 원이로소이다."

승상이 우연히 그 형상을 보고 급히 부인을 청하여 좌정하고 소년을 불러 대청 위에 앉히고 묻기를,

"이 일이 하도 고이하니 사실을 자세히 이르라."

하였다.

소년이 아뢰기를,

"오늘 묘시(卯時)에 붉은 도포를 입은 선관이 내려와 이르기를, '남두성이 옥황상제께 득죄하여 십 년 동안 허물을 쓰고 세상을 보지 못하게 하였는데, 죄악이 다 끝났다.' 하고, 허물을 벗겨 방 안에 두고 이르기를, '이 허물을 가져갈 것이로되 네 부모께 뵈어 확실한 자취를 알게 하라.' 하고 갔사오니, 소자가 보자기를 벗고 보온즉 허물이 곁에 놓여 있고 책 세 권이 놓였사오니, 십 년 불효를 어찌 다 아뢰리이까?"

승상이 자세히 살펴보니 과연 허물이 방 안에 놓여 있고 천서(天書) 세 권이 분명히 놓였거늘, 마음에 크게 놀라고 기뻐하여 소년의 손을 잡고 마음 가득 기뻐하여 말하기를,

"네가 십 년 동안을 보자기 속에 들어 있었으니 무슨 알 만한 일이 있을 것이니, 자세히 일러서 우리의 의혹을 덜게 하라."

원이 고개를 숙여 재배하고 말하기를,

"소자가 보자기 속에서 십 년 동안 고행하였사오나 아무런 줄을 몰랐사오니 황송함을 이길 수 없사옵니다."

승상 부부가 그제야 원을 안고 등을 어루만지며 가로되,

"네가 어이하여 십 년 고생을 이다지도 하였느냐?"

하고 못내 기뻐하였다. 내외 상하(內外上下)며 이웃과 친척 가운데 뉘 아니 기뻐하리오.

                               - 작자 미상, 「김원전」 -

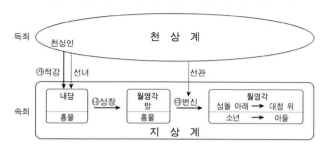

오답률 1위 58.4%

22. 〈보기〉를 참고하여 윗글의 내용을 설명한 것으로 적절하지 **않은** 것은?

─── 〈보기〉 ───

　주인공이 천상에서 죄를 지어 지상으로 내려와 살다가 다시 천상으로 돌아가는 화소를 적강화소(謫降話素)라 한다. 이 화소를 수용한 「김원전」에서 공간은 천상계와 지상계로 나뉘고, 천상계와 지상계는 주인공 김원의 공간 이동을 중심으로 다양하게 소통한다. 윗글에서 공간의 이동에 따른 주인공의 변화를 그림으로 나타내면 다음과 같다.

분석 대상

선택률 5.6%　①　㉮의 결과로 얻게 된 '이것'이라는 호칭은 / 주인공이 사람으로 인식되지 않음을 보여 준다.

check

선택률 10.0%　②　㉮의 성격 때문에 ㉱의 과정에 선관이 개입한다.

check

선택률 19.8% ★③　㉰에서 '밥' 먹기를 통해 흉물은 이름을 얻게 되어 / '골육'으로서의 성격이 강화된다.

매력적인 오답

check

선택률 41.6% ★④　㉱의 결과를 비복은 김 승상에게 보고하여 / 부자 관계 확인의 정당성을 제시한다.

정답!

check

선택률 22.7% ★⑤　㉱ 이후, 부자 관계를 확인받으려는 김원의 바람은 / '불초자'라는 호칭으로 구체화된다.

매력적인 오답

check

9Day 공부는 기분으로 하는 게 아니라, 의지로 하는 거야.

2013학년도 수능 9월 모평 고전 소설

[20~22] 다음 글을 읽고 물음에 답하시오.

★ 걸린 시간:　　분　　초

[A]
"여보 장모! 춘향이나 좀 보아야제?"
"그러지요. 서방님이 춘향을 아니 보아서야 인정이라 하오리까?"

향단이 여짜오되,
"지금은 문을 닫았으니 바라를 치거든 가사이다."
이때 마침 바라를 뎅뎅 치는구나. 향단이는 미음상 이고 등롱 들고 어사또는 뒤를 따라 옥문간 당도하니 인적이 고요하고 사정이도 간곳없네.
이때 춘향이 비몽사몽간에 서방님이 오셨는데, 머리에는 금관(金冠)이요 몸에는 홍삼(紅衫)이라. 상사일념(相思一念) 끝에 만단정회(萬端情懷)하는 차라,
"춘향아." 부른들 대답이나 있을쏘냐. 어사또 하는 말이,
"크게 한번 불러 보소."
"모르는 말씀이오. 예서 동헌이 마주치는데, 소리가 크게 나면 사또 염문(廉問)할 것이니, 잠깐 지체하옵소서."
"무어 어때, 염문이 무엇인고? 내가 부를게 가만있소! 춘향아!"
부르는 소리에 깜짝 놀라 일어나며,

[B]
"허허, 이 목소리, 잠결인가, 꿈결인가? 그 목소리 괴이하다."
어사또 기가 막혀 "내가 왔다고 말을 하소."
"왔단 말을 하게 되면 기절담락(氣絶膽落)할 것이니, 가만히 계시옵소서."
춘향이 저의 모친 음성 듣고 깜짝 놀라,

[C]
"어머니, 어찌 와 계시오? 몹쓸 딸자식을 생각하와 천방지방(天方地方) 다니다가 낙상(落傷)하기 쉽소. 이훌랑은 오실라 마옵소서."
"날랑은 염려 말고 정신을 차리어라. 왔다."
"오다니 누가 와요?"
"그저 왔다."
"갑갑하여 나 죽겠소! 일러 주오. 꿈 가운데 임을 만나 만단정회하였더니, 혹시 서방님께서 기별 왔소? 언제 오신단 소식 왔소? 벼슬 띠고 내려온단 노문(路文) 왔소? 애고, 답답하여라!"

[D]
"너의 서방인지 남방인지, 걸인 하나 내려왔다!"
"허허, 이게 웬 말인가? 서방님이 오시다니 몽중에 보던 임을 생시에 본단 말가?"
문틈으로 손을 잡고 말 못하고 기색하며,
"허허, 이게 누구시오? 아마도 꿈이로다. 상사불견(相思不見) 그린 임을 이리 쉬이 만날쏜가? 이제 죽어 한이 없네. 어찌 그리 무정한가? 박명하다, 나의 모녀. 서방님 이별 후에 자나 누우나 임 그리워 일구월심(日久月深) 한

(恨)일러니, 이내 신세 이리 되어 매에 감겨 죽게 되니, 날 살리러 와 계시오?"
한참 이리 반기다가 임의 형상 자세 보니, 어찌 아니 한심하랴.

[E]
"여보 서방님, 내 몸 하나 죽는 것은 설운 마음 없소마는 서방님 이 지경이 웬일이오?"
"오냐 춘향아, 설워 마라. 인명이 재천인데 설만들 죽을쏘냐?"
춘향이 저의 모친 불러,
"한양성 서방님을 칠 년의 큰 가뭄에 백성들이 비 기다린들 나와 같이 자진(自盡)턴가. 심은 나무 꺾어지고 공든 탑이 무너졌네. 가련하다, 이내 신세, 하릴없이 되었구나. 어머님, 나 죽은 후에라도 원이나 없게 하여 주옵소서. (중략) 만수운환(漫垂雲鬟) 흐트러진 머리 이렁저렁 걷어 얹고 이리 비틀 저리 비틀 들어가서 매 맞아 죽거들랑, 삯군인 척 달려들어 둘러업고 우리 둘이 처음 만나 놀던 ⊙부용당(芙蓉堂)의 적막하고 요적한 데 뉘어 놓고 서방님 손수 염습(殮襲)하되, 나의 혼백 위로하여 입은 옷 벗기지 말고 양지 끝에 묻었다가, 서방님 귀히 되어 청운에 오르거든 일시도 둘라 말고 육진장포(六鎭長布) 다시 염하여 조촐한 상여 위에 덩그렇게 실은 후에 북망산천 찾아갈 제, 앞 남산 뒤 남산 다 버리고 한양으로 올려다가 ⓛ선산(先山)발치에 묻어 주고, 비문에 새기기를, '수절원사(守節寃死)* 춘향지묘(春香之墓)'라 여덟 자만 새겨 주오. 망부석이 아니 될까. 서산에 지는 해는 내일 다시 오련마는 불쌍한 춘향이는 한번 가면 어느 때 다시 올까. 신원(伸寃)*이나 하여 주오. 애고 애고, 내 신세야."

– 작자 미상, 「열녀춘향수절가」–

*수절원사: 절개를 지키다 원통하게 죽음.
*신원: 가슴에 맺힌 원한을 풀어 버림.

20.

윗글에 대한 설명으로 가장 적절한 것은?

① 꿈의 삽입을 통해 환상적 분위기를 조성하고 있다.
② 서술자의 직접 개입으로 인물의 성격을 희화화하고 있다.
③ 순차적 사건 진행으로 갈등이 해소되었음을 보여 주고 있다.
④ 우의적 소재를 활용하여 사건 해결의 실마리를 제공하고 있다.
⑤ 인물 간의 대화를 통해 주인공이 처한 상황과 내면을 드러내고 있다.

21.

〈보기〉를 참고하여 ㉠, ㉡에 대해 토의하였다. 토의한 내용으로 적절하지 <u>않은</u> 것은?

─────── 〈보기〉 ───────

「춘향전」은 춘향과 이몽룡의 신분을 초월한 사랑 이야기를 중심으로 여성의 정절 및 신분 상승의 문제를 다루면서 당대 사회에 대한 비판 의식을 드러내고 있다.

① ㉠은 춘향과 어사또의 사랑이 싹튼 곳이니까 두 사람의 추억이 어린 공간이라 할 수 있어.
② ㉠을 춘향의 혼백이 위로받는 장소로 본다면 춘향이 어사또의 사랑을 다시 확인받고자 하는 공간이라 할 수 있어.
③ ㉡은 수절원사라는 표현으로 보아 춘향의 정절에 대한 보상이 이루어지는 공간이라 할 수 있어.
④ ㉡은 춘향의 한이 풀어지는 장소이자 신분 상승을 상징하는 공간이라 할 수 있어.
⑤ ㉡은 춘향에게 정절을 강요하는 당대 사회에 대한 춘향의 비판 의식이 투영된 공간이라 할 수 있어.

22.

[A]~[E]를 이해한 것으로 적절한 것은?

① [A]: '어사또'와 '춘향 모친'은 높임말로 서로에게 존대하고 있다.
② [B]: '춘향'은 자책하는 말로 '어사또'에 대한 그리움을 드러내고 있다.
③ [C]: '춘향'은 불평하는 말로 '모친'에 대한 원망(怨望)을 드러내고 있다.
④ [D]: '춘향 모친'은 비꼬는 말로 '어사또'에 대한 불편한 심기를 나타내고 있다.
⑤ [E]: '춘향'은 자문자답하는 말로 '어사또'에 대한 믿음을 드러내고 있다.

[21] 다음 글을 읽고 물음에 답하시오.

"여보 장모! 춘향이나 좀 보아야제?"

"그러지요. 서방님이 춘향을 아니 보아서야 인정이라 하오리까?"

향단이 여짜오되,

"지금은 문을 닫았으니 바라를 치거든 가사이다."

이때 마침 바라를 뎅뎅 치는구나. 향단이는 미음상 이고 등롱 들고 어사또는 뒤를 따라 옥문간 당도하니 인적이 고요하고 사정이도 간곳없네.

이때 춘향이 비몽사몽간에 서방님이 오셨는데, 머리에는 금관(金冠)이요 몸에는 홍삼(紅衫)이라. 상사일념(相思一念) 끝에 만단정회(萬端情懷)하는 차라,

"춘향아." 부른들 대답이나 있을쏘냐. 어사또 하는 말이,

"크게 한번 불러 보소."

"모르는 말씀이오. 예서 동헌이 마주치는데, 소리가 크게 나면 사또 염문(廉問)할 것이니, 잠깐 지체하옵소서."

"무어 어때, 염문이 무엇인고? 내가 부를게 가만있소! 춘향아!"

부르는 소리에 깜짝 놀라 일어나며,

"허허, 이 목소리, 잠결인가, 꿈결인가? 그 목소리 괴이하다."

어사또 기가 막혀 "내가 왔다고 말을 하소."

"왔단 말을 하게 되면 기절담락(氣絶膽落)할 것이니, 가만히 계시옵소서."

춘향이 저의 모친 음성 듣고 깜짝 놀라,

"어머니, 어찌 와 계시오? 몹쓸 딸자식을 생각하와 천방지방(天方地方) 다니다가 낙상(落傷)하기 쉽소. 이흘랑은 오실라 마옵소서."

"날랑은 염려 말고 정신을 차리어라. 왔다."

"오다니 누가 와요?"

"그저 왔다."

"갑갑하여 나 죽겠소! 일러 주오. 꿈 가운데 임을 만나 만단정회하였더니, 혹시 서방님께서 기별 왔소? 언제 오신단 소식 왔소? 벼슬 띠고 내려온단 노문(路文) 왔소? 애고, 답답하여라!"

"너의 서방인지 남방인지, 걸인 하나 내려왔다!"

"허허, 이게 웬 말인가? 서방님이 오시다니 몽중에 보던 임을 생시에 본단 말가?"

문틈으로 손을 잡고 말 못하고 기색하며,

"허허, 이게 누구시오? 아마도 꿈이로다. 상사불견(相思不見) 그린 임을 이리 쉬 만날쏜가? 이제 죽어 한이 없네. 어찌 그리 무정한가? 박명하다, 나의 모녀. 서방님 이별 후에 자나 누우나 임 그리워 일구월심(日久月深) 한(恨)일러니, 이내 신세 이리 되어 매에 감겨 죽게 되니, 날 살리러 와 계시오?"

한참 이리 반기다가 임의 형상 자세 보니, 어찌 아니 한심하랴.

"여보 서방님, 내 몸 하나 죽는 것은 설운 마음 없소마는 서방님 이 지경이 웬일이오?"

"오냐 춘향아, 설워 마라. 인명이 재천인데 설만들 죽을 쏘냐?"

춘향이 저의 모친 불러,

"한양성 서방님을 칠 년의 큰 가뭄에 백성들이 비 기다린들 나와 같이 자진(自盡)턴가. 심은 나무 꺾어지고 공든 탑이 무너졌네. 가련하다, 이내 신세, 하릴없이 되었구나. 어머님, 나 죽은 후에라도 원이나 없게 하여 주옵소서. (중략) 만수운환(漫垂雲鬟) 흐트러진 머리 이렁저렁 걷어 얹고 이리 비틀 저리 비틀 들어가서 매 맞아 죽거들랑, 삯군인 척 달려들어 둘러업고 우리 둘이 처음 만나 놀던 ㉠부용당(芙蓉堂)의 적막하고 요적한 데 뉘어 놓고 서방님 손수 염습(殮襲)하되, 나의 혼백 위로하여 입은 옷 벗기지 말고 양지 끝에 묻었다가, 서방님 귀히 되어 청운에 오르거든 일시도 둘라 말고 육진장포(六鎭長布) 다시 염하여 조촐한 상여 위에 덩그렇게 실은 후에 북망산천 찾아갈 제, 앞 남산 뒤 남산 다 버리고 한양으로 올려다가 ㉡선산(先山)발치에 묻어 주고, 비문에 새기기를, '수절원사(守節寃死)* 춘향지묘(春香之墓)'라 여덟 자만 새겨 주오. 망부석이 아니 될까. 서산에 지는 해는 내일 다시 오련마는 불쌍한 춘향이는 한번 가면 어느 때 다시 올까. 신원(伸寃)*이나 하여 주오. 애고 애고, 내 신세야."

– 작자 미상, 「열녀춘향수절가」 –

*수절원사: 절개를 지키다 원통하게 죽음.
*신원: 가슴에 맺힌 원한을 풀어 버림.

21. 〈보기〉를 참고하여 ㉠, ㉡에 대해 토의하였다. 토의한 내용으로 적절하지 **않은** 것은?

───── 〈보기〉 ─────

「춘향전」은 춘향과 이몽룡의 **신분을 초월한 사랑 이야기**를 중심으로 **여성의 정절** 및 **신분 상승**의 문제를 다루면서 **당대 사회에 대한 비판 의식**을 드러내고 있다.

check

분석 대상

선택률 3.1%
① ㉠은 춘향과 어사또의 사랑이 싹튼 곳이니까 두 사람의 추억이 어린 공간이라 할 수 있어.

check

선택률 7.6%
② ㉠을 춘향의 혼백이 위로받는 장소로 본다면 춘향이 어사또의 사랑을 다시 확인받고자 하는 공간이라 할 수 있어.

check

선택률 11.5% ★
③ ㉡은 수절원사라는 표현으로 보아 춘향의 정절에 대한 보상이 이루어지는 공간이라 할 수 있어.

check

선택률 36.6% ★
④ ㉡은 춘향의 한이 풀어지는 장소이자 신분 상승을 상징하는 공간이라 할 수 있어.

check

매력적인 오답

선택률 41.0% ★
⑤ ㉡은 춘향에게 정절을 강요하는 당대 사회에 대한 춘향의 비판 의식이 투영된 공간이라 할 수 있어.

정답!

check

[47~49] 다음 글을 읽고 물음에 답하시오. ✱ 걸린 시간:　　분　　초

[앞부분의 줄거리] 선비 유영이 꿈에서, 죽은 운영과 김 진사를 만나 그들의 이야기를 듣는다. 안평대군은 궁녀 열 명을 뽑아 가르치면서 궁 밖과의 인연을 금했으나, 궁녀 운영은 김 진사와 사랑에 빠졌다. 김 진사의 노비인 특의 꾀에 따라 둘은 도망가려고 운영의 의복과 재물을 빼냈다.

진사는 다른 말은 하지 않고, 오로지 일렀습니다.
"너는 재물을 잘 지키고 있겠지? 내가 장차 그것을 다 팔아서 부처께 지성으로 발원하여 오래된 약속을 실천하리라."
특은 집으로 돌아가 혼잣말로 일렀습니다.
"궁녀가 나오지 못했으니, 그 재물은 하늘이 내게 준 것이로다."
특은 벽을 향해 남몰래 웃음을 지었으나, 다른 사람이 그것을 알 리가 없었습니다. 하루는 특이 자기 옷을 찢고 코를 스스로 때려, 피를 온몸에 흠뻑 바르고 머리를 풀어 헤친 채 맨발로 달려 들어와 뜰에 엎드려 울면서 말했습니다.
"제가 강도에게 습격을 당했습니다."
그러고는 기절한 척했습니다. 진사는 특이 죽으면 재물을 묻은 곳을 알 수 없게 될까 염려되어, 약을 입에 흘려 넣는 등 특을 살려냈습니다. 그러자 특이 십여 일 만에 일어나 말했습니다.
"제가 혼자 산 속에서 지키고 있는데 많은 도적들이 갑자기 들이닥쳤습니다. 박살날 것 같아 죽을힘을 다해 달아나 겨우 목숨을 보존하게 되었습니다. 이 보물이 아니었다면 제가 어찌 이런 위험에 처했겠습니까? 운명이 이리도 험한데 어찌 빨리 죽지 않는고!"
말을 마친 특은 발로 땅을 차고 주먹으로 가슴을 치며 통곡했습니다. 진사는 부모님이 알까 두려워 따뜻한 말로 위로하여 보냈다가, 뒤늦게야 특의 소행을 알고 노비 십여 명을 거느리고 가서 불시에 특의 집을 포위하고 수색을 했습니다. 그러나 금비녀 한 쌍과 거울 하나만을 찾아낼 수 있었습니다. 이 물건을 장물로 삼아 관가에 고발하여 나머지 물건들도 찾고 싶었으나, 일이 누설될까 두려워 고발하지 못했습니다. 진사는 그 재물이 없으면 불공을 드릴 수 없었기에 특을 죽이고 싶었으나, 힘으로 제압할 수 없어 애써 침묵하였습니다.
특은 자기 죄를 알고, 궁궐 담장 아래에 사는 맹인에게 가서 물었습니다.
"내가 며칠 전 새벽에 이 궁궐 담장 밖을 지나가는데, 웬 놈이 궁궐 안에서 서쪽 담을 넘어 나왔소. 도적인 줄 알고 소리를 지르며 쫓아가자, 그놈은 가졌던 물건을 버

리고 달아났소. 나는 그 물건을 집에 보관하고 있으면서 임자가 찾아가기를 기다렸소. 그런데 우리 주인은 본래 염치가 없어서 내가 물건을 얻었다는 소문을 듣고 몸소 내 집에 와서 그 물건들을 찾았소. 내가 다른 보물은 없고 단지 비녀와 거울 두 가지만 있다고 대답하자, 주인은 몸소 수색을 해서 과연 그 두 물건을 찾아냈소. 주인은 그것도 부족해서 바야흐로 나를 죽이려고 하오. 그래서 내가 달아나려고 하는데, 달아나면 길(吉)하겠소?"
맹인이 말했습니다.
"길하다."
그때 맹인의 이웃이 옆에 있다가 그 이야기를 다 듣더니 특에게 말했습니다.
"너의 주인은 어떤 사람인데, 이처럼 노비에게 포악하게 구느냐?"
특이 말했습니다.
"우리 주인은 나이는 어리나 문장에 능해서 조만간 틀림없이 급제할 사람입니다. 그런데 이처럼 탐욕스러우니, 훗날 벼슬길에 올라 조정에 섰을 때 마음 씀씀이가 어떠할지 알 수 있을 것입니다."
이런 말들이 전파되어 궁중으로 들어가 대군에게 알려지게 되었습니다. 대군은 크게 화가 나서 남궁 사람들에게 서궁을 수색하게 하니, 제 의복과 보화가 하나도 없었습니다. 대군은 서궁의 궁녀 다섯 사람을 붙잡아 뜰 가운데 세우고, 눈앞에 형장을 엄히 갖춘 다음 명령하였습니다.
"이 다섯 사람을 죽여 다른 사람들을 경계하라."
대군은 또 곤장을 잡은 사람에게 지시하였습니다.
"곤장 수를 헤아리지 말고 죽을 때까지 때려라."
이에 다섯 사람이 말했습니다.
"한마디 말만 하고 죽기를 원합니다."
대군이 말했습니다.
"무슨 말이든지 그간의 사정을 다 털어놓도록 해라."
은섬이 말했습니다.
"남녀의 정은 귀하든 천하든 사람이라면 모두 다 있는 법입니다. 한번 깊은 궁에 갇혀서 홀로 지내니, 꽃을 보면 눈물 흘리고 달을 대하여 슬퍼했지요. 매실을 꾀꼬리에게 던져 쌍쌍이 날지 못하게 하고, 발을 쳐서 제비가 쌍쌍이 깃들지 못하게 함은 부러움과 질투심 때문이었습니다. 한번 궁궐의 담을 넘으면 인간 세상의 즐거움을 알 수 있음에도 저희가 그러하지 않은 것은 어찌 힘이 부족해서였겠습니까? 다만 저희는 오로지 주군의 위엄을 두려워하여, 이 마음을 굳게 지키면서 궁중에서 말라 죽을 생각뿐이었습니다. 그런데도 주군께서는 이제

죄 없는 저희들을 죽이려 하시니, 저희들은 황천에서도 눈을 감지 못할 것입니다."

비취가 초사(招辭)*를 올려 말했습니다.

"주군께서 보살펴 주신 은혜는 산보다 높고 바다보다도 깊은지라 저희들은 감동하고 두려워하여 오로지 글짓기와 거문고 연주만을 일삼을 뿐이었습니다. 이제 씻지 못할 악명이 서궁에 미쳤으니 사는 것이 죽는 것만 못하게 되었습니다."

- 작자 미상, 「운영전」 -

*초사: 범죄 사실에 대한 죄인의 진술.

47.

윗글에 대한 이해로 적절하지 **않은** 것은?

① '진사'는 재물을 찾기 위해 '특'의 집을 수색했다.
② '특'은 운영이 도둑을 맞았다고 '맹인'에게 말했다.
③ '맹인의 이웃'이 들은 말이 전파되어 궁중에 들어갔다.
④ '대군'은 소문을 듣고 서궁을 수색하게 했다.
⑤ '은섬'은 억울해 하면서도 다른 궁녀를 원망하지 않았다.

48.

'궁궐의 담'에 대한 설명으로 가장 적절한 것은?

① 담은 위선과 진실을 구별하는 경계이다.
② 담 안은 물질적 욕망이 지배하는 공간이다.
③ 담 안의 궁녀들은 담 밖의 세상에 관심이 없다.
④ 담을 넘는 것은 '대군'의 권위에 도전하는 것이다.
⑤ 담 밖은 담 안과 달리 신분적 위계가 없는 공간이다.

49.

〈보기〉를 참조하여 윗글을 감상한 내용으로 적절하지 **않은** 것은?

〈보기〉

「운영전」의 액자 속 이야기는 주인공이 서술한 것이어서, 서사는 운영과 김 진사의 시선에 포착된 현실을 중심으로 전개된다. 예컨대 운영을 포함한 궁녀들을 억압하는 '대군'은 그들에게 베푼 은혜로 인해 악인으로 단정되지 않는 반면, 음모를 꾸민 '특'은 간교한 인물로만 부각된다. 이런 인물들의 개입으로 인해 금지된 사랑을 하는 주인공의 위기도 여느 고전 소설과 달리 현실적 긴장감을 띠게 된다. 이로써 이 소설은 현실의 문제를 보다 첨예하게 드러낸다.

① 운영도 '대군'을 배신했지만 '특'의 배신만이 부각되는 것은 운영이 서술자이기 때문이군.
② 달아나면 길할 것이라고 말한 '맹인'의 태도 때문에 주인공의 금지된 사랑은 위기에 처하게 되는군.
③ '특'이 남몰래 웃음을 지었다는 진술에서 그의 간교한 성격을 드러내려는 서술자의 의도가 느껴지는군.
④ 궁녀들을 박해하는 '대군'이 악인으로 단정되지 않는 까닭이 '대군'의 은혜를 인정하는 '비취'의 말에서 나타나는군.
⑤ 궁녀들에게 내려진 금기를 부당하다고 느끼면서도 지킬 수밖에 없었다는 '은섬'의 말에 현실의 문제가 드러나는군.

[48] 다음 글을 읽고 물음에 답하시오.

[앞부분의 줄거리] 선비 유영이 꿈에서, 죽은 운영과 김 진사를 만나 그들의 이야기를 듣는다. 안평대군은 궁녀 열 명을 뽑아 가르치면서 궁 밖과의 인연을 금했으나, 궁녀 운영은 김 진사와 사랑에 빠졌다. 김 진사의 노비인 특의 꾀에 따라 둘은 도망가려고 운영의 의복과 재물을 빼냈다.

진사는 다른 말은 하지 않고, 오로지 일렀습니다.

"너는 재물을 잘 지키고 있겠지? 내가 장차 그것을 다 팔아서 부처께 지성으로 발원하여 오래된 약속을 실천하리라."

특은 집으로 돌아가 혼잣말로 일렀습니다.

"궁녀가 나오지 못했으니, 그 재물은 하늘이 내게 준 것이로다."

특은 벽을 향해 남몰래 웃음을 지었으나, 다른 사람이 그것을 알 리가 없었습니다. 하루는 특이 자기 옷을 찢고 코를 스스로 때려, 피를 온몸에 흠뻑 바르고 머리를 풀어 헤친 채 맨발로 달려 들어와 뜰에 엎드려 울면서 말했습니다.

"제가 강도에게 습격을 당했습니다."

그러고는 기절한 척했습니다. 진사는 특이 죽으면 재물을 묻은 곳을 알 수 없게 될까 염려되어, 약을 입에 흘려 넣는 등 특을 살려냈습니다. 그러자 특이 십여 일 만에 일어나 말했습니다.

"제가 혼자 산 속에서 지키고 있는데 많은 도적들이 갑자기 들이닥쳤습니다. 박살날 것 같아 죽을힘을 다해 달아나 겨우 목숨을 보존하게 되었습니다. 이 보물이 아니었다면 제가 어찌 이런 위험에 처했겠습니까? 운명이 이리도 험한데 어찌 빨리 죽지 않는고!"

말을 마친 특은 발로 땅을 차고 주먹으로 가슴을 치며 통곡했습니다. 진사는 부모님이 알까 두려워 따뜻한 말로 위로하여 보냈다가, 뒤늦게야 특의 소행을 알고 노비 십여 명을 거느리고 가서 불시에 특의 집을 포위하고 수색을 했습니다. 그러나 금비녀 한 쌍과 거울 하나만을 찾아낼 수 있었습니다. 이 물건을 장물로 삼아 관가에 고발하여 나머지 물건들도 찾고 싶었으나, 일이 누설될까 두려워 고발하지 못했습니다. 진사는 그 재물이 없으면 불공을 드릴 수 없었기에 특을 죽이고 싶었으나, 힘으로 제압할 수 없어 애써 침묵하였습니다.

특은 자기 죄를 알고, 궁궐 담장 아래에 사는 맹인에게 가서 물었습니다.

"내가 며칠 전 새벽에 이 궁궐 담장 밖을 지나가는데, 웬 놈이 궁궐 안에서 서쪽 담을 넘어 나왔소. 도적인 줄 알고 소리를 지르며 쫓아가자, 그놈은 가졌던 물건을 버리고 달아났소. 나는 그 물건을 집에 보관하고 있으면서 임자가 찾아가기를 기다렸소. 그런데 우리 주인은 본래 염치가 없어서 내가 물건을 얻었다는 소문을 듣고 몸소 내 집에 와서 그 물건들을 찾았소. 내가 다른 보물은 없고 단지 비녀와 거울 두 가지만 있다고 대답하자, 주인은 몸소 수색을 해서 과연 그 두 물건을 찾아내었소. 주인은 그것도 부족해서 바야흐로 나를 죽이려고 하오. 그래서 내가 달아나려고 하는데, 달아

나면 길(吉)하겠소?"

맹인이 말했습니다.

"길하다."

그때 맹인의 이웃이 옆에 있다가 그 이야기를 다 듣더니 특에게 말했습니다.

"너의 주인은 어떤 사람인데, 이처럼 노비에게 포악하게 구느냐?"

특이 말했습니다.

"우리 주인은 나이는 어리나 문장에 능해서 조만간 틀림없이 급제할 사람입니다. 그런데 이처럼 탐욕스러우니, 훗날 벼슬길에 올라 조정에 섰을 때 마음 씀씀이가 어떠할지 알 수 있을 것입니다."

이런 말들이 전파되어 궁중으로 들어가 대군에게 알려지게 되었습니다. 대군은 크게 화가 나서 남궁 사람들에게 서궁을 수색하게 하니, 제 의복과 보화가 하나도 없었습니다. 대군은 서궁의 궁녀 다섯 사람을 붙잡아 뜰 가운데 세우고, 눈앞에 형장을 엄히 갖춘 다음 명령하였습니다.

"이 다섯 사람을 죽여 다른 사람들을 경계하라."

대군은 또 곤장을 잡은 사람에게 지시하였습니다.

"곤장 수를 헤아리지 말고 죽을 때까지 때려라."

이에 다섯 사람이 말했습니다.

"한마디 말만 하고 죽기를 원합니다."

대군이 말했습니다.

"무슨 말이든지 그간의 사정을 다 털어놓도록 해라."

은섬이 말했습니다.

"남녀의 정은 귀하든 천하든 사람이라면 모두 다 있는 법입니다. 한번 깊은 궁에 갇혀서 홀로 지내니, 꽃을 보면 눈물 흘리고 달을 대하여 슬퍼했지요. 매실을 꾀꼬리에게 던져 쌍쌍이 날지 못하게 하고, 발을 쳐서 제비가 쌍쌍이 깃들지 못하게 함은 부러움과 질투심 때문이었습니다. 한번 궁궐의 담을 넘으면 인간 세상의 즐거움을 알 수 있음에도 저희가 그러하지 않은 것은 어찌 힘이 부족해서였겠습니까? 다만 저희는 오로지 주군의 위엄을 두려워하여, 이 마음을 굳게 지키면서 궁중에서 말라 죽을 생각뿐이었습니다. 그런데도 주군께서는 이제 죄 없는 저희들을 죽이려 하시니, 저희들은 황천에서도 눈을 감지 못할 것입니다."

비취가 초사(招辭)*를 올려 말했습니다.

"주군께서 보살펴 주신 은혜는 산보다 높고 바다보다도 깊은지라 저희들은 감동하고 두려워하여 오로지 글짓기와 거문고 연주만을 일삼을 뿐이었습니다. 이제 씻지 못할 악명이 서궁에 미쳤으니 사는 것이 죽는 것만 못하게 되었습니다."

– 작자 미상, 「운영전」 –

*초사: 범죄 사실에 대한 죄인의 진술.

48. '궁궐의 담'에 대한 설명으로 가장 적절한 것은?

분석 대상

선택률 9.3%

① 담은 / 위선과 진실을 구별하는 경계이다.

check

★
선택률 37.7%

② 담 안은 / 물질적 욕망이 지배하는 공간이다.

check

매력적인 오답

선택률 4.0%

③ 담 안의 궁녀들은 / 담 밖의 세상에 관심이 없다.

check

★
선택률 40.2%

④ 담을 넘는 것은 / '대군'의 권위에 도전하는 것이다.

check

정답!

선택률 8.7%

⑤ 담 밖은 / 담 안과 달리 신분적 위계가 없는 공간이다.

check

Self Check

1. 고전 소설에 자주 등장하는 기본적인 어휘의 의미(⑩ 골육, 불초자, 소자, 첩, 신 등)를 알아 둔다. 〈지문 이해〉   YES? ☐

2. 공간이나 소재의 의미를 작품의 주제 의식과 관련해 이해한다. 〈지문 이해〉   ☐

3. 의미나 기능을 판단해야 하는 대상을 설명하는 문장의 문맥에 주목한다. 〈지문 이해〉   ☐

4. My Check point: ☐

과거에서 온 미래, 힘이 되는 선배들의 이야기

너에게서 온 편지

2022.02.04

안녕하세요, 선생님.
저는 선생님께서 부러워하시는 제주!에 살고 있고요.(제주에 사는 학생 손 들라고 할 때 번쩍 들었습니다. ㅋㅋ) 어떻게 얘기를 꺼내야 할지 고민하게 되는데요, 작년까지만 해도 저는 정말 평범한 고등학생이었습니다. 사실 성적이 좀 괜찮은 편이라 스스로 기대도 꽤 있었고, 주변에서 칭찬과 격려도 꽤 듣기는 했습니다. ㅎㅎ 그래서 이번 방학 때 모든 걸 불살라서 열심히 달려 보겠다! 스스로 다짐하고 시작하게 되었습니다.

그런데 2주 전 즈음, 의사 선생님께 제가 암이라는 이야기를 들었습니다. 흔히 연상되는 것처럼 신체적인 고통이나 투병 생활을 길게 하는 종류의 것은 아니에요. 하지만 종양이 꽤나 방치되어 있어 진행은 많이 되었다고 하더라고요.
보다 정확한 검사가 얼마 후에 나오면 휴학을 할지, 학교생활을 병행하며 치료할지 결정하게 될 것 같습니다.
이렇듯 심리적으로 좀 불안함을 겪으며 한편으로는 고3이라는 막중한 임무를 수행하기 위해 꽤나 위태하게 공부를 이어 가던 중이었습니다. 그런 저에게, 나비효과 강의는 선물이었다고나 할까요. ㅎㅎ 개념을 탄탄하게 쌓아 가며 느끼는 쾌감도 그렇고 '내가 국어를 아주 제대로 공부하고 있구나!' 생각이 매번 들어서 뿌듯했습니다. 선생님께서 열정을 가지고 배움과 일에 한 몸 던지는 것도 굉장히 멋있었습니다. 76시간 썰 들을 땐 우와... 하면서 입이 다물어지지 않더라고요. ㅋㅋ 강의의 내용부터 선생님의 열의까지 모든 것이 정말 정말 좋았는데, 그중 가장 깊이 있게 다가왔던 것은 선생님의 삶에 대한 태도였습니다.

출석부를 부르실 때도 그렇고, <너.온.편>을 읽으실 때도 그렇고 강의 중간중간마다 주옥같은 말씀들을 해 주시는데 그게 너무 위로가 되었습니다. 늘 재밌게 얘기하시고, 가끔 제대로 혼쭐을 내시면서도 항상 당신의 강의를 듣는 모든 이들에게 따뜻함을 전달해 주시더라고요. 저희 나이를 2배로 해도(?) 선생님께서 살아오신 만큼도 못 된다고, 재수가 아니라 재도전이라고, 저희가 얼마나 새롭게 출발할 수 있고 꿈을 위해 노력할 수 있는 나이인지 힘주어 말해 주실 때마다 마음이 편안해지고 괜히 벅차올랐습니다. 조금 오버라고 생각하실지 모르겠지만, 얼굴도 모르지만 화면 너머 제자의 사연에 공감해 주시고 진정으로 다가가려는 모습이 저에게는 정말 아름답다고까지 느껴졌습니다. 혜정 쌤은 정말 천사인가?(설의법) 싶어요. ㅋㅋㅋ
그 덕분에 휴학에 대한 걱정도 많이 덜었고, 삶을 바라보는 태도도 바꾸려고 노력하고 있습니다. 일단은 괜찮다고 생각하면서 하루하루를 열심히 살아 보려고 합니다. 수술 전까지는 어떻게 될지 아무도 모르는 거니까요. 당연히 나비효과도 제대로 완강하고요! 앞으로 제가 언제 어떤 일을 겪게 될지 전혀 짐작할 수 없지만, 그래도 제 삶이니까 긍정적으로 멋지고 당당하게 살아가겠습니다. 가장 먼저 올해 열공해서 서울대 역사학부!! 도전하겠습니다! 가볍게 쓴다고 썼지만 역시 무거운 이야기가 꽤 길어져 버렸는데 읽어 주셔서 감사하고요, 앞서 말씀드린 모든 것들에 대해서도 정말 감사드립니다. 선생님처럼 강하고 눈부신 사람이 되겠습니다. 지켜봐 주세요!

제 **10** 강
문학 연습 1 기출 Pick

#028

쌤이랑 개념의 나비효과, 개념의 나비효과 워크북,
패턴의 나비효과로 기출문제들 참 많이 봤다.
나랑 안 푼 거 찾으려니까 힘들더라? ㅎㅎ
안... 푼 거 아니지...? -_-;;
어쨌든 그래~서! 아주 어렵지는 않았지만,
그래도 지금 기준으로 가장 신상 평가원 문제인
2023 수능 문제로 연습을 해 보려고 해.
단순히 문제를 풀고 답이 몇 번이다, '난 이 문제를 맞혔다, 틀렸다'가 중요한 게 아니야.
기출문제를 통해 평가원의 스타일을 파악해 보고,
내 실수의 가능성의 범위를 다시 한번 체크해 봐야 하는 거야.
준비됐으면 실전처럼 문제 풀기 시작해 보자!

[31~34] 다음 글을 읽고 물음에 답하시오.   ✖ 걸린 시간: 분   초

(가)

　한여름 채전으로 ㉠**가 보아라**

　수염을 드리운 몇 그루 옥수수에 가지, 고추, 오이, 토란, 그리고 **울타리**엔 덤불을 이룬 **넌출** 사이로 반질반질 윤기도는 크고 작은 박이며 호박들!

　이 ㉡**지극히** 범속한 것들은 제각기 타고난 바탕과 생김새로 주어서 아낌없고 받아서 아쉼 없는 황금의 햇빛 속에 일심으로 자라고 영글기에 숨소리도 들릴세라 적적히 여념 없나니

　㉢**과분하지 말라** 의혹하지 말라 주어진 대로를 정성껏 충만시킴으로써 스스로를 족할 줄을 알라 오직 여기에 목숨의 유열과 천지와의 화합에 있거니

　한여름 채전으로 가 보아라

　나비가 심방 오고 풍뎅이가 찾아오고 잠자리가 왔다 가고 바람결에 스쳐 가고 **그늘**이 지나가고 **비**가 내리고 햇볕이 다시 나고 …… 이같이 ㉣**많은 손님들**의 극진한 축복과 은혜 속에

　이 지극히 범속한 것들의 지극히 충족한 ㉤**빛나는 생명의 양상**을 한여름 채전으로 와서 보아라

　　　　　　　　　　　　　　- 유치환, 「채전(菜田)」-

(나)

우리는 썩어 가는 참나무 떼,　　　　　　　┐
벌목의 슬픔으로 서 있는 이 땅　　　　　　[A]
　　　　　　　　　　　　　　　　　　　┘
패역의 **골짜기**에서
서로에게 기댄 채 **겨울**을 난다
함께 썩어 갈수록　　　　　　　　　　　　┐
바람은 더 높은 곳에서 우리를 흔들고　　　[B]
　　　　　　　　　　　　　　　　　　　┘
이윽고 잠자던 **홀씨**들 일어나　　　　　　┐
　　　　　　　　　　　　　　　　　　　[C]
우리 몸에 뚫렸던 상처마다 버섯이 피어난다　┘
황홀한 **음지**의 꽃이여
우리는 서서히 썩어 가지만　　　　　　　　┐
너는 **소나기**처럼 후드득 피어나　　　　　[D]
그 고통을 순간에 멈추게 하는구나　　　　┘
오, 버섯이여
산비탈에 구르는 낙엽으로도　　　　　　　┐
　　　　　　　　　　　　　　　　　　　[E]
골짜기를 떠도는 바람으로도　　　　　　　┘
덮을 길 없는 우리의 몸을　　　　　　　　┐
　　　　　　　　　　　　　　　　　　　[F]
뿌리 없는 너의 독기로 채우는구나　　　　┘

　　　　　　　　　　　　　　- 나희덕, 「음지의 꽃」-

31.

(가)와 (나)의 공통점으로 가장 적절한 것은?

① 사물의 모습에 대한 긍정적 인식을 바탕으로 중심 제재에 대한 예찬적 태도를 드러내고 있다.

② 주어진 현실에 순응하는 모습을 통해 중심 제재를 바라보는 비관적 태도를 암시하고 있다.

③ 풍경을 관조적으로 응시하는 시선으로 중심 제재의 외적 아름다움을 표현하고 있다.

④ 인간의 행위에 대한 우호적 관점을 토대로 중심 제재의 심미적 속성을 강조하고 있다.

⑤ 장소에 대한 부정적 인식을 심화하여 중심 제재와의 정서적 거리를 부각하고 있다.

32.

㉠~㉤의 시적 기능에 대한 설명으로 적절하지 <u>않은</u> 것은?

① ㉠을 반복하고 변주하여 '채전'에서 겪을 수 있는 경험의 소중함을 느끼게 하려는 화자의 의도를 드러내고 있다.

② ㉡을 수식어로 반복하여 '범속한 것들'로부터 '충족'느낌을 받는 화자의 정서를 강조하고 있다.

③ ㉢에서 부정 명령형을 사용하여 '주어진 대로' '족할 줄을 알'아야 한다는 화자의 인식을 제시하고 있다.

④ ㉣에서 사물을 인격화하여 '극진한 축복과 은혜'와 대비되는 화자의 시선을 반영하고 있다.

⑤ ㉤에서 관념을 시각화하여 '목숨의 유열과 천지와의 화합'이 이루어진 대상에 대한 화자의 생각을 표현하고 있다.

34.

〈보기〉를 바탕으로 (가)와 (나)를 감상한 내용으로 적절하지 <u>않은</u> 것은? [3점]

〈보기〉

　생명 현상을 제재로 삼은 시는 대체로, 생명체들의 풍요로움을 감각적으로 형상화하거나, 생명 파괴의 현실을 극복하는 모습을 형상화한다. (가)는 만물의 조화로운 성장과 충만한 생명력에 자족하는 태도를, (나)는 인간의 욕망에 의한 상처와 고통으로 황폐화된 현실을 강인한 생명력이 피어나는 공간으로 변화시키는 모습을 드러낸다. 이러한 두 양상은 표면적으로 드러난 생명의 모습에서는 차이를 보이지만, 생명체들이 어우러져 살아가는 모습을 보여 준다는 점에서는 동일한 지향성을 지닌다고 할 수 있다.

---

① (가)의 '한여름'은 생명체들의 풍요로움을 감각적으로 드러내는, (나)의 '겨울'은 생명 파괴의 현실을 이겨 내는 시간적 배경으로 설정되어 있군.

② (가)의 '울타리'는 만물이 함께 살아가는 공간을 드러내는 경계로, (나)의 '골짜기'는 인간의 욕망이 투영된 장소로 제시되어 있군.

③ (가)의 '넌출'은 어우러진 생명체들이 현실의 삶에 자족하게 되는, (나)의 '홀씨'는 공존하던 생명체들이 흩어지게 되는 계기를 드러내고 있군.

④ (가)의 '그늘'은 만물이 성장을 이루어 가는 배경으로서의, (나)의 '음지'는 현실의 고통을 극복하는 장소로서의 의미를 함축하고 있군.

⑤ (가)의 '비'는 생명의 충만함과 조화로움을 갖게 하는, (나)의 '소나기'는 황폐화된 현실에 생명력을 환기하는 대상으로 표상되어 있군.

33.

[A]~[F]에 대한 이해로 가장 적절한 것은?

① [A]에서 참나무가 벌목으로 썩어 가는 모습은, [B]에서 바람에 흔들리는 나무의 모습과 순환적 관계를 형성한다.

② [B]에서 참나무의 상태에 변화를 가져온 움직임은, [C]에서 버섯이 피어나는 상황과 순차적 관계를 형성한다.

③ [C]에서 참나무의 상처에 생명이 생성되는 순간은, [D]에서 나무의 고통이 멈추는 과정과 대립적 관계를 형성한다.

④ [D]에서 참나무의 모습에 일어난 변화는, [E]에서 낙엽이나 바람이 처한 상황과 인과적 관계를 형성한다.

⑤ [E]에서 참나무의 주변에 존재하는 사물들은, [F]에서 나무를 채워 주는 존재로 제시된 대상과 동질적 관계를 형성한다.

────── 2023학년도 수능 9월 모평 현대시 ──────

[26] 다음 글을 읽고 물음에 답하시오.

(나)

사람들은 자기들이 길을 만든 줄 알지만   ⌝
길은 순순히 **사람들의 뜻**을 좇지는 않는다   [A]
사람을 끌고 가다가 문득   ⌟
벼랑 앞에 세워 낭패시키는가 하면
큰물에 우정 제 허리를 동강 내어   ⌝
사람이 부득이 저를 버리게 만들기도 한다   [B]
사람들은 이것이 다 사람이 만든 길이   ⌟ ⌝
거꾸로 사람들한테 세상 사는   [C]
슬기를 가르치는 거라고 말한다   ⌟
길이 사람을 밖으로 불러내어
온갖 곳 온갖 사람살이를 구경시키는 것도
세상 사는 이치를 가르치기 위해서라고 말한다
그래서 길의 뜻이 거기 있는 줄로만 알지   ⌝
길이 사람을 밖에서 안으로 끌고 들어가   [D]
스스로를 깊이 들여다보게 한다는 것은 모른다   ⌟
길이 밖으로가 아니라 안으로 나 있다는 것을   ⌝
아는 **사람**에게만 **길**은 고분고분해서   [E]
꽃으로 제 몸을 수놓아 향기를 더하기도 하고   ⌟
그늘을 드리워 사람들이 땀을 식히게도 한다
그것을 알고 나서야 **사람들**은 비로소   ⌝
자기들이 길을 만들었다고 말하지 않는다   [F] ⌟

- 신경림, 「길」-

26.

[A]~[F]에 대한 이해로 적절하지 **않은** 것은?

① [A]에서 '길'이 '사람들의 뜻'을 좇지 않는다는 진술의 구체적인 양상을 [B]에서 확인할 수 있다.
② [B]에서의 경험을 [C]에서 '사람들'이 어떻게 수용하는지를 밝히고 있다.
③ [C]의 '사람들'이 미처 깨닫지 못한 바가 무엇인지를 [D]에서 밝히고 있다.
④ [E]와 같이 제 뜻을 굽혀 '사람'에게 복종하는 '길'의 모습은 [B]와 대비되고 있다.
⑤ [F]에서 깨달음을 얻은 '사람들'의 태도는 [A]의 '사람들'의 태도와 대비되고 있다.

────── 2023학년도 수능 현대시 ──────

[33] 다음 글을 읽고 물음에 답하시오.

(나)

우리는 썩어 가는 참나무 떼,   ⌝
벌목의 슬픔으로 서 있는 이 땅   [A]
패역의 골짜기에서   ⌟
서로에게 기댄 채 겨울을 난다
함께 썩어 갈수록   ⌝
바람은 더 높은 곳에서 우리를 흔들고   [B]
이윽고 잠자던 홀씨들 일어나   ⌟ ⌝
우리 몸에 뚫렸던 상처마다 버섯이 피어난다   [C] ⌟
황홀한 음지의 꽃이여
우리는 서서히 썩어 가지만   ⌝
너는 소나기처럼 후드득 피어나   [D]
그 고통을 순간에 멈추게 하는구나   ⌟
오, 버섯이여
산비탈에 구르는 낙엽으로도   ⌝
골짜기를 떠도는 바람으로도   [E]
덮을 길 없는 우리의 몸을   ⌟ ⌝
뿌리 없는 너의 독기로 채우는구나   [F] ⌟

- 나희덕, 「음지의 꽃」-

33.

[A]~[F]에 대한 이해로 가장 적절한 것은?

① [A]에서 참나무가 벌목으로 썩어 가는 모습은, [B]에서 바람에 흔들리는 나무의 모습과 순환적 관계를 형성한다.
② [B]에서 참나무의 상태에 변화를 가져온 움직임은, [C]에서 버섯이 피어나는 상황과 순차적 관계를 형성한다.
③ [C]에서 참나무의 상처에 생명이 생성되는 순간은, [D]에서 나무의 고통이 멈추는 과정과 대립적 관계를 형성한다.
④ [D]에서 참나무의 모습에 일어난 변화는, [E]에서 낙엽이나 바람이 처한 상황과 인과적 관계를 형성한다.
⑤ [E]에서 참나무의 주변에 존재하는 사물들은, [F]에서 나무를 채워 주는 존재로 제시된 대상과 동질적 관계를 형성한다.

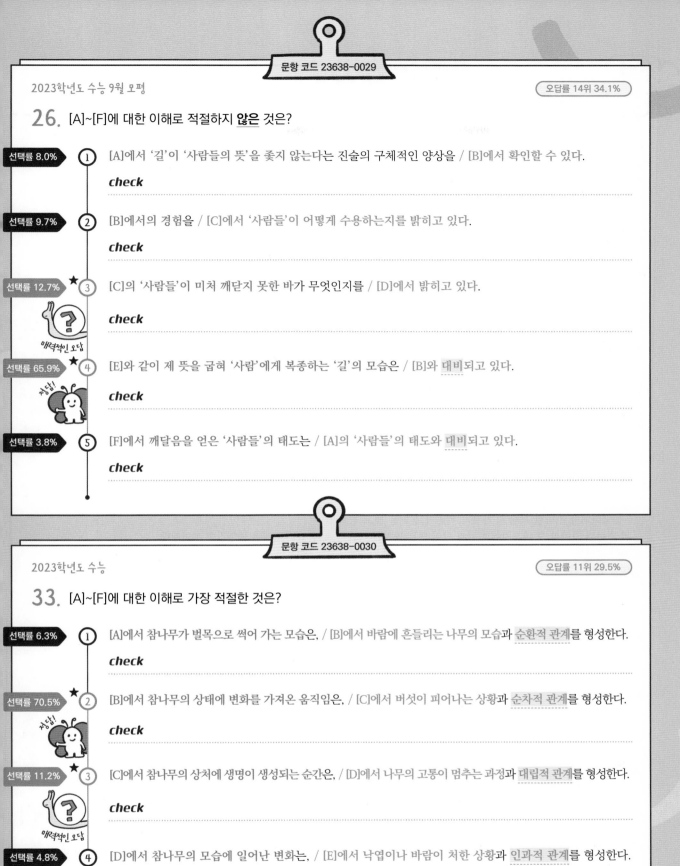

2023학년도 수능 9월 모평

오답률 14위 34.1%

26. [A]~[F]에 대한 이해로 적절하지 **않은** 것은?

선택률 8.0%
① [A]에서 '길'이 '사람들의 뜻'을 좇지 않는다는 진술의 구체적인 양상을 / [B]에서 확인할 수 있다.

check

선택률 9.7%
② [B]에서의 경험을 / [C]에서 '사람들'이 어떻게 수용하는지를 밝히고 있다.

check

선택률 12.7% ★
③ [C]의 '사람들'이 미처 깨닫지 못한 바가 무엇인지를 / [D]에서 밝히고 있다.

매력적인 오답

check

선택률 65.9% ★
④ [E]와 같이 제 뜻을 굽혀 '사람'에게 복종하는 '길'의 모습은 / [B]와 대비되고 있다.

정답!

check

선택률 3.8%
⑤ [F]에서 깨달음을 얻은 '사람들'의 태도는 / [A]의 '사람들'의 태도와 대비되고 있다.

check

2023학년도 수능

오답률 11위 29.5%

33. [A]~[F]에 대한 이해로 가장 적절한 것은?

선택률 6.3%
① [A]에서 참나무가 벌목으로 썩어 가는 모습은, / [B]에서 바람에 흔들리는 나무의 모습과 순환적 관계를 형성한다.

check

선택률 70.5% ★
② [B]에서 참나무의 상태에 변화를 가져온 움직임은, / [C]에서 버섯이 피어나는 상황과 순차적 관계를 형성한다.

정답!

check

선택률 11.2% ★
③ [C]에서 참나무의 상처에 생명이 생성되는 순간은, / [D]에서 나무의 고통이 멈추는 과정과 대립적 관계를 형성한다.

매력적인 오답

check

선택률 4.8%
④ [D]에서 참나무의 모습에 일어난 변화는, / [E]에서 낙엽이나 바람이 처한 상황과 인과적 관계를 형성한다.

check

선택률 7.1%
⑤ [E]에서 참나무의 주변에 존재하는 사물들은, / [F]에서 나무를 채워 주는 존재로 제시된 대상과 동질적 관계를 형성한다.

check

[32] 다음 글을 읽고 물음에 답하시오.

(가)

향아 너의 고운 얼굴 조석으로 우물가에 비최이던 오래지 않은 옛날로 가자

수수럭거리는 수수밭 사이 걸찍스런 웃음들 들려 나오며 호미와 바구니를 든 환한 얼굴 그림처럼 나타나던 석양……

구슬처럼 흘러가는 냇물가 맨발을 담그고 늘어앉아 빨래들을 두드리던 전설같은 풍속으로 돌아가자

눈동자를 보아라 향아 회올리는 무지갯빛 허울의 눈부심에 넋 빼앗기지 말고
철따라 푸짐히 두레를 먹던 정자나무 마을로 돌아가자 미끈덩한 기생충의 생리와 허식에 인이 배기기 전으로 눈빛 아침처럼 빛나던 우리들의 고향 병들지 않은 젊음으로 찾아 가자꾸나

향아 허물어질까 두렵노라 얼굴 생김새 맞지 않는 발돋움의 흉낼랑 그만 내자
들국화처럼 소박한 목숨을 가꾸기 위하여 맨발을 벗고 콩바심 하던 차라리 그 미개지에로 가자 달이 뜨는 명절밤 비단 치마를 나부끼며 떼지어 춤추던 전설같은 풍속으로 돌아가자 냇물 굽이치는 싱싱한 마음밭으로 돌아가자.

– 신동엽, 「향아」 –

(나)

이사온 그는 이상한 사람이었다
그의 집 담장들은 모두 빛나는 유리들로 세워졌다

골목에서 놀고 있는 부주의한 아이들이
잠깐의 실수 때문에
풍성한 햇빛을 복사해내는
그 유리 담장을 박살내곤 했다

그러나 얘들아, 상관없다
유리는 또 갈아 끼우면 되지
마음껏 이 골목에서 놀렴

유리를 깬 아이는 얼굴이 새빨개졌지만
이상한 표정을 짓던 다른 아이들은
아이들답게 곧 즐거워했다
견고한 송판으로 담을 쌓으면 어떨까
주장하는 아이는, 그 아름다운
골목에서 즉시 추방되었다

유리 담장은 매일같이 깨어졌다
필요한 시일이 지난 후, 동네의 모든 아이들이
충실한 그의 부하가 되었다

어느 날 그가 유리 담장을 떼어냈을 때, 그 골목은
가장 햇빛이 안 드는 곳임이
판명되었다, 일렬로 선 아이들은
묵묵히 벽돌을 날랐다

– 기형도, 「전문가」 –

32.

(가), (나)에 대한 설명으로 가장 적절한 것은?

① (가)는 과거를 회상하며 현실을 관망하는 태도를 드러내고 있다.
② (나)는 상징성을 띤 사건의 전개를 통해 주제를 암시하고 있다.
③ (가)와 (나)는 모두 음성 상징어를 활용하여 상상 세계의 경이로움을 나타내고 있다.
④ (가)와 (나)는 모두 동일한 시구의 반복과 변주를 통해 시적 분위기를 고조하고 있다.
⑤ (가)는 위로하는 어조로, (나)는 충고하는 어조로 시적 청자에게 말을 건네고 있다.

31. 〈지문 생략〉

(가)와 (나)의 공통점으로 가장 적절한 것은?

① 사물의 모습에 대한 긍정적 인식을 바탕으로 중심 제재에 대한 예찬적 태도를 드러내고 있다.
② 주어진 현실에 순응하는 모습을 통해 중심 제재를 바라보는 비관적 태도를 암시하고 있다.
③ 풍경을 관조적으로 응시하는 시선으로 중심 제재의 외적 아름다움을 표현하고 있다.
④ 인간의 행위에 대한 우호적 관점을 토대로 중심 제재의 심미적 속성을 강조하고 있다.
⑤ 장소에 대한 부정적 인식을 심화하여 중심 제재와의 정서적 거리를 부각하고 있다.

2023학년도 수능 6월 모평

오답률 22위 42.0%

32. (가), (나)에 대한 설명으로 가장 적절한 것은?

선택률 21.9%

① (가)는 과거를 회상하며 현실을 관망하는 태도를 드러내고 있다.

check

선택률 58.0%

② (나)는 상징성을 띤 사건의 전개를 통해 / 주제를 암시하고 있다.

check

선택률 5.8%

③ (가)와 (나)는 모두 음성 상징어를 활용하여 / 상상 세계의 경이로움을 나타내고 있다.

check

선택률 10.0%

④ (가)와 (나)는 모두 동일한 시구의 반복과 변주를 통해 / 시적 분위기를 고조하고 있다.

check

선택률 4.3%

⑤ (가)는 위로하는 어조로, (나)는 충고하는 어조로 / 시적 청자에게 말을 건네고 있다.

check

2023학년도 수능

오답률 15위 25.3%

31. (가)와 (나)의 공통점으로 가장 적절한 것은?

선택률 74.7%

① 사물의 모습에 대한 긍정적 인식을 바탕으로 / 중심 제재에 대한 예찬적 태도를 드러내고 있다.

check

선택률 4.8%

② 주어진 현실에 순응하는 모습을 통해 / 중심 제재를 바라보는 비관적 태도를 암시하고 있다.

check

선택률 12.5%

③ 풍경을 관조적으로 응시하는 시선으로 / 중심 제재의 외적 아름다움을 표현하고 있다.

check

선택률 4.9%

④ 인간의 행위에 대한 우호적 관점을 토대로 / 중심 제재의 심미적 속성을 강조하고 있다.

check

선택률 3.1%

⑤ 장소에 대한 부정적 인식을 심화하여 / 중심 제재와의 정서적 거리를 부각하고 있다.

check

과거에서 온 미래, 힘이 되는 선배들의 이야기

너에게서 다시 온 편지

2022.12.20

윤혜정 선생님께

안녕하세요, 혜정 쌤. 개념의 나비효과 마지막 <너.온.편>에 실렸던 OO라고 합니다. ㅎㅎ 올해 초 수술과 공부 사이에서 고심하며 연락드렸던 게 엊그제 같은데 벌써 한 해가 지나갔네요.

저는 입시를 잘 마무리하고 서울대 역사학부에 진학하게 되었습니다!! 그동안 정말 많은 일이 있었어요. 기적적으로 수술을 잘 마친 후에도 두 달간 서울에서 방사선 치료를 받았습니다. 그러면서 내신, 생기부, 자소서, 수능, 면접을 전부 챙기느라 바쁜 시간들을 보냈네요.

참 신기한 게요, 선생님. 지친 거랑 힘든 건 다르더라고요. 그동안 육체적으로 정신적으로는 정말 지쳤는데 한편으로 힘들지는 않았어요. 뚜렷한 목표와 도와주시는 분들이 있었고, 스스로 나아가려는 의지가 있었기 때문이었던 것 같습니다. ㅎㅎ 저는 오히려 스스로에게 뿌듯한 한 해였습니다. 그전엔 내가 정말 서울대에 갈 만큼 노력을 했는가에 확신이 없었거든요. 하지만 이제는 다시 살아도 더 열심히 못 살 만큼 후회 없는 고3을 보냈다고 말할 수 있습니다. 스스로를 더 믿고 아끼게 된 것 자체만으로 행복합니다. 물론 결과까지 잘 나와서 더 좋지만요. ㅎㅎ

선생님께도 정말 감사드립니다. 1월 말 진단 받고 나서가 가장 심리적으로 방황할 때였거든요. 그때 마음잡고 힘을 내는 데 도움 많이 받았고 또 나비효과로 3학년 1학기 국어 1등도 했습니다. ㅋㅋㅋ 저도 선생님처럼 다른 사람들에게 할 수 있다는 걸 보여 주고 자신에 대한 믿음을 심는 걸 도와주는 어른이 되고 싶습니다. 얼마 전 서점에 갔을 때 2024 나비효과를 봤습니다. 벌써 선생님의 내년은 시작되셨군요. 역시 존경스럽습니다!! 그 옆의 제가 본받아서 누구보다 멋진 사람으로 살아 보겠습니다. 제 꿈은 이제부터니까요!!! 날이 추운데 건강 꼭 잘 챙기시고 제주 오실 때 한번 연락 주세요. ㅎㅎ 가시기 좋은 곳들 많이 추천 드리겠습니당.

스스로의 조랑말을 포기하지 않은 OO 드림

휴대폰을 끄든가, 네 꿈을 끄든가.
11 Day

제 11 강
문학 연습 2 기출 Pick

#029

11강에서는 산문 지문으로 연습을 해 볼 거야.
지금 기준으로 가장 신상 평가원 문제인
2023 수능 문제로 연습을 좀 해 보려 했더니만
눈에 띄게 오답률이 높거나 매력도가 높은 선지가 별로 없어서,
2023 수능 대비 9월 모평 문제로 연습해 보려고 해.
당시 수험생들이 많이 틀렸던 문제,
매력도가 높아서 함정에 많이 빠졌던 선지들을 분석해 보니,
어떤 부분을 조심해야 한다고 당부해야 할지가 보이네.
일단 실전 느낌으로 풀어 보고,
유사한 기출문제들로 연습까지 해 보자.
실전에서는 절대 이런 패턴의 함정에 빠지지 않기 위해!

[18~21] 다음 글을 읽고 물음에 답하시오.

✖ 걸린 시간: 분   초

이때 예부 상서 진량을 황제 가장 총애하시니 진량이 의기양양하고 교만 방자한지라, 정 상서 일찍 진량이 소인인 줄 알고 황제께 간하되 황제 종시 그렇지 않다 하심에, 진량이 이 일을 알고 정 상서를 해하려 하더라. 차시 황제의 탄생일이 되었는지라, ㉠마침 정 상서 병이 있어 상소하고 참석지 못하였더니 황제 만조백관더러 묻기를,

"정 상서의 병이 어떠하더뇨?"

하시고 사관을 보내려 하시니 진량이 나아가 왈,

"정 상서는 간악한 사람이라 그 병세를 신이 자세히 아옵니다. 상서가 요사이 황제께 조회하는 것이 다르옵고 신이 상서의 집에 가오니 상서의 말이 수상하옵더니 오늘 조회에 불참하오니 반드시 무슨 생각 있는 줄 아나이다."

황제 대경하여 처벌하려 하시거늘 중관이 아뢰길,

"정 상서의 죄 명백함이 없으니 어찌 벌로 다스리오리까?"

황제 듣지 않고 절강에 귀양을 정하시니 중관이 명을 듣고 정 상서의 집에 나아가 황명을 전하니, 상서 크게 울며,

"내 일찍 국은을 갚을까 하였더니 소인의 참언을 입어 이제 귀양을 가니 어찌 애달프지 않으리오."

하고 칼을 빼어 서안을 치며 말하기를,

"소인을 없애지 못하고 도리어 해를 입으니 누구를 원망하리오."

하며 눈물을 흘리니 부인은 애원 통도하고 친척 노복이 다 서러워하더라.

사관이 재촉 왈,

"㉡황명이 급하오니 수이 행장 차리소서."

정 상서가 일변 행장을 준비하여 부인더러 이르기를,

"나는 천만 의외에 귀양 가거니와 부인은 여아를 데리고 조상 제사를 받들어 길이 무탈하소서."

하고 즉시 발행할새, 모녀 가슴이 막혀 아무 말도 못하더라.

정 상서 여러 날 만에 귀양지에 이르니 절강 만호가 관사를 깨끗이 하고 정 상서를 머물게 하더라.

차설. 정 상서 적거한 후로 슬픔을 머금고 세월을 보내더니 석 달 만에 홀연 득병하여 마침내 세상을 영결하니 절강 만호 슬퍼 놀라 황제께 ⓐ장계로 보고하고 부인께 기별하니라. 이때 부인과 정수정이 정 상서를 이별하고 눈물로 세월을 보내더니 일일 문득 시비 고하되,

"절강에서 사람이 왔나이다."

하거늘 부인이 급히 불러 물으니 답하기를,

"㉢정 상서께서 지난달 보름께 별세하셨나이다."

하는지라. 부인과 정수정 이 말을 듣고 한마디 소리를 내며 혼절하니 시비 등이 창황망조하여 약물로 급히 구함에 오랜 후에야 숨을 내쉬며 눈물이 비 오듯 하더라.

[중략 부분의 줄거리] 남장을 한 정수정은 장원 급제한 뒤 북적을 물리친다. 이후 황제에게 자신이 여성임을 밝히고 정혼자인 장연과 혼인한다. 호왕이 침공하자 정수정은 대원수, 장연은 중군장으로 출전한다.

㉣대원수 호왕에 승리하여 황성으로 향할새 강서 지경에 이르러 한복더러 묻기를,

"진량의 귀양지가 여기서 얼마나 되는가?"

"수십 리는 되나이다."

대원수 분부하되 철기를 거느려 결박하여 오라 하니 한복 등이 듣고 나는 듯이 가 바로 내실로 들어갈새 진량이 대경하여 연고를 묻거늘 한복이 칼을 들어 시종을 베고 군사를 호령하여 진량을 결박하여 본진으로 돌아와 대원수께 고하되, 대원수 이에 진량을 잡아들여 장하에 꿇리고 노기 대발하여 부친 모해하던 죄상을 문초하니 진량이 다만 살려 달라 빌거늘, 대원수 무사를 호령하여 빨리 베라 하니 이윽고 무사 진량의 머리를 드리거늘, 대원수 **제상을 차려 부친께 제사 지내**더라.

황제께 ⓑ첩서를 올려 승전을 알리고, 중군장 장연을 기주로 보내고 대군을 지휘하여 경사로 향하여 여러 날 만에 궐하에 이르니, 황제 백관을 거느려 대원수를 맞아 치하하시고 좌각로 평북후를 봉하시니 대원수 사은하고 청주로 가니라.

차설. 장연이 기주에 이르러 모친 태부인 뵈옵고 전후사연을 고하되 태부인이 듣고 통분 왈,

"너를 길러 벼슬이 공후에 이르니 기쁨이 측량없던 차에 **전쟁터에서 부인에게 욕을 보고 돌아**올 줄 어찌 알았으리오."

장연의 다른 부인들인 원 부인과 공주가 아뢰기를,

"정수정 벼슬이 높으니 능히 제어치 못할 것이요, 저 사람 또한 대의를 알아 삼가 화목할 것이니 이제는 노하지 마소서."

태부인이 그렇게 여겨 이에 시녀를 정하여 서찰을 주어 청주로 보내니라. 이때 정수정은 전쟁에서 **장연 징계한 일로 심사 답답**하더니 시비 문득 아뢰되 기주 시녀 왔다 하거늘 불러들여 ㉤**서찰을 본즉 태부인의 서찰이라.** 기뻐 즉시 회답하여 보내고 익일에 행장 차려 갈새, 홍군 취삼으로 봉관 적의에 명월패 차고 수십 시녀를 거느려 성 밖에 나오니, 한복이 정수정을 **호위**하여 기주에 이르러 **태부인께 예**하고 두 부인으로 더불어 예필 좌정함에, 태부인이 지난 일에 조금도 거리낌이 없으니, 정수정 또한 태부인을 지성으로 섬기더라.

- 작자 미상, 「정수정전」 -

18.

윗글의 인물에 대한 이해로 적절하지 **않은** 것은?

① '황제'는 자신이 총애하는 사람의 말을 듣고 정 상서를 처벌하기로 결심한다.

② '중관'은 정 상서를 처벌하기에는 그 죄가 분명하지 않음을 황제에게 주장한다.

③ '정 상서'는 자신이 소인의 참언 때문에 뜻하지 않게 귀양을 가게 되었다고 생각한다.

④ '한복'은 대원수의 명령에 따라 진량의 귀양지로 가서 그의 죄를 묻고 처벌을 내린다.

⑤ '원 부인'과 '공주'는 정수정이 도리를 지켜 원만하게 지낼 것임을 내세워 태부인을 진정시킨다.

20.

ⓐ, ⓑ에 대한 이해로 가장 적절한 것은?

① ⓐ는 자신의 귀양살이를 보고할 목적으로 작성되었다.

② ⓐ는 황제와의 갈등을 해결하기 위한 목적으로 작성되었다.

③ ⓑ는 호왕과 벌인 전쟁의 결과를 보고할 목적으로 작성되었다.

④ ⓑ는 황제를 직접 만나 보고하는 것을 피할 목적으로 작성되었다.

⑤ ⓐ와 ⓑ에 담긴 소식은 황제 외의 사람들에게는 알려지지 않았다.

21.

〈보기〉를 참고하여 윗글을 감상한 내용으로 적절하지 **않은** 것은? [3점]

───── 〈보기〉 ─────

정수정은 국가적 위기를 해결하는 영웅이자, 부친의 원수를 갚는 효녀이고, 부녀자로서의 덕목을 지녀야 하는 장씨 가문의 여성이다. 정수정은 주어진 상황과 조건에 따라 세 역할 사이에서 갈등하기도 하지만, 결과적으로는 모든 역할에 충실하며 다양한 능력과 덕목을 갖춘 인물로 형상화된다

① '진량의 귀양지가 여기서 얼마나 되는'지 묻는 '대원수'의 발언에서, '진량'을 찾아 부친의 한을 풀어 주려는 '정수정'의 효녀로서의 면모가 드러남을 알 수 있군.

② '제상을 차려 부친께 제사 지내'는 '대원수'의 모습에서, '정수정'은 부친의 원수를 갚는 효녀로서의 소임을 수행하여 죽은 부친의 넋을 위로하고 있음을 알 수 있군.

③ '장연'이 '전쟁터에서 부인에게 욕을 보고 돌아'왔다며 통분하는 '태부인'의 모습에서, '태부인'은 '정수정'이 아내의 역할보다 대원수의 역할을 중시한 것에 대해 못마땅해함을 알 수 있군.

④ '장연 징계한 일로 심사 답답'한 '정수정'의 모습에서, '정수정'은 군대를 통솔했던 국가적 영웅으로 돌아가고 싶어 함을 알 수 있군.

⑤ '한복'의 '호위'를 받으며 기주로 가서 '태부인께 예'하는 '정수정'의 모습에서, 국가적 영웅의 면모를 유지하는 '정수정'이 며느리로서의 역할도 수행함을 알 수 있군.

19.

㉠~㉤에 대한 이해로 적절하지 **않은** 것은?

① ㉠으로 진량에게는 정 상서를 모함할 기회가 생긴다.

② ㉡으로 정 상서는 비보가 전해질 것을 짐작하게 된다.

③ ㉢으로 부인과 정수정은 충격을 받고 정신을 잃게 된다.

④ ㉣로 정수정은 황제로부터 노고에 대한 보답을 받게 된다.

⑤ ㉤으로 정수정은 걱정을 덜며 떠날 채비를 하게 된다.

2023학년도 4월 학평 고전 소설

[28] 다음 글을 읽고 물음에 답하시오.

과연 서번국의 대장 진골대가 급히 군사를 몰아 남주성에 들어가니, 백성이 하나도 없고 성 안이 텅 비어 있었다. 진골대가 크게 놀라 도로 진영으로 돌아가고자 하는데, 현후가 서번군이 성 안으로 들어가는 것을 보고서 군사들을 급히 출동시켜 에워싸며 산 위에 올라가 소리쳐 말했다.

"서번이 어찌 감히 우리를 당할소냐? 옛날 양평공과 우골대가 다 내 칼에 죽었거늘, 네 맞아 죽고자 하니 어린 강아지가 맹호를 모르는 격이로다. 제 죽은 혼일망정 나를 원망치 말고 새 황제를 원망하여라."

그리고는 불화살을 재빨리 쏘니, 성 안에 화염이 하늘에 퍼져 가득하여 모두 불길일러라. 적군이 견디지 못하여 불길을 무릅쓰고 달아나는데, 또 위왕의 군진을 만나니 정신을 차리지 못하여 서로 짓밟혀 죽은 자를 이루 다 셀 수가 없었다. 진골대 탄식하며 말했다.

"위왕은 만고의 영웅이라서 사람의 힘으로는 미칠 바가 아니로다."

이렇게 한탄하고 항복하여 말했다.

"우리 왕이 구태여 싸우려 한 것이 아니라 새 황제가 시킨 것이니, 바라건대 위왕은 쇠잔한 목숨을 살리소서."

위왕이 말했다.

"서번국과 과인의 나라는 본디 친하여 꺼리고 미워하는 것이 없기로 놓아 보내거니와, 차후로는 아무리 새 황제의 조서가 있더라도 기병할 마음을 먹지 말라."

그리고는 돌려보내니라.

이때 새 황제의 군대가 구골대의 군대와 합병하여 화음현에 도착하였는데, 백성들이 길에서 울고 있는지라 그 까닭을 물으니 답하여 말했다.

"위왕이 서번국에 패하여 거창산에 들어가 백성들을 모아 군사를 삼으니, 저마다 도망하다가 처자식을 잃고서 절로 슬퍼 우나이다."

구골대가 이 말을 듣고 크게 기뻐하여 위왕을 잡으려 거창산으로 군대를 몰아 들어가니, 길이 험하고 수목이 무성하여 행군하기 꽤 어려웠다. 그래도 점점 들어가니, 과연 산 위에 깃발과 창칼들이 무수히 꽂혔고 진중이 고요하여서 크게 고함치며 쳐들어갔지만, 군사가 다 짚으로 만든 허수아비였고 사람은 하나도 없었다. 구골대가 몹시 놀라 어찌할 줄 몰랐는데, 문득 산 위에서 대포 쏘는 소리가 나고 불이 사방에서 일어나며 화살과 돌이 비 오듯 하였다. 구골대가 하늘을 우러러며 탄식하여 말했다.

"내 어찌 이곳에 들어와 죽을 줄을 알았으랴?"

그리고는 죽기로써 불길을 무릅쓰고 산의 어귀를 나서니, 또 좌우에서 함성을 크게 지르며 뒤쫓아 왔다. 구골대가 능히 대적하지 못하여 투구를 벗고 말에서 내려 땅에 엎드려 살기를 빌자, 위왕이 크게 꾸짖고 중곤으로 볼기를 30대 쳐서 내치니라.

구골대가 거듭 절하며 고맙다는 뜻을 표하고 돌아가다가 인하여 죽었다. 양국의 대병이 대패하자, 서번왕이 탄식하며 말했다.

"내가 새 황제의 조서를 받고서 망령되이 군사를 일으켰다가 아까운 장수와 군졸만 죽였으니, 어찌 분하고 한스럽지 않으랴? 이후로는 위나라 땅을 침범치 못하리로다."

이때 새 황제는 세 방면의 군대가 대패한 것을 듣고서 크게 놀라 탄식하고 한탄하며 말했다.

"위왕은 과연 천신이로니, 뉘 능히 당할 수 있으랴?"

[중략 부분의 줄거리] 새 황제가 위왕 현수문에게 자신의 잘못을 인정하고 둘은 화해한다. 이후 현수문은 죽음을 맞이하고 아들 현후가 새 위왕이 된다.

몇 달이 지난 후에 갑자기 새 황제의 사자가 이르렀다 하여 새 위왕이 그를 맞이하였는데, 사관이 말했다.

"황상께옵서 위왕의 지방이 좁고 길이 멀음을 염려하시어 우선 서천의 한 곳을 환수하라 하셨고, 위왕을 보지 못하는 것을 한스럽게 여기셔서 특별히 사관을 보내어 함께 올라오기를 기다리시나이다."

그리고는 조서를 들였는데, 새 위왕이 조서를 보고 황궁을 향해 네 번 절하고 의아해 마지않아서 말했다.

"황상의 망극한 은혜가 이처럼 미쳤으니, 어찌 황공하고 두렵지 않을 수 있겠소?"

그리고서 사관과 함께 길을 떠났는데, 좌승상 석침을 데리고 황성으로 향하니라. 여러 날 만에 황성에 다다랐는데, 갑자기 수천 군마가 힘차게 달려 나와 새 위왕을 에워싸고 말할 수 없이 절박하거늘, 새 위왕이 크게 놀라 문득 일광대사의 가르친 일을 생각하고 단소를 내어 부니라. 소리가 심히 처량하여 사람으로 하여금 마음을 풀어지도록 이끄니, 여러 군사들이 일시에 흩어지니라. 이는 종실 조충이 본디 외람한 뜻을 두었으나 매양 위왕 부자를 꺼리다가, 이제 비록 현수문이 죽었으나 그의 아들 현후를 시기하여 새 황제에게 헐뜯고 죄 있는 것처럼 고하여 바친 것이다. 이날 가만히 새 위왕 현후를 잡아 없애고자 하다가 갑자기 단소 소리를 듣고 스스로 마음이 풀어진 바가 되었으니, 천도가 무심치 않음을 가히 알지라.

새 위왕이 그 위급한 화를 면하고 바로 궐내에 들어가 새 황제 앞에 엎드리니, 새 황제가 보고 한편으로 반기며 다른 한편으로 부끄러워 말했다.

"경을 차마 잊지 못하여 가까이 두고자 한 것인데, 이제 짐의 몸이 평안치가 않아서 말을 이르지 못하겠노라."

그리고는 도로 용상에 누워 혼절하니, 위급함이 시각에 달려 있었다. 만조백관들이 허둥지둥 어찌할 줄 몰랐는데, 새 위왕 또한 새 황제의 위급함에 크게 놀랐지만 문득 환약을 생각하고 주머니 속에서 꺼내어 새 황제를 받드는 신하에게 주며 말했다.

"이 약이 비록 좋지 못하나 응당 효험이 있을 듯하니, 갈아서 잡수시게 하는 것이 어떠하느뇨?"

만조백관이 다 허둥지둥하는 가운데 혹 다행이라 여기기도 하며 혹 의심을 내기도 하였는데, 곁에 조충이 있다가 이를 보고 생각하였다.

'만일 황상이 깨어나지 못할진대, 새 위왕을 없애려는 일을 이룰 수 있는 조짐을 만남이니 어찌 다행치 않으랴!'

그리고는 급히 환약을 받아 시녀로 하여금 갈아서 새 황제에게 먹이게 하였더니, 오래지 않아 호흡이 능히 통하고 또 정신이 씩씩하여져 오히려 전보다 심사가 상쾌해졌다.

- 작자 미상, 「현수문전」 -

2023학년도 4월 학평 고전 소설

28.

윗글에 대한 이해로 적절하지 <u>않은</u> 것은?

① '남주성'에서 진골대는 위왕의 군사로부터 크게 패했다.
② '화음현'에서 백성들은 자신들이 우는 이유에 대해 말했다.
③ '거창산'에서 벌인 전투 이후에 구골대는 죽음을 맞이했다.
④ '황성'에서 사관은 좌승상 석침과 함께 있던 새 위왕을 만났다.
⑤ '궐내'에서 혼절한 새 황제를 보고 만조백관들은 허둥지둥했다.

2023학년도 수능 9월 모평 고전 소설

18. 〈지문 생략〉

윗글의 인물에 대한 이해로 적절하지 <u>않은</u> 것은?

① '황제'는 자신이 총애하는 사람의 말을 듣고 정 상서를 처벌하기로 결심한다.
② '중관'은 정 상서를 처벌하기에는 그 죄가 분명하지 않음을 황제에게 주장한다.
③ '정 상서'는 자신이 소인의 참언 때문에 뜻하지 않게 귀양을 가게 되었다고 생각한다.
④ '한복'은 대원수의 명령에 따라 진량의 귀양지로 가서 그의 죄를 묻고 처벌을 내린다.
⑤ '원 부인'과 '공주'는 정수정이 도리를 지켜 원만하게 지낼 것임을 내세워 태부인을 진정시킨다.

오답률 9위 38.3%

28. 윗글에 대한 이해로 적절하지 **않은** 것은?

선택률 6.5% ① '남주성'에서 진골대는 위왕의 군사로부터 크게 패했다.

check

선택률 4.2% ② '화음현'에서 백성들은 자신들이 우는 이유에 대해 말했다.

check

선택률 24.1% ★③ '거창산'에서 벌인 전투 이후에 구골대는 죽음을 맞이했다.

check

④ '황성'에서 사관은 좌승상 석침과 함께 있던 새 위왕을 만났다.

선택률 61.7% ★

check

선택률 3.5% ⑤ '궐내'에서 혼절한 새 황제를 보고 만조백관들은 허둥지둥했다.

check

오답률 25.3%

18. 윗글의 인물에 대한 이해로 적절하지 **않은** 것은?

선택률 4.2% ① '황제'는 자신이 총애하는 사람의 말을 듣고 정 상서를 처벌하기로 결심한다.

check

선택률 4.2% ② '중관'은 정 상서를 처벌하기에는 그 죄가 분명하지 않음을 황제에게 주장한다.

check

선택률 14.9% ★③ '정 상서'는 자신이 소인의 참언 때문에 뜻하지 않게 귀양을 가게 되었다고 생각한다.

check

④ '한복'은 대원수의 명령에 따라 진량의 귀양지로 가서 그의 죄를 묻고 처벌을 내린다.

선택률 64.7% ★

check

선택률 12.0% ★⑤ '원 부인'과 '공주'는 정수정이 도리를 지켜 원만하게 지낼 것임을 내세워 태부인을 진정시킨다.

check

[32-33] 다음 글을 읽고 물음에 답하시오.

장 원수가 본진에서 군사를 쉬게 하더니, 이윽고 ⓐ일색이 저물께 이르러 원수가 장대에서 몽사(夢事)를 생각하고 군사를 지휘하더니, 과연 세찬 물결이 진중으로 달려들거늘, 촉날의 흉계인 줄 알고 물을 피하여 동으로 가는 체하다가 가만히 ⓐ운곡에 들어가 군사를 쉬게 하고 동정을 살피니, 촉날이 과연 기병을 거느려 원수의 뒤를 따라 운곡을 지나거늘, 원수가 재촉하여 촉날의 추격 병을 급습해 죽이고 급히 ⓑ반운산에 들어가 매복하니라.

이때 촉날이 원수를 따라 동편에 이르니, 굴막대의 복병이 일시에 일어나 고각함성이 진동하며 화살이 비 오듯 하니, 촉날의 군사가 복병인 줄 알고 접전치 아니하고 스스로 요란하여 죽는 자가 태반이요, 촉날도 또한 가슴을 맞고 외쳐 왈,

[A] "굴막대는 나를 모르난다?"

하되, 함성 소리에 듣지 못하고 급습해 죽이니, 촉날의 군사가 십분 위태한지라. 촉날이 견디지 못하여 황망히 남은 군사를 거느려 평구로 달아나다가 석용달의 복병을 만나 남은 군사를 다 죽이고 겨우 십여 명 군사를 데리고 돌아가려 하다가, 운곡에 장 원수의 군사가 매복하였다 하여 협로로 들어 반운산 좌편으로 향하여 가더니, 원수의 복병이 내달아 적장 촉날을 에워싸고 원수가 참사검을 들고 대호 왈,

"촉날 적자(賊子)*야! 간계로 나를 해하려다가 네 꾀에 너의 군사가 패몰하였으니, 무삼 면목으로 너의 왕을 보려 하난다? 차라리 이곳에서 죽어 네 죄를 속(贖)하라."

말이 끝남에 참사검을 들어 버히려 하니, 촉날이 급히 철궁을 들어 칼을 막다가 오른팔이 맞아 철궁과 함께 떨어지거늘, 다시 칼을 들어 촉날의 머리를 버혀 들고 말을 몰아 적진에 돌입하여 좌우충돌하여 적진 장졸을 풀 버히듯 하니, 선우의 군중(軍中)이 대란하여 항오를 차리지 못하고 사방으로 흩어져 달아나거늘, 원수가 크게 외쳐 왈,

"촉날이 이미 죽었으니, 반적 선우는 빨리 나와 나의 칼을 받으라."

하고 사면으로 짓치다가 ⓒ날이 밝기에 본진으로 돌아오니라.

이때 선우가 장대에 올라 바라보니, 촉날 명장(明將)을 따라 가다가 진중이 대란하며 명진 장졸에게 대패하여 촉날이 명 원수의 손에 죽고 남은 장졸은 흩어져 달아나거늘, 대경실색하여 성주 남문을 열고 군사를 거느려 달아나거늘, 원수가 선우의 달아남을 보고 기병을 거느려 따를새 선우가 밤낮으로 쉬지 않고 가서 남해에 다다라 배를 타고 교지국으로 달아나거늘, 원수가 제장과 의논 왈,

"이제 선우가 교지로 달아나니 만일 죽이지 않으면 후환이 되리라."

하고 승첩한 사연을 천자께 아뢰고, 남해 태수에게 전령하여 선척을 준비하여 타고 선우를 쫓아가니라.

[중략 부분의 줄거리] 장 원수가 남쪽의 선우와 싸우는 틈을 타 북쪽의 흉노가 중원을 침범해 천자가 금릉으로 피한다. 이때 이대봉이 백운암에서의 수련을 마치고 금릉으로 와 참전한다.

흉노왕이 장대에 높이 앉아 황제의 항복하러 나옴을 보고 대희하여 진을 굳게 하지 아니하였더니, 뜻밖에 진중이 대란하며 일원 소년 대장이 번개같이 달려들며 한칼로 묵특남을 베어 들고 진중에 횡행함을 보고 대경하여 중군장 동돌수로 접전하라 하니, 동돌수가 그에 응하여 말을 타고 나갈새 좌수에 패룡검을 들고 우수에 철퇴를 쥐고 능운마를 채쳐 진중에 달려드니, 사납게 흘겨보고 머리카락이 위로 뻗쳐 소리를 벽력같이 질러 왈,

"네 천하 장군 동돌수를 모르난다? 하늘이 나 같은 영웅을 내심은 너를 사로잡아 우리 황제가 통일지공을 이루게 하심이거늘, 너는 무삼 재주 있관대 천의를 거슬러 혼자 말을 타고 진중에 들어와 감히 충돌하난다? 너의 머리를 버혀 우리 선봉의 원수를 갚으리니 빨리 나와 나의 칼을 받으라."

말이 마치지 못하여서 대봉이 청룡도를 들어 동돌수의 패룡검을 두 조각에 내어 진 밖에 던지니, 동돌수가 더욱 분노하여 철퇴를 들어 대봉을 바라고 던지니, 대봉의 눈이 밝은지라 몸을 기울여 피하고 다시 싸워 십여 합에 승부를 결치 못하더니, 동돌수가 군사를 재촉하여 깃발을 두루니, 진이 홀연 변하여 팔문금사진이 되니, 대봉이 진중에 싸여 벗어나지 못할지라. 대봉이 냉소하고 진언을 염하여 후토신장과 기백뇌공*을 부르니, 문득 ⓒ음산한 구름이 자욱하며 천지 어둡고 캄캄하고 대풍이 일어나며, 급한 비 크게 오며 뇌성이 진동하여 산천이 무너지는 듯하니, 적진 장졸이 황겁하여 능히 항오를 차리지 못하고 정신을 진정치 못하여 금사진이 변하여 추풍낙엽같이 사방으로 흩어지거늘, 대봉이 정신을 가다듬어 오추마를 채를 치며 청룡도를 높이 들고 남으로 향하여 주작장군을 파하고, 말을 돌리어 북으로 향하여 현무장군을 버히니, 앞의 군사는 뒤의 군사 죽는 줄 모르고, 서편 장수는 동편 장수 죽는 줄 모르더라. 대봉의 칼이 번듯하며 동돌수의 머리를 버혀 칼끝에 꿰어 들고 장대에 달아 크게 외쳐 왈,

"반적 흉노왕은 빨리 나와 항복하라. 만일 더듸면 동돌수와 같이 머리를 버히리라."

하고 진문 밖에 나와 의기양양하더라.

ⓒ이윽고 운무가 흩어지며 천지 명랑하거늘, 흉노왕이 군사를 살펴보니 백만지중에 주검이 산처럼 쌓여 있어서 남은 군사가 불과 오 천여 명이라 사방으로 다 도망하는지라. 흉노왕이 대겁하여 달아나거늘, 대봉 공자 말을 채쳐 흉노왕을 따라 앵무주에 다다르니 ⓒ중천에 있던 해가 거의 서산에 걸리더라.

- 작자 미상, 「이대봉전」 -

*적자: 불충한 사람.
*후토신장과 기백뇌공: 토지, 바람, 천둥, 번개 등을 관장하는 신들.

145

┣ ─ ─ ─ ─ ─ 2023학년도 3월 학평 고전 소설 ─ ─ ─ ─ ─ ─ ─ ┫

32.

㉠~㉤에 대한 설명으로 가장 적절한 것은?

① ㉠에서 ㉡에 이르기까지의 시간은 인물들 간의 관계를 개선하는 계기로 작용하고 있다.
② ㉠과 ㉢에서 배경이 어두워지는 것은 각각 내적 갈등의 시작과 종결을 의미한다는 점에서 대립적 성격을 나타내고 있다.
③ ㉡과 ㉣에서 하늘이 밝아지는 것은 사건의 반전을 예고하고 있다.
④ ㉢으로 드러난 인물의 역량이 전투에서 발휘된 결과가 ㉣ 이후에 확인되고 있다.
⑤ ㉣의 변화가 인물에 의해 인위적으로 일어난 것임이 ㉤에서 해의 위치가 바뀐 것을 통해 드러나고 있다.

33.

ⓐ, ⓑ에 주목하여 [A]를 이해한 내용으로 가장 적절한 것은?

① 장 원수는 ⓐ에 이르러서야 촉날의 간계를 간파했지만 ⓑ에서 촉날과 싸워 우월한 지위를 점했다.
② 장 원수의 군사들이 ⓐ에 있다가 ⓑ로 간 것을 촉날이 모름으로써 전황이 장 원수에게 유리하게 되었다.
③ 장 원수는 ⓐ에서 촉날의 기병들이 자신을 공격한 행동들을 ⓑ에서 촉날의 잘못을 꾸짖는 근거로 언급했다.
④ 장 원수는 ⓐ로 촉날의 군사들을 유인하여 ⓑ로 촉날의 군사들이 가지 못하게 함으로써 전쟁의 승기를 잡았다.
⑤ 장 원수의 군사들을 촉날의 군사들이 ⓐ에서 ⓑ로 뒤쫓아옴으로써 촉날의 군사들이 굴막대의 복병을 만나게 되었다.

┣ ─ ─ ─ ─ ─ 2023학년도 수능 9월 모평 고전 소설 ─ ─ ─ ─ ─ ─ ┫

19. 〈지문 생략〉

㉠~㉤에 대한 이해로 적절하지 <u>않은</u> 것은?

① ㉠으로 진량에게는 정 상서를 모함할 기회가 생긴다.
② ㉡으로 정 상서는 비보가 전해질 것을 짐작하게 된다.
③ ㉢으로 부인과 정수정은 충격을 받고 정신을 잃게 된다.
④ ㉣로 정수정은 황제로부터 노고에 대한 보답을 받게 된다.
⑤ ㉤으로 정수정은 걱정을 덜며 떠날 채비를 하게 된다.

문항 코드 23638-0035

2023학년도 3월 학평

오답률 16위 39.6%

32. ㉠~㉤에 대한 설명으로 가장 적절한 것은?

선택률 3.7% ① ㉠에서 ㉡에 이르기까지의 시간은 인물들 간의 관계를 개선하는 계기로 작용하고 있다.

check

선택률 9.8% ② ㉠과 ㉢에서 배경이 어두워지는 것은 각각 내적 갈등의 시작과 종결을 의미한다는 점에서 대립적 성격을 나타내고 있다.

check

선택률 15.7% ★ ③ ㉡과 ㉣에서 하늘이 밝아지는 것은 사건의 반전을 예고하고 있다.

매력적인 오답

check

선택률 60.4% ★ ④ ㉢으로 드러난 인물의 역량이 전투에서 발휘된 결과가 ㉣ 이후에 확인되고 있다.

정답!

check

선택률 10.4% ⑤ ㉣의 변화가 인물에 의해 인위적으로 일어난 것임이 ㉤에서 해의 위치가 바뀐 것을 통해 드러나고 있다.

check

2023학년도 3월 학평

33. ⓐ, ⓑ에 주목하여 [A]를 이해한 내용으로 가장 적절한 것은?

선택률 9.7% ① 장 원수는 ⓐ에 이르러서야 촉날의 간계를 간파했지만 ⓑ에서 촉날과 싸워 우월한 지위를 점했다.

check

선택률 37.9% ★ ② 장 원수의 군사들이 ⓐ에 있다가 ⓑ로 간 것을 촉날이 모름으로써 전황이 장 원수에게 유리하게 되었다.

check

선택률 14.9% ③ 장 원수는 ⓐ에서 촉날의 기병들이 자신을 공격한 행동들을 ⓑ에서 촉날의 잘못을 꾸짖는 근거로 언급했다.

check

선택률 16.0% ④ 장 원수는 ⓐ로 촉날의 군사들을 유인하여 ⓑ로 촉날의 군사들이 가지 못하게 함으로써 전쟁의 승기를 잡았다.

check

선택률 21.6% ★ ⑤ 장 원수의 군사들을 촉날의 군사들이 ⓐ에서 ⓑ로 뒤쫓아옴으로써 촉날의 군사들이 굴막대의 복병을 만나게 되었다.

check

매력적인 오답

11Day 휴대폰을 끄든가, 네 꿈을 끄든가.

2023학년도 수능 9월 모평

19. ㉠~㉤에 대한 이해로 적절하지 **않은** 것은?

선택률 2.1% ① ㉠으로 진량에게는 정 상서를 모함할 기회가 생긴다.

check

선택률 61.2% ★ ② ㉡으로 정 상서는 비보가 전해질 것을 짐작하게 된다.

check

선택률 4.5% ③ ㉢으로 부인과 정수정은 충격을 받고 정신을 잃게 된다.

check

선택률 21.1% ★ ④ ㉣로 정수정은 황제로부터 노고에 대한 보답을 받게 된다.

check

매력적인 오답

선택률 11.0% ⑤ ㉤으로 정수정은 걱정을 덜며 떠날 채비를 하게 된다.

check

147

과거에서 온 미래, 힘이 되는 선배들의 이야기

너에게서 온 편지

'나비효과'로 내신까지 잡은 후기

오늘 학교 내신 국어 시험을 봤는데 문학, 비문학 다 맞고 문법 1개 틀렸어요....

정말 너무 놀라웠어요.(내신 공부 안 했는데) 사실 저는 내신이 아주 낮은 편이라 정시 말고는 대학 갈 방법이 없는 학생이라 내신 기간임에도 불구하고 늘 하던 스케줄 유지하고 있는데, 오늘 모두 처음 본 작품과 지문임에도 불구하고 개념과 패턴 스킬이 되어 있으면 그 어떤 작품도 다 풀어 나갈 수 있다는 게 너무 놀라워요.

특히 비문학 같은 경우에 죄다 과학, 기술만 출제돼서 충격받았는데, 전날 나비효과로 처음 접한 비문학 패턴대로 선지 분석하고 핵심 단어 밑줄, 몇 문단 보면서 풀 건지 체크하면서 침착하게 풀었더니... 길고 어려운 지문들도 다 맞혔어요.

이번엔 운이 살짝 좋아서 선지가 빨리 지워졌었지만, 아직 실시간으로 문제 풀면서 전체 흐름과 구조도 함께 잡는 건 부족하더라고요. 더 연습하고 적용해 보려고요!

오늘도 공부 의욕 '뿜뿜'하며 공부하러 갑니다!

감사합니다!

덕분에 비문학 푸는 것마다 다 맞혀요. ㄲㄲㄲ

안녕하세요. 올해 2022 재수생이 된 학생이에요!! 현역 땐 국어 만년 5등급? 잘하면 4등급이었어요. ㅜㅜ 당시에 그냥 포기하다시피 비문학을 안 풀었거든요. ㅋㅋ 그런데 이번에 재수 결심을 하고 패턴나비를 차근차근히 듣고, 기출까지 병행하다 보니 확실히 비문학이 쉬워졌어요!!! 이제 글 구조가 다 보이고요, 어디서 어떤 선지가 나올지 짐작이 가고, 심지어 무슨 얘기를 할까 궁금하기까지 합니다. 허허 장족의 발전이죠. ㅎㅎ 이렇게 효과가 크다 보니 강의 하나하나 끝날 때마다 너무 아까워요. ㅠㅠ ㅋㅋㅋㅋ(혜정 T가 항상 옆에 있어 주심 좋겠다는 바람. ㅎㅎ) 이 느낌 그대로 수능 때까지 만점을 향해 달려가겠습니다!!!! 감사합니다. 선생님, 사랑해요. ㅠㅠㅠ

ps. 이 글을 보시는 전국의 n수생, 고3 여러분들 만점을 향해 파이팅 합시다!!!

제 12 강

인문 기출 Pick

#030 ~ #031

독서 시작!
이제 오답률 랭킹 상위권을 죄다 꿰차고 앉아 있는 독서 영역!
포기할 수 없잖아.
근데 죽을 만큼 해 보지도 않았잖아.
킬러 지문, 킬러 문항이라고들 하니까 지레 겁먹었던 건 아냐?
개념, 패턴 거쳐서 기출까지 왔다면 포기하지 않았다는 뜻이겠지.
그럼 이제, 포기만 안 한 게 아니라, 포기하지 않기를 잘했다고 말할 수 있는
그런 기출 공부를 시작해 보자.

☑ 인문 문제 풀 때, 명심하자!

1. 사람에게 주목하기 ▶▶▶ 그 사람의 관점(생각, 견해, 주장)은 무조건이다! ☐

2. 대비되는 정보에 주목하기 ▶▶▶ 차이점은 무조건이다! ☐

3. 정보량이 너무 많을 때 실시간으로 선지 보기 ▶▶▶ 선지의 주어에 주목한다! ☐

4. 주제 통합 지문 (가)와 (나) 끊어 가기 ▶▶▶ (가) 읽고 관련 문제들, (나) 읽고 나머지 문제들 해결! ☐

5. 어휘 문제 ▶▶▶ 의외로 오답률 높다. 문맥을 통해 의미 파악하는 연습 필수! ☐

[4~9] 다음 글을 읽고 물음에 답하시오. ✹ 걸린 시간:　　분　　초

(가)

 ⊙**정립-반정립-종합**. 변증법의 논리적 구조를 일컫는 말이다. 변증법에 따라 철학적 논증을 수행한 인물로는 단연 헤겔이 거명된다. 변증법은 대등한 위상을 지니는 세 범주의 병렬이 아니라, 대립적인 두 범주가 조화로운 통일을 이루어 가는 수렴적 상향성을 구조적 특징으로 한다. 헤겔에게서 변증법은 논증의 방식임을 넘어, 논증 대상 자체의 존재 방식이기도 하다. 즉 세계의 근원적 질서인 '이념'의 내적 구조도, 이념이 시·공간적 현실로서 드러나는 방식도 변증법적이기에, 이념과 현실은 하나의 체계를 이루며, 이 두 차원의 원리를 밝히는 철학적 논증도 변증법적 체계성을 ⓐ**지녀야** 한다.

 헤겔은 미학도 철저히 변증법적으로 구성된 체계 안에서 다루고자 한다. 그에게서 미학의 대상인 예술은 종교, 철학과 마찬가지로 '절대정신'의 한 형태이다. 절대정신은 절대적 진리인 '이념'을 인식하는 인간 정신의 영역을 ⓑ**가리킨다**. 예술·종교·철학은 절대적 진리를 동일한 내용으로 하며, 다만 인식 형식의 차이에 따라 구분된다. 절대정신의 세 형태에 각각 대응하는 형식은 ￼직관·표상·사유￼이다. '직관'은 주어진 물질적 대상을 감각적으로 지각하는 지성이고, '표상'은 물질적 대상의 유무와 무관하게 내면에서 심상을 떠올리는 지성이며, '사유'는 대상을 개념을 통해 파악하는 순수한 논리적 지성이다. 이에 세 형태는 각각 '직관하는 절대정신', '표상하는 절대정신', '사유하는 절대정신'으로 규정된다. 헤겔에 따르면 직관의 외면성과 표상의 내면성은 사유에서 종합되고, 이에 맞춰 예술의 객관성과 종교의 주관성은 철학에서 종합된다.

 형식 간의 차이로 인해 내용의 인식 수준에는 중대한 차이가 발생한다. 헤겔에게서 절대정신의 내용인 절대적 진리는 본질적으로 논리적이고 이성적인 것이다. 이러한 내용을 예술은 직관하고 종교는 표상하며 철학은 사유하기에, 이 세 형태 간에는 단계적 등급이 매겨진다. 즉 예술은 초보 단계의, 종교는 성장 단계의, 철학은 완숙 단계의 절대정신이다. 이에 따라 ⓛ**예술-종교-철학** 순의 진행에서 명실상부한 절대정신은 최고의 지성에 의거하는 것, 즉 철학뿐이며, 예술이 절대정신으로 기능할 수 있는 것은 인류의 보편적 지성이 미발달된 머나먼 과거로 한정된다.

(나)

 변증법의 매력은 '종합'에 있다. 종합의 범주는 두 대립적 범주중 하나의 일방적 승리로 ⓒ**끝나도** 안 되고, 두 범주의 고유한 본질적 규정이 소멸되는 중화 상태로 나타나도 안 된다. 종합은 양자의 본질적 규정이 유기적 조화를 이루어 질적으로 고양된 최상의 범주가 생성됨으로써 성립하는 것

이다.

 헤겔이 강조한 변증법의 탁월성도 바로 이것이다. 그러기에 변증법의 원칙에 최적화된 엄밀하고도 정합적인 학문 체계를 조탁하는 것이 바로 그의 철학적 기획이 아니었던가. 그런데 그가 내놓은 성과물들은 과연 그 기획을 어떤 흠결도 없이 완수한 것으로 평가될 수 있을까? 미학에 관한 한 '그렇다'는 답변은 쉽지 않을 것이다. 지성의 형식을 직관-표상-사유 순으로 구성하고 이에 맞춰 절대정신을 예술-종교-철학 순으로 편성한 전략은 외관상으로는 변증법 모델에 따른 전형적 구성으로 보인다. 그러나 실질적 내용을 ⓓ**보면** 직관으로부터 사유에 이르는 과정에서는 외면성이 점차 지워지고 내면성이 점증적으로 강화·완성되고 있음이, 예술로부터 철학에 이르는 과정에서는 객관성이 점차 지워지고 주관성이 점증적으로 강화·완성되고 있음이 확연히 드러날 뿐, 진정한 변증법적 종합은 ⓔ**이루어지지** 않는다. 직관의 외면성 및 예술의 객관성의 본질은 무엇보다도 감각적 지각성인데, 이러한 핵심 요소가 그가 말하는 종합의 단계에서는 완전히 소거되고 만다.

 변증법에 충실하려면 헤겔은 철학에서 성취된 완전한 주관성이 재객관화되는 단계의 절대정신을 추가했어야 할 것이다. 예술은 '철학 이후'의 자리를 차지할 수 있는 유력한 후보이다. 실제로 많은 예술 작품은 '사유'를 매개로 해서만 설명되지 않는가. 게다가 이는 누구보다도 풍부한 예술적 체험을 한 헤겔 스스로가 잘 알고 있지 않은가. 이 때문에 방법과 철학 체계 간의 이러한 불일치는 더욱 아쉬움을 준다.

4.

(가)와 (나)에 대한 설명으로 가장 적절한 것은?

① (가)와 (나)는 모두 특정한 철학적 방법에 기반한 체계를 바탕으로 예술의 상대적 위상을 제시하고 있다.

② (가)와 (나)는 모두 특정한 철학적 방법에 대한 상반된 평가를 바탕으로 더 설득력 있는 미학 이론을 모색하고 있다.

③ (가)와 달리 (나)는 특정한 철학적 방법의 시대적 한계를 지적하고 이에 맞서는 혁신적 방법을 제안하고 있다.

④ (가)와 달리 (나)는 특정한 철학적 방법에서 파생된 미학 이론을 바탕으로 예술 장르를 범주적으로 유형화하고 있다.

⑤ (나)와 달리 (가)는 특정한 철학적 방법의 통시적인 변화 과정을 적용하여 철학사를 단계적으로 설명하고 있다.

5.

(가)에서 알 수 있는 헤겔의 생각으로 적절하지 **않은** 것은?

① 예술·종교·철학 간에는 인식 내용의 동일성과 인식 형식의 상이성이 존재한다.
② 세계의 근원적 질서와 시·공간적 현실은 하나의 변증법적 체계를 이룬다.
③ 절대정신의 세 가지 형태는 지성의 세 가지 형식이 인식하는 대상이다.
④ 변증법은 철학적 논증의 방법이자 논증 대상의 존재 방식이다.
⑤ 절대정신의 내용은 본질적으로 논리적이고 이성적인 것이다.

6.

(가)에 따라 직관·표상·사유 의 개념을 적용한 것으로 적절하지 **않은** 것은?

① 먼 타향에서 밤하늘의 별들을 바라보는 것은 직관을 통해, 같은 곳에서 고향의 하늘을 상기하는 것은 표상을 통해 이루어지겠군.
② 타임머신을 타고 미래로 가는 자신의 모습을 상상하는 것과, 그 후 판타지 영화의 장면을 떠올려 보는 것은 모두 표상을 통해 이루어지겠군.
③ 초현실적 세계가 묘사된 그림을 보는 것은 직관을 통해, 그 작품을 상상력 개념에 의거한 이론에 따라 분석하는 것은 사유를 통해 이루어지겠군.
④ 예술의 새로운 개념을 설정하는 것은 사유를 통해, 이를 바탕으로 새로운 감각을 일깨우는 작품의 창작을 기획하는 것은 직관을 통해 이루어지겠군.
⑤ 도덕적 배려의 대상을 생물학적 상이성 개념에 따라 규정하는 것과, 이에 맞서 감수성 소유 여부를 새로운 기준으로 제시하는 것은 모두 사유를 통해 이루어지겠군.

7.

(나)의 글쓴이의 관점에서 ㉠과 ㉡에 대한 헤겔의 이론을 분석한 것으로 적절하지 **않은** 것은?

① ㉠과 ㉡ 모두에서 첫 번째와 두 번째의 범주는 서로 대립한다.
② ㉠과 ㉡ 모두에서 두 번째와 세 번째 범주 간에는 수준상의 차이가 존재한다.
③ ㉠과 달리 ㉡에서는 범주 간 이행에서 첫 번째 범주의 특성이 갈수록 강해진다.
④ ㉡과 달리 ㉠에서는 세 번째 범주에서 첫 번째와 두 번째 범주의 조화로운 통일이 이루어진다.
⑤ ㉡과 달리 ㉠에서는 범주 간 이행에서 수렴적 상향성이 드러난다.

8.

〈보기〉는 헤겔과 (나)의 글쓴이가 나누는 가상의 대화의 일부이다. ㉰에 들어갈 내용으로 가장 적절한 것은? [3점]

─── 〈보기〉 ───

헤겔: 괴테와 실러의 문학 작품을 읽을 때 놓치지 않아야 할 점이 있네. 이 두 천재도 인생의 완숙기에 이르러서야 비로소 최고의 지성적 통찰을 진정한 예술미로 승화시킬 수 있었네. 그에 비해 초기의 작품들은 미적으로 세련되지 못해 결코 수준급이라 할 수 없었는데, 이는 그들이 아직 지적으로 미성숙했기 때문이었네.

(나)의 글쓴이: 방금 그 말씀과 선생님의 기본 논증 방법을 연결하면 ㉰ 는 말이 됩니다.

① 이론에서는 대립적 범주들의 종합을 이루어야 하는 세 번째 단계가 현실에서는 그 범주들을 중화한다
② 이론에서는 외면성에 대응하는 예술이 현실에서는 내면성을 바탕으로 하는 절대정신일 수 있다
③ 이론에서는 반정립 단계에 위치하는 예술이 현실에서는 정립 단계에 있는 것으로 나타난다
④ 이론에서는 객관성을 본질로 하는 예술이 현실에서는 객관성이 사라진 주관성을 지닌다
⑤ 이론에서는 절대정신으로 규정되는 예술이 현실에서는 진리의 인식을 수행할 수 없다

9.

문맥상 ⓐ~ⓔ와 바꾸어 쓰기에 가장 적절한 것은?

① ⓐ: 소지(所持)하여야
② ⓑ: 포착(捕捉)한다
③ ⓒ: 귀결(歸結)되어도
④ ⓓ: 간주(看做)하면
⑤ ⓔ: 결성(結成)되지

[8] 다음 글을 읽고 물음에 답하시오.

(가)

　헤겔은 미학도 철저히 변증법적으로 구성된 체계 안에서 다루고자 한다. 그에게서 미학의 대상인 예술은 종교, 철학과 마찬가지로 '절대정신'의 한 형태이다. 절대정신은 절대적 진리인 '이념'을 인식하는 인간 정신의 영역을 가리킨다. 예술·종교·철학은 절대적 진리를 동일한 내용으로 하며, 다만 인식 형식의 차이에 따라 구분된다. 절대정신의 세 형태에 각각 대응하는 형식은 직관·표상·사유이다. '직관'은 주어진 물질적 대상을 감각적으로 지각하는 지성이고, '표상'은 물질적 대상의 유무와 무관하게 내면에서 심상을 떠올리는 지성이며, '사유'는 대상을 개념을 통해 파악하는 순수한 논리적 지성이다. 이에 세 형태는 각각 '직관하는 절대정신', '표상하는 절대정신', '사유하는 절대정신'으로 규정된다. 헤겔에 따르면 직관의 외면성과 표상의 내면성은 사유에서 종합되고, 이에 맞춰 예술의 객관성과 종교의 주관성은 철학에서 종합된다.

　형식 간의 차이로 인해 내용의 인식 수준에는 중대한 차이가 발생한다. 헤겔에게서 절대정신의 내용인 절대적 진리는 본질적으로 논리적이고 이성적인 것이다. 이러한 내용을 예술은 직관하고 종교는 표상하며 철학은 사유하기에, 이 세 형태 간에는 단계적 등급이 매겨진다. 즉 예술은 초보 단계의, 종교는 성장 단계의, 철학은 완숙 단계의 절대정신이다. 이에 따라 예술-종교-철학 순의 진행에서 명실상부한 절대정신은 최고의 지성에 의거하는 것, 즉 철학뿐이며, 예술이 절대정신으로 기능할 수 있는 것은 인류의 보편적 지성이 미발달된 머나먼 과거로 한정된다.

(나)

　변증법의 매력은 '종합'에 있다. 종합의 범주는 두 대립적 범주중 하나의 일방적 승리로 끝나도 안 되고, 두 범주의 고유한 본질적 규정이 소멸되는 중화 상태로 나타나도 안 된다. 종합은 양자의 본질적 규정이 유기적 조화를 이루어 질적으로 고양된 최상의 범주가 생성됨으로써 성립하는 것이다.

　헤겔이 강조한 변증법의 탁월성도 바로 이것이다. 그러기에 변증법의 원칙에 최적화된 엄밀하고도 정합적인 학문 체계를 조탁하는 것이 바로 그의 철학적 기획이 아니었던가. 그런데 그가 내놓은 성과물들은 과연 그 기획을 어떤 흠결도 없이 완수한 것으로 평가될 수 있을까? 미학에 관한 한 '그렇다'는 답변은 쉽지 않을 것이다. 지성의 형식을 직관-표상-사유 순으로 구성하고 이에 맞춰 절대정신을 예술-종교-철학 순으로 편성한 전략은 외관상으로는 변증법 모델에 따른 전형적 구성으로 보인다. 그러나 실질적 내용을 보면 직관으로부터 사유에 이르는 과정에서는 외면성이 점차 지워지고 내면성이 점증적으로 강화·완성되고 있음이, 예술로부터 철학에 이르는 과정에서는 객관성이 점차 지워지고 주관성이 점증적으로 강화·완성되고 있음이 확연히 드러날 뿐, 진정한 변증법적 종합은 이루어지지 않는다. 직관의 외면성 및 예술의 객관성의 본질은 무엇보다도 감각적 지각성인데, 이러한 핵심 요소가 그가 말하는 종합의 단계에서는 완전히 소거되고 만다.

　변증법에 충실하려면 헤겔은 철학에서 성취된 완전한 주관성이 재객관화되는 단계의 절대정신을 추가했어야 할 것이다. 예술은 '철학 이후'의 자리를 차지할 수 있는 유력한 후보이다. 실제로 많은 예술 작품은 '사유'를 매개로 해서만 설명되지 않는가. 게다가 이는 누구보다도 풍부한 예술적 체험을 한 헤겔 스스로가 잘 알고 있지 않은가. 이 때문에 방법과 철학 체계 간의 이러한 불일치는 더욱 아쉬움을 준다.

오답률 6위 68.9%

8. 〈보기〉는 헤겔과 (나)의 글쓴이가 나누는 가상의 대화의 일부이다. ㉮에 들어갈 내용으로 가장 적절한 것은? [3점]

― 〈보기〉 ―

헤겔: 괴테와 실러의 문학 작품을 읽을 때 놓치지 않아야 할 점이 있네. 이 두 천재도 **인생의 완숙기**에 이르러서야 비로소 **최고의 지성적 통찰을 진정한 예술미로 승화**시킬 수 있었네. 그에 비해 **초기의 작품들**은 **미적으로 세련되지 못해** 결코 수준급이라 할 수 없었는데, 이는 그들이 **아직 지적으로 미성숙했기 때문**이었네.

(나)의 글쓴이: 방금 그 말씀과 **선생님의 기본 논증 방법**을 연결하면 ㉮ 는 말이 됩니다.

check

....

....

분석 대상

선택률 11.4% ① 이론에서는 **대립적 범주들의 종합을 이루어야 하는** 세 번째 단계가 /
현실에서는 그 범주들을 중화한다

check

....

....

선택률 31.1% ★ ② 이론에서는 **외면성에 대응하는** 예술이 /
현실에서는 내면성을 바탕으로 하는 절대정신일 수 있다

정답!

check

....

....

선택률 13.2% ③ 이론에서는 **반정립 단계에 위치하는** 예술이 /
현실에서는 정립 단계에 있는 것으로 나타난다

check

....

....

선택률 30.9% ★ ④ 이론에서는 **객관성을 본질로 하는** 예술이 /
현실에서는 객관성이 사라진 주관성을 지닌다

매력적인 오답

check

....

....

선택률 11.5% ⑤ 이론에서는 **절대정신으로 규정되는** 예술이 /
현실에서는 진리의 인식을 수행할 수 없다

check

....

....

[4~9] 다음 글을 읽고 물음에 답하시오.

(가)

근대 이후 서양의 철학자들은 과학적 세계관이 대두하면서 이전과는 달리 인과를 물리적 작용 사이의 관계로 국한하려는 경향을 보였다. 문제는 흄이 지적했듯이 인과 관계 그 자체는 직접 관찰할 수 없다는 것이다. 원인과 결과에 해당하는 사건만을 관찰할 수 있을 뿐이다. 가령 "추위 때문에 강물이 얼었다."는 직접 관찰한 물리적 사실을 진술한 것이 아니다. 그래서 인과가 과학적 개념인지에 대한 의심이 철학자들 사이에 제기되었다. 이에 인과를 과학적 세계관에 입각하여 이해하려는 시도가 새면의 과정 이론이다.

야구공을 던지면 땅 위의 공 그림자도 따라 움직인다. 공이 움직여서 그림자가 움직인 것이지 그림자 자체가 움직여서 그림자의 위치가 변한 것은 아니다. 과정 이론은 이 차이를 다음과 같이 설명한다. 과정은 대상의 시공간적 궤적이다. 날아가는 야구공은 물론이고 땅에 멈추어 있는 공도 시간은 흘러가고 있기에 시공간적 궤적을 그리고 있다. 공이 멈추어 있는 상태도 과정인 것이다. 그런데 모든 과정이 인과적 과정은 아니다. 어떤 과정은 다른 과정과 한 시공간적 지점에서 만난다. 즉, 두 과정이 교차한다. 만약 교차에서 표지, 즉 대상의 변화된 물리적 속성이 도입되면 이후의 모든 지점에서 그 표지를 전달할 수 있는 과정이 인과적 과정이다.

[A]

가령 바나나가 a 지점에서 b 지점까지 이동하는 과정을 과정 1이라고 하자. a와 b의 중간 지점에서 바나나를 한 입 베어 내는 과정 2가 과정 1과 교차했다. 이 교차로 표지가 과정 1에 도입되었고 이 표지는 b까지 전달될 수 있다. 즉, 바나나는 베어낸 만큼이 없어진 채로 줄곧 b까지 이동할 수 있다. 따라서 과정 1은 인과적 과정이다. 바나나가 이동한 것이 바나나가 b에 위치한 결과의 원인인 것이다. 한편, 바나나의 그림자가 스크린에 생긴다고 하자. 바나나의 그림자가 스크린상의 a′지점에서 b′지점까지 움직이는 과정을 과정 3이라 하자. 과정 1과 과정 2의 교차 이후 스크린상의 그림자 역시 변한다. 그런데 a′과 b′ 사이의 스크린 표면의 한 지점에 울퉁불퉁한 스티로폼이 부착되는 과정 4가 과정 3과 교차했다고 하자. 그림자가 그 지점과 겹치면서 일그러짐이라는 표지가 과정 3에 도입되지만, 그 지점을 지나가면 그림자는 다시 원래대로 돌아오고 스티로폼은 그대로이다. 이처럼 과정 3은 다른 과정과의 교차로 도입된 표지를 전달할 수 없다.

과정 이론은 규범이나 마음과 같은, 물리적 세계 바깥의 측면을 해명하기 어렵다는 한계를 지닌다. 예컨대 내가 사회 규범을 어긴 것과 내가 벌을 받아야 하는 것 사이에는 인과 관계가 있지만 과정 이론은 이를 잘 다루지 못한다.

(나)

자연 현상과 인간사를 인과 관계로 설명하는 동아시아의 대표적 논의는 재이론(災異論)이다. 한대(漢代)의 동중서는 하늘이 덕을 잃을 군주에게 재이를 내려 견책한다는 천견설과, 인간과 하늘에 공통된 음양의 기(氣)를 통해 하늘과 인간이 서로 감응한다는 천인감응론을 결합하여 재이론을 체계화하였다. 그에 따르면, 군주가 실정(失政)을 저지르면 그로 말미암아 변화된 음양의 기를 통해 감응한 하늘이 가뭄과 홍수, 일식과 월식 등 재이를 통해 경고를 내

린다. 이때 재이는 군주권이 하늘로부터 비롯된 것임을 입증하는 것이자 군주의 실정에 대한 경고였다.

양면적 성격의 재이론은 신하가 정치적 논의에 참여할 수 있는 명분을 제공하였고, 재이가 발생하면 군주가 직언을 구하고 신하가 이에 응하는 전통으로 구체화되었다. 하지만 동중서 이후, 원인으로서의 인간사와 결과로서의 재이를 일대일로 대응시켜 설명하는 개별적 대응 방식은 억지가 심하다는 평가를 받았다. 이 방식은 오히려 ㉠**예언화 경향**으로 이어져 재이를 인간사의 징조로, 인간사를 재이의 결과로 대응시키는 풍조를 낳기도 하였고, 요망한 말로 백성을 미혹시켰다는 이유로 군주가 직언을 하는 신하를 탄압하는 빌미가 되기도 하였다.

이후 재이에 대한 예언적 해석은 비판의 대상이 되었고, 천인감응론 또한 부정되기도 하였다. 하지만 재이론은 여전히 정치 현장에서 사라지지 않았다. 송대(宋代)에 이르러, 주희는 천문학의 발달로 예측 가능하게 된 일월식을 재이로 간주하지 않는 경향을 수용하였고, 재이를 근본적으로 이치에 의해 설명되기 어려운 자연 현상으로 간주하였다. 하지만 당시까지도 재이에 대해 군주의 적극적인 대응을 유도하며 안전한 언론 활동의 기회를 제공했던 재이론이 폐기되는 것은, 신하의 입장에서 유용한 정치적 기제를 잃는 것이었다. 이 때문에 그는 군주를 경계하는 적절한 방법을 ⓐ**찾고자** 재이론을 고수하였다. 그는 재이에 대한 개별적 대응 대신 군주에게 허물과 잘못이 쌓이면 이에 하늘이 감응하여 변칙적인 자연 현상이 일어날 것이라는 ㉡**전반적 대응설**을 제시하고, 재이를 군주의 심성 수양 문제로 귀결시키며 재이론의 역사적 수명을 연장하였다.

4.

다음은 (가)와 (나)를 읽은 학생이 작성한 학습 활동지의 일부이다. ㄱ~ㅁ에 들어갈 내용으로 적절하지 **않은** 것은?

학습 항목	학습 내용	
	(가)	(나)
도입 문단의 내용 제시 방식 파악하기	ㄱ	ㄴ
⋮	⋮	⋮
글의 내용 전개 방식 이해하기	ㄷ	ㄹ
특정 개념과 관련하여 두 글을 통합적으로 이해하기	ㅁ	

① ㄱ: '인과'에 대한 특정 이론이 등장하게 된 배경을 철학자들의 인식 변화와 관련지어 제시하였음.
② ㄴ: '인과'와 연관된 특정 이론의 배경 사상과 중심 내용을 제시하였음.
③ ㄷ: '인과'에 대한 특정 이론을 정의한 뒤 구체적인 사례와 관련지어 그 이론의 한계와 전망을 제시하였음.
④ ㄹ: '인과'와 연관된 특정 이론을 제시하고 그 이론이 변용되는 양상을 시대의 흐름에 따라 제시하였음.
⑤ ㅁ: '인과'와 관련하여 동서양의 특정 이론들에 나타나는 관점을 비교해 보도록 하였음.

5.

윗글에 대한 이해로 적절하지 **않은** 것은?

① 과정 이론은 물리적 세계의 테두리 안에서 인과를 해명하는 이론이다.

② 사회 규범 위반과 처벌 당위성 사이의 인과 관계는 표지의 전달로 설명되기 어렵다.

③ 인과가 과학적 세계관과 부합하지 않는다고 생각하는 철학자가 근대 이후 서양에 나타났다.

④ 한대의 재이론에서 전제된 하늘은 음양의 변화에 반응하지 않지만 경고를 하는 의지를 가진 존재였다.

⑤ 천문학의 발달에 따라 일월식이 예측 가능해지면서 송대에는 이를 설명 가능한 자연 현상으로 보는 경향이 있었다.

6.

[A]에 대한 이해로 적절하지 **않은** 것은?

① 바나나와 그 그림자는 서로 다른 시공간적 궤적을 그린다.

② 과정 1이 과정 2와 교차하기 이전과 이후에서, 바나나가 지닌 물리적 속성은 다르다.

③ 과정 1과 달리 과정 3은 인과적 과정이 아니다.

④ 바나나의 일부를 베어 냄으로써 변화된 바나나 그림자의 모양은 과정 3이 과정 2와 교차함으로써 도입된 표지이다.

⑤ 과정 3과 과정 4의 교차로 도입된 표지는 과정 3으로도 과정 4로도 전달되지 않는다.

7.

㉠, ㉡에 대한 설명으로 가장 적절한 것은?

① ㉠은 군주의 과거 실정에 대한 경고로서 재이의 의미가 강조되어 신하의 직언을 활성화하는 방향으로 활용되었다.

② ㉠은 이전과 달리 인간사와 재이의 인과 관계를 역전시켜 재이를 인간사의 미래를 알려 주는 징조로 삼는 데 활용되었다.

③ ㉡은 개별적인 재이 현상을 물리적 작용이라 보고 정치와 무관하게 재이를 이해하는 기초로 활용되었다.

④ ㉡은 누적된 실정과 특정한 재이 현상을 연결 짓는 방식으로 이어져 군주의 권력을 강화하는 데 활용되었다.

⑤ ㉡은 과학적 인식을 기반으로 군주의 지배력과 변칙적인 자연 현상이 무관하다는 인식을 강화하는 기초로 활용되었다.

8.

〈보기〉는 윗글의 주제와 관련한 동서양 학자들의 견해이다. 윗글을 읽은 학생이 〈보기〉에 대해 보인 반응으로 적절하지 **않은** 것은? [3점]

〈보기〉

㉮ 만약 인과 관계가 직접 관찰될 수 없다면, 물리적 속성의 변화와 전달과 같은 관찰 가능한 현상을 탐구하는 것이 인과 개념을 과학적으로 규명하는 올바른 경로이다.

㉯ 인과 관계란 서로 다른 대상들이 물리적 성질들을 서로 주고받는 관계일 수밖에 없다. 그러한 두 대상은 시공간적으로 연결되어 있어야만 한다.

㉰ 덕이 잘 닦인 치세에서는 재이를 찾아볼 수 없었고, 세상의 변고는 모두 난세의 때에 출현했으니, 하늘과 인간이 서로 통하는 관계임을 알 수 있다.

㉱ 홍수가 자주 발생하는 강 하류 지방의 지방관은 반드시 실정을 한 것이고, 홍수가 발생하지 않는 산악 지방의 지방관은 반드시 청렴한가? 실제로는 그렇지 않다.

① 흄의 문제 제기와 ㉮로부터, 과정 이론이 인과 개념을 과학적으로 규명하려는 시도의 하나임을 이끌어낼 수 있겠군.

② 인과 관계를 대상 간의 물리적 상호 작용으로 국한하는 ㉯의 입장은 대상 간의 감응을 기반으로 한 동중서의 재이론이 보여 준 입장과 부합하겠군.

③ 치세와 난세의 차이를 재이의 출현 여부로 설명하는 ㉰에 대해 동중서와 주희는 모두 재이론에 입각하여 수용 가능한 견해라는 입장을 취하겠군.

④ 덕이 물리적 세계 바깥의 현상에 해당한다면, 덕과 세상의 변화 사이에 인과 관계가 있다고 본 ㉰는 새먼의 이론에 입각하여 설명되기 어렵겠군.

⑤ 지방관의 실정에서 도입된 표지가 홍수로 이어지는 과정으로 전달될 수 없다면, 새먼은 실정이 홍수의 원인이 아니라는 점에서 ㉱에 동의하겠군.

9.

ⓐ와 문맥상 의미가 가장 가까운 것은?

① 모두가 만족하는 대책을 **찾으려** 머리를 맞대었다.

② 모르는 단어가 나오면 국어사전을 **찾아서** 확인해라.

③ 건강을 위해 친환경 농산물을 **찾는** 사람이 많아졌다.

④ 아직 완전하지는 않지만 서서히 건강을 **찾는** 중이다.

⑤ 선생은 독립을 다시 **찾는** 것을 일생의 사명으로 여겼다.

[6] 다음 글을 읽고 물음에 답하시오.

(가)

야구공을 던지면 땅 위의 공 그림자도 따라 움직인다. 공이 움직여서 그림자가 움직인 것이지 그림자 자체가 움직여서 그림자의 위치가 변한 것은 아니다. 과정 이론은 이 차이를 다음과 같이 설명한다. 과정은 대상의 시공간적 궤적이다. 날아가는 야구공은 물론이고 땅에 멈추어 있는 공도 시간은 흘러가고 있기에 시공간적 궤적을 그리고 있다. 공이 멈추어 있는 상태도 과정인 것이다. 그런데 모든 과정이 인과적 과정은 아니다. 어떤 과정은 다른 과정과 한 시공간적 지점에서 만난다. 즉, 두 과정이 교차한다. 만약 교차에서 표지, 즉 대상의 변화된 물리적 속성이 도입되면 이후의 모든 지점에서 그 표지를 전달할 수 있는 과정이 인과적 과정이다.

[A] 가령 바나나가 a 지점에서 b 지점까지 이동하는 과정을 과정 1이라고 하자. a와 b의 중간 지점에서 바나나를 한 입 베어 내는 과정 2가 과정 1과 교차했다. 이 교차로 표지가 과정 1에 도입되었고 이 표지는 b까지 전달될 수 있다. 즉, 바나나는 베어 낸 만큼이 없어진 채로 줄곧 b까지 이동할 수 있다. 따라서 과정 1은 인과적 과정이다. 바나나가 이동한 것이 바나나가 b에 위치한 결과의 원인인 것이다. 한편, 바나나의 그림자가 스크린에 생긴다고 하자. 바나나의 그림자가 스크린상의 a′지점에서 b′지점까지 움직이는 과정을 과정 3이라 하자. 과정 1과 과정 2의 교차 이후 스크린상의 그림자 역시 변한다. 그런데 a′과 b′ 사이의 스크린 표면의 한 지점에 울퉁불퉁한 스티로폼이 부착되는 과정 4가 과정 3과 교차했다고 하자. 그림자가 그 지점과 겹치면서 일그러짐이라는 표지가 과정 3에 도입되지만, 그 지점을 지나가면 그림자는 다시 원래대로 돌아오고 스티로폼은 그대로이다. 이처럼 과정 3은 다른 과정과의 교차로 도입된 표지를 전달할 수 없다.

me
mo

오답률 3위 64.5%

6. [A]에 대한 이해로 적절하지 **않은** 것은?

분석 대상

선택률 14.9% ① 바나나와 그 그림자는 / 서로 다른 시공간적 궤적을 그린다.

check

선택률 12.7% ② 과정 1이 과정 2와 교차하기 이전과 이후에서, / 바나나가 지닌 물리적 속성은 다르다.

check

선택률 15.8% ③ 과정 1과 달리 과정 3은 / 인과적 과정이 아니다.
과정 1은 인과적 과정이다.
과정 3은 인과적 과정이 아니다.

check

선택률 35.5% ★ ④ 바나나의 일부를 베어 냄으로써 변화된 바나나 그림자의 모양은 / 과정 3이 과정 2와 교차함으로써 도입된 표지이다.

정답!

check

선택률 20.0% ★ ⑤ 과정 3과 과정 4의 교차로 도입된 표지는 / 과정 3으로도 과정 4로도 전달되지 않는다.

매력적인 오답

check

Self Check

YES?

1. 개념을 이해할 때는 수식어를, 관계를 이해할 때는 대응되는 대상을 확인한다. <정보 확인> ☐

2. 선지의 주어와 주어를 설명하는 서술부의 의미 대응을 꼼꼼히 확인한다. <선지 이해> ☐

3. My Check point: ☐

12Day 내 인생의 주연은 너야. 조연인 나한테 지지 마.

과거에서 온 미래,
힘이 되는
선배들의 이야기

너에게서 온 편지

패턴의 나비효과 완강! (나비효과 시리즈, 수특 과정을 지나며)

몇 번 수능에서 국어에 계속 무너지고, 도전할 용기가 나질 않아서 좌절하면서, 몇 날 며칠 침대에 묻혀서 유튜브나 보면서 도망치고 있었던 그날에, 우연히 유튜브에 올라온 개념의 나비효과 OT 영상을 보고 선생님께서 말씀하시는 안 좋은 예가 나와 너무 같음에 '그래, 잘못된 공부 방법이어서 그랬으면, 속는 셈 치고 이 강의라도 끝까지 들어 보고 포기하자.' 하고 책을 주문해서 듣던 매 강의에 놀라던 기억이 얼마 안 된 거 같은데, 선생님과 함께 벌써 개념의 나비효과, 수능특강 독서, 수능특강 문학, 6월 모의평가를 지나서 패턴의 나비효과 완강까지 왔네요.

오랜 수험 생활 중인 저는 올해 혜정 쌤께 배우면서 처음으로 실력이 차곡차곡 쌓여서 안정적으로 쌓이고 있다는 게 느껴집니다. 누군가는 저에게 '네가 열심히 안 했겠지.'라고 말을 던질 수도 있겠지만, 국어를 제외한 모든 과목은 꽤 잘합니다. ㅜㅜ

저는 정말 심한 완벽주의자입니다. 그리고 이 수능 국어는 잘못된 방법으로 공부한 완벽주의자 성향을 가진 학생들에게 너무 가혹합니다. ㅜㅜ 아무리 열심히 문제를 벅벅 풀고 최다 싹 외워 버리는 과정에서 자신도 압니다. '이런다고 수능에서 빛을 발할까?' 하는 마음에 너무도 큰 스트레스를 받는 것은 물론이고, 그런 방식으로 수능 공부를 하고 수능을 보면 저 같은 성향을 가진 학생들은 수능 1교시 국어 시간에 한 장 한 장 넘길 때마다 심하게 흔들립니다. 결국 그 전의 시험들과 비교했을 때 큰 하락폭을 보이게 되죠. ㅜㅜ 이 과정을 매년 반복했었습니다.

그런데 지금 공부하고 있는 이 지문들 문제들을 볼 때 스트레스? 불안감? 따위는 없습니다. 너무 잘해져서? 아닙니다. 매번 바뀌지 않는 것들을 공부하고 체화하면서, 매번 거의 똑같아, 지문 내용, 선지 내용만 바뀌어~. 틀려도 '아! 내가 이런 패턴에 약하네!' 하면서 실력을 채워 가고, 안정적으로 차곡차곡 성적이 오릅니다. 시험장에서도 매번 내가 연습한 것들, 내가 봤던 패턴들이 똑같이 나오니, 약점도 정확히 어디에 있는지 짚어 낼 수 있습니다.

개념과 패턴을 모르면, 틀려도 분석해서 약점을 찾아낼 수 없습니다. 그저 '아~ 내가 실수했네~.' 혹은 '아~ 이걸 시험장에서 시간 내에 어떻게 하라는 겨~.' 하고 넘기는 것이 일상이죠. ^-^ 국어는 컨디션 좋은 날 시험 보면 점수 수직 상승~ 컨디션 나쁘면 수직 하락~ 네... 6평, 9평, 수능, 중요한 시험 날 덜덜 떨어 보고 나서야 깨닫죠. 이날 어떻게 컨디션이 좋냐며~~

시간 싸움의 측면에서는 마음이 급하니 읽는 건 엉망이고, 풀 때는 어지럽고, 지문과 문제를 왔다 갔다 거리며~ 내가 잰 풀 시간을 보면 이게 인간이 가능한 거냐며~ 저기 저 잘하는 애들은 정말 인간이 아닌가 싶고~ 내 뇌에 언어 기능은 신이 깜빡하신 건가 싶다고 하고~

하지만 개념을 알면 헷갈려서 이상한 고민을 하는 시간이 없어지고 확신이 들며, 패턴을 알면 맨날 보던 게 나오니 마음도 편하고 정답률은 올라가며 체화될수록 시간엔 여유가 생기고!

시간을 정해 놓고 거기에 맞추어서 '빨리 풀겠다?'가 아니라 개념과 패턴이 체화되니 자연스럽게 시간은 출제자들이 의도한 풀이 시간에 맞춰지고, 거기에 스스로 많은 고민을 해서 생각의 힘을 기르니, 남들보다 빨라져 있는 나. 거기 '과거의 나'야! 지금의 나는 인간이 아닌 게냐?

혜정 쌤을 우연히 못 만났다면 저는 올해 너무 큰 좌절감에 빠져서 하루하루를 게임으로 도망친 하루로 채우고, 꿈들을 최다 포기했을 거예요. 그때 혜정 쌤을 보지 못했던 저라면 분명히 그랬을 거라고 확신합니다. 결과에 상관없이 올해를 마지막으로 수능은 미련 없이 보내 줄 수 있을 거 같습니다. 제 인생의 흠이 될 뻔했던, 제 트라우마로 남을 뻔했던 국어를 이렇게 하루하루 너무 즐겁고 가장 좋아하는 과목으로 만들어 주셔서, 매일 아침마다 저와 함께 달려 주셔서, 제가 무너지지 않고 다시 달릴 수 있게 해 주셔서. 그리고 '난 정말 최선을 다했다! 더 이상은 무의미해!' 하고 다음 단계로 나아갈 마음을 만들어 주셔서 정말 감사합니다! 수능 날 저는 국어를 가장 잘하는 상태일 거고 급하지 않게 차분히, 느낌이 아니라 객관적으로 제가 할 수 있는 데까지 무너지지 말고 최대한 풀 겁니다. 그거면 됩니다. 국어 시간에는 그것만 해도 너무 행복할 거 같습니다. 결과는 거기에 따라오는 것이니 담담히 받아들일 겁니다!

제 13 강

인문 기출 Pick

#032 ~ #033

오답률이 되~~~게 높은 기출문제들을 풀다 보면
'이 문제를 왜? 이 선지를 왜?'
라는 생각이 들 때가 있어.
그러나 난 이해한다.
긴장되는 시험장에서라면 출제자가 살짝 파 놓은 구덩이에도,
슬쩍 얹어 놓은 작은 돌부리에도 걸려 넘어질 수 있지.
그러~나~ 우리는 선배들의 바로 그 긴장 속에서의 뼈아픈 실수를 거울삼아
'아, 난 이런 함정을, 돌부리를 바로 알아보아야겠다.'
라고 다짐을 하고 또 해야 하는 것이다.
왜 정답률이 저것밖에 안 되는지, 왜 매력적인 오답지의 선택률이 정답률 뺨을 막 때리는지
지금부터 분석 들어간다잉!

[39~42] 다음 글을 읽고 물음에 답하시오.   ✗ 걸린 시간: 분   초

두 명제가 모두 참인 것도 모두 거짓인 것도 가능하지 않은 관계를 모순 관계라고 한다. 예를 들어, 임의의 명제를 P라고 하면 P와 ~P는 모순 관계이다.(기호 '~'은 부정을 나타낸다.) P와 ~P가 모두 참인 것은 가능하지 않다는 법칙을 무모순율이라고 한다. 그런데 "㉠다보탑은 경주에 있다."와 "㉡다보탑은 개성에 있을 수도 있었다."는 모순 관계가 아니다. 현실과 다르게 다보탑을 경주가 아닌 곳에 세웠다면 다보탑의 소재지는 지금과 달라졌을 것이다. 철학자들은 이를 두고, P와 ~P가 모두 참 혹은 모두 거짓인 가능세계는 없지만 다보탑이 개성에 있는 가능세계는 있다고 표현한다.

'가능세계'의 개념은 일상 언어에서 흔히 쓰이는 필연성과 가능성에 관한 진술을 분석하는 데 중요한 역할을 한다. 'P는 가능하다'는 P가 적어도 하나의 가능세계에서 성립한다는 뜻이며, 'P는 필연적이다'는 P가 모든 가능세계에서 성립한다는 뜻이다. "만약 Q이면 Q이다."를 비롯한 필연적인 명제들은 모든 가능세계에서 성립한다. "다보탑은 경주에 있다."와 같이 가능하지만 필연적이지는 않은 명제는 우리의 현실세계를 비롯한 어떤 가능세계에서는 성립하고 또 어떤 가능세계에서는 성립하지 않는다.

가능세계를 통한 담론은 우리의 일상적인 몇몇 표현들을 보다 잘 이해하는 데 도움이 된다. 다음 상황을 생각해 보자. 나는 현실에서 아침 8시에 출발하는 기차를 놓쳤고, 지각을 했으며, 내가 놓친 기차는 제시간에 목적지에 도착했다. 그리고 나는 "만약 내가 8시 기차를 탔다면, 나는 지각을 하지 않았다."라고 주장한다. 그런데 전통 논리학에서는 "만약 A이면 B이다."라는 형식의 명제는 A가 거짓인 경우에는 B의 참 거짓에 상관없이 참이라고 규정한다. 그럼에도 ⓐ내가 만약 그 기차를 탔다면 여전히 지각을 했을 것이라고 주장하지는 않는 이유는 무엇일까? 내가 그 기차를 탄 가능세계들을 생각해 보면 그 이유를 알 수 있다. 그 가능세계 중 어떤 세계에서 나는 여전히 지각을 한다. 가령 내가 탄 그 기차가 고장으로 선로에 멈춰 운행이 오랫동안 지연된 세계가 그런 예이다. 하지만 내가 기차를 탄 세계들 중에서, 내가 기차를 타고 별다른 이변 없이 제시간에 도착한 세계가 그렇지 않은 세계보다 우리의 현실세계와의 유사성이 더 높다. 일반적으로, A가 참인 가능세계들 중에 비교할 때, B도 참인 가능세계가 B가 거짓인 가능세계보다 현실세계와 더 유사하다면, 현실세계의 나는 A가 실현되지 않은 경우에, 만약 A라면 ~B가 아닌 B라고 말할 수 있다.

가능세계는 다음의 네 가지 성질을 갖는다. 첫째는 가능세계의 일관성이다. 가능세계는 명칭 그대로 가능한 세계이므로 어떤 것이 가능하지 않다면 그것이 성립하는 가능세계는 없다. 둘째는 가능세계의 포괄성이다. 이것은 어떤 것이 가능하다면 그것이 성립하는 가능세계는 존재한다는 것이다. 셋째는 가능세계의 완결성이다. 어느 세계에서든 임의의 명제 P에 대해 "P이거나 ~P이다."라는 배중률이 성립한다. 즉 P와 ~P 중 하나는 반드시 참이라는 것이다. 넷째는 가능세계의 독립성이다. 한 가능세계는 모든 시간과 공간을 포함해야만 하며, 연속된 시간과 공간에 포함된 존재들은 모두 동일한 하나의 세계에만 속한다. 한 가능세계 W1의 시간과 공간이, 다른 가능세계 W2의 시간과 공간으로 이어질 수는 없다. W1과 W2는 서로 시간과 공간이 전혀 다른 세계이다.

가능세계의 개념은 철학에서 갖가지 흥미로운 질문과 통찰을 이끌어 내며, 그에 관한 연구 역시 활발히 진행되고 있다. 나아가 가능세계를 활용한 논의는 오늘날 인지과학, 언어학, 공학 등의 분야로 그 응용의 폭을 넓히고 있다.

39.

윗글의 내용과 일치하는 것은?

① 배중률은 모든 가능세계에서 성립한다.
② 모든 가능한 명제는 현실세계에서 성립한다.
③ 필연적인 명제가 성립하지 않는 가능세계가 있다.
④ 무모순율에 의하면 P와 ~P가 모두 참인 것은 가능하다.
⑤ 전통 논리학에 따르면 "만약 A이면 B이다."의 참 거짓은 A의 참 거짓과 상관없이 결정된다.

40.

㉠, ㉡에 대한 이해로 적절하지 **않은** 것은?

① ㉠이 성립하지 않는 가능세계가 존재한다.
② "만약 다보탑이 개성에 있다면, 다보탑은 개성에 있다."가 성립하는 가능세계 중에는 ㉠이 거짓인 가능세계는 없다.
③ ㉡과 "다보탑은 개성에 있지 않다."는 모순 관계가 아니다.
④ 만약 ㉡이 거짓이라면 어떤 가능세계에서도 다보탑이 개성에 있지 않다.
⑤ ㉠과 ㉡은 현실세계에서 둘 다 참인 것이 가능하다.

41.

윗글을 바탕으로 할 때, ⓐ에 대한 답으로 가장 적절한 것은?

① 내가 그 기차를 타지 않은 가능세계들끼리 비교할 때 지각을 한 가능세계와 지각을 하지 않은 가능세계가 현실세계와의 유사성의 정도가 다르기 때문이다.
② 내가 그 기차를 타지 않은 가능세계들끼리 비교할 때 기차 고장이 자주 일어나지 않는 가능세계가 현실세계와의 유사성이 높기 때문이다.
③ 내가 그 기차를 탄 가능세계들끼리 비교할 때 내가 지각을 한 가능세계가 내가 지각을 하지 않은 가능세계에 비해 현실세계와의 유사성이 더 낮기 때문이다.
④ 내가 그 기차를 탄 가능세계들끼리 비교할 때 그 가능세계들의 대다수에서 내가 지각을 하지 않았기 때문이다.
⑤ 내가 그 기차를 탄 것이 현실세계에서 거짓이기 때문이다.

42.

윗글을 참고할 때, 〈보기〉를 이해한 내용으로 적절한 것은? [3점]

〈보기〉

명제 "모든 학생은 연필을 쓴다."와 "어떤 학생도 연필을 쓰지 않는다."는 반대 관계이다. 이 말은, 두 명제 다 참인 것은 가능하지 않지만, 둘 중 하나만 참이거나 둘 다 거짓인 것은 가능하다는 뜻이다.

① 가능세계의 완결성과 독립성에 따르면, 모든 학생이 연필을 쓰는 가능세계가 존재한다는 것과 어떤 학생도 연필을 쓰지 않는 가능세계가 존재한다는 것 중 하나는 반드시 참이고, 그중 한 세계의 시간과 공간이 다른 세계로 이어질 수 없겠군.
② 가능세계의 포괄성과 독립성에 따르면, "어떤 학생도 연필을 쓰지 않는다."가 성립하면서 그 세계에 속한 한 명의 학생이 연필을 쓰는 가능세계들이 존재하고, 그 세계들의 시간과 공간은 서로 단절되어 있겠군.
③ 가능세계의 완결성에 따르면, 어느 세계에서든 "어떤 학생은 연필을 쓴다."와 "어떤 학생은 연필을 쓰지 않는다." 중 하나는 반드시 참이겠군.
④ 가능세계의 포괄성에 따르면, '"모든 학생은 연필을 쓴다."가 참이거나 "어떤 학생도 연필을 쓰지 않는다."가 참'인 가능세계들이 있겠군.
⑤ 가능세계의 일관성에 따르면, 학생들 중 절반은 연필을 쓰고 절반은 연필을 쓰지 않는 가능세계가 존재하겠군.

[42] 다음 글을 읽고 물음에 답하시오.

가능세계는 다음의 네 가지 성질을 갖는다. 첫째는 가능세계의 일관성이다. 가능세계는 명칭 그대로 가능한 세계이므로 어떤 것이 가능하지 않다면 그것이 성립하는 가능세계는 없다. 둘째는 가능세계의 포괄성이다. 이것은 어떤 것이 가능하다면 그것이 성립하는 가능세계는 존재한다는 것이다. 셋째는 가능세계의 완결성이다. 어느 세계에서든 임의의 명제 P에 대해 "P이거나 ~P이다."라는 배중률이 성립한다. 즉 P와 ~P 중 하나는 반드시 참이라는 것이다. 넷째는 가능세계의 독립성이다. 한 가능세계는 모든 시간과 공간을 포함해야만 하며, 연속된 시간과 공간에 포함된 존재들은 모두 동일한 하나의 세계에만 속한다. 한 가능세계 W1의 시간과 공간이, 다른 가능세계 W2의 시간과 공간으로 이어질 수는 없다. W1과 W2는 서로 시간과 공간이 전혀 다른 세계이다.

memo

오답률 2위 70.5%

42. 윗글을 참고할 때, 〈보기〉를 이해한 내용으로 적절한 것은? [3점]

─〈보기〉─

명제 **"모든 학생은 연필을 쓴다."**와 **"어떤 학생도 연필을 쓰지 않는다."**는 **반대 관계**이다. 이 말은, **두 명제 다 참인 것은 가능하지 않**지만, **둘 중 하나만 참**이거나 **둘 다 거짓**인 것은 **가능하다**는 뜻이다.

check
....
....

분석 대상

선택률 13.5%
① 가능세계의 완결성과 독립성에 따르면,
모든 학생이 연필을 쓰는 가능세계가 존재한다는 것과 어떤 학생도 연필을 쓰지 않는 가능세계가 존재한다는 것 중
하나는 반드시 참이고, 그중 한 세계의 시간과 공간이 다른 세계로 이어질 수 없겠군.

check
....

선택률 14.8%
② 가능세계의 포괄성과 독립성에 따르면,
"어떤 학생도 연필을 쓰지 않는다."가 성립하면서 그 세계에 속한 한 명의 학생이 연필을 쓰는 가능세계들이 존재하고,
그 세계들의 시간과 공간은 서로 단절되어 있겠군.

check
....

선택률 29.1% ★
③ 가능세계의 완결성에 따르면,
어느 세계에서든 "어떤 학생은 연필을 쓴다."와 "어떤 학생은 연필을 쓰지 않는다." 중
하나는 반드시 참이겠군.

check
....

매력적인 오답

선택률 29.5% ★
④ 가능세계의 포괄성에 따르면,
'"모든 학생은 연필을 쓴다."가 참이거나 "어떤 학생도 연필을 쓰지 않는다."가 참'인 가능세계들이 있겠군.

check
....

정답!

선택률 8.8%
⑤ 가능세계의 일관성에 따르면,
학생들 중 절반은 연필을 쓰고 절반은 연필을 쓰지 않는 가능세계가 존재하겠군.

check
....

[16~21] 다음 글을 읽고 물음에 답하시오.

✖ 걸린 시간:　　분　　초

(가)

　18세기 북학파들은 청에 다녀온 경험을 연행록으로 기록하여 청의 문물제도를 수용하자는 북학론을 구체화하였다. 이들은 개인적인 학문 성향과 관심에 따라 주목한 영역이 서로 달랐기 때문에 이들의 북학론도 차이를 보였다. 이들에게는 동아시아에서 문명의 척도로 여겨진 중화 관념이 청의 현실에 대한 인식에 각각 다르게 반영된 것이다. 1778년 함께 연행길에 올라 동일한 일정을 소화했던 박제가와 이덕무의 연행록에서도 이러한 차이가 확인된다.

[A]
　북학이라는 목적의식이 강했던 박제가가 인식한 청의 현실은 단순한 현실이 아니라 조선이 지향할 가치 기준이었다. 그가 쓴 『북학의』에 묘사된 청의 현실은 특정 관점에 따라 선택 및 추상화된 것이었으며, 그런 청의 현실은 그에게 중화가 손상 없이 ⓐ**보존된** 것이자 조선의 발전 방향이기도 하였다. 중화 관념의 절대성을 인정하였기 때문에 당시 조선은 나름의 독자성을 유지하기보다 중화와 합치되는 방향으로 나아가야 한다는 생각이 그의 북학론의 밑바탕이 되었다. 명에 대한 의리를 중시하는 당시 주류의 견해에 대해 그는 의리 문제는 청이 천하를 차지한 지 백여 년이 지나며 자연스럽게 소멸된 것으로 여기고, 청 문물제도의 수용이 가져다주는 이익을 논하며 북학론의 당위성을 설파하였다. 대체로 이익 추구에 대해 부정적이었던 주자학자들과 달리, 이익 추구를 인간의 자연스러운 욕망으로 긍정하고 양반도 이익을 추구하자는 등 실용적인 입장을 보였다.

　이덕무는 「입연기」를 저술하면서 청의 현실을 객관적 태도로 기록하고자 하였다. 잘 정비된 마을의 모습을 기술하며 그는 황제의 행차에 대비하여 이루어진 일련의 조치가 민생과 무관하다고 지적하였다. 하지만 청 문물의 효용을 ⓑ**도외시하지** 않고 박제가와 마찬가지로 물질적 삶을 중시하는 이용후생에 관심을 보였다. 스스로 **평등견**이라 불렸던 인식 태도를 바탕으로 그는 당시 청에 대한 찬반의 이분법에서 벗어나 청과 조선의 현실적 차이뿐만 아니라 양쪽 모두의 가치를 인정하였다. 이런 시각에서 그는 청과 조선은 구분되지만 서로 배타적이지 않다고 보았다. 즉 청을 배우는 것과 조선 사람이 조선 풍토에 맞게 살아가는 것은 서로 모순되지 않는다는 것이다. 하지만 그는 중국인들의 외양이 만주족처럼 변화된 것을 보고 비통한 감정을 토로하며 중화의 중심이라 여겼던 명에 대한 의리를 중시하는 등 자신이 제시한 인식 태도에서 벗어나는 모습을 보이기도 하였다.

(나)

　18세기 후반의 중국은 명대 이래의 경제 발전이 정점에 달해 있었다. 대부분의 주민들이 접근할 수 있는 향촌의 정기 시장부터 인구 100만의 대도시의 시장에 이르는 여러 단계의 시장들이 그물처럼 연결되어 국내 교역이 활발하게 이루어지고 있었다. 장거리 교역의 상품이 사치품에 ⓒ**한정되지** 않고 일상적 물건으로까지 확대되었다. 상인 조직의 발전과 신용 기관의 확대는 교역의 질과 양이 급변하고 있었음을 보여 준다. 대외 무역의 발전과 은의 유입은 중국의 경제적 번영에 영향을 미친 외부적 요인이었다. 은의 유입, 그리고 이를 통해 가능해진 은을 매개로 한 과세는 상품 경제의 발전을 ⓓ**자극하였다.** 은과 상품의 세계적 순환으로 중국 경제가 세계 경제와 긴밀하게 연결되었다.

　그러나 청의 번영은 지속되지 않았고, 19세기에 접어들 무렵부터는 심각한 내외의 위기에 직면해 급속한 하락의 시대를 겪게 된다. 북학파들이 연행을 했던 18세기 후반에도 이미 위기의 징후들이 나타나고 있었다. 급격한 인구 증가로 인한 여러 문제는 새로운 작물 재배, 개간, 이주, 농경 집약화 등 민간의 노력에도 불구하고 해결되지 않았다. 인구 증가로 이주 및 도시화가 진행되는 가운데 전통적인 사회적 유대가 약화되거나 단절된 사람들이 상호 부조 관계를 맺는 결사 조직이 ⓔ**성행하였다.** 이런 결사 조직은 불법적인 활동으로 연결되곤 했고 위기 상황에서는 반란의 조직적 기반이 되었다. 인맥에 기초한 관료 사회의 부정부패가 심화된 것 역시 인구 증가와 무관하지 않았다. 교육받은 지식인들이 늘어났지만 이들을 흡수할 수 있는 관료 조직의 규모는 정체되어 있었고, 경쟁의 심화가 종종 불법적인 행위로 연결되었다. 이와 같이 18세기 후반 청의 화려한 번영의 그늘에는 ㉠**심각한 위기의 씨앗들이 뿌려지고 있었다.**

　통치자들도 번영 속에서 불안을 느끼고 있었다. 조정에는 외국과의 접촉으로부터 백성들을 차단하려는 경향이 있었으며, 서양 선교사들의 선교 활동 확대로 인해 이런 경향이 강화되기도 하였다. 이 때문에 18세기 후반에 청 조정은 서양에 대한 무역 개방을 축소하는 모습을 보였다. 그러나 그때까지는 위기가 본격화되지는 않았고, 소수의 지식인들만이 사회 변화의 부정적 측면을 염려하거나 개혁 방안을 모색하였다.

16.

(가), (나)에 대한 설명으로 가장 적절한 것은?

① (가)는 18세기 중국에 대한 학자들의 견해를 제시하면서 그러한 견해의 형성 배경 및 견해 간의 차이를 설명하고 있다.

② (가)는 18세기 중국을 바라보는 사상적 관점을 제시하면서 각 관점이 지닌 역사적 의의와 한계를 서로 비교하고 있다.

③ (나)는 18세기 중국의 사회상을 제시하면서 다양한 사회상을 시대별 기준에 따라 분류하여 서술하고 있다.

④ (나)는 18세기 중국의 사상적 변화를 제시하면서 그러한 변화가 지니는 긍정적 측면과 부정적 측면을 분석하고 있다.

⑤ (가)와 (나)는 모두 18세기 중국의 현실을 제시하면서 그러한 현실이 다른 나라에 미친 영향을 예를 들어 설명하고 있다.

17.

(가)의 '박제가'와 '이덕무'에 대한 이해로 적절하지 **않은** 것은?

① 박제가는 청의 문물을 도입하는 것이 중화를 이루는 방도라고 간주하였다.
② 박제가는 자신이 파악한 청의 현실을 조선을 평가하는 기준이라고 생각하였다.
③ 이덕무는 청의 현실을 관찰하면서 이면에 있는 민생의 문제를 간과하지 않았다.
④ 이덕무는 청 문물의 효용성을 긍정하면서 청이 중화를 보존하고 있음을 인정하였다.
⑤ 박제가와 이덕무는 모두 중화 관념 자체에 대해서는 긍정적인 태도를 견지하였다.

18.

평등견 에 대한 이해로 가장 적절한 것은?

① 조선의 풍토를 기준으로 삼아 청의 제도를 개선하자는 인식 태도이다.
② 조선의 고유한 삶의 방식을 청의 방식에 따라 개혁해야 한다는 인식 태도이다.
③ 청과 조선의 가치를 평등하게 인정하고 풍토로 인한 차이를 해소하려는 인식 태도이다.
④ 중국인의 외양이 변화된 모습을 명에 대한 의리 문제와 관련지어 파악하려는 인식 태도이다.
⑤ 청에 대한 배타적 태도를 지양하고 청과 구분되는 조선의 독자성을 유지하자는 인식 태도이다.

19.

문맥을 고려할 때 ㉠의 의미를 파악한 내용으로 가장 적절한 것은?

① 새로운 작물의 보급 증가가 경제적 번영으로 이어지는 상황을 가리키는 것이군.
② 신용 기관이 확대되고 교역의 질과 양이 급변하고 있는 상황을 가리키는 것이군.
③ 반란의 위험성 증가 등 인구 증가로 인한 문제점들이 나타나는 상황을 가리키는 것이군.
④ 이주나 농경 집약화 등 조정에서 추진한 정책들이 실패한 상황을 가리키는 것이군.
⑤ 사회적 유대의 약화로 인하여 관료 사회의 부정부패가 심화되는 상황을 가리키는 것이군.

20.

〈보기〉는 (가)에 제시된 『북학의』의 일부이다. [A]와 (나)를 참고하여 〈보기〉에 대해 비판적 읽기를 수행한 학생의 반응으로 적절하지 **않은** 것은? [3점]

─── 〈보기〉 ───

우리나라에서는 자기가 사는 지역에서 많이 나는 산물을 다른 데서 산출되는 필요한 물건과 교환하여 풍족하게 살려는 백성이 많으나 힘이 미치지 못한다. … 중국 사람은 가난하면 장사를 한다. 그렇더라도 정말 사람만 현명하면 원래 가진 풍류와 명망은 그대로다. 그래서 유생이 거리낌 없이 서점을 출입하고, 재상조차도 직접 융복사 앞 시장에 가서 골동품을 산다. … 우리나라는 해마다 은 수만 냥을 연경에 실어 보내 약재와 비단을 사 오는 반면, 우리나라 물건을 팔아 저들의 은으로 바꿔 오는 일은 없다. 은이란 천년이 지나도 없어지지 않는 물건이지만, 약은 사람에게 먹여 반나절이면 사라져 버리고 비단은 시신을 감싸서 묻으면 반년 만에 썩어 없어진다.

① 〈보기〉에 제시된 중국인들의 상업에 대한 인식은 [A]에서 제시한 실용적인 입장에 부합하는 것이라 볼 수 있어.
② 〈보기〉에 제시된 조선의 산물 유통에 대한 서술은 [A]에서 제시한 북학론의 당위성을 뒷받침하는 근거라 볼 수 있어.
③ 〈보기〉에 제시된 중국인들의 상행위에 대한 서술은 (나)에 제시된 중국 국내 교역의 양상과 상충되지 않는다고 볼 수 있어.
④ 〈보기〉에 제시된 은에 대한 평가는 (나)에 제시된 중국의 경제적 번영에 기여한 요소를 참고할 때, 은의 효용적 측면을 간과한 평가라 볼 수 있어.
⑤ 〈보기〉에 제시된 중국의 관료에 대한 묘사는 (나)에 제시된 관료 사회의 모습을 참고할 때, 지배층의 전체 면모가 드러나지 않는 진술이라 볼 수 있어.

21.

문맥상 ⓐ~ⓔ와 바꿔 쓰기에 가장 적절한 것은?

① ⓐ: 드러난
② ⓑ: 생각하지
③ ⓒ: 그치지
④ ⓓ: 따라갔다
⑤ ⓔ: 일어났다

[18] 다음 글을 읽고 물음에 답하시오.

(가)

 이덕무는 「입연기」를 저술하면서 청의 현실을 객관적 태도로 기록하고자 하였다. 잘 정비된 마을의 모습을 기술하며 그는 황제의 행차에 대비하여 이루어진 일련의 조치가 민생과 무관하다고 지적하였다. 하지만 청 문물의 효용을 도외시하지 않고 박제가와 마찬가지로 물질적 삶을 중시하는 이용후생에 관심을 보였다. 스스로 평등견 이라 불렀던 인식 태도를 바탕으로 그는 당시 청에 대한 찬반의 이분법에서 벗어나 청과 조선의 현실적 차이뿐만 아니라 양쪽 모두의 가치를 인정하였다. 이런 시각에서 그는 청과 조선은 구분되지만 서로 배타적이지 않다고 보았다. 즉 청을 배우는 것과 조선 사람이 조선 풍토에 맞게 살아가는 것은 서로 모순되지 않는다는 것이다. 하지만 그는 중국인들의 외양이 만주족처럼 변화된 것을 보고 비통한 감정을 토로하며 중화의 중심이라 여겼던 명에 대한 의리를 중시하는 등 자신이 제시한 인식 태도에서 벗어나는 모습을 보이기도 하였다.

18. 평등견 에 대한 이해로 가장 적절한 것은?

분석 대상

선택률 4.9% ① 조선의 풍토를 기준으로 삼아 청의 제도를 개선하자는 인식 태도이다.

check

선택률 3.7% ② 조선의 고유한 삶의 방식을 청의 방식에 따라 개혁해야 한다는 인식 태도이다.

check

선택률 46.5% ★③ 청과 조선의 가치를 평등하게 인정하고 풍토로 인한 차이를 해소하려는 인식 태도이다.

check

매력적인 오답

선택률 5.0% ④ 중국인의 외양이 변화된 모습을 명에 대한 의리 문제와 관련지어 파악하려는 인식 태도이다.

check

선택률 31.1% ★⑤ 청에 대한 배타적 태도를 지양하고 청과 구분되는 조선의 독자성을 유지하자는 인식 태도이다.

check

정답!

13Day 나는 수험생이다.

Self Check

YES?

1. 긴장했다고 핑계 대지 말고, 일단 선지의 사실적 내용부터 똑바로 파악한다. 〈정보 확인〉 ☐

2. 한 개의 어휘에 꽂혀 문장 전체의 의미 맥락을 간과하지 않는다. 〈정보 확인〉 ☐

3. 패턴의 나비효과에서 배운 내비게이션과 실시간 문제 풀이의 방법을 체화한다. 〈접근법 적용〉 ☐

4. My Check point: ☐

과거에서 온 미래,
힘이 되는
선배들의 이야기

너에게서 온 편지

수험생분들, 후배님들 근자감을 가져요.

근거 '있는' 자신감을 가져요.
예비 고3 시절, 경제 독서 지문 하나를
완벽하게 풀어내는데 3시간이 걸린 날......
정말 좌절했답니다.
그때 제 좌절은 오히려 저를 더 독하게 만들었어요.
"내가 이렇게까지 독하게 하는데 안 되면 이상한 거다."
이 마음가짐으로 공부했어요.
공부가 안 힘들면 그건 공부 덜한 거예요.
조금만 더 힘듭시다.
합격 날 그 힘듦은 싸그리 다 날아갈 테니. :)

- 종강한 철학과 대딩 -

비문학 강의 1개를 남겨 두고..

- 정*진

선생님, 나비효과 강의에서 마음을 못 잡고 있는데, 선생님과 한 약속이니까 비문학과 마주하겠다고 했던 학생입니다! 기억하시나요?? ㅎ

> 그냥 공부도 하기 싫고, 아무것도 하기 싫어요. ㅠㅠ 모두가 그럼에도 불구하고 참고하는데, 저는 이 세상에 있는 모든 핑계를 다 끌어모아서 안 해요. 정말 행복하게 공부하던 모습은 다 사라지고 매일매일을 정말 의미없이 보내는 제가 정말 싫은데 마음이 잘 안 잡혀요. ㅠㅠ
> 그래도 나비효과 완강은 선생님과 한 약속이니까 생각나서 지키러 다시 왔습니다. 다시 일어설게요. 다시 국어 공부 재미있게 하고 싶습니다.

그때부터 다시 꾸준히 들어 이제 교재와 워크북 교재 한 강씩을 남겨 두고 있어요!
결론부터 말하자면 이제 다시 국어 공부가 조금씩 재밌어지고 있어요. ㅎㅎ 그리고 원리-방법 워크북 문제 너무 쉽게 다 맞혔어요!! ㅎ '아, 경우를 나눴네?', '굳이 이 말을 해?', '위에서 말한 거랑 똑같은 내용이네~' 이러면서 읽었어요. 아직 선생님께서 해설하시는 부분을 보면 제가 글을 읽으면서 놓친 포인트들도 있지만(사실 아직은 좀 많지만... 하하), 점점 더 보이는 게 많아지고 있습니다!
마지막 강의까지 꼭 다 듣고 본 교재 강의에도 찾아갈게요!! 그리고 강의 다 듣고도 다른 지문들에 적용 연습도 열심히 할게요! 이 방법이 체화되어서 스르륵하고 선생님마냥 문제를 풀 수 있는 날이 오기를!! 항상 감사합니다. 사랑해요!!!

제 14 강

사회 기출 Pick

#034 ~ #035

우리를 힘들게 하는 사회 지문.
법 지문과 경제 지문이 문제인 거지?
그런데 최근에 계속 얘들이 번갈아 가면서 나오는 게 문제인 거지?
그런데 내가 볼 수능에도 법 지문이나 경제 지문이 나올 것 같으니까 문제인 거지?
알면서도 자꾸 피하고 싶은 게 문제인 거지?
그런데, 알면? 대비해야지. 피하지 말고.
법 지문과 경제 지문에 반복되어 나오는 매력도 높은 함정 선지들의 스타일을 파악해 보자. 해 보자.

☑ 사회 문제 풀 때, 명심하자!

1. 개념에 주목하기 ▶▶▶ 기본 개념이 문제 해결의 실마리일 때가 많다! ☐

2. 방법에 주목하기 ▶▶▶ <보기> 문제를 풀기 위한 레시피다! ☐

3. 사례에 주목하기 ▶▶▶ 지문에서 이해한 대로 따라 해라, 조건 확인하고! ☐

4. 연계 교재의 고난도 지문 활용하기 ▶▶▶ 연계 교재의 고난도 지문의 핵심 정보들을 배경지식으로 활용한다! ☐

[27~31] 다음 글을 읽고 물음에 답하시오.

✖ 걸린 시간: 분 초

물건을 사용하고 있는 사람이 그 물건의 주인일까? 점유란 물건에 대한 사실상의 지배 상태를 뜻한다. 이에 비해 소유란 어떤 물건을 사용·수익·처분할 수 있는 권리를 가진 상태라고 정의된다. 따라서 점유자와 소유자가 항상 일치하지는 않는다.

[A] ⌜물건을 빌려 쓰거나 보관하고 있는 것을 포함하여 물건을 물리적으로 지배하는 상태를 직접점유라고 한다. 이에 비해 어떤 물건을 빌려 쓰거나 보관하는 사람에게 그 물건의 반환을 청구할 수 있는 권리를 가진 사람도 사실상의 지배를 한다고 볼 수 있다. 이와 같이 반환청구권을 가진 상태를 간접점유라고 한다. 직접점유와 간접점유는 모두 점유에 해당한다. 점유는 소유자를 공시하는 기능도 수행한다. 공시란 물건에 대해 누가 어떤 권리를 가지고 있는지를 알려 주는 것이다. 물건 중에서 피아노, 금반지, 가방 등과 같은 대부분의 동산은 점유에 의해 소유권이 공시된다.⌟

물건의 소유권이 양도되려면, 소유자가 양도인이 되어 양수인과 유효한 양도 계약을 하고 이에 더하여 소유권 양도를 공시해야 한다. ⊙점유로 소유권이 공시되는 동산의 소유권 양도는 점유를 넘겨주는 점유 인도로 공시된다. 양수인이 간접점유를 하여 소유권 이전이 공시되는 경우로서 '점유개정'과 '반환청구권 양도'가 있다. 예를 들어 A가 B에게 피아노의 소유권을 양도하기로 계약하되 사흘간 빌려 쓰는 것으로 합의한 경우, B는 A에게 피아노를 사흘 후 돌려 달라고 요구할 수 있는 반환청구권을 가지게 된다. 이처럼 양도인이 직접점유를 유지하지만, 양수인에게 점유 인도가 이루어진 것으로 간주되는 경우를 점유개정이라고 한다. 한편 C가 자신이 소유한 가방을 D에게 맡겨 두어 이에 대한 반환청구권을 가지게 되었는데, 이 가방의 소유권을 E에게 양도하는 계약을 체결하였다고 하자. 이때 C가 D에게 통지하여 가방 주인이 바뀌었으니 가방을 E에게 반환하라고 알려 주면 D가 보관 중인 가방에 대한 반환청구권은 C로부터 E에게로 넘어간다. 이 경우를 반환청구권 양도라고 한다.

양도인이 소유자가 아니더라도 양수인이 점유 인도를 받으면 소유권을 취득할 수 있을까? 점유로 공시되는 동산의 경우 양수인이 충분히 주의를 했는데도 양도인이 소유자가 아님을 알지 못한 채 양도인과 유효한 계약을 하고, 점유 인도로 공시를 했다면 양수인은 소유권을 취득한다. 이것을 '선의취득'이라 한다. 다만 간접점유에 의한 인도 방법 중 점유개정으로는 선의취득을 하지 못한다. 선의취득으로 양수인이 소유권을 취득하면 원래 소유자는 원하지 않아도 소유권을 상실하게 된다.

반면에 국가가 관리하는 공적 기록인 등기·등록으로 공시되어야 하는 물건은 아예 선의취득 대상이 아니다. ⓛ법률이 등록 대상으로 규정한 자동차, 항공기 등의 동산은 등록으로 공시되는 물건이고, ⓒ토지·건물과 같은 부동산은 등기로 공시되는 물건이다. 이러한 고가의 재산에 대해 선의취득을 허용하게 되면 원래 소유자의 의사에 반하는 소유권 박탈이 ⓐ일어나게 된다. 이것은 거래 안전에만 치중하고 원래 소유자의 권리 보호를 경시한 것이 되어 바람직하지 않다고 볼 수 있다.

27.

윗글을 이해한 내용으로 적절하지 **않은** 것은?

① 가방을 사용하고 있는 사람은 그 가방의 점유자이다.
② 가방을 점유하고 있더라도 그 가방의 소유자가 아닐 수 있다.
③ 가방의 소유권이 유효한 계약으로 이전되려면 점유 인도가 있어야 한다.
④ 가방에 대해 누가 소유권을 가지고 있는지를 알게 해 주는 방법은 점유이다.
⑤ 가방의 소유권을 양도하는 유효한 계약을 체결하면 공시 방법이 갖춰지지 않아도 소유권은 이전된다.

28.

[A]에 대한 이해로 가장 적절한 것은?

① 물리적 지배를 해야 동산의 간접점유자가 될 수 있다.
② 간접점유는 피아노 소유권에 대한 공시 방법이 아니다.
③ 하나의 동산에 직접점유자가 있으려면 간접점유자도 있어야 한다.
④ 피아노의 직접점유자가 있으면 그 피아노의 간접점유자는 소유자가 아니다.
⑤ 유효한 양도 계약으로 피아노의 소유자가 되려면 피아노에 대해 직접점유나 간접점유 중 하나를 갖춰야 한다.

29.

㉠~㉢을 비교한 내용으로 가장 적절한 것은?

① ㉠은 ㉢과 달리, 국가가 관리하는 공적 기록에 의해 소유권 양도가 공시될 수 있다.
② ㉡은 ㉠과 달리, 원래 소유자의 권리 보호가 거래 안전보다 중시되는 대상이다.
③ ㉢은 ㉠과 달리, 물리적 지배의 대상이 아니므로 점유로 공시될 수 없다.
④ ㉠과 ㉡은 모두 양도인이 소유자가 아니더라도 소유권 이전이 가능하다.
⑤ ㉠과 ㉢은 모두 점유개정으로 소유권 양도가 공시될 수 있다.

30.

윗글을 바탕으로 할 때, 〈보기〉를 이해한 내용으로 적절하지 <u>않은</u> 것은? [3점]

〈보기〉

갑과 을은, 갑이 끼고 있었던 금반지의 소유권을 을에게 양도하기로 하는 유효한 계약을 했다. 갑과 을은, 갑이 이 금반지를 보관하다가 을이 요구할 때 넘겨주기로 합의했다. 을은 소유권 양도 계약을 할 때 양도인이 소유자라고 믿었고 양도인이 소유자인지 확인하기 위해 충분히 주의했다. 을은 일주일 후 병과 유효한 소유권 양도 계약을 했고, 갑에게 통지하여 사흘 후 병에게 금반지를 넘겨주라고 알려 주었다.

① 갑이 금반지 소유자였다면, 병이 금반지의 물리적 지배를 넘겨받지 않았으나 병은 소유권을 취득한다.
② 갑이 금반지 소유자였다면, 을은 갑으로부터 물리적 지배를 넘겨받지 않았으나 점유 인도를 받은 것으로 간주된다.
③ 갑이 금반지 소유자가 아니었더라도, 병은 을로부터 을이 가진 소유권을 양도받아 취득한다.
④ 갑이 금반지 소유자가 아니었더라도, 을은 반환청구권 양도로 병에게 점유 인도를 한 것으로 간주된다.
⑤ 갑이 금반지 소유자가 아니었더라도, 병이 계약할 때 양도인이 소유자라고 믿었고 양도인이 소유자인지 확인하기 위해 충분히 주의했다면, 병은 소유권을 취득한다.

31.

문맥상 의미가 ⓐ와 가장 가까운 것은?

① 작년은 우리나라에서 수많은 사건이 <u>일어난</u> 해였다.
② 청중 사이에서는 기쁨으로 인해 환호성이 <u>일어났다</u>.
③ 형님의 강한 의지력으로 집안이 다시 <u>일어나게</u> 되었다.
④ 나는 그 사람에 대해 경계심이 <u>일어나지</u> 않을 수 없었다.
⑤ 사회는 구성원들이 부조리에 맞서 <u>일어남으로써</u> 발전한다.

[30] 다음 글을 읽고 물음에 답하시오.

　물건을 빌려 쓰거나 보관하고 있는 것을 포함하여 물건을 물리적으로 지배하는 상태를 직접점유라고 한다. 이에 비해 어떤 물건을 빌려 쓰거나 보관하는 사람에게 그 물건의 반환을 청구할 수 있는 권리를 가진 사람도 사실상의 지배를 한다고 볼 수 있다. 이와 같이 반환청구권을 가진 상태를 간접점유라고 한다. 직접점유와 간접점유는 모두 점유에 해당한다. 점유는 소유자를 공시하는 기능도 수행한다. 공시란 물건에 대해 누가 어떤 권리를 가지고 있는지를 알려 주는 것이다. 물건 중에서 피아노, 금반지, 가방 등과 같은 대부분의 동산은 점유에 의해 소유권이 공시된다.

　물건의 소유권이 양도되려면, 소유자가 양도인이 되어 양수인과 유효한 양도 계약을 하고 이에 더하여 소유권 양도를 공시해야 한다. 점유로 소유권이 공시되는 동산의 소유권 양도는 점유를 넘겨주는 점유 인도로 공시된다. 양수인이 간접점유를 하여 소유권 이전이 공시되는 경우로서 '점유개정'과 '반환청구권 양도'가 있다. 예를 들어 A가 B에게 피아노의 소유권을 양도하기로 계약하되 사흘간 빌려 쓰는 것으로 합의한 경우, B는 A에게 피아노를 사흘 후 돌려 달라고 요구할 수 있는 반환청구권을 가지게 된다. 이처럼 양도인이 직접점유를 유지하지만, 양수인에게 점유 인도가 이루어진 것으로 간주되는 경우를 점유개정이라고 한다. 한편 C가 자신이 소유한 가방을 D에게 맡겨 두어 이에 대한 반환청구권을 가지게 되었는데, 이 가방의 소유권을 E에게 양도하는 계약을 체결하였다고 하자. 이때 C가 D에게 통지하여 가방 주인이 바뀌었으니 가방을 E에게 반환하라고 알려 주면 D가 보관 중인 가방에 대한 반환청구권은 C로부터 E에게로 넘어간다. 이 경우를 반환청구권 양도라고 한다.

　양도인이 소유자가 아니더라도 양수인이 점유 인도를 받으면 소유권을 취득할 수 있을까? 점유로 공시되는 동산의 경우 양수인이 충분히 주의를 했는데도 양도인이 소유자가 아님을 알지 못한 채 양도인과 유효한 계약을 하고, 점유 인도로 공시를 했다면 양수인은 소유권을 취득한다. 이것을 '선의취득'이라 한다. 다만 간접점유에 의한 인도 방법 중 점유개정으로는 선의취득을 하지 못한다. 선의취득으로 양수인이 소유권을 취득하면 원래 소유자는 원하지 않아도 소유권을 상실하게 된다.

memo

30. 윗글을 바탕으로 할 때, 〈보기〉를 이해한 내용으로 적절하지 **않은** 것은? [3점]

─〈보기〉─

갑과 을은, **갑이 끼고 있었던 금반지의 소유권을 을에게 양도하기로 하는 유효한 계약**을 했다. 갑과 을은, 갑이 이 금반지를 보관하다가 을이 요구할 때 넘겨주기로 합의했다. 을은 소유권 양도 계약을 할 때 **양도인이 소유자라고 믿었고 양도인이 소유자인지 확인하기 위해 충분히 주의했다.** 을은 일주일 후 **병과 유효한 소유권 양도 계약**을 했고, **갑에게 통지하여 사흘 후 병에게 금반지를 넘겨주라고 알려 주었다.**

check

....

....

분석 대상

선택률 9.3% ① 갑이 금반지 소유자였다면,
병이 금반지의 물리적 지배를 넘겨받지 않았으나 병은 소유권을 취득한다.

check

....

....

선택률 16.7% ② 갑이 금반지 소유자였다면,
을은 갑으로부터 물리적 지배를 넘겨받지 않았으나 점유 인도를 받은 것으로 간주된다.

check

....

....

선택률 29.0% ★③ 갑이 금반지 소유자가 아니었더라도,
병은 을로부터 을이 가진 소유권을 양도받아 취득한다.

정답!

check

....

....

선택률 23.3% ★④ 갑이 금반지 소유자가 아니었더라도,
을은 반환청구권 양도로 병에게 점유 인도를 한 것으로 간주된다.

매력적인 오답

check

....

....

선택률 20.7% ★⑤ 갑이 금반지 소유자가 아니었더라도,
병이 계약할 때 양도인이 소유자라고 믿었고 양도인이 소유자인지 확인하기 위해 충분히 주의했다면, 병은 소유권을 취득한다.

check

....

....

매력적인 오답

[35~39] 다음 글을 읽고 물음에 답하시오.   ✱ 걸린 시간: 분   초

권리와 의무의 주체가 될 수 있는 자격을 권리 능력이라 한다. 사람은 태어나면서 저절로 권리 능력을 갖게 되고 생존하는 내내 보유한다. 그리하여 사람은 재산에 대한 소유권의 주체가 되며, 다른 사람에 대하여 채권을 누리기도 하고 채무를 지기도 한다. 사람들의 결합체인 단체도 일정한 요건을 ㉠갖추면 법으로써 부여되는 권리 능력인 법인격을 취득할 수 있다. 단체 중에는 사람들이 일정한 목적을 갖고 결합한 조직체로서 구성원과 구별되어 독자적 실체로서 존재하며, 운영 기구를 두어, 구성원의 가입과 탈퇴에 관계없이 존속하는 단체가 있다. 이를 사단(社團)이라 하며, 사단이 갖춘 이러한 성질을 사단성이라 한다. 사단의 구성원은 사원이라 한다. 사단은 법인(法人)으로 등기되어야 법인격이 생기는데, 법인격을 가진 사단을 사단 법인이라 부른다. 반면에 사단성을 갖추고도 법인으로 등기하지 않은 사단은 '법인이 아닌 사단'이라 한다. 사람과 법인만이 권리 능력을 가지며, 사람의 권리 능력과 법인격은 엄격히 구별된다. 그리하여 사단 법인이 자기 이름으로 진 빚은 사단이 가진 재산으로 갚아야 하는 것이지 ⓐ사원 개인에게까지 ⓑ책임이 미치지 않는다.

회사도 사단의 성격을 갖는 법인이다. 회사의 대표적인 유형이라 할 수 있는 주식회사는 주주들로 구성되며 주주들은 보유한 주식의 비율만큼 회사에 대한 지분을 갖는다. 그런데 2001년에 개정된 상법은 한 사람이 전액을 출자하여 일인 주주로 회사를 설립할 수 있도록 하였다. ⓒ사단성을 갖추지 못했다고 할 만한 형태의 법인을 인정한 것이다. 또 여러 주주가 있던 회사가 주식의 상속, 매매, 양도 등으로 말미암아 모든 주식이 한 사람의 소유로 되는 경우가 있다. 이런 '일인 주식회사'에서는 일인 주주가 회사의 대표 이사가 되는 사례가 많다. 이처럼 일인 주주가 회사를 대표하는 기관이 되면 경영의 주체가 개인인지 회사인지 모호해진다. 법인인 회사의 운영이 독립된 주체로서의 경영이 아니라 마치 ⓓ개인 사업자의 영업처럼 보이는 것이다.

구성원인 사람의 인격과 법인으로서의 법인격이 잘 분간되지 않는 듯이 보이는 경우에는 간혹 문제가 일어난다. 상법상 회사는 이사들로 이루어진 이사회만을 업무 집행의 의결 기관으로 둔다. 또한 대표 이사는 이사 중 한 명으로, 이사회에서 선출되는 기관이다. 그리고 이사의 선임과 이사의 보수는 주주 총회에서 결정하도록 되어 있다. 그런데 주주가 한 사람뿐이면 사실상 그의 뜻대로 될 뿐, 이사회나 주주 총회의 기능은 퇴색하기 쉽다. 심한 경우에는 회사에서 발생한 이익이 대표 이사인 주주에게 귀속되고 회사 자체는 ⓔ허울만 남는 일도 일어난다. 이처럼 회사의 운영이 주주 한 사람의 개인 사업과 다름없이 이루어지고, 회사라는 이름과 형식은 장식에 지나지 않는 경우에는, 회사와 거래 관계에 있는 사람들이 재산상 피해를 입는 문제가 발생하기도 한다. 이때 그 특정한 거래 관계에 관련하여서만 예외적으로 회사의 법인격을 일시적으로 부인하고 회사와 주주를 동일시해야 한다는 ㉡'법인격 부인론'이 제기된다. 법률은 이에 대하여 명시적으로 규정하고 있지 않지만, 법원은 권리 남용의 조항을 끌어들여 이를 받아들인다. 회사가 일인 주주에게 완전히 지배되어 회사의 회계, 주주 총회나 이사회 운영이 적법하게 작동하지 못하는데도 회사에만 책임을 묻는 것은 법인 제도가 남용되는 사례라고 보는 것이다.

35.

윗글을 통해 알 수 있는 내용으로 적절하지 <u>않은</u> 것은?

① 사단성을 갖춘 단체는 그 단체를 운영하기 위한 기구를 둔다.
② 주주가 여러 명인 주식회사의 주주는 사단의 사원에 해당한다.
③ 법인격을 얻은 사단은 재산에 대한 소유권의 주체가 될 수 있다.
④ 사단 법인의 법인격은 구성원의 가입과 탈퇴에 관계없이 존속한다.
⑤ 사람들이 결합한 단체에 권리와 의무를 누릴 수 있는 자격을 주는 제도가 사단이다.

36.

윗글에서 설명한 주식회사에 대한 이해로 가장 적절한 것은?

① 대표 이사는 주식회사를 대표하는 기관이다.
② 일인 주식회사는 대표 이사가 법인격을 갖는다.
③ 주식회사의 이사회에서 이사의 보수를 결정한다.
④ 주식회사에서는 주주 총회가 업무 집행의 의결 기관이다.
⑤ 여러 주주들이 모여 설립된 주식회사가 일인 주식회사로 바뀔 수 없다.

37.

ⓐ~ⓔ의 문맥상 의미에 대한 이해로 적절하지 <u>않은</u> 것은?

① ⓐ: 법인에 속해 있지만 법인격과는 구별되는 존재
② ⓑ: 사단이 진 빚을 갚아야 할 의무
③ ⓒ: 여러 사람이 결합한 조직체로서의 성격
④ ⓓ: 회사라는 법인격을 가진 독자적인 실체로서 운영되지 않는 경영
⑤ ⓔ: 회사의 자산이 감소하여 권리 능력을 누릴 수 없게 된 상태

38.

ⓛ에 관한 설명으로 가장 적절한 것은? [3점]

① 회사의 경영이 이사회에 장악되어 있는 경우에만 예외적으로 법인격 부인론을 적용할 수 있다.
② 법인격 부인론은 주식회사 제도의 허점을 악용하지 못하도록 법률의 개정을 통해 도입된 제도이다.
③ 회사가 채권자에게 손해를 입혔다는 것이 확정되면 법원은 법인격 부인론을 받아들여 그 회사의 법인격을 영구히 박탈한다.
④ 법원이 대표 이사 개인의 권리 능력을 부인함으로써 대표 이사가 회사에 대한 책임을 면하지 못하도록 하는 것이 법인격 부인론의 의의이다.
⑤ 특정한 거래 관계에 법인격 부인론을 적용하여 회사의 법인격을 부인하려는 목적은 그 거래와 관련하여 회사가 진 책임을 주주에게 부담시키기 위함이다.

39.

문맥상 ㉠과 바꿔 쓰기에 가장 적절한 것은?

① 겸비(兼備)하면
② 구비(具備)하면
③ 대비(對備)하면
④ 예비(豫備)하면
⑤ 정비(整備)하면

[36] 다음 글을 읽고 물음에 답하시오.

권리와 의무의 주체가 될 수 있는 자격을 권리 능력이라 한다. 사람은 태어나면서 저절로 권리 능력을 갖게 되고 생존하는 내내 보유한다. 그리하여 사람은 재산에 대한 소유권의 주체가 되며, 다른 사람에 대하여 채권을 누리기도 하고 채무를 지기도 한다. 사람들의 결합체인 단체도 일정한 요건을 갖추면 법으로써 부여되는 권리 능력인 법인격을 취득할 수 있다. 단체 중에는 사람들이 일정한 목적을 갖고 결합한 조직체로서 구성원과 구별되어 독자적 실체로서 존재하며, 운영 기구를 두어, 구성원의 가입과 탈퇴에 관계없이 존속하는 단체가 있다. 이를 사단(社團)이라 하며, 사단이 갖춘 이러한 성질을 사단성이라 한다. 사단의 구성원은 사원이라 한다. 사단은 법인(法人)으로 등기되어야 법인격이 생기는데, 법인격을 가진 사단을 사단 법인이라 부른다. 반면에 사단성을 갖추고도 법인으로 등기하지 않은 사단은 '법인이 아닌 사단'이라 한다. 사람과 법인만이 권리 능력을 가지며, 사람의 권리 능력과 법인격은 엄격히 구별된다. 그리하여 사단 법인이 자기 이름으로 진 빚은 사단이 가진 재산으로 갚아야 하는 것이지 사원 개인에게까지 책임이 미치지 않는다.

회사도 사단의 성격을 갖는 법인이다. 회사의 대표적인 유형이라 할 수 있는 주식회사는 주주들로 구성되며 주주들은 보유한 주식의 비율만큼 회사에 대한 지분을 갖는다. 그런데 2001년에 개정된 상법은 한 사람이 전액을 출자하여 일인 주주로 회사를 설립할 수 있도록 하였다. 사단성을 갖추지 못했다고 할 만한 형태의 법인을 인정한 것이다. 또 여러 주주가 있던 회사가 주식의 상속, 매매, 양도 등으로 말미암아 모든 주식이 한 사람의 소유로 되는 경우가 있다. 이런 '일인 주식회사'에서는 일인 주주가 회사의 대표 이사가 되는 사례가 많다. 이처럼 일인 주주가 회사를 대표하는 기관이 되면 경영의 주체가 개인인지 회사인지 모호해진다. 법인인 회사의 운영이 독립된 주체로서의 경영이 아니라 마치 개인 사업자의 영업처럼 보이는 것이다.

구성원인 사람의 인격과 법인으로서의 법인격이 잘 분간되지 않는 듯이 보이는 경우에는 간혹 문제가 일어난다. 상법상 회사는 이사들로 이루어진 이사회만을 업무 집행의 의결 기관으로 둔다. 또한 대표 이사는 이사 중 한 명으로, 이사회에서 선출되는 기관이다. 그리고 이사의 선임과 이사의 보수는 주주 총회에서 결정하도록 되어 있다. 그런데 주주가 한 사람뿐이면 사실상 그의 뜻대로 될 뿐, 이사회나 주주 총회의 기능은 퇴색하기 쉽다. 심한 경우에는 회사에서 발생한 이익이 대표 이사인 주주에게 귀속되고 회사 자체는 허울만 남는 일도 일어난다. 이처럼 회사의 운영이 주주 한 사람의 개인 사업과 다름없이 이루어지고, 회사라는 이름과 형식은 장식에 지나지 않는 경우에는, 회사와 거래 관계에 있는 사람들이 재산상 피해를 입는 문제가 발생하기도 한다. 이때 그 특정한 거래 관계에 관련하여서만 예외적으로 회사의 법인격을 일시적으로 부인하고 회사와 주주를 동일시해야 한다는 '법인격 부인론'이 제기된다. 법률은 이에 대하여 명시적으로 규정하고 있지 않지만, 법원은 권리 남용의 조항을 끌어들여 이를 받아들인다. 회사가 일인 주주에게 완전히 지배되어 회사의 회계, 주주 총회나 이사회 운영이 적법하게 작동하지 못하는데도 회사에만 책임을 묻는 것은 법인 제도가 남용되는 사례라고 보는 것이다.

36. 윗글에서 설명한 주식회사에 대한 이해로 가장 적절한 것은?

 분석 대상

선택률 27.8% ★① 대표 이사는 / 주식회사를 대표하는 기관이다.

 정답!

check

....

....

선택률 31.2% ★② 일인 주식회사는 대표 이사가 / 법인격을 갖는다.

check

....

....

 매력적인 오답

선택률 12.7% ③ 주식회사의 이사회에서 / 이사의 보수를 결정한다.

check

....

....

선택률 18.2% ④ 주식회사에서는 주주 총회가 / 업무 집행의 의결 기관이다.

check

....

....

선택률 6.3% ⑤ 여러 주주들이 모여 설립된 주식회사가 / 일인 주식회사로 바뀔 수 없다.

check

....

....

Self Check

YES?

1. 개념을 이해할 때는 수식어를, 관계를 이해할 때는 대응되는 대상을 확인한다. <정보 확인> ☐

2. 조건을 걸어 두었다면, 조건 충족 여부를 세심하게 따진다. <정보 확인> ☐

3. 선지의 주어와 주어를 설명하는 서술부의 의미 대응을 꼼꼼히 한다. <선지 이해> ☐

4. My Check point: ☐

14Day 너는 너고, 제는 쟤야. 비교는 '어제의 나'와 하는 거야.

과거에서 온 미래,
힘이 되는
선배들의 이야기

너에게서 온 편지

4등급에서 전교 1등까지

이제 예비 고3인 학생입니다!
1학년 1학기 때 아무런 준비 없이 고등학교에 올라와 국어 공부를 하면서 정말 막막하고 어려웠던 것 같아요. 아무리 지문을 읽어도 눈에 들어오지 않고 해설지를 봐도 '도대체 왜 이게 정답이지..?' 라는 생각을 매일 했습니다. 특히 문학이나 문법은 평소에 공부하고 문제를 풀다 보면 조금씩 감이 잡혔는데, 독서는 아무리 기출을 풀어도 매번 어려운 지문이 나오면 틀리고 헤매서 정말 힘들었던 것 같아요! 그러다 1학년 여름 방학과 겨울 방학 때 나비효과 강의를 듣게 되었고, 처음으로 제대로 된 국어 공부를 할 수 있었던 것 같아요. 그동안 내가 왜 잘못 공부했고 지문과 선지를 읽으며 어떤 점들을 개선해야 할지가 조금씩 보이기 시작했고, 국어라는 과목 자체에 어떻게 접근해야 할지가 느껴지기 시작했습니다!

처음에는 강의 시간이 길고 필기할 것이 많아 힘들기도 했지만, 아직까지도 시험 전날 강의를 들으며 필기했던 교재를 한 번씩 훑어봐요. 강의를 들으며 직접 교재의 빈칸을 채우고 완성해 나가니, 마치 교재가 저만의 필기 노트가 된 것 같고 헷갈렸던 부분은 무엇인지, 선생님이 어떤 부분을 강조해 주셨는지 확인할 수 있어 보람차고 좋았습니다!

2022년 1월에 시작했던 2023 강의를 이제 완강하고 다시 복습해 보며, 왜 '나비효과'라는 제목인지에 공감할 수 있었습니다! 강의를 듣고 조금씩 공부했을 뿐인데, 개념뿐만 아니라 문제 풀이와 국어 실력 자체가 향상된 것을 체감했어요! 지문만 봐도 어려워하고 풀기 싫어했지만, 이제는 다른 친구들이 어려워했던 시험도 쉬웠다고 느끼게 되었고, 친구들에게 문제의 정답을 설명해 줄 수 있을 정도로 실력이 향상되었습니다! 이번 학기에는 드디어 국어 과목에서 중간 기말 전교 1등이라는 성과를 거둘 수 있었는데, 선생님께 정말 감사하다는 말을 전하고 싶었습니다!

강의를 듣고 공부하며 궁금하고 헷갈렸던 점들은 거의 다 '개념 콕'이나 '상식이', '하식이'의 질문 속에 들어 있었던 것 같아요! 선생님이 얼마나 고심하고 노력해서 교재를 만드셨을지 대단하시고 또 감사하다는 생각이 들었습니다!
그리고 문제를 풀 때 시간에 너무 연연하지 말고 깊게 생각해 보고 고민해 보라는 조언도 도움이 많이 되었습니다! 나비효과 강의는 제 국어 실력과 성적에 정말 엄청난 나비효과를 일으킨 것 같아요! 앞으로도 국어 공부 열심히 하겠습니다! 감사합니다.

제 **15** 강
사회 기출 Pick

#036 ~ #037

피할 수만 있다면 끝까지 피하고 싶겠지만 어림없다. ㅎㅎ
15강에서는 경제 지문 두 세트를 볼 거야.
이 두 지문 안에 담겨 있는 정도의 원리는 배경지식으로 내 머릿속에 '저장'해 두자.
지문 첫 문단쯤에서 개념 정보 쫙 펼쳐 준 다음에,
복잡한 원리, 방법 설명해 주고,
매너 있게 살짝 사례 좀 들어서 설명해 주신 후,
문제의 <보기> 속에 구체적인 사례, 수치들·수학적 공식들 막 적용되는 그런 사례를 딱! 넣어 놓은 뒤,
'윗글을 바탕으로 <보기>를 이해'하라며, '이해하면 [3점] 줄게!'
하는 그런 문제, 나만 익숙하니?

맨날 보는 거잖아. 근데 피하기만 하니까 맨날 틀리고 속상하잖아.
그러니까 집중해서 대비 시작!

[22~25] 다음 글을 읽고 물음에 답하시오.

✻ 걸린 시간:　　분　　초

통화 정책은 중앙은행이 물가 안정과 같은 경제적 목적의 달성을 위해 이자율이나 통화량을 조절하는 것이다. 대표적인 통화 정책 수단인 '공개 시장 운영'은 중앙은행이 민간 금융 기관을 상대로 채권을 매매해 금융 시장의 이자율을 정책적으로 결정한 기준 금리 수준으로 접근시키는 것이다. 중앙은행이 채권을 매수하면 이자율은 하락하고, 채권을 매도하면 이자율은 상승한다. 이자율이 하락하면 소비와 투자가 확대되어 경기가 활성화되고 물가 상승률이 오르며, 이자율이 상승하면 경기가 위축되고 물가 상승률이 떨어진다. 이와 같이 공개 시장 운영의 영향은 경제 전반에 ⓐ파급된다.

중앙은행의 통화 정책이 의도한 효과를 얻기 위한 요건 중에는 '선제성'과 '정책 신뢰성'이 있다. 먼저 통화 정책이 선제적이라는 것은 중앙은행이 경제 변동을 예측해 이에 미리 대처한다는 것이다. 기준 금리를 결정하고 공개 시장 운영을 실시하여 그 효과가 실제로 나타날 때까지는 시차가 발생하는데 이를 '정책 외부 시차'라 하며, 이 때문에 선제성이 문제가 된다. 예를 들어 중앙은행이 경기 침체 국면에 들어서야 비로소 기준 금리를 인하한다면, 정책 외부 시차로 인해 경제가 스스로 침체 국면을 벗어난 다음에야 정책 효과가 ⓑ발현될 수도 있다. 이 경우 경기 과열과 같은 부작용이 ⓒ수반될 수 있다. 따라서 중앙은행은 통화 정책을 선제적으로 운용하는 것이 바람직하다.

또한 통화 정책은 민간의 신뢰가 없이는 성공을 거둘 수 없다. 따라서 중앙은행은 정책 신뢰성이 손상되지 않게 ⓓ유의해야 한다. 그런데 어떻게 통화 정책이 민간의 신뢰를 얻을 수 있는지에 대해서는 견해 차이가 있다. 경제학자 프리드먼은 중앙은행이 특정한 정책 목표나 운용 방식을 '준칙'으로 삼아 민간에 약속하고 어떤 상황에서도 이를 지키는 ㉠'준칙주의'를 주장한다. 가령 중앙은행이 물가 상승률 목표치를 민간에 약속했다고 하자. 민간이 이 약속을 신뢰하면 물가 불안 심리가 진정된다. 그런데 물가가 일단 안정되고 나면 중앙은행으로서는 이제 경기를 ⓔ부양하는 것도 고려해 볼 수 있다. 문제는 민간이 이 비일관성을 인지하면 중앙은행에 대한 신뢰가 훼손된다는 점이다. 준칙주의자들은 이런 경우에 중앙은행이 애초의 약속을 일관되게 지키는 편이 바람직하다고 주장한다.

그러나 민간이 사후적인 결과만으로는 중앙은행이 준칙을 지키려 했는지 판단하기 어렵고, 중앙은행에 준칙을 지킬 것을 강제할 수 없는 것도 사실이다. 준칙주의와 대비되는 ㉡'재량주의'에서는 경제 여건 변화에 따른 신축적인 정책 대응을 지지하며 준칙주의의 엄격한 실천은 현실적으로 어렵다고 본다. 아울러 준칙주의가 최선인지에 대해서도 물음을 던진다. 예상보다 큰 경제 변동이 있으면 사전에 정해 둔 준칙이 장애물이 될 수 있기 때문이다. 정책 신뢰성은 중요하지만, 이를 위해 중앙은행이 반드시 준칙에 얽매일 필요는 없다는 것이다.

22.

윗글에서 사용한 설명 방식에 해당하지 **않는** 것은?

① 통화 정책의 목적을 유형별로 나누어 제시하고 있다.
② 통화 정책에서 선제적 대응의 필요성을 예를 들어 설명하고 있다.
③ 공개 시장 운영이 경제 전반에 영향을 미치는 과정을 인과적으로 설명하고 있다.
④ 관련된 주요 용어의 정의를 바탕으로 통화 정책의 대표적인 수단을 설명하고 있다.
⑤ 통화 정책의 신뢰성 확보를 위해 준칙을 지켜야 하는지에 대한 두 견해의 차이를 드러내고 있다.

23.

윗글을 바탕으로 〈보기〉를 이해할 때 '경제학자 병'이 제안한 내용으로 가장 적절한 것은? [3점]

───〈보기〉───

어떤 가상의 경제에서 20○○년 1월 1일부터 9월 30일까지 3개 분기 동안 중앙은행의 기준 금리가 4%로 유지되는 가운데 다양한 물가 변동 요인의 영향으로 물가 상승률은 아래 표와 같이 나타났다. 단, 각 분기의 물가 변동 요인은 서로 관련이 없다고 한다.

기간	1/1~3/31	4/1~6/30	7/1~9/30
	1분기	2분기	3분기
물가 상승률	2%	3%	3%

경제학자 병은 1월 1일에 위 표의 내용을 예측할 수 있었고 국민들의 생활 안정을 위해 물가 상승률을 매 분기 2%로 유지해야 한다고 주장하였다. 이를 위해 다음 사항을 고려한 선제적 통화 정책을 제안했으나 받아들여지지 않았다.

[경제학자 병의 고려 사항]
기준 금리가 4%로부터 1.5%p*만큼 변하면 물가 상승률은 위 표의 각 분기 값을 기준으로 1%p만큼 달라지며, 기준 금리 조정과 공개 시장 운영은 1월 1일과 4월 1일에 수행된다. 정책 외부 시차는 1개 분기이며 기준 금리 조정에 따른 물가 상승률 변동 효과는 1개 분기 동안 지속된다.

*%p는 퍼센트 간의 차이를 말한다. 예를 들어 1%에서 2%로 변화하면 이는 1%p 상승한 것이다.

① 중앙은행은 기준 금리를 1월 1일에 2.5%로 인하하고 4월 1일에도 이를 2.5%로 유지해야 한다.
② 중앙은행은 기준 금리를 1월 1일에 2.5%로 인하하고 4월 1일에는 이를 4%로 인상해야 한다.
③ 중앙은행은 기준 금리를 1월 1일에 4%로 유지하고 4월 1일에는 이를 5.5%로 인상해야 한다.
④ 중앙은행은 기준 금리를 1월 1일에 5.5%로 인상하고 4월 1일에는 이를 4%로 인하해야 한다.
⑤ 중앙은행은 기준 금리를 1월 1일에 5.5%로 인상하고 4월 1일에도 이를 5.5%로 유지해야 한다.

24.

윗글의 ㉠과 ㉡에 대한 설명으로 가장 적절한 것은?

① ㉠에서는 중앙은행이 정책 운용에 관한 준칙을 지키느라 경제 변동에 신축적인 대응을 못해도 이를 바람직하다고 본다.
② ㉡에서는 중앙은행이 스스로 정한 준칙을 지키는 것은 얼마든지 가능하다고 본다.
③ ㉠에서는 ㉡과 달리, 정책 운용에 관한 준칙을 지키지 않아도 민간의 신뢰를 확보할 수 있다고 본다.
④ ㉡에서는 ㉠과 달리, 통화 정책에서 민간의 신뢰 확보를 중요하게 여기지 않는다.
⑤ ㉡에서는 ㉠과 달리, 경제 상황 변화에 대한 통화 정책의 탄력적 대응이 효과적이지 않다고 본다.

25.

ⓐ~ⓔ의 문맥적 의미를 활용하여 만든 문장으로 적절하지 **않은** 것은?

① ⓐ: 그의 노력으로 소비자 운동이 전국적으로 <u>파급</u>되었다.
② ⓑ: 의병 활동은 민중의 애국 애족 의식이 <u>발현</u>한 것이다.
③ ⓒ: 이 질병은 구토와 두통 증상을 <u>수반</u>하는 경우가 많다.
④ ⓓ: 기온과 습도가 높은 요즘 건강관리에 <u>유의</u>해야 한다.
⑤ ⓔ: 장남인 그가 늙으신 부모와 어린 동생들을 <u>부양</u>하고 있다.

[23] 다음 글을 읽고 물음에 답하시오.

통화 정책은 중앙은행이 물가 안정과 같은 경제적 목적의 달성을 위해 이자율이나 통화량을 조절하는 것이다. 대표적인 통화 정책 수단인 '공개 시장 운영'은 중앙은행이 민간 금융 기관을 상대로 채권을 매매해 금융 시장의 이자율을 정책적으로 결정한 기준 금리 수준으로 접근시키는 것이다. 중앙은행이 채권을 매수하면 이자율은 하락하고, 채권을 매도하면 이자율은 상승한다. 이자율이 하락하면 소비와 투자가 확대되어 경기가 활성화되고 물가 상승률이 오르며, 이자율이 상승하면 경기가 위축되고 물가 상승률이 떨어진다. 이와 같이 공개 시장 운영의 영향은 경제 전반에 파급된다.

중앙은행의 통화 정책이 의도한 효과를 얻기 위한 요건 중에는 '선제성'과 '정책 신뢰성'이 있다. 먼저 통화 정책이 선제적이라는 것은 중앙은행이 경제 변동을 예측해 이에 미리 대처한다는 것이다. 기준 금리를 결정하고 공개 시장 운영을 실시하여 그 효과가 실제로 나타날 때까지는 시차가 발생하는데 이를 '정책 외부 시차'라 하며, 이 때문에 선제성이 문제가 된다. 예를 들어 중앙은행이 경기 침체 국면에 들어서야 비로소 기준 금리를 인하한다면, 정책 외부 시차로 인해 경제가 스스로 침체 국면을 벗어난 다음에야 정책 효과가 발현될 수도 있다. 이 경우 경기 과열과 같은 부작용이 수반될 수 있다. 따라서 중앙은행은 통화 정책을 선제적으로 운용하는 것이 바람직하다.

me
mo

23. 윗글을 바탕으로 〈보기〉를 이해할 때 '경제학자 병'이 제안한 내용으로 가장 적절한 것은? [3점]

─〈보기〉─

어떤 가상의 경제에서 20○○년 1월 1일부터 9월 30일까지 3개 분기 동안 **중앙은행의 기준 금리가 4%로 유지**되는 가운데 다양한 물가 변동 요인의 영향으로 물가 상승률은 아래 표와 같이 나타났다. 단, 각 분기의 물가 변동 요인은 서로 관련이 없다고 한다.

기간	1/1~3/31	4/1~6/30	7/1~9/30
	1분기	2분기	3분기
물가 상승률	2%	3%	3%

경제학자 병은 1월 1일에 위 표의 내용을 **예측할 수 있었**고 국민들의 생활 안정을 위해 **물가 상승률을 매 분기 2%로 유지해야 한다**고 주장하였다. 이를 위해 다음 사항을 고려한 **선제적 통화 정책을 제안**했으나 받아들여지지 않았다.

[경제학자 병의 고려 사항]
기준 금리가 4%로부터 1.5%p*만큼 변하면 / **물가 상승률**은 위 표의 각 분기 값을 기준으로 1%p만큼 달라지며, **기준 금리 조정과 공개 시장 운영**은 / 1월 1일과 4월 1일에 수행된다. 정책 외부 시차는/1개 분기이며 **기준 금리 조정에 따른 물가 상승률 변동 효과**는 / 1개 분기 동안 지속된다.

*%p는 퍼센트 간의 차이를 말한다. 예를 들어 1%에서 2%로 변화하면 이는 1%p 상승한 것이다.

분석 대상

  ① 중앙은행은 기준 금리를 1월 1일에 2.5%로 인하하고 4월 1일에도 이를 2.5%로 유지해야 한다.

 check
⋯⋯⋯⋯⋯⋯⋯⋯⋯⋯⋯⋯⋯⋯⋯⋯⋯⋯⋯⋯⋯⋯⋯⋯⋯⋯⋯⋯⋯⋯⋯

  ② 중앙은행은 기준 금리를 1월 1일에 2.5%로 인하하고 4월 1일에는 이를 4%로 인상해야 한다.

 check
⋯⋯⋯⋯⋯⋯⋯⋯⋯⋯⋯⋯⋯⋯⋯⋯⋯⋯⋯⋯⋯⋯⋯⋯⋯⋯⋯⋯⋯⋯⋯

  ③ 중앙은행은 기준 금리를 1월 1일에 4%로 유지하고 4월 1일에는 이를 5.5%로 인상해야 한다.

 check
⋯⋯⋯⋯⋯⋯⋯⋯⋯⋯⋯⋯⋯⋯⋯⋯⋯⋯⋯⋯⋯⋯⋯⋯⋯⋯⋯⋯⋯⋯⋯

  ④ 중앙은행은 기준 금리를 1월 1일에 5.5%로 인상하고 4월 1일에는 이를 4%로 인하해야 한다.

 check
⋯⋯⋯⋯⋯⋯⋯⋯⋯⋯⋯⋯⋯⋯⋯⋯⋯⋯⋯⋯⋯⋯⋯⋯⋯⋯⋯⋯⋯⋯⋯

⑤ 중앙은행은 기준 금리를 1월 1일에 5.5%로 인상하고 4월 1일에도 이를 5.5%로 유지해야 한다.

 check
⋯⋯⋯⋯⋯⋯⋯⋯⋯⋯⋯⋯⋯⋯⋯⋯⋯⋯⋯⋯⋯⋯⋯⋯⋯⋯⋯⋯⋯⋯⋯

[27~32] 다음 글을 읽고 물음에 답하시오.   ✱걸린 시간: 분   초

정부는 국민 생활에 영향을 미치는 활동의 총체인 정책의 목표를 효과적으로 달성하기 위해 정책 수단의 특성을 고려하여 정책을 수행한다. 정책 수단은 강제성, 직접성, 자동성, 가시성의 ㉮네 가지 측면에서 다양한 특성을 갖는다. 강제성은 정부가 개인이나 집단의 행위를 제한하는 정도로서, 유해 식품 판매 규제는 강제성이 높다. 직접성은 정부가 공공 활동의 수행과 재원 조달에 직접 관여하는 정도를 의미한다. 정부가 정책을 직접 수행하지 않고 민간에 위탁하여 수행하게 하는 것은 직접성이 낮다. 자동성은 정책을 수행하기 위해 별도의 행정 기구를 설립하지 않고 기존의 조직을 활용하는 정도를 말한다. 전기 자동차 보조금 제도를 기존의 시청 환경과에서 시행하는 것은 자동성이 높다. 가시성은 예산 수립 과정에서 정책을 수행하기 위한 재원이 명시적으로 드러나는 정도이다. 일반적으로 사회 규제의 정도를 조절하는 것은 예산 지출을 수반하지 않으므로 가시성이 낮다.

정책 수단 선택의 사례로 환율과 관련된 경제 현상을 살펴보자. 외국 통화에 대한 자국 통화의 교환 비율을 의미하는 환율은 장기적으로 한 국가의 생산성과 물가 등 기초 경제 여건을 반영하는 수준으로 수렴된다. 그러나 단기적으로 환율은 이와 ⓐ괴리되어 움직이는 경우가 있다. 만약 환율이 예상과는 다른 방향으로 움직이거나 또는 비록 예상과 같은 방향으로 움직이더라도 변동 폭이 예상보다 크게 나타날 경우 경제 주체들은 과도한 위험에 ⓑ노출될 수 있다. 환율이나 주가 등 경제 변수가 단기에 지나치게 상승 또는 하락하는 현상을 오버슈팅(overshooting)이라고 한다. 이러한 오버슈팅은 물가 경직성 또는 금융 시장 변동에 따른 불안 심리 등에 의해 촉발되는 것으로 알려져 있다. 여기서 물가 경직성은 시장에서 가격이 조정되기 어려운 정도를 의미한다.

물가 경직성에 따른 환율의 오버슈팅을 이해하기 위해 통화를 금융 자산의 일종으로 보고 경제 충격에 대해 장기와 단기에 환율이 어떻게 조정되는지 알아보자. 경제에 충격이 발생할 때 물가나 환율은 충격을 흡수하는 조정 과정을 거치게 된다. 물가는 단기에는 장기 계약 및 공공요금 규제 등으로 인해 경직적이지만 장기에는 신축적으로 조정된다. 반면 환율은 단기에서도 신축적인 조정이 가능하다. 이러한 물가와 환율의 조정 속도 차이가 오버슈팅을 초래한다. 물가와 환율이 모두 신축적으로 조정되는 장기에서의 환율은 구매력 평가설에 의해 설명되는데, 이에 의하면 장기의 환율은 자국 물가 수준을 외국 물가 수준으로 나눈 비율로 나타나며, 이를 균형 환율로 본다. 가령 국내 통화량이 증가하여 유지될 경우 장기에서는 자국 물가도 높아져 장기의 환율은 상승한다. 이때 통화량을 물가로 나눈 실질 통화량은 변하지 않는다.

그런데 단기에는 물가의 경직성으로 인해 구매력 평가설에 기초한 환율과는 다른 움직임이 나타나면서 오버슈팅이 발생할 수 있다. 가령 국내 통화량이 증가하여 유지될 경우, 물가가 경직적이어서 ㉠실질 통화량은 증가하고 이에 따라 시장 금리는 하락한다. 국가 간 자본 이동이 자유로운 상황에서, ㉡시장 금리 하락은 투자의 기대 수익률 하락으로 이어져, 단기성 외국인 투자 자금이 해외로 빠져나가거나 신규 해외 투자

[가]

자금 유입을 위축시키는 결과를 ⓒ초래한다. 이 과정에서 자국 통화의 가치는 하락하고 ㉢환율은 상승한다. 통화량의 증가로 인한 효과는 물가가 신축적인 경우에 예상되는 환율 상승에, 금리 하락에 따른 자금의 해외 유출이 유발하는 추가적인 환율 상승이 더해진 것으로 나타난다. 이러한 추가적인 상승 현상이 환율의 오버슈팅인데, 오버슈팅의 정도 및 지속성은 물가 경직성이 클수록 더 크게 나타난다. 시간이 경과함에 따라 물가가 상승하여 실질 통화량이 원래 수준으로 돌아오고 해외로 유출되었던 자금이 시장 금리의 반등으로 국내로 ⓓ복귀하면서, 단기에 과도하게 상승했던 환율은 장기에는 구매력 평가설에 기초한 환율로 수렴된다.

단기의 환율이 기초 경제 여건과 괴리되어 과도하게 급등락하거나 균형 환율 수준으로부터 장기간 이탈하는 등의 문제가 심화되는 경우를 예방하고 이에 대처하기 위해 정부는 다양한 정책 수단을 동원한다. 오버슈팅의 원인인 물가 경직성을 완화하기 위한 정책 수단 중 강제성이 낮은 사례로는 외환의 수급 불균형 해소를 위해 관련 정보를 신속하고 정확하게 공개하거나, 불필요한 가격 규제를 축소하는 것을 들 수 있다. 한편 오버슈팅에 따른 부정적 파급 효과를 완화하기 위해 정부는 환율 변동으로 가격이 급등한 수입 필수 품목에 대한 세금을 조절함으로써 내수가 급격히 위축되는 것을 방지하려고 하기도 한다. 또한 환율 급등락으로 인한 피해에 대비하여 수출입 기업에 환율 변동 보험을 제공하거나, 외화 차입 시 지급 보증을 제공하기도 한다. 이러한 정책 수단은 직접성이 높은 특성을 가진다. 이와 같이 정부는 기초 경제 여건을 반영한 환율의 추세는 용인하되, 사전적 또는 사후적인 **미세 조정 정책 수단**을 활용하여 환율의 단기 급등락에 따른 위험으로부터 실물 경제와 금융 시장의 안정을 ⓔ도모하는 정책을 수행한다.

27.

윗글에 대한 이해로 적절하지 **않은** 것은?

① 국내 통화량이 증가하여 유지될 경우 장기에는 실질 통화량이 변하지 않으므로 장기의 환율도 변함이 없을 것이다.

② 물가가 신축적인 경우가 경직적인 경우에 비해 국내 통화량 증가에 따른 국내 시장 금리 하락 폭이 작을 것이다.

③ 물가 경직성에 따른 환율의 오버슈팅은 물가의 조정 속도보다 환율의 조정 속도가 빠르기 때문에 발생하는 것이다.

④ 환율의 오버슈팅이 발생한 상황에서 외국인 투자 자금이 국내 시장 금리에 민감하게 반응할수록 오버슈팅 정도는 커질 것이다.

⑤ 환율의 오버슈팅이 발생한 상황에서 물가 경직성이 클수록 구매력 평가설에 기초한 환율로 수렴되는 데 걸리는 기간이 길어질 것이다.

28.

㉮를 바탕으로 정책 수단의 특성을 이해한 것으로 가장 적절한 것은?

① 다자녀 가정에 출산 장려금을 지급하는 것은, 불법 주차 차량에 과태료를 부과하는 것보다 강제성이 높다.
② 전기 제품 안전 규제를 강화하는 것은, 학교 급식을 제공하기 위한 재원을 정부 예산에 편성하는 것보다 가시성이 높다.
③ 문화재를 발견하여 신고할 경우 포상금을 주는 것은, 자연 보존 지역에서 개발 행위를 금지하는 것보다 강제성이 높다.
④ 쓰레기 처리를 민간 업체에 맡겨서 수행하게 하는 것은, 정부 기관에서 주민등록 관련 행정 업무를 수행하는 것보다 직접성이 높다.
⑤ 담당 부서에서 문화 소외 계층에 제공하던 복지 카드의 혜택을 늘리는 것은, 전담 부처를 신설하여 상수원 보호 구역을 감독하는 것보다 자동성이 높다.

29.

윗글을 바탕으로 할 때, 〈보기〉의 'A국' 경제 상황에 대한 '경제학자 갑'의 견해를 추론한 것으로 적절하지 **않은** 것은?

─── 〈보기〉 ───

A국 경제학자 갑은 자국의 최근 경제 상황을 다음과 같이 진단했다.

금융 시장 불안의 여파로 A국의 주식, 채권 등 금융 자산의 가격 하락에 대한 우려가 확산되면서 안전 자산으로 인식되는 B국의 채권에 대한 수요가 증가하고 있다. 이로 인해 외환 시장에서는 A국에 투자되고 있던 단기성 외국인 자금이 B국으로 유출되면서 A국의 환율이 급등하고 있다.

B국에서는 해외 자금 유입에 따른 통화량 증가로 B국의 시장 금리가 변동할 것으로 예상된다. 이에 따라 A국의 환율 급등은 향후 다소 진정될 것이다. 또한 양국 간 교역 및 금융 의존도가 높은 현실을 감안할 때, A국의 환율 상승은 수입품의 가격 상승 등에 따른 부작용을 초래할 것으로 예상되지만 한편으로는 수출이 증대되는 효과도 있다. 그러므로 정부는 시장 개입을 가능한 한 자제하고 환율이 시장 원리에 따라 자율적으로 균형 환율 수준으로 수렴되도록 두어야 한다.

① A국에 환율의 오버슈팅이 발생한 상황에서 B국의 시장 금리가 하락한다면 오버슈팅의 정도는 커질 것이다.
② A국에 환율의 오버슈팅이 발생하였다면 이는 금융 시장 변동에 따른 불안 심리에 의해 촉발된 것으로 볼 수 있다.
③ A국에 환율의 오버슈팅이 발생할지라도 시장의 조정을 통해 환율이 장기에는 균형 환율 수준에 도달할 수 있을 것이다.
④ A국의 환율 상승이 수출을 증대시키는 긍정적인 효과도 동반하므로 A국의 정책 당국은 외환 시장 개입에 신중해야 한다.
⑤ A국의 환율 상승은 B국으로부터 수입하는 상품의 가격을 인상시킴으로써 A국의 내수를 위축시키는 결과를 초래할 수 있다.

30.

〈보기〉에 제시된 그래프의 세로축 a, b, c는 [가]의 ㉠~㉢과 하나씩 대응된다. 이를 바르게 짝지은 것은? [3점]

─── 〈보기〉 ───

다음 그래프들은 [가]에서 국내 통화량이 t 시점에서 증가하여 유지된 경우 예상되는 ㉠~㉢의 시간에 따른 변화를 순서 없이 나열한 것이다.

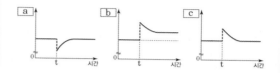

(단, t 시점 근처에서 그래프의 형태는 개략적으로 표현하였으며, t 시점 이전에는 모든 경제 변수들의 값이 일정한 수준에서 유지되어 왔다고 가정한다. 장기 균형으로 수렴되는 기간은 변수마다 상이하다.)

	㉠	㉡	㉢
①	a	c	b
②	b	a	c
③	b	c	a
④	c	a	b
⑤	c	b	a

31.

미세 조정 정책 수단 의 사례로 적절하지 **않은** 것은?

① 예기치 못한 외환 손실에 대비한 환율 변동 보험을 수출 주력 중소기업에 제공한다.
② 원유와 같이 수입 의존도가 높은 상품의 경우 해당 상품에 적용하는 세율을 환율 변동에 따라 조정한다.
③ 환율의 급등락으로 금융 시장이 불안정할 경우 해외 자금 유출과 유입을 통제하여 환율의 추세를 바꾼다.
④ 환율 급등으로 수입 물가가 가파르게 상승했을 때, 수입 대금 지급을 위해 외화를 빌리는 수입 업체에 지급 보증을 제공한다.
⑤ 수출입 기업을 대상으로 국내외 금리 변동, 해외 투자 자금 동향 등 환율 변동에 영향을 주는 요인들에 대한 정보를 제공한다.

32.

문맥상 ⓐ~ⓔ와 바꿔 쓰기에 적절하지 **않은** 것은?

① ⓐ: 동떨어져
② ⓑ: 드러낼
③ ⓒ: 불러온다
④ ⓓ: 되돌아오면서
⑤ ⓔ: 꾀하는

[29] 다음 글을 읽고 물음에 답하시오.

정책 수단 선택의 사례로 환율과 관련된 경제 현상을 살펴보자. 외국 통화에 대한 자국 통화의 교환 비율을 의미하는 환율은 장기적으로 한 국가의 생산성과 물가 등 기초 경제 여건을 반영하는 수준으로 수렴된다. 그러나 단기적으로 환율은 이와 괴리되어 움직이는 경우가 있다. 만약 환율이 예상과는 다른 방향으로 움직이거나 또는 비록 예상과 같은 방향으로 움직이더라도 변동 폭이 예상보다 크게 나타날 경우 경제 주체들은 과도한 위험에 노출될 수 있다. 환율이나 주가 등 경제 변수가 단기에 지나치게 상승 또는 하락하는 현상을 오버슈팅(overshooting)이라고 한다. 이러한 오버슈팅은 물가 경직성 또는 금융 시장 변동에 따른 불안 심리 등에 의해 촉발되는 것으로 알려져 있다. 여기서 물가 경직성은 시장에서 가격이 조정되기 어려운 정도를 의미한다.

물가 경직성에 따른 환율의 오버슈팅을 이해하기 위해 통화를 금융 자산의 일종으로 보고 경제 충격에 대해 장기와 단기에 환율이 어떻게 조정되는지 알아보자. 경제에 충격이 발생할 때 물가나 환율은 충격을 흡수하는 조정 과정을 거치게 된다. 물가는 단기에는 장기 계약 및 공공요금 규제 등으로 인해 경직적이지만 장기에는 신축적으로 조정된다. 반면 환율은 단기에서도 신축적인 조정이 가능하다. 이러한 물가와 환율의 조정 속도 차이가 오버슈팅을 초래한다. 물가와 환율이 모두 신축적으로 조정되는 장기에서의 환율은 구매력 평가설에 의해 설명되는데, 이에 의하면 장기의 환율은 자국 물가 수준을 외국 물가 수준으로 나눈 비율로 나타나며, 이를 균형 환율로 본다. 가령 국내 통화량이 증가하여 유지될 경우 장기에서는 자국 물가도 높아져 장기의 환율은 상승한다. 이때 통화량을 물가로 나눈 실질 통화량은 변하지 않는다.

그런데 단기에는 물가의 경직성으로 인해 구매력 평가설에 기초한 환율과는 다른 움직임이 나타나면서 오버슈팅이 발생할 수 있다. 가령 국내 통화량이 증가하여 유지될 경우, 물가가 경직적이어서 실질 통화량은 증가하고 이에 따라 시장 금리는 하락한다. 국가 간 자본 이동이 자유로운 상황에서, 시장 금리 하락은 투자의 기대 수익률 하락으로 이어져, 단기성 외국인 투자 자금이 해외로 빠져나가거나 신규 해외 투자 자금 유입을 위축시키는 결과를 초래한다. 이 과정에서 자국 통화의 가치는 하락하고 환율은 상승한다. 통화량의 증가로 인한 효과는 물가가 신축적인 경우에 예상되는 환율 상승에, 금리 하락에 따른 자금의 해외 유출이 유발하는 추가적인 환율 상승이 더해진 것으로 나타난다. 이러한 추가적인 상승 현상이 환율의 오버슈팅인데, 오버슈팅의 정도 및 지속성은 물가 경직성이 클수록 더 크게 나타난다. 시간이 경과함에 따라 물가가 상승하여 실질 통화량이 원래 수준으로 돌아오고 해외로 유출되었던 자금이 시장 금리의 반등으로 국내로 복귀하면서, 단기에 과도하게 상승했던 환율은 장기에는 구매력 평가설에 기초한 환율로 수렴된다.

오답률 1위 73.0%

29. 윗글을 바탕으로 할 때, 〈보기〉의 'A국' 경제 상황에 대한 '경제학자 갑'의 견해를 추론한 것으로 적절하지 **않은** 것은?

─── 〈보기〉 ───

　A국 경제학자 갑은 자국의 최근 경제 상황을 다음과 같이 진단했다.

　금융 시장 불안의 여파로 A국의 주식, 채권 등 금융 자산의 가격 하락에 대한 우려가 확산되면서 안전 자산으로 인식되는 **B국의 채권에 대한 수요가 증가**하고 있다. 이로 인해 외환 시장에서는 A국에 투자되고 있던 단기성 외국인 자금이 B국으로 유출되면서 **A국의 환율이 급등**하고 있다.

　B국에서는 해외 자금 유입에 따른 **통화량 증가**로 B국의 시장 금리가 변동할 것으로 예상된다. 이에 따라 **A국의 환율 급등은 향후 다소 진정**될 것이다. 또한 양국 간 교역 및 금융 의존도가 높은 현실을 감안할 때, **A국의 환율 상승**은 수입품의 가격 상승 등에 따른 부작용을 초래할 것으로 예상되지만 한편으로는 **수출이 증대**되는 효과도 있다. 그러므로 정부는 시장 개입을 가능한 한 자제하고 환율이 시장 원리에 따라 자율적으로 균형 환율 수준으로 수렴되도록 두어야 한다.

분석 대상

선택률 27.0%　★①　A국에 환율의 오버슈팅이 발생한 상황에서 B국의 시장 금리가 하락한다면 / 오버슈팅의 정도는 커질 것이다.

check

정답!

선택률 8.4%　②　A국에 환율의 오버슈팅이 발생하였다면 / 이는 금융 시장 변동에 따른 불안 심리에 의해 촉발된 것으로 볼 수 있다.

check

선택률 18.5%　★③　A국에 환율의 오버슈팅이 발생할지라도 / 시장의 조정을 통해 환율이 장기에는 균형 환율 수준에 도달할 수 있을 것이다.

check

매력적인 오답

선택률 18.0%　★④　A국의 환율 상승이 수출을 증대시키는 긍정적인 효과도 동반하므로 / A국의 정책 당국은 외환 시장 개입에 신중해야 한다.

check

매력적인 오답

선택률 22.8%　★④　A국의 환율 상승은 B국으로부터 수입하는 상품의 가격을 인상시킴으로써 / A국의 내수를 위축시키는 결과를 초래할 수 있다.

check

매력적인 오답

Self Check

YES?

1. 사례 적용 문제 해결은 일단 정확한 개념 이해로부터 시작된다. 〈정보 확인〉　◯

2. 15강에서 분석한 두 지문의 내용은 배경지식으로 확보해 둔다. 〈배경지식〉　◯

3. 지문에 상당히 구체적인 사례를 제시하고 있다면, 그건 문제로 꼭 나온다는 걸 안다. 〈출제 요소〉　◯

4. My Check point:　◯

과거에서 온 미래,
힘이 되는
선배들의 이야기

너에게서 온 편지

선생님 덕분에 제가 다시 일어설 수 있었어요.

고등학교 2학년 때까지 저는 항상 국어 모의고사 4~5등급을 받던 학생이었습니다. 그래서 다른 친구들에게 "넌 수능 보면 절대 안 되겠다. 최저도 힘들겠다." 이런 식의 무시를 당해 왔어요. 그래서 많이 위축된 학교생활을 보내고 있었습니다. 하지만 고3이 되고 최저 때문에 절망하기보다는 절 무시했던 친구들에게 보여 주고 싶었어요. 제가 할 수 있다는 사실을요.

그래서 선생님의 개념의 나비효과를 듣고 워크북도 매일매일 풀면서 선생님이 알려 주신 커리큘럼에 따라 공부를 했고 모의고사를 봤어요. 그 결과 제가 1등급이 덜컥 나와 버린 거예요!! 운일지 몰라도 저는 너무 기뻤어요. '내 한계는 아직 오지 않았구나.' 더 열심히 해서 혜정 쌤의 부끄럽지 않은 제자가 되고 싶었어요. 그 뒤로는 국어 공부가 너무 재미있고, 틀려도 내가 왜 틀렸는지 분석해 나가며 이제는 모의고사를 보면 1~2등급이 고정으로 나오게 됐습니다. ㅎㅎ

선생님께서 강의 중간중간마다 "할 수 있어, 너희들은. ㅎㅎ" 이런 말씀을 하실 때마다 눈물이 날 정도로 선생님의 한마디 한마디가 제게 힘이 되었습니다.

앞으로도 잘 부탁드리고 혹시 이 강의를 듣는 친구들 중에 '내가 할 수 있을까?'라는 두려움을 가지고 있는 아이들이 있다면 "넌 아직 끝나지 않았어. 조금만 힘내서 이겨 내자."라고 말하고 싶네요. ㅎㅎ

절 이렇게 성장시켜 주셔서 감사합니다, 선생님!! 사랑해요~ ㅎㅎ

제 16 강

과학 기출 Pick

#038 ~ #039

항상 명심해야 하는 건
이건 물리학 시험도, 생물학 시험도, 화학 시험도, 지구 과학 시험도 아니란 거야.
과학 관련 제재를 설명한 다음 글을 읽고 물음에 답하는 국어 시험이라고.
제한된 수능 시험 시간에 과학 '탐구' 생활을 하고 있으면 안 된다고.
주어진 지문의 테두리 안의 정보들만을 바탕으로 정보를 확인하고 추론 및 적용하는 연습을 해야 한다.
정보들 간의 관계를 파악하고, 정보들의 재진술과 대응을 확인할 수 있어야 돼.
추상적 설명보다는 구체적인 기출문제들로 연습해 보자. ^-^

☑ 과학 문제 풀 때, 명심하자!

1. 개념을 정의한 정보에 주목하기 ▶▶▶ 개념을 정의해 놓은 정보가 실마리다. ⬜

2. 사례로 제공되는 정보 챙기기 ▶▶▶ 사례는 문제를 위해 존재한다. ⬜

3. 수식어로 제공되는 정보 챙기기 ▶▶▶ 개념 정의, 대상의 특징은 수식어구로 제시될 때가 많다. ⬜

4. 재진술, 어휘를 교체하여 전달하는 정보 알아차리기 ▶▶▶ 선지에서만 재진술하는 게 아니다. ⬜

5. 구체적인 수치, 수학적 공식이 등장하면 집중하기 ▶▶▶ 문제로 나온다. ⬜

[37~42] 다음 글을 읽고 물음에 답하시오.

✖ 걸린 시간: 분   초

우리는 한 대의 자동차는 개체라고 하지만 바닷물을 개체라고 하지는 않는다. 어떤 부분들이 모여 하나의 개체를 ⓐ이룬다고 할 때 이를 개체라고 부를 수 있는 조건은 무엇일까? 일단 부분들 사이의 유사성은 개체성의 조건이 될 수 없다. 가령 일란성 쌍둥이인 두 사람은 DNA 염기 서열과 외모도 같지만 동일한 개체는 아니다. 그래서 부분들의 강한 유기적 상호작용이 그 조건으로 흔히 제시된다. 하나의 개체를 구성하는 부분들은 외부 존재가 개체에 영향을 주는 것과는 비교할 수 없이 강한 방식으로 서로 영향을 주고받는다.

상이한 시기에 존재하는 두 대상을 동일한 개체로 판단하는 조건도 물을 수 있다. 그것은 두 대상 사이의 인과성이다. 과거의 '나'와 현재의 '나'를 동일하다고 볼 수 있는 것은 강한 인과성이 존재하기 때문이다. 과거의 '나'와 현재의 '나'는 세포 분열로 세포가 교체되는 과정을 통해 인과적으로 연결되어 있다. 또 '나'가 세포 분열을 통해 새로운 개체를 생성할 때도 '나'와 '나의 후손'은 인과적으로 연결되어 있다. 비록 '나'와 '나의 후손'은 동일한 개체는 아니지만 '나'와 다른 개체들 사이에 비해 더 강한 인과성으로 연결되어 있다.

개체성에 대한 이러한 철학적 질문은 생물학에서도 중요한 연구 주제가 된다. 생명체를 구성하는 단위는 세포이다. 세포는 생명체의 고유한 유전 정보가 담긴 DNA를 가지며 이를 복제하여 증식하고 번식하는 과정을 통해 자신의 DNA를 후세에 전달한다. 세포는 사람과 같은 진핵생물의 진핵세포와, 박테리아나 고세균과 같은 원핵생물의 원핵세포로 구분된다. 진핵세포는 세포질에 막으로 둘러싸인 핵이 ⓑ있고 그 안에 DNA가 있지만, 원핵세포는 핵이 없다. 또한 진핵세포의 세포질에는 막으로 둘러싸인 여러 종류의 세포 소기관이 있으며, 그중 미토콘드리아는 세포 활동에 필요한 생체 에너지를 생산하는 기관이다. 대부분의 진핵세포는 미토콘드리아를 필수적으로 ⓒ가지고 있다.

이러한 미토콘드리아가 원래 박테리아의 한 종류인 원생미토콘드리아였다는 이론이 20세기 초에 제기되었다. 공생발생설 또는 세포 내 공생설이라고 불리는 이 이론에서는 두 원핵생물 간의 공생 관계가 지속되면서 진핵세포를 가진 진핵생물이 탄생했다고 설명한다. 공생은 서로 다른 생명체가 함께 살아가는 것을 말하며, 서로 다른 생명체를 가정하는 것은 어느 생명체의 세포 안에서 다른 생명체가 공생하는 '내부 공생'에서도 마찬가지이다. ㉠공생발생설은 한동안 생물학계로부터 인정받지 못했다. 미토콘드리아의 기능과 대략적인 구조, 그리고 생명체 간 내부 공생의 사례는 이미 알려졌지만 미토콘드리아가 과거에 독립된 생명체였다는 것을 쉽게 믿을 수 없었기 때문이었다. 그리고 한 생명체가 세대를 이어 가는 과정 중에 돌연변이와 자연선택이 일어나고, 이로 인해 종이 진화하고 분화한다고 보는 전통적인 유전학에서 두 원핵생물의 결합은 주목받지 못했다. 그러다가 전자 현미경의 등장으로 미토콘드리아의 내부까지 세밀히 관찰하게 되고, 미토콘드리아 안에는 세포핵의 DNA와는 다른 DNA가 있으며 단백질을 합성하는 자신만의 리보솜을 가지고 있다는

사실이 ⓓ밝혀지면서 공생발생설이 새롭게 부각되었다.

공생발생설에 따르면 진핵생물은 원생미토콘드리아가 고세균의 세포 안에서 내부 공생을 하다가 탄생했다고 본다. 고세균의 핵의 형성과 내부 공생의 시작 중 어느 것이 먼저인지에 대해서는 논란이 있지만, 고세균은 세포질에 핵이 생겨 진핵세포가 되고 원생미토콘드리아는 세포 소기관인 미토콘드리아가 되어 진핵생물이 탄생했다는 것이다. 미토콘드리아가 원래 박테리아의 한 종류였다는 근거는 여러 가지가 있다. 박테리아와 마찬가지로 새로운 미토콘드리아는 이미 존재하는 미토콘드리아의 '이분분열'을 통해서만 ⓔ만들어진다. 미토콘드리아의 막에는 진핵세포막의 수송 단백질과는 다른 종류의 수송 단백질인 포린이 존재하고 박테리아의 세포막에 있는 카디오리핀이 존재한다. 또 미토콘드리아의 리보솜은 진핵세포의 리보솜보다 박테리아의 리보솜과 더 유사하다.

미토콘드리아는 여전히 고유한 DNA를 가진 채 복제와 증식이 이루어지는데도, 미토콘드리아와 진핵세포 사이의 관계를 공생 관계로 보지 않는 이유는 무엇일까? 두 생명체가 서로 떨어져서 살 수 없더라도 각자의 개체성을 잃을 정도로 유기적 상호작용이 강하지 않다면 그 둘은 공생 관계에 있다고 보는데, 미토콘드리아와 진핵세포 간의 유기적 상호작용은 둘을 다른 개체로 볼 수 없을 만큼 매우 강하기 때문이다. 미토콘드리아가 개체성을 잃고 세포 소기관이 되었다고 보는 근거는, 진핵세포가 미토콘드리아의 증식을 조절하고, 자신을 복제하여 증식할 때 미토콘드리아도 함께 복제하여 증식시킨다는 것이다. 또한 미토콘드리아의 유전자의 많은 부분이 세포핵의 DNA로 옮겨 가 미토콘드리아의 DNA 길이가 현저히 짧아졌다는 것이다. 미토콘드리아에서 일어나는 대사 과정에 필요한 단백질은 세포핵의 DNA로부터 합성되고, 미토콘드리아의 DNA에 남은 유전자 대부분은 생체 에너지를 생산하는 역할을 한다. 예컨대 사람의 미토콘드리아는 37개의 유전자만 있을 정도로 DNA 길이가 짧다.

37.

윗글의 내용 전개 방식으로 가장 적절한 것은?

① 개체성과 관련된 예를 제시한 후 공생발생설에 대한 다양한 견해를 비교하고 있다.
② 개체에 대한 정의를 제시한 후 세포의 생물학적 개념이 확립되는 과정을 서술하고 있다.
③ 개체성의 조건을 제시한 후 세포 소기관의 개체성에 대해 공생발생설을 중심으로 설명하고 있다.
④ 개체의 유형을 분류한 후 세포의 소기관이 분화되는 과정을 공생발생설을 중심으로 설명하고 있다.
⑤ 개체와 관련된 개념들을 설명한 후 세포가 하나의 개체로 변화하는 과정을 인과적으로 서술하고 있다.

38.

윗글에 대한 이해로 적절하지 <u>않은</u> 것은?

① 유사성은 아무리 강하더라도 개체성의 조건이 될 수 없다.

② 바닷물을 개체라고 말하기 어려운 이유는 유기적 상호작용이 약하기 때문이다.

③ 새로운 미토콘드리아를 복제하기 위해서는 세포 안에 미토콘드리아가 반드시 있어야 한다.

④ 미토콘드리아의 대사 과정에 필요한 단백질은 미토콘드리아의 막을 통과하여 세포질로 이동해야 한다.

⑤ 진핵세포가 되기 전의 고세균이 원생미토콘드리아보다 진핵세포와 더 강한 인과성으로 연결되어 있다.

39.

윗글을 참고할 때, ㉠의 이유로 가장 적절한 것은?

① 진핵세포가 세포 소기관을 가지고 있다는 사실을 알지 못했기 때문이다.

② 공생발생설이 당시의 유전학 이론에 어긋난다는 근거가 부족했기 때문이다.

③ 한 생명체가 다른 생명체의 세포 속에서 살 수 있다는 근거가 부족했기 때문이다.

④ 미토콘드리아가 진핵세포의 활동에 중요한 기능을 한다는 사실을 알지 못했기 때문이다.

⑤ 미토콘드리아가 자신의 고유한 유전 정보를 전달할 수 있다는 것을 알지 못했기 때문이다.

40.

〈보기〉는 진핵세포의 세포 소기관을 연구한 결과들이다. 윗글을 바탕으로 할 때, 각각의 세포 소기관이 박테리아로부터 비롯되었다고 판단할 수 있는 것만을 〈보기〉에서 고른 것은?

> ─── 〈보기〉 ───
> ㄱ. 세포 소기관이 자신의 DNA를 가지고 있다는 것과 이분 분열을 한다는 것을 확인하였다.
> ㄴ. 세포 소기관이 자신의 DNA를 가지고 있다는 것과 진핵세포의 리보솜을 가지고 있다는 것을 확인하였다.
> ㄷ. 세포 소기관이 막으로 둘러싸여 있다는 것과 막에는 수송 단백질이 있는 것을 확인하였다.
> ㄹ. 세포 소기관이 막으로 둘러싸여 있다는 것과 막에는 다량의 카디오리핀이 있는 것을 확인하였다.

① ㄱ, ㄷ ② ㄱ, ㄹ ③ ㄴ, ㄷ ④ ㄴ, ㄹ ⑤ ㄷ, ㄹ

41.

윗글을 바탕으로 〈보기〉를 이해한 내용으로 적절하지 <u>않은</u> 것은? [3점]

> ─── 〈보기〉 ───
> ∘ 복어는 테트로도톡신이라는 신경 독소를 가지고 있지만 테트로도톡신을 스스로 만들지 못하고 체내에서 서식하는 미생물이 이를 생산한다. 복어는 독소를 생산하는 미생물에게 서식처를 제공하는 대신 포식자로부터 자신을 방어할 수 있는 무기를 갖게 되었다. 만약 복어의 체내에 있는 미생물을 제거하면 복어는 독소를 가지지 못하나 생존에는 지장이 없었다.
> ∘ 실험실의 아메바가 병원성 박테리아에 감염되어 대부분의 아메바가 죽고 일부 아메바는 생존하였다. 생존한 아메바의 세포질에서 서식하는 박테리아는 스스로 복제하여 증식할 수 있었고 더 이상 병원성을 지니지는 않았다. 아메바에게는 무해하지만 박테리아에게는 치명적인 항생제를 아메바에게 투여하면 박테리아와 함께 아메바도 죽었다.

① 병원성을 잃은 '아메바의 세포질에서 서식하는 박테리아'는 세포 소기관으로 변한 것이겠군.

② 복어의 '체내에서 서식하는 미생물'은 '복어'와의 유기적 상호작용이 강해진다면 개체성을 잃을 수 있겠군.

③ 복어의 세포가 증식할 때 복어의 체내에서 '독소를 생산하는 미생물'의 DNA도 함께 증식하는 것은 아니겠군.

④ '아메바의 세포질에서 서식하는 박테리아'가 개체성을 잃었다면 '아메바의 세포질에서 서식하는 박테리아'의 DNA 길이는 짧아졌겠군.

⑤ '아메바의 세포질에서 서식하는 박테리아'와 '아메바' 사이의 관계와 '복어'와 '독소를 생산하는 미생물' 사이의 관계는 모두 공생 관계이겠군.

42.

문맥상 ⓐ~ⓔ와 바꿔 쓰기에 적절하지 <u>않은</u> 것은?

① ⓐ: 구성(構成)한다고

② ⓑ: 존재(存在)하고

③ ⓒ: 보유(保有)하고

④ ⓓ: 조명(照明)되면서

⑤ ⓔ: 생성(生成)된다

[41] 다음 글을 읽고 물음에 답하시오.

미토콘드리아는 여전히 고유한 DNA를 가진 채 복제와 증식이 이루어지는데도, 미토콘드리아와 진핵세포 사이의 관계를 공생 관계로 보지 않는 이유는 무엇일까? 두 생명체가 서로 떨어져서 살 수 없더라도 각자의 개체성을 잃을 정도로 유기적 상호작용이 강하지 않다면 그 둘은 공생 관계에 있다고 보는데, 미토콘드리아와 진핵세포 간의 유기적 상호작용은 둘을 다른 개체로 볼 수 없을 만큼 매우 강하기 때문이다. 미토콘드리아가 개체성을 잃고 세포 소기관이 되었다고 보는 근거는, 진핵세포가 미토콘드리아의 증식을 조절하고, 자신을 복제하여 증식할 때 미토콘드리아도 함께 복제하여 증식시킨다는 것이다. 또한 미토콘드리아의 유전자의 많은 부분이 세포핵의 DNA로 옮겨 가 미토콘드리아의 DNA 길이가 현저히 짧아졌다는 것이다. 미토콘드리아에서 일어나는 대사 과정에 필요한 단백질은 세포핵의 DNA로부터 합성되고, 미토콘드리아의 DNA에 남은 유전자 대부분은 생체 에너지를 생산하는 역할을 한다. 예컨대 사람의 미토콘드리아는 37개의 유전자만 있을 정도로 DNA 길이가 짧다.

41. 윗글을 바탕으로 〈보기〉를 이해한 내용으로 적절하지 **않은** 것은? [3점]

─────〈보기〉─────

∘ 복어는 **테트로도톡신**이라는 신경 독소를 가지고 있지만 테트로도톡신을 스스로 만들지 못하고 **체내에서 서식하는 미생물**이 이를 생산한다. 복어는 독소를 생산하는 미생물에게 서식처를 제공하는 대신 포식자로부터 자신을 방어할 수 있는 무기를 갖게 되었다. 만약 **복어의 체내에 있는 미생물을 제거하면** 복어는 **독소를 가지지 못하나 생존에는 지장이 없었다.**

∘ 실험실의 아메바가 병원성 박테리아에 감염되어 대부분의 아메바가 죽고 일부 아메바는 생존하였다. **생존한 아메바의 세포질에서 서식하는 박테리아**는 스스로 복제하여 증식할 수 있었고 더 이상 병원성을 지니지는 않았다. **아메바에게는 무해하지만 박테리아에게는 치명적인 항생제**를 아메바에게 투여하면 **박테리아와 함께 아메바도 죽었다.**

분석 대상

선택률 12.2% ① 병원성을 잃은 '아메바의 세포질에서 서식하는 박테리아'는 / 세포 소기관으로 변한 것이겠군.

정답!

check

선택률 18.8% ② 복어의 '체내에서 서식하는 미생물'은 / '복어'와의 유기적 상호작용이 강해진다면 / 개체성을 잃을 수 있겠군.

check

선택률 20.0% ③ 복어의 세포가 증식할 때 / 복어의 체내에서 '독소를 생산하는 미생물'의 DNA도 / 함께 증식하는 것은 아니겠군.

check

선택률 17.3% ④ '아메바의 세포질에서 서식하는 박테리아'가 개체성을 잃었다면 /
'아메바의 세포질에서 서식하는 박테리아'의 DNA 길이는 / 짧아졌겠군.

check

선택률 29.9% ⑤ '아메바의 세포질에서 서식하는 박테리아'와 '아메바' 사이의 관계와 / '복어'와 '독소를 생산하는 미생물' 사이의 관계는 /
모두 공생 관계이겠군.

매력적인 오답

check

[31~34] 다음 글을 읽고 물음에 답하시오.   ⭐ 걸린 시간: 분   초

18세기에는 열의 실체가 칼로릭(caloric)이며 칼로릭은 온도가 높은 쪽에서 낮은 쪽으로 흐르는 성질을 갖고 있는, 질량이 없는 입자들의 모임이라는 생각이 받아들여지고 있었다. 이를 칼로릭 이론이라 ㉠부르는데, 이에 따르면 찬 물체와 뜨거운 물체를 접촉시켜 놓았을 때 두 물체의 온도가 같아지는 것은 칼로릭이 뜨거운 물체에서 차가운 물체로 이동하기 때문이라는 것이다. 이러한 상황에서 과학자들의 큰 관심사 중의 하나는 증기 기관과 같은 열기관의 열효율 문제였다.

열기관은 높은 온도의 열원에서 열을 흡수하고 낮은 온도의 대기와 같은 열기관 외부에 열을 방출하며 일을 하는 기관을 말하는데, 열효율은 열기관이 흡수한 열의 양 대비 한 일의 양으로 정의된다. 19세기 초에 카르노는 열기관의 열효율 문제를 칼로릭 이론에 기반을 두고 ㉡다루었다. 카르노는 물레방아와 같은 수력 기관에서 물이 높은 곳에서 낮은 곳으로 ㉢흐르면서 일을 할 때 물의 양과 한 일의 양의 비가 높이 차이에만 좌우되는 것에 주목하였다. 물이 높이 차에 의해 이동하는 것과 흡사하게 칼로릭도 고온에서 저온으로 이동하면서 일을 하게 되는데, 열기관의 열효율 역시 이러한 두 온도에만 의존한다는 것이었다.

한편 1840년대에 줄(Joule)은 일정량의 열을 얻기 위해 필요한 각종 에너지의 양을 측정하는 실험을 행하였다. 대표적인 것이 열의 일당량 실험이었다. 이 실험은 열기관을 대상으로 한 것이 아니라, 추를 낙하시켜 물속의 날개바퀴를 회전시키는 실험이었다. 열의 양은 칼로리(calorie)로 표시되는데, 그는 역학적 에너지인 일이 열로 바뀌는 과정의 정밀한 실험을 통해 1kcal의 열을 얻기 위해서 필요한 일의 양인 열의 일당량을 측정하였다. 줄은 이렇게 일과 열은 형태만 다를 뿐 서로 전환이 가능한 물리량이므로 등가성을 갖는다는 것을 입증하였으며, 열과 일이 상호 전환될 때 열과 일의 에너지를 합한 양은 일정하게 보존된다는 사실을 알아내었다. 이후 열과 일뿐만 아니라 화학 에너지, 전기 에너지 등이 등가성을 가지며 상호 전환될 때에 에너지의 총량은 변하지 않는다는 에너지 보존 법칙이 입증되었다.

열과 일에 대한 이러한 이해는 카르노의 이론에 대한 과학자들의 재검토로 이어졌다. 특히 톰슨은 ⓐ칼로릭 이론에 입각한 카르노의 열기관에 대한 설명이 줄의 에너지 보존 법칙에 위배된다고 지적하였다. 카르노의 이론에 의하면, 열기관은 높은 온도에서 흡수한 열 전부를 낮은 온도로 방출하면서 일을 한다. 이것은 줄이 입증한 열과 일의 등가성과 에너지 보존 법칙에 ㉣어긋나는 것이어서 열

의 실체가 칼로릭이라는 생각은 더 이상 유지될 수 없게 되었다. 하지만 열효율에 관한 카르노의 이론은 클라우지우스의 증명으로 유지될 수 있었다. 그는 카르노의 이론이 유지되지 않는다면 열은 저온에서 고온으로 흐르는 현상이 ㉤생길 수도 있을 것이라는 가정에서 출발하여, 열기관의 열효율은 열기관이 고온에서 열을 흡수하고 저온에 방출할 때의 두 작동 온도에만 관계된다는 카르노의 이론을 증명하였다.

클라우지우스는 자연계에서는 열이 고온에서 저온으로만 흐르고 그와 반대되는 현상은 일어나지 않는 것과 같이 경험적으로 알 수 있는 방향성이 있다는 점에 주목하였다. 또한 일이 열로 전환될 때와는 달리, 열기관에서 열 전부를 일로 전환할 수 없다는, 즉 열효율이 100%가 될 수 없다는 상호 전환 방향에 관한 비대칭성이 있다는 사실에 주목하였다. 이러한 방향성과 비대칭성에 대한 논의는 이를 설명할 수 있는 새로운 물리량인 엔트로피의 개념을 낳았다.

31.

윗글에서 알 수 있는 내용으로 가장 적절한 것은?

① 열기관은 외부로부터 받은 일을 열로 변환하는 기관이다.
② 수력 기관에서 물의 양과 한 일의 양의 비는 물의 온도 차이에 비례한다.
③ 칼로릭 이론에 의하면 차가운 쇠구슬이 뜨거워지면 쇠구슬의 질량은 증가하게 된다.
④ 칼로릭 이론에서는 칼로릭을 온도가 낮은 곳에서 높은 곳으로 흐르는 입자라고 본다.
⑤ 열기관의 열효율은 두 작동 온도에만 관계된다는 이론은 칼로릭 이론의 오류가 밝혀졌음에도 유지되었다.

32.

윗글로 볼 때 ⓐ의 내용으로 가장 적절한 것은?

① 화학 에너지와 전기 에너지는 서로 전환될 수 없는 에너지라는 점
② 열의 실체가 칼로릭이라면 열기관이 한 일을 설명할 수 없다는 점
③ 자연계에서는 열이 고온에서 저온으로만 흐르는 것과 같은 방향성이 있는 현상이 존재한다는 점
④ 열효율에 관한 카르노의 이론이 맞지 않는다면 열은 저온에서 고온으로 흐르는 현상이 생길 수 있다는 점
⑤ 열기관의 열효율은 열기관이 고온에서 열을 흡수하고 저온에 방출할 때의 두 작동 온도에만 관계된다는 점

33.

윗글을 바탕으로 할 때, 〈보기〉의 [가]에 들어갈 말로 가장 적절한 것은? [3점]

〈보기〉
줄의 실험과 달리, 열기관이 흡수한 열의 양(A)과 열기관으로부터 얻어진 일의 양(B)을 측정하여 $\frac{B}{A}$로 열의 일당량을 구하면, 그 값은 ([가])는 결과가 나올 것이다.

① 열기관의 두 작동 온도의 차이가 일정하다면 줄이 구한 열의 일당량과 같다
② 열기관이 열을 흡수할 때의 온도와 상관없이 줄이 구한 열의 일당량과 같다
③ 열기관이 흡수한 열의 양이 많을수록 줄이 구한 열의 일당량보다 더 커진다
④ 열기관의 두 작동 온도의 차이가 커질수록 줄이 구한 열의 일당량보다 더 커진다
⑤ 열기관이 흡수한 열의 양과 두 작동 온도에 상관없이 줄이 구한 열의 일당량보다 작다

34.

윗글의 ㉠~㉤과 같은 의미로 사용된 것은?

① ㉠: 웃음은 또 다른 웃음을 부르는 법이다.
② ㉡: 그는 익숙한 솜씨로 기계를 다루고 있었다.
③ ㉢: 이야기가 엉뚱한 방향으로 흐르고 있다.
④ ㉣: 그는 상식에 어긋나는 일을 한 적이 없다.
⑤ ㉤: 하늘을 보니 당장이라도 비가 오게 생겼다.

[33] 다음 글을 읽고 물음에 답하시오.

한편 1840년대에 줄(Joule)은 일정량의 열을 얻기 위해 필요한 각종 에너지의 양을 측정하는 실험을 행하였다. 대표적인 것이 열의 일당량 실험이었다. 이 실험은 열기관을 대상으로 한 것이 아니라, 추를 낙하시켜 물속의 날개바퀴를 회전시키는 실험이었다. 열의 양은 칼로리(calorie)로 표시되는데, 그는 역학적 에너지인 일이 열로 바뀌는 과정의 정밀한 실험을 통해 1kcal의 열을 얻기 위해서 필요한 일의 양인 열의 일당량을 측정하였다. 줄은 이렇게 일과 열은 형태만 다를 뿐 서로 전환이 가능한 물리량이므로 등가성을 갖는다는 것을 입증하였으며, 열과 일이 상호 전환될 때 열과 일의 에너지를 합한 양은 일정하게 보존된다는 사실을 알아내었다. 이후 열과 일뿐만 아니라 화학 에너지, 전기 에너지 등이 등가성을 가지며 상호 전환될 때에 에너지의 총량은 변하지 않는다는 에너지 보존 법칙이 입증되었다.

열과 일에 대한 이러한 이해는 카르노의 이론에 대한 과학자들의 재검토로 이어졌다. 특히 톰슨은 칼로릭 이론에 입각한 카르노의 열기관에 대한 설명이 줄의 에너지 보존 법칙에 위배된다고 지적하였다. 카르노의 이론에 의하면, 열기관은 높은 온도에서 흡수한 열 전부를 낮은 온도로 방출하면서 일을 한다. 이것은 줄이 입증한 열과 일의 등가성과 에너지 보존 법칙에 어긋나는 것이어서 열의 실체가 칼로릭이라는 생각은 더 이상 유지될 수 없게 되었다. 하지만 열효율에 관한 카르노의 이론은 클라우지우스의 증명으로 유지될 수 있었다. 그는 카르노의 이론이 유지되지 않는다면 열은 저온에서 고온으로 흐르는 현상이 생길 수도 있을 것이라는 가정에서 출발하여, 열기관의 열효율은 열기관이 고온에서 열을 흡수하고 저온에 방출할 때의 두 작동 온도에만 관계된다는 카르노의 이론을 증명하였다.

클라우지우스는 자연계에서는 열이 고온에서 저온으로만 흐르고 그와 반대되는 현상은 일어나지 않는 것과 같이 경험적으로 알 수 있는 방향성이 있다는 점에 주목하였다. 또한 일이 열로 전환될 때와는 달리, 열기관에서 열 전부를 일로 전환할 수 없다는, 즉 열효율이 100%가 될 수 없다는 상호 전환 방향에 관한 비대칭성이 있다는 사실에 주목하였다. 이러한 방향성과 비대칭성에 대한 논의는 이를 설명할 수 있는 새로운 물리량인 엔트로피의 개념을 낳았다.

33. 윗글을 바탕으로 할 때, 〈보기〉의 [가]에 들어갈 말로 가장 적절한 것은? [3점]

─── 〈보기〉 ───

줄의 실험과 달리, **열기관이 흡수한 열의 양(A)**과 **열기관으로부터 얻어진 일의 양(B)**을 측정하여 $\frac{B}{A}$로 열의 일당량을 구하면, 그 값은 (**[가]**)는 결과가 나올 것이다.

check

....

....

분석 대상

선택률 16.1% ★① 열기관의 두 작동 온도의 차이가 일정하다면 / (그 값은) 줄이 구한 열의 일당량과 같다.

매력적인 오답

check

....

선택률 15.3% ★② 열기관이 열을 흡수할 때의 온도와 상관없이 / (그 값은) 줄이 구한 열의 일당량과 같다.

매력적인 오답

check

....

선택률 17.4% ★③ 열기관이 흡수한 열의 양이 많을수록 / (그 값은) 줄이 구한 열의 일당량보다 더 커진다.

매력적인 오답

check

....

선택률 18.2% ★④ 열기관의 두 작동 온도의 차이가 커질수록 / (그 값은) 줄이 구한 열의 일당량보다 더 커진다.

매력적인 오답

check

....

선택률 29.2% ★⑤ 열기관이 흡수한 열의 양과 두 작동 온도에 상관없이 / (그 값은) 줄이 구한 열의 일당량보다 작다.

정답!

check

....

Self Check

YES?

1. 〈보기〉의 사례를 분석해서 지문 속 내용과 대응시키는 연습은 필수다. 〈보기 분석〉 ☐

2. 출제 요소임을 드러내 주는 지문 속 표지들을 알아보고, 그 정보에 집중한다. 〈정보 확인〉 ☐

3. 적절하지 않은 내용을 일부 포함하고 있는 선지는 그것을 근거로 빠르게 탈락시킨다. 〈선지 판단〉 ☐

4. My Check point: ☐

과거에서 온 미래, 힘이 되는 선배들의 이야기

너에게서 온 편지

덕분에 최저 맞췄습니다~ ^^

현역 때 원하는 점수가 나오지 않아 좌절하고 재도전을 결심하게 되었습니다. 사설 인강 패스도 끊었지만 그 좋다는 강의도 제가 듣질 않으니 아무 소용이 없더라고요. 나의 부족한 점을 정확히 파악하지 않고 무작정 강의만 듣는 건 정말 비효율적이라는 생각이 들었습니다. 그래서 2022 수능을 반추해 보니 '문학은 개념이 부족해서, 비문학은 풀이 방법이 정돈되지 않아서'라는 결론이 나오더라고요. 개념부터 다져야겠다는 생각이 드니 자연스럽게 선생님의 강의가 떠올랐습니다. 대한민국 수험생이라면 모를 수가 없는 명강의죠.

사실 오티에서 '강의 완강하지 마라.', '2등급, 3등급 너희가 1등급 못 되는 이유가 강의 의존도가 높아서다.'라고 확신 있게 말씀하시는 모습과 너온편에서 보이는 기적 같은 성공 사례를 보고 '이것만 들으면 무조건 오른다!' 하고 대책 없이 시작하긴 했습니다. ㅋㅋㅋ 근데 1강에서부터 바로 팩폭 들어가시더라고요.
"강의 듣는 건 네 공부가 아니야. 그건 내 공부야. 혼자 워크북 풀면서 공부하는 게 진짜 네 공부야."
워크북은 안 사고 강의만 빠르게 후루룩 들으려던 나쁜 마음을 꿰뚫어 보신 건지 뜨끔했습니다. ㅋㅋ 바로 서점으로 달려가 워크북을 샀고 강의를 들으면서 워크북으로 복습하고 생각보다 높은 난이도에 골머리를 앓고, 그래도 계속 생각하고 모르는 건 질문하면서 차근차근 소화했습니다.

나비효과 책 표지 안쪽에는 이런 말이 있죠.
"눈은 무릎까지 쌓여 있지만 선생님이 먼저 발자국 꾹꾹 내면서 간다. 뒤에서 고 자리 그대로 발 쏙쏙 넣으면서 따라오면 돼. ^^" 참 힘들고... 힘들었지만 선생님이 만드신 발자국에는 모두 발 쏙쏙 넣어서 따라갔습니다. 사실 이 강의도 여름쯤에야 듣기 시작하고 완강도 늦었습니다. 패턴 나비도 들었어야 했는데 여름 이후로 의지가

뚝 꺾여서 국어 공부를 놨습니다... 재수하면서 기출을 한 번도 안 풀었으니 엄청나게 심각했죠. 수완도 안 풀었어요. 하앗, 설상가상 수능 날에는 잠을 제대로 자지 못해 최악의 컨디션으로 국어 시험을 보게 됐습니다. 근데 참... 신기하더라고요. 한 번 한 노력은 어떻게든 제 안에 남는 건지 저도 모르는 사이에 선생님의 방식대로 문제를 풀고 있더라고요. 시간이 없지만 그래도 차분하게 내비게이터 찍기, 개념/정의 부분 집중하기, 차이점 집중하기 등등... 덕분에 화작에서 예상보다 시간을 꽤 잡아먹었지만 예상 시간 내에 나머지 문제를 해결할 수 있었습니다.

집에 와서는 '삼수해야겠다...'라는 마음으로 우울해하다 채점을 시작했는데 저도 놀랐습니다. 최저를 맞췄더라고요. 예... 선생님 덕분에 논술 시험을 보러 갈 수 있게 되었고요. 부랴부랴 논술 공부 중입니다. 남들 놀 때 저만 공부하지만 그래도 행복하네요. 기회가 주어졌다는 것이.

수험 생활 내내 이 말이 참 기억에 남더라고요.
"돌아봤을 때 후회를 남기지 마. 선생님은 고3 때 정말 열심히 했어. 그래서 자신 있게 말할 수 있는 거야."
노력한 만큼의 성적이 나오지 않았는데 어떻게 미련을 안 가질 수 있을까? 그런데 선생님 말씀이 맞았어요. 후회가 남지 않게 최선을 다하면, 결과가 어떻든 담담하게 받아들일 수 있더라고요. 그러니까 선생님은 바로 다음 단계로 넘어가 임용 준비를 하며 고3 때보다 더한 노력을 하셨고, 지금은 임용 준비 때보다 더한 노력을 하면서 매순간 후회 없이 사시는 거겠죠? 언제나 열정을 가지고 강의하시는 선생님을 보며 저도 참 많은 자극을 받았습니다. 저도 직업을 갖게 된다면 선생님처럼 그 일에 저 자신을 불살라 보고 싶네요.

선생님 덕분에 저뿐만 아니라 참 많은 학생들이 꿈을 이룰 수 있었어요. 가정 환경 등 여러 이유 때문에 포기해야 했던 꿈도 선생님 덕분에 이룰 수 있었던 거예요. 그 노고에 진심으로 감사드립니다. 하지만 강의는 두 번 다시 듣지 않을 거예요. 전 대학생이 될 거니까요. ㅎㅎ 감사합니다!!

제 17 강

과학 기출 Pick

#040 ~ #041

기출의 나비효과에 가지고 온 과학, 기술 문제들은
뭐, 오답률 순위가 최다 1, 2위야.
오답률 50% 정도 가지고는 명함도 못 내밀어. ㅎㅎ
ㅡㅡ 웃을 일이 아니다. 이런 과학 지문과 문제들이 바로 너를 기다리고 있단 말이다.
그런데 오답률이 높은 문제들을 분석해 보면
의외로 정보량이 많은 지문에 지레 겁을 먹어서
정보를 정확하게 읽지 않아 문제를 틀리는 경우도 많다는 것
일단은 사실적 사고, 정보를 정확하게 읽어 내는 게 기본이야.
그래야 그걸 바탕으로 추론을 하고 비판을 하지.
늦었다고 생각하지 말고, 주어진 정보를 정확하게 읽고
사실적으로 이해하는 연습이 잘 되어 있는지부터 점검해 봐.
'안 될 거야...' 놉. '나라고 왜 안 돼?'라는 마음으로!

[27~32] 다음 글을 읽고 물음에 답하시오.   ✹ 걸린 시간: 분   초

16세기 전반에 서양에서 태양 중심설을 지구 중심설의 대안으로 제시하며 시작된 천문학 분야의 개혁은 경험주의의 확산과 수리 과학의 발전을 통해 형이상학을 뒤바꾸는 변혁으로 이어졌다. 서양의 우주론이 전파되자 중국에서는 중국과 서양의 우주론 을 회통하려는 시도가 전개되었고, 이 과정에서 자신의 지적 유산에 대한 관심이 제고되었다.

복잡한 문제를 단순화하여 푸는 수학적 전통을 이어받은 코페르니쿠스는 천체의 운행을 단순하게 기술할 방법을 찾고자 하였고, 그것이 @일으킬 형이상학적 문제에는 별 관심이 없었다. 고대의 아리스토텔레스와 프톨레마이오스는 우주의 중심에 고정되어 움직이지 않는 지구의 주위를 달, 태양, 다른 행성들의 천구들과, 항성들이 붙어 있는 항성 천구가 회전한다는 지구 중심설을 내세웠다. 그와 달리 코페르니쿠스는 태양을 우주의 중심에 고정하고 그 주위를 지구를 비롯한 행성들이 공전하며 지구가 자전하는 우주 모형을 ⓑ만들었다. 그러자 프톨레마이오스보다 훨씬 적은 수의 원으로 행성들의 가시적인 운동을 설명할 수 있었고 행성이 태양에서 멀수록 공전 주기가 길어진다는 점에서 단순성이 충족되었다. 그러나 아리스토텔레스의 형이상학을 고수하는 다수 지식인과 종교 지도자들은 그의 이론을 받아들이려 하지 않았다. 왜냐하면 그것은 지상계와 천상계를 대립시키는 아리스토텔레스의 이분법적 구도를 무너뜨리고, 신의 형상을 ⓒ지닌 인간을 한갓 행성의 거주자로 전락시키는 것으로 여겨졌기 때문이다.

16세기 후반에 브라헤는 코페르니쿠스 천문학의 장점은 인정하면서도 아리스토텔레스 형이상학과의 상충을 피하고자 우주의 중심에 지구가 고정되어 있고, 달과 태양과 항성들은 지구 주위를 공전하며, 지구 외의 행성들은 태양 주위를 공전하는 모형을 제안하였다. 그러나 케플러는 우주의 수적 질서를 신봉하는 형이상학인 신플라톤주의에 매료되었기 때문에, 태양을 우주 중심에 배치하여 단순성을 추구한 코페르니쿠스의 천문학을 받아들였다. 하지만 그는 경험주의자였기에 브라헤의 천체 관측치를 활용하여 태양 주위를 공전하는 행성의 운동 법칙들을 수립할 수 있었다. 우주의 단순성을 새롭게 보여 주는 이 법칙들은 아리스토텔레스 형이상학을 더 이상 온존할 수 없게 만들었다.

17세기 후반에 뉴턴은 태양 중심설을 역학적으로 정당화하였다. 그는 만유인력 가설로부터 케플러의 행성 운동 법칙들을 성공적으로 연역했다. 이때 가정된 만유인력은 두 질점*이 서로 당기는 힘으로, 그 크기는 두 질점의 질량의 곱에 비례하고 거리의 제곱에 반비례한다. 지구를 포함하는 천체들이 밀도가 균질하거나 구 대칭*을 이루는 구라면 천체가 그 천체 밖 어떤 질

[A] 점을 당기는 만유인력은, 그 천체를 잘게 나눈 부피 요소들 각각이 그 천체 밖 어떤 질점을 당기는 만유인력을 모두 더하여 구할 수 있다. 또한 여기에서 지구보다 질량이 큰 태양과 지구가 서로 당기는 만유인력이 서로 같음을 증명할 수 있다. 뉴턴은 이 원리를 적용하여 달의 공전 궤도와 사과의 낙하 운동 등에 관한 실측값을 연역함으로써 만유인력의 실재를 입증하였다.

16세기 말부터 중국에 본격 유입된 서양 과학은, 청 왕조가 1644년 중국의 역법(曆法)을 기반으로 서양 천문학 모델과 계산법을 수용한 시헌력을 공식 채택함에 따라 그 위상이 구체화되었다. 브라헤와 케플러의 천문 이론을 차례대로 수용하여 정확도를 높인 시헌력이 생활 리듬으로 자리 잡았지만, 중국 지식인들은 서양 과학이 중국의 지적 유산에 적절히 연결되지 않으면 아무리 효율적이더라도 불온한 요소로 ⓓ여겼다. 이에 따라 서양 과학에 매료된 학자들도 어떤 방식으로든 ㉠서양 과학과 중국 전통 사이의 적절한 관계 맺음을 통해 이 문제를 해결하고자 하였다.

17세기 웅명우와 방이지 등은 중국 고대 문헌에 수록된 우주론에 대해서는 부정적 태도를 견지하면서 성리학적 기론(氣論)에 입각하여 실증적인 서양 과학을 재해석한 독창적 이론을 제시하였다. 수성과 금성이 태양 주위를 회전한다는 그들의 태양계 학설은 브라헤의 영향이었지만, 태양의 크기에 대한 서양 천문학 이론에 의문을 제기하고 기(氣)와 빛을 결부하여 제시한 광학 이론은 그들이 창안한 것이었다.

17세기 후반 왕석천과 매문정은 서양 과학의 영향을 받아 경험적 추론과 수학적 계산을 통해 우주의 원리를 파악하고자 하였다. 그러면서 서양 과학의 우수한 면은 모두 중국 고전에 이미 ⓔ갖추어져 있던 것인데 웅명우 등이 이를 깨닫지 못한 채 성리학 같은 형이상학에 몰두했다고 비판했다. 매문정은 고대 문헌에 언급된, 하늘이 땅의 네 모퉁이를 가릴 수 없을 것이라는 증자의 말을 땅이 둥글다는 서양 이론과 연결하는 등 서양 과학의 중국 기원론을 뒷받침하였다.

중국 천문학을 중심으로 서양 천문학을 회통하려는 매문정의 입장은 18세기 초를 기점으로 중국의 공식 입장으로 채택되었으며, 이 입장은 중국의 역대 지식 성과물을 망라한 총서인 『사고전서』에 그대로 반영되었다. 이 총서의 편집자들은 고대부터 당시까지 쏟아진 천문 관련 문헌들을 정리하여 수록하였다. 이와 같이 고대 문헌에 담긴 우주론을 재해석하고 확인하려는 경향은 19세기 중엽까지 주류를 이루었다.

*질점: 크기가 없고 질량이 모여 있다고 보는 이론상의 물체.
*구 대칭: 어떤 물체가 중심으로부터 모든 방향에서 같은 거리에서 같은 특성을 갖는 상태.

27.

다음은 윗글을 읽은 학생의 독서 기록 중 일부이다. 윗글을 참고할 때, '점검 결과'로 적절하지 <u>않은</u> 것은?

> ◦읽기 계획: 1문단을 훑어보면서 뒷부분을 예측하고 질문 만들기를 한 후, 글을 읽고 점검하기

예측 및 질문 내용	점검 결과
◦서양의 우주론에 태양 중심설과 지구 중심설의 개념이 소개되어 있을 것이다.	예측과 같음 ………… ①
◦서양의 우주론의 영향으로 변화된 중국의 우주론이 소개되어 있을 것이다.	예측과 다름 ………… ②
◦서양에서 태양 중심설을 제기한 사람은 누구일까?	질문의 답이 제시됨 …………… ③
◦중국에서 서양의 우주론을 접하고 회통을 시도한 사람은 누구일까?	지문의 답이 제시됨 …………… ④
◦중국에서 서양의 우주론을 전파한 서양의 인물은 누구일까?	질문의 답이 언급되지 않음 ……… ⑤

28.

윗글에 대한 이해로 적절하지 <u>않은</u> 것은?

① 서양과 중국에서는 모두 우주론을 정립하는 과정에서 형이상학적 사고에 대한 재검토가 이루어졌다.
② 서양 천문학의 전래는 중국에서 자국의 우주론 전통을 재인식하는 계기가 되었다.
③ 중국에 서양의 천문학적 성과가 자리 잡게 된 데에는 국가의 역할이 작용하였다.
④ 중국에서는 18세기에 자국의 고대 우주론을 긍정하는 입장이 주류가 되었다.
⑤ 서양에서는 중국과 달리 경험적 추론에 기초한 우주론이 제기되었다.

29.

윗글에 나타난 ☐서양의 우주론☐에 대한 설명으로 가장 적절한 것은?

① 항성 천구가 고정되어 있다고 보는 아리스토텔레스의 우주론은 천상계와 지상계를 대립시킨 형이상학을 토대로 한 것이었다.
② 많은 수의 원을 써서 행성의 가시적 운동을 설명한 프톨레마이오스의 우주론은 행성이 태양에서 멀수록 공전 주기가 길어진다는 점에서 단순성을 갖는 것이었다.
③ 지구와 행성이 태양 주위를 공전한다는 코페르니쿠스의 우주론은 이전의 지구 중심설보다 단순할 뿐 아니라 아리스토텔레스의 형이상학과 양립이 가능한 것이었다.
④ 지구가 우주 중심에 고정되어 있고 다른 행성을 거느린 태양이 지구 주위를 돈다는 브라헤의 우주론은 아리스토텔레스의 형이상학에서 자유롭지 못한 것이었다.
⑤ 태양 주위를 공전하는 행성의 운동 법칙들을 관측치로부터 수립한 케플러의 우주론은 신플라톤주의에서 경험주의적 근거를 찾은 것이었다.

30.

㉠에 대한 이해로 적절하지 <u>않은</u> 것은?

① 중국에서 서양 과학을 수용한 학자들은 자국의 지적 유산에 서양 과학을 접목하려 하였다.
② 서양 천문학과 관련된 내용이 중국의 역대 지식 성과를 집대성한 『사고전서』에 수록되었다.
③ 방이지는 서양 우주론의 영향을 받았지만 서양의 이론과 구별되는 새 이론의 수립을 시도하였다.
④ 매문정은 중국 고대 문헌에 나타나는 천문학적 전통과 서양 과학의 수학적 방법론을 모두 활용하였다.
⑤ 성리학적 기론을 긍정한 학자들은 중국 고대 문헌의 우주론을 근거로 서양 우주론을 받아들여 새 이론을 창안하였다.

31

〈보기〉를 참고할 때, [A]에 대한 이해로 적절하지 **않은** 것은? [3점]

─────〈보기〉─────

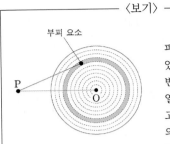

부피 요소

P

O

구는 무한히 작은 부피 요소들로 이루어져 있다. 그 부피 요소들이 빈틈없이 한 겹으로 배열되어 구 껍질을 이루고, 그런 구 껍질들이 구의 중심 O 주위에 반지름을 달리하며 양파처럼 겹겹이 싸여 구를 이룬다. 이때 부피 요소는 그것의 부피와 밀도를 곱한 값을 질량으로 갖는 질점으로 볼 수 있다.

(1) 같은 밀도의 부피 요소들이 하나의 구 껍질을 구성하면, 이 부피 요소들이 구 외부의 질점 P를 당기는 만유인력들의 총합은, 그 구 껍질과 동일한 질량을 갖는 질점이 그 구 껍질의 중심 O에서 P를 당기는 만유인력과 같다.

(2) (1)에서의 구 껍질들이 구를 구성할 때, 그 동심의 구 껍질들이 P를 당기는 만유인력들의 총합은, 그 구와 동일한 질량을 갖는 질점이 그 구의 중심 O에서 P를 당기는 만유인력과 같다.

(1), (2)에 의하면, 밀도가 균질하거나 구 대칭인 구를 구성하는 부피 요소들이 P를 당기는 만유인력들의 총합은, 그 구와 동일한 질량을 갖는 질점이 그 구의 중심 O에서 P를 당기는 만유인력과 같다.

① 밀도가 균질한 하나의 행성을 구성하는 동심의 구 껍질들이 같은 두께일 때, 하나의 구 껍질이 태양을 당기는 만유인력은 그 구 껍질의 반지름이 클수록 커지겠군.

② 태양의 중심에 있는 질량이 m인 질점이 지구 전체를 당기는 만유인력은, 지구의 중심에 있는 질량이 m인 질점이 태양 전체를 당기는 만유인력과 크기가 같겠군.

③ 질량이 M인 지구와 질량이 m인 달은, 둘의 중심 사이의 거리만큼 떨어져 있으면서 질량이 M, m인 두 질점 사이의 만유인력과 동일한 크기의 힘으로 서로 당기겠군.

④ 태양을 구성하는 하나의 부피 요소와 지구 사이에 작용하는 만유인력은, 지구를 구성하는 모든 부피 요소들과 태양의 그 부피 요소 사이에 작용하는 만유인력들을 모두 더하면 구해지겠군.

⑤ 반지름이 R, 질량이 M인 지구와 지구 표면에서 높이 h에 중심이 있는 질량이 m인 구슬 사이의 만유인력은, $R+h$의 거리만큼 떨어져 있으면서 질량이 M, m인 두 질점 사이의 만유인력과 크기가 같겠군.

32.

문맥상 ⓐ~ⓔ와 바꿔 쓴 것으로 가장 적절한 것은?

① ⓐ: 진작(振作)할
② ⓑ: 고안(考案)했다
③ ⓒ: 소지(所持)한
④ ⓓ: 설정(設定)했다
⑤ ⓔ: 시사(示唆)되어

─────

기출 #040 분석 노트

[31] 다음 글을 읽고 물음에 답하시오.

17세기 후반에 뉴턴은 태양 중심설을 역학적으로 정당화하였다. 그는 만유인력 가설로부터 케플러의 행성 운동 법칙들을 성공적으로 연역했다. 이때 가정된 만유인력은 두 질점*이 서로 당기는 힘으로, 그 크기는 두 질점의 질량의 곱에 비례하고 거리의 제곱에 반비례한다. 지구를 포함하는 천체들이 밀도가 균질하거나 구 대칭*을 이루는 구라면 천체가 그 천체 밖 어떤 질점을 [A] 당기는 만유인력은, 그 천체를 잘게 나눈 부피 요소들

각각이 그 천체 밖 어떤 질점을 당기는 만유인력을 모두 더하여 구할 수 있다. 또한 여기에서 지구보다 질량이 큰 태양과 지구가 서로 당기는 만유인력이 서로 같음을 증명할 수 있다. 뉴턴은 이 원리를 적용하여 달의 공전 궤도와 사과의 낙하 운동 등에 관한 실측값을 연역함으로써 만유인력의 실재를 입증하였다.

*질점: 크기가 없고 질량이 모여 있다고 보는 이론상의 물체.
*구 대칭: 어떤 물체가 중심으로부터 모든 방향으로 같은 거리에서 같은 특성을 갖는 상태.

31. 〈보기〉를 참고할 때, [A]에 대한 이해로 적절하지 **않은** 것은? [3점]

― 〈보기〉 ―

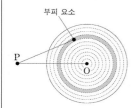

부피 요소

P

O

구는 무한히 작은 **부피 요소들**로 이루어져 있다. 그 부피 요소들이 빈틈없이 한 겹으로 배열되어 구 껍질을 이루고, 그런 구 껍질들이 구의 중심 O 주위에 반지름을 달리하며 양파처럼 겹겹이 싸여 구를 이룬다. 이때 부피 요소는 그것의 **부피와 밀도를 곱한 값을 질량으로 갖는 질점**으로 볼 수 있다.

 (1) 같은 밀도의 부피 요소들이 하나의 구 껍질을 구성하면, **이 부피 요소들이 구 외부의 질점 P를 당기는 만유인력들의 총합**은, 그 구 껍질과 동일한 질량을 갖는 질점이 그 구 껍질의 중심 O에서 P를 당기는 만유인력과 같다.

 (2) (1)에서의 구 껍질들이 구를 구성할 때, **그 동심의 구 껍질들이 P를 당기는 만유인력들의 총합**은, 그 구와 동일한 질량을 갖는 질점이 그 구의 중심 O에서 P를 당기는 만유인력과 같다.

 (1), (2)에 의하면, **밀도가 균질하거나 구 대칭인 구를 구성하는 부피 요소들이 P를 당기는 만유인력들의 총합**은, 그 구와 동일한 질량을 갖는 질점이 그 구의 중심 O에서 P를 당기는 만유인력과 같다.

분석 대상

① 밀도가 균질한 하나의 행성을 구성하는 동심의 구 껍질들이 / 같은 두께일 때, //
하나의 구 껍질이 태양을 당기는 만유인력은 / 그 구 껍질의 반지름이 클수록 커지겠군.

check

정답!

② 태양의 중심에 있는 질량이 m인 질점이 / 지구 전체를 당기는 만유인력은, //
지구의 중심에 있는 질량이 m인 질점이 / **태양 전체를 당기는 만유인력과** // 크기가 같겠군.

check

③ 질량이 M인 지구와 / 질량이 m인 달은, //
둘의 중심 사이의 거리만큼 떨어져 있으면서 질량이 M, m인 두 질점 사이의 만유인력과 //
동일한 크기의 힘으로 서로 당기겠군.

check

매력적인 오답

④ 태양을 구성하는 하나의 부피 요소와 / 지구 사이에 작용하는 만유인력은, //
지구를 구성하는 모든 부피 요소들과 / 태양의 그 부피 요소 사이에 작용하는 만유인력들을 모두 더하면
구해지겠군.

check

매력적인 오답

⑤ 반지름이 R, 질량이 M인 지구와 / 지구 표면에서 높이 h에 중심이 있는 질량이 m인 구슬 사이의 만유인력은, //
$R+h$의 거리만큼 떨어져 있으면서 질량이 M, m인 두 질점 사이의 만유인력과 // 크기가 같겠군.

check

[26~27] 다음 글을 읽고 물음에 답하시오.

　우주에서 지구의 북극을 내려다보면 지구는 시계 반대 방향으로 빠르게 자전하고 있지만 우리는 그 사실을 잘 인지하지 못한다. 지구의 자전 때문에 일어나는 현상 중 하나는 지구상에서 운동하는 물체의 운동 방향이 편향되는 것이다. 이러한 현상의 원인이 되는 가상적인 힘을 전향력이라 한다.

　전향력은 지구가 자전하기 때문에 나타난다. 구 모양인 지구의 둘레는 적도가 가장 길고 위도가 높아질수록 짧아진다. 지구의 자전 주기는 위도와 상관없이 동일하므로 자전하는 속력은 적도에서 가장 빠르고, 고위도로 갈수록 속력이 느려져서 남극과 북극에서는 0이 된다.

　적도 상의 특정 지점에서 동일한 경도 상에 있는 북위 30도 지점을 목표로 어떤 물체를 발사한다고 하자. 이때 물체에 영향을 주는 마찰력이나 다른 힘은 없다고 가정한다. 적도 상의 발사 지점은 약 1,600km/h의 속력으로 자전하고 있다. 북쪽으로 발사된 물체는 발사 속력 외에 약 1,600km/h로 동쪽으로 진행하는 속력을 동시에 갖게 된다. 한편 북위 30도 지점은 약 1,400km/h의 속력으로 자전하고 있다. 목표 지점은 발사 지점보다 약 200km/h가 더 느리게 동쪽으로 움직이고 있는 것이다. 따라서 발사된 물체는 겨냥했던 목표 지점보다 더 동쪽에 있는 지점에 도달하게 된다. 이때 지구 표면의 발사 지점에서 보면, 발사된 물체의 이동 경로는 처음에 목표로 했던 북쪽 방향의 오른쪽으로 휘어져 나타나게 된다.

　이번에는 북위 30도에서 자전 속력이 약 800km/h인 북위 60도의 동일 경도 상에 있는 지점을 목표로 설정하고 같은 실험을 실행한다고 하자. 두 지점의 자전하는 속력의 차이는 약 600km/h이므로 이 물체는 적도에서 북위 30도를 향해 발사했을 때보다 더 오른쪽으로 떨어지게 된다. 이렇게 운동 방향이 좌우로 편향되는 정도는 저위도에서 고위도로 갈수록 더 커진다. 결국 위도에 따른 자전 속력의 차이가 고위도로 갈수록 더 커지기 때문에 좌우로 편향되는 정도는 북극과 남극에서 최대가 되고, 적도에서는 0이 된다. 이러한 편향 현상은 북쪽뿐 아니라 다른 방향으로 운동하는 모든 물체에 마찬가지로 나타난다.

　전향력의 크기는 위도뿐만 아니라 물체의 이동하는 속력과도 관련이 있다. 지표를 기준으로 한 이동 속력이 빠를수록 전향력이 커지며, 지표 상에 정지해 있는 물체에는 전향력이 나타나지 않는다. 한편, 전향력은 운동하는 물체의 진행 방향이 북반구에서는 오른쪽으로, 남반구에서는 왼쪽으로 편향되게 한다.

26.

윗글을 통해 알 수 있는 내용으로 적절하지 **않은** 것은?

① 북위 30도 지점과 북위 60도 지점의 자전 주기는 동일하다.
② 운동장에 정지해 있는 축구공에는 위도에 상관없이 전향력이 나타나지 않는다.
③ 남위 50도 지점은 남위 40도 지점보다 자전 방향으로 움직이는 속력이 더 빠르다.
④ 남위 30도에서 정남쪽의 목표 지점으로 발사한 물체는 목표지점보다 동쪽에 떨어진다.
⑤ 우리나라의 야구장에서 타자가 쳐서 날아가는 공의 이동 방향은 전향력에 의해 영향을 받는다.

27.

윗글을 바탕으로 〈보기〉를 이해한 내용으로 적절하지 **않은** 것은? [3점]

〈보기〉

전향력은 1851년 프랑스의 과학자 푸코가 파리의 팡테옹 사원에서 실시한 진자 실험을 통해서도 확인 할 수 있다. 푸코는 길이가 67m인 줄의 한쪽 끝을 천장에 고정하고 다른 쪽 끝에 28kg의 추를 매달아 진동시켰는데, 시간이 지남에 따라 진자의 진동면이 시계 방향으로 회전한다는 사실을 발견하였다. 이는 추가 A에서 B로 이동할 때, 전향력에 의해 C쪽으로 미세하게 휘어져 이동하고, 되돌아올 때는 D쪽으로 미세하게 휘어져 이동한다는 사실과 관련이 있다.

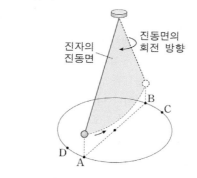

① 남반구에서 이 실험을 할 경우 진자의 진동면은 시계 반대방향으로 회전하겠군.
② 파리보다 고위도에서 동일한 실험을 할 경우 진자의 진동면은 더 느리게 회전하겠군.
③ 북극과 남극에서 이 진자 실험을 할 경우 진자의 진동면의 회전 주기는 동일하겠군.
④ 적도 상에서 동서 방향으로 진자를 진동시킬 경우 진자의 진동면은 회전하지 않겠군.
⑤ 남위 60도에서 이 진자 실험을 할 경우 움직이는 추는 이동 방향의 왼쪽으로 편향되겠군.

[27] 다음 글을 읽고 물음에 답하시오.

우주에서 지구의 북극을 내려다보면 지구는 시계 반대 방향으로 빠르게 자전하고 있지만 우리는 그 사실을 잘 인지하지 못한다. 지구의 자전 때문에 일어나는 현상 중 하나는 지구상에서 운동하는 물체의 운동 방향이 편향되는 것이다. 이러한 현상의 원인이 되는 가상적인 힘을 전향력이라 한다.

전향력은 지구가 자전하기 때문에 나타난다. 구 모양인 지구의 둘레는 적도가 가장 길고 위도가 높아질수록 짧아진다. 지구의 자전 주기는 위도와 상관없이 동일하므로 자전하는 속력은 적도에서 가장 빠르고, 고위도로 갈수록 속력이 느려져서 남극과 북극에서는 0이 된다.

적도 상의 특정 지점에서 동일한 경도 상에 있는 북위 30도 지점을 목표로 어떤 물체를 발사한다고 하자. 이때 물체에 영향을 주는 마찰력이나 다른 힘은 없다고 가정한다. 적도 상의 발사 지점은 약 1,600km/h의 속력으로 자전하고 있다. 북쪽으로 발사된 물체는 발사 속력 외에 약 1,600km/h로 동쪽으로 진행하는 속력을 동시에 갖게 된다. 한편 북위 30도 지점은 약 1,400 km/h의 속력으로 자전하고 있다. 목표 지점은 발사 지점보다 약 200km/h가 더 느리게 동쪽으로 움직이고 있는 것이다. 따라서 발사된 물체는 겨냥했던 목표 지점보다 더 동쪽에 있는 지점에 도달하게 된다. 이때 지구 표면의 발사 지점에서 보면, 발사된 물체의 이동 경로는 처음에 목표로 했던 북쪽 방향의 오른쪽으로 휘어져 나타나게 된다.

이번에는 북위 30도에서 자전 속력이 약 800km/h인 북위 60도의 동일 경도 상에 있는 지점을 목표로 설정하고 같은 실험을 실행한다고 하자. 두 지점의 자전하는 속력의 차이는 약 600km/h이므로 이 물체는 적도에서 북위 30도를 향해 발사했을 때보다 더 오른쪽으로 떨어지게 된다. 이렇게 운동 방향이 좌우로 편향되는 정도는 저위도에서 고위도로 갈수록 더 커진다. 결국 위도에 따른 자전 속력의 차이가 고위도로 갈수록 더 커지기 때문에 좌우로 편향되는 정도는 북극과 남극에서 최대가 되고, 적도에서는 0이 된다. 이러한 편향 현상은 북쪽뿐 아니라 다른 방향으로 운동하는 모든 물체에 마찬가지로 나타난다.

전향력의 크기는 위도뿐만 아니라 물체의 이동하는 속력과도 관련이 있다. 지표를 기준으로 한 이동 속력이 빠를수록 전향력이 커지며, 지표 상에 정지해 있는 물체에는 전향력이 나타나지 않는다. 한편, 전향력은 운동하는 물체의 진행 방향이 북반구에서는 오른쪽으로, 남반구에서는 왼쪽으로 편향되게 한다.

memo

오답률 1위 67.3%

27. 윗글을 바탕으로 〈보기〉를 이해한 내용으로 적절하지 **않은** 것은? [3점]

─── 〈보기〉 ───

진동면의
회전 방향

진자의
진동면

B
C
D
A

　전향력은 1851년 프랑스의 과학자 푸코가 **파리**의 팡테옹 사원에서 실시한 진자 실험을 통해서도 확인 할 수 있다. 푸코는 길이가 67m인 줄의 한쪽 끝을 천장에 고정하고 다른 쪽 끝에 28kg의 추를 매달아 진동시켰는데, 시간이 지남에 따라 진자의 진동면이 **시계 방향으로 회전**한다는 사실을 발견하였다. 이는 추가 A에서 B로 이동할 때, **전향력에 의해 C 쪽으로 미세하게 휘어져 이동**하고, 되돌아올 때는 **D쪽으로 미세하게 휘어져 이동**한다는 사실과 관련이 있다.

check

⎯⎯⎯⎯⎯⎯⎯⎯⎯⎯⎯⎯⎯⎯⎯⎯⎯⎯⎯⎯⎯⎯⎯⎯⎯⎯⎯

⎯⎯⎯⎯⎯⎯⎯⎯⎯⎯⎯⎯⎯⎯⎯⎯⎯⎯⎯⎯⎯⎯⎯⎯⎯⎯⎯

분석 대상

선택률 12.4% ① 남반구에서 이 실험을 할 경우 / 진자의 진동면은 시계 반대 방향으로 회전하겠군.

check

선택률 32.7% ★ ② 파리보다 고위도에서 동일한 실험을 할 경우 / 진자의 진동면은 더 느리게 회전하겠군.

정답!

check

선택률 12.2% ③ 북극과 남극에서 이 진자 실험을 할 경우 / 진자의 진동면의 회전 주기는 동일하겠군.

check

선택률 31.5% ★ ④ 적도 상에서 동서 방향으로 진자를 진동시킬 경우 / 진자의 진동면은 회전하지 않겠군.

매력적인 오답

check

선택률 10.5% ⑤ 남위 60도에서 이 진자 실험을 할 경우 / 움직이는 추는 이동 방향의 왼쪽으로 편향되겠군.

check

Self Check

YES?

1. 몇 개의 어휘만을 가지고 문장 전체의 의미를 파악하지 않는다. 〈정보 확인〉　☐

2. 문장(선지)의 길이가 너무 길 땐 침착하게 의미 단위로 끊어 읽는다. 〈선지 이해〉　☐

3. 지문 속 사례와 조건이 다르다면, 결과도 달라진다는 것에 주의한다. 〈정보 확인〉　☐

4. My Check point:　☐

과거에서 온 미래,
힘이 되는
선배들의 이야기

너에게서 온 편지

일단 들으십시오. ㅜㅠㅠㅠ

일단 선생님 강의부터 듣고 시작하세요. ㅜㅠㅠ 선생님 강의의 제일 좋은 점은… 전에는 쳐다보기도 싫었던 독서 지문을 재미있게 만들어 준다는 점이에요. 솔직히 강의 듣기 전에는 ***가 웬 말입니까? 하루 1지문도 풀기 싫어서 질질 끌고 그랬었는데… 이젠 기대되는 마음으로 몇 지문씩 쓱쓱 풀어 가는 제 모습과 점점 발전해 가는 제 모습에 너무 기분이 좋아지네요. ㅎㅎ 점수 올리는 건 둘째 치고 애초에 선생님 강의를 알지 못했다면 독서는 무조건 풀기 싫다는 생각에만 사로잡혀 제대로 공부하지 못했을 거예요.

ㅜㅠ. 그런 마인드로 풀었다면 백 지문을 풀더라도 제대로 된 공부가 아니었겠죠. 선생님 강의를 들어 보기 전에는 비문학에 어떤 지문이 나올지 궁금하고 읽는 게 재미있어졌다는 후기들 보면서 정말 말도 안 된다고 생각했는데… 그게 돼서 놀라울 따름입니다.
그리고 추론 문제나 <보기> 문제들은 항상 거의 손도 못 대고 해설 봐도 모르겠어서 그냥 넘겨 버렸는데, 선생님 강의 듣고 방법을 알고 푸니 풀리더라고요. ㅠㅠ
그리고 전에는 지문 보고 덜컥 겁부터 먹고, 실제 모의고사 볼 때도 아직 비문학 한두 지문을 통으로 못 풀었는데, 시간이 되게 애매하게 남으면 덜덜 떨다가 '어차피 지문 조금 읽다 끝나 버릴 거…' 하며 갈팡질팡하다 찍고 그랬는데… 이젠 마냥 복잡해 보이는 과학/기술 지문이 있더라도 무조건 '못 풀 거야.'가 아닌 '논지 전개 방식 문제'나 '일치/불일치', '문맥' 같은 문제들은 읽으면 다 풀 수 있는 거고, '만약 틀린다고 해도 <보기> 문제 2개 정도겠지.'처럼만 생각해도 멘탈이 잡히더라고요.
겨울 방학 때 고민 고민하다가 이 강의를 들었었는데 조금만 늦게 들었어도 후회할 뻔했네요. ㅜㅠ 지문을 읽을 때 마인드가 무조건 '하기 싫다.'에서 '재밌겠다', '기대된다'로 바뀌니 뭐든 되더라고요.
정말 감사합니다, 선생님. ㅜㅠㅠ ♥ 아직 시간 남았으니 계속 연습해서 수능 1등급까지 가겠습니다. :) ♡

댓글
맞아요. 저도 *** 풀다가 점수가 답 없어서 나비효과 들었는데 ㅠㅠ 이젠 비문학 안 두려운 거 있죠!! 수능 힘내세요.

208

제 **18** 강

기술 기출 Pick

#042 ~ #043

사실 과학 지문과 기술 지문은 출제 요소의 성격도 문제들의 패턴도 거의 유사해.
그래서 과학 지문이나 기술 지문, 번갈아 가며 출제되잖아.
굳이 비슷한 두 영역을 나누어서 교재에 넣은 건
더 많이 연습하라고. ㅎㅎㅎ
특별히 기술 영역의 기출문제들은 오답률 1위를 장식한 문제들로만 모셔 왔어.
이 정도 난도의 문제들이 우스워질 때까지, 반복 연습이다.

☑ 기술 문제 풀 때, 명심하자!

1. 기술 지문에서도 개념을 정의한 정보에 주목하기 ▶▶▶ 개념을 정의해 놓은 정보가 실마리다. ☐

2. 기술 지문에서도 사례로 제공되는 정보 챙기기 ▶▶▶ 사례는 문제를 위해 존재한다. ☐

3. 수식어로 제공되는 정보 챙기기 ▶▶▶ 중요한 정보를 수식어구로 담는 게 트렌드다. ☐

4. 기술 지문과 〈보기〉 속 그림의 컬래버레이션 ▶▶▶ 개념, 원리, 방법을 설명한 정보를 확인한다. ☐

[14~17] 다음 글을 읽고 물음에 답하시오.

✖ 걸린 시간: 분   초

인터넷 검색 엔진은 검색어를 포함하는 웹 페이지를 찾아 화면에 보여 준다. 웹 페이지가 화면에 나타나는 순서를 정하기 위해 검색 엔진은 수백 개가 ⓐ넘는 항목을 고려한 다양한 방식을 사용한다. 대표적인 항목으로 중요도와 적합도가 있다.

검색 엔진은 빠른 시간 내에 검색 결과를 보여 주기 위해 웹 페이지들의 데이터를 수집하여 인덱스를 미리 작성해 놓는다. 인덱스란 단어를 알파벳순으로 정리한 목록으로, 여기에는 각 단어가 등장하는 웹 페이지와 단어의 빈도수 등이 저장된다. 이때 각 웹 페이지의 중요도가 함께 기록된다.

㉠중요도는 웹 페이지의 중요성을 값으로 나타낸 것으로 링크 분석 기법으로 측정할 수 있다. 기본적인 링크 분석 기법에서 웹 페이지 A의 값은 A를 링크한 각 웹 페이지들로부터 받는 값의 합이다. 이렇게 받은 A의 값은 A가 링크한 다른 웹 페이지들에 균등하게 나눠진다. 즉 A의 값이 4이고 A가 두 개의 링크를 통해 다른 웹 페이지로 연결된다면, A의 값은 유지되면서 두 웹 페이지에는 각각 2가 보내진다.

하지만 두 웹 페이지가 실제로 받는 값은 2에 댐핑 인자를 곱한 값이다. 댐핑 인자는 사용자들이 웹 페이지를 읽다가 링크를 통해 다른 웹 페이지로 이동하지 않는 비율을 반영한 값으로 1 미만의 값을 가진다. 댐핑 인자는 모든 링크에 동일하게 적용된다. 가령 그 비율이 20%이면 댐핑 인자는 0.8이고 두 웹 페이지는 A로부터 각각 1.6을 받는다. 웹 페이지로 연결된 링크를 통해 받는 값을 모두 반영했을 때의 값이 각 웹 페이지의 중요도이다. 웹 페이지들을 연결하는 링크들은 변할 수 있기 때문에 검색 엔진은 주기적으로 웹 페이지의 중요도를 갱신한다.

사용자가 검색어를 입력하면 검색 엔진은 인덱스에서 검색어에 적합한 웹 페이지를 찾는다. ㉡적합도는 단어의 빈도, 단어가 포함된 웹 페이지의 수, 웹 페이지의 글자 수를 반영한 식을 통해 값이 정해진다. 해당 검색어가 많이 나올수록, 그 검색어를 포함하는 다른 웹 페이지의 수가 적을수록, 현재 웹 페이지의 글자 수가 전체 웹 페이지의 평균 글자 수에 비해 적을수록 적합도가 높아진다. 검색 엔진은 중요도와 적합도, 기타 항목들을 적절한 비율로 합산하여 화면에 나열되는 웹 페이지의 순서를 결정한다.

14.

윗글을 통해 알 수 있는 내용으로 가장 적절한 것은?

① 인덱스는 사용자가 검색어를 입력한 직후에 작성된다.
② 사용자가 링크를 따라 다른 웹 페이지로 이동하는 비율이 높을수록 댐핑 인자가 커진다.
③ 링크 분석 기법은 웹 페이지 사이의 링크를 분석하여 웹 페이지의 적합도를 값으로 나타낸다.
④ 웹 페이지의 중요도는 다른 웹 페이지에서 받는 값과 다른 웹 페이지에 나눠 주는 값의 합이다.
⑤ 사용자가 검색어를 입력하면 검색 엔진은 검색한 결과를 인덱스에 정렬된 순서대로 화면에 나타낸다.

15.

㉠, ㉡을 고려하여 검색 결과에서 웹 페이지의 순위를 높이기 위한 방안으로 가장 적절한 것은?

① 화제가 되고 있는 검색어들을 웹 페이지에 최대한 많이 나열하여 ㉠을 높인다.
② 사람들이 많이 접속하는 유명 검색 사이트로 연결하는 링크를 웹 페이지에 많이 포함시켜 ㉠을 높인다.
③ 알파벳순으로 앞 순서에 있는 단어들을 웹 페이지 첫 부분에 많이 포함시켜 ㉡을 높인다.
④ 다른 많은 웹 페이지들이 링크하도록 웹 페이지에서 여러 주제를 다루고 전체 글자 수를 많게 하여 ㉡을 높인다.
⑤ 다른 웹 페이지에서 흔히 다루지 않는 주제를 간략하게 설명하되 주제와 관련된 단어를 자주 사용하여 ㉡을 높인다.

16.

〈보기〉는 웹 페이지들의 관계를 도식화한 것이다. 윗글을 바탕으로 〈보기〉를 이해한 내용으로 적절한 것은? [3점]

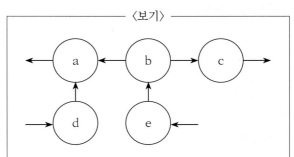

〈보기〉

원은 웹 페이지이고, 화살표는 웹 페이지에서 링크를 통해 화살표 방향의 다른 웹 페이지로 연결됨을 뜻한다. 댐핑 인자는 0.5이고, d와 e의 중요도는 16으로 고정된 값이다.
(단, 링크와 댐핑 인자 외에 웹 페이지의 중요도에 영향을 주는 다른 요소는 고려하지 않음.)

① a의 중요도는 16이다.
② a가 b와 d로부터 각각 받는 값은 같다.
③ b에서 a로의 링크가 끊어지면 b와 c의 중요도는 같다.
④ e에서 a로의 링크가 추가되면 b의 중요도는 6이다.
⑤ e에서 c로의 링크가 추가되면 c의 중요도는 5이다.

17.

문맥상 ⓐ의 의미와 가장 가까운 것은?

① 공부를 하다 보니 시간은 자정이 넘었다.
② 그들은 큰 산을 넘어서 마을에 도착했다.
③ 철새들이 국경선을 넘어서 훨훨 날아갔다.
④ 선수들은 가까스로 어려운 고비를 넘었다.
⑤ 갑자기 냄비에서 물이 넘어서 좀 당황했다.

[14] 다음 글을 읽고 물음에 답하시오.

검색 엔진은 빠른 시간 내에 검색 결과를 보여 주기 위해 웹 페이지들의 데이터를 수집하여 인덱스를 미리 작성해 놓는다. 인덱스란 단어를 알파벳순으로 정리한 목록으로, 여기에는 각 단어가 등장하는 웹 페이지와 단어의 빈도수 등이 저장된다. 이때 각 웹 페이지의 중요도가 함께 기록된다.

중요도는 웹 페이지의 중요성을 값으로 나타낸 것으로 링크 분석 기법으로 측정할 수 있다. 기본적인 링크 분석 기법에서 웹 페이지 A의 값은 A를 링크한 각 웹 페이지들로부터 받는 값의 합이다. 이렇게 받은 A의 값은 A가 링크한 다른 웹 페이지들에 균등하게 나눠진다. 즉 A의 값이 4이고 A가 두 개의 링크를 통해 다른 웹 페이지로 연결된다면, A의 값은 유지되면서 두 웹 페이지에는 각각 2가 보내진다.

하지만 두 웹 페이지가 실제로 받는 값은 2에 댐핑 인자를 곱한 값이다. 댐핑 인자는 사용자들이 웹 페이지를 읽다가 링크를 통해 다른 웹 페이지로 이동하지 않는 비율을 반영한 값으로 1 미만의 값을 가진다. 댐핑 인자는 모든 링크에 동일하게 적용된다. 가령 그 비율이 20%이면 댐핑 인자는 0.8이고 두 웹 페이지는 A로부터 각각 1.6을 받는다. 웹 페이지로 연결된 링크를 통해 받는 값을 모두 반영했을 때의 값이 각 웹 페이지의 중요도이다. 웹 페이지들을 연결하는 링크들은 변할 수 있기 때문에 검색 엔진은 주기적으로 웹 페이지의 중요도를 갱신한다.

사용자가 검색어를 입력하면 검색 엔진은 인덱스에서 검색어에 적합한 웹 페이지를 찾는다. 적합도는 단어의 빈도, 단어가 포함된 웹 페이지의 수, 웹 페이지의 글자 수를 반영한 식을 통해 값이 정해진다. 해당 검색어가 많이 나올수록, 그 검색어를 포함하는 다른 웹 페이지의 수가 적을수록, 현재 웹 페이지의 글자 수가 전체 웹 페이지의 평균 글자 수에 비해 적을수록 적합도가 높아진다. 검색 엔진은 중요도와 적합도, 기타 항목들을 적절한 비율로 합산하여 화면에 나열되는 웹 페이지의 순서를 결정한다.

14. 윗글을 통해 알 수 있는 내용으로 가장 적절한 것은?

분석 대상

선택률 3.7%
① 인덱스는 / 사용자가 검색어를 입력한 직후에 작성된다.

check

선택률 25.9% ★
② 사용자가 링크를 따라 다른 웹 페이지로 이동하는 비율이 / 높을수록 ∥ 댐핑 인자가 / 커진다.

정답!

check

선택률 19.8%
③ 링크 분석 기법은 / 웹 페이지 사이의 링크를 분석하여 / 웹 페이지의 적합도를 값으로 나타낸다.

check

선택률 20.3%
④ 웹 페이지의 중요도는 / 다른 웹 페이지에서 받는 값과 다른 웹 페이지에 나눠 주는 값의 합이다.

check

선택률 30.9% ★
⑤ 사용자가 검색어를 입력하면 / 검색 엔진은 검색한 결과를 인덱스에 정렬된 순서대로 화면에 나타낸다.

매력적인 오답

check

me
mo

[19~21] 다음 글을 읽고 물음에 답하시오.   ✴ 걸린 시간: 분   초

1895년에 발견된 X선은 진단의학의 혁명을 일으켰다. 이후 X선 사진 기술은 단면 촬영을 통해 입체 영상 구성이 가능한 CT(컴퓨터 단층촬영장치)로 진화하면서 해부를 하지 않고 인체 내부를 정확하게 진단하는 기술로 발전하였다.

X선 사진은 X선을 인체에 조사하고, 투과된 X선을 필름에 감광시켜 얻어낸 것이다. 조사된 X선의 일부는 조직에서 흡수·산란되고 나머지는 조직을 투과하여 반대편으로 나오게 된다. X선이 투과되는 정도를 나타내는 투과율은 공기가 가장 높으며 지방, 물, 뼈의 순서로 낮아진다. 또한 투과된 X선의 세기는 통과한 조직의 투과율이 낮을수록, 두께가 두꺼울수록 약해진다. 이런 X선의 세기에 따라 X선 필름의 감광 정도가 달라져 조직의 흑백 영상을 얻을 수 있다. 그렇지만 X선 사진에서는 투과율이 비슷한 조직들 간의 구별이 어려워서, X선 사진은 다른 조직과의 투과율 차이가 큰 뼈나 이상 조직의 검사에 주로 사용된다. 이러한 X선 사진의 한계를 극복한 것이 CT이다.

CT는 인체에 투과된 X선의 분포를 통해 인체의 횡단면을 영상으로 재구성한다. CT 촬영기 한쪽 편에는 X선 발생기가 있고 반대편에는 여러 개의 X선 검출기가 배치되어 있다. CT 촬영기 중심에, 사람이 누운 침대가 들어가면 X선 발생기에서 나온 X선이 인체를 투과한 후 맞은편 X선 검출기에서 검출된다.

X선 검출기로 인체를 투과한 X선의 세기를 검출하는데, 이때 공기를 통과하며 감쇄된 양을 빼고, 인체 조직만을 통과하면서 감쇄된 X선의 총량을 구해야 한다. 이것은 공기만을 통과한 X선 세기와 조직을 투과한 X선 세기의 차이를 계산하면 얻을 수 있고, 이를 환산값이라고 한다. 즉, 환산값은 특정 방향에서 X선이 인체 조직을 통과하면서 산란되거나 흡수되어 감쇄된 총량을 의미한다. 이 값을 여러 방향에서 구하기 위해 CT 촬영기를 회전시킨다. 그러면 동일 단면에 대한 각 방향에서의 환산값을 구할 수 있고, 이를 활용하여 컴퓨터가 단면 영상을 재구성한다.

CT에서 영상을 재구성하는 데에는 **역투사**(back projection) 방법이 이용된다. 역투사는 어떤 방향에서 X선이 진행했던 경로를 거슬러 진행하면서 경로상에 환산값을 고르게 분배하는 방법이다. CT 촬영기를 회전시키며 얻은 여러 방향의 환산값을 경로별로 역투사하여 더해 나가는데, 이처럼 여러 방향의 환산값들이 더해진 결과가 역투사 결괏값이다. 역투사를 하게 되면 뼈와 같이 감쇄를 많이 시키는 조직에서는 여러 방향의 값들이 더해지게 되고, 그 결과 다른 조직에서보다 더 큰 결괏값이 나오게

된다.

역투사 결괏값들을 합성하면 투과율의 차이에 따른 조직의 분포를 영상으로 재구성할 수 있다. CT 촬영기가 조금씩 움직이면서 인체의 여러 단면에 대하여 촬영을 반복하면 연속적인 단면 영상을 얻을 수 있고, 필요에 따라 이 단면 영상들을 조합하여 입체 영상도 얻을 수 있다.

19.

윗글에 대한 이해로 적절하지 <u>않은</u> 것은?

① CT 촬영을 할 때 X선 발생기와 X선 검출기는 회전
한다.
② X선 사진에서는 비슷한 투과율을 가진 조직들 간의
구별이 어렵다.
③ CT에서의 환산값은 통과한 조직에서 감쇄된 X선의
총량을 나타낸다.
④ 조직에서 흡수·산란된 X선의 세기는 그 조직을 투과
한 X선 세기와 항상 같다.
⑤ 조직의 투과율이 높을수록, 조직의 두께가 얇을수록
X선은 더 많이 투과된다.

21.

윗글을 바탕으로 〈보기〉와 같은 실험을 했을 때, B에 해
당하는 그래프로 알맞은 것은? [3점]

〈보기〉

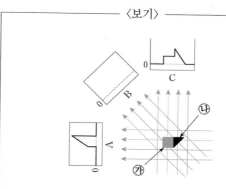

위의 그림처럼 단면이 정사각형인 물체 ㉮와 직각
이등변 삼각형인 물체 ㉯가 연결된 ◼◤를 CT 촬영
기 안에 넣고 촬영하여 A, B, C 방향에서 구한 환산
값의 크기를 그래프로 나타냈다. 이때 ㉮의 투과율
은 ㉯의 2배이다.

*X선은 화살표와 같이 평행하게 진행함.
*물체 ◼◤의 밑면을 기준으로 A는 0° 방향, B는 45° 방
향, C는 90° 방향의 위치에 있음.

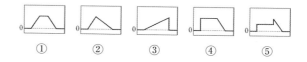

①   ②   ③   ④   ⑤

20.

㉠역투사 에 대한 설명으로 적절하지 <u>않은</u> 것은?

① X선 사진의 흑백 영상을 만드는 과정에서 역투사는
필요하지 않다.
② 역투사 결괏값은 조직이 없고 공기만 있는 부분에서
가장 크다.
③ 역투사 결괏값들을 활용하여 조직의 분포에 대한 영
상을 얻을 수 있다.
④ X선 투과율이 낮은 조직일수록 그 위치에 대응하는
역투사 결괏값은 커진다.
⑤ 역투사 결괏값은 CT 촬영기에서 구한 환산값을 컴퓨
터에서 처리하여 얻을 수 있다.

[21] 다음 글을 읽고 물음에 답하시오.

X선 사진은 X선을 인체에 조사하고, 투과된 X선을 필름에 감광시켜 얻어낸 것이다. 조사된 X선의 일부는 조직에서 흡수·산란되고 나머지는 조직을 투과하여 반대편으로 나오게 된다. X선이 투과되는 정도를 나타내는 투과율은 공기가 가장 높으며 지방, 물, 뼈의 순서로 낮아진다. 또한 투과된 X선의 세기는 통과한 조직의 투과율이 낮을수록, 두께가 두꺼울수록 약해진다. 이런 X선의 세기에 따라 X선 필름의 감광 정도가 달라져 조직의 흑백 영상을 얻을 수 있다. 그렇지만 X선 사진에서는 투과율이 비슷한 조직들 간의 구별이 어려워서, X선 사진은 다른 조직과의 투과율 차이가 큰 뼈나 이상 조직의 검사에 주로 사용된다. 이러한 X선 사진의 한계를 극복한 것이 CT이다.

(중략)

X선 검출기로 인체를 투과한 X선의 세기를 검출하는데, 이때 공기를 통과하며 감쇄된 양을 빼고, 인체 조직만을 통과하면서 감쇄된 X선의 총량을 구해야 한다. 이것은 공기만을 통과한 X선 세기와 조직을 투과한 X선 세기의 차이를 계산하면 얻을 수 있고, 이를 환산값이라고 한다. 즉, 환산값은 특정 방향에서 X선이 인체 조직을 통과하면서 산란되거나 흡수되어 감쇄된 총량을 의미한다. 이 값을 여러 방향에서 구하기 위해 CT 촬영기를 회전시킨다. 그러면 동일 단면에 대한 각 방향에서의 환산값을 구할 수 있고, 이를 활용하여 컴퓨터가 단면 영상을 재구성한다.

memo

21. 윗글을 바탕으로 〈보기〉와 같은 실험을 했을 때, B에 해당하는 그래프로 알맞은 것은? [3점]

─〈보기〉─

위의 그림처럼 **단면이 정사각형인 물체 ㉮**와 **직각이등변 삼각형인 물체 ㉯**가 연결된 ■▶를 CT 촬영기 안에 넣고 촬영하여 A, B, C 방향에서 구한 환산값의 크기를 그래프로 나타냈다. 이때 **㉮의 투과율**은 **㉯의 2배**이다.

*X선은 화살표와 같이 평행하게 진행함.
*물체 ■▶의 밑면을 기준으로 A는 0° 방향, B는 45° 방향, C는 90° 방향의 위치에 있음.

분석 대상

①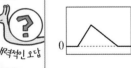

check

②

check

③

check

④

check

⑤

check

Self Check

YES?

1. 지문에서 어떤 대상의 개념을 정의해 준 다음 사례까지 들어 준다면, 그 정보에 주목한다. 〈출제 요소〉

2. 지문에서 제시한 정보를 비틀어 만든 선지는 주의해서 그 의미를 파악한다. 〈선지 판단〉

3. 기술 세트+ 그림 적용 문제는 '개념, 원리, 방법'에 대한 정보를 통해 해결한다. 〈접근법 적용〉

4. My Check point:

과거에서 온 미래,
힘이 되는
선배들의 이야기

너에게서 온 편지

앞으로의 시험을 걱정하지 않아도 되는 상태로 쓰는 수강 후기란......!!!!
최고입니다!!!! 너무 행복해요 'ㅁ' !!!!!!!!!!! ㅜㅜ
쌤, 저 이제 수능은 쳐다도 안 볼래요...... 저 이제 ebsi는 접속 안 할래요..... 저 이제 수강 후기 말고 인★에서
댓글이랑 좋아요 남길 거예요. ㅜㅜ 인강 완강 말고 넷**스 드라마 완강할 거예요. ㅠㅠ
혹시 제 행복한 감정이 느껴지시나요...!! ㅎㅎㅎㅎ 쌤 저 작년 이맘때 엄청 좌절해서 방에 불 꺼 놓고 침대에서 자
책만 엄청 하고 있었는데요! 그때도 똑같이 다른 의미로 수능은 쳐다도 안 볼 거라며 ㅋㅋㅋ...... 그때 유튜브에 올
라온 선생님의 개념의 나비효과 OT에 알고리즘이 이끌었고 선생님께서 그 OT에서 하신 말씀이 저를 다시 책
상으로 이끌었어요. 다시 도전하는 건 아니고 한번 선생님 말씀대로 가장 기본을 공부해 보자는 마음가짐으로요!
그런데 해 보니까 선생님 말씀이 너무너무 너무나 옳았어요. ㅜㅜ
그래도 과정이 정말 너무너무 힘들었어요. 개념의 나비효과에서 배운 내용들이 시간이 지날 때마다 희미해지
고 그 당시엔 수특 독서는 얼마나 어렵던지. 허참~~ 문학도 뭐 이리 어렵던지... 선택 과목은 얼마 하다가 6월 모
평 이틀 남기고 화작으로 바꿨던 기억도 나네요.

어느 한 부분도 잘하는 거 없이 다 부족하고 어려워서 엄청 방황도 하고 스스로한테 너무 화가 나서 책도 계속
덮고 던지고 찢을 뻔하고... 남들은 개념 나비만 들어도 성적이 저렇게 높다는데 나는... 언제 1등급... (좌절) 그
래도 선생님께서 바로 앞에서 먼저 이끌어 주셔서 참고 참고 버티고 계속 꿋꿋이 버텼어요. 매일 강의를 보다
보면 선생님께서 항상 씩씩하고 밝게 앞장서 주시지만 보이는 다크서클이나 들리는 목소리 톤에서 엄청 노력
해 주시는 게 보여서 저도 정신 똑바로 차리고 바짝 따라서 함께 걸어왔어요.
올해 가장 얼굴을 오래 마주 본 사람이 쌤인데요. 그런 만큼 그 영향력이 엄청 컸던 거 같아요. 너무 외로울 수
있었던 길이었는데 많이 의지할 수 있었어요! 하루하루 매일 강의 끝에 노래와 함께 '오늘 하루도 최선을 다하
세요. 각자 자리에서 힘내길 바랍니다.' 하시면 속으로 '넵!!' 하면서 고개 끄덕이던 이 기억들, 모의고사가 끝나
면 집 가는 차에서 선생님께서 하시는 경향 분석 기다리고 듣던 기억, 좌절해 있을 때마다 선생님께서 해 주
시던 격려들, 보내 주시던 기운들, 수능 전날까지도 '너의 최고의 성적은 내일 나올 거'라고 해 주시던 메시지
도 그리고 결국 수능 날 선생님 없이 혼자 해내고, 선생님 말씀대로 최고 성적이 나온 이 기억들까지 하나하나
소중하고 앞으로 그립기도 할 거 같아요.
이제 이 정든 홈페이지도 떠나는 시간이 오네요! 선생님께 배움 받은 시간을 토대로 하고 싶은 공부와 일 하면
서 좋은 영향을 끼치는 멋진 어른으로 성장해 나가겠습니다!
그동안 최선을 다해서 저와 함께 달려 주셔서 고맙습니다. 정말 감사했습니다.

제 **19** 강

기술 기출 Pick

#044 ~ **#045**

여러 번 말했을 걸?
쉬운 지문 100개를 푸는 것보다, 어려운 지문 10개를 10번씩 보자고.
기출은 풀이의 대상이 아니라 분석의 대상이라고.
이 기출문제 풀어 봤어요~~!
기출문제는 그냥 풀고 채점하고 해설 읽고 강의 듣기 위한 재료가 아니라는 것, 알고 있지?
지문의 정보 구성 방법, 선지의 판단 근거가 되는 정보의 유형과 출처, 매력도 높은 오답지의 특징
이런 것들에 담긴 출제자의 생각을 들여다보는 국어 공부를 해야 하는 거야.
선배들의 너온편에서 알 수 있듯이
너무 힘든 과정이었지만, 그것 또한 자신의 저력이 될 것을 믿으며, 결국 수능 날 해내는 선배들이 있잖아.
너도 할 수 있어.
그토록 두려워했었던 고난도 기술 지문이 너의 경쟁력이 되길!

[29~32] 다음 글을 읽고 물음에 답하시오.

✶ 걸린 시간:　　분　　초

　⊙주사 터널링 현미경(STM)에서는 끝이 첨예한 금속 탐침과 도체 또는 반도체 시료 표면 간에 적당한 전압을 걸어 주고 둘 간의 거리를 좁히게 된다. 탐침과 시료의 거리가 매우 가까우면 양자 역학적 터널링 효과에 의해 둘이 접촉하지 않아도 전류가 흐른다. 이때 탐침과 시료 표면 간의 거리가 원자 단위 크기에서 변하더라도 전류의 크기는 민감하게 달라진다. 이 점을 이용하면 시료 표면의 높낮이를 원자 단위에서 측정할 수 있다. 하지만 전류가 흐를 수 없는 시료의 표면 상태는 STM을 이용하여 관찰할 수 없다. 이렇게 민감한 STM도 진공 기술의 뒷받침이 있었기에 널리 사용될 수 있었다.

　STM은 대체로 진공 통 안에 설치되어 사용되는데 그 이유는 무엇일까? 기체 분자는 끊임없이 떠돌아다니다가 주변과 충돌한다. 이때 일부 기체 분자들은 관찰하려는 시료의 표면에 붙어 표면과 반응하거나 표면을 덮어 시료 표면의 관찰을 방해한다. 따라서 용이한 관찰을 위해 STM을 활용한 실험에서는 관찰하려고 하는 시료와 기체 분자의 접촉을 최대한 차단할 필요가 있어 진공이 요구되는 것이다. 진공이란 기체 압력이 대기압보다 낮은 상태를 통칭하며 기체 압력이 낮을수록 진공도가 높다고 한다. 진공 통 내부의 온도가 일정하고 한 종류의 기체 분자만 존재할 경우, 기체 분자의 종류와 상관없이 통 내부의 기체 압력은 단위 부피당 떠돌아다니는 기체 분자의 수에 비례한다. 따라서 기체 분자들을 진공 통에서 뽑아내거나 진공 통 내부에서 움직이지 못하게 고정하면 진공 통 내부의 기체 압력을 낮출 수 있다.

　STM을 활용하는 실험에서 어느 정도의 진공도가 요구되는지를 이해하기 위해서는 '단분자층 형성 시간'의 개념을 이해할 필요가 있다. 진공 통 내부에서 떠돌아다니던 기체 분자들이 관찰하려는 시료의 표면에 달라붙어 한 층의 막을 형성하기까지 걸리는 시간을 단분자층 형성 시간이라 한다. 이 시간은 시료의 표면과 충돌한 기체 분자들이 표면에 달라붙을 확률이 클수록, 단위 면적당 기체 분자의 충돌 빈도가 높을수록 짧다. 또한 기체 운동론에 따르면 고정된 온도에서 기체 분자의 질량이 크거나 기체의 압력이 낮을수록 단분자층 형성 시간은 길다. 가령 질소의 경우 20℃, 760토르* 대기압에서 단분자층 형성 시간은 3×10^{-9}초이지만, 같은 온도에서 압력이 10^{-9}토르로 낮아지면 대략 2,500초로 증가한다. 이런 이유로 STM에서는 시료의 관찰 가능 시간을 확보하기 위해 통상 10^{-9}토르 이하의 초고진공이 요구된다.

　초고진공을 얻기 위해서는 ⓒ스퍼터 이온 펌프가 널리 쓰인다. 스퍼터 이온 펌프는 진공 통 내부의 기체 분자가 펌프 내부로 유입되도록 진공 통과 연결하여 사용한다. 스퍼터 이온 펌프는 영구 자석, 금속 재질의 속이 뚫린 원통 모양 양극, 타이타늄으로 만든 판 형태의 음극으로 구성되어 있다. 자석 때문에 생기는 자기장이 원통 모양 양극의 축 방향으로 걸려 있고, 양극과 음극 간에는 2~7kV의 고전압이 걸려 있다. 양극과 음극 간에 걸린 고전압의 영향

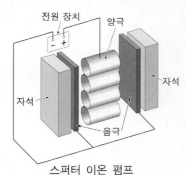

스퍼터 이온 펌프

으로 음극에서 방출된 전자는 자기장의 영향을 받아 복잡한 형태의 궤적을 그리며 양극으로 이동한다. 이 과정에서 음극에서 방출된 전자는 주변의 기체 분자와 충돌하여 기체 분자를 그것의 구성 요소인 양이온과 전자로 분리시킨다. 여기서 자기장은 전자가 양극까지 이동하는 거리를 자기장이 없을 때보다 증가시켜 주어 전자와 기체 분자와의 충돌 빈도를 높여 준다. 이 과정에서 생성된 양이온은 전기력에 의해 음극으로 당겨져 음극에 박히게 되어 이동 불가능한 상태가 된다. 이 과정이 1차 펌프 작용이다. 또한 양이온이 음극에 충돌하면 타이타늄이 떨어져 나와 충돌 지점 주변에 들러붙는다. 이렇게 들러붙은 타이타늄은 높은 화학 반응성 때문에 여러 기체 분자와 쉽게 반응하여, 떠돌아다니던 기체 분자를 흡착한다. 이는 떠돌아다니는 기체 분자의 수를 줄이는 효과가 있으므로 이를 2차 펌프 작용이라 부른다. 이렇듯 1, 2차 펌프 작용을 통해 스퍼터 이온 펌프는 초고진공 상태를 만들 수 있다.

*토르(torr): 기체 압력의 단위.

29.

윗글의 내용과 일치하는 것은?

① 대기압보다 진공도가 낮은 상태가 진공이다.
② 스퍼터 이온 펌프는 초고진공을 만드는 역할을 한다.
③ 단분자층 형성 시간이 짧을수록 STM을 이용한 관찰이 용이하다.
④ 일정한 온도와 부피의 진공 통 안에서 떠돌아다니는 기체 분자의 수는 기체 압력에 반비례한다.
⑤ 단분자층 형성 시간은 시료 표면과 충돌한 기체 분자들이 표면에 달라붙을 확률과 무관하게 결정된다.

30.

㉠에 대한 이해로 가장 적절한 것은?

① 시료 표면의 높낮이를 원자 단위까지 측정할 수 없다.
② 시료의 전기 전도 여부에 관계없이 시료를 관찰할 수 있다.
③ 시료의 관찰 가능 시간을 늘리려면 진공 통 안의 기체 압력을 낮추어야 한다.
④ 시료 표면의 관찰을 위해서는 시료 표면에 기체의 단분자층 형성이 필요하다.
⑤ 양자 역학적 터널링 효과를 이용하여 탐침을 시료 표면에 접촉시킨 후 흐르는 전류를 측정한다.

31.

㉡의 '음극'에 대한 설명으로 적절하지 **않은** 것은?

① 고전압과 전자의 상호 작용으로 자기장을 만든다.
② 떠돌아다니던 기체 분자를 흡착하는 물질을 내놓는다.
③ 기체 분자에서 분리된 양이온을 전기력으로 끌어당긴다.
④ 전자와 기체 분자의 충돌로 만들어진 양이온을 고정시킨다.
⑤ 기체 분자를 양이온과 전자로 분리시키는 전자를 방출한다.

32.

윗글을 바탕으로 할 때, 〈보기〉에 대한 설명으로 옳지 **않**은 것은? [3점]

〈보기〉

STM을 사용하여 규소의 표면을 관찰하는 실험을 하려고 한다. 동일한 사양의 STM이 설치된, 동일한 부피의 진공 통 A~E가 있고, 각 진공 통 내부에 있는 기체 분자의 정보는 다음 표와 같다. 진공 통 A 안의 기체 압력은 10^{-9}토르이며, 모든 진공 통의 내부 온도는 20℃이다. (단, 기체 분자가 규소 표면과 충돌하여 달라붙을 확률은 기체의 종류와 관계없이 일정하며, 제시되지 않은 모든 조건은 각 진공 통에서 동일하다. N은 일정한 자연수이다.)

진공 통	기체	분자의 질량 (amu*)	단위 부피당 기체 분자 수 (개/cm³)
A	질소	28	$4N$
B	질소	28	$2N$
C	질소	28	$7N$
D	산소	32	N
E	이산화 탄소	44	N

* amu: 원자 질량 단위.

---

① A 내부에서의 단분자층 형성 시간은 대략 2,500초이겠군.
② B 내부의 기체 압력은 10^{-9}토르보다 낮겠군.
③ C 내부의 진공도는 B 내부의 진공도보다 낮겠군.
④ D 내부에서의 단분자층 형성 시간은 A의 경우보다 길겠군.
⑤ E 내부의 시료 표면에 대한 단위 면적당 기체 분자의 충돌 빈도는 D의 경우보다 높겠군.

[32] 다음 글을 읽고 물음에 답하시오.

STM은 대체로 진공 통 안에 설치되어 사용되는데 그 이유는 무엇일까? 기체 분자는 끊임없이 떠돌아다니다가 주변과 충돌한다. 이때 일부 기체 분자들은 관찰하려는 시료의 표면에 붙어 표면과 반응하거나 표면을 덮어 시료 표면의 관찰을 방해한다. 따라서 용이한 관찰을 위해 STM을 활용한 실험에서는 관찰하려고 하는 시료와 기체 분자의 접촉을 최대한 차단할 필요가 있어 진공이 요구되는 것이다. 진공이란 기체 압력이 대기압보다 낮은 상태를 통칭하며 기체 압력이 낮을수록 진공도가 높다고 한다. 진공 통 내부의 온도가 일정하고 한 종류의 기체 분자만 존재할 경우, 기체 분자의 종류와 상관없이 통 내부의 기체 압력은 단위 부피당 떠돌아다니는 기체 분자의 수에 비례한다. 따라서 기체 분자들을 진공 통에서 뽑아내거나 진공 통 내부에서 움직이지 못하게 고정하면 진공 통 내부의 기체 압력을 낮출 수 있다.

STM을 활용하는 실험에서 어느 정도의 진공도가 요구되는지를 이해하기 위해서는 '단분자층 형성 시간'의 개념을 이해할 필요가 있다. 진공 통 내부에서 떠돌아다니던 기체 분자들이 관찰하려는 시료의 표면에 달라붙어 한 층의 막을 형성하기까지 걸리는 시간을 단분자층 형성 시간이라 한다. 이 시간은 시료의 표면과 충돌한 기체 분자들이 표면에 달라붙을 확률이 클수록, 단위 면적당 기체 분자의 충돌 빈도가 높을수록 짧다. 또한 기체 운동론에 따르면 고정된 온도에서 기체 분자의 질량이 크거나 기체의 압력이 낮을수록 단분자층 형성 시간은 길다. 가령 질소의 경우 20℃, 760토르* 대기압에서 단분자층 형성 시간은 3×10^{-9}초이지만, 같은 온도에서 압력이 10^{-9}토르로 낮아지면 대략 2,500초로 증가한다. 이런 이유로 STM에서는 시료의 관찰 가능 시간을 확보하기 위해 통상 10^{-9}토르 이하의 초고진공이 요구된다.

*토르(torr): 기체 압력의 단위.

me mo

32. 윗글을 바탕으로 할 때, 〈보기〉에 대한 설명으로 옳지 **않은** 것은? [3점]

─〈보기〉─

　STM을 사용하여 규소의 표면을 관찰하는 실험을 하려고 한다. 동일한 사양의 STM이 설치된, 동일한 부피의 진공 통 A~E가 있고, 각 진공 통 내부에 있는 기체 분자의 정보는 다음 표와 같다. 진공 통 A 안의 기체 압력은 **10^{-9}토르** 이며, 모든 진공 통의 내부 온도는 **20℃**이다. (단, 기체 분자가 규소 **표면과 충돌하여 달라붙을 확률**은 **기체의 종류 와 관계없이 일정**하며, 제시되지 않은 모든 조건은 각 진공 통에서 동일하다. N은 일정한 자연수이다.)

진공 통	기체	분자의 질량 (amu*)	단위 부피당 기체 분자 수 (개/cm³)
A	질소	28	$4N$
B	질소	28	$2N$
C	질소	28	$7N$
D	산소	32	N
E	이산화 탄소	44	N

* amu: 원자 질량 단위.

check

분석 대상

① A 내부에서의 단분자층 형성 시간은 / 대략 2,500초이겠군.

check

② B 내부의 기체 압력은 / 10^{-9}토르보다 낮겠군.

check

★ ③ C 내부의 진공도는 / B 내부의 진공도보다 낮겠군.

check

매력적인 오답

★ ④ D 내부에서의 단분자층 형성 시간은 / A의 경우보다 길겠군.

check

매력적인 오답

★ ⑤ E 내부의 시료 표면에 대한 단위 면적당 기체 분자의 충돌 빈도는 / D의 경우보다 높겠군.

check

정답!

[14~17] 다음 글을 읽고 물음에 답하시오.

★ 걸린 시간:　　분　　초

　주차하거나 좁은 길을 지날 때 운전자를 돕는 장치들이 있다. 이 중 차량 전후좌우에 장착된 카메라로 촬영한 영상을 이용하여 차량 주위 360°의 상황을 위에서 내려다본 것 같은 영상을 만들어 차 안의 모니터를 통해 운전자에게 제공하는 [장치] 가 있다. 운전자에게 제공되는 영상이 어떻게 만들어지는지 알아보자.

　먼저 차량 주위 바닥에 바둑판 모양의 격자판을 펴 놓고 카메라로 촬영한다. 이 장치에서 사용하는 광각 카메라는 큰 시야각을 갖고 있어 사각지대가 줄지만 빛이 렌즈를 @**지날** 때 렌즈 고유의 곡률로 인해 영상이 중심부는 볼록하고 중심부에서 멀수록 더 휘어지는 현상, 즉 렌즈에 의한 상의 왜곡이 발생한다. 이 왜곡에 영향을 주는 카메라 자체의 특징을 내부 변수라고 하며 왜곡 계수로 나타낸다. 이를 알 수 있다면 왜곡 모델을 설정하여 왜곡을 보정할 수 있다. 한편 차량에 장착된 카메라의 기울어짐 등으로 인해 발생하는 왜곡의 원인을 외부 변수라고 한다. ㉠**촬영된 영상**과 실세계 격자판을 비교하면 영상에서 격자판이 회전한 각도나 격자판의 위치 변화를 통해 카메라의 기울어진 각도 등을 알 수 있으므로 왜곡을 보정할 수 있다.

　왜곡 보정이 끝나면 영상의 점들에 대응하는 3차원 실세계의 점들을 추정하여 이로부터 원근 효과가 제거된 영상을 얻는 시점 변환이 필요하다. 카메라가 3차원 실세계를 2차원 영상으로 투영하면 크기가 동일한 물체라도 카메라로부터 멀리 있을수록 더 작게 나타나는데, 위에서 내려다보는 시점의 영상에서는 거리에 따른 물체의 크기 변화가 없어야 하기 때문이다.

　㉡**왜곡이 보정된 영상**에서의 몇 개의 점과 그에 대응하는 실세계 격자판의 점들의 위치를 알고 있다면, 영상의 모든 점들과 격자판의 점들 간의 대응 관계를 가상의 좌표계를 이용하여 기술할 수 있다. 이 대응 관계를 이용해서 영상의 점들을 격자의 모양과 격자 간의 상대적인 크기가 실세계에서와 동일하게 유지되도록 한 평면에 놓으면 2차원 영상으로 나타난다. 이때 얻은 영상이 ㉢**위에서 내려다보는 시점의 영상**이 된다. 이와 같은 방법으로 구한 각 방향의 영상을 합성하면 차량 주위를 위에서 내려다본 것 같은 영상이 만들어진다.

14.

윗글의 내용과 일치하는 것은?

① 차량 주위를 위에서 내려다본 것 같은 영상은 360°를 촬영하는 카메라 하나를 이용하여 만들어진다.

② 외부 변수로 인한 왜곡은 카메라 자체의 특징을 알 수 있으면 쉽게 해결할 수 있다.

③ 차량의 전후좌우 카메라에서 촬영된 영상을 하나의 영상으로 합성한 후 왜곡을 보정한다.

④ 영상이 중심부로부터 멀수록 크게 휘는 것은 왜곡 모델을 설정하여 보정할 수 있다.

⑤ 위에서 내려다보는 시점의 영상에 있는 점들은 카메라 시점의영상과는 달리 3차원 좌표로 표시된다.

15.

㉠~㉢을 이해한 내용으로 가장 적절한 것은?

① ㉠에서 광각 카메라를 이용하여 확보한 시야각은 ㉡에서는 작아지겠군.

② ㉡에서는 ㉠과 마찬가지로 렌즈와 격자판 사이의 거리가 멀어질수록 격자판이 작아 보이겠군.

③ ㉡에서는 ㉠에서 렌즈와 격자판 사이의 거리에 따른 렌즈의 곡률 변화로 생긴 휘어짐이 보정되었겠군.

④ ㉡과 실세계 격자판을 비교하여 격자판의 위치 변화를 보정한 ㉢은 카메라의 기울어짐에 의한 왜곡을 바로잡은 것이겠군.

⑤ ㉡에서 렌즈에 의한 상의 왜곡 때문에 격자판의 윗부분으로 갈수록 격자 크기가 더 작아 보이던 것이 ㉢에서 보정되었겠군.

16.

윗글을 바탕으로 〈보기〉를 탐구한 내용으로 가장 적절한 것은? [3점]

─────〈보기〉─────

그림은 장치 가 장착된 차량의 운전자에게 제공된 영상에서 전방 부분만 보여 준 것이다. 차량 전방의 바닥에 그려진 네 개의 도형이 영상에서 각각 A, B, C, D로 나타나 있고, C와 D는 직사각형이고 크기는 같다. p와 q는 각각 영상 속 임의의 한 점이다.

① 원근 효과가 제거되기 전의 영상에서 C는 윗변이 아랫변보다 긴 사다리꼴 모양이다.

② 시점 변환 전의 영상에서 D는 C보다 더 작은 크기로 영상의 더 아래쪽에 위치한다.

③ A와 B는 p와 q 간의 대응 관계를 이용하여 바닥에 그려진 도형을 크기가 유지되도록 한 평면에 놓은 것이다.

④ B에 대한 A의 상대적 크기는 가상의 좌표계를 이용하여 시점을 변환하기 전의 영상에서보다 더 커진 것이다.

⑤ p가 A 위의 한 점이라면 A는 p에 대응하는 실세계의 점이 시점 변환을 통해 선으로 나타난 것이다.

17.

문맥상 ⓐ의 의미와 가장 가까운 것은?

① 그때 동생이 탄 버스는 교차로를 지나고 있었다.

② 그것은 슬픈 감정을 지나서 아픔으로 남아 있다.

③ 어느새 정오가 훌쩍 지나 식사할 시간이 되었다.

④ 물의 온도가 어는점을 지나 계속 내려가고 있다.

⑤ 가장 힘든 고비를 지나고 나니 마음이 가뿐하다

[15] 다음 글을 읽고 물음에 답하시오.

먼저 차량 주위 바닥에 바둑판 모양의 격자판을 펴 놓고 카메라로 촬영한다. 이 장치에서 사용하는 광각 카메라는 큰 시야각을 갖고 있어 사각지대가 줄지만 빛이 렌즈를 지날 때 렌즈 고유의 곡률로 인해 영상이 중심부는 볼록하고 중심부에서 멀수록 더 휘어지는 현상, 즉 렌즈에 의한 상의 왜곡이 발생한다. 이 왜곡에 영향을 주는 카메라 자체의 특징을 내부 변수라고 하며 왜곡 계수로 나타낸다. 이를 알 수 있다면 왜곡 모델을 설정하여 왜곡을 보정할 수 있다. 한편 차량에 장착된 카메라의 기울어짐 등으로 인해 발생하는 왜곡의 원인을 외부 변수라고 한다. ㉠촬영된 영상과 실세계 격자판을 비교하면 영상에서 격자판이 회전한 각도나 격자판의 위치 변화를 통해 카메라의 기울어진 각도 등을 알 수 있으므로 왜곡을 보정할 수 있다.

왜곡 보정이 끝나면 영상의 점들에 대응하는 3차원 실세계의 점들을 추정하여 이로부터 원근 효과가 제거된 영상을 얻는 시점 변환이 필요하다. 카메라가 3차원 실세계를 2차원 영상으로 투영하면 크기가 동일한 물체라도 카메라로부터 멀리 있을수록 더 작게 나타나는데, 위에서 내려다보는 시점의 영상에서는 거리에 따른 물체의 크기 변화가 없어야 하기 때문이다.

㉡왜곡이 보정된 영상에서의 몇 개의 점과 그에 대응하는 실세계 격자판의 점들의 위치를 알고 있다면, 영상의 모든 점들과 격자판의 점들 간의 대응 관계를 가상의 좌표계를 이용하여 기술할 수 있다. 이 대응 관계를 이용해서 영상의 점들을 격자의 모양과 격자 간의 상대적인 크기가 실세계에서와 동일하게 유지되도록 한 평면에 놓으면 2차원 영상으로 나타난다. 이때 얻은 영상이 ㉢위에서 내려다보는 시점의 영상이 된다. 이와 같은 방법으로 구한 각 방향의 영상을 합성하면 차량 주위를 위에서 내려다본 것 같은 영상이 만들어진다.

memo

15. ㄱ~ㄷ을 이해한 내용으로 가장 적절한 것은?

> 분석 대상

선택률 7.8% ① ㄱ에서 광각 카메라를 이용하여 확보한 시야각은 / ㄴ에서는 작아지겠군.

check

....

....

선택률 21.7% ★ ② ㄴ에서는 / ㄱ과 마찬가지로 / 렌즈와 격자판 사이의 거리가 멀어질수록 격자판이 작아 보이겠군.

check

....

....

선택률 41.4% ★ ③ ㄴ에서는 / ㄱ에서 렌즈와 격자판 사이의 거리에 따른 렌즈의 곡률 변화로 생긴 휘어짐이 / 보정되었겠군.

매력적인 오답

check

....

....

선택률 16.0% ④ ㄴ과 실세계 격자판을 비교하여 격자판의 위치 변화를 보정한 ㄷ은 / 카메라의 기울어짐에 의한 왜곡을 바로잡은 것이겠군.

check

....

....

선택률 10.8% ⑤ ㄴ에서 / 렌즈에 의한 상의 왜곡 때문에 격자판의 윗부분으로 갈수록 격자 크기가 더 작아 보이던 것이 / ㄷ에서 보정되었겠군.

check

....

....

Self Check

YES?

1. 선지에 비교 구문이 쓰였을 때, 주어 체크는 필수다. <선지 이해> ⬛

2. 두 곳에 흩어져 있는 정보를 조합(재구성)해서 판단의 근거를 마련할 수 있어야 한다. <선지 판단> ⬛

3. 비교 대상을 지정해 주었을 때, 차이점, 이전 대상의 한계를 보완한 점에 대한 정보에 주목한다. <정보 확인> ⬛

4. My Check point: ⬛

과거에서 온 미래,
힘이 되는
선배들의 이야기

너에게서 온 편지

그런데 9월 모의고사 이후로 저의 자신감이 무너져 버렸어요. 그렇게 열심히 한 국어가 작년 수능 성적과 다를 바가 없었거든요. 그 허무함과 실망감은 지금도 생생하네요... ㅎㅎ 가족이나 선생님들 앞에서 아무렇지 않은 척하고 멘탈을 잡으려 노력했지만 정말 힘들었거든요. 하지만 저에겐 좌절할 시간도 아까웠습니다. 6월 모의고사 때 선생님께서 해 주셨던 말 중, '수능 전에 틀리는 문제들은 다 소중하다'는 말을 떠올리면서 틀린 문제에서 구체적으로 어떤 개념이 부족한지, 어떤 점을 자꾸 실수하는지를 체크했어요. 그렇게 저의 약점을 찾아 보완하는 데에 남은 2개월을 보냈고, 이땐 정말 시간이 어떻게 흐르는지도 모를 정도로 치열한 하루하루를 보냈습니다. ㅎㅎ

수능 날, 혜정 쌤을 비롯하여 정말 많은 사람들을 떠올렸어요. 나를 조건 없이 사랑하고 응원해 주는 가족, 잊지 않고 내게 연락해 준 친구들, 나만큼 치열하게 1년을 보내신 여러 선생님들. 이 많은 사람들을 떠올리고 나니까 사라졌던 자신감이 생겼습니다. '나를 지지해 주는 사람들이 이렇게 많은데 그까짓 수능 네가 뭔데 나를 무너뜨릴 수 있냐!!!'라고 생각했죠. ㅋㅋㅋㅋ

그렇게 길고도 짧은 80분이 지나고 마지막 과목까지 다 본 후, 결과에 상관없이 너무나도 후련해진 제 모습을 발견했어요. '그래. 이것만으로도 난 재수 성공한 거야.'라면서도 한편으론 채점할 생각에 떨렸어요. 별 기대 없이 덤덤하게 채점을 했는데, 아니, 이게 무슨 일?

딱 한 문제를 틀렸습니다. 다 매기자마자 지난 나의 불안과 노력들이 스쳐 지나가면서 눈물이 왈칵 쏟아졌어요. 저녁밥 먹는 것도 잊고 하염없이 울었어요. ㅋㅋㅋ

그리고 수능 성적표가 나온 바로 오늘!!! 백분위 98, 1등급이 나왔습니다!!!! 제가 선생님께 이 기쁜 소식을 전해 드리기 위해 오늘까지 얼마나 기다렸는지 몰라요.

약 10개월 동안의 저의 재수썰을 초압축 요약해 봤는데, 잘 전달되었을지 모르겠네요. ㅎㅎ 어쨌든 재수하면서 보낸 돈과 시간들이 누군가에겐 아깝다고 생각될 수도 있겠지만 저는 저어어어언혀 아깝지 않아요. 오히려 최선을 다했기에 더 소중하고 저에게 아주 큰 성장 거리가 되었다고 생각합니다!!

수강생들을 믿고 함께 노력하시는 혜정 쌤께 정말 감사하다고 전해 드리고 싶어요. 선생님 항상 건강하시고 행복한 일만 가득하시길 바랍니다. ♥

제 20 강

독서 연습 1 기출 Pick

#046

무작정 많~~은 양의 국어 문제들을 풀어내기보다
하루에 한 세트의 기출문제를 풀더라도
유의미한 분석 결과를 얻어 내는 국어 공부를 할 수 있기를 바라.
이 지문에서도 출제자는 이런 걸 묻고 싶어 했구나.
이 문제의 이 선지는 지문의 이런 중요한 정보를 내가 이해했는지를 체크하기 위해 구성됐겠구나.
아차, 지난번에도 이런 실수를 했는데, 이번에도 또 함정에 빠졌네.
다시 한번 체크하고 다음번에는 꼭 내가 먼저 함정을 알아봐야지.
기출문제를 풀기만 하는 게 아니라
분석도 할 줄 알아야 돼.
그리고 또 한 가지.
고난도 독서 지문을 읽고 문제를 풀 때 너희에게 힘이 될 수 있는 EBS 연계.
EBS 연계는 어떤 식으로 이루어지는지도 20강에서 같이 보자.

[14~17] 다음 글을 읽고 물음에 답하시오.

✖ 걸린 시간: 분   초

경제학에서는 증거에 근거한 정책 논의를 위해 사건의 효과를 평가해야 할 경우가 많다. 어떤 사건의 효과를 평가한다는 것은 사건 후의 결과와 사건이 없었을 경우에 나타났을 결과를 비교하는 일이다. 그런데 가상의 결과는 관측할 수 없으므로 실제로는 사건을 경험한 표본들로 구성된 시행집단의 결과와, 사건을 경험하지 않은 표본들로 구성된 비교집단의 결과를 비교하여 사건의 효과를 평가한다. 따라서 이 작업의 관건은 그 사건 외에는 결과에 차이가 ⓐ**날** 이유가 없는 두 집단을 구성하는 일이다. 가령 어떤 사건이 임금에 미친 효과를 평가할 때, 그 사건이 없었다면 시행집단과 비교집단의 평균 임금이 같을 수밖에 없도록 두 집단을 구성하는 것이다. 이를 위해서는 두 집단에 표본이 임의로 배정되도록 사건을 설계하는 실험적 방법이 이상적이다. 그러나 사람을 표본으로 하거나 사회 문제를 다룰 때에는 이 방법을 적용할 수 없는 경우가 많다.

이중차분법은 시행집단에서 일어난 변화에서 비교집단에서 일어난 변화를 뺀 값을 사건의 효과라고 평가하는 방법이다. 이는 사건이 없었더라도 비교집단에서 일어난 변화와 같은 크기의 변화가 시행집단에서도 일어났을 것이라는 평행추세 가정에 근거해 사건의 효과를 평가한 것이다. 이 가정이 충족되면 사건 전의 상태가 평균적으로 같도록 두 집단을 구성하지 않아도 된다.

이중차분법은 1854년에 스노가 처음 사용했다고 알려져 있다. 그는 두 수도 회사로부터 물을 공급받는 런던의 동일 지역 주민들에 주목했다. 같은 수원을 사용하던 두 회사 중 한 회사만 수원을 ⓑ**바꿨는데** 주민들은 자신의 수원을 몰랐다. 스노는 수원이 바뀐 주민들과 바뀌지 않은 주민들의 수원 교체 전후 콜레라로 인한 사망률의 변화들을 비교함으로써 콜레라가 공기가 아닌 물을 통해 전염된다는 결론을 ⓒ**내렸다.** 경제학에서는 1910년대에 최저임금제 도입 효과를 파악하는 데 이 방법이 처음 이용되었다.

평행추세 가정이 충족되지 않는 경우에 이중차분법을 적용하면 사건의 효과를 잘못 평가하게 된다. 예컨대 ㉠**어떤 노동자 교육 프로그램의 고용 증가 효과를 평가할 때, 일자리가 급격히 줄어드는 산업에 종사하는 노동자의 비중이 비교집단에 비해 시행 집단에서 더 큰 경우**에는 평행추세 가정이 충족되지 않을 것이다. 그렇다고 해서 집단 간 표본의 통계적 유사성을 ⓓ**높이려고** 사건 이전 시기의 시행집단을 비교집단으로 설정하는 것이 평행추세 가정의 충족을 보장하는 것은 아니다. 예컨대 고용처럼 경기변동에 민감한 변화라면 집단 간 표본의 통계적

유사성보다 변화 발생의 동시성이 이 가정의 충족에서 더 중요할 수 있기 때문이다.

여러 비교집단을 구성하여 각각에 이중차분법을 적용한 평가 결과가 같음을 확인하면 평행추세 가정이 충족된다는 신뢰를 줄 수 있다. 또한 시행집단과 여러 특성에서 표본의 통계적 유사성이 높은 비교집단을 구성하면 평행추세 가정이 위협받을 가능성을 ⓔ**줄일** 수 있다. 이러한 방법들을 통해 이중차분법을 적용한 평가에 대한 신뢰도를 높일 수 있다.

14.

윗글에 대한 이해로 적절하지 **않은** 것은?

① 실험적 방법에서는 시행집단에서 일어난 평균 임금의 사건 전후 변화를 어떤 사건이 임금에 미친 효과라고 평가한다.

② 사람을 표본으로 하거나 사회 문제를 다룰 때에도 실험적 방법을 적용하는 경우가 있다.

③ 평행추세 가정에서는 특정 사건 이외에는 두 집단의 변화에 차이가 날 이유가 없다고 전제한다.

④ 스노의 연구에서 시행집단과 비교집단의 콜레라 사망률은 사건 후뿐만 아니라 사건 전에도 차이가 있었을 수 있다.

⑤ 스노는 수원이 바뀐 주민들과 바뀌지 않은 주민들 사이에 공기의 차이는 없다고 보았을 것이다.

15.

다음은 이중차분법을 ㉠에 적용할 경우에 나타날 결과를 추론한 것이다. A와 B에 들어갈 말을 바르게 짝지은 것은?

> 프로그램이 없었다면 시행집단에서 일어났을 고용률 증가는, 비교집단에서 일어난 고용률 증가와/보다 (A) 것이다. 그러므로 ㉠에 이중차분법을 적용하여 평가한 프로그램의 고용 증가 효과는 평행추세 가정이 충족되는 비교집단을 이용하여 평가한 경우의 효과보다 (B) 것이다.

	A	B
①	클	클
②	클	작을
③	같을	클
④	작을	클
⑤	작을	작을

16.

윗글을 바탕으로 〈보기〉를 이해한 내용으로 적절하지 **않은** 것은? [3점]

〈보기〉

아래의 표는 S 국가의 P주와 그에 인접한 Q주에 위치한 식당들을 1992년 1월 초와 12월 말에 조사한 결과의 일부이다. P주는 1992년 4월에 최저임금을 시간당 4달러에서 5달러로 올렸고, Q주는 1992년에 최저임금을 올리지 않았다. P주 저임금 식당들은, 최저임금 인상 전에 시간당 4달러의 임금을 지급했고 최저임금 인상 후에 임금이 상승했다. P주 고임금 식당들은, 최저임금 인상 전에 이미 시간당 5달러보다 더 높은 임금을 지급했고 최저임금 인상 후에도 임금이 상승하지 않았다. 이때 최저임금 인상에 따른 임금 상승이 고용에 미친 효과를 평가한다고 하자.

집단	평균 피고용인 수(단위: 명)		
	사건 전(A)	사건 후(B)	변화(B-A)
P주 저임금 식당	19.6	20.9	1.3
P주 고임금 식당	22.3	20.2	-2.1
Q주 식당	23.3	21.2	-2.1

① 최저임금 인상 후에 시행집단에서 일어난 변화는 1.3명이다.

② 시행집단과 비교집단의 식당들이 종류나 매출액 수준 등의 특성에서 통계적 유사성이 높을수록 평가에 대한 신뢰도가 높아진다.

③ 비교집단을 Q주 식당들로 택해 이중차분법을 적용하면 시행 집단에서 최저임금 인상에 따른 임금 상승의 고용 효과는 3.4명 증가로 평가된다.

④ 비교집단의 변화를, P주 고임금 식당들의 1992년 1년간 변화로 파악할 경우보다 시행집단의 1991년 1년간 변화로 파악할 경우에 더 신뢰할 만한 평가를 얻는다.

⑤ 비교집단을 Q주 식당들로 택하든 P주 고임금 식당들로 택하든 비교집단에서 일어난 변화가 동일하다는 사실은 평행추세 가정의 충족에 대한 신뢰도를 높인다.

17.

문맥상 ⓐ~ⓔ의 단어와 가장 가까운 의미로 쓰인 것은?

① ⓐ: 그 사건의 전말이 모두 오늘 신문에 났다.

② ⓑ: 산에 가려다가 생각을 바꿔 바다로 갔다.

③ ⓒ: 기상청에서 전국에 건조 주의보를 내렸다.

④ ⓓ: 회원들이 회칙 개정을 요구하는 목소리를 높였다.

⑤ ⓔ: 하고 싶은 말은 많지만 오늘은 이만 줄입니다.

[14-15] 다음 글을 읽고 물음에 답하시오.

경제학에서는 증거에 근거한 정책 논의를 위해 사건의 효과를 평가해야 할 경우가 많다. 어떤 사건의 효과를 평가한다는 것은 사건 후의 결과와 사건이 없었을 경우에 나타났을 결과를 비교하는 일이다. 그런데 가상의 결과는 관측할 수 없으므로 실제로는 사건을 경험한 표본들로 구성된 시행집단의 결과와, 사건을 경험하지 않은 표본들로 구성된 비교집단의 결과를 비교하여 사건의 효과를 평가한다. 따라서 이 작업의 관건은 그 사건 외에는 결과에 차이가 날 이유가 없는 두 집단을 구성하는 일이다. 가령 어떤 사건이 임금에 미친 효과를 평가할 때, 그 사건이 없었다면 시행집단과 비교집단의 평균 임금이 같을 수밖에 없도록 두 집단을 구성하는 것이다. 이를 위해서는 두 집단에 표본이 임의로 배정되도록 사건을 설계하는 실험적 방법이 이상적이다. 그러나 사람을 표본으로 하거나 사회 문제를 다룰 때에는 이 방법을 적용할 수 없는 경우가 많다.

이중차분법은 시행집단에서 일어난 변화에서 비교집단에서 일어난 변화를 뺀 값을 사건의 효과라고 평가하는 방법이다. 이는 사건이 없었더라도 비교집단에서 일어난 변화와 같은 크기의 변화가 시행집단에서도 일어났을 것이라는 평행추세 가정에 근거해 사건의 효과를 평가한 것이다. 이 가정이 충족되면 사건 전의 상태가 평균적으로 같도록 두 집단을 구성하지 않아도 된다.

이중차분법은 1854년에 스노가 처음 사용했다고 알려져 있다. 그는 두 수도 회사로부터 물을 공급받는 런던의 동일 지역 주민들에 주목했다. 같은 수원을 사용하던 두 회사 중 한 회사만 수원을 바꿨는데 주민들은 자신의 수원을 몰랐다. 스노는 수원이 바뀐 주민들과 바뀌지 않은 주민들의 수원 교체 전후 콜레라로 인한 사망률의 변화들을 비교함으로써 콜레라가 공기가 아닌 물을 통해 전염된다는 결론을 내렸다. 경제학에서는 1910년대에 최저임금제 도입 효과를 파악하는 데 이 방법이 처음 이용되었다.

평행추세 가정이 충족되지 않는 경우에 이중차분법을 적용하면 사건의 효과를 잘못 평가하게 된다. 예컨대 ㉠어떤 노동자 교육 프로그램의 고용 증가 효과를 평가할 때, 일자리가 급격히 줄어드는 산업에 종사하는 노동자의 비중이 비교집단에 비해 시행 집단에서 더 큰 경우에는 평행추세 가정이 충족되지 않을 것이다. 그렇다고 해서 집단 간 표본의 통계적 유사성을 높이려고 사건 이전 시기의 시행집단을 비교집단으로 설정하는 것이 평행 추세 가정의 충족을 보장하는 것은 아니다. 예컨대 고용처럼 경기변동에 민감한 변화라면 집단 간 표본의 통계적 유사성보다 변화 발생의 동시성이 이 가정의 충족에서 더 중요할 수 있기 때문이다.

문항 코드 23638-0054

2023학년도 수능 9월 모평

오답률 1위 88.1%

14. 윗글에 대한 이해로 적절하지 **않은** 것은?

분석 대상

선택률 11.9% ① 실험적 방법에서는 / 시행집단에서 일어난 평균 임금의 사건 전후 변화를 / 어떤 사건이 임금에 미친 효과라고 평가한다.

check

선택률 23.3% ② 사람을 표본으로 하거나 사회 문제를 다룰 때에도 / 실험적 방법을 적용하는 경우가 있다.

check

선택률 23.9% ③ 평행추세 가정에서는 / 특정 사건 이외에는 두 집단의 변화에 차이가 날 이유가 없다고 전제한다.

check

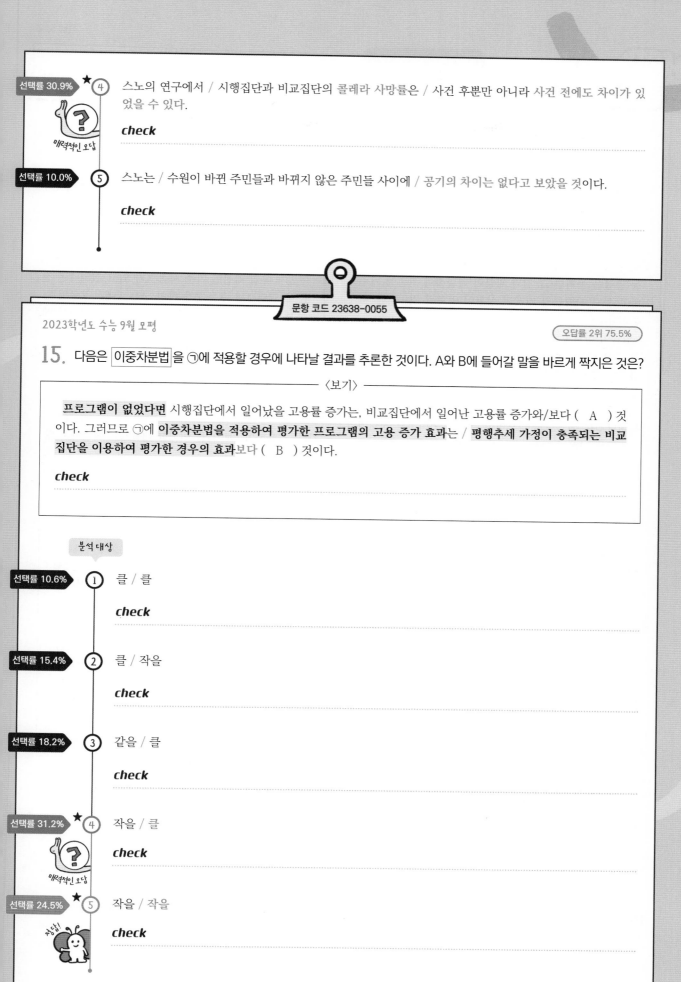

선택률 30.9% ★ ④ 스노의 연구에서 / 시행집단과 비교집단의 콜레라 사망률은 / 사건 후뿐만 아니라 사건 전에도 차이가 있었을 수 있다.

check

선택률 10.0% ⑤ 스노는 / 수원이 바뀐 주민들과 바뀌지 않은 주민들 사이에 / 공기의 차이는 없다고 보았을 것이다.

check

문항 코드 23638-0055

2023학년도 수능 9월 모평

오답률 2위 75.5%

15. 다음은 이중차분법을 ㉠에 적용할 경우에 나타날 결과를 추론한 것이다. A와 B에 들어갈 말을 바르게 짝지은 것은?

─── 〈보기〉 ───

프로그램이 없었다면 시행집단에서 일어났을 고용률 증가는, 비교집단에서 일어난 고용률 증가와/보다 (A) 것이다. 그러므로 ㉠에 **이중차분법을 적용하여 평가한 프로그램의 고용 증가 효과**는 / **평행추세 가정이 충족되는 비교집단을 이용하여 평가한 경우의 효과**보다 (B) 것이다.

check

분석 대상

선택률 10.6% ① 클 / 클

check

선택률 15.4% ② 클 / 작을

check

선택률 18.2% ③ 같을 / 클

check

선택률 31.2% ★ ④ 작을 / 클

check

선택률 24.5% ★ ⑤ 작을 / 작을

check

[3] 다음 글을 읽고 물음에 답하시오.

이민은 자기 나라를 떠나 다른 나라로 이주하는 것을 말한다. 많은 나라에서 이민자와 관련된 문제가 첨예한 사회적·정치적 쟁점이 되곤 하지만, 이러한 쟁점의 근본적인 이유는 종종 경제적인 데서 찾을 수 있다. 경제적으로 가장 대표적인 논리는 이민자들이 노동 시장에서 노동 공급을 늘리면 그 결과 임금이 하락하여 기존에 거주하고 있던 사람들의 경제적 상황이 악화될 것이라는 추론이다.

임금이 하락할 것이라는 추론의 근거는 이론적으로 노동 수요 측면에서 찾을 수 있다. 노동의 공급이 늘 때 사업장의 수요가 없다면 고용으로 이어지지 않는다. 사업주의 입장에서는 고용되기를 희망하는 인원이 많아지면 그들을 더 낮은 임금으로 고용하고자 할 것이다. 고용이 늘어날수록 추가되는 노동력이 생산에 기여하는 정도가 감소하는 경향이 있는 것도 사업주가 고용을 늘릴 때 더 낮은 임금을 제시하는 배경이 된다. 노동력의 생산 기여 정도가 임금에 영향을 미치기 때문이다. 이러한 점들을 고려하면 이민자가 유입된 지역의 임금이 하락할 것이라는 주장은 설득력이 있다. 그러나 현실에서는 반대의 현상이 관찰되기도 한다. 이민자가 유입되는 지역의 임금이 오히려 상승하는 것이다. 이는 이민자가 유입돼 임금이 상승한 것이 아니라, 임금이 상승하는 지역에 이민자가 유입된 결과로 보는 것이 타당하다. 따라서 이민자 유입이 임금을 하락시키는지의 인과 관계는 이민자 유입 정도와 임금 추세에 상관관계가 나타나는지 보는 것만으로는 밝혀낼 수 없다.

[가] 이민자 유입과 임금 변화의 인과 관계를 알아보기 위한 한 가지 방법은 이중차분법 사용이다. 이중차분법은 이민자 유입이라는 사건이 발생하지 않았더라도 나타났을 임금 변화(A)와 이민자 유입 전후의 실제 임금 변화(B)를 비교한다. B에서 A를 빼는 것인데, 각 임금 변화인 A, B 역시 뒤 시점의 임금에서 앞 시점의 임금을 빼서 구하는 것이기 때문에 빼는 방법이 중첩되었다고 하여 이중차분법이라 부른다. A를 통해 이민자 유입 외에 임금에 영향을 미치는 요인들의 효과가 측정되기 때문에 이민자 유입 전후의 임금 변화인 B에서 A를 빼면 이민자 유입이 임금에 미친 순 효과를 가려낼 수 있다는 발상이다. 이중차분법을 사용하는 데 어려운 점은 A를 구하는 것이다. 이민자 유입이 없을 경우라는 가상 상황에서의 임금 변화이기 때문이다. 많은 학자들이 이중차분법을 이용하여 대규모 이민자 유입 사례를 대상으로 실증 연구를 수행했는데, A를 구하기 위해 대체로 두 가지 방법 중 하나를

택해 왔다. 첫째는 이민자 유입 지역과 특성이 비슷하지만 이민자가 유입하지 않은 지역의 임금 변화를 이용하는 방법이고, 둘째는 이민자 유입 지역에서 유입 전후 기간에 상응하는 가까운 과거의 기간 전후 임금 변화를 이용하는 방법이다. 둘째 방법의 경우, 예컨대 이민자 유입 직전인 기준 시점 X가 있고, X의 1년 전을 Y, X의 1년 후를 Z라 하면, A는 Y에서 X로의 임금 변화로 측정하고 B는 X에서 Z로의 임금 변화를 계산하는 것이다.

(후략)

3.

[가]를 적용하여 〈보기〉를 이해한 내용으로 적절하지 **않은** 것은?

〈보기〉

연구자 M은 이중차분법을 이용하여 이민자 유입이 임금에 미치는 영향을 알아보기 위해 갑 도시를 연구 대상으로 선정했다. 갑 도시는 을국과 인접해 있는데, 을국에 2020년 3월 초 내전이 발생하여 을국에서 갑 도시로의 대규모 이민이 발생했다. 이민자 대규모 유입 직전인 2020년 2월 갑 도시의 평균 임금은 주당 $1,000이었으나, 대규모 이민이 발생한 후 2021년 2월 집계한 주당 평균 임금은 $950이었다. M이 갑 도시의 임금 변화를 연구하며 다음의 두 가지 방법을 모두 활용하였다.

㉮: 갑 도시와 같은 국가 내의 병 도시의 임금 변화와 비교. 병 도시는 갑 도시와 특성이 비슷하지만 같은 기간에 이민자 유입은 전혀 없었으며, 병 도시의 주당 평균 임금은 2020년 2월에 $1,000, 2021년 2월에 $930이었음.

㉯: 갑 도시의 직전 1년간의 임금 변화와 비교. 갑 도시의 2019년 2월 주당 평균 임금은 $980이었음.

① 갑 도시의 B는 $950에서 $1,000를 빼서 계산한다.
② M이 이중차분법에 ㉮를 이용한다면 A는 -$70이다.
③ M이 이중차분법에 ㉮를 이용한다면, 이민자 유입이 갑 도시의 임금을 하락시켰다고 결론 내리지 않을 것이다.
④ M이 이중차분법에 ㉯를 이용하면 ㉮를 이용할 때보다 A의 값이 크다.
⑤ M이 이중차분법에 ㉮, ㉯ 중 어느 경우를 이용하든 이민자 유입이 갑 도시의 임금을 하락시켰는지에 대해 같은 결론에 도달한다.

3. [가]를 적용하여 〈보기〉를 이해한 내용으로 적절하지 **않은** 것은?

───── 〈보기〉 ─────

연구자 M은 **이중차분법**을 이용하여 이민자 유입이 임금에 미치는 영향을 알아보기 위해 갑 도시를 연구 대상으로 선정했다. 갑 도시는 을국과 인접해 있는데, 을국에 2020년 3월 초 내전이 발생하여 을국에서 갑 도시로의 **대규모 이민**이 발생했다. 이민자 대규모 유입 직전인 **2020년 2월 갑 도시**의 평균 임금은 주당 **$1,000**이었으나, **대규모 이민이 발생한 후 2021년 2월** 집계한 주당 평균 임금은 **$950**이었다. M이 갑 도시의 임금 변화를 연구하며 다음의 두 가지 방법을 모두 활용하였다.

㉮: **갑 도시와 같은 국가 내의 병 도시의 임금 변화와 비교**. 병 도시는 갑 도시와 특성이 비슷하지만 **같은 기간에 이민자 유입은 전혀 없었으며**, 병 도시의 주당 평균 임금은 **2020년 2월에 $1,000, 2021년 2월에 $930**이었음.

㉯: **갑 도시의 직전 1년간의 임금 변화와 비교**. 갑 도시의 2019년 2월 주당 평균 임금은 **$980**이었음.

check

....
....
....

① 갑 도시의 B는 / $950에서 $1,000를 빼서 계산한다.

check
....
....

② M이 이중차분법에 ㉮를 이용한다면 / A는 -$70이다.

check
....
....

③ M이 이중차분법에 ㉮를 이용한다면, / 이민자 유입이 갑 도시의 임금을 하락시켰다고 결론 내리지 않을 것이다.

check
....
....

④ M이 이중차분법에 ㉯를 이용하면 / ㉮를 이용할 때보다 A의 값이 크다.

check
....
....

⑤ M이 이중차분법에 ㉮, ㉯ 중 어느 경우를 이용하든 / 이민자 유입이 갑 도시의 임금을 하락시켰는지에 대해 같은 결론에 도달한다.

check
....
....

과거에서 온 미래,
힘이 되는
선배들의 이야기

너에게서 온 편지

오늘 수능 보고 온 고3입니다!!!!!

선생님, 안녕하세요!! 오늘 수능 보고 온 고3입니다.
수시를 준비하고 있는데 최저를 맞춰야 해서 100일도 채 안 남았을
때 선생님 강의와 함께 국어 공부를 시작하게 되었습니다.
저는 고등학교 모의고사 내내 항상 국어에서 4~5등급을 받던 학생이
었어요. 지금 생각해 보면 문제 풀이 방법부터 개념까지 모두 제대로
잡힌 게 없었나 봐요. 시간은 늘 모자랐고 2~3세트는 기본으로 읽지도

못했던 것 같아요. 늦게 시작한 만큼 시간이 많이 부족해서 수특, 수완은 못 들었지만 '개념의 나비효과'만큼은
강의랑 워크북 모두 열심히 풀어 왔어요.
선생님께서 '인강은 너의 공부가 아니라 나의 공부다.'라고 하신 말씀을 늘 마음에 새기고, 인강을 들은 후에는
늘 워크북에 적용하는 연습을 했답니다. 최저에 다른 과목의 비율이 커서 국어에 많은 비중을 두진 못했지만 '개
념은 확실하게 갖고 가자.'라는 생각을 가지고 있었어요.

그리고 오늘 수능을 보면서 개념의 힘을 다시 한번 느끼게 되었어요. 다른 기출문제집 없이 오직 선생님 개념의
나비효과 강의 하나와 교재만으로 처음으로 91점이라는 점수를 받게 되었어요. 1등급이 될지, 2등급이 될지
아직은 모르겠지만 지금까지 모의고사와는 차원이 다른 점수를 받게 되어서 놀라울 뿐입니다.
감사합니다, 선생님!!! 선생님이 혼내 주실 때마다 한 번씩 마음 다잡고 힘내서 공부할 수 있었어요. 선생님이
강의마다 읽어 주셨던 '너에게서 온 편지' 내용 하나하나 아직 기억에 남아 있어요.
선생님께서 항상 해 주셨던 좋은 말씀들 앞으로 꼭 명심하겠습니다. :)

제 21 강

독서 연습 2 기출 Pick

#047

이제 마지막 독서 연습!

'기출의 나비효과'를 통해 배운 것들을 가지고

이제 진짜 너만의 기출문제 공부를 하면 되는 거야.

알지? 강의를 듣는 시간은 네 공부가 아니야.

강의를 통해 배운 것을 가지고 너랑 지문이랑 문제랑 셋이 끝장을 보는 그 시간,

그 시간만이 네 공부고, 네가 성장하는 시간인 거야.

이제 네 공부를 해.

모르겠는 건 그냥 지나치지 말고, 꼭 짚어 보고 질문하고 알고 넘어가.

EBS 연계에 너무 기대지도, 별거 아니라고 넘겨서도 안 돼.

나에게 기회가 될 수 있는 건 모두 다 챙기고 가야 하는 거야.

수능 공부에서만큼은 너 자신만을 생각해.

너에게 좋은 건 하나도 놓치지 마.

EBS 연계도 그중 하나야.

단, 올바른 방법으로 똑똑하게 EBS 연계를 활용하자.

[14~17] 다음 글을 읽고 물음에 답하시오. ✕ 걸린 시간: 분   초

하루에 필요한 에너지의 양은 하루 동안의 총 열량 소모량인 대사량으로 구한다. 그중 기초 대사량은 생존에 필수적인 에너지로, 쾌적한 온도에서 편히 쉬는 동물이 공복 상태에서 생성하는 열량으로 정의된다. 이때 체내에서 생성한 열량은 일정한 체온에서 체외로 발산되는 열량과 같다. 기초 대사량은 개체에 따라 대사량의 60~75%를 차지하고, 근육량이 많을수록 증가한다.

기초 대사량은 직접법 또는 간접법으로 구한다. ㉠**직접법**은 온도가 일정하게 유지되고 공기의 출입량을 알고 있는 호흡실에서 동물이 발산하는 열량을 열량계를 이용해 측정하는 방법이다. ㉡**간접법**은 호흡 측정 장치를 이용해 동물의 산소 소비량과 이산화 탄소 배출량을 측정하고, 이를 기준으로 체내에서 생성된 열량을 추정하는 방법이다.

19세기의 초기 연구는 체외로 발산되는 열량이 체표 면적에 비례한다고 보았다. 즉 그 둘이 항상 일정한 비(比)를 갖는다는 것이다. 체표 면적은 (체중)$^{0.67}$에 비례하므로, 기초 대사량은 체중이 아닌 (체중)$^{0.67}$에 비례한다고 하였다. 어떤 변수의 증가율은 증가 후 값을 증가 전 값으로 나눈 값이므로, 체중이 W에서 2W로 커지면 체중의 증가율은 (2W)/(W)=2이다. 이 경우에 기초 대사량의 증가율은 (2W)$^{0.67}$/(W)$^{0.67}$=2$^{0.67}$, 즉 약 1.6이 된다.

1930년대에 클라이버는 생쥐부터 코끼리까지 다양한 크기의 동물의 기초 대사량 측정 결과를 분석했다. 그래프의 가로축 변수로 동물의 체중을, 세로축 변수로 기초 대사량을 두고, 각 동물별 체중과 기초 대사량의 순서쌍을 점으로 나타냈다.

가로축과 세로축 두 변수의 증가율이 서로 다를 경우, 그 둘의 증가율이 같을 때와 달리, '일반적인 그래프'에서 이 점들은 직선이 아닌 어떤 곡선의 주변에 분포한다. 그런데 순서쌍의 값에 상용로그를 취해 새로운 순서쌍을 만들어서 이를 〈그림〉과 같이 그래프에 표시하면, 어떤 직선의 주변에 점들이 분포하는 것으로 나타난다. 그러면 그 직선의 기울기를 이용해 두 변수의 증가율을 비교할 수 있다. 〈그림〉에서 X와 Y는 각각 체중과 기초 대사량에 상용로그를 취한 값이다. 이런 방식으로 표현한 그래프를 'L-그래프'라 하자.

체중의 증가율에 비해, 기초 대사량의 증가율이 작다면 L-그래프에서 직선의 기울기는 1보다 작으며 기초 대사량의 증가율이 작을수록 기울기도 작아진다. 만약 체중의 증가율과 기초 대사량의 증가율이 같다면 L-그래프에서 직선의 기울기는 1이 된다.

이렇듯 L-그래프와 같은 방식으로 표현할 때, 생물의 어떤 형질이 체중 또는 몸 크기와 직선의 관계를 보이며 함께 증가하는 경우 그 형질은 '상대 성장'을 한다고 한다. 동일 종에서의 심장, 두뇌와 같은 신체 기관의 크기도 상대 성장을 따른다.

한편, 그래프에서 가로축과 세로축 두 변수의 관계를 대변하는 최적의 직선의 기울기와 절편은 최소 제곱법으로 구할 수 있다. 우선, 그래프에 두 변수의 순서쌍을 나타낸 점들 사이를 지나는 임의의 직선을 그린다. 각 점에서 가로축에 수직 방향으로 직선까지의 거리인 편차의 절댓값을 구하고 이들을 각각 제곱하여 모두 합한 것이 '편차 제곱 합'이며, 편차 제곱 합이 가장 작은 직선을 구하는 것이 최소 제곱법이다.

클라이버는 이런 방법에 근거하여 L-그래프에 나타난 최적의 직선의 기울기로 0.75를 얻었고, 이에 따라 동물의 (체중)$^{0.75}$에 기초 대사량이 비례한다고 결론지었다. 이것을 '클라이버의 법칙'이라 하며, (체중)$^{0.75}$을 대사 체중이라 부른다. 대사 체중은 치료제 허용량의 결정에도 이용되는데, 이때 그 양은 대사 체중에 비례하여 정한다. 이는 치료제 허용량이 체내 대사와 밀접한 관련이 있기 때문이다.

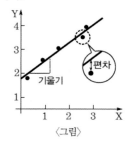

〈그림〉

14.

윗글의 내용과 일치하지 **않는** 것은?

① 클라이버의 법칙은 동물의 기초 대사량이 대사 체중에 비례한다고 본다.

② 어떤 개체가 체중이 늘 때 다른 변화 없이 근육량이 늘면 기초 대사량이 증가한다.

③ 'L-그래프'에서 직선의 기울기는 가로축과 세로축 두 변수의 증가율의 차이와 동일하다.

④ 최소 제곱법은 두 변수 간의 관계를 나타내는 최적의 직선의 기울기와 절편을 알게 해 준다.

⑤ 동물의 신체 기관인 심장과 두뇌의 크기는 몸무게나 몸의 크기에 상대 성장을 하며 발달한다.

15.

윗글을 읽고 추론한 내용으로 적절하지 **않은** 것은?

① 일반적인 경우 기초 대사량은 하루에 소모되는 총 열량 중에 가장 큰 비중을 차지하겠군.

② 클라이버의 결론에 따르면, 기초 대사량이 동물의 체표 면적에 비례한다고 볼 수 없겠군.

③ 19세기의 초기 연구자들은 체중의 증가율보다 기초 대사량의 증가율이 작다고 생각했겠군.

④ 코끼리에게 적용하는 치료제 허용량을 기준으로, 체중에 비례하여 생쥐에게 적용할 허용량을 정한 후 먹이면 과다 복용이 될 수 있겠군.

⑤ 클라이버의 법칙에 따르면, 동물의 체중이 증가함에 따라 함께 늘어나는 에너지의 필요량이 이전 초기 연구에서 생각했던 양보다 많겠군.

16.

㉠, ㉡에 대한 이해로 가장 적절한 것은?

① ㉠은 체온을 환경 온도에 따라 조정하는 변온 동물이 체외로 발산하는 열량을 측정할 수 없다.

② ㉡은 동물이 호흡에 이용한 산소의 양을 알 필요가 없다.

③ ㉠은 ㉡과 달리 격한 움직임이 제한된 편하게 쉬는 상태에서 기초 대사량을 구한다.

④ ㉠과 ㉡은 모두 일정한 체온에서 동물이 체외로 발산하는 열량을 구할 수 있다.

⑤ ㉠과 ㉡은 모두 생존에 필수적인 최소한의 에너지를 공급하면서 기초 대사량을 구한다.

17.

윗글을 바탕으로 〈보기〉를 탐구한 내용으로 가장 적절한 것은? [3점]

> ───── 〈보기〉 ─────
>
> 농게의 수컷은 집게발 하나가 매우 큰데, 큰 집게발의 길이는 게딱지의 폭에 '상대 성장'을 한다. 농게의 ⓐ**게딱지 폭**을 이용해 ⓑ**큰 집게발의 길이**를 추정하기 위해, 다양한 크기의 농게의 게딱지 폭과 큰 집게발의 길이를 측정하여 다수의 순서쌍을 확보했다. 그리고 'L-그래프'와 같은 방식으로, 그래프의 가로축과 세로축에 각각 게딱지 폭과 큰 집게발의 길이에 해당하는 값을 놓고 분석을 실시했다.

① 최적의 직선을 구한다고 할 때, 최적의 직선의 기울기가 1보다 작다면 ⓐ에 ⓑ가 비례한다고 할 수 없겠군.

② 최적의 직선을 구하여 ⓐ와 ⓑ의 증가율을 비교하려고 할 때, 점들이 최적의 직선으로부터 가로축에 수직 방향으로 멀리 떨어질수록 편차 제곱 합은 더 작겠군.

③ ⓐ의 증가율보다 ⓑ의 증가율이 크다면, 점들의 분포가 직선이 아닌 어떤 곡선의 주변에 분포하겠군.

④ ⓐ의 증가율보다 ⓑ의 증가율이 작다면, 점들 사이를 지나는 최적의 직선의 기울기는 1보다 크겠군.

⑤ ⓐ의 증가율과 ⓑ의 증가율이 같고 '일반적인 그래프'에서 순서쌍을 점으로 표시한다면, 점들은 직선이 아닌 어떤 곡선의 주변에 분포하겠군.

[15, 17] 다음 글을 읽고 물음에 답하시오.

하루에 필요한 에너지의 양은 하루 동안의 총 열량 소모량인 대사량으로 구한다. 그중 기초 대사량은 생존에 필수적인 에너지로, 쾌적한 온도에서 편히 쉬는 동물이 공복 상태에서 생성하는 열량으로 정의된다. 이때 체내에서 생성한 열량은 일정한 체온에서 체외로 발산되는 열량과 같다. 기초 대사량은 개체에 따라 대사량의 60~75%를 차지하고, 근육량이 많을수록 증가한다.

(…)

19세기의 초기 연구는 체외로 발산되는 열량이 체표 면적에 비례한다고 보았다. 즉 그 둘이 항상 일정한 비(比)를 갖는다는 것이다. 체표 면적은 $(체중)^{0.67}$에 비례하므로, 기초 대사량은 체중이 아닌 $(체중)^{0.67}$에 비례한다고 하였다. 어떤 변수의 증가율은 증가 후 값을 증가 전 값으로 나눈 값이므로, 체중이 W에서 2W로 커지면 체중의 증가율은 $(2W)/(W)=2$이다. 이 경우에 기초 대사량의 증가율은 $(2W)^{0.67}/(W)^{0.67}=2^{0.67}$, 즉 약 1.6이 된다.

(…)

가로축과 세로축 두 변수의 증가율이 서로 다를 경우, 그 둘의 증가율이 같을 때와 달리, '일반적인 그래프'에서 이 점들은 직선이 아닌 어떤 곡선의 주변에 분포한다. 그런데 순서쌍의 값에 상용로그를 취해 새로운 순서쌍을 만들어서 이를 〈그림〉과 같이 그래프에 표시하면, 어떤 직선의 주변에 점들이 분포하는 것으로 나타난다. 그러면 그 직선의 기울기를 이용해 두 변수의 증가율을 비교할 수 있다. 〈그림〉에서 X와 Y는 각각 체중과 기초 대사량에 상용로그를 취한 값이다. 이런 방식으로 표현한 그래프를 'L-그래프'라 하자.

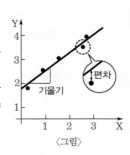

〈그림〉

체중의 증가율에 비해, 기초 대사량의 증가율이 작다면 L-그래프에서 직선의 기울기는 1보다 작으며 기초 대사량의 증가율이 작을수록 기울기도 작아진다. 만약 체중의 증가율과 기초 대사량의 증가율이 같다면 L-그래프에서 직선의 기울기는 1이 된다.

(…)

클라이버는 이런 방법에 근거하여 L-그래프에 나타난 최적의 직선의 기울기로 0.75를 얻었고, 이에 따라 동물의 $(체중)^{0.75}$에 기초 대사량이 비례한다고 결론지었다. 이것을 '클라이버의 법칙'이라 하며, $(체중)^{0.75}$을 대사 체중이라 부른다. 대사 체중은 치료제 허용량의 결정에도 이용되는데, 이때 그 양은 대사 체중에 비례하여 정한다. 이는 치료제 허용량이 체내 대사와 밀접한 관련이 있기 때문이다.

문항 코드 23638-0057

오답률 2위 69.7%

15. 윗글을 읽고 추론한 내용으로 적절하지 **않은** 것은?

분석 대상

선택률 5.4% ① 일반적인 경우 기초 대사량은 / 하루에 소모되는 총 열량 중에 가장 큰 비중을 차지하겠군.

check

선택률 32.1% ★ ② 클라이버의 결론에 따르면, / 기초 대사량이 / 동물의 체표 면적에 비례한다고 볼 수 없겠군.

매력적인 오답

check

선택률 20.7% ③ 19세기의 초기 연구자들은 / 체중의 증가율보다 기초 대사량의 증가율이 / 작다고 생각했겠군.

check

선택률 30.3% ★ ① 코끼리에게 적용하는 치료제 허용량을 기준으로, / 체중에 비례하여 생쥐에게 적용할 허용량을 정한 후 먹이면 / 과다 복용이 될 수 있겠군.

정답!

check

선택률 11.5% ⑤ 클라이이버의 법칙에 따르면, / 동물의 체중이 증가함에 따라 함께 늘어나는 에너지의 필요량이 / 이전 초기 연구에서 생각했던 양보다 많겠군.

check

문항 코드 23638-0058

오답률 1위 84.9%

17. 윗글을 바탕으로 〈보기〉를 탐구한 내용으로 가장 적절한 것은? [3점]

〈보기〉

농게의 수컷은 집게발 하나가 매우 큰데, 큰 집게발의 길이는 게딱지의 폭에 **'상대 성장'**을 한다. 농게의 ⓐ**게딱지 폭**을 이용해 ⓑ**큰 집게발의 길이**를 추정하기 위해, 다양한 크기의 농게의 **게딱지 폭**과 **큰 집게발의 길이**를 측정하여 다수의 **순서쌍**을 확보했다. 그리고 **'L-그래프'**와 같은 방식으로, 그래프의 **가로축**과 **세로축**에 각각 **게딱지 폭**과 **큰 집게발의 길이**에 해당하는 값을 놓고 분석을 실시했다.

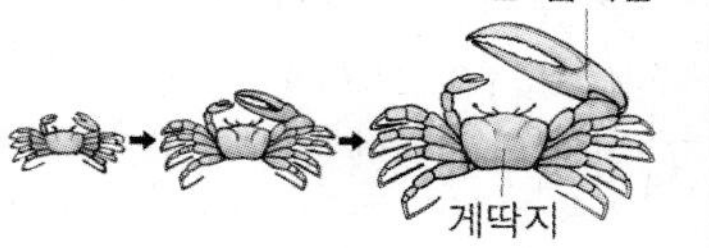

분석 대상

선택률 15.1% ★ ① 최적의 직선을 구한다고 할 때, / 최적의 직선의 기울기가 1보다 작다면 / ⓐ에 ⓑ가 비례한다고 할 수 없겠군.

정답!

check

선택률 19.9% ★ ② 최적의 직선을 구하여 ⓐ와 ⓑ의 증가율을 비교하려고 할 때, / 점들이 최적의 직선으로부터 가로축에 수직 방향으로 멀리 떨어질수록 / 편차 제곱 합은 더 작겠군.

매력적인 오답

check

선택률 30.4% ★ ③ ⓐ의 증가율보다 ⓑ의 증가율이 크다면, / 점들의 분포가 / 직선이 아닌 어떤 곡선의 주변에 분포하겠군.

매력적인 오답

check

선택률 22.3% ★ ④ ⓐ의 증가율보다 ⓑ의 증가율이 작다면, / 점들 사이를 지나는 최적의 직선의 기울기는 / 1보다 크겠군.

매력적인 오답

check

선택률 12.3% ⑤ ⓐ의 증가율과 ⓑ의 증가율이 같고 '일반적인 그래프'에서 순서쌍을 점으로 표시한다면, / 점들은 / 직선이 아닌 어떤 곡선의 주변에 분포하겠군.

check

[10] 다음 글을 읽고 물음에 답하시오.

사회 과학 분야에서 수치 자료를 분석할 때 기본적으로 쓰이는 방법 중 하나가 최소 제곱법이다. 최소 제곱법은 이론적으로 영향을 주는 요소인 설명 변수가 영향을 받는 대상인 종속 변수에 비례적인 영향을 준다고 가정하고, 그 영향 정도를 실제 수치 자료로부터 추정하는 데 쓰는 보편적인 방법이다. 설명 변수가 변화할 때 종속 변수가 변화하는 평균치를 회귀 계수라 부르는데, 바로 이 회귀 계수가 최소 제곱법을 통해 구하고자 하는 대상이다. 구체적으로 보면, 최소 제곱법은 종속 변수의 실제 수치에서 종속 변수의 예측치를 뺀 수치를 편차라고 지칭하고, 각 실제 수치에 대한 편차를 각각 제곱하여 모두 더한 것을 최소화한다. 종속 변수의 예측치는 설명 변수에 미지의 회귀 계수를 곱하여 구함으로써 편차를 미지의 상태인 회귀 계수의 함수로 표현하고, 함수인 편차 제곱의 합을 최소화하는 구체적인 회귀 계수 수치를 구하는 것이다. 현실에서는 설명 변수 외에도 다양한 요소들이 종속 변수에 영향을 미치기 때문에, 설명 변수에 의해 이론적으로 예측되는 종속 변수와 실제 관찰되는 수치 사이의 괴리를 편차로 볼 수 있다.

최소 제곱법을 시각적으로 다음과 같이 설명할 수도 있다. 2차원 평면에 설명 변수를 가로축에 두고, 종속 변

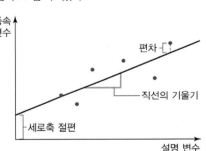

수를 세로축에 둔다. 예를 들어 6개 관찰 대상에 대해 설명 변수와 종속 변수의 실제 수치 자료가 수집되었다면, 각 관찰 대상의 설명 변수와 종속 변수 조합을 평면에 한 점으로 표시할 수 있다. 설명 변수와 종속 변수의 관계를 보여 주는 6개의 점을 모두 표시하고, 점들 사이를 지나는 임의의 직선을 그린다. 각 점으로부터 직선까지의 가로축에 수직인 거리를 편차의 절댓값으로 보고, 6개의 수직 거리 각각을 제곱한 수를 모두 더한다. 최소 제곱법은 이 편차 제곱의 합을 직선의 기울기와 세로축 절편을 약간씩 바꾸어 구한 편차 제곱의 합과 비교하여, 편차 제곱의 합이 가장 작은 직선을 택하는 과정으로 이해할 수 있다. 편차 제곱의 합이 가장 작은 직선의 기울기가 설명 변수와 종속 변수의 관계를 나타내는 회귀 계수이다. 결과적으로 직선은 점들의 아래쪽이나 위쪽이 아니라 사이에 위치하게 된다. 또한 각 편차를 제곱하기 때문에 직선에서 상대적으로 멀리 떨어져 있는 점들이 기울기에 영향을 더 많이 미친다.

최소 제곱법을 가계의 소득과 식료품 소비의 연관 정도를 알아보는 데 적용한다고 가정하자. 소득에 따라 식료품 지출액이 어떻게 달라지는지는 식료품 지출액이 소득의 영향을 받는다는 인과 관계를 전제로 최소 제곱법을 이용하여 계산할 수 있다. 만약 소득과 식료품 지출액이 각각 월간 100만 원 단위 수치이고 최소 제곱법으로 구한 직선의 기울기가 0.1이라면, 월 소득이 100만 원 증가할 때 식료품 지출액이 평균적으로 10만 원 증가하는 것으로 볼 수 있다. 한편, 세로축 절편이 0.3이라면 소득이 0이더라도 식료품 지출액이 평균적으로 30만 원이라는 의미이다. 소득 자료에 공적 및 사적 보조금이 포함되어 있지 않을 경우 보조금 수입으로 식료품 소비를 할 수 있게 되므로 소득이 0이더라도 세로축 절편이 0보다 클 수 있다. 또는 실제로는 소득이 0인 경우가 없더라도 수치 자료에 최소 제곱법을 적용한 결과 소득이 0이라는 가상적인 상황에 대한 식료품 지출액이 0보다 크게 도출될 수 있다.

(후략)

10.

윗글을 참고할 때, 〈보기〉의 A~C에 들어갈 말을 바르게 짝 지은 것은?

─────〈보기〉─────

연구자 갑은 임금이 학교에서 교육받은 기간인 재학 기간의 영향을 받는다는 인과 관계를 전제로, 최소 제곱법을 이용하여 그 영향을 측정하려 한다. 갑은 월 임금과 재학 연수가 각각 만원 단위 및 연 단위로 입력된 1,000명에 대한 수치 자료를 갖고 있다. 2차원 평면의 가로축에 (A)을/를 두고 1,000개의 점을 찍은 후 최소 제곱법에 의해 구한 직선을 그렸을 때 기울기가 16이라면, 재학 연수가 2년 증가할 때 월 임금은 평균적으로 (B)만 원 증가한 것이다.

갑이 만약 직선의 오른쪽 방면 위쪽으로 상대적으로 멀리 떨어져 있는 점 5개를 빼고 최소제곱법으로 기울기를 다시 구하면 기울기는 이전보다 (C).

	A	B	C
①	임금	16	작아진다
②	임금	32	커진다
③	재학 연수	16	작아진다
④	재학 연수	32	커진다
⑤	재학 연수	32	작아진다

10. 윗글을 참고할 때, 〈보기〉의 A~C에 들어갈 말을 바르게 짝 지은 것은?

─〈보기〉─

　연구자 갑은 **임금**이 학교에서 교육받은 기간인 **재학 기간**의 영향을 받는다는 인과 관계를 전제로, **최소 제곱법**을 이용하여 그 영향을 측정하려 한다. 갑은 월 임금과 재학 연수가 각각 만원 단위 및 연 단위로 입력된 1,000명에 대한 수치 자료를 갖고 있다. 2차원 평면의 가로축에 (　A　)을/를 두고 1,000개의 점을 찍은 후 최소 제곱법에 의해 구한 직선을 그렸을 때 **기울기가 16이라면, 재학 연수가 2년 증가**할 때 **월 임금은 평균적으로 (　B　)만 원 증가**한 것이다. 갑이 만약 직선의 **오른쪽 방면 위쪽으로 상대적으로 멀리 떨어져 있는 점 5개**를 빼고 최소제곱법으로 기울기를 다시 구하면 **기울기는 이전보다 (　C　)**.

check

분석 대상

① 임금 / 16 / 작아진다

② 임금 / 32 / 커진다

③ 재학 연수 / 16 / 작아진다

④ 재학 연수 / 32 / 커진다

⑤ 재학 연수 / 32 / 작아진다

check

과거에서 온 미래, 힘이 되는 선배들의 이야기

너에게서 온 편지

성적만 올려 주신 것이 아닌, 한 학생의 인생을 바꿔 주신 선생님

혜정 쌤, 안녕하세요!!
혜정 쌤 강의를 들은 지 벌써 4년이나 지난 ㅠㅠㅠㅠ 완전 화석 학번 대학생입니다.
오랜만에 EBSi 생각이 나서 들어왔다가, 우연히 선생님의 개념 강의를 다시 보게 되어서 반가운 마음에 잠시 들르게 되었습니다. :) 너무나도 늦게 되었지만, 지금이나마 감사 인사드리고 싶어서 이렇게 글 남기게 되었습니다!

혜정 쌤 강의를 듣기 전, 저는 내신 6등급, 모의고사 평균 5등급에 안착해 있던 학생이었습니다. 성적이 안 나오니 공부에도 흥미를 느끼지 못했고, 낮은 성적으로 원하는 꿈을 선택할 수 있는 기회는 크게 주어지지 않았기에 학교에서 추천해 준 대전/영남권 2년제 전문제 대학을 아무 생각 없이 수용하려 하던, 그런 평범한 고등학생이었습니다.
그런 평범한 학생이었던 저에게, 혜정 쌤의 나비효과는 저를 "꿈꾸는 나비"로 날아오르게 해 줬던 분기점이 되어 주었습니다.

혜정 쌤의 강의를 함께하면서, 모의고사 만년 5등급이었던 제가,
나비효과를 듣고 봤던 첫 모의고사였던 고등학교 2학년 11월 모의고사에서 89점 2등급을 받았고,
고등학교 3학년 7월 모의고사에서는 97점을 받으며,
국어에 있어서는 자신감 있게 "나는 국어를 가장 잘한다."라고 말할 수 있는 학생으로 탈바꿈하게 되었습니다.

국어 성적이 차츰 오르면서, 공부에 점차 흥미와 자신감을 갖게 되었고, 그간 감히 꾸지 못했던 새로운 꿈을 하나둘 가지게 될 수 있게 되었습니다. 꿈도 없었고, 공부에 대한 재능도 없었다고 스스로 생각했던 저는 지금 대학에서 심리학이라는 전공을 배우며, 저만의 꿈을 가지고 사람들의 심리를 알아 가는 공부에 더욱 매진하고 있습니다.
단순히 한 학생의 성적을 올릴 수 있는 계기를 주신 것을 넘어서 선생님의 강의를 통해 저는 저만의 꿈과 희망을 가지게 된 알찬 인생으로 바뀔 수 있었고, 그 인생이 저에게는 너무나도 행복하게만 느껴집니다.
이러한 새로운 삶을 누릴 수 있는 계기를 주셔서, 정말 감사합니다. :)
감사 인사가 너무나도 늦었지만, 지금이라도 짧게나마 인사 올립니다!
정말 정말 감사합니다, 혜정 쌤 :)

- 조별 과제에 지친 대학생 제자 올림

제 22 강

화작 기출 Pick

#048 ~ #050

우리가 고난도 독서 지문에 치여서, 고전 문학을 두려워하면서
흔히들 선택 과목인 화법과 작문을 살짝 무시해 주는 경향이 있는데,
화작만 해도 점수가 무려 24점!
점수로 보니까, '어머, 얘 무시할 게 아닌 분이셨네?'라는 생각이 들지?
무려 수능 국어 시험에서 1/4에 달하는 지분을 차지하고 있는 게 화작이라고.
화법과 작문은 정말 빠르고 정확하게 정답을 찾아내겠다는 마음가짐으로 선택해야 하는 거야.

☑ 화법과 작문 문제 풀 때, 명심하자!

1. (괄호) 확인하기 ▶▶▶ (괄호)는 문제를 위해 존재한다. ☐

2. 새로 만들어진 꼬꼬마 지문 문제 빨리 풀기 ▶▶▶ 정확하고 빠르게 푸는 게 관건이다. ☐

3. 시작과 끝에 주목하기 ▶▶▶ 선지 판단의 실마리를 빠르게 찾는다. ☐

4. Before & after의 방향 확인하기 ▶▶▶ 문두를 잘 읽는다. ☐

[35~37] 다음은 학생의 발표이다. 물음에 답하시오.

✖ 걸린 시간:　　분　　초

여러분, 얼마 전 우리 반이 우승한 암산 대회를 기억하시죠? 1에서 8까지 곱하라는 문제를 반별로 5초 동안만 풀게 한 뒤 학생들이 쓴 답의 평균이 정답에 가장 가까운 반이 이기는 대회였죠. 그때 저는 우승 소식이 기쁘면서도, 평소 수학을 어려워하는 우리 반이 암산 실력만큼은 정말 뛰어난지 의문이 들기도 했습니다. 그러다 며칠 전 한 가지 사실을 알게 되었습니다. (화면을 보여 주며) 보시는 바와 같이 우리 반이 푼 계산식은 '8×7×6×5×4×3×2×1'이었는데 어떤 반은 '1×2×3×4×5×6×7×8'이었다는 것을요. 이 사실을 듣고 문득 지난주 경제 시간에 행동경제학에 대해 배우면서 알게 된 '기준점 효과'가 떠올랐습니다. 기준점 효과의 내용이 생각나시나요? (대답을 듣고) 네, 그렇습니다. 어떤 값을 추정할 때 지금 알고 있는 값을 기준점으로 삼아 추정하는 현상이지요. 1에서 8까지 곱하면 40,320인데, 이런 큰 수를 5초 안에 암산하긴 어려우니 대부분 추측 값을 써 냈을 겁니다. 그런데 우리 반 친구들은 앞에서부터 두 번째 숫자까지만 곱해도 56이니까 정답을 큰 수로 추측했겠지만, 다른 반 친구들은 네 번째 숫자까지 곱해도 24밖에 안 되므로 그리 큰 수를 떠올리지는 않았겠지요. 결국 5초 동안 구한 값이 추측 값의 기준점이 되는 상황에서, 기준점 효과가 우리 반에 유리하게 작용해서 우승할 수 있었던 것입니다. 여러분의 표정을 보니 들떠 있던 반 분위기에 제가 괜히 찬물을 끼얹게 된 것 같아 미안한 마음도 드네요.

이번 암산 대회의 사례와 같이 기준점은 자신도 모르는 사이에 자신의 선택과 판단을 좌지우지하여 뜻밖의 결과를 만들어냅니다. 심지어는 기준점이 우리 삶의 행복도까지 결정짓기도 하지요. 신학자 토마스 아퀴나스는 이런 말을 했습니다. "인간은 변화가 일어나는 과도기에만 행복이나 불행을 느낀다."라고요. 가령 몹시 갖고 싶었던 물건을 갖게 되었을 때 처음에는 행복감을 느끼지만, 익숙해지면 점차 행복감을 느끼지 못하게 되는 경험을 한 번쯤은 해 보셨을 겁니다. 그 이유가 뭘까요? (대답을 듣고) 네, 맞습니다. 현재의 자신의 상태가 행복도를 결정짓는 기준점으로 끊임없이 작용하기 때문이겠죠. 이렇게 본다면 행복을 위해 중요한 것은 절대량이라기보다는 기준점으로부터의 변화량이라고 말할 수 있을 것입니다.

여러분, 꾸준히 행복감을 느끼고 싶으신가요? 그렇다면 단번에 큰 성과를 내려 하기보다는 하루하루 조금씩 성장하기 위해 노력해 나가는 것이 좋지 않을까요? 이상 발표를 마치겠습니다.

35.

위 발표자의 말하기 방식으로 적절하지 **않은** 것은?

① 질문과 대답을 통해 청중과 상호 작용하고 있다.
② 구체적인 수치를 언급하여 청중의 이해를 돕고 있다.
③ 설의적 질문을 사용하여 청중의 공감을 유도하고 있다.
④ 관용 표현을 활용하여 청중이 보이는 반응에 대응하고 있다.
⑤ 경험을 사례로 제시하여 청중의 행동에 나타난 문제점을 지적하고 있다.

36.

다음은 발표자가 위 발표에 반영한 발표 계획이다. ㉠~㉤에 들어갈 구체적인 계획의 내용으로 적절하지 **않은** 것은? [3점]

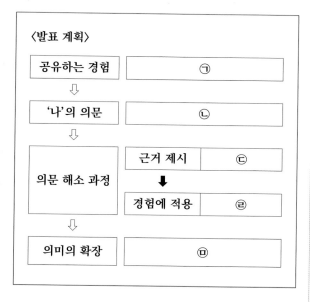

① ㉠: 청중이 암산 대회에 대한 기억을 구체적으로 떠올릴 수 있도록 대회의 규칙을 언급하자.
② ㉡: 암산 대회의 계산식을 화면에 제시하여 내가 의문을 가지게 된 이유를 설명하자.
③ ㉢: 특정 학문에서 다루는 개념을 근거로 제시하여 발표 내용의 타당성을 확보하자.
④ ㉣: 우리 반과 다른 반 학생들의 사고 과정의 차이가 대회 결과에 끼친 영향을 추측하여 제시하자.
⑤ ㉤: 학자의 말을 인용하여 기준점이 판단에 미치는 영향력을 강조한 뒤 지향해야 할 삶의 방향을 제안하자.

37.

〈보기〉는 위 발표를 들은 학생들의 반응이다. 〈보기〉에 드러난 학생들의 듣기 방식으로 가장 적절한 것은?

─────── 〈보기〉 ───────

학생 1: 등산을 처음 시작하면서 나의 약한 체력으로 지리산을 오르는 건 무리라고 생각했는데, 지난 주말에 동네 뒷산의 정상을 밟고 나니 어쩌면 지리산도 오를 수 있겠구나 싶더라고.
학생 2: 판사와 같이 중요한 결정을 내려야 하는 사람들이 자신도 모르는 사이에 어떤 기준점에 의해 영향을 받아서 공정하지 않은 판결을 하게 된다면 큰일이겠는걸?
학생 3: 자신의 현재 상태만 기준점으로 작용하는 것은 아닌 것 같아. 시험에서 내가 목표한 점수를 받지 못했을 때 낙담했던 걸 생각해 보면 미래의 목표가 기준점이 될 수도 있잖아.

① '학생 1'은 '기준점으로부터의 변화량'이 행복을 위해 중요하다는 말이 자신의 경험과 부합하지 않는다고 생각하며 들었다.
② '학생 2'는 판사의 결정에 '기준점 효과'가 작용하지 않을 때 재판의 공정성을 확보하기 어려울 수 있음을 고려하며 들었다.
③ '학생 3'은 목표 달성을 위해서는 '현재의 자신의 상태'보다 미래의 목표를 기준점으로 삼는 것이 옳다고 판단하며 들었다.
④ '학생 1'은 '학생 3'과 달리 '기준점 효과'가 자신이 처한 상황에 대한 인식에 긍정적으로 영향을 끼쳤던 경험을 떠올리며 들었다.
⑤ '학생 3'은 '학생 2'와 달리 기준점이 '자신도 모르는 사이'에 '자신의 선택과 판단'을 결정한다는 사실을 비판하며 들었다.

[36] 다음은 학생의 발표이다. 물음에 답하시오.

여러분, 얼마 전 우리 반이 우승한 암산 대회를 기억하시죠? 1에서 8까지 곱하라는 문제를 반별로 5초 동안만 풀게 한 뒤 학생들이 쓴 답의 평균이 정답에 가장 가까운 반이 이기는 대회였죠. 그때 저는 우승 소식이 기쁘면서도, 평소 수학을 어려워하는 우리 반이 암산 실력만큼은 정말 뛰어난지 의문이 들기도 했습니다. 그러다 며칠 전 한 가지 사실을 알게 되었습니다. (화면을 보여 주며) 보시는 바와 같이 우리 반이 푼 계산식은 '8×7×6×5×4×3×2×1'이었는데 어떤 반은 '1×2×3×4×5×6×7×8'이었다는 것을요. 이 사실을 듣고 문득 지난주 경제 시간에 행동경제학에 대해 배우면서 알게 된 '기준점 효과'가 떠올랐습니다. 기준점 효과의 내용이 생각나시나요? (대답을 듣고) 네, 그렇습니다. 어떤 값을 추정할 때 지금 알고 있는 값을 기준점으로 삼아 추정하는 현상이지요. 1에서 8까지 곱하면 40,320인데, 이런 큰 수를 5초 안에 암산하긴 어려우니 대부분 추측 값을 써 냈을 겁니다. 그런데 우리 반 친구들은 앞에서부터 두 번째 숫자까지만 곱해도 56이니까 정답을 큰 수로 추측했겠지만, 다른 반 친구들은 네 번째 숫자까지 곱해도 24밖에 안 되므로 그리 큰 수를 떠올리지는 않았겠지요. 결국 5초 동안 구한 값이 추측 값의 기준점이 되는 상황에서, 기준점 효과가 우리 반에 유리하게 작용해서 우승할 수 있었던 것입니다. 여러분의 표정을 보니 들떠 있던 반 분위기에 제가 괜히 찬물을 끼얹게 된 것 같아 미안한 마음도 드네요.

이번 암산 대회의 사례와 같이 기준점은 자신도 모르는 사이에 자신의 선택과 판단을 좌지우지하여 뜻밖의 결과를 만들어냅니다. 심지어는 기준점이 우리 삶의 행복도까지 결정짓기도 하지요. 신학자 토마스 아퀴나스는 이런 말을 했습니다. "인간은 변화가 일어나는 과도기에만 행복이나 불행을 느낀다."라고요. 가령 몹시 갖고 싶었던 물건을 갖게 되었을 때 처음에는 행복감을 느끼지만, 익숙해지면 점차 행복감을 느끼지 못하게 되는 경험을 한 번쯤은 해 보셨을 겁니다. 그 이유가 뭘까요? (대답을 듣고) 네, 맞습니다. 현재의 자신의 상태가 행복도를 결정짓는 기준점으로 끊임없이 작용하기 때문이겠죠. 이렇게 본다면 행복을 위해 중요한 것은 절대량이라기보다는 기준점으로부터의 변화량이라고 말할 수 있을 것입니다.

여러분, 꾸준히 행복감을 느끼고 싶으신가요? 그렇다면 단번에 큰 성과를 내려 하기보다는 하루하루 조금씩 성장하기 위해 노력해 나가는 것이 좋지 않을까요? 이상 발표를 마치겠습니다.

오답률 2위 56.8%

36. 다음은 발표자가 위 발표에 반영한 발표 계획이다. ㉠~㉤에 들어갈 구체적인 계획의 내용으로 적절하지 **않은** 것은? [3점]

〈발표 계획〉

공유하는 경험	㉠

⇩

'나'의 의문	㉡

⇩

의문 해소 과정	근거 제시	㉢
	경험에 적용	㉣

⇩

의미의 확장	㉤

check

분석 대상

① ㉠: 청중이 암산 대회에 대한 기억을 구체적으로 떠올릴 수 있도록 / 대회의 규칙을 언급하자.

check

② ㉡: 암산 대회의 계산식을 화면에 제시하여 / 내가 의문을 가지게 된 이유를 설명하자.

check

③ ㉢: 특정 학문에서 다루는 개념을 근거로 제시하여 / 발표 내용의 타당성을 확보하자.

check

매력적인 오답

④ ㉣: 우리 반과 다른 반 학생들의 사고 과정의 차이가 대회 결과에 끼친 영향을 / 추측하여 제시하자.

check

매력적인 오답

⑤ ㉤: 학자의 말을 인용하여 기준점이 판단에 미치는 영향력을 강조한 뒤 / 지향해야 할 삶의 방향을 제안하자.

check

[38~42] (가)는 학교 신문 동아리 학생들의 회의이고, (나)는 회의 내용을 바탕으로 ✖ 걸린 시간: 분   초
작성한 글의 초고이다. 물음에 답하시오.

(가)

학생 1: 지난 회의에서 학생회가 주관하는 '친해지길 바라' 행사를 학교 신문에 싣기로 하고 관련 내용을 조사하기로 했잖아. 먼저 인터뷰한 내용을 공유한 후, 이를 바탕으로 초고의 내용 구성을 어떻게 할지 이야기해 보자.

학생 2: 학생회장은 이번 행사를 통해 감염병 유행 기간에 외로움을 느끼는 학생들을 돕고 싶다고 말했어. 그래서 학생회 임원들이 등교하는 학생들을 반갑게 맞이하는 프로그램을 준비한다고 해.

학생 3: ㉠인사하며 맞이하는 프로그램을 통해 학생들의 외로움을 달래 주려는 것 같은데, 짧게 인사를 나눈다고 외로움을 덜어 줄 수 있을까?

학생 2: 실제로 짧은 순간 친근감을 표현하더라도 혼자라는 느낌이 덜 든다는 연구 결과가 있더라고.

학생 1: 그렇구나. 바리스타 동아리와 요리 동아리는 점심시간에 학생 휴게실에 카페를 운영하기로 했어. 서로 이야기를 나눌 수 있도록 자리를 마련하는 건데, 친구의 이야기를 귀담아들을 수 있게 하는 적절한 방법 같아.

학생 2: ㉡직접 소통할 수 있는 기회를 제공한다는 점에서 좋은 방법 같은데, 특히 전자 기기에 빠져서 대면 소통이 부족한 학생들에게 도움이 될 것 같아.

학생 3: 또래 상담 동아리에서는 '행복한 대화 벤치'라는 프로그램을 진행해. 대화에 초대하는 팻말을 들고 벤치에 앉아 있으니 누구라도 와서 대화를 나눌 수 있도록 한대.

학생 2: ㉢대화에 초대하는 팻말을 들고 벤치에 앉아 있는 또래 상담 동아리 학생에게 대화하고 싶은 학생이 말을 걸면 된다는 거지?

학생 3: 응, 맞아.

학생 1: 행복한 대화 벤치 사례에 대한 글을 봤어. 이 사례를 신문 기사에서 활용하는 건 어때?

학생 3: ㉣그래, 독자의 흥미를 끌 수 있을 것 같으니까 구체적으로 어떤 내용인지 조사해 볼게.

학생 2: 공연 동아리들이 행사에 참여하기로 했다는 이야기 들었지? 자세한 내용은 내가 좀 알아볼게.

학생 1: 이제 각자 인터뷰한 내용을 모두 이야기한 거지? 그럼 내용 구성을 어떻게 하면 좋을지 말해 볼까?

학생 3: 학생들이 행사 정보를 잘 기억할 수 있게 학생의 이동 동선에 따라 행사 프로그램을 소개하고, 각 프로그램의 기대 효과를 덧붙이면 좋겠어.

학생 2: ㉤좋은 생각이야. 행사 개최의 이유를 밝히기 위해 기사 앞부분에 외로움의 위험성에 대해 언급하는 게 필요할 것 같아.

학생 1: 좋아. 지금까지의 의견을 종합해 내용을 구성하기로 하자. 기사문 작성을 위해 역할 분담은 어떻게 할까?

학생 3: 인터뷰 자료를 바탕으로 초고는 내가 써 볼게.

학생 2: 난 공연 동아리들의 프로그램을 조사해서 알려 줄게.

학생 1: 그럼 초고 검토는 내가 할게. 각자 조사한 자료의 출처가 믿을 만한지 확인해 줘.

(나)

[표제] 외로움 줄이고 친밀함 높이는 행사가 열려
[부제] 감염병으로 끊어진 관계를 연결하는 '친해지길 바라'

[전문] 학생회가 주관하고 희망하는 동아리들이 참여하는 '친해지길 바라' 행사가 진행될 예정이다.

[본문] 사람들 간의 상호 작용을 연구한 ○○○ 박사는 지속적인 외로움은 정신 건강은 물론이고 신체 건강도 위협한다고 말한다. 이에 학생회장은 '친해지길 바라'를 준비하면서 "이 행사를 통해 감염병 유행 기간에 다른 사람들과 제대로 교류하지 못해 외로움을 느끼는 학생들이 도움을 받았으면 좋겠다."라고 행사의 취지를 밝혔다. 이번 행사는 참여자들의 상호 소통을 중시하는 자율적인 성격의 프로그램들을 학생회와 여섯 개의 동아리가 준비하고 있다.

먼저 행사 기간 동안 등교 시간에 학교 정문에서는 학생회 임원들이 '친구야, 반가워!'를 외치며 학생들을 맞이할 예정이다. 서로 반갑게 인사를 주고받으며 혼자라는 느낌을 떨치고 활력을 얻을 수 있을 것으로 기대된다.

정문에서 학교 건물로 들어가는 길에 있는 벤치에는 누구라도 와서 말을 건넬 수 있다는 문구가 써 있다. 또래 상담 동아리에서 휴식 시간에 대화가 필요한 친구들을 이 벤치에서 만난다. '행복한 대화 벤치'는 영국에서 시작되었는데, 이를 통해 지역 주민들이 공동체와 자신이 연결되었다는 느낌을 받았다고 한다. 또래 상담 동아리도 영국의 '행복한 대화 벤치'에서처럼 학생들이 학교 공동체와 연결되어 있다는 느낌을 받도록 프로그램을 준비했다고 한다.

학교 건물 1층의 학생 휴게실에서는 점심시간에 바리스타 동아리와 요리 동아리가 함께 카페를 운영한다. 카페의 이용 규칙은 스마트폰과 같은 전자 기기를 카페 입구에 보관하는 것이다. 그리고 동아리에서 만든 음료와 간식을 들며 친구들과 이야기를 나눌 수 있다. 대화에 집중할 수 있는 환경에서 친구들과 친밀감을 높일 수 있게 한 것이다.

학교의 가장 안쪽에 있는 공연장에서는 수요일 방과 후에 사물놀이 동아리, 댄스 동아리, 연극 동아리가 각 동아리 특색을 살린 체험 활동을 진행한다. 학생들은 체험 활동을 통해 다양한 상호 작용을 직접 경험할 수 있을 것이다.

[A] 학생회장은 이번 행사를 계기로 외로움을 느끼는 학생들이 도움을 받았으면 좋겠다는 바람을 드러내었다. '친해지길 바라' 행사의 자세한 프로그램 내용, 운영 시간, 변경 사항 등은 학생회 누리 소통망에서 확인할 수 있다.

38.

대화의 흐름을 고려할 때, ㉠~㉤에 대한 이해로 적절하지 **않은** 것은?

① ㉠: 상대의 발화와 관련된 내용을 추측하며 프로그램 효과에 대한 의문을 드러내고 있다.
② ㉡: 상대의 발화 내용에 동의하며 프로그램의 도움을 받을 수 있는 대상이 누구인지 언급하고 있다.
③ ㉢: 상대의 발화 내용을 재진술하며 프로그램에 대해 자신이 이해한 바가 맞는지 확인하고 있다.
④ ㉣: 상대의 발화에 공감하며 프로그램에 대해 소개할 자료를 요청하고 있다.
⑤ ㉤: 상대의 발화를 긍정적으로 평가하며 자신의 의견을 덧붙이고 있다.

39.

(가)의 '학생 1'에 대한 설명으로 가장 적절한 것은?

① 회의 중간에 논의된 사항을 정리하고 이에 대한 문제점을 지적한다.
② 지난 회의에서 논의된 사항을 환기하며 회의의 진행 순서를 제시한다.
③ 기사문의 내용을 확정하고 기사문 초고 작성을 위한 역할을 개인별로 배분한다.
④ 인터뷰 여부를 확인하고 인터뷰 자료를 효과적으로 공유할 수 있는 방안을 제안한다.
⑤ 자료 점검의 필요성을 제시하고 기사문에 활용할 자료의 출처를 점검하는 방법을 구체적으로 안내한다.

40.

(가)와 (나)를 고려할 때, '학생 3'이 초고를 쓰기 위해 떠올렸을 생각으로 적절하지 **않은** 것은?

① 학생회장의 인터뷰를 직접 인용하여 행사의 취지를 드러내야겠다.
② 공연 동아리들의 프로그램에 대해 추가적으로 조사한 정보를 제시해야겠다.
③ 영국에서 시작된 '행복한 대화 벤치'를 들어 프로그램의 기대 효과를 제시해야겠다.
④ 회의에서 언급된 내용 구성 방법을 고려하여, 학생들의 이동 동선에 따라 프로그램을 소개해야겠다.
⑤ 회의에서 언급된 연구 결과를 뒷받침하기 위해, 전문가의 견해를 인용하여 외로움이 미치는 해악을 밝혀야겠다.

41.

'학생 1'이 다음의 점검 기준에 따라 (나)를 점검한다고 할 때, 그 내용으로 적절하지 **않은** 것은?

점검 기준	점검 결과 (예/아니요)
·[표제]에서 행사의 목적을 나타냈는가?	ⓐ
·[부제]는 [표제]를 보완하는 기능을 하였는가?	ⓑ
·[전문]은 기사문을 요약적으로 제시하였는가?	ⓒ
·[본문]에서 행사 프로그램의 성격을 밝혔는가?	ⓓ
·[본문]에서 누가 무슨 내용의 프로그램을 진행하는지를 전달하였는가?	ⓔ

① [표제]에서 외로움을 줄이고 친밀함을 높이는 목적으로 행사가 열린다고 밝혔으므로 ⓐ에 '예'라고 해야지.
② [부제]에서 행사가 열리는 배경과 행사의 명칭을 담았으므로 ⓑ에 '예'라고 해야지.
③ [전문]에서 육하원칙을 모두 지켜 '친해지길 바라' 행사를 요약적으로 제시했으므로 ⓒ에 '예'라고 해야지.
④ [본문]에서 행사 프로그램이 상호 소통을 중시하는 자율적 성격임을 밝혔으므로 ⓓ에 '예'라고 해야지.
⑤ [본문]에서 학생회와 동아리가 무슨 프로그램을 진행하는지를 전달하였으므로 ⓔ에 '예'라고 해야지.

42.

〈보기〉는 [A]를 고쳐 쓴 것이다. [A]를 〈보기〉와 같이 수정한 이유로 가장 적절한 것은?

─────〈보기〉─────

  행사 소식을 접한 학생들은 이번 행사를 계기로 한동안 잃어버렸던 일상 속 활기를 되찾을 수 있을 것이라며 행사에 꼭 참여하겠다는 뜻을 밝혔다. '친해지길 바라' 행사의 자세한 프로그램 내용, 운영 시간, 변경 사항 등은 학생회 누리 소통망에서 확인할 수 있다.

① 앞에서 이미 언급한 내용은 삭제하고 행사에 대한 학생들의 기대감을 드러내기 위해
② 글의 주제와 관련이 없는 정보를 삭제하고 행사에 대한 잘못된 정보는 바로잡기 위해
③ 글의 주제와 관련이 없는 정보를 삭제하고 학생들에게 행사 참여 방법을 소개하기 위해
④ 글의 주제와 관련이 없는 정보를 삭제하고 학생들에게 적극적인 행사 참여를 호소하기 위해
⑤ 앞에서 이미 언급한 내용은 삭제하고 학생들의 흥미를 끌 수 있는 행사 프로그램을 추가하기 위해

[40] 다음 글을 읽고 물음에 답하시오.

(나)

[표제] 외로움 줄이고 친밀함 높이는 행사가 열려

[부제] 감염병으로 끊어진 관계를 연결하는 '친해지길 바라'

[전문] 학생회가 주관하고 희망하는 동아리들이 참여하는 '친해지길 바라' 행사가 진행될 예정이다.

[본문] 사람들 간의 상호 작용을 연구한 ○○○ 박사는 지속적인 외로움은 정신 건강은 물론이고 신체 건강도 위협한다고 말한다. 이에 학생회장은 '친해지길 바라'를 준비하면서 "이 행사를 통해 감염병 유행 기간에 다른 사람들과 제대로 교류하지 못해 외로움을 느끼는 학생들이 도움을 받았으면 좋겠다."라고 행사의 취지를 밝혔다. 이번 행사는 참여자들의 상호 소통을 중시하는 자율적인 성격의 프로그램들을 학생회와 여섯 개의 동아리가 준비하고 있다.

먼저 행사 기간 동안 등교 시간에 학교 정문에서는 학생회 임원들이 '친구야, 반가워!'를 외치며 학생들을 맞이할 예정이다. 서로 반갑게 인사를 주고받으며 혼자라는 느낌을 떨치고 활력을 얻을 수 있을 것으로 기대된다.

정문에서 학교 건물로 들어가는 길에 있는 벤치에는 누구라도 와서 말을 건넬 수 있다는 문구가 써 있다. 또래 상담 동아리에서 휴식 시간에 대화가 필요한 친구들을 이 벤치에서 만난다. '행복한 대화 벤치'는 영국에서 시작되었는데, 이를 통해 지역 주민들이 공동체와 자신이 연결되었다는 느낌을 받았다고 한다. 또래 상담 동아리도 영국의 '행복한 대화 벤치'에서처럼 학생들이 학교 공동체와 연결되어 있다는 느낌을 받도록 프로그램을 준비했다고 한다.

학교 건물 1층의 학생 휴게실에서는 점심시간에 바리스타 동아리와 요리 동아리가 함께 카페를 운영한다. 카페의 이용 규칙은 스마트폰과 같은 전자 기기를 카페 입구에 보관하는 것이다. 그리고 동아리에서 만든 음료와 간식을 들며 친구들과 이야기를 나눌 수 있다. 대화에 집중할 수 있는 환경에서 친구들과 친밀감을 높일 수 있게 한 것이다.

학교의 가장 안쪽에 있는 공연장에서는 수요일 방과후에 사물놀이 동아리, 댄스 동아리, 연극 동아리가 각 동아리 특색을 살린 체험 활동을 진행한다. 학생들은 체험 활동을 통해 다양한 상호 작용을 직접 경험할 수 있을 것이다.

[A] ⌈ 학생회장은 이번 행사를 계기로 외로움을 느끼는 학생들이 도움을 받았으면 좋겠다는 바람을 드러내었다. '친해지길 바라' 행사의 자세한 프로그램 내용, 운영 시간, 변경 사항 등은 학생회 누리 소통망에서 확인할 수 있다. ⌋

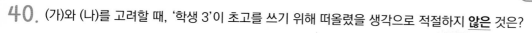

오답률 7위 54.7%

40. (가)와 (나)를 고려할 때, '학생 3'이 초고를 쓰기 위해 떠올렸을 생각으로 적절하지 **않은** 것은?

분석 대상

선택률 4.6% ① 학생회장의 인터뷰를 직접 인용하여 / 행사의 취지를 드러내야겠다.

check

선택률 29.7% ★② 공연 동아리들의 프로그램에 대해 추가적으로 조사한 정보를 제시해야겠다.

check

매력적인 오답

선택률 8.7% ③ 영국에서 시작된 '행복한 대화 벤치'를 들어 / 프로그램의 기대 효과를 제시해야겠다.

check

선택률 11.8% ④ 회의에서 언급된 내용 구성 방법을 고려하여, / 학생들의 이동 동선에 따라 프로그램을 소개해야겠다.

check

선택률 45.3% ★⑤ 회의에서 언급된 연구 결과를 뒷받침하기 위해, 전문가의 견해를 인용하여 / 외로움이 미치는 해악을 밝혀야겠다.

정답!

check

2023학년도 3월 학평 작문+화법

정답 55쪽

[38~42] (가)는 학생회 게시판에 올라온 학생 소감문이고, (나)는 이를 읽은 학생회 학생들이 나눈 대화이다. 물음에 답하시오.

✖ 걸린 시간: 분   초

(가)

우리 학교에서는 학생이 주도하는 교육 여행을 권장하고 있는데, 그 일환으로 학생회에서 치유 농업을 주제로 하는 여행을 진행하였다. 이 '치유 농업 여행'은 농장 체험을 통해 학업에 지친 학생들의 마음을 치유하기 위해 마련되었다. 치유 농업에 대한 안내가 부족하여 참가를 망설이는 학생들이 있었지만 나는 '건강하고 행복한 삶을 위한 치유 농업 여행에 함께해요'라는 홍보 문구를 보고 호기심이 생겼다. 그래서 지난달에 1박 2일 동안 진행된 치유 농업 여행에 참가하게 되었다.

토요일 오전, 참가자 20여 명이 버스를 타고 학교에서 1시간 정도 떨어진 농장으로 향했다. 농장 입구에 들어서니 농장을 운영하시는 분이 우리를 반갑게 맞아 주셨다. 첫 번째 프로그램은 농장 주변을 산책하는 것이었다. 농장 주변에는 큰 나무들이 많아서 맑은 공기를 마시며 상쾌한 기분을 느낄 수 있었는데, 산책에 주어진 시간이 너무 짧아 아쉬움이 컸다. 그다음에는 농장에서 키운 채소들을 우리 손으로 수확해 보는 체험을 했다. 몸을 쓰는 농장 일에 집중하다 보니 잡념이 사라지고 활기가 생겼다. 저녁을 먹은 후에는 농장 마당에 모여 앉아 별을 보았다. 밤하늘의 별빛들이 토닥토닥, 지쳐 있는 내 마음을 위로해 주었다. 비가 올 때를 대비한 프로그램이 준비되어 있지 않아 비가 오면 시간을 허비할 수도 있었는데, 날씨가 좋아 별을 볼 수 있어서 다행이었다. 다음날 아침에는 농장을 둘러싼 나무들을 바라보며 명상하는 시간을 가졌는데, 학업에 지친 마음을 회복하는 데 도움이 되었다. 마지막 프로그램은 농장의 동물들에게 먹이를 주는 체험이었다. 동물들과 마음을 나누며 즐거움을 느낄 수 있었다. 마지막 프로그램을 마치며 다른 친구들을 보니 모두들 행복한 표정이었다. 이 여행에 함께했던 다른 학생들과 소감을 나눌 수 있는 장이 마련되면 좋겠다는 생각을 했다.

짧은 시간이었지만 치유 농업 여행은 나에게 유익한 체험이었다. 학생회가 준비해 준 이번 여행 덕분에 힘든 학업으로 답답했던 마음이 시원하게 뚫린 기분이었다. 좋은 프로그램을 준비해 줘서 고마웠다. 이번 교육 여행을 계기로 치유 농업에 관한 자료를 찾아보고 더 깊이 이해해 봐야겠다는 계획을 세웠는데 꼭 실천해야겠다.

(나)

학생 1: 두 번째 치유 농업 여행을 홍보하는 글을 쓰기로 했는데, 어떻게 쓰면 좋을지 이야기해 보자.

학생 2: 지난번 여행을 홍보하는 글에서는 프로그램을 소개하는 데 주안점을 두었잖아. 이번에는 치유 농업 여행을 통해 얻을 수 있는 효과를 강조해서 더 많은 학생들이 참가할 수 있도록 하면 좋지 않을까?

학생 3: 그래, 맞아. 학생회 게시판에 올라온 소감문 읽어 봤지? 그 소감문에는 치유 농업 여행이 준 만족감이 잘 표현되어 있잖아. 그 내용이 좋아 보이더라.

학생 1: 여행을 통해 학업에 지친 마음을 치유할 수 있었다고 한 내용을 홍보하는 글에 포함하자는 말이지?

학생 3: 맞아. 그 내용이 들어가게 하자. 그리고 우리 학생회가 여행을 준비하는 데 많은 노력을 기울였다는 점과 여행이 끝나고 실시한 설문 조사에서도 만족도가 높게 나온 점을 모두 언급해 주면 좋겠어. **[A]**

학생 2: 우리가 노력한 것은 맞지만 그 내용을 홍보하는 글에까지 넣을 필요는 없을 것 같아. 그렇지만 설문 조사의 문항과 결과를 수치로 보여 주는 건 여행에 대한 관심도를 높일 수 있다는 면에서 좋네.

학생 1: 설문 조사의 문항과 결과를 수치로 보여 주는 것은 우리가 쓰려는 글의 성격에 맞지 않아. 만족도가 높았다는 내용만 간단히 언급하는 게 좋지 않을까?

학생 2: 그렇게 하자. 그리고 지난번에는 학생들이 홍보하는 글을 읽고 나서 학생회로 문의를 많이 했잖아. 이번에는 그런 점도 고려할 필요가 있어.

학생 1: 좀 더 자세한 여행 관련 정보를 안내받을 수 있는 별도의 방법을 홍보하는 글에 제시해 주자는 거구나. 그렇지?

학생 2: 맞아. 그리고 지난번 여행에서 동물들 먹이 주기 체험에 대한 호응이 진짜 좋았잖아? 이에 대해 꼭 언급하자. **[B]**

학생 3: 좋아. 그리고 지난번 여행에서 학생들이 즐거워하는 모습을 찍은 사진들이 많이 있잖아. 그 사진 중 하나를 제시하면 어때?

학생 1: 나는 소감문에서 밤하늘의 별을 보고 얻은 위로를 '토닥토닥'이라고 한 표현이 인상적이었는데, 그것과 관련된 사진을 넣고 그 사진을 설명하는 데 이 표현을 사용하자.

학생 3: 그래, 좋아. 나도 그 표현이 참 좋더라.

학생 2: 내가 너희들의 의견을 반영해서 초고를 작성해 볼게.

학생 1: 응, 고마워. 그리고 지난번 여행에서 부족한 점이나 다시 생각해 봐야 할 점도 있었잖아. 다음번 모임에서는 그 부분에 대해 이야기해 보자.

학생 3: 우리가 앞에서 살펴봤던 소감문에도 그런 내용이 있었잖아. 내가 그 내용을 정리해서 우리가 논의해야 할 사항을 메모 해 올게.

학생1, 2: 그래, 좋아.

254

38.

(가)의 학생이 사용한 글쓰기 방법에 대한 설명으로 가장 적절한 것은?

① 치유 농업 여행에 참가하면서 겪은 어려움을 사례를 들어 제시한다.
② 치유 농업 여행에 참가한 경험을 다른 참가자의 경험과 비교하여 설명한다.
③ 치유 농업 여행의 세부 프로그램 내용과 소감을 시간적 순서에 따라 제시한다.
④ 치유 농업에 대한 전문가의 견해를 직접 인용하여 치유 농업 여행의 목적을 설명한다.
⑤ 치유 농업 여행의 프로그램이 지닌 장점을 다른 교육 여행 프로그램과 대조하여 제시한다.

40.

[A], [B]에 대한 이해로 가장 적절한 것은?

① [A]에서 학생 3은 첫 번째 발화에서 학생 2의 의견 중 자신의 의견과 부합하는 부분과 그렇지 않은 부분을 구별하고 있다.
② [A]에서 학생 1은 두 번째 발화에서 학생 2와 학생 3의 발화 내용의 일부를 재진술하면서 그 발화 내용을 뒷받침할 근거 자료를 요청하고 있다.
③ [B]에서 학생 3은 첫 번째 발화에서 학생 2의 제안에 대한 공감을 표현한 후 두 번째 발화에서 그 제안과 학생 1의 제안을 절충하고 있다.
④ [A]와 [B] 모두에서 학생 1은 첫 번째 발화에서 상대의 발화 의도를 파악하여 자신이 이해한 내용이 맞는지 확인하고 있다.
⑤ [A]와 [B] 모두에서 학생 2는 두 번째 발화에서 상대의 발화 내용이 대화 맥락에 어긋나 있음을 고려하여 대화의 흐름을 조정하고 있다.

39.

〈보기〉는 (가)의 마지막 문단 초고이다. 〈보기〉를 고쳐 쓰기 위한 친구들의 조언 중 반영되지 <u>않은</u> 것은? [3점]

> ──────── 〈보기〉 ────────
>
> 짧은 시간이었지만 치유 농업 여행은 나에게 도움이 되는 유익한 체험이었다. 학생회가 준비해 준 이번 여행 탓에 힘든 학업으로 답답했던 마음이 시원하게 뚫린 기분이었다. 학업에 집중하기 위해서는 공부하는 환경이 중요하다는 생각이 들었다. 좋은 프로그램을 준비해 준 학생회 학생들이 고맙다는 말을 전하고 싶다. 이번 교육 여행을 계기로 생긴 앞으로의 계획도 잘 실천해 봐야겠다.

① 첫 번째 문장에서 의미가 중복된 표현은 수정하는 게 어때?
② 두 번째 문장에서 부적절하게 사용된 어휘는 바꾸는 게 어때?
③ 세 번째 문장은 글의 통일성을 고려하여 삭제하는 게 어때?
④ 네 번째 문장은 행위가 미치는 대상인 객체를 분명하게 표현하는 게 어때?
⑤ 다섯 번째 문장의 내용은 더 구체적으로 제시해 주는 게 어때?

41.

(가)와 (나)를 고려할 때, '학생 3'이 작성한 메모 의 내용으로 적절하지 <u>않은</u> 것은?

> ┌──────────────────────────────┐
> │   〈우리가 논의해야 할 사항〉   │
> │   │
> │ ◦ 참가자 안전 교육의 효율적인 진행을 위해 필요한 │
> │   사항 검토 ─────────────────── ① │
> │ ◦ 여행 참가자들 사이에 소감을 공유할 수 있는 구체 │
> │   적인 방안 검토 ─────────────── ② │
> │ ◦ 일부 프로그램에 배정된 활동 시간을 조정할 필요 │
> │   성에 대한 검토 ─────────────── ③ │
> │ ◦ 우천 시 진행하기 어려운 프로그램을 대체할 수 있 │
> │   는 프로그램 검토 ─────────────── ④ │
> │ ◦ 참가자 모집 과정에서 부족했던 치유 농업에 대한 │
> │   안내를 보완할 수 있는 방안 검토 ─────── ⑤ │
> └──────────────────────────────┘

42.

다음은 '학생 2'가 작성한 초고이다. 이에 대한 반응으로 적절하지 **않은** 것은?

건강하고 행복한 삶을 위한 치유 농업 여행에 함께해요

학생회에서 두 번째 치유 농업 여행에 참가할 학생을 모집합니다. 첫 번째 치유 농업 여행에 참가했던 학생들의 반응이 얼마나 좋았는지 아시나요? 치유 농업 여행을 통해 학업으로 지친 마음을 치유할 수 있어서 좋았다는 학생의 반응이 있었어요. 여행 후 진행된 설문 조사 결과에서도 만족도가 매우 높게 나왔답니다. 그리고 이번에는 특별히 주목할 만한 프로그램이 하나 더 생겼어요. 지난번 여행에서 동물들 먹이 주기 체험에 대한 호응이 매우 좋았는데, 이번에는 소 껴안기 프로그램을 추가하여 지난번보다 동물들과 더 가깝게 교감할 수 있도록 했어요. 치유 농업 여행에 참가를 원하는 학생들은 학생회 게시판을 통해 구체적인 프로그램 일정과 내용, 신청 방법 등을 확인해 주세요.

〈사진: 토닥토닥 위로해 준 별빛들〉

---

① 새로 추가된 프로그램의 내용과 효과를 부각하자는 의견이 반영되었군.
② 치유 농업 여행이 준 만족감에 대한 소감문의 내용을 포함하자는 의견이 반영되었군.
③ 치유 농업 여행 후 진행된 설문 조사의 만족도 결과를 간단하게 언급하자는 의견이 반영되었군.
④ 치유 농업 여행에 관한 추가 정보를 얻을 수 있는 별도의 방법을 안내하자는 의견이 반영되었군.
⑤ 학생들의 활동 모습이 담긴 사진과 소감문에서 인상적이었던 표현을 함께 제시하자는 의견이 반영되었군.

기출 #050 | 분석 노트

42. 다음은 '학생 2'가 작성한 초고이다. 이에 대한 반응으로 적절하지 **않은** 것은?

오답률 9위 52.8%

〈초고 생략〉

분석 대상

선택률 47.2%

① 새로 추가된 프로그램의 내용과 효과를 부각하자는 의견이 반영되었군.

정답!

check

─────────────────────────────
─────────────────────────────

선택률 16.2%

② 치유 농업 여행이 준 만족감에 대한 소감문의 내용을 포함하자는 의견이 반영되었군.

매력적인 오답

check

─────────────────────────────
─────────────────────────────

선택률 7.2%

③ 치유 농업 여행 후 진행된 설문 조사의 만족도 결과를 간단하게 언급하자는 의견이 반영되었군.

check

─────────────────────────────
─────────────────────────────

선택률 13.8%

④ 치유 농업 여행에 관한 추가 정보를 얻을 수 있는 별도의 방법을 안내하자는 의견이 반영되었군.

매력적인 오답

check

─────────────────────────────
─────────────────────────────

선택률 15.7%

⑤ 학생들의 활동 모습이 담긴 사진과 소감문에서 인상적이었던 표현을 함께 제시하자는 의견이 반영되었군.

매력적인 오답

check

─────────────────────────────
─────────────────────────────

Self Check

YES?

1. 문제 패턴별로 어떻게 지문을 읽고 답을 찾을 것인지 빠르게 판단한다. 〈접근법 적용〉 ☐

2. 화작은 빠르고 정확하게. 답을 찾기 위해 필요한 정보를 찾아 읽을 수 있다. 〈접근법 적용〉 ☐

3. 반복해서 나오는 단골 출제 요소들을 정확하게 알아 둔다. 〈출제 요소〉 ☐

4. My Check point: ☐

과거에서 온 미래,
힘이 되는
선배들의 이야기

너에게서 온 편지

백분위 71에서 98까지의 여정

안녕하세요, 저는 22살 대학생이에요. 제가 원하는 진로를 위해서 다양한 기회를 얻기 위해 다시 한번 수능을 보자고 마음 먹고 고 3시절 저의 국어를 책임져 주시고, 저의 위로가 되어 주셨던 윤혜정 선생님을 다시 찾게 되었어요.

제가 고3 시절을 겪어 봐서 확실히 말씀드릴 수 있어요. 수험생 여러분! 혹시 늦은 건 아닌지, 다른 사람들보다 뒤처졌다고 생각하고 '난 어떻게 해도 좋은 점수 받기 어려울 거야.'라며 일찍 포기하고 있을 수도 있어요. 근데, 22살이 되고 고3 시절을 다시 생각해 보면, 정말 아예 0부터 시작해도 늦은 나이가 절대 아니더라고요! 무엇이든 할 수 있고 무엇이든 꿈꿀 수 있는 나이예요.

얼마 전에 어떤 글에서 이런 말을 하더라고요.

"지금부터 나 자신과 약속을 했다. 머지않은 미래에 타임머신이 발명된다면 내가 가장 힘들었던 시기로 가서 몰래 꽃을 선물할 것이다."

여러분이 수험 생활을 하면서 힘들다고 그만두고 싶어질 때도 분명 있을 텐데 그때 출처 모를 꽃을 선물받지 못했다면, 분명 여러분은 그 시기를 현명하게 지낼 수 있다는 뜻일 거예요. :)

물론 저도 또 다른 출발선 위에 서서 고3 때 하던 걱정을 똑같이 하고 있지만, 한 번 지나 왔기에 이번에도 잘 해낼 것이라고 믿고 해 보려고요! 이 글을 보시는 모든 분들 항상 응원하겠습니다! 파이팅! :)

제 **23** 강
화작 연습 기출 Pick

#051 ~ **#052**

이제 화법과 작문 기출 연습까지 마무리해 보자.
화법과 작문 문제를 풀기 위한 어마어마한 개념은 없어.
물론 자신에게 가장 맞는 문제 풀이 순서가 있겠지만
수능 시험 날 선택 과목을 먼저 푸는 걸 추천하는 편이야.
독서 지문의 난도를 생각해 봐.
그에 비하면 화법과 작문의 지문 수준은?
강의에서도 항상 말해 왔잖아.
화법과 작문은 아~~~주 쉬운 독서 지문인 거라고.
마음에 평안이 오지 않니?
독서 지문의 초고난도 문제 풀던 걸 생각해 보면
화작 문제들은 귀염둥이들인 거지. ㅎㅎ
화법과 작문 문제, 이제 틀리지 말자.
화법과 작문에도 오답률이 높은, 매력도가 높은 문제와 선지들이 있어.
실수의 가능성을 먼저 살펴보고, 꼼꼼히 대비해 놓는 거야!

[38~42] (가)는 ○○ 고등학교 행사에 참여한 학생이 마을 소식지에 쓴 후기이고, ✹ 걸린 시간: 분 초
(나)는 이를 읽은 다른 지역의 학생들이 나눈 대화이다. 물음에 답하시오.

(가)

　지난 한 학기 동안 우리 학교에서는 식물에 대한 관심을 높이자는 취지에서 '다 함께 식물 지도 만들기' 행사를 진행하였다. 마을 사람들이 볼 △△동 식물 지도를 전교생이 함께 만들며, 다양한 식물에 관심을 갖게 되었고 자연의 소중함도 깨닫게 되었다.

　식물 지도 만들기는 △△동 전체를 30개 구역으로 나눠 학급별로 맡은 구역의 식물을 조사하는 방식으로 이루어졌다. 먼저 최대한 여러 종류의 식물 사진을 찍은 다음, 식물의 이름을 알려 주는 누리집을 이용해 식물 이름을 편리하게 찾았다. 그리고 학급마다 특색 있게 그린 지도 위에 조사한 모든 식물의 이름을 표시하였다. 이렇게 학급별로 만든 지도를 이어 붙여 100여 종의 식물이 표시된 △△동 식물 지도를 완성하였다.

　평소 우리가 잘 모르던 곳까지 꼼꼼히 살피며 식물을 조사하는 과정에서 몇몇 친구들은 힘들다고 포기하는 모습도 보였지만, 나는 이렇게 생각했다. '누군가는 이 지도를 보며 마을의 식물에 관심을 갖게 되지 않을까?' 이런 생각에 나는 계속해서 의욕적으로 조사를 해 나갈 수 있었다.

　이번 행사를 통해 그동안 주변의 식물에 무심했던 나 자신을 반성하게 되었다. 그리고 화살나무나 분꽃 등의 식물을 교실 밖에서 직접 관찰하니 책으로만 접했을 때보다 식물에 대한 관심이 더 커지는 것 같았다. 다른 학교에서도 식물 지도 만들기 행사를 개최한다면 더 많은 학생들이 자연의 소중함을 느낄 수 있을 것이라는 생각이 들었다.

(나)

학생 1: 이번 가을에 열릴 동아리 발표회 때 전시하기 위해 우리도 △△동 마을 소식지에 실린 ○○ 고등학교 사례처럼 식물 지도를 만들기로 했잖아. ○○ 고등학교 사례에서 어떤 점을 수용하고 어떤 점을 달리할지 논의해 보자.

학생 2: 생각해 봤는데, 우리 셋이서 ○○ 고등학교가 한 것처럼 넓은 공간을 조사하긴 힘들 듯하니 학교에서 걸어갈 만한 거리만 지도의 범위로 삼는 게 좋지 않을까?

학생 1: 그러자. 학교에서 걸어갈 만큼 가까운 범위 내에서 어디로 조사하러 갈지 장소를 정해 보자.

학생 3: □□ 농장에 갔으면 하는데, 너희 생각은 어때? ┐
거기는 나무가 많으니까.

학생 1: 거긴 매실나무만 많잖아. 식물 지도를 만드는 거니까 여러 종류의 식물이 있는 곳으로 가자.

학생 2: 여러 종류의 식물이 있는 곳도 좋지만, 나는 우 [A]
리 학교 학생들이 볼 지도이니 학생들에게 친숙한 장소가 더 좋을 듯해. 그런데 그 농장은 아무 ┘

나 들어갈 수가 없어서 가 본 학생이 거의 없을 ┐
테니……. ┘

학생 3: 듣고 보니 일리가 있네. 친숙한 장소라면 전교생이 함께 걷기 행사를 했던 행복산과 구름천이 어때?

학생 1: 거기도 좋고 하늘습지도 좋을 것 같아. 학생들이 자주 산책하러 가는 곳이잖아.

학생 2: 모두 좋은 생각이야.

학생 3: 그럼 조사 장소는 세 군데로 정해진 거네.

학생 2: 맞아. 이제 어떤 식물을 지도에 표시할지 얘기해 보자.

학생 1: 우리 마을은 다양한 꽃과 나무가 자생하기로 유명하니까 우리도 지도에 되도록 다양한 종류의 식물을 표시하자.

학생 2: 근데 발표회까지 얼마 안 남아서 국가 보호종을 비롯해 주목할 만한 몇몇 식물만 표시해야 할 듯해. 그리고 식물 이름은 ○○ 고등학교처럼 누리집을 이용해 편리하게 찾자.

학생 1: 그러자.

학생 3: 식물 이름과 함께 식물이 어떤 효용이 있는지 ┐
도 제시했으면 하는데, 너희는 어떻게 생각해?

학생 1: 약효가 있는 식물은 그 정보도 제시하자는 거지?

학생 3: 응? 나는 꽃이나 나무가 마음을 편안하게 해 주는 것 같은 효용을 말한 거였는데.

학생 1: 식물이 사람의 정서에 어떤 영향을 미칠 수 있 [B]
는지에 대한 내용을 싣자는 말이었어?

학생 3: 응. 그런 정보가 학생들에게 의미가 있을 것 같아. ┘

학생 2: 그거 좋은데? 우리가 행복산에서 조사할 꽃과 나무 중 일부에는 그런 내용도 추가로 표시하면 되겠다.

학생 1: 좋아. 이제 지도에 식물들을 어떻게 표현할지 얘기해 보자.

학생 2: 장소마다 대표 식물을 하나씩 선정해서 그 식물 이름 밑에 식물의 사진도 함께 제시하는 건 어때?

학생 3: 그래. 그리고 군집을 이루고 있는 식물은 모두 빗금으로 표시하자. 행복산은 갈림길이 많으니 걷기에 더 편한 길을 화살표로 표시도 하고.

학생 1: 좋은 생각이야. 모두 적용해 보자.

학생 2: 그래. 그런데 ○○ 고등학교가 이어 붙이는 방식으로 지도를 만든 건 참신하긴 한데 통일감이 없어 부자연스러울 듯해. 우리는 조사한 내용을 모아 함께 지도를 그리자.

학생 3: 그러자.

학생 1: 오늘 논의한 내용은 내가 회의록 에 쓸게.

학생 2, 3: 고마워.

제 23 강 화작 연습 #051~#052

38.

(가)에 활용된 글쓰기 방식으로 가장 적절한 것은?

① 1문단에서는 식물 지도 만들기 행사에서 자신이 깨달은 점을 문제점과 해결책을 제시하는 방식으로 서술하였다.
② 2문단에서는 식물 지도를 만든 과정을 원인과 결과를 제시하는 방식으로 서술하였다.
③ 2문단에서는 학급별 식물 지도의 특색을 나열하는 방식으로 서술하였다.
④ 3문단에서는 식물 조사에 임하는 자신의 참여 자세를 친구들의 참여 자세와 대조하는 방식으로 서술하였다.
⑤ 3문단에서는 식물을 조사하며 친구들이 겪은 어려움을 묻고 답하는 방식으로 서술하였다.

39.

〈보기〉는 (가)의 마지막 문단의 초고이다. 〈보기〉를 고쳐 쓰기 위해 친구들이 조언한 내용 중 반영되지 <u>않은</u> 것은?

〈보기〉

　이 행사를 통해 나 자신을 반성하게 되었다. 그리고 교실 밖에서 관찰 활동을 하는 것이 학업으로 인한 부담감을 덜어 준다는 것도 알게 되었다. 다른 학교에서도 식물 지도 만들기 행사를 열면 좋겠다는 생각이 들었다.

---

① 교실 밖에서 관찰한 대상의 구체적 예를 언급하는 게 어때?
② 행사를 통해 자신의 어떤 점을 반성했는지 밝히는 게 어때?
③ 다른 학교에서도 행사를 개최했을 때 예상되는 기대 효과를 제시하는 게 어때?
④ 교실 밖에서 관찰 활동을 하려면 책을 활용한 학습이 선행될 필요가 있다는 내용을 추가하는 게 어때?
⑤ 교실 밖에서 이루어지는 관찰 활동의 긍정적 효과를 행사의 취지에 부합하는 내용으로 바꾸는 게 어때?

40.

[A], [B]에 대한 설명으로 적절하지 <u>않은</u> 것은?

① [A]에서 '학생 2'는 '학생 1'의 발화를 일부 재진술한 후 자신의 견해를 밝히고 있다.
② [A]에서 '학생 1'과 '학생 2'는 각기 다른 이유로 '학생 3'의 제안에 반대하는 입장을 드러내고 있다.
③ [B]에서 '학생 1'과 '학생 3' 모두 질문을 주고받는 과정에서 서로가 상대의 발화 내용을 잘못 이해했음을 깨닫고 있다.

④ [B]에서 '학생 2'는 '학생 3'에게 공감을 표한 후 '학생 3'의 제안을 구체화할 방안을 제시하고 있다.
⑤ [A]와 [B] 모두의 첫 번째 발화에서 '학생 3'은 자신이 제안한 바에 대한 '학생 1'과 '학생 2'의 의견을 묻고 있다.

41.

(가)와 (나)를 고려할 때, '학생 1'이 쓴 　회의록　의 내용 중 적절하지 <u>않은</u> 것은? [3점]

일시 : 2022. 8. ▽▽.		장소 : 동아리실
회의 주제 :	마을 식물 지도 만들기 계획 수립	
논의 내용 1 :	○○ 고등학교 식물 지도 제작 사례 검토	
수용할 점	정보 확인의 편의성을 고려하여, 우리도 식물의 이름을 누리집에서 찾는다. ·················· ①	
	발표회까지 남은 기간을 감안하여, 우리도 몇몇 주목할 식물만 지도에 표시한다. ············· ②	
달리할 점	조사 인원을 고려하여, 우리는 학교에서 걸어갈 만큼 가까운 거리만 지도의 범위로 삼는다. ······ ③	
	지도를 볼 대상을 감안하여, 우리는 우리 학교 학생들에게 친숙한 장소의 식물을 조사한다. ···· ④	
	지도의 통일감을 고려하여, 우리는 각각의 지도를 이어 붙이는 방식은 활용하지 않는다. ············· ⑤	

42.

다음은 (나)를 바탕으로 학생들이 만든 지도의 초안이다. ㉠~㉤에 대한 반응으로 가장 적절한 것은?

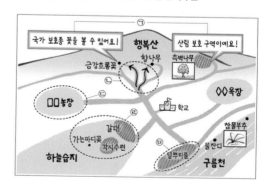

① ㉠: 식물이 있는 곳의 핵심적인 특징을 제시하기로 했으므로 논의한 내용이 반영되었군.
② ㉡: 국가 보호종 식물이 있는 곳으로 가는 길은 동선을 표시하기로 했으므로 논의한 내용이 반영되었군.
③ ㉢: 식물에 대해 조사한 내용이 제시되지 않았으므로 조사한 식물에 대한 정보를 추가해야겠군.
④ ㉣: 각 장소마다 하나씩 대표 식물의 사진을 제시하기로 했으므로 사진을 추가해야겠군.
⑤ ㉤: 군집을 이루고 있는 식물 중 학생들에게 낯선 식물은 빗금으로 표시하기로 했으므로 논의한 내용이 반영되었군.

[40~41] 다음 글을 읽고 물음에 답하시오.

(나)

학생 1: 이번 가을에 열릴 동아리 발표회 때 전시하기 위해 우리도 △△동 마을 소식지에 실린 ○○ 고등학교 사례처럼 식물 지도를 만들기로 했잖아. ○○ 고등학교 사례에서 어떤점을 수용하고 어떤 점을 달리할지 논의해 보자.

학생 2: 생각해 봤는데, 우리 셋이서 ○○ 고등학교가 한 것처럼 넓은 공간을 조사하긴 힘들 듯하니 학교에서 걸어갈 만한 거리만 지도의 범위로 삼는 게 좋지 않을까?

학생 1: 그러자. 학교에서 걸어갈 만큼 가까운 범위 내에서 어디로 조사하러 갈지 장소를 정해 보자.

학생 3: □□ 농장에 갔으면 하는데, 너희 생각은 어때? 거기는 나무가 많으니까.

학생 1: 거긴 매실나무만 많잖아. 식물 지도를 만드는 거니까 여러 종류의 식물이 있는 곳으로 가자.

학생 2: 여러 종류의 식물이 있는 곳도 좋지만, 나는 우 [A] 리 학교 학생들이 볼 지도이니 학생들에게 친숙한 장소가 더 좋을 듯해. 그런데 그 농장은 아무나 들어갈 수가 없어서 가 본 학생이 거의 없을 테니……

학생 3: 듣고 보니 일리가 있네. 친숙한 장소라면 전교생이 함께 걷기 행사를 했던 행복산과 구름천이 어때?

학생 1: 거기도 좋고 하늘습지도 좋을 것 같아. 학생들이 자주 산책하러 가는 곳이잖아.

학생 2: 모두 좋은 생각이야.

학생 3: 그럼 조사 장소는 세 군데로 정해진 거네.

학생 2: 맞아. 이제 어떤 식물을 지도에 표시할지 얘기해 보자.

학생 1: 우리 마을은 다양한 꽃과 나무가 자생하기로 유명하니까 우리도 지도에 되도록 다양한 종류의 식물을 표시하자.

학생 2: 근데 발표회까지 얼마 안 남아서 국가 보호종을 비롯해 주목할 만한 몇몇 식물만 표시해야 할 듯

해. 그리고 식물 이름은 ○○ 고등학교처럼 누리집을 이용해 편리하게 찾자.

학생 1: 그러자.

학생 3: 식물 이름과 함께 식물이 어떤 효용이 있는지 도 제시했으면 하는데, 너희는 어떻게 생각해?

학생 1: 약효가 있는 식물은 그 정보도 제시하자는 거지?

학생 3: 응? 나는 꽃이나 나무가 마음을 편안하게 해 주는 것 같은 효용을 말한 거였는데.

학생 1: 식물이 사람의 정서에 어떤 영향을 미칠 수 있 [B] 는지에 대한 내용을 싣자는 말이었어?

학생 3: 응. 그런 정보가 학생들에게 의미가 있을 것 같아.

학생 2: 그거 좋은데? 우리가 행복산에서 조사할 꽃과 나무 중 일부에는 그런 내용도 추가로 표시하 면 되겠다.

학생 1: 좋아. 이제 지도에 식물들을 어떻게 표현할지 얘기해 보자.

학생 2: 장소마다 대표 식물을 하나씩 선정해서 그 식물 이름 밑에 식물의 사진도 함께 제시하는 건 어때?

학생 3: 그래. 그리고 군집을 이루고 있는 식물은 모두 빗금으로 표시하자. 행복산은 갈림길이 많으니 걷기에 더 편한 길을 화살표로 표시도 하고.

학생 1: 좋은 생각이야. 모두 적용해 보자.

학생 2: 그래. 그런데 ○○ 고등학교가 이어 붙이는 방식으로 지도를 만든 건 참신하긴 한데 통일감이 없어 부자연스러울 듯해. 우리는 조사한 내용을 모아 함께 지도를 그리자.

학생 3: 그러자.

학생 1: 오늘 논의한 내용은 내가 회의록 에 쓸게.

학생 2, 3: 고마워.

문항 코드 23638-0063

오답률 8위 41.1%

40. [A], [B]에 대한 설명으로 적절하지 **않은** 것은?

선택률 7.0%① [A]에서 '학생 2'는 / '학생 1'의 발화를 일부 재진술한 후 자신의 견해를 밝히고 있다.

check

선택률 13.6% ② [A]에서 '학생 1'과 '학생 2'는 / 각기 다른 이유로 '학생 3'의 제안에 반대하는 입장을 드러내고 있다.

check

선택률 58.9% ③ [B]에서 '학생 1'과 '학생 3' 모두 / 질문을 주고받는 과정에서 서로가 상대의 발화 내용을 잘못 이해했음을 깨닫고 있다.

check

선택률 17.0% ④ [B]에서 '학생 2'는 / '학생 3'에게 공감을 표한 후 '학생 3'의 제안을 구체화할 방안을 제시하고 있다.

check

선택률 3.5% ⑤ [A]와 [B] 모두의 첫 번째 발화에서 '학생 3'은 / 자신이 제안한 바에 대한 '학생 1'과 '학생 2'의 의견을 묻고 있다.

check

문항 코드 23638-0064

오답률 9위 38.3%

41. (가)와 (나)를 고려할 때, '학생 1'이 쓴 회의록 의 내용 중 적절하지 **않은** 것은? [3점]

선택률 6.0%① 수용할 점: 정보 확인의 편의성을 고려하여, 우리도 식물의 이름을 누리집에서 찾는다.

check

선택률 61.7% ② 수용할 점: 발표회까지 남은 기간을 감안하여, 우리도 몇몇 주목할 식물만 지도에 표시한다.

check

선택률 16.8% ③ 달리할 점: 조사 인원을 고려하여, 우리는 학교에서 걸어갈 만큼 가까운 거리만 지도의 범위로 삼는다.

check

선택률 8.6% ④ 달리할 점: 지도를 볼 대상을 감안하여, 우리는 우리 학교 학생들에게 친숙한 장소의 식물을 조사한다.

check

선택률 6.9% ⑤ 달리할 점: 지도의 통일감을 고려하여, 우리는 각각의 지도를 이어 붙이는 방식은 활용하지 않는다.

check

263

23Day 지금까지의 노력이 헛되지 않게 조금만 더 힘내! - 인★예서

[38~42] (가)는 한 학생이 학생회 누리집 게시판에 올린 글이고, (나)는 (가)를 읽은 학생회 학생들이 나눈 대화이다. 물음에 답하시오.

✖ 걸린 시간: 분   초

(가)

안녕하세요. 저는 올해 학생회에서 개최하는 토론 한마당에 참가하고자 하는 ○○○입니다. 토론 한마당을 담당하는 학생회 운영진에게 토론 한마당 예선 방식의 개선을 건의하고자 게시판에 글을 쓰게 되었습니다.

학생회가 진행해 온 토론 한마당은 예선과 본선에서 항상 많은 청중이 참여한 가운데 대면 토론으로 진행되어 현장감이 넘친다는 장점이 있습니다. 그런데 참가 팀이 늘면서 예선을 위한 시간과 공간 부족, 예선을 운영할 인원과 심사자 확보 곤란 등의 어려움이 발생하여 이를 해소하기 위해 작년부터 예선에 참가할 수 있는 인원을 학급당 한 팀으로 제한했습니다.

하지만 이런 현행 예선 방식으로 인해 토론 한마당에 대한 학생들의 불만이 매우 높아졌다는 문제가 발생하였습니다. 학생회도 알다시피 작년 행사 이후 학교 신문이 전교생을 대상으로 실시한 설문 조사에서 토론 한마당에 불만족스럽다는 응답률이 76%로 매우 높았습니다. 불만의 원인은 예선 참가 기회가 제한되어 있는 현행 예선 방식의 한계에서 찾을 수 있습니다.

이를 해결하기 위해 더 많은 학생들이 참여할 수 있도록 예선 방식을 개선해 주십시오. 현행의 평가 방법인 대면 토론을 유지하려면 예선 기간이 짧아 참여자를 제한할 수밖에 없으니 예선 기간을 연장해 주시기 바랍니다. 예선 기간을 연장하지 않는다면 대면 토론 외의 다른 방법을 마련해 주시기 바랍니다. 실제로, 우리 학교와 학생 수도 거의 같고 토론에 대한 관심도 높은 인근 학교 중에서도 우리와 유사한 문제를 겪다가 예선 방식을 개선하여 이를 해결한 사례가 있습니다. 이 학교들에서는 대면 토론의 기간을 연장하거나, 대면 토론 대신 예선에서 토론 개요서로 평가하니까 많은 학생들이 예선에 참가할 수 있었습니다.

토론 한마당 예선의 기간을 연장하는 방식이나 평가 방법을 변경하는 방식으로 현행의 예선 방식을 개선하면 학생들이 더 많이 참가할 수 있게 되어 불만이 해소될 것입니다. 그러면 토론 한마당에 대한 학생들의 관심도 더 높아져 토론 한마당이 학생 자치 대표 행사로 자리매김하게 될 것입니다. 읽어 주셔서 감사합니다.

(나)

학생 1: 토론 한마당 행사의 예선 방식을 개선해 달라고 게시판에 올라온 글 봤지? 기간 연장은 일정상 당장 반영하기 곤란하니 참가 인원을 늘릴 수 있는 좋은 방안이 있는지 논의해 보자.

학생 2: 응. 예선 참가 인원을 학급당 한 팀으로 제한하다 보니, 토론에 참가하지 못하는 학생들이 많아져서 불만이 많다는 건데, 예선 방식을 바꿔야 되겠더라.

학생 1: 행사 운영을 위한 시간과 공간이 부족하고 심사자가 부족한 상황에서 대면 토론을 유지하다 보니 참가 인원을 제한하게 되어 불만이 많아진 거니까 대면 토론을 대신할 방안을 찾을 필요가 있어.

학생 2: 그러면 토론 개요서를 도입하는 게 좋겠어. 글에서 언급한 것이기도 하지. 논제에 대한 입장과 근거가 담긴 토론 개요서를 제출하도록 하여 예선을 치르는 거야.

학생 3: 동영상을 활용해 보는 건 어때? 참가 신청한 팀들 중 두 팀씩 서로 찬반을 나누어 토론을 하고, 그 과정을 동영상으로 촬영해 제출하게 하는 거야.

학생 1: 두 가지 방식이 여러 측면에서 달라 보이는데, 각각의 방안이 가지는 장점은 뭐라고 생각해?

학생 2: 토론 개요서로 평가하면 현행 방식일 때 예선에 참가하지 못할 학생들도 기회를 얻을 수 있어. 그리고 시간이나 장소에 구애를 덜 받고, 대면 토론을 운영할 인원이나 심사자를 섭외하는 부담도 많이 줄일 수 있어.

학생 3: 동영상을 제출하도록 하면 대면 토론과 달리 토론 시간이나 장소를 참가자들이 자율적으로 정할 수 있고, 토론 개요서를 평가할 때와 달리 참가자들이 상대방과 서로 소통하는 토론 과정을 평가할 수 있다는 장점이 있어.

학생 1: 두 방식의 단점이나 운영상 어려움에는 어떤 것들이 있을까? 청중이 모인 가운데 진행되는 대면 토론만큼의 현장감 있는 토론을 경험하기는 어려울 테니 그것 말고 얘기해 줄래?

학생 2: 동영상 촬영을 하려면 참가 팀들이 별도의 장비를 준비해야 해서 번거로워. 또 토론 개요서와 다르게 대면 토론만큼 시간이 필요하니까 많은 팀이 참가한다면 심사자의 평가 부담이 클 것 같네.

학생 3: ㉠토론 개요서로 평가하는 것보다 심사자 부담은 큰 게 맞겠네. 그런데 토론 개요서 평가는 참가자들이 소통하는 과정을 평가하긴 어려워.

학생 2: ㉡그래도 토론에서 더 중요한 건 적절한 근거를 들어 논제에 대한 자신의 입장이 타당함을 밝히는 논증 능력이니까 그걸 평가하는 건 가능하다고 생각해.

학생 3: 네 말이 맞는 것 같아.

학생 1: 나도 좋아. 토론 개요서를 평가하면 예선 참가 가능한 인원이 늘겠지. 그러면 게시판의 글에서 말한 학생들 불만이 해소될 거야. 모두들 동의했으니 이 방안을 도입하기로 하고 오늘 논의는 마무리하자.

38.

(가)의 작문 맥락을 파악한 내용으로 가장 적절한 것은?

① 공동체의 문제를 해결할 수 있는 주체를 예상 독자로 설정했다.

② 공동체의 문제를 해결하기 위해서는 공동체 구성원 개개인의 인식 개선이 필요함을 글의 주제로 삼았다.

③ 공동체의 문제와 관련하여 가치 있는 경험을 통해 얻은 깨달음을 성찰하는 것을 작문 목적으로 설정했다.

④ 공동체의 문제와 관련하여 자신의 생각을 진솔하게 기록하기 위해 개인적인 성격이 강한 작문 매체를 선택했다.

⑤ 공동체의 문제를 조사하고 분석한 절차와 결과가 잘 드러나도록 보고하는 형식을 갖춘 글의 유형을 선택했다.

39.

〈보기〉를 기준으로 하여 (가)를 평가한 내용으로 적절하지 **않은** 것은?

———— 〈보기〉 ————

ⓐ 해결해야 할 현재의 문제를 제시했는가?

ⓑ 문제를 사실에 근거하여 제시했는가?

ⓒ 문제의 원인을 제시했는가?

ⓓ 문제 해결 방안의 실행 가능성을 점검하여 제시했는가?

ⓔ 문제 해결을 통한 기대 효과를 제시했는가?

① 2문단에서 현행 토론 한마당의 예선 방식으로 인해 발생한 문제를 언급한 내용은, 참가 팀이 늘면서 발생한 운영상의 어려움을 문제로 제시했다는 점에서 ⓐ를 충족하는군.

② 3문단에서 토론 한마당에 대한 설문 조사 결과를 인용한 내용은, 학생들의 불만이 높다는 문제를 사실에 근거하여 제시했다는 점에서 ⓑ를 충족하는군.

③ 3문단에서 현행 예선 방식의 한계를 언급한 내용은, 참가자 제한을 학생들이 불만족한 원인으로 제시했다는 점에서 ⓒ를 충족하는군.

④ 4문단에서 인근 학교의 사례를 언급한 내용은, 유사한 상황에서 문제를 해결한 사례를 통해 기간 연장 및 평가 방법 변경의 실행 가능성을 점검하여 제시했다는 점에서 ⓓ를 충족하는군.

⑤ 5문단에서 토론 한마당의 예선 방식 개선이 가져올 결과를 언급한 내용은, 문제 해결을 통한 기대 효과를 제시했다는 점에서 ⓔ를 충족하는군.

40.

(나)의 '학생 1'에 대한 설명으로 적절하지 **않은** 것은? [3점]

① (가)에서 토론 한마당 예선 방식 개선을 요구한 것을 논의의 계기로 삼고 있다.

② (가)에서 서술한 예선 참가 인원 제한의 배경을 언급하며 논의의 필요성을 제시하고 있다.

③ (가)에서 예선 방식 개선을 위해 제시한 두 가지 방식 각각의 장단점을 판단하게 하며 논의를 진행하고 있다.

④ (가)에서 현행 예선 평가 방법의 장점으로 언급한 내용과 관련해서는 발언에서 제외하도록 논의 내용을 제한하고 있다.

⑤ (가)에서 서술한 현행 예선 방식에 대한 불만이 해소될 것을 언급하며 논의의 결론을 제시하고 있다.

41.

㉠, ㉡의 발화에 대한 이해로 가장 적절한 것은?

① ㉠은 ㉠ 직전의 '학생 2'가 말한 내용에 담긴 의견의 일부를 긍정하면서 추가로 자신의 의견을 드러낸다.

② ㉠은 ㉠ 직전의 '학생 2'가 말한 내용에 담긴 의견에 동의를 표하면서 그 의견에 대한 상세한 설명을 요청한다.

③ ㉠은 ㉠ 직전의 '학생 2'가 말한 내용에 담긴 의견에 이의를 제기하면서 그 의견을 뒷받침하는 근거의 타당성을 지적한다.

④ ㉡은 ㉡ 직전의 '학생 3'이 말한 내용에 담긴 의견을 뒷받침할 수 있는 근거를 덧붙이면서 공감을 드러낸다.

⑤ ㉡은 ㉡ 직전의 '학생 3'이 말한 내용에 담긴 의견의 핵심을 재진술하면서 그 의견에 대해 동의를 유보한다.

42.

(나)의 흐름을 다음과 같이 정리할 때, ㉮에 해당하는 내용으로 적절하지 **않은** 것은?

문제 인식 및 대안 생성 → ㉮대안에 대한 검토 → 최선의 대안 선택

① 동영상 방식의 장점으로, 참가자들이 시간과 장소를 자율적으로 정할 수 있다는 점이 언급되었다.

② 동영상 방식의 장점으로, 대면 토론에 비해 심사자 섭외의 부담을 줄일 수 있다는 점이 언급되었다.

③ 동영상 방식의 단점으로, 참가자가 별도의 촬영 장비를 준비해야 한다는 점이 언급되었다.

④ 토론 개요서 방식의 장점으로, 현행 방식에 비해 더 많은 학생이 예선에 참여할 수 있다는 점이 언급되었다.

⑤ 토론 개요서 방식의 단점으로, 참가자들의 소통 과정을 평가하기 어렵다는 점이 언급되었다.

[39-40] (가)는 한 학생이 학생회 누리집 게시판에 올린 글이고, (나)는 (가)를 읽은 학생회 학생들이 나눈 대화이다. 물음에 답하시오.

(가)

학생회가 진행해 온 토론 한마당은 예선과 본선에서 항상 많은 청중이 참여한 가운데 대면 토론으로 진행되어 현장감이 넘친다는 장점이 있습니다. 그런데 참가 팀이 늘면서 예선을 위한 시간과 공간 부족, 예선을 운영할 인원과 심사자 확보 곤란 등의 어려움이 발생하여 이를 해소하기 위해 작년부터 예선에 참가할 수 있는 인원을 학급당 한 팀으로 제한했습니다.

하지만 이런 현행 예선 방식으로 인해 토론 한마당에 대한 학생들의 불만이 매우 높아졌다는 문제가 발생하였습니다. 학생회도 알다시피 작년 행사 이후 학교 신문이 전교생을 대상으로 실시한 설문 조사에서 토론 한마당에 불만족스럽다는 응답률이 76%로 매우 높았습니다. 불만의 원인은 예선 참가 기회가 제한되어 있는 현행 예선 방식의 한계에서 찾을 수 있습니다.

이를 해결하기 위해 더 많은 학생들이 참여할 수 있도록 예선 방식을 개선해 주십시오. 현행의 평가 방법인 대면 토론을 유지하려면 예선 기간이 짧아 참여자를 제한할 수밖에 없으니 예선 기간을 연장해 주시기 바랍니다. 예선 기간을 연장하지 않는다면 대면 토론 외의 다른 방법을 마련해 주시기 바랍니다. 실제로, 우리 학교와 학생 수도 거의 같고 토론에 대한 관심도 높은 인근 학교 중에서도 우리와 유사한 문제를 겪다가 예선 방식을 개선하여 이를 해결한 사례가 있습니다. 이 학교들에서는 대면 토론의 기간을 연장하거나, 대면 토론 대신 예선에서 토론 개요서로 평가하니까 많은 학생들이 예선에 참가할 수 있었습니다.

토론 한마당 예선의 기간을 연장하는 방식이나 평가 방법을 변경하는 방식으로 현행의 예선 방식을 개선하면 학생들이 더 많이 참가할 수 있게 되어 불만이 해소될 것입니다. 그러면 토론 한마당에 대한 학생들의 관심도 더 높아져 토론 한마당이 학생 자치 대표 행사로 자리매김하게 될 것입니다. 읽어 주셔서 감사합니다.

(나)

학생 1: 토론 한마당 행사의 예선 방식을 개선해 달라고 게시판에 올라온 글 봤지? 기간 연장은 일정상 당장 반영하기 곤란하니 참가 인원을 늘릴 수 있는 좋은 방안이 있는지 논의해 보자. (…)

학생 1: 행사 운영을 위한 시간과 공간이 부족하고 심사자가 부족한 상황에서 대면 토론을 유지하다 보니 참가 인원을 제한하게 되어 불만이 많아진 거니까 대면 토론을 대신할 방안을 찾을 필요가 있어. (…)

학생 1: 두 가지 방식이 여러 측면에서 달라 보이는데, 각각의 방안이 가지는 장점은 뭐라고 생각해? (…)

학생 1: 두 방식의 단점이나 운영상 어려움에는 어떤 것들이 있을까? 청중이 모인 가운데 진행되는 대면 토론만큼의 현장감 있는 토론을 경험하기는 어려울 테니 그것 말고 얘기해 줄래? (…)

학생 1: 나도 좋아. 토론 개요서를 평가하면 예선 참가 가능한 인원이 늘겠지. 그러면 게시판의 글에서 말한 학생들 불만이 해소될 거야. 모두들 동의했으니 이 방안을 도입하기로 하고 오늘 논의는 마무리하자.

문항 코드 23638-0065

오답률 14위 52.7%

39. 〈보기〉를 기준으로 하여 (가)를 평가한 내용으로 적절하지 **않은** 것은?

───── 〈보기〉 ─────

ⓐ 해결해야 할 **현재의 문제**를 제시했는가?
ⓑ 문제를 **사실에 근거**하여 제시했는가?
ⓒ 문제의 **원인**을 제시했는가?
ⓓ 문제 해결 방안의 **실행 가능성**을 점검하여 제시했는가?
ⓔ 문제 해결을 통한 **기대 효과**를 제시했는가?

check

① 2문단에서 현행 토론 한마당의 예선 방식으로 인해 발생한 문제를 언급한 내용은, /
참가 팀이 늘면서 발생한 운영상의 어려움을 문제로 제시했다는 점에서 ⓐ를 충족하는군.

check

② 3문단에서 토론 한마당에 대한 설문 조사 결과를 인용한 내용은, /
학생들의 불만이 높다는 문제를 사실에 근거하여 제시했다는 점에서 ⓑ를 충족하는군.

check

③ 3문단에서 현행 예선 방식의 한계를 언급한 내용은, /
참가자 제한을 학생들이 불만족한 원인으로 제시했다는 점에서 ⓒ를 충족하는군.

check

④ 4문단에서 인근 학교의 사례를 언급한 내용은, /
유사한 상황에서 문제를 해결한 사례를 통해 기간 연장 및 평가 방법 변경의 실행 가능성을 점검하여 제시
했다는 점에서 ⓓ를 충족하는군.

check

⑤ 5문단에서 토론 한마당의 예선 방식 개선이 가져올 결과를 언급한 내용은, /
문제 해결을 통한 기대 효과를 제시했다는 점에서 ⓔ를 충족하는군.

check

문항 코드 23638-0066

40. (나)의 '학생 1'에 대한 설명으로 적절하지 **않은** 것은? [3점]

① (가)에서 토론 한마당 예선 방식 개선을 요구한 것을 논의의 계기로 삼고 있다.

check

② (가)에서 서술한 예선 참가 인원 제한의 배경을 언급하며 논의의 필요성을 제시하고 있다.

check

③ (가)에서 예선 방식 개선을 위해 제시한 두 가지 방식 각각의 장단점을 판단하게 하며 논의를 진행하고 있다.

check

④ (가)에서 현행 예선 평가 방법의 장점으로 언급한 내용과 관련해서는 발언에서 제외하도록 논의 내용을 제
한하고 있다.

check

⑤ (가)에서 서술한 현행 예선 방식에 대한 불만이 해소될 것을 언급하며 논의의 결론을 제시하고 있다.

check

과거에서 온 미래,
힘이 되는
선배들의 이야기

너에게서 온 편지

6모 4등급에서 수능 1등급까지

안녕하세요, 선생님!! ^^
엊그제 2023 수능을 마치고 온 고3입니다!
저는 중학교 때까지 해 왔던 학교 국어 공부를 바탕으로 1, 2학년 모의
고사를 봐 왔고 그때까지는 1등급을 받아 왔어요. 제대로 된 수능 국어
가 뭔지도 모른 채 그렇게 3학년이 되었고, 처음 고3이 되어 본 3모에서
국어 3이 적힌 성적표를 마주하게 됐습니다.
학교 내신 외에는 국어를 체계적으로 공부한 적이 없다 보니 정말 막막
하더라고요. 어디서부터 손을 대야 하나, 내가 뭘 잘못하고 있는 건가 도
무지 답을 찾을 수 없어서 막막하기만 했어요.

내신으로 바빴던 1학기가 얼렁뚱땅 끝나 가던 중 6모 국어 4등급이라는 성적표를 받게 됐습니다. 여름 방학이
시작한 뒤 최저도 맞춰야 하는데 정말 이대로는 안 되겠다 싶었고, 개념부터 시작하자는 생각에 서점에 가서
개념의 나비효과, 패턴의 나비효과를 곧장 사 와 그렇게 시작하게 됐습니다. 늦은 만큼 매일 강의를 듣고, 복습
하고 배움을 워크북에 적용하고 워크북에 있는 기출문제들도 닳도록 보며 열심히 공부했어요. 강의 하나하나를
들을 때마다 머릿속에 개념의 틀이 잡혀 감이 느껴졌고, 점차 축적이 되어 가며 같은 작품을 접했을 때 보는 시
각이 견고하고 넓어짐을 느낄 수 있었어요.
패턴의 나비효과도 이어 들으면서 비문학 문학 가리지 않고 많은 도움을 얻었습니다. 그리고 9모 때 다시 3등급,
10모 때 2등급, 수능 때는 안정적으로 1등급을 받을 수 있는 점수를 받았어요! 국어 덕분에 3합 5로 최저도 수
월히 충족할 수 있었습니다. ^^
낮은 등급에서부터 시작하는 친구들에 대한 이야기는 인터넷으로 많이 접했지만, 저처럼 성적이 갑자기 확 떨
어져 헤매는 친구들의 이야기는 많지 않더라고요.
저 같은 친구들도 시간에 쫓기는 마음에 조급해하고 불안해하지 말고, 지금이 진짜 내 시작이고 대신 정말 열
심히 하면 다 잘될 거라는 확신으로 개념부터 차근히 닦아 간다면 누구든지 할 수 있으리라 생각합니다.
선생님의 정성과 많은 배움이 담긴 나비효과 덕분에 웃으며 고3을 마무리할 수 있는 것 같습니다!
실제로 뵌 적은 없지만 선생님은 제 인생 최고의 국어 선생님이에요! 항상 감사합니다.

제 24 강

언매 기출 Pick

#053 ~ #058

언어와 매체는 다 맞히려고 선택하는 거지. 그러엄~! ㅎㅎ
특히 문법 문제들은 그해 평가원의 6월, 9월 오평 문제를 철저히 분석하는 게 정말 중요해.
'기출의 미래'라는 말이 괜히 있겠니? :)
반복해서 나오는 문법 출제 요소와 그에 따른 접근법을 확 파헤쳐 보자.
언어와 매체, 수능 날 틀려 오지 않는 거다!

☑️ 언어와 매체 문제 풀 때, 명심하자!

1. 돌고 도는 문법 개념, 기본 문법 개념에 주목하기 ▶▶▶ 6, 9월 기출 개념을 복습한다. ⬜

2. 〈보기〉 속 조건 꼼꼼히 체크하기 ▶▶▶ 판단의 근거를 파악하면 안 보이던 답이 보인다. ⬜

3. 매체의 특성 파악하기 ▶▶▶ 인쇄 매체, 방송 매체, 인터넷 매체의 기본 특성은 파악해 둔다. ⬜

4. 매체 문제는 틀리기 않기 ▶▶▶ 정확하고 빠르게 푸는 게 관건이다. ⬜

[11] 다음을 읽고 물음에 답하시오. ✱ 걸린 시간: 분 초

선생님: 여러분, 현대 사회에서 인공위성이 다양하게 활용되고 있다는 것은 잘 알죠? 그런데 '인공위성'은 옛날에는 쓰이지 않았던 말입니다. '인공위성'이라는 말이 어떻게 쓰이게 되었는지 생각해 봅시다. 행성의 궤도를 도는 인공적 물체가 처음 만들어졌을 때, 그 물체를 가리키는 말이 필요해서 '인공위성'이라는 말이 생긴 거겠죠? 이 말은 어떻게 만들어졌을까요?

학생 1: '인공'과 '위성'을 합쳐 만든 것입니다.

선생님: 맞아요. 그래서 오늘은 '인공위성'이라는 말을 만든 것처럼 새 단어를 만드는 원리를 알아볼 텐데, 그중에서도 실생활에서 자주 사용되는 합성 명사가 어떻게 만들어지는지를 먼저 알아보려고 합니다. 합성 명사는 어떻게 만들어질까요?

학생 2: 선생님, 합성 명사는 명사와 명사가 합쳐진 말 아닌가요?

선생님: 네, 그런 경우가 많지요. 예를 들어 '논밭, 불고기'처럼 명사에 명사가 결합하는 경우가 있어요. 그 밖에 용언의 활용형이 명사와 결합한 '건널목, 노림수, 섞어찌개'와 같은 경우도 있고 '새색시'처럼 명사를 꾸며 주는 관형사가 앞에 오는 경우도 있어요.

학생 3: 그런데 선생님, 말씀하신 합성 명사들을 보니 뒤의 말이 모두 명사네요?

선생님: 그래요. 우리말에서 합성어의 품사는 뒤에 오는 말의 품사와 같은 것이 원칙이에요. 앞에서 말한 예들이 다 그래요. 그런데 이러한 일반적인 경우와는 달리 명사가 아닌 품사들로만 이루어진 합성 명사도 있답니다.

학생 4: 아, 그렇군요. 그런데 선생님, 생각해 보니 요즘 자주 쓰는 말들은 그런 방식과는 다르게 만들어지는 것 같아요.

선생님: 맞아요. 여러분들이 자주 쓰는 '인강'이라는 말은 '인터넷'과 '강의'가 합쳐지면서 줄어든 말인데, 앞말과 뒷말의 첫 음절만 따서 만들어진 것이에요. 또한 컴퓨터를 잘 다루지 못하는 사람이라는 뜻의 '컴시인'은 '컴퓨터'와 '원시인'이 합쳐지면서 줄어든 말인데, 앞말의 첫 음절과 뒷말의 둘째, 셋째 음절을 따서 만들어진 것이에요.

11.

〈보기〉의 ㄱ~ㅁ 중 윗글에서 설명한 단어 형성 방법의 사례에 해당하는 것만을 있는 대로 고른 것은?

─── 〈보기〉 ───

ㄱ. '선생님'을 줄여서 '샘'이라는 말을 만들었다.

ㄴ. '개-'와 '살구'를 결합하여 '개살구'라는 말을 만들었다.

ㄷ. '사범'과 '대학'을 결합하여 '사대'라는 말을 만들었다.

ㄹ. '점잖다'라는 형용사로부터 '점잔'이라는 말을 만들었다.

ㅁ. '비빔'과 '냉면'을 결합하여 '비빔냉면'이라는 말을 만들었다.

① ㄱ, ㄹ   ② ㄷ, ㅁ   ③ ㄱ, ㄴ, ㄷ
④ ㄴ, ㄷ, ㅁ   ⑤ ㄴ, ㄹ, ㅁ

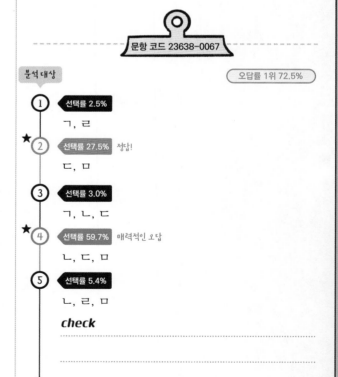

문항 코드 23638-0067

분석 대상   오답률 1위 72.5%

① 선택률 2.5%
ㄱ, ㄹ

★ ② 선택률 27.5% 정답!
ㄷ, ㅁ

③ 선택률 3.0%
ㄱ, ㄴ, ㄷ

★ ④ 선택률 59.7% 매력적인 오답
ㄴ, ㄷ, ㅁ

⑤ 선택률 5.4%
ㄴ, ㄹ, ㅁ

check

14.

〈보기〉의 밑줄 친 단어의 품사에 대한 이해로 적절하지 **않은** 것은?

─── 〈보기〉 ───

ㄱ. 그곳에서는 빵을 아주 쉽게 구울 수 있다.
ㄴ. 그 사람은 자기가 잠을 잘 잤다고 말했다.
ㄷ. 멋진 형이 근처 식당에서 밥을 지어 왔다.

① ㄱ의 '그곳'과 ㄴ의 '그'는 어떤 처소나 대상을 지시하는 대명사이다.
② ㄱ의 '아주'와 ㄴ의 '잘'은 용언 앞에 놓여서 그 뜻을 한정하는 부사이다.
③ ㄱ의 '구울'과 ㄷ의 '지어'는 용언의 어간이 불규칙적으로 활용되는 동사이다.
④ ㄱ의 '쉽게'와 ㄷ의 '멋진'은 어떤 대상의 성질이나 상태를 나타내는 형용사이다.
⑤ ㄴ의 '가'와 ㄷ의 '에서'는 앞말과 다른 말과의 문법적인 관계를 나타내는 조사이다.

문항 코드 23638-0068

분석 대상

오답률 1위 80.4%

① 선택률 19.6% 정답!
ㄱ의 '그곳'과 ㄴ의 '그'는 /
어떤 처소나 대상을 지시하는 대명사이다.
check

② 선택률 27.8% 매력적인 오답
ㄱ의 '아주'와 ㄴ의 '잘'은 /
용언 앞에 놓여서 그 뜻을 한정하는 부사이다.

③ 선택률 10.4%
ㄱ의 '구울'과 ㄷ의 '지어'는 /
용언의 어간이 불규칙적으로 활용되는 동사이다.

④ 선택률 33.8% 매력적인 오답
ㄱ의 '쉽게'와 ㄷ의 '멋진'은 /
어떤 대상의 성질이나 상태를 나타내는 형용사이다.

⑤ 선택률 7.9%
ㄴ의 '가'와 ㄷ의 '에서'는 /
앞말과 다른 말과의 문법적인 관계를 나타내는 조사이다.

14.

㉠~㉣의 문장 성분과 문장 구조에 대한 설명으로 적절하지 **않은** 것은? [3점]

─── 〈보기〉 ───

㉠ 그녀는 따뜻한 봄이 빨리 오기를 기다린다.
㉡ 내가 만난 친구는 마음이 정말 착하다.
㉢ 피곤해하던 동생이 엄마가 모르게 잔다.
㉣ 그가 시장에서 산 배추는 값이 비싸다.

① ㉠과 ㉡은 체언을 수식하는 안긴문장이 있다.
② ㉢과 ㉣은 서술어의 기능을 하는 안긴문장이 있다.
③ ㉠은 명사절 속에 부사어가 있고, ㉡은 서술절 속에 부사어가 있다.
④ ㉠은 주어가 생략된 안긴문장이 있고, ㉣은 목적어가 생략된 안긴문장이 있다.
⑤ ㉢은 부사어의 기능을 하는 안긴문장이 있고, ㉣은 관형어의 기능을 하는 안긴문장이 있다.

문항 코드 23638-0069

분석 대상

오답률 2위 74.8%

① 선택률 13.3%
㉠과 ㉡은 /
체언을 수식하는 안긴문장이 있다.

② 선택률 25.2% 정답!
㉢과 ㉣은 /
서술어의 기능을 하는 안긴문장이 있다.
check

③ 선택률 10.5%
㉠은 명사절 속에 부사어가 있고, /
㉡은 서술절 속에 부사어가 있다.

④ 선택률 40.7% 매력적인 오답
㉠은 주어가 생략된 안긴문장이 있고, /
㉣은 목적어가 생략된 안긴문장이 있다.

⑤ 선택률 8.1%
㉢은 부사어의 기능을 하는 안긴문장이 있고, /
㉣은 관형어의 기능을 하는 안긴문장이 있다.

11.
〈보기〉의 (가)~(다)에 들어갈 내용으로 적절한 것은? [3점]

〈보기〉

선생님: 지난 시간에 배운 음운의 변동에 대해 잘 기억하는지 질문 하나 하겠습니다. '낫다'와 '낳다'가 활용될 때 공통적으로 일어나는 음운 변동은 무엇일까요?

학 생: 둘 다 음운의 __(가)__ 현상이 일어납니다.

선생님: 맞아요. 그래서 사람들이 가끔 혼동해서 틀리곤 하지요. __(가)__ 현상이 일어나는 용언들 가운데 불규칙 활용을 하는 것은 모두 음운 변동이 표기에 반영되는 반면, 규칙 활용을 하는 것은 표기에 반영되기도 하고 반영되지 않기도 합니다. '낫다'와 '낳다'는 다음 중 어떤 유형에 해당할까요?

표기 반영 여부 / 활용 유형	반영	미반영
규칙 활용	Ⓐ	Ⓑ
불규칙 활용	Ⓒ	////

학 생: '낫다'는 __(나)__ , '낳다'는 __(다)__ 에 해당됩니다.

	(가)	(나)	(다)
①	축약	Ⓐ	Ⓒ
②	탈락	Ⓑ	Ⓐ
③	탈락	Ⓒ	Ⓑ
④	교체	Ⓑ	Ⓒ
⑤	교체	Ⓒ	Ⓑ

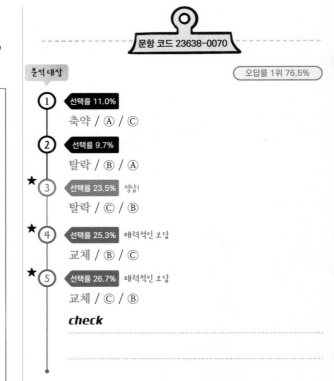

문항 코드 23638-0070

분석 대상   오답률 1위 76.5%

① 선택률 11.0%
축약 / Ⓐ / Ⓒ

② 선택률 9.7%
탈락 / Ⓑ / Ⓐ

★ ③ 선택률 23.5% 정답!
탈락 / Ⓒ / Ⓑ

★ ④ 선택률 25.3% 매력적인 오답
교체 / Ⓑ / Ⓒ

★ ⑤ 선택률 26.7% 매력적인 오답
교체 / Ⓒ / Ⓑ

check

13.

〈학습 활동〉의 (가)에 들어갈 내용으로 적절한 것은?

───────── 〈학습 활동〉 ─────────

동사는 목적어 필요 여부에 따라 타동사와 자동사로 구분된다. ⓐ와 ⓑ를 보고, 중세 국어 '열다', '흩다'의 타동사, 자동사로서의 쓰임과 이에 대응하는 현대 국어 동사들의 쓰임을 비교하여 그 변화를 탐구해 보자.

ⓐ
> [중세 국어] 큰 무수물 여러
> [현대 국어] 큰 마음을 <u>열어</u>
>
> [중세 국어] 自然히 무수미 여러
> [현대 국어] 자연히 마음이 <u>열리어</u>

ⓑ
> [중세 국어] 번게 구르믈 <u>흐터</u>
> [현대 국어] 번개가 구름을 <u>흩어</u>
>
> [중세 국어] 散心은 <u>흐튼</u> 무수미라
> [현대 국어] 산심은 <u>흩어진</u> 마음이다

탐구 결과: ⓐ와 ⓑ를 보니, _____ (   )

① 중세 국어 '열다', '흩다'는 타동사로만 쓰였고, 현대 국어 '열다', '흩다'도 타동사로만 쓰인다.
② 중세 국어 '열다', '흩다'는 자동사로만 쓰였고, 현대 국어 '열다', '흩다'도 자동사로만 쓰인다.
③ 중세 국어 '열다', '흩다'는 타동사 및 자동사로 쓰였고, 현대 국어 '열다', '흩다'는 타동사로만 쓰인다.
④ 중세 국어 '열다', '흩다'는 타동사 및 자동사로 쓰였고, 현대 국어 '열다', '흩다'는 자동사로만 쓰인다.
⑤ 중세 국어 '열다', '흩다'는 타동사 및 자동사로 쓰였고, 현대 국어 '열다', '흩다'도 타동사 및 자동사로 쓰인다.

───────────

문항 코드 23638-0071

분석 대상　　　　　　　　　　　　오답률 2위 75.7%

① 선택률 6.0%

중세 국어 '열다', '흩다'는 타동사로만 쓰였고, / 현대 국어 '열다', '흩다'도 타동사로만 쓰인다.

check
_____
_____

② 선택률 4.7%

중세 국어 '열다', '흩다'는 자동사로만 쓰였고, / 현대 국어 '열다', '흩다'도 자동사로만 쓰인다.

check
_____
_____

★③ 선택률 24.3%　정답!

중세 국어 '열다', '흩다'는 타동사 및 자동사로 쓰였고, / 현대 국어 '열다', '흩다'는 타동사로만 쓰인다.

check
_____
_____
_____

④ 선택률 10.2%

중세 국어 '열다', '흩다'는 타동사 및 자동사로 쓰였고, / 현대 국어 '열다', '흩다'는 자동사로만 쓰인다.

check
_____
_____

★⑤ 선택률 50.6%　매력적인 오답

중세 국어 '열다', '흩다'는 타동사 및 자동사로 쓰였고, / 현대 국어 '열다', '흩다'도 타동사 및 자동사로 쓰인다.

check
_____
_____

[40~42] 다음은 학생이 과제 수행을 위해 인터넷에서 열람한 지역 신문사의 웹 페이지 화면이다. 물음에 답하시오.

✕ 걸린 시간: 분 초

≡ **△△군민신문** 🔍

○○초등학교, 특색 있는 숙박 시설로 다시 태어난다
폐교가 지역 관광 거점으로… 지역 경제 활성화 기대

사진: ○○초등학교 시설 전경

지난 1일 △△군은 폐교된 ○○초등학교 시설을 '△△군 특색 숙박 시설'로 조성하겠다고 밝혔다. 지역 내 유휴 시설을 활용해 지역만의 특색을 살린 숙박 시설을 조성하고, 지역을 대표하는 관광 자원으로 활용하겠다는 것이다.

이번 사업을 통해 ○○초등학교 시설은 ☆☆마을 등 주변 관광 자원과 연계해 지역의 새로운 관광 거점으로 조성될 계획이다. 건물 내부는 객실·식당·카페·지역 역사관 등으로 꾸미고, 운동장에는 캠핑장·물놀이장을 조성한다. △△군은 내년 상반기까지 시설 조성을 완료하고 내년 하반기부터 운영을 시작할 예정이다.

[A]
해당 시설에 인접한 ☆☆마을은 2015년부터 캐릭터 동산, 어린이 열차 등 체험 관광 시설을 조성하여 특색 있는 지역 관광지로서 인기를 끌고 있으나 인근에 숙박 시설이 거의 없어 체류형 관광객을 유인하는 데 한계가 있다는 평가를 받아 왔다.

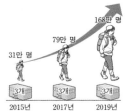

△△군 관광객 및 숙박 시설 수 추이
※자료: △△군 문화관광체육과(2019)

여행 1회당 지출액(2018년 기준)
※자료: 문화체육관광부(2019)

이번 사업을 둘러싼 우려가 전혀 없는 것은 아니지만 대다수 지역 주민들은 이를 반기는 분위기다. 지역 경제 전문가 오□□ 박사는 "당일 관광보다 체류형 관광에서 여행비 지출이 더 많다"며 "인근 수목원과 벚꽃 축제, 빙어 축제 등 주변 관광지 및 지역 축제와 연계한 시너지 효과로 지역 경제 활성화에 도움이 될 것"이라고 말했다.

2021.06.02. 06:53:01 최초 작성 / 2021.06.03. 08:21:10 수정
△△군민신문 이◇◇ 기자

👍좋아요(213) 👎싫어요(3) ↝ SNS에 공유 🗒 스크랩

관련 기사(아래를 눌러 바로 가기)
- 학령 인구 감소로 폐교 증가… 인근 주민들, "유휴 시설로 방치되어 골칫거리" 👆
- [여행 전문가가 추천하는 지역 명소 ①] ☆☆마을… 다섯 가지 매력이 넘치는 어린이 세상

댓글
방랑자: 가족 여행으로 놀러 가면 좋을 것 같아요.
　↳ **나들이**: 맞아요. 우리 아이가 물놀이를 좋아해서 재밌게 놀 수 있을 것 같아요. 캠핑도 즐기고요.
　↳ **방랑자**: 카페에서 이야기도 나눌 수 있고요.

40.

위 화면을 통해 매체의 특성을 이해한 학생의 반응으로 가장 적절한 것은?

① 기사를 누리 소통망[SNS]에 공유할 수 있으니, 기사 내용을 직접 수정할 수 있겠군.
② 기사에 대한 수용자들의 선호를 확인할 수 있으니, 기사에 제시된 정보의 신뢰도를 검증할 수 있겠군.
③ 기사와 연관된 다른 기사를 열람할 수 있으니, 수용자의 선택에 따라 정보를 추가로 확인할 수 있겠군.
④ 기사가 문자, 사진 등 복합 양식으로 구성되어 있으니, 시각과 청각을 결합하여 기사 내용을 이해할 수 있겠군.
⑤ 기사의 최초 작성 시간과 수정 시간이 명시되어 있으니, 다른 수용자들이 기사를 열람한 시간을 확인할 수 있겠군.

41.

〈보기〉를 참고할 때, [A]에 대한 반응으로 적절하지 <u>않은</u> 것은? [3점]

─────〈보기〉─────

기자는 취재한 내용을 단순히 나열하는 것이 아니라, 전달하고자 하는 바를 효과적으로 드러내기 위해 취재 내용 중 일부를 선별하고 그중 특정 내용을 부각하는 방식으로 기사를 구성한다. 따라서 기사를 분석할 때에는 기사 자체의 내용뿐 아니라 정보를 배치하는 방식, 시각 자료의 이미지 활용 방식 등 정보가 제시되는 양상도 살펴봐야 한다.

① 사업을 추진하게 된 배경을 부각하기 위해 체류형 관광이 어려운 실정이라는 내용에 이어 시각 자료를 배치한 것이겠군.
② 지역 관광객의 증가 추세를 부각하기 위해 △△군 관광객 수 추이를 제시할 때 화살표 모양의 이미지를 활용한 것이겠군.
③ 체류형 관광의 경제적 효과를 부각하기 위해 여행 유형에 따른 지출액의 차이를 이미지로 강조하여 제시한 것이겠군.
④ 체류형 관광 지출액의 증가 현상을 부각하기 위해 관광객 수와 여행 지출액에 대한 시각 자료를 나란히 배치한 것이겠군.
⑤ 지역 경제에 끼칠 긍정적 영향을 부각하기 위해 사업에 우호적인 의견을 선별하여 구체적으로 제시한 것이겠군.

42.

다음은 학생이 과제 수행을 위해 작성한 메모이다. 메모를 반영한 영상 제작 계획으로 적절하지 <u>않은</u> 것은?

수행 과제: 우리 지역 소식을 영상으로 제작하기
바탕 자료: '○○초등학교, 특색 있는 숙박 시설로 다시 태어난다' 인터넷 기사와 댓글
영상 내용: 새로 조성될 숙박 시설 소개
• 첫째 장면(#1): 기사의 제목을 활용한 영상 제목으로 시작
• 둘째 장면(#2): 시설 조성으로 달라질 전후 상황을 시각·청각적으로 대비시켜 표현
• 셋째 장면(#3): 건물 내부와 외부에 조성될 공간의 구체적 모습을 방문객의 동선에 따라 순차적으로 제시
• 넷째 장면(#4): 지역 관광 거점으로서의 지리적 위치와 이를 통한 기대 효과를 한 화면에 제시
• 다섯째 장면(#5): 기사의 댓글을 참고해서 시설을 이용할 방문객들의 모습을 그림으로 그려 연속적으로 제시

영상 제작 계획		
	장면 스케치	장면 구상
①	00초등학교, 폐교의 재탄생	#1 ○○초등학교의 모습 위에 영상의 제목이 나타나도록 도입 장면을 구성.
②	무겁고 어두운 음악 → 밝고 경쾌한 음악	#2 무겁고 어두운 음악을 배경으로 텅 빈 폐교의 모습을 제시한 후, 밝고 경쾌한 음악으로 바뀌면서 사람들이 북적이는 모습으로 전환
③	건물 내부 공간 / 건물 외부 공간 ·객실 ·식당 ·카페 ·지역 역사관 ·캠핑장 ·물놀이장	#3 숙박 시설에 대한 정보를 건물 내·외부 공간으로 나누어 한눈에 볼 수 있도록 항목화하여 제시.
④	빛의 축제 4.5km / 수목원 9km / 화야할동 2km / 야생물 축제 지역 경제 활성화	#4 숙박 시설을 중심으로 인근 관광자원의 위치를 표시하고, 관광 자원과의 연계로 기대되는 효과를 자막으로 구성.
⑤	(그림 연속 장면)	#5 가족 단위 관광객이 물놀이장, 캠핑장, 카페 등을 즐겁게 이용하는 모습을 제시. 앞의 그림이 사라지면서 다음 그림이 나타나도록 구성.

[41] 다음은 학생이 과제 수행을 위해 인터넷에서 열람한 지역 신문사의 웹 페이지 화면이다. 물음에 답하시오.

[A]

해당 시설에 인접한 ☆☆마을은 2015년부터 캐릭터 동산, 어린이 열차 등 체험 관광 시설을 조성하여 특색 있는 지역 관광지로서 인기를 끌고 있으나 인근에 숙박 시설이 거의 없어 체류형 관광객을 유인하는 데 한계가 있다는 평가를 받아 왔다.

△△군 관광객 및 숙박 시설 수 추이
※자료: △△군 문화관광체육과(2019)

여행 1회당 지출액(2018년 기준)
※자료: 문화체육관광부(2019)

이번 사업을 둘러싼 우려가 전혀 없는 것은 아니지만 대다수 지역 주민들은 이를 반기는 분위기다. 지역 경제 전문가 오□□ 박사는 "당일 관광보다 체류형 관광에서 여행비 지출이 더 많다"며 "인근 수목원과 벚꽃 축제, 빙어 축제 등 주변 관광지 및 지역 축제와 연계한 시너지 효과로 지역 경제 활성화에 도움이 될 것"이라고 말했다.

me
mo

제 24 강 언매 #053-#058

41. 〈보기〉를 참고할 때, [A]에 대한 반응으로 적절하지 **않은** 것은? [3점]

─── 〈보기〉 ───

기자는 취재한 내용을 단순히 나열하는 것이 아니라, 전달하고자 하는 바를 효과적으로 드러내기 위해 취재 내용 중 일부를 선별하고 그중 특정 내용을 부각하는 방식으로 기사를 구성한다. 따라서 기사를 분석할 때에는 기사 자체의 내용뿐 아니라 **정보를 배치하는 방식, 시각 자료의 이미지 활용 방식** 등 **정보가 제시되는 양상**도 살펴봐야 한다.

분석 대상

선택률 30.3%

매력적인 오답

① 사업을 추진하게 된 배경을 부각하기 위해 / 체류형 관광이 어려운 실정이라는 내용에 이어 시각 자료를 배치한 것이겠군.

check

_____

_____

선택률 2.4%

② 지역 관광객의 증가 추세를 부각하기 위해 / △△군 관광객 수 추이를 제시할 때 화살표 모양의 이미지를 활용한 것이겠군.

check

_____

선택률 7.1%

③ 체류형 관광의 경제적 효과를 부각하기 위해 / 여행 유형에 따른 지출액의 차이를 이미지로 강조하여 제시한 것이겠군.

check

_____

선택률 49.7%

정답!

④ 체류형 관광 지출액의 증가 현상을 부각하기 위해 / 관광객 수와 여행 지출액에 대한 시각 자료를 나란히 배치한 것이겠군.

check

_____

_____

선택률 9.3%

⑤ 지역 경제에 끼칠 긍정적 영향을 부각하기 위해 / 사업에 우호적인 의견을 선별하여 구체적으로 제시한 것이겠군.

check

_____

Self Check   YES?

1. 문제 패턴별로 어떻게 지문을 읽고 답을 찾을 것인지 빠르게 판단한다. 〈접근법 적용〉 ⬤

2. 매체는 빠르고 정확하게. 답을 찾기 위해 필요한 정보를 찾아 읽을 수 있다. 〈접근법 적용〉 ⬤

3. 반복해서 나오는 문법 단골 출제 요소들을 정확하게 알아 둔다. 〈출제 요소〉 ⬤

4. My Check point: ⬤

과거에서 온 미래,
힘이 되는
선배들의 이야기

너에게서 온 편지

선생님 98점 받았어요!

원점수 98 / 표준점수 132 / 백분위 99

저번에 9월 모평 96점 받았다고 했던 재수생입니다!
9모 이후로 마음이 붕 떠서 공부를 별로 안 했어요. (흑...) 대신 수능 전까지도 국어는 꼭 1등급 지키겠다는 마음으로 개념의 나비효과만 붙들었습니다. 9모 전엔 문법 파트랑 독서 파트 인강을 듣고 쳤었는데, 9모 이후로 완강하고 복습하고 미니 과제도 풀고...

수능 전날엔 잠이 갑자기 안 와서 거의 못 자고 시험 치러 갔는데, 하필 들고 간 시계가 고장 난 시계였어요. ㅠㅠ 집에서 제대로 확인도 안 해 보고 급히 챙겨서 왔는데 고장 난 시계였다니... 그래서인가 국어 시험을 칠 땐 시간을 알 수 없어서 시간 분배도 못하고 무작정 급하게 풀어 갔습니다. 부호화 지문과 환율의 오버슈팅 지문에서 좀 많이 당황해서 4~5문제를 남겨 두고 마킹을 다 했을 때, 감독 선생님께서 10분 남았다고 하시길래, '그래도 늦진 않았구나.' 하는 마음으로 남겨 둔 문제를 보기 시작했습니다. 차분히 아는 대로 생각을 거듭하며 남은 문제를 나름의 확신과 근거로 풀고 국어 시험은 끝났네요. ㅎ
문법이 생각보다 많이 쉽게 나와서 좋았지만, 비문학에서 뒤통수를 세~게 맞아서 가채점할 때 걱정을 많이 했는데, 딱 한 문제 틀리고 98점 나왔습니다!
제가 올해 국어 공부를 많이 못 했지만 나비효과만큼은 제대로 공부했었는데, 그 효과를 제대로 느꼈습니다! 선생님께서 나비효과 머리말에 쓴 '개념의 나비효과를 수능 날 감격으로 확인합니다.'라는 문구가 제 얘기 같네요. ㅎ (아, 문학에서 나비효과의 진가를 또 확인했는데, 문제 풀면서 진짜 의심 없이 막힘없이 자신 있게 풀어 나갔어요!!! 나비효과 문학 최고! 미니 과제에서 그렇게 소나기가 치고 뚜들겨 맞아 가면서 공부한 보람이 있었어요! 물론 문학 다 맞혔습니다. 정말 감사합니다!!!
수능 3일 전에 친구랑 도서관에서 나오면서 "야, 나 저번에 2개 틀렸었잖아? 그러니까 이번 수능에선 1개 틀렸으면 좋겠다!"라고 했는데, 친구가 양심 없는 소리하지 말라고 했거든요. ㅎㅎㅎㅎㅎㅎㅎㅎㅎㅎㅎㅎㅎ 없어진 제 양심도 수능 날 찾아왔답니다. :)

제 25 강

언매 연습 기출 Pick

#059 ~ **#063**

이제 기출의 나비효과의 마지막 강이야.
(물론 화법과 작문을 선택한 학생들은 23강이 마지막이었지만, ^^)
이제 강의는 줄여.
개념도 꼼꼼하게 알려 줬고,
문제 패턴에 따라 어떻게 접근해야 하는지, 내비게이션을 어떻게 잡고,
어떤 순서로 문제를 똑똑하게 풀어야 하는지도 알려 줬고,
기출문제를 통해 어떤 함정에 수많은 선배들이 빠졌었는지,
정확하게 지문의 정보를 이해한 학생과 그렇지 않은 학생을 구분 지을 수 있는
함정(?)의 스타일을 정확하게 파악하고 있는 평가원의 스타일이 어떤 것인지까지 다 알려 줬어.
그럼 이젠 진짜 네 차례인 거야. 정말 네 공부를 해.
수많은 인강에 휩쓸려만 다니지 말고,
그 강의를 듣지 않으면, 그 교재의 문제를 풀지 않으면 뭔가 큰일 날 것 같고, 나만 뒤처질 것 같다는
그 잘못된 생각에서 벗어나서
스스로 생각하고, 나의 실수의 유형을 파악하고, 같은 패턴의 문제들을 찾아 연습함으로써 성장하는
그런 진짜 네 공부를 하기를.
이제까지 선생님을 믿고 따라와 줬던 것처럼, 이제 널 믿어 봐. 좀 스스로를 믿어 주고, 잘해 줘라~
너의 목표를 이루기 위해서 행복하게 노력하는 오늘, 너의 하루가 되길.
그 하루들이 모여서 너의 빛나는 인생이 되는 거니까. 힘내! ^-^

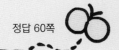

[35~36] 다음을 읽고 물음에 답하시오. ✹ 걸린 시간:　분　초

합성 명사는 직접 구성 요소가 모두 어근인 명사이다. 합성 명사의 어근은 복합어일 수도 있는데 '갈비찜'을 그 예로 들 수 있다. '갈비찜'의 직접 구성 요소는 '갈비'와 '찜'이다. 그런데 '갈비찜'을 형태소 단위까지 분석하면 '갈비', '찌-', '-ㅁ'이라는 형태소를 확인할 수 있다. 이처럼 합성 명사 내부에 복합어가 있을 때, ㉠**합성 명사를 형태소 단위까지 분석**하면 합성 명사의 내부 구조를 세밀히 알 수 있다.

다의어에서 기본이 되는 의미를 중심적 의미라 하고, 중심적 의미로부터 확장된 의미를 주변적 의미라 한다. 만약 단어가 하나의 의미만을 가지고 그 의미가 다른 의미로 확장되지 않았다면, 그 하나의 의미를 중심적 의미로 볼 수 있다. 합성 명사의 두 어근에도 ⓐ**중심적 의미**나 ⓑ**주변적 의미**가 나타날 수 있다. 그런데 자립적으로 쓰일 때에는 하나의 의미만을 가지고 있어 사전에서 뜻풀이가 하나밖에 없는 단어가 합성 명사의 어근으로 쓰일 때 주변적 의미를 새롭게 가지게 되는 경우도 있다. 가령 '매섭게 노려보는 눈'을 뜻하는 합성 명사 **'도끼눈'**은 '도끼'와 '눈'으로 분석되는데, '매섭거나 날카로운 것'이라는 '도끼'의 주변적 의미는 '도끼'가 자립적으로 쓰일 때 가지고 있던 의미라고 보기 어렵다.

합성 명사의 어근이 중심적 의미를 나타내든 주변적 의미를 나타내든, 그 어근은 합성 명사 내부에서 나타나는 위치가 대체로 자유롭다. 이는 '비바람', '이슬비'에서 중심적 의미를 나타내는 '비'의 위치와 **'벼락공부', '물벼락'**에서 주변적 의미를 나타내는 '벼락'의 위치를 통해 알 수 있다. 그런데 주변적 의미를 나타내는 어근 중 일부는 합성 명사 내부의 특정 위치에서 주로 관찰된다. 가령 '아주 달게 자는 잠'을 뜻하는 **'꿀잠'**에는 '편안하거나 기분 좋은 것'이라는 '꿀'의 주변적 의미가 나타나는데, '꿀'의 이러한 의미는 합성 명사의 선행 어근에서 주로 관찰된다. 그리고 '넓게 깔린 구름'을 뜻하는 **'구름바다'**에는 '무엇이 넓게 많이 모여 있는 곳'이라는 '바다'의 주변적 의미가 나타나는데, 이러한 '바다'는 합성 명사의 후행 어근에서 주로 관찰된다.

35.

㉠에 따를 때, 〈보기〉에 제시된 ㉮~㉱ 중 그 내부 구조가 동일한 단어끼리 묶은 것은?

〈보기〉

◦ 동생은 오늘 ㉮ 새우볶음을 많이 먹었다.
◦ 우리는 결코 ㉯ 집안싸움을 하지 않겠다.
◦ 요즘 농촌은 ㉰ 논밭갈이에 여념이 없다.
◦ 우리 마을은 ㉱ 탈춤놀이가 참 유명하다.

① ㉮, ㉯ ② ㉯, ㉰ ③ ㉰, ㉱
④ ㉮, ㉯, ㉱ ⑤ ㉮, ㉰, ㉱

36.

윗글의 ⓐ, ⓑ와 연관 지어 〈자료〉에 제시된 합성 명사를 탐구한 내용으로 적절한 것은?

〈자료〉

합성 명사	뜻
칼잠	옆으로 누워 불편하게 자는 잠
머리글	책의 첫 부분에 내용이나 목적을 간략히 적은 글
일벌레	일을 지나치게 열심히 하는 사람
입꼬리	입의 양쪽 구석
꼬마전구	조그마한 전구

① '칼잠'과 '구름바다'는 ⓐ를 나타내는 어근의 위치가 같군.
② '머리글'과 '물벼락'은 ⓐ를 나타내는 어근의 위치가 같군.
③ '일벌레'와 '벼락공부'는 ⓑ를 나타내는 어근의 위치가 같군.
④ '입꼬리'와 '도끼눈'은 ⓑ를 나타내는 어근의 위치가 다르군.
⑤ '꼬마전구'와 '꿀잠'은 ⓑ를 나타내는 어근의 위치가 다르군.

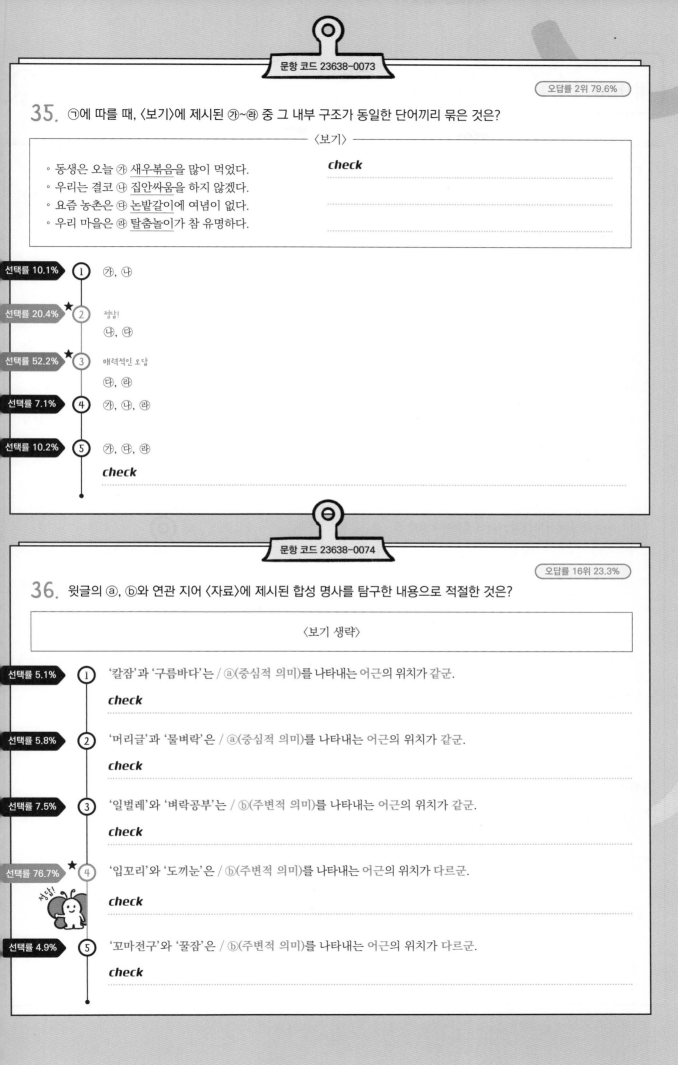

35. ㉠에 따를 때, 〈보기〉에 제시된 ㉮~㉣ 중 그 내부 구조가 동일한 단어끼리 묶은 것은?

―〈보기〉―

◦ 동생은 오늘 ㉮ 새우볶음을 많이 먹었다.
◦ 우리는 결코 ㉯ 집안싸움을 하지 않겠다.
◦ 요즘 농촌은 ㉰ 논밭갈이에 여념이 없다.
◦ 우리 마을은 ㉱ 탈춤놀이가 참 유명하다.

check

선택률 10.1% ① ㉮, ㉯

선택률 20.4% ★ ② 정답!
㉯, ㉰

선택률 52.2% ★ ③ 매력적인 오답
㉰, ㉱

선택률 7.1% ④ ㉮, ㉯, ㉱

선택률 10.2% ⑤ ㉮, ㉰, ㉱

check

36. 윗글의 ⓐ, ⓑ와 연관 지어 〈자료〉에 제시된 합성 명사를 탐구한 내용으로 적절한 것은?

〈보기 생략〉

선택률 5.1% ① '칼잠'과 '구름바다'는 / ⓐ(중심적 의미)를 나타내는 어근의 위치가 같군.

check

선택률 5.8% ② '머리글'과 '물벼락'은 / ⓐ(중심적 의미)를 나타내는 어근의 위치가 같군.

check

선택률 7.5% ③ '일벌레'와 '벼락공부'는 / ⓑ(주변적 의미)를 나타내는 어근의 위치가 같군.

check

선택률 76.7% ★ ④ '입꼬리'와 '도끼눈'은 / ⓑ(주변적 의미)를 나타내는 어근의 위치가 다르군.
정답!

check

선택률 4.9% ⑤ '꼬마전구'와 '꿀잠'은 / ⓑ(주변적 의미)를 나타내는 어근의 위치가 다르군.

check

37.

〈학습 활동〉을 수행한 결과로 적절하지 **않은** 것은?

─── 〈학습 활동〉 ───

다음은 중세 국어의 문자 및 표기와 관련된 내용이다. [자료]에서 ⓐ~ⓔ를 확인할 수 있는 예를 모두 골라 묶어 보자.

ⓐ 乃냉終쥬ㄱ소리ᄂᆞᆫ 다시 첫소리ᄅᆞᆯ 쓰ᄂᆞ니라
 [종성 글자는 따로 만들지 않고 다시 초성 글자를 사용한다]

ⓑ ㅇ를 입시울쏘리 아래 니ᅀᅥ 쓰면 입시울 가ᄇᆞ야ᄫᆞᆫ 소리 ᄃᆞ외ᄂᆞ니라
 [ㅇ을 순음 글자 아래 이어 쓰면 순경음 글자가 된다]

ⓒ 첫소리ᄅᆞᆯ 어울워 ᄡᅮᇙ디면 글ᄫᅡ 쓰라 乃냉終쥬ㄱ소리도 ᄒᆞᆫ가지라
 [초성 글자를 합하여 사용하려면 옆으로 나란히 쓰라 종성 글자도 마찬가지이다]

ⓓ ·와 ㅡ와 ㅗ와 ㅜ와 ㅛ와 ㅠ와란 첫소리 아래 브텨 쓰고
 ['·, ㅡ, ㅗ, ㅜ, ㅛ, ㅠ'는 초성 글자 아래에 붙여 쓰고]

ⓔ ㅣ와 ㅏ와 ㅓ와 ㅑ와 ㅕ와란 올ᄒᆞ녀긔 브텨 쓰라
 ['ㅣ, ㅏ, ㅓ, ㅑ, ㅕ'는 초성 글자 오른쪽에 붙여 쓰라]

[자료] ᄢᅵ니, ᄇᆞᆮ, 사ᄫᅵ, 스ㄱᄫᅩᆯ, ᄣᅡᆨ, ᄒᆞᆰ

① ⓐ: ᄇᆞᆮ, ᄣᅡᆨ, ᄒᆞᆰ
② ⓑ: 사ᄫᅵ, 스ㄱᄫᅩᆯ
③ ⓒ: ᄢᅵ니, ᄣᅡᆨ, ᄒᆞᆰ
④ ⓓ: ᄇᆞᆮ, 스ㄱᄫᅩᆯ, ᄒᆞᆰ
⑤ ⓔ: ᄢᅵ니, 사ᄫᅵ, ᄣᅡᆨ

문항 코드 23638-0075

분석 대상 ⟨오답률 10위 32.8%⟩

★ ① 선택률 67.2% 정답!
 ⓐ: ᄇᆞᆮ, ᄣᅡᆨ, ᄒᆞᆰ

★ ② 선택률 12.1% 매력적인 오답
 ⓑ: 사ᄫᅵ, 스ㄱᄫᅩᆯ

★ ③ 선택률 10.9% 매력적인 오답
 ⓒ: ᄢᅵ니, ᄣᅡᆨ, ᄒᆞᆰ

④ 선택률 6.0%
 ⓓ: ᄇᆞᆮ, 스ㄱᄫᅩᆯ, ᄒᆞᆰ

⑤ 3.9%
 ⓔ: ᄢᅵ니, 사ᄫᅵ, ᄣᅡᆨ

check

39.

㉠~㉣의 문장 성분과 문장 구조에 대한 설명으로 적절한 것은?

㉠ 나는 내 친구가 보낸 책을 제시간에 받기를 바란다.
㉡ 나는 테니스 배우기가 재미있다고 친구에게 말했다.
㉢ 이 식당은 우리 가족이 점심을 먹은 식당이 아니다.
㉣ 그녀는 아름다운 관광지를 신이 닳도록 돌아다녔다.

① ㉠에는 필수적 부사어가 생략된 안긴문장이 있고, ㉡에는 주어가 생략된 안긴문장이 있다.
② ㉠과 ㉡에는 모두, 주어 기능을 하는 명사절이 있다.
③ ㉠과 ㉢에는 모두, 주어가 생략된 안긴문장이 있다.
④ ㉢에는 보어 기능을 하는 안긴문장이 있고, ㉣에는 부사어 기능을 하는 안긴문장이 있다.
⑤ ㉢과 ㉣에는 모두, 목적어가 생략된 관형사절이 있다.

문항 코드 23638-0076

분석 대상 ⟨오답률 3위 71.1%⟩

★ ① 선택률 28.9% 정답!
 ㉠에는 필수적 부사어가 생략된 안긴문장이 있고, ㉡에는 주어가 생략된 안긴문장이 있다.
 check

② 선택률 8.2%
 ㉠과 ㉡에는 모두, 주어 기능을 하는 명사절이 있다.

③ 선택률 6.1%
 ㉠과 ㉢에는 모두, 주어가 생략된 안긴문장이 있다.

★ ④ 선택률 52.9% 매력적인 오답
 ㉢에는 보어 기능을 하는 안긴문장이 있고, ㉣에는 부사어 기능을 하는 안긴문장이 있다.

⑤ 선택률 3.9%
 ㉢과 ㉣에는 모두, 목적어가 생략된 관형사절이 있다.

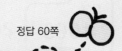

38.

다음은 된소리되기와 관련한 수업의 일부이다. [A]에 들어갈 말로 적절하지 **않은** 것은? [3점]

> **선생님:** 오늘은 표준 발음을 대상으로 용언의 활용에서 나타나는 된소리되기를 알아봅시다. '(신발을) 신고[신ː꼬]'처럼 용언의 활용에서는 마지막 소리가 'ㄴ, ㅁ'인 어간 뒤에 처음 소리가 'ㄱ, ㄷ, ㅅ, ㅈ'인 어미가 결합하면 어미의 처음 소리가 된소리로 바뀌어요.
> **학생:** 아, 그렇군요. 그런데 선생님, 국어에서 'ㄱ, ㄷ, ㅅ, ㅈ'이 'ㄴ, ㅁ' 뒤에 이어지면 항상 된소리로 바뀌나요?
> **선생님:** 항상 그런 것은 아니에요. 표준 발음에서는 용언 어간에 피·사동 접사가 결합하거나 어미끼리 결합하거나 체언과 조사가 결합하는 경우에는 된소리되기가 일어나지 않아요. 그리고 '먼지[먼지]'처럼 하나의 형태소 안에서 'ㄴ, ㅁ' 뒤에 'ㄱ, ㄷ, ㅅ, ㅈ'이 있는 경우에도 된소리되기가 일어나지 않아요. 그럼 다음 ⓐ~ⓔ의 밑줄 친 말에서 'ㄴ'이나 'ㅁ' 뒤의 소리가 된소리로 바뀌지 않는 이유를 설명해 볼까요?

> ⓐ 피로를 **푼다**[푼다]
> ⓑ 더운 **여름도**[여름도]
> ⓒ 대문을 **잠가**[잠가]
> ⓓ 품에 **안겨라**[안겨라]
> ⓔ 학교가 **큰지**[큰지]

> **학생:** 그 이유는 [A] 때문입니다.
> **선생님:** 네, 맞아요.

① ⓐ의 'ㄴ'과 'ㄷ'이 모두 어미에 속해 있는 소리이기
② ⓑ의 'ㅁ'과 'ㄷ'이 체언과 조사가 결합하면서 이어진 소리이기
③ ⓒ의 'ㅁ'과 'ㄱ'이 모두 하나의 형태소 안에 속해 있는 소리이기
④ ⓓ의 'ㄴ'과 'ㄱ'이 어미끼리 결합하면서 이어진 소리이기
⑤ ⓔ의 'ㄴ'과 'ㅈ'이 어간과 어미가 결합하면서 이어진 소리가 아니기

문항 코드 23638-0077

오답률 14위 28.7%

> ⓐ 피로를 **푼다**[푼다]   ⓑ 더운 **여름도**[여름도]
> ⓒ 대문을 **잠가**[잠가]   ⓓ 품에 **안겨라**[안겨라]
> ⓔ 학교가 **큰지**[큰지]

분석 대상

① 선택률 6.4%
ⓐ의 'ㄴ'과 'ㄷ'이 모두 /
어미에 속해 있는 소리이기
check

② 선택률 4.9%
ⓑ의 'ㅁ'과 'ㄷ'이 /
체언과 조사가 결합하면서 이어진 소리이기
check

③ 선택률 9.6%
ⓒ의 'ㅁ'과 'ㄱ'이 모두 /
하나의 형태소 안에 속해 있는 소리이기
check

★ ④ 선택률 71.3% 정답!
ⓓ의 'ㄴ'과 'ㄱ'이 /
어미끼리 결합하면서 이어진 소리이기
check

⑤ 선택률 7.8%
ⓔ의 'ㄴ'과 'ㅈ'이 /
어간과 어미가 결합하면서 이어진 소리가 아니기
check

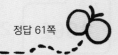
[40~43] (가)는 ○○군 공식 누리집 화면의 일부이고, (나)는 학생들의 온라인 화상 회의이다. 물음에 답하시오. ✖ 걸린 시간: ___ 분 ___ 초

(가)

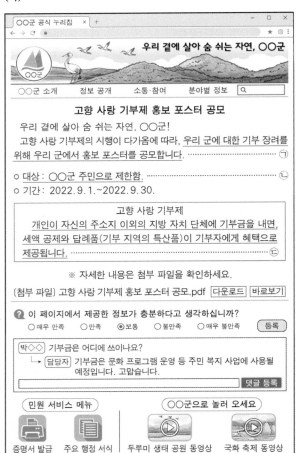

```
○○군 공식 누리집 × +
← → ⟳                              ★ ⊗ ⋮
우리 곁에 살아 숨 쉬는 자연, ○○군
○○군 소개   정보 공개   소통·참여   분야별 정보   🔍

고향 사랑 기부제 홍보 포스터 공모
우리 곁에 살아 숨 쉬는 자연, ○○군!
고향 사랑 기부제의 시행이 다가옴에 따라, 우리 군에 대한 기부 장려를
위해 우리 군에서 홍보 포스터를 공모합니다. ·········· ㉠
○ 대상 : ○○군 주민으로 제한함. ·········· ㉡
○ 기간 : 2022. 9. 1.~2022. 9. 30.

┌─────────────────────────────────────┐
│         고향 사랑 기부제             │
│ 개인이 자신의 주소지 이외의 지방 자치 단체에 기부금을 내면, │
│ 세액 공제와 답례품(기부 지역의 특산품)이 기부자에게 혜택으로 │
│ 제공됩니다. ·········· ㉢            │
└─────────────────────────────────────┘

※ 자세한 내용은 첨부 파일을 확인하세요.
[첨부 파일] 고향 사랑 기부제 홍보 포스터 공모.pdf [다운로드] [바로보기]

❓ 이 페이지에서 제공한 정보가 충분하다고 생각하십니까?
○매우 만족 ○만족 ◉보통 ○불만족 ○매우 불만족  [등록]

박◇◇ 기부금은 어디에 쓰이나요?
  └▷[담당자] 기부금은 문화 프로그램 운영 등 주민 복지 사업에 사용될
           예정입니다. 고맙습니다.
                                          [댓글 등록]

[민원 서비스 메뉴]        [○○군으로 놀러 오세요]
🖨️      📄             ▶️          ▶️
증명서 발급  주요 행정 서식    두루미 생태 공원 동영상  국화 축제 동영상
```

(나)

해윤: 이제 화상 회의 시작하자. 내 말 잘 들리지?
설아: 해윤아, 소리가 너무 작아. 마이크 좀 확인해 줄래?
해윤: 어? 내 마이크 음량을 키워 볼게. 이제 잘 들리지?
설아: 응. 근데 오늘 나연이는 참석 못 한대. 내가 회의를
　　　　녹화해서 나중에 보내 주려고 해. 동의하지?
해윤, 종서, 수영 : 응, 그래.

채팅	설아 님이 회의 녹화를 시작합니다.

해윤: 오늘 고향 사랑 기부제 홍보 포스터를 어떻게 만들지
　　　　논의하기로 했잖아. 우리 ○○군 누리집에서 관련
　　　　정보 봤니?
종서: 미안해. 나는 아직 못 봤어.
수영: 음, 직접 말로 설명하려면 회의가 길어지니까 첨부
　　　　파일 보내 줄게. 파일에 자세히 설명돼 있으니까 읽
　　　　으면서 들어.

채팅	수영 님이 종서 님에게 파일을 전송했습니다. 파일명: 고향 사랑 기부제 홍보 포스터 공모.pdf

종서: 고마워.
해윤: 그럼 이어서 얘기할게. 내가 만들어 온 그래픽 자료
　　　　를 보면서 포스터를 어떻게 구성할지 이야기하자.

채팅	해윤 님이 화면 공유를 시작합니다.

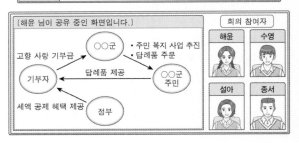

```
[해윤 님이 공유 중인 화면입니다.]            회의 참여자
                    ○○군     • 주민 복지 사업 추진    해윤   수영
고향 사랑 기부금            • 답례품 주문
                답례품 제공        ○○군
        기부자                    주민
세액 공제 혜택 제공    정부                     설아   종서
```

해윤: 정부, 기부자, ○○군, ○○군 주민으로 구분해서 고
　　　　향 사랑 기부제가 어떻게 운영되는지 나타낸 거야.
수영: 좋은데, 포스터에 정부까지 그려 넣으면 너무 복잡할
　　　　거 같으니까, 나머지 셋으로만 구성하자.
설아: 그리고 제도가 활성화되려면 많은 사람들이 기부에
　　　　동참하도록 하는 게 중요하니까, 기부자가 부각되도
　　　　록 기부자를 가운데에 두자.
수영: 화살표를 곡선으로 해서 하트 모양으로 하면 기부자
　　　　가 기부에 참여함으로써 사랑을 전할 수 있다는 걸
　　　　포스터에 드러낼 수 있을 거 같아.
해윤: 좋아. 그런데 포스터에 정부가 없으면, 정부가 제공
　　　　하는 세액 공제 혜택은 어떻게 나타내지?
종서: 음, 고민해 보자. 그리고 첨부 파일을 읽어 보니 기부
　　　　자의 현재 주소지가 아니면 어디든 기부할 수 있대.
　　　　우리 지역에 기부하게 하려면 답례품을 알려 줘야
　　　　할 거 같은데?
해윤: 답례품 정보가 있는 누리집 주소 불러 줄게. 디, 에
　　　　이, 엠…. 아, 그냥 채팅 창에 링크로 올리는 게 편하
　　　　겠다.

채팅	[해윤] https://damnyepum.□□□□.go.kr [종서] 고마워.

종서: 찾아보니 인삼이 우리 지역 답례품이네. 이걸 그려 넣자.
해윤: 그리고 우리 지역은 철새 도래지로 유명하니까, ○○
　　　　군을 두루미 캐릭터로 나타내 보자.
수영: 응, 좋아. 그러면 아까 말했던 세액 공제는 두루미
　　　　말을 전해 주듯 설명하면 되겠다.
해윤: 좋아. 그러면 지금까지 나온 의견대로 만들기로 하고,
　　　　오늘 회의는 마무리하자.

40.

(가)에 대한 이해로 적절하지 <u>않은</u> 것은?

① 댓글 기능을 활용하여 누리집 이용자가 작성한 질문에 대해 정보를 제공하고 있군.
② 지역에 대한 만족도 표시 기능을 활용하여 지역 정책에 대한 주민들의 반응을 확인하고 있군.
③ 민원 서비스 메뉴를 제공하여 증명서나 행정 서식이 필요한 사람들의 편의를 도모하고 있군.
④ 누리집 상단에 홍보 문구와 풍경 그림을 제시하여 지역이 부각하고자 하는 특징을 강조하고 있군.
⑤ 지역의 관광 명소와 축제를 홍보하는 동영상을 볼 수 있도록 하여 관광객을 유치하려고 노력하고 있군.

41.

㉠~㉢에 대한 설명으로 가장 적절한 것은?

① ㉠은 격 조사 '에서'를 사용하여 포스터를 공모하는 주체가 단체임을 드러내고 있다.
② ㉠은 종결 어미 '-ㅂ니다'를 사용하여 ○○군 기부에 동참한 기부자를 공손하게 높이고 있다.
③ ㉡은 명사형 어미 '-ㅁ'을 사용하여 포스터에서 제외해야 할 내용 항목을 간결하게 드러내고 있다.
④ ㉢은 연결 어미 '-면'을 사용하여 기부 대상 지역에서 제공하는 혜택 중 하나를 선택하는 조건을 제시하고 있다.
⑤ ㉢은 피동 접사 '-되다'를 사용하여 혜택을 제공하는 주체를 명확하게 밝히고 있다.

42.

(나)에 나타난 매체 활용 방식으로 가장 적절한 것은?

① '해윤'은 음성 언어 사용이 불가능한 상황에서 채팅 기능을 활용하여 정보를 전달하였다.
② '해윤'은 화면 공유 기능을 활용하여 참여자들의 의견을 반영하며 그래픽 자료의 오류를 수정하였다.
③ '수영'은 회의 시간을 절약하기 위해 회의 중에 참고할 수 있는 파일을 '종서'에게 전송하였다.
④ '설아'는 회의에 참여하지 못하고 있는 '나연'에게 문자 메시지를 이용해 회의 내용을 실시간으로 전달하였다.
⑤ '설아'는 특정 참여자에게 발언권을 부여하기 위해 해당 참여자의 음량을 조절하였다.

43.

(나)를 바탕으로 다음과 같은 포스터를 만들었다고 할 때, 포스터에 대해 이해한 내용으로 적절하지 <u>않은</u> 것은? [3점]

① '설아'의 의견을 바탕으로, 제도를 활성화하는 데 중요한 역할을 하는 기부자를 중심에 배치했다.
② '수영'의 의견을 바탕으로, 기부 행위에 담긴 긍정적인 마음을 연상시키는 기호의 모양을 사용했다.
③ '종서'의 의견을 바탕으로, ○○군에 기부했을 때 기부자가 받을 수 있는 답례품을 그려 넣었다.
④ '해윤'의 의견을 바탕으로, ○○군이 철새 도래지로 유명하다는 점을 활용하여 ○○군을 두루미 캐릭터로 표현했다.
⑤ '수영'의 의견을 바탕으로, 세액 공제 혜택을 제공하는 주체가 내용을 직접 알려 주듯이 말풍선을 제시했다.

[40, 42] (가)는 ○○군 공식 누리집 화면의 일부이고, (나)는 학생들의 온라인 화상 회의이다. 물음에 답하시오.

(가)

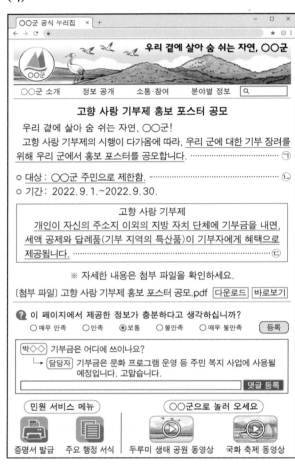

○○군 공식 누리집

우리 곁에 살아 숨 쉬는 자연, ○○군

○○군 소개   정보 공개   소통·참여   분야별 정보

고향 사랑 기부제 홍보 포스터 공모

우리 곁에 살아 숨 쉬는 자연, ○○군!
고향 사랑 기부제의 시행이 다가옴에 따라, 우리 군에 대한 기부 장려를 위해 우리 군에서 홍보 포스터를 공모합니다. ·············· ㉠

○ 대상 : ○○군 주민으로 제한함. ·············· ㉡
○ 기간 : 2022. 9. 1.~2022. 9. 30.

고향 사랑 기부제
개인이 자신의 주소지 이외의 지방 자치 단체에 기부금을 내면, 세액 공제와 답례품(기부 지역의 특산품)이 기부자에게 혜택으로 제공됩니다. ·············· ㉢

※ 자세한 내용은 첨부 파일을 확인하세요.
[첨부 파일] 고향 사랑 기부제 홍보 포스터 공모.pdf [다운로드] [바로보기]

❓ 이 페이지에서 제공한 정보가 충분하다고 생각하십니까?
○매우 만족 ○만족 ●보통 ○불만족 ○매우 불만족 [등록]

[박◇◇] 기부금은 어디에 쓰이나요?
└▶ [담당자] 기부금은 문화 프로그램 운영 등 주민 복지 사업에 사용될 예정입니다. 고맙습니다.
[   ] [댓글 등록]

[민원 서비스 메뉴]   [○○군으로 놀러 오세요]

증명서 발급 주요 행정 서식   두루미 생태 공원 동영상 국화 축제 동영상

(나)

해윤: 이제 화상 회의 시작하자. 내 말 잘 들리지?
설아: 해윤아, 소리가 너무 작아. 마이크 좀 확인해 줄래?
해윤: 어? 내 마이크 음량을 키워 볼게. 이제 잘 들리지?
설아: 응. 근데 오늘 나연이는 참석 못 한대. 내가 회의를 녹화해서 나중에 보내 주려고 해. 동의하지?
해윤, 종서, 수영 : 응, 그래.

| 채팅 | 설아 님이 회의 녹화를 시작합니다. |

해윤: 오늘 고향 사랑 기부제 홍보 포스터를 어떻게 만들지 논의하기로 했잖아. 우리 ○○군 누리집에서 관련 정보 봤니?
종서: 미안해. 나는 아직 못 봤어.
수영: 음, 직접 말로 설명하려면 회의가 길어지니까 첨부 파일 보내 줄게. 파일에 자세히 설명돼 있으니까 읽으면서 들어.

| 채팅 | 수영 님이 종서 님에게 파일을 전송했습니다. 파일명: 고향 사랑 기부제 홍보 포스터 공모.pdf |

종서: 고마워.
해윤: 그럼 이어서 얘기할게. 내가 만들어 온 그래픽 자료를 보면서 포스터를 어떻게 구성할지 이야기하자.

| 채팅 | 해윤 님이 화면 공유를 시작합니다. |

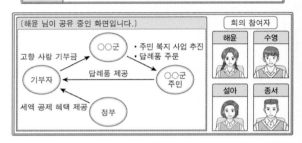

[해윤 님이 공유 중인 화면입니다.]

○○군 • 주민 복지 사업 추진 • 답례품 주문
고향 사랑 기부금
기부자 답례품 제공 ○○군 주민
세액 공제 혜택 제공 정부

[회의 참여자] 해윤 수영 설아 종서

해윤: 정부, 기부자, ○○군, ○○군 주민으로 구분해서 고향 사랑 기부제가 어떻게 운영되는지 나타낸 거야.
수영: 좋은데, 포스터에 정부까지 그려 넣으면 너무 복잡할 거 같으니까, 나머지 셋으로만 구성하자.
설아: 그리고 제도가 활성화되려면 많은 사람들이 기부에 동참하도록 하는 게 중요하니까, 기부자가 부각되도록 기부자를 가운데에 두자.
수영: 화살표를 곡선으로 해서 하트 모양으로 하면 기부자가 기부에 참여함으로써 사랑을 전할 수 있다는 걸 포스터에 드러낼 수 있을 거 같아.
해윤: 좋아. 그런데 포스터에 정부가 없으면, 정부가 제공하는 세액 공제 혜택은 어떻게 나타내지?
종서: 음, 고민해 보자. 그리고 첨부 파일을 읽어 보니 기부자의 현재 주소지가 아니면 어디든 기부할 수 있대. 우리 지역에 기부하게 하려면 답례품을 알려 줘야 할 거 같은데?
해윤: 답례품 정보가 있는 누리집 주소 불러 줄게. 디, 에이, 엠…. 아, 그냥 채팅 창에 링크로 올리는 게 편하겠다.

| 채팅 | [해윤] https://damnyepum.□□□□.go.kr [종서] 고마워. |

종서: 찾아보니 인삼이 우리 지역 답례품이네. 이걸 그려 넣자.
해윤: 그리고 우리 지역은 철새 도래지로 유명하니까, ○○군을 두루미 캐릭터로 나타내 보자.
수영: 응, 좋아. 그러면 아까 말했던 세액 공제는 두루미가 말을 전해 주듯 설명하면 되겠다.
해윤: 좋아. 그러면 지금까지 나온 의견대로 만들기로 하고, 오늘 회의는 마무리하자.

40. (가)에 대한 이해로 적절하지 **않은** 것은?

선택률 1.9% ① 댓글 기능을 활용하여 / 누리집 이용자가 작성한 질문에 대해 정보를 제공하고 있군.

check

선택률 87.0% ★ ② 지역에 대한 만족도 표시 기능을 활용하여 / 지역 정책에 대한 주민들의 반응을 확인하고 있군.

정답!

check

선택률 1.5% ③ 민원 서비스 메뉴를 제공하여 / 증명서나 행정 서식이 필요한 사람들의 편의를 도모하고 있군.

check

선택률 4.6% ④ 누리집 상단에 홍보 문구와 풍경 그림을 제시하여 / 지역이 부각하고자 하는 특징을 강조하고 있군.

check

선택률 5.0% ⑤ 지역의 관광 명소와 축제를 홍보하는 동영상을 볼 수 있도록 하여 / 관광객을 유치하려고 노력하고 있군.

check

42. (나)에 나타난 매체 활용 방식으로 가장 적절한 것은?

선택률 2.0% ① '해윤'은 음성 언어 사용이 불가능한 상황에서 / 채팅 기능을 활용하여 정보를 전달하였다.

check

선택률 7.0% ② '해윤'은 화면 공유 기능을 활용하여 / 참여자들의 의견을 반영하며 그래픽 자료의 오류를 수정하였다.

check

선택률 88.7% ★ ③ '수영'은 회의 시간을 절약하기 위해 / '회의 중에 참고할 수 있는 파일을 종서'에게 전송하였다.

정답!

check

선택률 1.5% ④ '설아'는 회의에 참여하지 못하고 있는 '나연'에게 / 문자 메시지를 이용해 회의 내용을 실시간으로 전달하였다.

check

선택률 0.9% ⑤ '설아'는 특정 참여자에게 발언권을 부여하기 위해 / 해당 참여자의 음량을 조절하였다.

check

윤혜정의
기출의
나비효과

윤혜정의
기출의
나비효과

윤혜정의
기출의
나비효과

정답 및 해설

2025 수능 대비   수능 국어 기출

네 꿈에 날개 달아 줄

만점 국어의 마무리.

New 나비효과 커리큘럼

EBS

EBSi 고교강의
문제를 사진 찍고
해설 강의 보기
Google Play | App Store

EBS*i* 사이트
무료 강의 제공

제 1 강 현대시 기출 Pick #001~#003

#001 　 2022학년도 수능 6월 모평 현대시

32 ④ 　 33 ⑤ 　 34 ②

📖 간단한 작품 소개

(가) 김기림, 「연륜」

(가)는 지나온 삶을 성찰하며 앞으로 열정적인 삶을 살겠다는 다짐을 드러내는 작품이다. '연륜(年輪)'은 나무의 나이테를 이르는 말로, 여러 해 동안 쌓은 경험에 의하여 이루어진 숙련의 정도를 나타낼 때 쓰인다. 화자는 지금까지 살아온 '서른 나문 해'가 '무너지는 꽃 이파리'처럼 덧없음을 느낀다. 큰 뜻을 이루지 못한 채 활력을 잃고 연륜만 쌓이는 초라한 삶을 살아왔다고 인식한 것이다. 이에 화자는 '육지'로 상징되는 과거와 단호히 결별하고 열렬한 삶을 살기 위해 '섬'이라는 이상적 공간으로 나아가겠다는 의지를 밝히고 있다.

(주제) 초라한 삶에서 벗어나 열정적인 삶을 살겠다는 의지

(나) 김광규, 「대장간의 유혹」

(나)는 주체성과 개성을 상실한 채 살아가는 현대인들의 삶을 비판적으로 인식하고, 참된 삶의 가치를 회복하고자 하는 소망을 담고 있는 작품이다. 이런 주제 의식을 드러내기 위해 이 작품에서는 대립되는 성격의 소재와 공간을 설정하고 있다. '플라스틱 물건'은 소모적이고 몰개성적인 도시인의 삶을 상징하고, '시퍼런 무쇠 낫'과 '꼬부랑 호미'는 개성적 삶을 상징하는 소재이다. 또 '현대 아파트'는 도시적 일상의 공간이고, '털보네 대장간'은 도시화·산업화로 인해 사라진 공간이다. 화자는 전자에서의 삶이 '똥덩이'처럼 무가치하고 쓸모없는 것이라고 느껴 후자에서의 삶을 회복하고자 하는 바람을 나타내고 있다.

(주제) 도시적 삶에 대한 성찰과 참된 삶을 회복하고자 하는 소망

32. 표현상의 특징 파악하기

정답 pick ④

(가)에서는 '서른 나문 해'가 '꽃 이파리처럼' 무너져 '발 아래' 깔렸다는 표현을 통해, 지금까지의 자신이 삶이 초라하고 보잘것없었음을 드러내고 있다. (나)에서는 '나'가 '아득한 나락으로 떨어져 내리는 똥덩이'처럼 느껴질 때가 있다는 표현을 통해, 지금까지의 자신의 삶이 무가치하고 쓸모없었음을 드러내고 있다. 이처럼 (가)와 (나)는 하강적 이미지의 '꽃 이파리'와 '똥덩이'를 통해 자신의 삶에 대한 화자의 인식을 드러내고 있다.

[오답을 피하고 싶었어]

① (나)에서 '무쇠 낫'이 만들어지는 과정을 나열하고 있으나 (가)에서는 과정을 나타내는 시어들을 나열하지 않았고, (가), (나) 모두 이를 통한 시간의 급박한 흐름이 드러나지는 않았다.

② (가)에서는 '섬'으로 가는 화자의 움직임을 '갈매기'에 빗대어 표현하고 있다. 반면에 (나)에서는 자연물에 빗대어 화자의 움직임을 나타내는 표현이 드러나지 않는다.

③ (가)에서는 '비취빛 하늘', '눈빛 파도'처럼 색채어를 활용하여 '섬'의 분위기를 드러내고 있다. 반면에 (나)에서는 공간적 배경을 드러내기 위해 색채어를 활용하고 있지 않다.

⑤ (나)에서는 표면에 드러난 청자에게 말을 건네는 방식이 아니라 화자가 소망하는 바를 '독백적 어조'로 밝히는 방식을 취하고 있다.

33. 시어, 시구의 의미와 기능 파악하기

정답 pick ⑤

(가)의 '또한'은 '그것과 같게'라는 뜻으로, 대상과의 동질성을 나타낼 때 쓰는 말이다. 화자는 이 말을 통해 자신 역시 불꽃 같은 삶을 살겠다는 의지를 강하게 드러내고 있다. (나)의 '마구'는 '함부로'라는 뜻으로, 부정적 상황을 나타낼 때 쓰는 말이다. 화자는 이 말을 통해 자신이 함부로 취급되는 '플라스틱 물건'과 비슷하게 취급받고 있음을 밝히고 있다. 따라서 '마구'는 화자가 자신과 '플라스틱 물건' 간의 차별성을 강조하기 위해 사용한 말로 볼 수는 없다.

[오답을 피하고 싶었어]

① (가)의 '열렬히'는 '애정이나 태도가 매우 강렬하다'는 뜻으로, 화자는 이 말을 통해 자신이 소망하는 삶을 적극적인 태도로 추구하겠다고 밝히고 있다.

② (나)의 '한꺼번에'는 대량으로 생산되어 대량으로 소비되는 몰개성적 '플라스틱 물건'의 특성을 드러내기 위해 쓰인 말이다. 이 말은 '하나씩'과 대비를 이루어 장인이 정성을 다해 만든 '꼬부랑 호미'의 고유성을 부각한다.

③ (나)의 '온통'은 '전부'라는 뜻으로, 화자는 이 말을 통해 지금까지의 삶 전체가 부끄럽다는 반성적 인식을 드러내고 있다.

④ (가)의 '날로'는 '날이 갈수록'이라는 뜻으로, 화자는 이 말을 통해 추구하고자 했던 것을 이루지 못한 상태가 이어지며 심화되고 있음을 드러내고 있다. (나)의 '당장'은 '일이 일어난 바로 직후'라는 뜻으로, 화자는 이 말을 통해 플라스틱 물건처럼 취급당하는 상황에서 즉시 벗어나기를 바라는 간절한 마음을 드러내고 있다.

34. 외적 준거에 따라 작품 감상하기

정답 pick ②

(가)의 '주름 잡히는 연륜'은 '피려던 뜻'이 굳어 이루어진 것으로, 이는 화자가 추구하고자 했던 바를 이루지 못한 채 나이만 들어 가고 있음을 표현한 것이다. 한편 '불꽃'은 화자가 추구하려는 열정적 삶의 태도를 의미하며 '연륜'에는 '불꽃'과 같은 열렬함이 결핍되어 있다. 따라서 '불꽃'이 '연륜'에 결핍되어 있는 속성을 끊을 수 있는 수단이라고 보기는 어렵다.

[오답을 피하고 싶었어]

① (가)의 '서른 나문 해'는 화자가 지금까지 살아온 날을 의미하는데, 화자가 이를 '초라한 경력'이라고 표현한 것은 지금까지의 자신의 삶이 초라하고 변변치 않다는 인식을 드러낸 것이다.

③ (나)에서는 도시 문명에서 자신이 무가치하다고 느낀 화자가 지금은 사라진 '털보네 대장간'을 찾아가고 싶다고 말하고 있다. 따라서 이 표현에는 자신의 참된 가치를 찾고자 하는 화자의 소망이 반영되어 있다고 할 수 있다.

④ (나)의 화자는 '가던 길을 멈추고' 어딘가 '걸려 있고 싶다'고 했는데, 앞서 화자가 되고 싶다고 한 사물들은 털보네 대장간의 '무쇠 낫'이나 '꼬부랑 호미'이다. 이는 화자가 추구하는 참된 가치를 상징하는 소재이므로, '걸려 있고 싶다'는 결핍서 벗어나고자 하는 화자

정답 및 해설

의 의지를 드러낸 것이라 할 수 있다.

⑤ (가)에서 새로운 삶을 살기 위해 '섬'으로 가려는 화자는 그전에 '육지'에 초라한 경력 즉, 지나간 시간을 막아 두겠다고 하였다. (나)에서 자신이 '플라스틱 물건'과 같다고 여긴 화자는 당장 '버스'에서 뛰어내리고 싶다고 하고 있다. 이처럼 (가)의 '육지'와 (나)의 '버스'는 화자가 결핍을 느끼는 부정적 공간이라 할 수 있다.

📖 간단한 작품 소개

(가) 오장환, 「고향 앞에서」

(가)는 일제 강점기 고향을 떠나온 화자가 그리운 고향을 앞에 두고도 가지 못하는 슬픔을 노래한 작품이다. 화자는 고향 가까운 나룻가를 서성이고 고향 가까운 주막에 들러 고향의 소식이나마 듣고자 한다. 그러나 전나무 우거지고 집집마다 누룩 뜨는 냄새 가득하던, 훼손되지 않은 고향은 이미 존재하지 않는다는 것을 통해 고향을 잃은 민족의 슬픔과 설움을 보여 주고 있다.

(주제) 고향을 잃은 슬픔과 고향에 대한 그리움

(나) 최두석, 「낡은 집」

(나)는 가난하지만 따뜻한 가족의 정이 느껴지는 고향의 모습을 담담한 어조로 그려 낸 작품이다. 부모와 동생이 사는 고향 집은 '슬레이트 흙 담집', 제목 그대로 '낡은 집'이다. 여전한 고구마 뒤주와 벽에 매달린 메주들의 박치기는 화자가 애정을 갖고 고향 집을 바라보고 있음을 보여 준다. '허리 굽은 어머니', '닭똥으로 비료 만드는 공장에서 어두워질 때까지 일하는 아버지'에 대한 묘사에서 가난하고 고된 삶을 살아가는 가족들에 대한 화자의 안타까운 마음이 드러난다. 또한 콩깍지로 군불을 피워 주는 어머니, 화자를 반겨 주는 동생, 아들을 위해 오리를 잡는 아버지의 모습에서 과장되지 않은 따뜻한 가족애를 느낄 수 있다.

(주제) 고향에서 느끼는 따뜻함과 안타까움

43. 화자의 정서, 태도 파악하기

정답 pick ❶

(가)의 2연에는 고향 가까운 나룻가를 오가는 행인에게서조차 온기를 느끼고 싶어 하는 화자의 안타까운 모습이 나타나 있다. (나)에서 화자는 고향 집을 '나의 부모인 농부 내외와 그들의 딸이 사는' 집이라고 표현하고 있는데, 여기에서 화자가 익숙한 시선에서 벗어나 고향 집을 낯선 시선으로 바라보고 있음을 알 수 있다.

[오답을 피하고 싶었어]

② (가)의 4연 '아직도 무덤 속에 조상이 잠자고'에서 조상이 있는 공간은 화자가 회복하고 싶은, 화자의 뿌리인 고향을 의미하고 있다. 그러나 '무덤 속에' 잠자는 조상을, 권위가 지속되는 것으로 이해하기는 어려우며, 화자가 고향을 벗어나고자 한다고 보기도 어렵다. 또한 (나)의 화자는 고향을 가난이 지속되는 공간으로 인식하고 있지만 이곳을 벗어나고자 한다고 보기는 어렵다.

③ (가)의 화자는 '행인의 손을 쥐면 따뜻하리라.'라고 생각하고 있으며, '주인집 늙은이'와 슬픈 심정을 나누기도 한다. 따라서 각박한 인심에 좌절하는 것으로 볼 수 없다. 또한 (나)에서 세상의 변화나 인심에 대한 내용은 찾아보기 어렵다.

④ (가)의 화자는 고향을 잃은 신세이며, (나)에서 화자는 공장에서 일하는 아버지의 고된 삶을 안타깝게 바라보고 있다. 그러나 이를 통해 삶의 무상함을 드러낸다고 보기는 어렵다.

⑤ (가)에서 '전나무 우거진 마을'은 화자의 마음속 고향의 모습이자 화자가 회복하고자 하는 고향을 형상화한 것이다. 따라서 자연과의 조화를 화자가 내세우는 가치라고 단정하기는 어렵다. 또한 (나)의 화자는 농부인 아버지가 공장에서 밤늦도록 일을 하며 '차비 정도를 버는' 것을 안타깝게 바라보고 있으므로 산업화를 통한 농촌의 변화를 희망한다고 보기 어렵다.

44. 구절의 의미와 표현법 파악하기

정답 pick ❸

ⓒ은 장꾼들에게 말하는 형식을 빌려서, 실상 고향 잃은 화자의 설움을 표현한 것이라고 할 수 있다. 또한 상대방에게 묻는 형식을 취하고 있으므로 독백조의 토로라고 보기 어렵다.

[오답을 피하고 싶었어]

① 봄이 되어 강의 얼음이 갈라지고 강물에 얼음장이 떠내려가는 모습을 시각적으로 묘사하고 있다.

② 고향에서 지냈던 행복한 추억들을 나눌 사람이 없다는 것을 의문문의 형식으로 표현하고 있다.

④ 자신의 가족을 '농부 내외와 그들의 딸'로 지칭해 마치 제3자에 대해 말하는 것처럼 표현하고 있다.

⑤ 텅 빈 집 안과 선뜩한 냉돌에는 가난한 농촌 현실에 대한 화자의 인식이 담겨 있다고 볼 수 있다.

45. 외적 준거에 따라 작품 감상하기

정답 pick ❶

화자가 주인집 늙은이의 슬픔에 공감하는 것이 아니라 고향에 가지 못하는 화자의 아픔에 주인집 늙은이가 공감하고 있다. 또한 주인집 늙은이와의 조화를 통해 화자가 처한 현실을 따뜻한 공간으로 만들려고 하는 근거는 작품이나 〈보기〉에서도 찾을 수 없으며 고향 근처에 왔지만 가지 못한 화자의 처지를 고려할 때 화자의 귀향은 '미완의 형태'로 남게 된 경우로 볼 수 있다.

[오답을 피하고 싶었어]

② 〈보기〉에서 고향을 떠난 이가 복귀하려는 고향은 따뜻한 공간으로 표상된다고 하였다. (가)의 6연에서 고향이 평화롭고 따뜻한 공간으로 묘사되고 있음을 알 수 있다.

③ (나)에서 화자는 가난한 농촌 현실과 그곳에서 살아가는 가족들에 대해 안타까운 마음을 갖고 있다. 따라서 (나)에 그려진 고향은 이상적인 공간으로 보기는 어렵다.

④ 어머니가 군불을 피우고 동생이 화자를 반가워하며 아버지가 오리를 잡는 것은 고향의 따뜻함과 가족애를 보여 주는 소재들이다.

⑤ (가)에서 귀향은 이루어지지 않았으며 (나)에서 귀향은 이상적 공간으로의 복귀가 아니라는 점에서 (가)와 (나) 모두 귀향의 완성이라고 보기 어렵다.

엄혜정의 기출이 나비효과

(가) 정지용, 「장수산 1」

이 시는 깊은 겨울 산의 고요한 정경을 '벌목정정'을 통해 환기하며 시작한다. 다람쥐도 좇지 않고 멧새도 울지 않는 절대 고요와 부동의 공간 속에서 화자는 조찰히 늙은 웃절 중의 맑고 깨끗한 정신적 경지를 뒤따르고 싶은 마음을 드러낸다. 그렇지만 화자는 바람도 일지 않는 깊은 산에 쉽게 동화되지 못하고 심히 흔들리는 내면의 동요를 느낀다. 그러면서도 차고 올연히 이 겨울을 견디겠다는 견고한 삶의 자세를 드러내며 시상을 마무리한다. 흔들리는 내면의 시름 속에서도 정신적 긴장을 늦추지 않는 화자의 치열한 정신적 고투가 역력히 드러나 있는 작품이다.

주제) 탈속적 세계에 대한 염원

(나) 고재종, 「고요를 시청하다」

이 시는 초록으로 물든 오월의 마당을 둘러싼 깊은 고요를 노래하고 있다. 수국 송이처럼 뭉실뭉실 부푸는 오월의 고요 속에서 화자는 송순주 한 잔에 그리운 어머니와 아버지의 고요했던 모습을 떠올리며, 초록 바람에 반짝반짝 누설해 놓은 오월의 은밀한 연주를 들으면서 고요에 물들어 간다. 적막한 고금의 시골집 마루에서 마주한 오월의 고요를 다양한 감각적 심상을 통해 생생하게 그리고 있다.

주제) 적막한 시골집 마루에서 마주하는 오월의 고요

28. 표현상의 특징 파악하기

정답 pick ①

'아름드리 큰 솔'이 '베어짐직도 하이'라고 한 것은 깊은 산속에서 큰 나무들이 베어지며 내는 소리를 환기하여 깊은 산속의 고요를 부각하기 위한 것이다. 이것을 통해 인간에게 아낌없이 내어 주는 자연의 속성이 환기된 것은 아니다.

29. 시상의 흐름을 파악하기

정답 pick ②

[A]에서는 고요가 초록을 낳았다는 표현을 통해 마당을 물들인 초록에 주목하도록 한다. 이어지는 [B]에서는 초록의 군림이 점점 더해진다는 표현을 통해 마당에 초록이 점점 확산하고 있음을 보여 준다. 여기에 고요의 심장을 붉은 진동으로 물들이는 덩굴장미의 붉은 색채가 어우러지면서 오월의 계절감이 부각된다.

30. 외적 준거에 따라 작품 감상하기

정답 pick ⑤

(가)의 화자는 바람도 일지 않는 장수산의 고요에도 심히 흔들리는 시름을 안고 있는 인물이다. 따라서 화자 내면의 고요가 외부 세계로 이어지고 있다는 설명은 적절하지 않다.

[오답을 피하고 싶었어]

① (가)의 '눈과 밤이 종이보담 희gór녀!'는 흰색의 색채 이미지를 활용하여 하얗게 눈이 내린 겨울 달밤의 고요한 장수산의 분위기가 잘 드러나도록 하고 있다.

② (나)의 화자가 송순주 한 잔에 떠올린 추억 속의 '어머니'와 '아버지'는 각각 '소박한 고요'와 '묵묵한 고요'를 담고 있는 인물들로, 화자가 마주하고 있는 '이런 정오'의 고요에 잘 어울리는 인물로 볼 수 있다.

③ '쩌르렁'하고 들릴 것 같은 깊은 산속의 메아리 소리와 딱 한 번 들린 동박새의 울음소리는 모두 고요한 상황을 강조하기 위해 활용된 소

리이다. 고요한 상황을 표현하기 위해 소리를 활용함으로써 오히려 고요가 부각되는 효과를 얻는 것이다.

④ (가)의 '고요가 차라리 뼈를 저리우는데'는 촉각적 심상을 활용하여 고요를 표현한 것이고, (나)의 '삼베올만치나 무수한 고요'는 시각적 심상을 활용하여 고요를 형상화한 것이다.

제 2 강 현대시 기출 Pick #004~#006

기출 #004 2016학년도 4월 학평 현대시

43 ①   **44** ⑤   **45** ②

(가) 유치환, 「선한 나무」

(가)는 인간에 의해 훼손된 노송을 보며 살아가면서 가져야 할 삶의 정신적 가치를 드러낸 시이다. 화자는 자연을 파괴하여 물질적 욕망을 충족시키려는 인간들의 행태와 세태에 대해 개탄하고 있다. 자연과의 교감이 가능했던, 그런 순수한 삶이 점차 사라져 가고, 자연의 순수성을 즐기기보다 자연을 이용해 물질적 욕망을 채우는 현실에 대한 안타까움을 드러내고 있다.

주제) 삶의 진정한 가치를 인정하지 않는 현실에 대한 안타까움

(나) 김용택, 「섬진강 1」

(나)는 섬진강 변 마을을 둘러싼 남도 지방 민중의 삶을 조명하고 있는 연작시이다. 소외된 존재로 살아가지만 소박하고 건강한 민중의 모습을 드러내고, 부정적인 세력이 결코 민중의 연대감이나 건강한 생명력을 위협할 수 없음을 강조하고 있다. 특히 여기서 '가문 섬진강'은 자연물의 모습을 넘어서서 민중의 결핍된 삶을 드러내는 동시에, 민중적 연대의 힘과 끈질긴 생명력을 드러내고 있다. 전반부에서는 소박하고 아름다운 섬진강 변의 모습을 통해, 후반부에서는 힘차고 호방한 기세의 섬진강과 산맥의 모습을 통해 건강하고 생명력 넘치는 삶을 잘 드러내고 있다.

주제) 민중의 끈질긴 생명력

43. 작품 간 특징 비교하기

정답 pick ①

(가)는 화자가 '언제'인가 길가에서 노송 한 그루를 보고 그 아래에서 노닐다가 '하룻날' 다시 와서 노송이 베어진 것을 발견하고 안타까움을 느끼며, 자신이 노송이 섰던 자리에 서서 허공에 팔을 올려 신운을 느껴 보려 하고, 자신은 느낄 수 없음을 확인하며 안타까워하고 있으므로 시간의 경과에 따라 시상이 전개되고 있다. (나)는 섬진강이 흘러가는 방향을 따라가며, '토끼풀꽃', '자운영꽃', '식물도감에도 없는 풀', '영산강으로 가는 물줄기', 껄껄 웃는 '지리산', '노을 띤 무등산' 등 섬진강 주변의 자연물들에 시선을 주며 시상이 전개된다.

[오답을 피하고 싶었어]

② (가)에서 특정 어미를 통해 화자의 의지를 드러내는 부분은 없으며, (나)에서도 '섬진강물이 어디 몇 놈이 달려들어 / 퍼낸다고 마를 강물이더냐고', '어디 몇몇 애비 없는 후레자식들이 / 퍼간다고 마를 강물인가'라는 구절에 의문의 진술이 포함되어 있으나 이를 통해 화자의 의지를 드러내는 것은 아니다.

③ (나)에는 수탈당하는 농민들을 비유한 '토끼풀꽃', '자운영꽃', '식물도감에도 없는 풀'과 농민들을 수탈하는 대상을 비유한 '후레자식'처럼 대립적 시어를 사용하고 있으나, (가)에 명암의 대비는 드러나 있지 않다.

④ (나)는 섬진강이 흘러가는 모습을 묘사하여 역동성을 드러낸다고 볼 수 있으나, (가)에서 음성 상징어의 사용은 나타나 있지 않다. (가)의 '추추히 탄식하듯 울고 있어'의 '추추히'는 '우는 소리가 구슬프게'를 뜻하는 말로 음성 상징어는 아니다.

⑤ (나)에서는 섬진강을 의인화된 대상으로 등장시키고 있으나, (가)에서는 친숙한 상황을 가정하고 있지 않지는 않다.

44. 작품의 내용 이해하기

정답 pick ❺
'증거할 선한 나무 없음이 안타까울 따름'이라는 표현에는 화자 자신은 인식하지 못하지만 그래도 '묘막한 천공'에는 여전히 '신운'이 존재한다는 사실을 보여 줄 수 있는 노송이 없는 상황에 대한 안타까움이 드러난 것으로 볼 수 있다. 따라서 '묘막한 천공'에 '신운이 없음'을 인지한 화자의 상실감이 드러난다는 진술은 적절하지 않다.

[오답을 피하고 싶었어]
① '바람 있음을 조금도 깨달을 수 없는 날씨'는 화자가 자연의 미세한 변화를 느끼지 못함을 나타내고, '추추히 탄식하듯 울고' 있다는 표현은 노송이 흔들리는 모습을 묘사한 것으로 자연의 미세한 변화에 반응하는 노송에 대한 화자의 인식이 담겨 있는 것으로 볼 수 있다.

② '항상 그 아래 한때를 머물러' 노닐었다는 진술에서는 노송에 대한 화자의 긍정적 태도를 짐작할 수 있는데, 그 노송이 베어 넘겨진 상황에 대해 '무참히도' '베어 넘겨'졌다고 표현한 것에서는 자신이 긍정하는 대상이 사라진 상황에 대한 안타까움이 드러난 것으로 볼 수 있다.

③ 노송의 그늘을 '길가에 세워 바람에 울리'는 것보다 '빠개어 육신의 더움을 취'하는 상황은 노송의 실용적 가치를 더 중시하는 상황으로 볼 수 있으며, '애석하여'에는 이러한 상황에 대한 화자의 부정적 인식이 담겨 있는 것으로 볼 수 있다.

④ '팔을 높이 허공에 올려' 보려는 행위는 노송이 부재한 상황에서 노송이 느꼈던 '신운'을 느껴보고자 하는 화자의 시도로 볼 수 있으며, '유현한 솔바람 소리가 생길 리' 없다고 한 것에는 자신은 노송과 달리 신운을 느낄 수 없다는 것에 대한 인식이 담겨 있는 것으로 볼 수 있다.

45. 외적 준거에 따라 작품 감상하기

정답 pick ❷
'그을린 이마'는 농촌의 고된 상황에서 힘들게 살아가는 농민들의 모습을 나타낸 것으로, 그들의 그을린 이마에 환하게 '꽃등'을 달아 주는 것은 고달픈 삶을 영위하는 농민들에 대한 위로로 볼 수 있다. 따라서 꽃등이 농민들의 고된 삶을 부각하는 소재라는 진술은 적절하지 않다.

[오답을 피하고 싶었어]
① '끊기지 않고 모여 흐르'는 개울물은 고된 상황 속에서도 함께 생활하며 삶을 포기하지 않는 농민들을 나타낸 것으로, 농민들의 끈질긴 생명력을 환기한다고 할 수 있다.

③ '뼈 으스러지게 그리워 얼싸안'는 것은 끊임없는 수탈로 인해 힘겨운 상황 속에서도 공동체적 삶을 통해 고통을 감내하는 모습을 나타낸 것으로, 고된 현실 속에서 서로에게 의지하며 살아가는 농민들의 모습을 형상화한 것으로 볼 수 있다.

④ '저문 강물에 얼굴을 씻고 / 일어서서 껄껄 웃'는 지리산은 고된 삶 속에서도 넉넉한 마음으로 살아가는 농민들의 모습을 나타낸 것으

로, 수탈을 당하면서도 삶의 여유를 잃지 않는 농민들의 삶을 보여 준다고 할 수 있다.

⑤ '후레자식들이 / 퍼간다고 마를 강물인가'라고 말하는 것은 아무리 끊임없는 수탈로 고통을 겪을지라도 농민들이 삶을 포기하지 않을 것임을 의미하는 것으로, 절망적 상황 속에서도 건강한 삶을 살아나갈 농민들에 대한 믿음을 보여 준다고 할 수 있다.

기출 #005 2011학년도 4월 학평 현대시

13 ①   14 ③   15 ①   16 ①

📖 간단한 작품 소개

(가) 이용악, 「두만강 너 우리의 강아」
이 시는 일제 강점하에서 삶의 터전을 잃고 유랑해야 했던 우리 민족의 아픔을 드러낸 작품이다. 이 시의 화자는 암울한 시대적 상황에 대한 인식과 고향을 떠나가면서 느낀 정서를 '두만강'에게 말을 건네는 방식으로 드러내고 있다.

주제 유랑민의 욕된 운명에 대한 부끄러움과 슬픔

(나) 이형기, 「산」
이 시의 화자는 가을비에 조용히 젖고 있는 산의 모습을 바라보고 있다. 윤곽만을 드러낸 '산'은 자신의 모습을 완전히 드러내지 않아 신비롭고 경이로운 대상으로 그려져 있다.

주제 산의 신비롭고 경이로운 모습

(다) 천양희, 「마음의 수수밭」
이 시는 어둡고 혼란스러운 내면의 화자가 산을 올려다보기도 하고, 산을 오르기도 하면서 자신의 어지러운 마음을 정리하고 평온을 찾아가는 모습을 그리고 있다. 또한 이 시는 화자의 내면의 모습을 '수수밭'에 비유하여 공간화하고 있다. 상승 이미지와 화자를 일깨우는 다양한 대상을 활용하여 내면 의식의 변화와 각성을 드러내고 있다.

주제 삶에 대한 깨달음과 마음의 평안에 이르는 과정

13. 작품들의 공통점 찾기

정답 pick ❶
(가)의 '얼음길'은 겨울의 계절감을 드러내며 암울한 시적 분위기를, (나)의 '가을비'는 적막하고 신비로운 시적 분위기를 형성하고 있다.

[오답을 피하고 싶었어]
② (가)에는 시적 대상의 과거가 제시되어 있지 않다.

③ (나)에는 공간의 이동이 제시되어 있지 않으며, 특별한 정서의 변화를 드러내고 있지도 않다.

④ (나)는 구체적인 지명을 통해 화자의 처지를 부각시키고 있지 않다.

⑤ (나)에는 '산'의 과거와 현재 모습이 제시되어 있고, '산'의 모습을 보며 감상에 젖어 있지만 화자의 의지를 드러내고 있지는 않고, (가)와 (다)에서는 구체적인 자연물의 변화 과정이 제시되어 있지 않다.

14. 자료를 활용하여 시 감상하기

정답 pick ❸
'강 건너 벌판'은 '바람이 이리처럼 날뛰는' 곳이며 화자의 '젊은 넋'이

'얼어붙은 듯' 서 있는 곳이므로 미래를 보장받을 수 있는 이상적인 공간이라고 보기 어렵다.

[오답을 피하고 싶었어]
① '나'가 '죄인'처럼 고개를 숙이고 '말이 없다'고 한 것은 일제 강점하에서 조국을 등지고 떠날 수밖에 없는 처지인 화자가 스스로를 죄인으로 여기면서 자책하고 있는 것으로 볼 수 있다.
② 강물은 면면히 이어질 우리 민족의 역사를 상징하고 있으며, 따라서 강물이 '바다로 가야 할 곳'으로 흘러가고 있다고 한 것은 역사에 대한 긍정적인 인식을 나타낸 것으로 볼 수 있다.
④ '목마르고'와 '거칠다'는 두만강을 건너 이주하는 이들, 즉 우리 민족이 겪고 있는 고통과 시련을 의미하고 있다고 할 수 있다.
⑤ '북간도로 간다는 강원도치'는 일제 강점하에서 화자와 같이 국경을 넘어 타지로 떠나는 유랑민의 모습이라고 할 수 있다.

15. 표현상의 특징 파악하기

정답 pick ❶
[B]의 '올라가라고 / 그래야 한다고.', '나를 부추기는 솔바람'에서 의인화된 표현을 찾을 수 있으나, [A]에서는 의인화된 표현을 확인할 수 없다.

[오답을 피하고 싶었어]
② '아아 그러나 지울 수 없다.'에서 영탄적 표현을 사용하고 있으며 이를 통해 어룽진 윤곽의 산을 보며 깊은 감상에 젖은 화자의 정서를 나타내고 있다.
③ '하늘의 자리는 싱싱하게 푸르다.'에서 색채어가 활용되고 있으며 이를 통해 시에 선명한 인상을 부여하고 있다.
④ '산 위의 산을 본다.', '산은 올려다보아야 한다는 걸 이제야 알았다.', '올라가라고 그래야 한다고' 등에서 상승적 이미지를 확인할 수 있으며 이를 통해 어두운 내면 의식에서 벗어나고 있는 화자의 심리를 확인할 수 있다.
⑤ [B]에는 '나'라는 화자가 직접 드러나 있으나, [A]에는 화자가 직접 드러나 있지 않다.

16. 시어의 의미 파악하기

정답 pick ❶
㉠ '윤곽만을 드러낸 산'은 '비'에 젖어 부옇게 보이는 산으로 화자는 산의 진좌한 무게와 비에 젖어 윤곽만을 드러내고 있는 신비스러운 모습에 지울 수 없는 감동을 느끼고 마음속에 깊이 새기고 있다.

[오답을 피하고 싶었어]
② '격노의 기억'은 산의 지난 시절을 가리키며 '깎아지른 절벽', '앙상한 바위' 같은 모습이라고 할 수 있다.
③ '식량 사정이 어려운 때'를 뜻하는 '보릿고개'라는 시어를 통해 화자가 힘겹게 보냈던 지난 시절을 의미함을 알 수 있다.
④ '목탁새'는 '정신이 들 때마다 내 속에서 우짖는 새'로 화자의 내면 의식을 끊임없이 일깨우는 새라고 할 수 있다.
⑤ '절벽'에 오르고 '천불산'을 받아들이면서 화자의 내면이 어둡고 우울한 상태에서 벗어나고 있음을 알 수 있으며, '맘속 수수밭이 환해진다.'는 표현에서 이를 확인할 수 있다.

43 ③   44 ③   45 ⑤

📖 간단한 작품 소개

(가) 곽재구, 「구두 한 켤레의 시」
낡은 '구두'를 신고 고향에 다녀온 화자의 감정을 감각적 이미지를 활용해서 잘 드러내고 있는 작품이다. '구두'가 낡도록 아마도 바쁘게 살았을 화자는, 그동안 고향을 돌아보지 않고 무심하게 살았던 자신의 모습을 되돌아보고 있다. 특히 마지막 시행은 '구두가 들려주는 저문 고향의 강물소리'를 음성 상징어로 표현하여 화자의 울림을 드러내고 있다.
(주제) 고향에 다녀온 뒤 떠올리는 고향의 이미지

(나) 문태준, 「극빈」
농사를 지은 '열무밭'이 화자의 의도와 달리 '열무꽃밭'이 된 시적 상황을 제시하고, 그곳에 '나비 떼'가 내려앉아 쉬어 가는 모습을 통해 타인을 배려하는 삶의 태도에 대한 깨달음을 드러내고 있는 작품이다. 화자에게는 짧은 시간이 '나비 떼'에게는 편안한 휴식의 시간이 될 수 있다는 인식의 전환을 통해, 자신의 인생에서 '발 딛고 쉬라고 내줄 곳'과 '선잠 들라고 내준 무릎'이 없었음에 대한 성찰로 나아가고 있다.
(주제) 타인을 배려하는 삶의 태도에 대한 깨달음

43. 표현상의 특징 파악하기

정답 pick ❸
(가)에서는 '겨울보리 파랗게 꽂힌 강둑', '쑥골 상엿집 흰 눈 속' 등에서, (나)에서는 '흰 열무꽃', '흰 열무 꽃잎 같은 나비 떼' 등에서 색채 이미지를 활용하여 대상의 특성을 잘 드러내고 있다.

44. 외적 준거에 따라 작품 감상하기

정답 pick ❸
(가)는 오랜만에 들른 고향에 신고 갔던 '구두'를, (나)에서는 '열무꽃'에 앉은 '나비'의 모습을 통해 화자가 자신의 삶을 돌아보고 성찰하고 있다. [C]는 화자가 오랜만에 들른 고향을 제대로 돌아보지 못했음을 드러낸 부분이다. 화자가 처한 냉혹한 현실을 드러낸다고 보기는 어렵다.

[오답을 피하고 싶었어]
① [A]는 화자가 제대로 듣지 못한 '강물소리'를 '구두'는 듣고 왔음을 드러내는 부분으로, 화자가 '구두'를 통해 고향에 대한 생각을 떠올리고 있음을 알 수 있다.
② [B]의 이전 시행에서 '황혼', '뒤축의 꿈이 몇 번 수습되고', '터진 가슴의 어둠' 등의 표현을 통해 구두가 낡았음을 알 수 있다. 그 사이로 '꿈틀'대는 '부끄러운 촉수'를 통해 고향에 대해 무심한 채로 살아온 자신의 삶에 대한 화자의 부끄러움이 드러나 있다고 볼 수 있다.
④ [D]에서 사람들의 질문은 '열무밭'에서 '열무'를 제대로 수확하지 않고 '열무꽃'이 핀 상황에 관한 것이다. 그런데 그 대답을 '망설'이던 화자는 '열무꽃'이 무용한 것이 아니라 '나비 떼'가 쉬어 가는 안식처가 되었다는 새로운 인식을 하게 되었다고 볼 수 있다.
⑤ [E]에서 '발 딛고 쉬라고 내줄 곳'과 '선잠 들라고 내준 무릎'은 타인에 대한 배려를 의미한다고 볼 수 있다. 화자는 배려의 태도가 없었

5

던 자신의 삶을 돌아보며 성찰하고 있다고 볼 수 있다.

45. 시어의 의미를 파악하기

정답 pick ❺
(나)에서 '가까스로'는 '열무' 농사에서 본래 얻어야 할 '뿌리'나 '줄기'를 모두 놓치고 겨우 '꽃'을 얻은 상황과 연결된다. '사람들'에게는 무용하거나 보잘것없는 것일 수도 있으나, '나비 떼'에게는 쉬어 가는 공간이 될 수 있는 것이다. 따라서 마지막 시행의 '비로소'는 이러한 화자의 인식의 전환과 연결하여 이해하는 것이 적절하다. 본래의 의도가 실현되지 못한 상황에 대한 안타까움으로 보기는 어렵다.

[오답을 피하고 싶었어]
① '강물소리'를 표현한 음성 상징어인 '찰랑찰랑'이 '출렁출렁'으로 변화하는 것은 시상 전개 과정에서 화자의 정서가 심화되었음을 드러낸다고 할 수 있다.
② 화자가 신고 간 낡은 '구두'는 고향의 모습을 처음 본 것이지만, 화자에게는 어린 시절의 기억이 남아 있는 익숙한 고향일 것이다. 따라서 '초면'과 '구면'의 대비에는 고향에 대한 화자의 과거 경험이 내포되어 있다고 볼 수 있다.
③ '3초씩 5초씩'에 해당하는 시간을 화자는 '짧게짧게'로 인식할 수 있지만, 나비들은 '느슨한' 시간으로 느낄 수 있음을 드러낸 것이라고 볼 수 있다.
④ '편편하게'는 '나비 떼'가 편안하게 앉아 있는 모습을, '설핏설핏'은 '선잠' 드는 모습을 표현하고 있다. 따라서 '열무꽃'은 화자가 의도한 상황이 아니지만 '나비 떼'에겐 긍정적으로 작용하고 있음을 드러내는 것으로 볼 수 있다.

제 3 강 현대시 기출 Pick #007~#009

기출 #007 2013학년도 수능 현대시

32 ⑤　　**33** ③　　**34** ③　　**35** ①

📖 간단한 작품 소개
(가) 김수영, 「폭포」
이 시는 '폭포'를 통해 시인이 지향하는 정신적 자세를 상징적으로 그린 작품이다. 폭포의 의미는 '무서운 기색도 없이', '규정할 수 없는 물결', '고매한 정신' 등의 시구를 통해 파악할 수 있으며, '떨어진다'의 반복을 통해 그 내적 속성을 드러낸다. '폭포'의 본질적 속성으로서의 '떨어진다'는 부서짐과 직결되며, 이는 고통의 감내를 의미한다. '무서운 기색도 없이 떨어지는' 폭포는 타협하지 않는 양심이며 굴종이나 무기력을 용납하지 않는 투철한 정신을 의미한다. 다음에 이어지는 '곧은 소리'를 통해 이러한 폭포의 강직함과 의로움을 알 수 있으며, 다시 이 곧은 소리가 곧은 소리를 불러내는 정의의 확산이 나타난다. 그리하여 폭포는 '나타와 안정'을 뒤집으면서 높이와 폭을 두려워하지 않고 떨어지는 것이다. 시인은 부정적 현실 앞에서도 주눅 들지 않고, 조금의 나태함과 개인적 편안함을 용납하지 않은 채 늘 변함없이 정의를 추구하는 태도를 지닌 존재를 그림으로써 자신과 동시대인이 지향해야 하는 삶의 자세를 드러내고 있다.

（주제） 부정적 현실에 맞서는 고매하고 정의로운 삶의 자세

(나) 오규원, 「살아 있는 것은 흔들리면서 – 순례11」
이 시는 자연 현상을 통해 발견한 삶의 의미를 드러낸 작품이다. 화자는 바람에 흔들리는 잎을 바라보면서 흔들림이 살아 있음의 증거라고 말하고 있다. 흔들림으로써 튼튼해질 수 있음을 역설적으로 강조한다. 이때 흔들림은 인간과 관련하여서는 슬픔이나 고독, 고통 등을 의미하게 된다. '수만의 잎'에서 알 수 있듯이 존재라면 누구나 겪을 수밖에 없는 삶의 아픔과 고뇌를 견디며 살아가야 한다. 그리고 그러한 삶의 과정을 통해 생명과 성숙을 증명할 수 있음을 말하고 있다. 화자는 '빈 들'이라는 공간에서 바람에 의해 쓸리고 흔들리는 잎을 보며 인간의 삶도 그러함, 그리하여 이러한 고통을 피하지 말아야 함을 강조하고 있다.

（주제） 고통과 아픔을 견디며 성숙해지는 삶의 의미

(다) 이시영, 「마음의 고향 6 – 초설」
이 시는 어른이 된 화자가 과거 고향을 떠나던 때를 회상하는 형식으로 이루어진 작품이다. '내 마음의 고향은 이제'로 시작하여 '~에 있지 아니하고'로 끝나는 구조가 5번 반복된 후, '내 마음의 마음의 고향은 ~ 끝났다'가 이어진다는 점에서 의미 상 여섯 부분으로 나눌 수 있다. 초가을의 초가지붕, 여름날의 뒤란, 추수 끝난 빈 들판을 울리는 기적 소리, 서울로 가는 순이 누나의 옷고름, 눈물 흘리던 저녁 등의 핵심 소재들을 통해 화자는 고향에 대한 상념을 떠올리고 있으며, 마지막에서 '어둑한 신작로 길로 나섰을 때 끝났다'를 통해 고향에 대한 상실감을 드러내고 있다.

（주제） 고향에 대한 상실감과 그리움

32. 작품의 공통점 이해하기

정답 pick ❺
(가)는 '폭포', '떨어진다', '곧은 소리' 등의 시어와 어구를 반복하여 주제를 부각하고 있다. (나)는 '살아 있는', '흔들리면서', '하나' 등의 어구가 반복 · 변화하면서 '흔들림'이 살아 있음을 증명하는 것임을 강조하고 있다. 또한 (다)는 '내 마음의 고향은 이제', '있지 아니하고'의 반복을 통해 고향의 모습을 구체적으로 환기하면서 시적 통일감을 얻고 있다.

[오답을 피하고 싶었어]
① (나)의 마지막 연에 '~ 있음을 피하지 마라'의 일상적 문장 순서가 뒤바뀌어 '피하지 마라'가 먼저 나타난 도치가 사용되었다. (다)의 마지막 부분에서도 '끝났다', '남기며'로 표현되어 '~ 남기며 끝났다'의 문장 순서가 뒤바뀐 표현이 나오지만, (가)에는 도치가 사용되지 않았다.
② (가)와 (다)에 '-라'와 같은 명령형 어미나 명령적 어조는 활용되지 않았다.
③ 색채의 대조는 (다)의 '흰 옷자락'과 '파르라한 옷고름'에서 흰색과 푸른색의 대비만 나타난다.
④ (가), (나), (다) 모두 '-다' 형태의 종결 어미를 사용하고 있는데, 이는 평서형 종결 어미로 영탄법이 쓰였다고 보기 어렵다.

33. 감상의 적절성 파악하기

정답 pick ❸
(가)에서 '소리'는 폭포가 내는 '곧은 소리'인데, 폭포는 어떠한 상황에서도 부정적 현실에 저항하는 존재로서 폭포가 내는 '소리'는 자유가 억압된 상황에서 자유를 추구하기 위해 저항하는 삶의 자세로 생각해 볼 수 있기 때문에 '자유'와 연결된다. (나)의 '바람'은 일반적인 의미로서의 부정적인 상황, 현실을 뜻하는 게 아니라 나뭇잎과 '우리'를 흔드는 존재로 그것들이 흔들림으로써 살아 있음을 느끼게 해 주는 존재이다.

〈보기〉에서 사물에 대한 고정된 인식이나 관념에서 탈피하는 것을 자유를 추구하는 것이라고 했기 때문에 긍정적인 의미로 사용된 '바람'은 '자유'와 연결된다고 할 수 있다.

[오답을 피하고 싶었어]

① '고매한 정신'은 시인이 이상으로 내세우는 자유를 향한 삶의 자세인데, 이것은 생활인으로서는 얻기 힘든 것이지만 폭포를 통해서 시인이 지향하는 '고매한 정신'을 보여 주었으며 따라서 폭포를 위대하다고 느낄 수 있다.

② '슬픔, 고독, 고통' 등은 추상적이고 관념적인 것으로서 '하나', '하나' 셀 수 없는 것들이다. 하지만 이러한 관념을 관념에서 그치지 않고 구체적으로 형상화해서 이런 것들이 자신의 몸을 '헤집'는다고 함으로써 관념에서 벗어나려는 태도를 보여 주고 있다.

④ (가)에서 '폭포'는 '쉴 사이 없이' 흔들리지 않고 떨어지는데, 이러한 폭포의 속성을 제시하면서 그것을 닮고 싶어 한 것이지 자신과 폭포를 동일시하고 있지는 않다. (나)에서는 바람에 흔들리는 나뭇잎을 보면서 우리도 흔들리고 있음을 제시하여 흔들린다는 속성에서 '나뭇잎'과 '우리'를 동일시한다고 볼 수 있다.

⑤ (가)의 '폭포'는 숭고함과 위대성을 가진 존재로 김수영이 추구하는 이상인 자유와 관련되며, (나)의 '잎'은 흔들림이라는 동적 속성을 지닌 존재로, 흔들림에 대한 부정적 인식에서 탈피한 새로운 인식을 드러냄으로써 자유를 추구하는 것이다.

34. 종합적으로 작품 감상하기

정답 pick ❸

(다)는 다양한 소재들을 동원하여 고향의 모습을 환기하면서 고향에 대한 그리움을 드러내는 시이다. 이때 '서울로 가는 순이 누나'라는 고향의 특정 인물이 등장하기는 하지만, 순이 누나 역시 고향을 떠올리게 하는 소재 중의 하나이다. '순이 누나' 이후에도 비슷한 구조가 반복되면서 고향의 모습을 구체적으로 그리고 있기에, 시상의 반전은 나타나지 않는다.

[오답을 피하고 싶었어]

① '참새 떼 내려앉는', '초가지붕', '토란 잎', '뒤란', '추수 끝난 빈 들판', '짚벼늘' 등의 소재를 통해 고향 마을의 모습을 그리고 있다.

② '왁자히 내려 앉는', '쿵쿵 울리며 가는' 등에 청각적 이미지, '노오란 초가을', '흰 옷자락', '파르라한 옷고름' 등에 시각적 이미지, '서늘하고 뜨거운 기적 소리'에 공감각적 이미지가 사용되어 있다.

④ 시의 마지막 부분에 수레바퀴 자국을 뒤로 하고 고향 마을을 떠나던 때의 일을 그리고 있다.

⑤ '내 마음의 마음의 고향은 ~ 끝났다'를 통해 화자의 고향에 대한 상실감을 드러내고 있으며, 이는 앞에서 형상화해 온 고향에 대한 그리움을 더욱 부각하는 것이다.

35. 시구의 함축적 의미 파악하기

정답 pick ❶

㉠'계절과 주야를 가리지 않고'는 늘 변함없이 폭포의 '물결'이 떨어지고 있음을 드러낸 것이다. 이어지는 시행에서 이를 다시 '쉴 사이 없이'로 표현했으며, 이는 고매한 정신으로서의 폭포가 항상성을 지닌 존재임을 드러낸 것이다.

[오답을 피하고 싶었어]

② '나타와 안정'은 폭포가 뒤집어 놓은 대상이다. 화자는 이 시에서 폭포를 긍정적 의미를 지닌, 화자가 추구하는 이상적 존재로 그리고 있다. 그런 고매한 정신인 폭포가 뒤집어 놓은 '나타와 안정'은 부정적

현실에 순응하면서 안정을 취하는 소시민적 삶의 태도와 연관되며, 화자는 이러한 삶의 태도를 부정하는 것이다.

③ '빈 들'은 잎이 바람에 흔들리며 살아 있음을 증명하는 장소로, 화자에게 깨달음을 주는 공간이라 할 수 있다.

④ '고요 적막한 뒤란'은 화자가 회상하는 여름날의 고향 집의 한 장면으로, 화자에게는 그리움의 장소이다.

⑤ '수레바퀴 자국'은 화자가 고향 마을을 떠나던 때의 상황으로, 그 자국을 뒤로 하고 화자는 고향을 떠나게 된다. 따라서 화자에게 '수레바퀴 자국'은 고향 상실감을 환기하는 소재라고 할 수 있다.

20 ③　　**21** ④　　**22** ⑤

📖 **간단한 작품 소개**

(가) 이육사, 「강 건너간 노래」

(가)는 부정적 현실 속에서도 바람직한 삶에 대한 희망과 의지를 보여 주고 있는 시이다. 이 시에서 화자가 처한 부정적 현실은 '쨍쨍 얼'은 강, 하늘 끝에 닿은 '사막'과 같은 공간적 배경과 '밤'과 같은 시간적 배경을 통해 형상화되고 있다. 그와 같은 현실 속에서 화자는 '노래'에 생명력을 부여하여 강 건너 어딘가에 있는 '무지개'와 같은 삶의 희망에 닿고자 하는 의지를 노래하고 있다.

(주제) 부정적 현실 속에서도 희망을 잃지 않는 의지

(나) 김광규, 「묘비명」

(나)는 세속적 영달을 추구했던 인물이 남긴 '묘비명'을 소재로 물질적 가치에 의해 정신적 가치가 밀려난 현실을 비판하고 있는 시이다. 이 시에서 화자는 반어적 표현을 통해 물질적 가치만을 추구하는 사람에 대해 지적하고, 역사가와 시인의 역할에 대해 반성적 질문을 던지고 있다.

(주제) 물질적 가치에 경도된 세태 비판과 진정한 삶의 가치에 대한 성찰

(다) '삶의 반영으로서 시'

(다)는 인간의 삶을 반영하는 시의 속성을 제시하면서, 시 쓰기를 통해 시인이 지향해야 할 것이 무엇인지를 설명하고 있다. 이를 위해 필자는 시가 반영하는 현실을 있는 그대로의 '일상적 진실'과 있어야 할 것으로서의 '당위적 진실'로 구분하고, 시인은 이 두 가지 현실을 시를 통해 형상화하면서 인간이 지향해야 할 바람직한 삶의 방향을 모색하고 자기를 성찰하는 태도를 갖는 존재임을 말하고 있다.

(주제) 인간의 일상적 현실과 지향을 반영하는 시(詩)

20. 작품 간의 공통점 파악하기

정답 pick ❸

(가)는 화자가 부른 '노래'에 생명력을 부여하여 쨍쨍 얼은 강과 사막을 건너 무지개의 한 가락 어디에 닿고자 하는 의지를 지닌 존재로 나타내고 있고, (나)는 '묘비명'에 생명력을 부여하여 불의 뜨거움을 꿋꿋이 견딘다고 표현하여 의지를 지닌 존재로 나타내고 있다.

[오답을 피하고 싶었어]

① (가)와 (나)가 청자를 염두에 둔 방식으로 서술되어 있기는 하지만 청자가 '명시적'으로 설정되어 있지 않으며, (가)와 (나) 모두 현실에 대한 비판적 시각이 나타나 있지만 (가)의 경우 풍자적 표현이 나타나 있지 않다.

② (가)는 '~ 갔소'와 같은 유사한 시구를 반복하여 화자의 의지를 강조하고 있지만, (나)는 유사한 시구가 반복되어 나타나지 않는다.

④ (가)는 '달 밝은 밤'이나 하늘 끝에 닿은 '사막', '눈물 먹은 별' 등 자연의 모습이 다양한 이미지를 통해 감각적으로 드러나 있다. 그러나 (나)의 경우, 비석을 나타내는 시각적 이미지와 '뜨거움'과 같은 촉각적 이미지가 나타나 있기는 하지만 이것이 자연의 모습을 표현하는 것은 아니다.

⑤ (나)가 물질적 가치에 의해 정신적 가치가 밀려난 현실을 비판하고 있는 작품임을 고려할 때, '한평생을 행복하게 살며'나 '훌륭한 비석을 남겼다'는 표현에 반어적 어조가 활용되어 있다고 볼 수 있다. 하지만 (가)의 경우 반어적 어조가 나타나 있지 않다.

21. 외적 준거에 따라 작품 감상하기

정답 pick ④

[A]는 시가 인간의 삶을 반영한다는 관점을 보여 주는 것이고, 여기서 '반영'이란 '있는 그대로의 현실'에 나타나는 '일상적 진실'을 보여 주는 것과 '있어야 하는 현실'에 대한 지향을 담고 있는 '당위적 진실'을 보여 주는 것으로 구분할 수 있다. 이렇게 볼 때, '눈물 먹은 별들이 조상 오는 밤'은 '죽음'과 '밤'의 이미지를 통해 일상적 현실에 대한 화자의 부정적인 태도를 보여 주는 것으로 파악할 수 있다. 그러므로 자연물에 대한 화자의 태도가 변화한 것이 아니며, 일상적 현실이 희망적으로 바뀐 것도 아니다.

[오답을 피하고 싶었어]

① '쨍쨍 얼어 조이던 밤'의 표현에서 극한의 추위를 드러내는 시간적 배경을 제시함으로써, 화자가 처해 있는 상황이 암담하고 혹독한 것임을 드러내고 있다.

② 화자가 건너가고자 하는 강 저편의 공간적 배경을 '사막'으로 제시함으로써, 화자나 인물이 직면하게 될 상황이 삭막하고 고된 것임을 표상하고 있다.

③ 화자의 의지가 반영된 '노래'가 '모래불에 떨어져 타서 죽'는 상황을 가정함으로써 화자가 처한 절망적 현실을 드러내고 있다.

⑤ 화자가 처한 부정적 현실인 '밤'에 희망을 표상하는 '무지개'를 대응시켜 화자가 추구하는 '당위적 진실'에 대한 소망을 담아내고 있다.

22. 외적 준거에 따라 작품 감상하기

정답 pick ⑤

(나)를 물질적 가치로 인해 정신적 가치가 밀려난 현실을 비판하는 것으로 이해할 때, 한 줄의 시조차 읽지 않아도 '행복하게 살' 수 있다는 것은 반어적 표현으로 볼 수 있다. '묘비명'은 부정적 인물을 예찬하는 내용이 담긴 것이기 때문에 부정적 현실에 영합하는 내용이라고 할 수 있다. 그러므로 이것은 시인의 관점을 드러내는 소재가 아니라 시인의 관점에서 비판의 대상이 되는 소재라 할 수 있다.

[오답을 피하고 싶었어]

① 강을 건너간 '노래'는 화자가 부른 것이므로, '노래'는 화자가 추구하는 바람직한 삶의 방향을 반영하고 있다고 볼 수 있고, (다)의 관점에 따라 이 작품을 '시에 대한 시 쓰기'로 보면 시의 화자는 곧 시인이므로, 이와 같은 진술은 적절하다.

② 3연에 '노래'가 강을 건너 간 이유를 '못 잊을 계집애 집조차 없다기에'로 말하고 있으므로, 이는 곧 '노래'가 '집조차 없'는 이에게 다가서야 한다는 시인의 관점을 보여 주는 것이라 할 수 있다.

③ '묘비명'의 내용은 시와 소설과 같은 정신적 가치를 외면하고 부와 명예를 최고의 가치로 생각하고 추구한 사람의 삶이 담긴 것이다. 화자는 정신적 가치가 외면받는 현실에 대한 안타까움을 가지고 있는 사람이므로 '묘비명'은 시인 자신이 추구하는 삶과는 거리가 있는 사람의 인생을 반영하고 있는 것임을 알 수 있다.

④ 화자는 '묘비'에 기록된 부정적인 인물에 대한 기록이 남아서 후세인들에게는 '귀중한 사료'가 되어 부정적인 영향을 미칠 것이라고 생각하고 있다. '묘비명'에 대한 이러한 생각을 통해 화자는 시인으로서 '무엇을 기록'해야 할 것인가에 대한 성찰을 하고 있다.

기출 #009 2020학년도 4월 학평 현대시

29 ④   30 ②   31 ③   32 ③

📖 간단한 작품 소개

(가) 이용악, 「동면하는 곤충의 노래」

이 작품은 동면하는 곤충을 화자로 설정하여 지금은 혹독한 추위가 찾아온 겨울이지만 스스로 땅속으로 들어가 봄을 기다린다고 노래하고 있다. 곤충에게 동면은 새로 찾아올 봄을 기다리는 시간이며, 생기 있고 활발하게 움직일 준비를 하는 시간이다. 이 작품에서 곤충의 동면은 일제 강점기라는 시대 상황과 함께 이해되어야 한다. 혹독한 추위의 겨울은 주권을 빼앗긴 암담한 현실의 상황이고, 곤충이 떠올리는 봄에 대한 전망은 주권을 빼앗긴 암울한 현실이 결국은 극복될 것이라는 의지를 드러낸 것이다.

주제 일제 강점기의 혹독하고 암담한 현실과 극복 의지

(나) 정호승, 「허물」

이 작품은 느티나무 둥치에 붙어 있는 매미의 허물로부터 깨달은 자식에 대한 어머니의 사랑을 노래하고 있다. 자식으로 설정되어 있는 화자는 빈 껍데기일 뿐이라고 생각한 매미의 허물을 나무둥치에서 떼어 내려고 한다. 하지만 힘을 줄수록 허물은 나무에 더 달라붙는 것처럼 느껴진다. 그 순간 허물이 날아간 매미를 위해 나무에 붙어 있는 것이라고 상상한다. 그리고 집으로 돌아와 걸레질을 하시는 늙은 어머니를 본다. 그 순간 어머니가 팔순이 되시도록 걸레질을 하시며 살아 계신 것은 자식인 자신을 위하고 걱정하시기 때문임을 깨닫는다.

주제 자식을 위한 어머니의 모성

29. 표현상의 특징 파악하기

정답 pick ④

(가)는 '들어왔다', '피해'와 같은 특정 시어를 반복하여 곤충이 땅속으로 들어가는 시적 상황을, (나)는 '주었다'와 같은 특정 시어를 반복하여 화자가 매미 허물을 떼려고 하는 시적 상황을 부각하고 있으므로 적절하다.

[오답을 피하고 싶었어]

① (가)에서는 '곡성이 높다' 등으로, (나)에서는 '매미의 노래' 등으로 청각적 심상이 활용되고 있다.

② (가)에는 '앙상한 계절'과 '봄볕'이라는 시어를 통해 겨울과 봄의 대조적 이미지가 드러나 있으며, '땅속'과 '땅 우', '동면'과 '약동'의 대조적 이미지를 통해서도 그 시적 의미가 강조되고 있다.

③ (가)에는 음성 상징어가 쓰이지 않았다. (나)에는 '물체가 바싹 다가붙거나 끈기 있게 달라붙는 모양'을 드러내는 '착'이라는 음성 상징어가 사용되었으나, 그것을 통해 화자의 정서를 표현하고 있는 것은 아니다.

⑤ (가)에는 '꺼머첩첩', '파아란'과 같은 색채어가 사용되었으나, (나)에는 색채어가 활용되지 않았다.

30. 외적 준거에 따라 작품 감상하기

정답 pick ❷
1연에서 화자인 곤충은 '차군 달빛'과 '둥글소'를 피해 땅속을 들어가고 있으므로, '둥글소'를 도와 '앙상한 계절'과 '차군 달빛'에 대항하고 있다는 진술은 적절하지 않다.

[오답을 피하고 싶었어]
① 〈보기〉에서 동면하는 곤충은 능동적으로 추위를 이겨 낸다고 했고, '흙을 뚜지고 들어'가 '동면'하며 '위대한 약동'을 준비하는 곤충의, 3연에서의 모습은 능동적인 주체의 모습을 형상화했다고 볼 수 있으므로 적절하다.
③ 〈보기〉에서 곤충은 강인한 생명력을 지니고 있다고 했고, 2연에서는 '태풍이 미쳐 날'뛰고 '얼어빠진 혼백들'이 곡성이 높은 상황임에도 '자신의 체온에 실망'한 적이 없다고 한 것에서 주체의 강인한 생명력을 확인할 수 있으므로 적절하다.
④ 〈보기〉에서 동면하는 곤충은 인고의 시간 속에서 스스로를 단련시킨다고 했고, 3연에서의 '온갖 어둠과'의 '접촉'에서도 사색하고 갖은 학대의 경험을 떠올리며 '날카로운 무기를 장만'하는 곤충의 모습을 동면이라는 인고의 시간 속에서 스스로를 단련시키는 주체의 모습을 형상화했다고 할 수 있으므로 적절하다.
⑤ 〈보기〉에서 곤충이 떠올리는 봄에 대한 전망이 당대 현실이 극복될 것이라는 작가의 현실 인식을 드러낸다고 했고, 3연과 4연에서는 동면하는 곤충이 '풀풀의 물색'으로 스스로를 꾸며 '얼음 풀린' 봄볕 짜듯한 계절에 땅 위에 나설 것이라고 한 것에서 당대 현실이 극복될 것이라는 작가의 전망을 확인할 수 있으므로 적절하다.

31. 종합적으로 작품 감상하기

정답 pick ❸
화자는, '허물'이 '느티나무 둥치'에 붙어 있으려고 안간힘을 쓰는 것이 '어린 매미'의 '노래'를 위한 행위라고 생각하고 있다. 따라서 허물이 '몸에 힘'을 주는 것은 모성을 의미한다고 할 수 있지만, 그러한 허물을 떼려는 화자의 '힘'이 자식을 향한 끈질긴 모성을 의미한다고는 볼 수 없으므로 적절하지 않다.

[오답을 피하고 싶었어]
① 화자는, '매미 허물'이 느티나무에 붙어 있으려고 안간힘을 쓰는 이유가 '어린 매미'와 '어린 매미의 노래' 때문일 것이라고 추측하고 있다. 즉 허물은 자신이 없어지면 매미의 노래도 사라진다고 생각했을 것이라는 화자의 추측에는 어머니의 존재가 사라지면 자식의 삶도 지속될 수 없다는 인식이 드러난다고 볼 수 있으므로 적절하다.
② '죽어 있는 줄 알았던 허물'과 '걸레가 되어 마루를 닦는' '팔순의 어머니'의 모습은 생기를 잃고 노쇠한 이미지로, 자식을 위해 헌신한 어머니의 남루해진 모습을 형상화하고 있다고 볼 수 있으므로 적절하다.
④ 화자는 '허물'이 '느티나무 둥치'에 붙어 있으려고 안간힘을 쓰는 것이 '어린 매미'를 위한 행위라고 생각하는데, 이는 허물을 벗고 날아간 '어린 매미'는 '자식'이고, '허물'은 단순한 외피의 의미를 넘어 모성을 지닌 어머니라는 발상을 바탕으로 하고 있기 때문이므로 적절하다.
⑤ '매미 허물'은 느티나무 둥치에서 떨어지지 않으려고 안간힘을 쓰고 있고, 화자의 '어머니'는 팔순의 나이에도 힘겹게 걸레질을 하고 있

는데 화자는 '어머니는 나의 허물이다 ~ 아들이라는 매미 때문이다'라고 하며 매미의 허물과 자신의 어머니를 동일시하고 있으므로 적절하다.

32. 공간을 중심으로 시적 의미 비교하기

정답 pick ❸
㉠은 화자인 곤충이 동면을 하는 공간인데, 3연과 4연에서 동면하며 '날카로운 무기를 장만'하고 '의장도 꾸'미는 등의 행위는 '위대한 약동의 전제'라고 했으므로 화자의 행위에 담긴 의미가 드러나는 공간이라는 진술은 적절하다. 또한 ㉣은 대상인 어머니가 걸레질을 하고 있는 공간인데, 11행~14행에서 '팔순의 어머니'가 '걸레가 되어 마루를 닦'는 행위에 대해 '아들이라는 매미 때문이다'라는 깨달음을 통해 그 의미를 드러내고 있으므로, 대상의 행위에 담긴 의미가 드러나는 공간이라는 진술은 적절하다.

[오답을 피하고 싶었어]
① (가)에서 '나의 동면은 위대한 약동의 전제'라고 하였으므로 동면이 이루어지는 땅속은 실망감을 느끼게 하는 공간이 아니다.
② (가)의 '땅 우'는 봄볕 짜듯한 공간이며, 화자가 봄을 맞아 약동하기 위해 나서는 공간으로 그려져 있으나, (나)의 '집'은 '팔순의 어머니'가 '걸레가 되어 마루를 닦는' 공간이므로 화자가 자신의 삶의 방식이 지닌 긍정적 가치를 발견하는 공간이라고 볼 수 없다.
④ (나)의 '느티나무 둥치'는 화자가 '허물'을 발견하는 공간이며, 화자는 '집'으로 돌아와 자신의 삶에 대해 성찰해 본다.
⑤ (나)의 '집'은 '나'의 어머니가 머무는 공간이므로 화자가 혐오하는 대상이 머무는 공간이 아니다.

제 4 강 고전 시가 기출 Pick #010~#012

기출 #010 **2014학년도 7월 학평 A/B형 고전 시가**

38 ③   39 ⑤   40 ④

📖 간단한 작품 소개

(가) 황진이, 「어져 내 일이야 ~」
(가)는 임을 떠나보낸 후의 회한을 진솔하게 그려 내고 있는 황진이의 시조이다. 화자는 임과 이별 후, 임을 붙잡지 못했던 자신의 행동을 후회하며 임을 그리워하는 화자의 애틋한 심리를 섬세하게 표현하고 있다.

(주제) 임에 대한 그리움

(나) 안민영, 「임이별 하올져긔 ~」
(나)는 이별의 정한을 노래한 시조이다. 나귀가 다리를 절기 때문에 서로의 얼굴을 한 번 더 자세히 볼 수 있다는 표현에서 이별 상황에 놓인 화자의 애절한 마음을 엿볼 수 있다.

(주제) 이별 상황에 대한 슬픔과 아쉬움

(다) 박문욱, 「내게는 원수가 업셔 ~」
(다)는 화자와 임 사이를 가로막는 존재인 '닭과 개'에 대한 원망을 유쾌하게 노래하고 있는 사설시조이다. 평민의 노래로, 양반 시조와는 달리 상스럽고 우스꽝스러운 내용을 그대로 표출하고 있다. 동물을 이용하여 임에 대한 그리움을 간접적으로 드러내며, 임을 그리워하는 연모의 정

을 익살스럽고 해학적으로 드러낸 작품이다.

(주제) 임에 대한 그리움

38. 작품의 공통점 파악하기

정답 pick ❸

(가)와 (다)는 부재하는 임에 대한 그리움을, (나)는 임과 이별하는 순간의 아쉬움과 안타까움을 나타내고 있다. 이러한 그리움과 아쉬움은 모두 임과 함께하지 못하는 상황 때문이다. 따라서 (가)~(다) 모두 임과 함께하고 싶은 소망을 담고 있다고 볼 수 있다.

[오답을 피하고 싶었어]

① (다)에서만 화자와 임 사이의 만남을 가로막는 닭과 개를 비판하고 있는 모습을 찾아볼 수 있다.
② (가) ~ (다)에서 세속적인 삶과 거리를 두고 있는 모습은 찾아볼 수 없다.
④ (가) ~ (다)는 이별의 슬픔과 임에 대한 그리움 등을 표현하고 있을 뿐, 삶의 무상감을 드러내고 있는 부분은 명확하게 찾을 수 없다.
⑤ (가), (나)에서는 임과의 이별이라는 힘든 상황을 노래하고 있을 뿐, 이를 낙천적인 자세로 극복하고 있는 모습은 찾아볼 수 없다. 다만, (다)에서 화자와 임 사이의 방해물인 개와 닭을 없애겠다는 다짐을 하고 있을 뿐이다.

39. 시구의 의미 파악하기

정답 pick ❺

(나)의 '꽃 아래 눈물 적신 얼골'은 이별 상황에서 눈물을 흘리는 모습을 제시한 부분으로, 이별의 슬픔과 안타까움을 감각적으로 드러낸 부분이다. 그러나 자연물인 '꽃'에 자신의 감정을 이입한 것은 아니다.

[오답을 피하고 싶었어]

① '어져'에서 영탄을, '모로ᄃ냐'에서 설의적 표현을 활용하여 화자의 회한을 드러내고 있다.
② '제 구틔여'는 '가랴마ᄂ'과 관련하여 임이 행동의 주체임을, '보내고'와 관련하여 시적 화자가 행동의 주체임을 중의적으로 드러내고 있다.
③ 임을 보내는 행위와 임을 그리워하는 심리를 대비시켜 임을 그리워하는 화자의 모습을 드러내고 있다.
④ 다리를 저는 나귀가 빨리 가지 못하는 것을 불평하지 말라고 하는 것은 이를 통해 임과 함께하는 시간을 연장하고 싶은 화자의 심정이 드러난다.

40. 다른 작품과의 비교 감상하기

정답 pick ❹

(다)는 임의 부재로 인한 슬픔을 개와 닭을 이용하여 효과적으로 드러내고 있는 작품이다. (다)에서 개와 닭은 임과의 만남을 방해하는 원망의 대상으로 나타나며, 화자는 이들을 없애겠다는 의지를 보이고 있다. 그러나 상황을 가정하는 표현은 나타나지 않는다.

[오답을 피하고 싶었어]

① (다)와 〈보기〉는 모두 화자의 독백적 어조를 통해 임을 그리워하는 마음을 드러내고 있다.
② (다)는 중장에서, 〈보기〉는 1~3행에서 유사한 구조를 지닌 문장을

반복하여 화자의 정서를 강조하고 있다.
③ (다)와 달리 〈보기〉에서는 봄, 가을, 겨울의 계절 변화에 따른 임에 대한 그리움을 드러내고 있다.
⑤ (다)의 '캉캉'은 임을 오지 못하게 하여 사랑을 방해하는 소리이므로 화자는 개를 원망하지만, 〈보기〉의 '뚜루룰 낄룩'은 떠나간 임을 떠올리게 하는 소리이다.

#011 기출 2022학년도 수능 9월 모평 고전 시가

32 ④   33 ②   34 ②

📖 간단한 작품 소개

(가) 허난설헌, 「규원가」

(가)는 조선 시대의 규방 가사로, 남편을 기다리는 여인의 절절한 마음을 노래하고 있다. 집으로 돌아오지 않는 남편을 기다리고 있는 화자는 남편을 처음 만났던 젊은 시절을 회상하는 것으로 시작하여, 나이 들고 외로운 서글픈 상황에서 남편을 원망하면서도 그리워하는 자신의 처지를 읊는 것으로 화제를 이어 가고 있다. 고사나 관용구를 인용하거나, 자신의 심정을 자연물에 빗대어 노래하는 등의 다양한 표현 방법으로 한스러운 심정을 절절하게 드러내 문학적 완성도가 높은 작품이다.

(주제) 방탕한 생활을 하는 남편을 기다리는 여인의 한스러운 마음

(나) 작자 미상, 「재 위에 우뚝 선 소나무 ~」

(나)는 김천택이 편찬한 『청구영언』 말미의 만횡청류에 포함된 사설시조이다. 임과 헤어진 후에 임을 그리워하는 화자는 '재 위에 우뚝 선 소나무'나 '개울에 섰는 버들'과 같은 외부 대상이 '흔덕흔덕', '흔들흔들'하는 모습에서 임과 헤어져 심리적으로 흔들리는 자신과의 동질성을 발견하며 슬픔을 확인하고 있다. (나)의 종장에서는 '후루룩 비쭉'하는 '입하고 코'를 제시하여, 눈물과 콧물을 쏟으며 슬픔을 분출하는 화자의 우스운 외양에 주목하고 있다. 조선 후기에 등장한 사설시조 중에는 임과 헤어진 후의 그리움을 노래하며 해학적인 표현을 통해 슬프지만 슬픔과 거리를 둠으로써 이별에 대처하는 태도를 형상화하는 것들이 있는데, 이 시조도 여기에 해당하는 작품으로 볼 수 있다.

(주제) 임과 이별한 슬픔과 이별에 대처하는 태도

32. 표현상의 특징 파악하기

정답 pick ❹

[A]에서는 '봄바람', '가을 물', [B]에서는 '겨울밤', '여름날' 등 계절적 배경을 알려 주는 시어를 활용하고 있다. [A]는 세월이 빠르게 흐르는 상황에서 '설빈화안'이던 화자의 모습이 '면목가증'의 모습으로 바뀌었다는 것이므로, 화자의 처지가 달라졌다고 볼 수 있다. 그러나 [B]는 계절이 바뀌는 상황에서 여전히 화자가 집으로 돌아오지 않는 남편을 하염없이 기다리고 있는 한스러운 처지를 나타낸 것이므로, 화자의 처지가 달라졌다고 볼 수 없다.

[오답을 피하고 싶었어]

① [A]에서는 '베오리', '북' 등 베틀과 관련된 소재를 활용하였는데, 화자는 이들 소재가 베를 짤 때 빠르게 움직이는 것에 빗대어 세월이 빠르게 지나간다는 인식을 시각적으로 표현하고 있다.
② [B]는 '차고 찬 제', '길고 길 제' 등 단어를 반복하는 구절을 행마다 사용하여 날씨가 추운 겨울과 해가 긴 여름의 특성을 강조하고 있다.
③ [C]는 '재 위에 우뚝 선 소나무'와 '개울에 섰는 버들'이라는 두 대상

을 발음이 비슷한 '흔덕흔덕'과 '흔들흔들'이라는 의태어로 표현하여 움직이는 모습의 유사성을 드러내고 있다.

⑤ [B]는 '겨울밤 차고 찬 제', '여름날 길고 길 제'와 '자최눈 섯거 치고', '궂은비는 무슨 일고', [C]는 '재 위에 우뚝 선 소나무'와 '개울에 섰는 버들', '바람 불 적마다 흔덕흔덕'과 '무슨 일 좋아서 흔들흔들' 등의 비슷한 어조나 어세를 가진 어구를 짝 지어 표현의 효과를 나타내는 대구법을 활용하여 리듬감을 형성하고 있다.

33. 시어, 시구의 의미와 기능 파악하기

정답 pick ❷
(가)에서 화자는 아무리 기다려도 남편이 집으로 돌아오지 않아 남편을 만날 수 없는 상황이다. 이에 화자는 잠을 통해 꿈속에서 남편(임)을 만나겠다고 생각하고 있다. 그러므로 ㉡은 현실에서는 화자가 문제를 해결할 수 없어서 선택한 방법으로 볼 수 있다.

[오답을 피하고 싶었어]
① ㉠은 화자가 과거에 남편과 혼인했던 시절을 떠올리는 부분으로, 흐릿한 기억 때문에 혼란스러운 화자의 심정을 나타낸 것이 아니다.
③ ㉠은 과거의 회상으로, 임과의 만남을 기대하는 것에서 비롯된 것이 아니다. ㉡은 임에 대한 간절한 그리움 때문에 비롯된 행동으로, 임과의 이별을 망각한 것이 아니다.
④ ㉠은 이미 일어난 일에 대한 회상으로 볼 수 있지만 ㉡은 곧 일어날 일에 대해 단정하고 있는 것으로 볼 수 없다.
⑤ ㉠ 앞에 나오는 '삼생의 원업', '월하의 연분' 등을 통해 ㉠은 화자와 남편의 인연이 운명으로 정해져 있다는 의미가 담긴 것으로 볼 수 있다. ㉡은 꿈속에서라도 임을 만나 보겠다는 재회의 갈망이 담긴 것으로, 화자가 재회의 필연성에 대해 우려를 드러낸 것은 아니다.

34. 외적 준거에 따라 작품 감상하기

정답 pick ❷
(가)의 '부용장 적막하니 뉘 귀에 들리소니'는 화자가 외부와의 교감을 거부하는 것이 아니라, 독수공방(獨守空房)의 처지에 있는 화자가 자신이 연주하는 '벽련화 한 곡조'를 들어 줄 사람이 없는 외로운 처지를 한스럽게 토로하는 것으로 이해할 수 있다. 즉, '뉘 귀에 들리소니'는 교감을 시도했으나 실패했음이 나타난 부분으로 볼 수 있다.

[오답을 피하고 싶었어]
① (가)에서 '실솔'은 화자의 슬픔을 투영한 자연물이므로, 화자가 자신의 슬픔을 주변으로 확장한 것으로 볼 수 있다.
③ (나)의 화자는 '바람 불 적마다 흔덕'거리는 '소나무'의 모습과 임이 그리워 눈물과 콧물을 쏟아 내어 울며 '후루룩 비쭉'하는 자신의 모습에서 동질성을 발견한 것으로 볼 수 있다.
④ '삼춘화류 호시절'은 봄날 좋은 시절의 아름다운 경치를 의미하는데, 화자가 여기에 대해 관심 없다는 반응을 보이는 것은, 외부의 아름다운 정경과 화자의 내면이 대비되어 외부와의 단절감을 강조하는 것으로 볼 수 있다. (나)의 '버들'은 화자가 그 모습에서 자신과의 동질성을 발견하는 대상이므로, 화자의 내면과 대비되어 외부와의 단절감을 강조하는 것으로 볼 수 없다.
⑤ (가)의 '긴 한숨 지는 눈물'은 화자의 슬픔을 부각하는 표현이지만, (나)의 '후루룩 비쭉'하는 '입하고 코'는 화자가 눈물과 콧물을 흘리는 자신의 우스운 외양에 주목하여 슬프지만 슬픔과 거리를 두는 것으로 볼 수 있다.

📖 간단한 작품 소개
윤선도, 「어부사시사」
이 작품은 작가가 만년에 전남 보길도의 부용동에 은거하면서 지은 연시조로, 사계절의 경치와 감흥을 계절마다 각 10수씩으로 읊은 것으로 총 40수로 되어 있다. 이현보의 「어부사」에서 시상을 빌려 왔다고는 하나, 「어부사시사」는 전혀 새로운 시어로 작가 특유의 미의식을 표현하고 있는 독창적인 작품으로서, 고산 윤선도의 작품 세계를 대표하는 시조라고 할 수 있으며, 시조의 모범이라고 할 수 있다. 특이한 점은 초장과 중장 사이에 배의 진행에 맞춰서 여음구가 각 수마다 다르게 제시되어 있고, 중장과 종장에는 의성어 '찌끄덩 찌끄덩 어영차'를 음차한 '지국총 지국총 어사와'가 동일하게 제시되어 균형을 맞추고 있다.

(주제) 철 따라 펼쳐지는 자연의 모습과 어부의 흥취

37. 표현상의 특징 파악하기

정답 pick ❸
이 작품은 사계절에 따른 흥취와 감흥을 노래하고 있다. 〈춘 7〉의 '갈 때는 안개뿐이요 올 때는 달이로다'와 〈추 9〉의 '내일도 이리하고 모레도 이리하자'에서 대구의 방식으로 리듬감을 형성하고 있다. 따라서 통사 구조가 유사한 구절을 대응시켜 운율을 형성하고 있다는 진술은 적절하다.

[오답을 피하고 싶었어]
① '무엇인가'와 '그려낸고', '씩씩한고'와 같이 의문형 어구를 사용하고 있지만 '무엇인가'는 문답으로, '그려낸고'와 '씩씩한고'는 감탄의 의미로 사용되고 있다. 따라서 심리적 갈등을 드러내고 있다는 진술은 적절하지 않다.
② 자연의 아름다움을 예찬하고 있지만 대상을 점층적으로 강조하지는 않았다.
④ 색채어를 사용하지 않았다.
⑤ 상승 이미지와 하강 이미지의 반복은 드러나 있지 않다.

38. 시어를 중심으로 시적 상황 이해하기

정답 pick ❹
㉣에서 '조선'은 헛되고 덧없는 세상인 '부세'와 대조되는 공간이다. 화자는 이 공간에서 세상의 욕망으로부터 벗어나 자유롭게 자연을 즐기고 있다. 따라서 '조선'이 화자가 세속적 삶에 대한 미련을 반영한다는 진술은 적절하지 않다.

[오답을 피하고 싶었어]
① ㉠에서는 '달'을 배에 실어 함께 돌아오는 화자의 자연 친화적인 삶을 표현하고 있다. 따라서 '달'이 자연에 동화된 삶을 드러낸다는 진술은 적절하다.
② ㉡에서 '낫대'는 장마가 끝나고 고기잡이를 하러 가는 어부의 흥취를 나타내고 있다. 따라서 '낫대'가 자연에서 느끼는 충만감을 고조시킨다는 진술은 적절하다.
③ ㉢에서 화자는 '연강첩장'을 '그려낸고'라고 하며 자연이 그림처럼

아름답다고 예찬하고 있다. 따라서 '연강첩장'이 화자를 둘러싼 자연에 대한 긍정적인 인식을 나타낸다는 진술은 적절하다.

⑤ ⑩은 '내일'과 '모레'에 대한 화자의 기대감을 표현하고 있다. 현재의 화자는 추위를 잊을 만큼 자연의 아름다움을 즐기고 있다. 따라서 '내일'과 '모레'도 현재의 삶이 지속되기를 바란다는 진술은 적절하다.

39. 작품 비교하여 감상하기

정답 pick ❸

[A]에서 '세상'과 '진훤'은 부정적인 현실을 의미하고 '구름'과 '파랑성'은 이러한 부정적 현실을 차단하는 역할을 한다. 이에 비해 〈보기〉에서의 '명월'은 화자가 벗이 되고 싶은 대상이다.

[오답을 피하고 싶었어]

① 〈보기〉는 자연에서의 삶에 만족하는 화자의 심리를 드러내고 있다. 여기에 현실 개혁에 대한 의지는 나타나 있지 않다.

② 〈보기〉에는 현실에 순응하는 화자의 자세가 나타나 있고 [A]에는 자연을 즐기는 현재의 만족감이 표현되어 있다.

④ [A]에서 '물가'는 화자가 머물고 있는 자연 공간을, '세상'은 화자가 떠나온 속세를 의미하므로 두 공간은 대비되어 주제를 부각하고 있다. 그러나 〈보기〉에서 '강호'와 '풍월 강산'은 모두 자연 공간을 의미한다. 따라서 두 공간은 대비되는 공간으로 볼 수 없다.

⑤ 〈보기〉에서는 '입과 배가 누가 되어 어즈버 잊었도다'를 통해 자신의 삶에 대해 반성하는 태도를 보이고 있지만 [A]에서는 이러한 태도가 나타나지 않는다. 따라서 [A]와 〈보기〉 모두 자신의 삶에 대한 반성의 태도를 보인다는 진술은 적절하지 않다.

제 5 강 고전 시가 기출 Pick #013~#015

기출
#013 2019학년도 수능 9월 모평 갈래 복합

16 ①   17 ②   18 ⑤   19 ③   20 ③

📖 간단한 작품 소개

(가) 권호문, 「한거십팔곡」

이 작품은 벼슬길에 나아가 임금을 섬기는 삶과 강호에 은거하며 자연을 즐기는 삶 사이의 고민을 드러낸 뒤, 자연을 즐기며 살아가는 삶을 선택한 사대부의 심회를 진술하게 노래한 총 19수의 연시조이다. 각 연의 시상이 전개되면서 현실 세계에서 벗어나 강호에 은거하기까지의 과정이 시간적 흐름에 따라 구조적으로 구성되고 있다. 특히 '입신양명'을 추구하는 삶(치군택민)과 '강호한정'을 추구하는 삶(조월경운)이 교차적으로 드러나면서 당대 사대부들의 현실 인식과 대응 방식을 살필 수 있다.

주제 치군택민과 조월경운 사이의 고민과 한가한 삶의 수용

(나) 박재삼, 「추억에서」

이 작품은 화자의 가난한 어린 시절, 삶을 힘겹게 꾸려 갔던 어머니의 한스러움을 회상하며 그려 낸 현대시이다. 새벽부터 해가 질 때까지 생선을 파는 어머니의 고된 삶을 생선 눈깔의 빛이나 남강에 비친 별빛 등으로 선명한 시각적 이미지를 통해 인상적으로 전달하고 있다. 더불어 이러한 빛의 이미지는 마지막 연에서 달빛이 반사되는 옹기의 반짝임으로 연결되고, 이는 어머니의 눈물을 환기하며 어머니의 한을 압축적으로 그

려 내고 있다.

주제 어머니의 한스러운 삶에 대한 회상

(다) '고전 시가와 현대시의 리듬'

동일 요소의 반복은 시에 질서를 부여하고 리듬을 형성한다. 고전 시가의 리듬에는 음보와 음절 등 형식적 측면의 외적 규율이 전제되어 있는 반면 현대시의 리듬은 말소리, 휴지(休止), 쉼표나 마침표 등의 반복을 통해 내적 규범을 형성하여 시의 고유한 의미를 만들어 낸다. 고전 시가의 리듬은 현대에 이르러 배후로 물러나 친숙함 혹은 낯섦을 유발하는데, 김소월과 이상의 시가 각각 해당된다. 즉 한국 현대시에서의 리듬은 김소월의 친숙함과 이상의 낯섦 사이에 위치한다.

주제 고전 시가와 현대시에서 드러나는 리듬과 현대시에 작용하는 고전 시가의 리듬

16. 작품 간의 공통점, 차이점 파악하기

정답 pick ❶

(가)는 〈제1수〉의 '금수ㅣ나 다르리야', 〈제16수〉의 '오라 말라 ᄒᆞ느뇨', 〈제17수〉의 '어찌 다르리', '아무 덴들 어떠리' 등에서 '~리야', '~뇨', '~리' 등의 의문형 어미를 활용하여 화자의 고민을 강조하고 있으며, (나)는 2연의 '손 안 닿는 한이던가', 3연의 '손 시리게 떨던가', 4연의 '반짝이던 것인가'에서와 같이 '~ㄴ가'라는 의문형 어미를 활용하여 화자의 슬픔을 강조하고 있다.

[오답을 피하고 싶었어]

② (가)와 (나) 모두 특정 대상과 대화하는 방식이 아니라 독백의 방식으로 시상을 전개하고 있다.

③ (가)의 '강호'는 탈속성이 있는 시적 공간으로 볼 수 있으나, (나)의 시적 공간은 탈속성과 관련이 없다.

④ (가)와 (나) 모두 뚜렷한 계절적 배경이 나타나지 않는다.

⑤ (가)와 (나) 모두 의성어와 의태어가 나타나지 않는다.

17. 구절의 의미 파악하기

정답 pick ❷

〈제17수〉의 '성현의 가신 길'은, 은둔함으로써 행하는 도(道)와 세상에 나아감으로써 행하는 도는 다르지 않음을 의미한다. 이는 〈제8수〉의 '빈천거', 〈제16수〉의 '행장유도'와 연결 지어 보았을 때, 화자는 강호에 은거하며 자연을 즐기는 삶을 통해 '성현의 가신 길'을 따르고자 함을 알 수 있다. 따라서 〈제2수〉의 화자가 고려한 '공명'은 〈제17수〉의 '성현이 가신 길'과는 거리가 멀다.

[오답을 피하고 싶었어]

① 〈제2수〉의 화자가 '부급동남'한 것은 벼슬길에 나아가 공명함으로써 훌륭한 임금을 섬기기 위함으로 볼 수 있다.

③ 〈제4수〉의 화자는 임금과 즐거움 사이, 공명과 강호 사이, 나아가 〈제8수〉에서는 치군택민과 조월경운 사이에서 갈등하고 있다. 그러나 〈제8수〉의 중장과 종장에서 화자는 명철한 군자라면 기꺼이 이를 즐길 수 있어야 하고, 하물며 부귀는 위태로울 수 있어 '빈천거'를 하겠다고 밝히고 있다. 따라서 화자가 '강호'를 선택한 여러 이유 중 하나로 '부귀 위기'를 들 수 있다는 진술은 적절하다.

④ 〈제4수〉의 '기로'는 자연을 즐기는 일과 벼슬살이를 하는 일 사이에서 화자가 겪는 내적 갈등을 드러낸다. 〈제17수〉에서 화자는 강호에 은거하거나 벼슬에 나아가는 것은 한 가지 도(道)로 다르지 않다고 밝히고 있으므로, '기로'가 '일도'로 나타난 것은 화자의 내적 갈

등이 해소된 결과로 볼 수 있다.

⑤ 〈제17수〉에서 '은커나 현커나 도ㅣ 어찌 다르리'를 통해 강호에 은거하여 가난한 삶을 살아도 성현의 '도'를 실천할 수 있다는 화자의 생각을 확인할 수 있다.

18. 외적 준거에 따라 작품 감상하기

정답 pick ❺
〈보기〉를 보면 (가)의 작가인 권호문은 '42세 이후 줄곧 조정에 천거되어 정치 현실로 나올 것을 권유받았으나 매번 이를 거절했다.'고 되어 있다. 이를 참고할 때 〈제16수〉의 종장은 조정에서 화자에게 '회보미방(뛰어난 능력을 지니고서 은둔하는 것은 나라를 혼란스럽게 하는 것과 같음)'하다며 벼슬에 나가기를 권유하는 것에 대해 화자가 거절의 의사를 드러낸 것으로 볼 수 있다. 즉 '회보미방'은 조정의 권유이지 화자의 답변은 아니다.

[오답을 피하고 싶었어]
① 〈보기〉의 두 번째 문장과 〈제1수〉의 초장을 통해 알 수 있다.
② 〈보기〉의 첫 문장을 통해 조선 시대에 충효를 이루기 위해서는 과거에 급제해야 함을 알 수 있다. 〈제1수〉의 '십재황황'하는 모습은 여러 번 과거에 응시했으나 급제하지 못해 허둥지둥하는 상황으로 볼 수 있다.
③ 〈제16수〉의 '행장유도ᄒᆞ니'는 자신의 상황에 따라 알맞게 도를 행함을 의미한다는 점에서 〈보기〉의 유교적 출처관에 따른 것으로 볼 수 있다.
④ 자연을 즐기며 살아가는 생활을 선택한 화자는 정치 현실로 나오라는 권유를 받을 때마다 자신이 병들고 늙었음을 이유로 이를 거절한 것으로 볼 수 있다.

19. 감상의 적절성 평가하기

정답 pick ❸
'손 시리게 떨던가'는 오누이가 추운 밤 '별 밭' 아래의 '골방' 속에서 어머니를 기다리며 추위에 떠는 모습을 형상화한 것으로, 행복감과는 거리가 멀다.

[오답을 피하고 싶었어]
① '해 다 진 어스름'은 바로 앞의 '바닷밑이 깔리는'과 연결되어 파장 무렵 바닷가 '생어물전'의 쓸쓸한 분위기를 조성하고 있다.
② 다 팔지 못한 생선의 '빛 발하는 눈깔'은 둥글게 빛나는 유사한 이미지를 지닌 '손 안 닿는' '은전'으로 연결될 수 있다. 이를 통해 어머니의 한스러움의 정서가 드러나고 있다.
④ 4연의 '신새벽이나 밤빛에 보는 것을,'을 통해 어머니가 생계를 꾸리기 위해 늘 새벽에 집을 나서 밤에 귀가해 낮의 남강을 보지 못했음을 알 수 있다.
⑤ '글썽이고 반짝이던'은 '달빛 받은 옹기'의 표면과 어머니의 눈물을 연결 지어, 어머니의 '한'을 감각적으로 표현하고 있다.

20. 외적 준거에 따라 작품 감상하기

정답 pick ❸
'울 엄매야 울 엄매'는 울림소리의 결합, 즉 모음 'ㅜ, ㅓ, ㅐ'와 유성 자음 'ㄹ, ㅁ'으로 이루어진 시어('울', '엄매')를 반복하여 리듬을 형성하고 어머니의 힘겨운 삶에 대한 화자의 애상감을 표출한 것으로 볼 수 있다.

[오답을 피하고 싶었어]
① (다)의 '고전 시가의 리듬에는 외적 규율이 전제되어 있는 반면 현대 시의 리듬은 내적 규범을 창출한다.'를 통해 (가)가 내적 규범을 따른 것이 아님을 알 수 있다.
② (다)의 '시조는 4음보를 기본으로 종장 첫 음보는 3음절을 유지하고, 둘째 음보는 그보다 길게 하는 규율을 따른다.'를 통해 (가)가 규칙을 지켰음을 알 수 있다.
④ (다)의 '현대시에서는 따라야 할 규율이 없는 대신 말소리, 휴지(休止), 고전 시가에 없던 쉼표나 마침표 등 모든 요소들의 책임이 더 커졌다. 이들의 반복은 내적 규범을 형성하여 시의 고유한 의미를 만들어 낸다.'를 통해 (나)의 '오명 가명'이 외적 규율을 따른 것이 아님을 알 수 있다. 그리고 (나)에서 드러나는 어머니의 삶은 무료함과는 거리가 멀다.
⑤ (다)의 '현대시에서는 ~ 고전 시가에 없던 쉼표나 마침표 등 모든 요소들의 책임이 더 커졌다.'로 볼 때, (나)에서 1연부터 3연까지 쉼표로 연을 마무리한 것은 고전 시가의 리듬과는 관련이 없다.

기출 #014 2016학년도 3월 학평 고전 시가

43 ④   44 ⑤   45 ④

📖 간단한 작품 소개

정철, 「성산별곡」
이 작품은 정철이 전남 담양에 있는, 서하당 김성원이 지은 '식영정'에 머물면서, 김성원의 삶을 노래한 것으로 알려진 가사이다. 자연 속에 머물며 신선과 같은 풍모를 지닌 '주인'('산옹')의 삶을, 사계절의 절경과 옛 고사를 제시하며 노래한 것으로, 정철 자신의 삶의 자세를 드러내는 작품으로도 볼 수 있다. 제시문에서는 명확히 드러나지 않으나, 서사와 결사를 통해 말을 주고 받는 구조로 작품을 이해할 수도 있는데, 이는 '손'인 '정철'과, '주인'인 '김성원'의 대화로 볼 수 있으며, 이를 통해서 '정철'이 '김성원'의 삶을 예찬하는 작품으로 볼 수도 있다.

43. 표현상의 특징 파악하기

정답 pick ❹
제시문은 전체 작품 중 서사의 일부와 본사 중 봄과 여름을 노래한 부분으로, '매창'의 '매화'와 '도화'는 봄을, '남풍'과 '녹음'은 여름임을 알게 하는 자연물이다. 삼베옷을 뜻하는 '마의'는 신선적 풍모를 드러내는 소재이면서도, 계절적 배경이 여름임을 알게 해 주고, 인간 세상의 유월을 뜻하는 '인간 유월'에서도 계절적 배경이 여름임을 짐작할 수 있다. 따라서 이 작품은 계절의 변화 양상과 관련지어 시상을 전개하고 있다고 볼 수 있다.

[오답을 피하고 싶었어]
① '철철이'의 '철철'은 '철(계절)마다'라는 뜻으로 음성 상징이 아니다. 이는 때에 맞게 바뀌는 산중의 경치와 관련된다.
② 이 작품에서는 자연 속에서 신선처럼 살아가는 사람에게 느껴지는 한가로운 정취가 드러난다.
③ 과거의 모습을 추론할 수 없고, '할 일'은 미래의 모습이 아니라 현재 산중 생활에서의 삶을 의미한다.
⑤ 부분적으로 '~ㄴ 듯'의 구조가 반복되거나 유사한 시구가 사용되고 있으나, 동일한 시구가 주기적으로 반복되어 있지는 않다.

44. 외적 준거에 따라 작품 감상하기

정답 pick ❺

〈보기〉는 '성산별곡'에 인용된 '고사'에서 등장하는 '소재'를 중심으로 작품을 감상하기를 유도하는 내용이고, 〈자료〉는 제시문에 등장하는 소재와 관련된 고사의 내용이다. 자연을 노래한 가사 작품에 자주 등장하는 '백구(갈매기)'라는 소재는 인간의 무심(無心)을 알아보는 갈매기로서, 욕심 없이 살아가는 모습을 드러내는 것으로 이해할 수 있다. '무심코 한가함이 주인과 어떠한가'는 '백구'와 '주인'의 모습이 다르지 않음을 드러내는 것인데, 〈자료〉의 '백구' 고사로 볼 때, '갈매기를 잡으려는 마음'은 '무심함'이 아니라 욕심이 있는 것으로 이해해야 한다. 따라서 '주인'의 모습을 '어부'의 모습과 같은 것으로 연상하는 것은 적절한 감상이 아니다.

[오답을 피하고 싶었어]

① '산옹'이 '외씨'를 뿌리며 산에서 살아가는 '소박한 삶'은, 진나라가 망하자 벼슬을 버리고 '외씨'를 뿌리며 살던 '소평'의 모습을 연상케 하므로 적절한 감상이다.

② '시내 길'에 피어 있는 '도화'는 진나라 때 고사에서 유래된, 복숭아꽃이 만발한 '무릉도원'을 연상케 하므로 적절한 감상이다.

③ '풋잠'을 자며 느낀 평안함은 중국 전설에 나오는 '희황'과 연관된 '희황 베개'로 상징되는 태평함을 연상케 하므로 적절한 감상이다.

④ 산에 퍼진 '연꽃 향기'는 '연꽃'을 소재로 '군자'의 덕을 예찬한 송나라 도학자 '염계'가 지은 '애련설'을 연상케 하므로 적절한 감상이다.

45. 다른 작품과 비교하여 이해한 내용의 적절성을 파악하기

정답 pick ❹

〈보기〉는 '강강월'이라는 기녀의 시조로, 홀로 잠 못 이루는 밤에 등불을 다시 켜며 어찌할 바를 모르고 있는 정서를 표현하고 있는 작품이다. ㉠에서 '할 일'은 '산옹'이 산중에서 살아가는 한가로운 삶을 뜻하는 것으로, '세상을 위해 해야 할 과업'이 아니며, 〈보기〉의 '잔등 돋워'는 '나'가 잠도 오지 않은 방에서 사그라지는 등불의 심지를 돋워 다시 밝게 하는 행위로, '나'의 외로운 정서를 달래고자 하는 행위이다.

[오답을 피하고 싶었어]

① ㉠의 '매창'은 방에서 잠을 자다가 일어난 '산옹'이 '아침볕'이 나는 밖의 상황을 알게 되는 통로이며, 〈보기〉의 '창'은 방 안에 홀로 잠들지 못하는 '나'가 '굵은 빗소리'가 들리는 밤의 방 밖 상황을 알게 되는 통로이다.

② ㉠의 '아침볕'은 '산옹'이 맞이하는 아침의 분위기를, 〈보기〉의 '기러기 우는 밤'은 '나'가 잠 못 들고 있는 '밤'의 분위기를 자아낸다.

③ ㉠의 '향기'는 아침에 '산옹'이 일어나도록 자극을 하고 있고, ㉠의 '굵은 빗소리'는 등불을 다시 밝히며 잠 못 들고 있는 '나'가 더욱 잠이 들지 못하도록 하고 있다.

⑤ ㉠이 '곧 없지도 아니하다'에서는 소박하게 살아가는 '산옹'의 생활에 대한 긍정적 인식이 드러나고, '더욱 망연하여라'에서는 잠 못 드는 밤을 무엇을 해야 할지 모르는 '나'의 슬픔이 드러나 있다.

📖 간단한 작품 소개

김인겸, 「일동장유가」

이 작품은 작가가 통신사로 일본에 갔다가 이듬해 돌아올 때까지의 약 11개월에 걸친 여정과 견문을 기록한 장편 기행 가사이다. 조선을 출발하면서부터 일본에 도착하기까지의 과정은 물론, 일본의 여러 곳을 둘러보며 보고 느낀 바를 구체적으로 기록하여 기행 가사로서의 특징을 잘 드러내고 있다. 일본의 문물, 제도, 풍속 등에 대한 사실적인 정보를 제공해 줄 뿐만 아니라 그와 관련된 상황에 대한 묘사가 뛰어나, 조선 후기 기행 가사의 모범으로 일컬어진다. 제시된 부분 역시 일본으로 가는 배 안의 상황과 일본 선비와의 필담 상황을 제시하면서 기행 가사의 사실적이고 구체적인 특성을 드러내고 있다.

(주제) 일본 방문의 여정과 견문

43. 표현상의 특징 파악하기

정답 pick ❶

일본으로 가는 배 안에서 풍랑을 만난 화자는 '성난 고래 동한 용은 물속에서 희롱하니'라는 표현을 통해 파도가 요동치는 모습을 제시하고 있다. 이는 동물의 역동성을 이용하여 풍랑 상황을 효과적으로 드러내고 있는 것으로, 화자가 처한 상황이 매우 위태롭다는 것을 말해 주고 있기 때문에 공간적 분위기를 긍정적으로 바꾸고 있다고 할 수 없다.

[오답을 피하고 싶었어]

② '태산 같은 성난 물결'이라는 표현은 기상 상황이 악화되어 물결이 태산처럼 높이 솟구치고 있다는 것을 드러내고 있다.

③ '크나큰 만곡주가 나뭇잎 불리이듯'에서는 화자가 타고 있는 배를 나뭇잎에 비유하고 있는데, 이는 풍랑을 만난 화자의 위태로운 상황을 드러내고 있다.

④ 배가 물결에 따라 높이 올랐다가 다시 내려앉는 긴장된 상황을 '하늘에 올랐다가 지함에 내려지니'라는 표현을 통해 보여 주고 있다.

⑤ '필담으로 써서 뵈되', '승산이 다시 하되'를 통해 '전승산'의 행동을, '내 웃고 써서 뵈되', '놀랍고 어이없어 종이에 써서 뵈되'를 통해 화자의 행동을 시간의 흐름에 따라 열거하여 두 사람이 필담을 나누는 상황을 구체적으로 보여 주고 있다.

44. 구절의 의미 파악하기

정답 pick ❸

㉠은 풍랑이 끝난 후에 배 방에서 밖으로 나온 화자가 눈앞에 펼쳐진 해돋이 풍광에 대해 평가한 것이다. 즉 '이런 구경'에는 해돋이 장관에 대한 화자의 감탄이 내포되어 있다. 한편 ㉡은 일본인 문인인 '전승산'이 '나'의 글 짓는 재주에 대해 평가한 것으로, '나'가 글 짓는 것을 보게 된 상황을 '장한 구경'이라는 표현으로 제시함으로써 '나'의 글솜씨에 대한 감탄을 드러내고 있는 것이다.

[오답을 피하고 싶었어]

① ㉠은 해돋이 풍광을 바라보는 것을 의미하므로 고난 극복의 의지와는 관련이 없다. ㉡ 역시 '나'의 글에 대한 '전승산'의 감탄을 담고 있으므로 고난 극복의 의지와는 관련이 없다.

② ㉠은 해돋이를 구경하게 된 화자가 해돋이에 대해 표현한 것이고, ㉡은 '나'가 글 짓는 것을 보게 된 '전승산'이 감탄하며 한 말이므로, 둘 다 대상에 대한 솔직한 평가를 드러내고 있다고 볼 수 있다. 그러므로 대상의 실체를 은폐하고 있다고 이해하는 것은 적절하지 않다.

④ ㉠은 화자가 자신이 직접 본 풍경에 대한 표현이므로 여기에 타인의 평가가 담겨 있다고 할 수 없다. 하지만 ㉡에는 '나'의 글솜씨에 대

한 '전승산'의 평가가 담겨 있다.

⑤ ㉠은 해돋이 풍광에 대한 화자의 감탄을 담고 있으므로 대상에 대한 화자의 만족을 드러낸다고 볼 수 있다. 하지만 ㉡ 역시 '나'의 글솜씨에 대한 '전승산'의 감탄을 담고 있기 때문에 ㉡이 대상에 대한 화자의 아쉬움을 드러낸다는 표현은 적절하지 않다.

45. 외적 준거에 따라 작품 감상하기

정답 pick ❹

'퇴석'은 이 작품을 지은 김인겸의 호이다. 제시문에서는 '전승산'이 화자의 글솜씨를 보고 다른 사람에게서 전해 듣기만 하던 '퇴석 선생'이 바로 지금 자신의 눈앞에 있는 사람이라는 것을 깨닫고 감탄하고 있는 상황을 드러내고 있다. 그러므로 [B]의 '귀한 별호 퇴석'은 화자인 '나'를 지칭하는 것이고, [D]의 '소국의 천한 선비'는 '전승산'이 자기 자신을 낮추어 표현한 말이다. 즉 '귀한 별호 퇴석'과 '소국의 천한 선비'는 동일한 사람을 다르게 지칭한 것이 아니라 '나'와 '전승산'을 각각 지칭하는 말이다.

[오답을 피하고 싶었어]

① [A]는 '전승산'이 '나'가 글을 쓰는 것을 바라보게 된 상황을 나타내고 있는데, 이를 통해 '나'를 알아본 '전승산'은 나에게 필담을 써서 보여 주게 된다. 즉 [A]는 두 사람의 필담이 시작된 계기를 보여 주고 있다.

② [B]에서 '전승산'은 '나'의 글솜씨에 대해 '빠른 재주'라고 표현하며 높게 평가하고 있고, [C]에서 '나'는 자신의 글을 '늙고 병든 둔한 글'이라며 겸손한 입장을 드러내고 있다.

③ [B]의 '필담으로 써서 뵈되'는 '전승산'의 행위이고, [C]의 '내 웃고 써서 뵈되'는 '나'의 행위를 나타내는 것인데, 이처럼 '나'와 '전승산'은 필담을 통해 서로 묻고 대답하며 의사소통을 하고 있다.

⑤ [D]에서 '전승산'은 '나'의 뛰어난 글솜씨를 접하게 된 것을 '장한 구경'이라고 표현함으로써 '나'에 대한 찬사를 보내고 있다. 한편 [E]에서 '나'는 '전승산'이 글 값으로 가져온 것들을 의(義)에 어긋난다며 거절하고 있다.

제 6 강 현대 산문 기출 Pick #016~#018

기출 #016 2014학년도 3월 학평 B형 현대 소설

34 ③   35 ④   36 ④

📖 간단한 작품 소개

박태원, 「소설가 구보 씨의 일일」

이 작품은 뚜렷한 사건 전개 없이 소설가 구보가 정오에 집을 나와 경성(서울) 시내를 이리저리 배회하다 새벽 두 시에 집으로 들어가는 내용으로 되어 있다. 구보가 이동하는 장소와 만나는 사람, 관찰하는 사람들에 의해 촉발되는 상념과 회상에 따라 이야기가 전개된다. 그 과정에서 구보가 그려 낸 것은 식민지 근대의 축도인 경성의 우울한 풍경이라고 할 수 있다.

주제 소설가의 눈에 비친 도시의 일상사

34. 서술상의 특징 이해하기

정답 pick ❸

구보는 옛 동무를 만난 다음 남대문 밖으로 나와 경성역을 향해 간다. 역 안에서도 삼등 대합실, 매점 옆을 지나고 다시 그곳을 떠나고 있다. 이 과정에서 구보가 느끼는 생각과 감정이 드러나고 있다.

35. 장면의 특징 이해하기

정답 pick ❹

[A]~[C]에는 구보가 옛 동무를 만나는 장면이 제시되어 있다. [A]에서 옛 동무는 영락한 행색으로 인해 구보가 자기를 알아볼 것을 두려워하고 있지만, 구보는 그에게 반가운 인사를 건넨다. 따라서 두 인물이 반목하고 있다고 보기 어렵다.

[오답을 피하고 싶었어]

① [A]에서 두 사람이 마주 걸어오고 있으므로 물리적 거리는 가까워진다. 그러다 [C]에서 옛 동무가 저 갈 길을 가 버림으로써 거리가 멀어진다.

② [A]에서 기대와 망설임을 보이나 [C]에서 울 것 같은 감정을 느낀다. 따라서 심리적 거리감은 심화되는 것으로 볼 수 있다.

④ [A]에는 기대와 망설임과 용기 등이 복합되어 있으며 [C]에는 서운한 감정과 다시 말을 걸고 싶은 마음이 복합적으로 서술되어 있다.

⑤ [B]에서 구보와 옛 동무는 말을 주고받고 있지만 진정한 소통에는 이르지 못함으로써 구보에게 슬픈 감정을 유발하게 된다.

36. 작품의 주제의식 이해하기

정답 pick ❹

'캡 쓰고 쓰메에리 양복 입은 사내'의 '온갖 사람들에게 의혹을 갖는' 눈에서 구보는 우울을 느끼며 그곳을 떠난다. 따라서 이 인물의 눈에 우울과 회의가 담긴 것으로 보기는 어렵다.

[오답을 피하고 싶었어]

① '바세도씨병' 노동자는 병든 육체의 일면을, 이 사람을 경계하며 소외시키는 젊은 아낙네의 태도는 정신적 불건강성을 보여 주고 있다. '대학노트'는 관찰자이자 기록하는 자로서의 소설가 구보의 역할을 보여 준다.

② 구보는 삼등 대합실에서 군중 속의 고독을 느끼고 있다. 또한 익명적 인간관계에 대해 비판적으로 바라보고 있다.

③ 드난살이에 삶의 즐거움을 잃고 경직되어 있는 노파의 얼굴에서 생기 없는 삶의 모습을 발견할 수 있다.

⑤ 구보는 사람들에게서 병증을 발견하고 있으며, 그러한 자신 역시 병자라고 하고 있다. 이는 식민지 근대를 살아가는 지식인의 우울한 내면에 대한 은유로 읽을 수 있다.

기출 #017 2016학년도 10월 학평 현대 소설

31 ②   32 ①   33 ②   34 ②

📖 간단한 작품 소개

서정인, 「강」

이 작품은 한 집에 사는 세 사람이 버스를 타고 시골 혼가를 찾아가는 이야기이다. 이들은 결혼식에 가기 위해 버스를 타지만 정작 소설에서 결혼식 장면은 생략되어 있다. 뚜렷한 갈등도 사건도 담고 있지 않은 이 작품은 우연적, 계기적으로 이루어지는 내용 전개와 이완된 서사 진행, 답답한 풍경들을 통해 그만큼씩의 사연을 가진 초라하고 볼품없는 인간 군상들의 삶이라는 주제를 효과적으로 담아내고 있다.

(주제) 현실에서 소외된 인물들이 갖는 허무와 비애

31. 작품의 세부 정보를 이해하기

정답 pick ❷

'이 씨'가 껌을 나눠 주는 장면에서 '이 씨는 옆에 있는 김 씨에게 그리고 뒤에 앉은 박 씨와 그 옆의 여자에게까지'로 서술된 것을 통해 확인할 수 있다.

[오답을 피하고 싶었어]

① 버스가 정원을 채우지도 못하고 출발한 것에 대해 기분이 상했다고 볼 수 있는 인물은 '여차장'보다 '운전사'에 가깝다. '여차장'의 반응은 이 글에서 확인할 수 없다.

③ '여자'에게 군하리에 가는 이유를 묻고 있는 인물은 '이 씨'가 아닌 '박 씨'이다.

④ '손님 머릿수가 적은 것이 눈에 안 차는 모양이다.', '손님들이 오히려 미안해해야 할 모양이다.'의 서술로 미루어 운전사가 승객에게 미안한 기색을 보이고 있다고 볼 수 없다.

⑤ 일행이 하숙하고 있는 집의 주인은 '박 씨'이다.

32. 구절의 의미 이해하기

정답 pick ❶

'여자의 웃음소리는 김씨의 상상을 망쳐 버린다.'는 구절을 통해 ㉠이 '김 씨'가 장님이 되는 상상의 흐름에 영향을 주었음을 알 수 있다.

[오답을 피하고 싶었어]

② ㉡은 '박 씨'와 '여자'의 대화가 지속되고 있음을 나타내는 것이다. 웃음소리가 다른 인물과의 관계를 어색하게 만든다는 것은 적절하지 않다.

⑤ ㉠과 ㉡ 모두 현실에서 들리는 소리이다.

33. 구절의 의미 이해하기

정답 pick ❷

ⓑ는 여자와 심리적으로 멀어지고 싶어 하는 것이 아니라 자신('박 씨')의 말에 대해 조심스러워하는 것에 가깝다.

[오답을 피하고 싶었어]

① '질문한 사람이 누구인지를 알아볼 생각이 전혀 없'었던 여차장이 '비로소' 뒤를 돌아보았다는 점에서 파악할 수 있다.

③ 몰랐던 사실에 대한 깨달음이 아니라 버스가 늦게 출발한 사실에 대한 불만을 비꼬아 표현한 것으로 볼 수 있다.

④ 앞서 '이 씨'가 '너, 곰이로구나?'라고 했던 농담을 활용하여 맞받아친 것이라 볼 수 있다.

⑤ '뭘 그렇게 꼬치꼬치 물으세요?'란 말을 통해 여자가 자신에 대해 '박 씨'에게 말하기를 꺼려함을 알 수 있다.

34. 외적 준거에 따라 작품 감상하기

정답 pick ❷

이 글에서 '김 씨', '이 씨', '박 씨'가 서로에게 의미 있는 대화를 하고자 하는 장면을 찾을 수 없다. 이들은 일행인 서로에게보다 처음 만난 이들에게 주로 말을 걸고 있다.

[오답을 피하고 싶었어]

① '고깔모자', '기피자', '전직 교사'는 모두 박 씨와 관련된 표현들로, 한 번에 제시되지 않고, 작품 속에 흩어져서 제시되어 있다.

③ '이 씨'와 '여차장'이 나누는 대화는 가벼운 농담에 가까우며 관계의 발전으로 나아가지 못하고 있으므로 진정한 소통이라고 보기 어렵다.

④ 서술 대상이 바뀌어 대상에 대한 부분적이고 파편적인 정보가 제시되면 상대적으로 시간의 흐름이 지연되어 시간의 흐름에 따른 서사 전개가 지연된다.

⑤ 작품에는 인물들의 상상이 다른 인물들의 대화에 이어지고 있다. 이러한 서술 방식은 자연스러운 서사의 흐름을 방해하고 실제 이야기가 진행되는 시간보다 서술자의 서술로 이루어진 시간을 길게 하는 서사의 지연을 낳는다.

기출 #018   2023학년도 수능 9월 모평 현대 소설

28 ⑤   29 ④   30 ③   31 ③

📖 간단한 작품 소개

최인훈, 「크리스마스 캐럴 5」

이 작품은 연작 소설 『크리스마스 캐럴』 다섯 편 가운데 한 작품으로, 야간 통행금지 상황을 내세워 한국 사회의 억압적이고 폐쇄적인 정치 상황을 조명하고 있다. 주인공 '나'(철이)는 겨드랑이에 통증을 느끼고, 집 밖에 나가면 이러한 통증이 사라지는 것을 경험한다. 그래서 금지된 밤 산책을 어쩔 수 없이 하게 되며, 그러면서 그는 서울 도심 곳곳을 찬찬히 관찰한다. 그리고 4·19 혁명에 참여했던 학생들이 벌이는 기괴한 매스 게임을 구경하고 5·16 군사 정변에 가담했던 사람들을 만나기도 한다.

(주제) 1960년대의 억압적 시대 상황과 자유의 문제

28. 서술상의 특징 파악하기

정답 pick ❺

이 글에는 주인공이자 중심 인물인 '나'의 '겨드랑에 생긴 이변'과 그로 인해 벌어진 사건이 나타나 있다. 그리고 이 사건에 대한 '나'의 내적 반응이 '나'의 목소리를 통해 제시되어 있다.

[오답을 피하고 싶었어]

① 이 글에는 '겨드랑에 생긴 이변'으로 인한 사건이 순차적으로 나타나 있으므로, 시간의 순서를 뒤바꾸어 이야기의 인과 관계를 재구성하고 있다고 볼 수 없다.

② 이 글에는 '겨드랑에 생긴 이변'으로 인한 일련의 사건이 나타나 있으므로, 유사한 사건을 반복적으로 제시하며 서술의 초점을 분산시키고 있다고 볼 수 없다.

③ 이 글에는 1인칭 주인공 서술자인 '나'에 의한 서술만 나타나 있으므로, 장면에 따라 서술자를 달리하여 사건의 의미를 입체적으로 조명하고 있다고 볼 수 없다.

④ 이 글에 '방', '뜰', '거리' 등 공간 이동에 따른 '나'의 경험이 나타나 있다고 볼 수 있다. 그러나 '나' 이외의 다른 인물의 시선을 통한 서술은 나타나 있지 않으므로, 공간의 이동에 따른 인물의 경험을 다른 인물의 시선을 통해 서술하고 있다고 볼 수 없다.

29. 작품의 내용 이해하기

정답 pick ④

'나'는 자신이 '페어플레이'를 지키는 사람으로서 관청에서 정한 통행제 규칙을 지키면 겨드랑이가 '요절이 나고' 결국 '죽을는지도 모른다'면서, 자신이 처한 상황에 대해 고민한다. '나'가 '시민'이 정한 규칙을 준수해야 하는 '페어플레이'를 지키지 못하게 된 것에 대해 고민한 것은 아니다.

[오답을 피하고 싶었어]

① '나'는 의사 앞에 있는 시간에 자신의 '겨드랑은 멀쩡했기 때문'에 의사가 자신의 증상을 '전혀 이상이 없다고' 진단했다고 하고 있다.
② '나'는 자신이 '방에 있으면' 겨드랑이가 쑤시는 증상 때문에 제집에서 '도적놈'과 비슷한 방식으로 '뜰의 어느 구석에 숨'는 행동을 하곤 했다고 하고 있다.
③ '나'는 뜰에 나와 있어도 가끔 뜨끔거리고 손을 대 보면 미열이 있'었다고 하면서, '방'에서보다는 덜하지만 고통이 완전히 사라지는 않았다고 하고 있다.
⑤ '나'는 '경관'을 만났을 때 몸을 숨기는 자신의 행동을 이해하기 위해 '혁명가', '간첩', '도적놈' 등과 자신을 비교해 보고 있다.

30. 배경의 기능 파악하기

정답 pick ③

ⓒ은 타인의 출현으로 인해 몸을 감춘 공간이라고 볼 수 없지만, ㉠은 '경관'의 출현으로 인해 몸을 감춘 공간이라고 볼 수 있다.

[오답을 피하고 싶었어]

① ㉠은 정신적 안정을 위한 공간이라고 볼 수 없고, ⓒ은 신체적 회복을 위한 공간이라고 볼 수 없다.
② ㉠은 '통행 제한'이라는 제도적인 이유로 몸을 숨기는 공간이므로, 윤리적인 이유로 몸을 숨기는 공간이라고 볼 수 없고, ⓒ은 겨드랑이에 나타난 현상을 확인하기 위해 몸을 숨긴 공간이므로, 정치적인 이유로 몸을 숨기는 공간이라고 볼 수 없다.
④ ㉠, ⓒ 모두 반복적으로 사용하는 공간이라고 볼 수 없다.
⑤ ㉠, ⓒ 모두 과거의 자신을 긍정하는 공간이라고 볼 수 없다.

31. 외적 준거에 따라 작품 감상하기

정답 pick ③

〈보기〉를 참고하면 '산책'은 자유를 위한 실천을 의미한다. 한편 '나'에게 있어서 산책의 '공리적인' 목적은 겨드랑이의 통증을 없애는 것이었는데, 〈보기〉를 통해 이러한 목적을 가지고 행했던 산책이 점차 '누룩반죽'처럼 '변질'되었다는 표현은, 산책의 의미가 치료를 위한 행위에서 자유를 위한 실천으로 확장되었음을 비유적으로 나타낸 것이라고 할 수 있다. 따라서 '변질'되었다는 표현은, 자유의 필요성이 망각되어 자유를 위한 실천의 목적이 훼손되는 문제점에 대한 비판이라고 볼 수 없다.

[오답을 피하고 싶었어]

① 〈보기〉를 참고하면 이 글에는 자유가 억압된 시대적 상황이 반영되

어 있음을 알 수 있다. 이를 통해 작가는 작품에서 '통행 제한'으로 인해 산책의 자유가 제한된 상황을 보여 줌으로써, 이동의 자유를 포함한 자유가 억압되는 시대적 상황이 정당한가에 대한 문제를 제기하고 있다고 할 수 있다.
② 〈보기〉를 참고하면 파마늘이 주는 통증은 자유에 대한 요구를 의미한다는 것을 알 수 있다. 이를 통해 '파마늘'이 돋을 때의 극심한 통증은 자유에 대한 요구가 그만큼 절박하다는 것을 보여 준다고 할 수 있다. 또한 '나'가 통증을 겪은 결과 겨드랑이에 '날개'가 돋아난 점을 고려하면, '파마늘'이 돋을 때의 극심한 통증은 자유를 얻기 위해 필요한 고통을 암시한다고 할 수 있다.
④ 〈보기〉를 참고하면 이 글에서 처음에는 명료하지 않고 미약했던 자유를 향한 의지가 산책을 거듭하면서 심화되는 모습이 드러나는 것을 알 수 있다. 이를 통해 정체불명의 파마늘은 처음에는 명료하지 않았던 자유를 향한 의지를, '날개'의 형상은 자유를 향한 의지가 심화된 모습을 의미한다고 할 수 있다.
⑤ 〈보기〉를 참고하면 이 글에는 자유를 향한 의지가 심화되는 과정에서 생기는 문제점이 드러난다는 것을 알 수 있다. 또한 이 글에서 '날개'가 '귓바퀴' 같다고 한 것은, 여러 차례의 산책 끝에 '날개'가 돋았지만 그 '날개'를 의지대로 움직이지 못하는 상황을 비유적으로 드러낸 것이라고 할 수 있다. 이를 통해 '날개'가 '귓바퀴' 같다는 점에 대해 '나'가 느낀 부끄러움은, 여러 차례의 산책에도 불구하고 자유를 의지대로 실현하기 어려웠던 한계에 대한 인식으로 볼 수 있다.

제 7 강 현대 산문 기출 Pick #019~#021

기출 #019 2021학년도 수능 6월 모평
고전 소설·시나리오 복합

43 ④   44 ⑤   45 ④

📖 간단한 작품 소개

(가) 작자 미상, 「전우치전」

이 작품은 실존 인물이었던 '전우치'를 주인공으로 한 고전 소설이다. 서사 구조 면에서 일대기적 구성 방식에서 많이 벗어나 전우치가 도술을 부리며 일으킨 사건과 행적들을 삽화적으로 나열하는 구성을 취하고 있다. 온갖 도술로 악한 벼슬아치나 타락한 중에게 벌을 주고, 임금과 조정을 희롱하는 한편 어려움에 처한 백성들을 도와주는 것이 「홍길동전」과 매우 유사하다. 이에 「전우치전」이 「홍길동전」의 영향 아래 성립된 것으로 보고 주제의 측면에서 두 작품을 현실의 모순에 대한 비판 의식을 담은 사회 소설로 분류하기도 한다.

(주제) 전우치의 권력에 대한 저항과 백성을 위한 의로운 활약

(나) 최동훈, 「전우치」

이 작품은 고전 소설 「전우치전」을 현대적 액션 코미디물로 변용 각색한 시나리오이다. 500년 전 조선 시대와 현대를 배경으로 오가며 전설의 피리 '만파식적'을 두고 전우치가 화담 및 요괴들과 도술로 대결하며 사투를 벌이는 것을 주요 내용으로 한다. 지문으로 제시된 부분은 전우치가 둔갑술을 써서 부패한 권력인 왕을 속여 곤경에 빠뜨리는 장면이다.

(주제) 요괴를 상대로 하여 벌이는 전우치의 뛰어난 도술과 활약상

43. 작품의 변형과 재구성 이해하기

정답 pick ❹

[A]에서 전우치가 왕과 헤어지는 장면은 전우치가 탄 '오색구름이 남녘으로 향하여 가'는 것으로 나타난다. 한편 (나)에서 전우치는 왕과 헤어질 때 '말을 타고' 산수화 속으로 들어가는 것이 아니라 '그림(산수화) 속으로 들어가 말을 타고 사라진'다. 그리고 이때 전우치는 돌아올 것을 예고하지도 않았다.

[오답을 피하고 싶었어]

① [A]에서 전우치는 '옥황상제'의 명령을 전하는 설정을 취하여 왕에게 매우 근엄하게 말하나, (나)에서 전우치는 '유명하면 아무리 이름을 숨긴다고 숨겨지는 것도 아니고' 등과 같이 말하며 거드름을 피우는 모습으로 나타난다.

② [A]에서 전우치는 '모친'을 가급적 빨리 '봉양'하기 위해 계교를 부려 왕에게 황금을 요구한다. 한편 (나)에서 전우치는 왕에게 '황금 1만 냥을 함경도 기근 지역에 보내'게 하고 '왕과 대신들이 기근에 시달리는 백성을 보살피지 않아 이 도사 전우치가 친히 백성들 심부름을 하고자 왔'다고 말한다. 이로부터 전우치는 백성을 보살피기 위해서 왕에게 황금을 요구한 것임을 파악할 수 있다.

③ [A]에서 전우치는 왕에게 황금을 요구하며 황금을 '그날' 대령하지 못하면 '큰 변을 내리우시리라'고 위협한다. 그런데 (나)에서는 전우치가 왕의 꿈에 나타나 내린 명령을 실행한 것에 대해 '하늘에서 그대의 덕을 높이 사 그대가 하늘로 돌아올 때 7배 70배 700배로 갚아 줄 것이다'라며 보상을 약속하는 것으로 표현된다.

⑤ [A]에서 전우치가 왕에게 자신의 요구를 전달하는 장면에는 요구 사항이 대화를 통해 직접적이고 구체적으로 나타나지만, (나)에서 전우치의 요구 사항은 '그제 제 꿈에 나타나 하명하신 대로'라는 왕의 대사에 포함해 간략히 처리되고 있다.

44. 갈등의 원인, 유형 파악하기

정답 pick ❺

처음에는 왕의 손짓에 따라 궁중 악사들이 정악 연주를 시작한다. 하지만 이후 전우치의 손짓에 따라 악사들은 '무엇에 홀린 듯' 전우치가 좋아하는 다른 음악을 연주하게 된다. 따라서 왕과 전우치의 주문에 따라 음악이 계속 바뀌거나 이로써 왕과 전우치 간의 대결의 우열을 가리기 힘든 상황임을 드러낸다고 이해하는 것은 적절하지 않다.

[오답을 피하고 싶었어]

① 전우치와 왕과의 갈등은 전우치가 '나를 아는가?'라고 말하며 자신의 정체를 드러내는 순간을 계기로 왕이 '감히 도사 놈이 주상을 능멸해.'라고 반응하는 것에서 표출된다. 이로써 사건 상황이 새로운 국면으로 전환된다.

② '생선은 대가리부터 썩는 법'이라는 전우치의 말은 '기근에 시달리는 백성을 보살피지 않'는 부패한 왕과 대신들에 대한 비판으로 확장된 것으로서 이해할 수 있다.

③ 처음에 왕은 전우치에게 속아 그를 '옥황상제의 아드님'으로 알고 '고개를 더 낮추'며 최고의 예우로 대한다. 그러나 이는 전우치의 정체가 밝혀질 때 전우치가 왕을 '능멸'한 일이 되고 두 인물 사이의 갈등이 증폭되는 요인이 된다.

④ 전우치에게 속은 왕은 전우치를 '옥황상제의 아드님'으로 떠받들다가 전우치가 정체를 드러내자 '도사 놈'으로 바꿔서 부른다. 이로부터 전우치에 대한 왕의 인식이 적대적으로 바뀌었음을 알 수 있다.

45. 촬영, 편집의 방법과 효과 추리하기

정답 pick ❹

ⓔ은 여러 공간에서 동시에 일어나는 일로 보기 어렵다. 전우치가 도사로서 가진 출중한 도술 능력을 입체적으로 전달하기 위해서는 여러 공간에서 동시에 일어나는 일을 번갈아 보여 줄 것이 아니라 한 공간에서 바람을 불게 하고 장대비를 내리게 하며 전우치가 땅을 접어 달리는 모습을 동시에 보여 주는 것으로 연출하는 것이 적절하다.

[오답을 피하고 싶었어]

① ㉠: 지상을 내려다보는 전우치를 올려다보며 촬영하는 방법으로 전우치의 권위와 위엄이 느껴지게 할 수 있다.

② ㉡: 전우치의 얼굴이나 눈동자를 클로즈업(close-up)하여 화면에 가득 담음으로써 전우치가 거울에 관심이 있음을 강조할 수 있다.

③ ㉢: 천군이 있던 자리에 놓인 허수아비를 왕의 시점으로 보여 줌으로써 천군들의 정체를 알게 된 왕이 느끼는 당혹감을 효과적으로 표현할 수 있다.

⑤ ㉤: 왕을 농락하고 떠나는 전우치의 웃음소리를 효과음으로 길게 끌고, 언짢아하는 왕의 표정을 보여 줌으로써 왕이 전우치로 인해 불쾌감을 지속적으로 느끼고 있음을 감각적으로 표현할 수 있다.

기출 #020 2013학년도 3월 학평 A/B형 희곡

31 ②   32 ③   33 ⑤

📖 간단한 작품 소개

이강백 원작 · 김아라 연출, 「동지섣달 꽃 본 듯이」

옛날 어느 가난한 집안에 자식을 많이 둔 어머니가 죽을 끓이다 옷만 남긴 채 행방불명이 된다. 맏형, 둘째, 막내가 어머니를 찾아 나서고, 십년 후 그들이 돌아오게 된다. 정승이 된 맏형은 어머니의 겉모습과 똑같은 여인을, 승려가 된 둘째는 어머니의 모성적 이상(理想)으로 불상(佛像)을, 광대가 된 막내는 어머니의 심성을 자신의 몸속에서 발견하여 찾아온다. 이를 통해 모성의 희생적 모습과 더불어 인생의 대표적 가치로 표상되는 정치, 종교, 예술의 모습을 보여 주고자 한 작품이다.

(주제) 삶의 진정성을 추구하는 예술의 가치와 의의

31. 극의 전개 내용 이해하기

정답 pick ❷

본문 내용은 행방불명이 된 어머니를 찾기 위해 '세 자식들'이 길을 떠나는 장면이다.

[오답을 피하고 싶었어]

① 노파가 모아 준 노잣돈을 '세 자식들'이 서로 덜어 주는 장면에서 이들의 우애가 돈독함이 드러난다.

② 맏형은 처음에는 가족 걱정에, 둘째는 어머니의 위치를 모른다는 이유로 길 떠나길 주저하였으므로, 어머니를 찾기 위해 기꺼이 길을 나섰다고 볼 수 없다.

③ 막내는 어머니를 찾는 기간으로 '십 년 기약'을 제안했다.

④ '세 자식들'은 세 갈래 길에서 각각 서울, 바다, 산으로 어머니를 찾아 나선다.

⑤ 맏형은 어머니가 도망친 것으로, 둘째는 죽은 것으로, 셋째는 생사를 모르겠다고 생각하고 있다.

32. 무대의 특성을 통해 극의 특징 이해하기

정답 pick ❸

이 연극은 설화적 이야기에 현재 상황이 개입하는 이중 구조로 되어 있다. 배우들은 과거와 현재 상황을 넘나들며 두 가지의 역할을 한다.

[오답을 피하고 싶었어]

① 맏누나는 자신도 오빠들과 헤어졌던 경험을, 맏형은 '어머니를 찾는다'는 이야기를 시작하며 연극 속 과거에서 현실에서의 자기의 이야기로 화제를 연결 짓고 있다.

② 배우들이 종이옷을 입으면 설화적인 인물을, 종이옷을 벗으면 배우 자신으로 돌아와서 현재 인물로서의 역할을 한다. 이때 배우는 허구 세계를 빠져나와 배우로서 관객에게 직접 발언할 수 있는 기회를 마련하는 것일 뿐 관객들과의 심리적 거리에 따라 위치를 바꾸는 것이 아니다.

33. 대사를 통해 희곡의 주제 파악하기

정답 pick ❺

'어른이 되어서 찾는 어머니'는 '어린 시절의 어머니(과거의 욕망이나 가치)'를 잃고 새롭게 찾아 나서는 욕망이나 가치를 의미하므로, 이를 욕망의 무상함으로 해석하는 것은 적절하지 않다.

[오답을 피하고 싶었어]

① ㉯에서 '어머니는 권력일 수도, 이상일 수도, 예술일 수도 있'다에서 어머니가 인간 욕망의 비유적 표현임이 드러난다.

② ㉮에서 '세 갈래 길'은 각각 자신이 생각하는 어머니를 찾아 길을 떠나는 것이므로 개인이 추구하는 욕망이 서로 다름을 보여 준다.

③ ㉯에서 '어른이 되면 어린 시절의 어머니를 잃어버리도록 되어 있'으며 '어른이 되어서 찾는 어머니는 옛날과는 다른 어머니'라 하고 있다. 각자의 욕망을 위해, 또는 서로 다른 이유로 어머니를 찾아 나서는 형제들의 이별은 '어린 시절의 어머니'와의 분리를 의미한다.

④ 세 자식들이 택한 길이 서로 다른 것은 각자의 인생의 길이 서로 다름을 의미하는 것으로 볼 수 있다.

기출 #021

2012학년도 10월 학평 희곡

37 ④　　38 ①　　39 ⑤

📖 간단한 작품 소개

채만식, 「당랑의 전설」

형석 일가는 일제의 수탈과 새로운 경제 체제의 출현에 맞서 전통적 가치관과 가족 제도를 고수하며 시대의 변화에 적응하지 못하고 빚을 지게 되어 몰락한다. 작가는 이를 통해 당시의 사회 현실을 사실적으로 그려내는 한편, 무엇에 대한 비판적 의식 또한 표출하고 있다.

(주제) 박 진사 집안의 몰락과 세태 변화

37. 핵심 구절의 내용 파악하기

정답 pick ❹

정석은 형석에게 '집안이 망하면 재산이나 없어졌지, 사람까지 없어지나요?'라고 묻는다. 이에 형석은 ⓐ라는 말을 한다. 즉, 집안이 망하면 재산은 없어지지만 사람은 없어지지 않는다는 말이다. 그런데 ⓐ의 앞

뒤 대사를 통해 볼 때, 형석은 이십 명의 식구가 함께 살아가야 한다고 생각하고 있다. 그런데 재산이 없어지면 이십 명의 식구가 함께 살아갈 방도를 마련하기 어려우므로 그러한 상황이 발생할 것을 걱정하고 있는 것이다. 이와 달리 정석은 재산은 없어져도 사람은 남으므로, 이십 명의 식구를 헤치는 방식을 통해 살아갈 도리를 마련해야 한다고 생각하고 있다.

38. 상황에 맞는 지시문 넣기

정답 pick ❶

정석은 형석의 계속되는 한탄에도 '덤덤하니 담배 연기만 뽑'거나, 정석을 '마주볼 뿐' 계속해서 아무 말도 하지 않고 있다. 따라서 정석의 태도를 고려하여 ㉠의 앞에 추가할 수 있는 지시문으로 가장 적절한 것은 '무덤덤하게'라고 볼 수 있다.

39. 자료를 통해 글의 내용 이해하기

정답 pick ❺

고 씨의 첫 번째 대사는 집안이 경매를 당하는 모습을 형석의 아버지가 보게 된다면 자결을 하려고 들 것이라는 자신의 예상을 이야기하는 것이다. 이는 그만큼 형석의 아버지가 경매를 수치스럽게 생각한다는 의미로, 예고된 사건이라고 하기는 힘들다. 또한 현재 장면을 공연하는 무대 밖에서 일어나는 사건도 아니기 때문에 고 씨가 무대 밖의 사건을 무대 위의 인물들에게 전달하는 역할을 하고 있다고 보기 어렵다.

제 8 강 고전 산문 기출 Pick #022~#024

기출 #022

2020학년도 10월 학평 고전 소설

43 ①　　44 ②　　45 ①

📖 간단한 작품 소개

작자 미상, 「반씨전」

이 작품은 가문의 권위를 중시하는 조선 후기 사대부 집안에서 일어나는 복잡한 갈등을 폭넓게 보여 준다. 장자 중심의 수직적 위계질서와 입신출세가 중시되는 분위기에서 채씨는 반씨를 모해하다 질책을 듣고 본가로 보내진다. 채씨의 말을 듣고 분노한 채씨의 부친 채 승상으로 인해 위윤과 반씨 부친이 귀양을 간다. 양 부인이 죽은 후 집을 나온 반씨 모자는 위진 형제와 채씨 등에 의해 지속적으로 시련을 겪지만 아들 흥이 과거에 급제하고 부마가 되면서 적대자들을 응징하며 가권을 되찾는다. 이 소설은 가문 내 갈등이 가문 간 갈등, 조정 갈등으로 이어지면서 선악의 대비를 이루며 전개되다가 선의 승리로 귀결되는 작품으로, 고전 소설 중에서 동서 간의 갈등을 다룬 몇 안 되는 작품 중 하나라는 점에서도 의의가 있다.

(주제) 의인이 당하는 고난과 극복(권선징악)

43. 작품의 세부 내용 파악하기

정답 pick ❶

흥은 위진이 양 부인의 유언을 거스르면서 채씨에게 부고를 알리려

하자 문중의 '공론이 여차'하다는 것을 근거로 '할머니의 유언을 저버리'는 것이 문중의 뜻에도 맞지 않고 소질의 마음에도 불가하다며 반대하고 있다.

[오답을 피하고 싶었어]

② 부고를 듣고 온 채씨가 자신이 '득죄하여 본가에 있기로 존고께 통신을 못'했다며 반씨에게 비아냥거리는 말을 하는 것으로 보아, 채씨가 본가에 가서 지속적으로 양 부인에게 사죄의 뜻을 전했다고 볼 수 없다.

③ 반씨는 위진의 행동에 반대하는 흥을 질책한다. 반씨가 위진을 질책한 것은 아니다.

④ 문중 사람들은 위진이 채씨에게 부고를 알리고 장손의 대상을 반대하며 피신하여 더 이상 위진 형제와 논의할 수 없게 되자 귀가한다. 문중 사람들이 위진에게 모친의 묘소를 정하도록 위임했다는 것은 적절하지 않다.

⑤ 위진은 형에게 미처 부고를 알리지 못했고 '형님이 아니 계시어 내가 주장할 것'이라고 말한다. 위진이 위윤의 뜻에 따라 자신이 대상하겠다는 것은 아니다.

44. 말하기 방식에 담긴 인물의 태도 파악하기

정답 pick ❷

ⓒ에서 흥은 자신이 누군가의 부탁을 듣고 말한 것이 아니며, 스스로 옳고 그름을 판단하여 결정한다는 뜻을 드러내고 있다. 따라서 다른 사람의 권위에 기대며 자신의 생각이 옳음을 강조한 것은 아니다.

[오답을 피하고 싶었어]

① ㉠에서 위진은 과거에 채씨가 본가에 보내진 사건은 채씨의 잘못이 아니라 '모친이 잠깐 노하여 보'낸 것이라고 하며, 채씨에게 부고를 전하려는 자신의 행위가 정당하다는 것을 강조하고 있다.

③ ⓒ에서 위진은 형님이 귀양살이를 하고 있지만 죽지 않았고 미처 부고를 알리지 못했다는 상황을 설명하며, 흥의 말에 대해 조그만 아이가 알 바가 아니라고 무시하는 태도를 보인다.

④ ㉣에서 흥은 문중과 의견을 달리하며 피신한 숙부의 행동에 대해 '불의를 행'했다고 평가하며, 문중이 모두 귀가한 현재 상황에 대해 '무슨 아름다운 일이 있으리오.'라고 실망감을 드러내고 있다.

⑤ ㉤에서는 반씨 모자가 앞으로 자신들에게 닥칠 위기를 모면하기 위해 우선 양 부인의 묘소에 초막을 짓고 삼년상을 치른 후에 다시 거취를 정하려고 하고 있음이 드러난다.

45. 외적 준거에 따라 작품 감상하기

정답 pick ❶

위진은 모친 양 부인의 유언을 저버리고 채씨에게 부고를 전하도록 한다. 이는 장자의 부재 시 상례가 발생한 상황에서 가권을 차지하려는 욕망을 드러낸 것이지 수직적 위계질서를 지키려고 한 것은 아니다.

[오답을 피하고 싶었어]

② 반씨에게 '상중에 시비를 돋'운다며 두 번 이르지 말라고 하고, 위진이 크게 노하며 자신이 상을 주장할 것이라고 하는 것으로 보아 위진은 가권을 차지하는 데 반씨가 방해가 되는 인물이라 여기고 있음을 알 수 있다.

③ 흥이 아버지인 위윤의 부재 시 상례가 발생한 상황에서는 예문을 근거로 '장자 자손이 발상'한다고 주장하고 금일 문중이 다 모였으니 결정하자고 말하는 것으로 보아 흥이 예문과 문중의 공론을 통해 기존의 가권을 지키려 했음을 알 수 있다.

④ 채씨가 흥을 꾸짖는 것은 흥에 대한 적대감을 드러내는 것으로 이해할

수 있다. 또한 장례 후 맹씨와 함께 집안일을 자신들의 뜻대로 처리하려는 것에서 가권을 차지하려는 욕망을 지닌 인물임을 알 수 있다.

⑤ 집안 형세가 채씨와 맹씨에게 돌아가고 반씨 모자가 화를 피하고자 산중으로 들어가는 것에서 가권을 차지하려는 욕망을 지닌 위진 쪽으로 가권이 기울었음을 알 수 있다.

2020학년도 수능 6월 모평 고전 소설

23 ③   24 ⑤   25 ①   26 ②

📖 간단한 작품 소개

작자 미상, 「조웅전」

이 작품은 조선 시대 영웅 소설의 대표작으로, 주인공의 고행담을 다룬 전반부와 주인공의 영웅적 활동을 다룬 후반부로 구성되어 있다. 영웅의 일대기 형식에 맞춰 주인공의 영웅적인 면모와 자유연애의 애정관이 잘 드러나고 있는 작품이기도 하다.

(주제) 나라에 충성하는 마음과 자유연애 사상

23. 작품의 세부 내용 파악하기

정답 pick ❸

조웅은 함곡으로 들어가는 길에 노옹을 만난다. 노옹은 조웅과의 만남을 기뻐하면서 '나귀를 바삐 몰아 진시에 도착하려고 했으나 피곤한 나귀 탓으로' 늦게 도착하여 조웅을 만나지 못할까 염려하였다고 말한다.

[오답을 피하고 싶었어]

① 조웅의 꿈속에서 송 문제는 조웅이 서번에게 잡힐까 염려하여 도사를 찾아가 조웅을 구하라고 부탁하였다고 말한다. 송 문제가 서번 적의 간계에 빠진 것은 아니다.

② 조웅은 송 태자를 구해 위국으로 가던 중 연주에 도달하여 군마를 쉬게 하고 자신도 사관에서 쉬었다. 함곡에서 연주로 가는 도중에 군마를 멈춘 것이 아니다.

④ 노옹이 내어 준 편지를 읽은 조웅은 위홍창에게 장졸을 함곡에 들어가지 못하게 하라고 명을 내린다. 이에 위홍창은 선봉이 이미 함곡에 들어갔다고 보고한다. 위홍창이 선봉을 이끌어 함곡에 들어간 것은 아니다.

⑤ 조웅의 꿈속에서 황금관을 쓴 노인은 궁궐의 상석에 용포를 입고 앉아 있었다. 그러나 이 노인이 뜰로 내려와 여러 사람을 맞이하지는 않았다.

24. 서술상의 특징 파악하기

정답 pick ❺

[A]에서는 조웅의 꿈속 공간에 대해 묘사하고 있다. '광활하여 완연한 별세계', '아름다운 궁궐이 하늘에 닿았거늘' 등에서 확인할 수 있는 것처럼 이 공간은 비현실적 세계, 신비로운 곳으로 그려져 있다. [B]에서는 조웅이 슬프고 상한 마음으로 행군을 하여 도달한 곳인 함곡의 모습을 묘사하고 있다. 해가 지고 잔나비와 두견이 울고 '험한 산봉우리는 가슴을 찌르는 듯'한 함곡의 모습은 어둡고 불길한 분위기를 자아내고 있다.

[오답을 피하고 싶었어]

① [A]에서 '첩첩한 산중에 수목이 빽빽한 곳'에 들어가니 광활하였다

고 언급하고는 있으나 이를 통해 인물의 진취적인 기상을 드러내고 있지는 않다.

② [B]에서는 시간의 흐름이 두드러지지 않으며 인물의 낙관적 태도가 드러나고 있지도 않다. [B]에서는 함곡의 어두운 분위기가 강조되고 있다.

③ [A]에서 조웅이 날개를 얻어 공중에 이르게 되는 것은 비현실적 사건으로, 환상성이 드러난다고 볼 수 있다. [B]에서 구체적인 시대적 상황에 대해서는 제시되지 않는다.

④ [A]에서 조웅이 '첩첩한 산중에 수목이 빽빽한 곳'과 '아름다운 궁궐이 하늘에 닿은 곳'에 들어가는 것을 공간적 변화라고 볼 여지는 있으나 이를 통해 긴장감이 강조되고 있지는 않다. [B]에는 계절적 상황이 드러나지 않으며, 강조되는 것은 쓸쓸함이 아닌 불안감이다.

25. 작품 배경의 의미, 역할 파악하기

정답 pick ❶

'큰 잔치'에 참석한 사람들은 '각각 공을 밝히어 올리라'는 제왕의 분부에 따라 저마다 자신의 공적을 밝히는 글을 올린다. 참석한 사람들이 서로의 공적을 평가하지는 않는다.

[오답을 피하고 싶었어]

② '큰 잔치'에 참석한 사람들은 조웅이 서번 적의 간계에 걸려들어 죽을 듯하다며 안타까워하며 염려하기도 하고, 송 문제의 말을 듣고 대운이 막히지 않았다며 조웅에 대한 기대를 표현하기도 한다.

③ '큰 잔치'에 참석한 사람들은 '대송이 역적에 망하니 인하여 멸송이 되오면 언제 회복되오리까?'라고 하며 나라를 걱정하기도 하고, '어찌 회복이 없사오리까?'라고 하며 희망을 드러내기도 한다. 이러한 말들은 모두 국가의 흥망성쇠에 대한 관심을 반영한 것이다.

④ '큰 잔치'에 참석한 사람들은 각각 소회를 다하며 '칼을 빼들'기도 하고 '춤추기도 하는' 등 여러 행위를 통해 자신의 심정을 드러내고 있다.

⑤ '큰 잔치'에는 좌석에 사람이 가득 앉았으며 술과 음식이 가득하였다고 하였으므로 풍성한 분위기를 드러내고 있다고 할 수 있다.

26. 외적 준거에 따라 작품 감상하기

정답 pick ❷

조웅이 행군 중에 슬퍼하는 것은 '전쟁의 패한 혼이 될 듯하다', '서번이 조웅을 잡으려고 간계를 꾸민다' 등의 꿈속의 말로 인해 불안감과 위기감을 느꼈기 때문이다. 즉 꿈속의 말에 대해 확신하지 못한 것이 아니라 꿈속의 말대로 이루어질까 염려한 것이라고 볼 수 있다.

[오답을 피하고 싶었어]

① 꿈은 초월적 세계의 뜻을 전달하는 기능을 하는데, 조웅의 꿈속에서 송 문제는 서번의 간계로 조웅이 위기에 처할까 하여 도사를 찾아가 조웅을 구하라고 부탁하였다. 이를 통해 조웅이 초월적 세계의 비호를 받게 되는 인물임을 알 수 있다.

③ 조웅은 꿈속에서 여러 사람들의 이야기를 듣는데, 그중 한 사람이 '하늘이 송나라 왕실을 회복하고자 조웅을 명하였다'고 말한다. 조웅이 꿈을 통해 자신에게 주어진 역할, 천명을 알게 되는 것이다.

④ 조웅은 자신의 꿈속에서 서번이 간계를 꾸미고 있으며, 송 문제가 도사에게 자신을 구하라고 부탁하였음을 알게 되었다. 이후 꿈에서 깨어난 조웅은 노옹이 전해 준 '천명 도사'의 편지의 지시를 따른다. 이는 조웅이 꿈을 통해 알게 된 바가 현실에서 일어날 것이라고 믿었기 때문이라고 할 수 있다.

⑤ 꿈속에서 송 문제는 도사에게 조웅을 구하라고 부탁하였다. 이 꿈이 현실로 이어져 천명 도사가 노옹에게 자신의 편지를 조웅에게 전해 주라고 부탁하게 되는 것이다. 그러므로 노옹은 초월적 세계의 뜻을

전달해 주는 역할을 한다고 볼 수 있다.

34 ①   35 ①   36 ④

📖 간단한 작품 소개

작자 미상 「소대성전」

이 작품은 일반적인 영웅의 일생을 모티브로 한 군담 소설로, 천상계와 지상계의 이원적 구조를 지니고 있다. 이 작품은 군담 소설이 지닌 전형을 따르고 있지만 부분적으로 특이한 점이 있다. 가장 대표적인 것은 주인공 대성이 이 승상의 집에서 밥 먹고 잠만 자는 위인으로 나오는 대목이다. 보잘것없어 보이는 인물이 흉중에 큰 뜻을 품고 있다가 영웅적 면모를 보인다는 인물 설정은, 지체나 처지에 따라서 사람을 평가하지 말아야 한다는 작가 의식을 반영한 것이라 볼 수 있다.

(주제) 고난을 극복한 영웅의 활약상(대성의 비범한 능력을 알아보고 이를 돕는 승상)

34. 서술상의 특징 파악하기

정답 pick ❶

[A]에서는 '나무 베는 아이'(대성)의 의상, 머리털, 얼굴빛 등과 같은 인물의 외양을 묘사를 통해 드러내고 있으며, [B]에서는 대성을 만난 승상의 발화를 통해 재회의 감회를 드러내고 있다.

[오답을 피하고 싶었어]

② [B]에서는 대구적 표현을 사용하지 않았으며 또한 인물에 대한 부정적 인식도 드러내고 있지 않다.

③ [A]에서는 요약적 서술을 사용하지 않았으며 또한 시대적 배경도 제시하고 있지 않다.

④ [A]와 [B] 모두 인물 간의 대화가 드러나지 않으며 또한 두 인물 간의 갈등도 제시하고 있지 않다.

⑤ [A]에서는 과거 사건에 대한 회상을 다루지 않았으며 또한 이를 바탕으로 현재 사건의 원인도 제시하고 있지 않다. 그러나 [B]를 볼 때, 과거 사건에 대한 회상은 대성의 생각에서 드러나며, 두 사람의 만남의 원인은 승상의 발화에서 드러나고 있다. 그러나 이 두 내용이 인과 관계를 갖고 있지는 않다.

35. 인물의 특성 파악하기

정답 pick ❶

'나무 베는 아이'의 '추레함'을 보고도 이를 회피하거나 동정하지 않고 그 옆에서 아이의 옷에 있는 이를 잡아 주며 아이가 잠을 깨기를 기다리는 승상의 모습을 통해 그의 따뜻한 인품을 짐작할 수 있다.

[오답을 피하고 싶었어]

② '내 자식이 무도하여 그대를 알아보지 못하고 망령된 의사를 두었으니'라는 승상의 말을 볼 때, 과오를 범한 것은 승상이 아니라 승상의 자식이다. 따라서 승상이 대성에게 부끄러워하는 것은 자신 때문이 아니라 자신의 자식 때문임을 알 수 있다.

③ '공명을 이루고 용문에 오르면 딸과의 신의를 잊지 말라.'라는 승상의 말은 먼저 큰 업적을 이루고 높은 지위에 오른 후 그 다음으로 자신의 딸과의 약속을 지켜달라는 것이다. 따라서 ''딸과의 신의'를 잊

지 않아야 공명을 이룰 수 있다'라는 진술은 적절하지 않다.

④ '만 리 청총마를 얻으면 그대 재주를 펼칠 것이나', '동해 용왕이 그대를 위하여 이리 왔으니 내일 오시에 얻을 것이니'라는 승상의 말을 볼 때, 대성은 아직 청총마를 얻지 않았으며 동해 용왕의 도움은 미래에 있을 예정이다. 따라서 "'청총마'를 이미 얻고 '동해 용왕'의 도움까지 얻은 '소생'이라는 진술은 적절하지 않다.

⑤ 승상이 대성에게 주고자 한 '내 그대를 잊지 못하여 줄 것이 있어'라는 것은 '보신갑'이다. 이것은 대성이 전장에 나가 공을 이루는 데 큰 도움을 주는 갑옷이다. 따라서 승상은 죽은 후에도 대성을 돕고 있으므로 '죽은 몸으로 '소생'을 도울 수 없어'라는 진술을 적절하지 않다.

36. 공간의 상징적 성격 파악하기

정답 pick ❹

ⓒ(조대)는 ⓐ(책상)에서 꿈을 통해 이동한 ⓑ(조대)와 동일한 공간적 성격을 지니고 있지 않다. 즉 ⓒ는 '승상'이 꿈을 통해 이동한 초현실 공간(ⓑ)에서 돌아온 후에 이동한 특정 현실 공간으로, 그가 실제로 경험한 공간이다. 따라서 ⓒ는 "'승상'의 정신이 경험하는 꿈속 공간'이 아니다.

[오답을 피하고 싶었어]

① ⓐ는 '승상'이 꿈속으로 들어가기 직전의 공간으로 특정 현실 공간이며, ⓑ는 '승상'이 꿈속에서 경험하는 공간으로 초현실 공간이다. '승상'은 꿈을 통해 ⓐ에서 ⓑ로 나아가는 경험을 하고 있다.

② ⓑ와 ⓒ는 모두 '조대'라는 공간이지만, ⓑ는 '청룡'을 본 꿈속의 공간이고 ⓒ는 '아이'를 본 특정 현실 공간이다. 즉 '조대'는 특정 현실 공간이면서도 초현실 공간의 성격을 지닌 것으로 이해할 수 있다. 따라서 ⓑ에서 '승상'이 본 '청룡'은 ⓒ에서 '승상'이 본 '아이'를 상징한다고 할 수 있다.

③ 사건의 흐름상 ⓑ에서 '승상'이 만난 청룡은 현실 공간에서 '아이'임을 암시하고, ⓓ에서 초월적 존재인 '승상'에게 '대성'이 받은 '보신갑'은 현실 공간에서 '갑옷과 투구'임을 말해 주고 있다. 따라서 ⓑ와 ⓓ는 모두 초현실 공간이다.

⑤ '승상'이 '대성'을 만난 공간은 ⓓ이지만 '승상'이 사라진 후에 '대성'이 혼자 있는 공간은 ⓔ이다. 또한 ⓓ에서 '대성'이 '승상'에게 받은 '보신갑'은 ⓔ에서 '갑옷과 투구'로 남아 있지만 ⓓ의 모습은 '승상'과 함께 사라지고 없다. 따라서 ⓓ는 ⓔ와 겹쳐져 있는 공간이지만 초월적 존재인 승상이 사라지자 그 공간 역시 사라진 것이다.

제 9 강 고전 산문 기출 Pick #025~#027

기출 #025 2011학년도 수능 9월 모평 고전 소설

21 ④   22 ④   23 ④

📖 간단한 작품 소개

작자 미상, 「김원전」

이 작품은 나쁜 상황에서 벗어나는 내용을 담고 있는 탈각(脫却) 설화분만 아니라 용궁 설화, 연적 설화, 재생 설화 등 다양한 설화를 바탕으로 서사가 전개되고 있다. 주인공 김원은 천상계에서 죄를 짓고 지상계에 태어나 그 운명이 처음에는 불행했으나 나중에는 여러 고난을 극복하고 부귀공명을 누리다가 다시 천상계로 승천한다. 주인공이 여러 고난을 극복하고 부귀공명을 누리고 있는데, 이는 영웅소설의 일반적인 서사 전개 구조와 유사한 것이다.

주제 김원의 환골탈태와 고난 극복

21. 작품의 세부 내용 파악하기

정답 pick ❹

김원은 허물을 벗은 다음 부모님 앞에서 자신이 허물에 쌓여 있었던 십 년의 시간 동안 부모님께 불효를 했다고 말하고 있다. 자신의 흉한 모습에 대해 부모님께서 걱정하신 것이 자신의 잘못 때문이라고 자책하고 있는 것이다.

[오답을 피하고 싶었어]

① 김 승상은 흉물이 태어난 것과 관련해 선녀의 말과 선녀가 출산을 도와준 것을 근거로 자신의 부인을 위로하고 있다. 이 과정에서 흉물이 태어난 것을 자신의 탓으로 돌리는 내용의 말을 하기는 하고 있지 않다.

② 부인은 흉물이 밥을 먹는 것을 보고 웃으며 밥을 더 주고 있다. 이때 흉물이 밥을 주는 대로 먹는 것을 괴히 여기기는 했으나 근심하지는 않았다.

③ 노복이 흉물을 대한 부인의 태도를 비웃는 내용은 찾아볼 수 없다.

⑤ 김 승상 부부는 흉물이 허물을 벗고 선동이 된 것에 대해 자초지종을 알고 싶어 김원에게 자세히 말해 보라고 하고 있다. 이웃의 반응을 보고 의혹을 해소하고 있지 않다.

22. 외적 준거에 따라 작품 감상하기

정답 pick ❹

김 승상이 부인과 함께 집으로 돌아와 내실이 비어 있는 것을 알고 의혹을 갖던 차에 비복 중에 한 사람이 와서 김 승상에게 월영각에 흉물이 없어지고 선동이 앉아서 김 승상을 찾고 있다고 보고하며 그 이유를 알지 못하겠다고 하고 있다. 노복은 흉물이 선동으로 변했다고 생각하지 못하고 있는 것이다. 비복은 부자 관계 확인의 정당성에 관한 언급을 전혀 하고 있지 않다.

[오답을 피하고 싶었어]

① '이것'은 본래 말하는 이에게 가까이 있거나 말하는 이가 생각하고 있는 사물을 지칭하는 말이다. '이것'이라고 호칭했다는 것은 천상계에서 죄를 지어 흉물로 적강한 김원을 처음에는 사람으로 여기지 않았음을 나타낸다.

② 김원이 적강한 인물이기 때문에 변신 과정에 선관이 개입했다고 볼 수 있다.

③ '골육'은 '혈육'과 유사한 말로 부모와 자식 간을 일컫는다. '원'이라는 이름을 얻었다는 것은 부모와 자식 간의 관계가 확정되었음을 나타낸다.

⑤ '불초자'는 아들이 부모를 상대하여 자기를 낮추어 이르는 일인칭 대명사이다. 그렇기 때문에 이 말에 김원이 부자 관계를 확인받고자 하는 소망이 담겨 있다고 볼 수 있다.

23. 개별 서사 요소의 의미 추론하기

정답 pick ❹

김원은 부모가 주는 밥을 먹고 보살핌을 받아 성장하고 있기 때문에 ⓒ의 '성장'에는 부모가 참여했다고 볼 수 있다. 그런데 ⓓ의 과정에는 부모가 참여하고 있지 않다. '변신' 과정에 참여하고 있는 것은 '선관'이다. 따라서 ⓒ, ⓓ의 서사 요소가 지상계의 의지만으로 천상계의 질서가 구현될 수 있음을 보여준다고 해석하는 것은 적절하지 않다.

[오답을 피하고 싶었어]
① 주인공은 자신의 뜻에 의해 스스로 적강하지 않고 죄에 대한 벌로 적강하였다.
② 지상계에서 이루어지는 사건인 ㉯, ㉰는 김원이 적강했기 때문에 일어날 수 있는 것이다. 이처럼 지상계의 사건이 천상계의 일에 근거하고 있다는 것은 천상계가 지상계보다 근원적인 공간임을 나타낸다.
③ 부모가 ㉯, ㉰에 대해 의심을 품게 된 것은 ㉯, ㉰가 괴이하다고 여겼기 때문이다. ㉯, ㉰를 괴이하다고 여기기 위해서는 괴이하다고 판단할 수 있는 기준이 필요하다. 즉 지상계의 질서에 비추어 봤을 때 ㉯, ㉰가 괴이하다고 판단한 것이다.
⑤ 김원은 자신이 벗은 '허물'을 통해 ㉰를 확인받고 있다. 이는 천상계에서 죄를 지은 김원이 지상계에 내려와 죄를 짓고 그에 대한 확인을 지상계의 인물로부터 받는 것이기 때문에 천상계의 질서가 지상계와의 소통 속에서 구현된다고 할 수 있다.

기출 #026 **2013학년도 수능 9월 모평 고전 소설**

20 ⑤   21 ⑤   22 ④

📖 간단한 작품 소개
작자 미상,「열녀춘향수절가」
봉건 사회를 배경으로 신분을 초월한 남녀 간의 사랑을 다룬 대표적인 판소리계 소설이다. 소재의 현실성, 배경의 향토성, 인물 성격의 창조성, 주제의 저항성이라는 측면에서 국문 소설의 백미(白眉)로 평가되고 있는 작품이다. 표면적으로는 남원 부사의 아들 이몽룡과 기생의 딸 춘향의 신분을 뛰어넘은 사랑을 그리고 있으나, 그 이면에는 양반과 상민 사이의 사회적 불평등을 비판하고 있다는 점에 의의가 있다.

(주제) 신분을 초월한 남녀 간의 사랑

20. 서술상의 특징의 파악하기

정답 pick ⑤
제시된 부분에서는 서술보다는 인물 간의 대화가 중심적이다. 인물 간의 대화를 통해 춘향이 옥에 갇혀 고초를 겪고 있으며, 죽을 날을 기다리고 있음을 알 수 있다. 특히 춘향의 말을 통해서 이몽룡에 대한 간절한 그리움, 자신의 신세에 대한 한탄, 자신이 죽은 이후에 소망하는 것 등이 드러나 있다.

[오답을 피하고 싶었어]
① 춘향의 꿈은 춘향의 간절한 소망을 제시한 것으로 환상적인 분위기와는 거리가 멀다. 제시된 부분도 전체적으로 사실적인 내용이다.
② 서술자가 직접 개입하여 인물을 희화화하는 부분은 나타나지 않는다.
③ 사건이 순차적으로 진행되고 있기는 하나, 갈등이 해소된다고 볼 수 없다. 이몽룡이 자신을 구원해 줄지도 모른다는 기대마저 무너져 버린 춘향의 내적 갈등은 더욱 심화되고 있다.
④ 우의적이란 다른 사물에 빗대어 비유적인 뜻을 나타내거나 풍자한다는 의미로, 제시된 부분에서 우의적인 표현은 나타나지 않는다. 또한, 사건 해결의 실마리를 제공하는 소재도 등장하지 않는다.

21. 외적 준거에 따라 작품 감상하기

정답 pick ⑤

춘향이 이몽룡에 대한 정절을 지킨 것은 당대 사회의 강요라기보다는 자신의 사랑을 지키려는 춘향의 주체적 의지라고 볼 수 있다. 또한, '선산'은 조상의 무덤이 있는 산으로, '서방님 귀히 되어 청운에 오르거든 일시도 둘라 말고' 자신의 시신을 '선산발치'에 묻어달라고 요청하는 춘향의 말로 보면 ㉡은 춘향이 죽어서라도 신분 상승을 이루겠다는 욕망이 드러난 것으로 볼 수 있다. 따라서 ㉡을 정절을 강요하는 당대 사회에 대한 춘향의 비판 의식이 투영된 공간으로 보기는 어렵다.

[오답을 피하고 싶었어]
① 제시문의 '우리 둘이 처음 만나 놀던 부용당'이란 표현을 통해 ㉠이 둘의 사랑이 싹튼, 추억의 공간임을 확인할 수 있다.
② ㉠은 둘의 사랑이 싹튼 추억의 공간이므로, 춘향에게는 '나(춘향)의 혼백 위로하여' 줄 공간이라 볼 수 있다. 또한 그곳에서 이몽룡에게 자신을 손수 염습하여 묻어 달라고 했으므로 춘향이 어사또의 사랑을 다시 확인받고자 하는 공간이라고 할 수 있다.
③,④ 춘향은 이몽룡에게 '서방님 귀히 되어 청운에 오르거든 일시도 둘라 말고' 자신을 ㉡에 묻고, 자신의 묘에 '정절을 지키다 원통하게 죽은 춘향의 묘'라 새겨 줄 것을 바라고 있다. 이를 통해 볼 때 ㉡은 정절을 지키다 억울하게 죽은 춘향의 원한을 풀 수 있는 공간이자, 이몽룡에 대한 정절의 보상으로서 죽어서라도 신분 상승을 이뤄 내고 싶은 춘향의 욕망이 투영된 공간이라고 볼 수 있다.

22. 인물의 말하기 방식 이해하기

정답 pick ④
[D]의 발화가 나타난 맥락을 볼 때, 춘향이는 옥에 갇혀서도 이몽룡이 과거에 급제하고 금의환향하여 돌아오길 기다리고 있으며, 이러한 딸의 바람과는 달리 거지꼴로 돌아온 이몽룡에 대해 춘향 모친은 [D]를 통해 자신의 불편한 심기를 드러내고 있다. 따라서 [D]는 언어유희를 이용해 이몽룡을 비꼬는 표현으로 볼 수 있다.

[오답을 피하고 싶었어]
① 어사또는 춘향 모친에게 말을 낮추고 있다.
② 기대하지도 못했던 이몽룡의 목소리가 들리자 춘향이가 자신의 귀를 의심하고 있는 표현이다.
③ 옥에 갇혀 있음에도 불구하고, 춘향이 자신의 모친을 염려하고 있는 표현이다.
⑤ '서방님 이 지경이 웬일이오?'라는 말에서 어사또에 대한 믿음보다는 거지꼴로 돌아온 이몽룡에 대한 충격과 실망을 드러내고 있으며, 자문자답을 하고 있지도 않다.

기출 #027 **2011학년도 수능 고전 소설**

47 ②   48 ④   49 ②

📖 간단한 작품 소개
작자 미상,「운영전」
이 작품은 신분적인 제약이 심했던 조선 시대를 배경으로, 신분적인 제약이라는 거대한 장애 속에서 이루어지는 궁녀 운영과 김 진사의 사랑을 다룬 소설이다. 죽은 김 진사와 운영이 선비 유영에게 나타나 자신들의 사랑 이야기를 들려주는 액자 형식으로 되어 있는 작품으로, 금지된 사랑이 싹트고, 지속되고, 결국에는 발각되어 불행한 죽음에 이르는 과정이 잘 드러나 있다. 고전 소설의 특징인 '행복한 결말(해피엔딩)'이 아니라는 점에서 독특한 작품이다. 제시된 본문은 두 사람의 사랑에 반동 인물로 작용하는 '특'의 간계가 드러나는 부분으로, 김 진사와 운영의 사랑이 시련을 겪는 부분이라고 할 수 있다.

주제 김 진사와 운영의 사랑과 장애

47. 작품의 세부 내용 파악하기

정답 pick ❷

특은 김 진사의 부탁으로 운영의 재물을 운용하는 인물인데, 재물에 대한 욕심 때문에 간계를 꾸미고 있다. 도둑을 만났다는 것도 특이 지어낸 거짓말일 뿐이며, 특이 맹인에게 말한 것은 도둑이 버리고 간 물건을 자신이 주웠을 뿐이며, 그것에 대해 김 진사가 욕심을 부린다는 허무맹랑한 내용들이다. 운영이 도둑을 맞았다는 내용을 언급하고 있지는 않다.

[오답을 피하고 싶었어]

① 진사는 도둑을 만나 재물을 뺏겼다는 특의 말을 믿었으나 그것이 특의 소행임을 알고 뒤늦게야 노비 십여 명을 거느리고 가서 특의 집을 수색했다는 내용이 나온다.
③ '맹인의 이웃'이 특으로부터 들은 김 진사의 악행에 관한 이야기는 궁중으로까지 전파되어 대군의 귀에 들어가게 되었다.
④ 대군은 김 진사와 관련된 소문을 듣고 서궁을 수색하게 하였고 서궁의 궁녀들을 형장에 세웠다.
⑤ 은섬은 대군의 처사에 대해 억울한 심정을 드러내고 있기는 하지만, 다른 궁녀를 원망하거나 하는 태도는 드러내고 있지 않다.

48. 특정 제재의 의미 파악하기

정답 pick ❹

'궁궐의 담'은 궁녀의 생활 반경을 규정지을 뿐 아니라, 궁녀로서의 삶과 일반인으로서의 생활의 경계를 이루는 소재이다. 궁궐의 담 안쪽에서 살아가는 궁녀들은 대군의 영향 아래 궁녀로서의 삶을 살아가는 것인데, 이를 뛰어넘는다는 것은 궁녀로서의 신분에 벗어난 행동일 뿐 아니라, 이는 곧 대군의 권위에 도전하는 것이 된다.

[오답을 피하고 싶었어]

① 담은 위선과 진실의 경계라고 할 수 없다. 그 경계를 통해 위선과 진실의 특징이 뚜렷하게 구별되어 드러나는 장면은 없기 때문이다.
② 물질적인 문제는 담 밖에 있는 특에게서 더 강하게 드러나고 있다. 그러므로 궁궐의 담 안쪽을 물질적 욕망이 지배하는 공간이라고 파악하는 것은 적절하지 않다.
③ 은섬의 말로 보아 담 안의 궁녀들이라고 해서 담 밖의 생활에 관심이 없는 것은 아니다. 단지 자제하고 마음을 가다듬을 뿐이다.
⑤ 김 진사와 특의 관계로 볼 때 담 밖에도 신분적 위계는 존재하고 있다.

49. 외적 준거에 따라 작품 감상하기

정답 pick ❷

〈보기〉는 '운영전'이 운영과 김 진사의 목소리로 서술되는 내용임을 강조하고 있다. 즉 이 문제는 이런 특징이 작품에 어떻게 나타나고 있는가를 파악할 수 있는지 평가하려는 유형이다. 주인공의 입장에서 자신들의 삶에 반동적인 인물로 작용한 사람에 대해서는 부정적으로 서술하게 되고, 자신들의 삶에 대해서는 비교적 관대하게 서술하게 된다는 점에 의해 작품을 살펴봐야 한다. 그러나 맹인의 태도로 인해 주인공의 사랑을 위기에 처하게 되는 것은 아니다. 이미 특의 욕심 때문에 두 사람의 사랑은 역경에 부딪쳐 있는 상황이라고 할 수 있다.

[오답을 피하고 싶었어]

① 운영이 김 진사를 사랑하게 된 것도 궁녀라는 신분에 초점을 맞추어 생각한다면 엄연히 '대군'에 대한 배신이라고 할 수 있으나, 주인공은 특의 배신만을 문제 삼아 사건을 서술하고 있다.
③ 특이 남몰래 웃음을 짓는다는 것을 통해 특의 간교함이 효과적으로 드러나고 있다. 즉 이는 주인공이 특의 부정적 면모에 초점을 맞춰 지난 사건을 서술하고 있기 때문에 더욱 부각되는 것이기도 하다.
④ 대군은 궁녀들의 주군으로, 궁녀들에 대한 모든 권한을 쥐고 있는 인물이다. 그간 대군으로부터 받은 은혜가 전제되어 있기 때문에 소문을 듣고 궁녀들을 벌하고자 하는 대군에 대해서도 궁녀들은 악하게 생각하지 않는 것이다.
⑤ 궁녀들은 신분적 제약을 받는 몸이라서, 부당한 것에 대해서도 말할 수 없는 처지임이 은섬의 말에 잘 드러나고 있다. 이는 곧 운영의 사랑이 현실에서 가능하지 않다는 것 또한 드러내고 있는 것이다.

제 10 강 문학 연습 1 기출 Pick #028

기출 #028 **2023학년도 수능 현대시**

31 ①   **32** ④   **33** ②   **34** ③

📖 간단한 작품 소개

(가) 유치환, 「채전」

(가)의 채전은 가지, 고추, 오이, 토란, 박, 호박 등의 채소들이 '제각기 타고난 바탕과 생김새로' 자라고 영글어 '목숨의 유열과 천지와의 화합'이 있는 공간이다. 또한 나비, 풍뎅이, 잠자리, 바람, 그늘, 비, 햇볕 등의 '극진한 축복과 은혜' 속에 채소들이 '지극히 충족한 빛나는 생명의 양상'을 이루는 공간이다. 이처럼 화자는 생명체들이 조화를 이루며 영글어 가는 한여름의 채전을 감각적으로 그림으로써, 만물의 조화로운 성장과 충만한 생명력에 대한 예찬적 태도를 드러내고 있다. 아울러 이러한 묘사를 통해 타고난 대로, 주어진 대로 살아가는 자족적 태도를 이끌어 내고, 이러한 채전을 직접 보고 경험해 볼 것을 권장하는 목소리를 내고 있다.

주제 생명체의 조화로운 성장과 자족하는 태도

(나) 나희덕, 「음지의 꽃」

(나)는 인간에 의한 생명 파괴를 고발하고 자연의 강인한 생명력을 노래한 작품이다. '벌목의 슬픔', '패역의 골짜기' 등에서 인간에 의한 자연 파괴 행위에 대해 비판적 관점을 드러내고 있으며, 썩은 참나무의 상처에서 피어나는 '버섯'을 통해 생명의 강인함을 보여 주고 있다. 이 작품에서 '음지'는 참나무가 썩어 가는 '패역의 골짜기'와 비교해 볼 수 있다. '패역의 골짜기'가 상처와 고통으로 황폐화된 현실이라면 '음지' 역시 그러한 성격을 갖는다. 그러나 그 '음지'에서 황홀하게 피어나는 '꽃'이 바로 '버섯'이므로 이 작품은 황폐화된 현실이 강인한 생명이 피어나는 공간으로 바뀌는 순간을 그리고 있다고 할 수 있다.

주제 인간에 의한 자연의 황폐화와 자연의 강인한 생명력

31. 작품 간의 공통점, 차이점 파악하기

정답 pick ❶

(가)의 중심 제재는 '한여름'의 '채전'이라 할 수 있다. 그곳은 '황금의

햇빛' 속에서 가지, 고추, 오이, 토란, 박, 호박 등의 채소들이 '제각기 타고난 바탕과 생김새로' 자라고 영글어 '주어진 대로를 정성껏 충만시키는, '목숨의 유열과 천지와의 화합'이 있는 공간이다. 또한 나비, 풍뎅이, 잠자리, 바람, 그늘, 비, 햇볕 등의 '극진한 축복과 은혜' 속에 채소들이 '지극히 충족한 빛나는 생명의 양상'을 보여 주는 곳이다. 한편 작품의 제목에서 보듯이 (나)의 중심 제재는 '버섯'이라 할 수 있다. 그것은 '벌목의 슬픔'으로 서서 '썩어 가는 참나무 떼'의 '몸에 뚫렸던 상처'에서 피어난다. 그것은 '소나기처럼 후드득 피어나' 서서히 썩어 가는 참나무의 고통과 상처를 멈추게 하기에 화자는 '버섯'을 '음지의 꽃'으로 부른다. 따라서 (가)와 (나)는 모두 사물에 대한 긍정적 인식을 바탕으로 하고 있으며, 화자가 중심 제재에 대해 예찬적 태도를 드러내고 있다는 점에서 공통적이다.

[오답을 피하고 싶었어]
② (가)의 '제각기 타고난 바탕과 생김새로', '주어진 대로를 정성껏 충만시킴으로써 스스로를 족할 줄 알라' 등에서 주어진 현실에 순응하는 모습으로 볼 수는 있으나, 화자는 채소들의 이러한 모습을 긍정적으로 바라보고 있다. (나)의 '썩어 가는 참나무 떼'는 '벌목의 슬픔'으로 서서 썩어 간다. 그렇지만 그들의 상처에서 버섯이 피어나므로, 주어진 현실에 순응하는 모습이나 비관적 태도를 찾아보기 어렵다.
③ (가)는 한여름의 '채전'을 통해 만물의 조화와 충만한 생명력을 보여 주고 있으며, (나)는 생명의 파괴와 그로 인한 썩음, 상처, 고통을 딛고 일어나는 생명의 강인함을 '버섯'을 통해 보여 주고 있다. 그러므로 (나)는 중심 제재의 외적 아름다움을 표현하고 있다고 보기 어려우며, 고요한 마음으로 사물이나 현상을 관찰하는 관조적 시선을 취하고 있다고 보기도 어렵다.
④ (나)의 '벌목의 슬픔', '패역의 골짜기' 등에서 인간의 행위에 대한 비판적 관점을 읽어 낼 수 있기에 우호적 관점을 토대로 중심 제재의 심미적 속성을 강조하고 있다고 볼 수 없다.
⑤ (나)의 '벌목의 슬픔으로 서 있는 이 땅', '패역의 골짜기' 등에는 장소에 대한 부정적 인식이 투영되어 있다고 볼 수 있다. 그러나 (가)의 '채전'은 긍정적 인식과 예찬적 태도가 담겨 있는 장소라 할 수 있다.

32. 표현상의 특징 파악하기

정답 pick ④
시상의 흐름으로 보아 (가)의 '많은 손님들'은 나비, 풍뎅이, 잠자리, 바람, 그늘, 비, 햇볕 등을 가리킨다는 점에서 이들 사물을 인격화한 표현이라 할 수 있다. 이 '손님들'은 '채전'의 '지극히 범속한 것들'이 '목숨의 유열과 천지와의 화합', '빛나는 생명의 양상'을 이루는 데에 '극진한 축복과 은혜'를 주는 존재들이다.

[오답을 피하고 싶었어]
① (가)의 1연과 2연은 모두 '한여름 채전으로 가 보아라'로 시작하고 있다. 여기서 '가 보아라'가 반복되고 있다. 2연의 마지막 행은 '한여름 채전으로 와서 보아라'로 끝난다. 여기에서 '가 보아라'는 '와서 보아라'로 변주되고 있다. 이러한 반복과 변주를 통해 '한여름'의 '채전'에서 겪을 수 있는 경험의 소중함, '목숨의 유열과 천지와의 화합'과 '지극히 충족한 빛나는 생명의 양상'을 경험하는 소중함을 느끼게 하려는 화자의 의도를 엿볼 수 있다.
② (가)에서 '지극히'는 '범속한 것들' 앞에서 반복되고 있으며 '충족한 빛나는 생명의 양상' 앞에서도 수식어로 반복되고 있다. 이는 한여름 채전의 채소들에서 느끼는 화자의 충족한 느낌을 강조하려는 것으로 볼 수 있다.
③ '과분하지 말라'는 부정 명령형 '말라'를 사용하고 있으며, 이러한

부정 명령형은 '주어진 대로', '스스로를 족할 줄 알'아야 한다는 화자의 인식을 드러낸다고 볼 수 있다.
⑤ '빛나는 생명의 양상'은 '생명의 양상'이라는 관념을 시각화한 표현으로 볼 수 있다. 그것은 '목숨의 유열과 천지와의 화합'이 이루어진 '채전'의 '지극히 범속한 것들'에 대한 화자의 생각을 표현하고 있다.

33. 맥락에 따라 작품 이해하기

정답 pick ②
[B]에서 보듯이 '우리'가 함께 썩어 갈수록 '바람'은 '더 높은 곳'에서 '우리'를 흔든다. 그 바람은 [C]에서 보듯이 '잠자던 홀씨들'을 일어나게 하고, 이러한 '홀씨들'의 일어남은 '우리 몸에 뚫렸던 상처마다' '버섯'이 피어남으로 이어진다. 그러므로 [B]에서 참나무의 상태에 변화를 가져온 움직임은, [C]에서 버섯이 피어나는 상황과 순차적 관계를 형성한다고 할 수 있다.

[오답을 피하고 싶었어]
① '순환'은 주기적으로 되풀이되는 과정을 의미하기에 [A]에서 참나무가 벌목으로 썩어 가는 모습이, [B]에서 바람에 흔들리는 나무의 모습과 순환적 관계를 이룬다고 할 수 없다.
③ [C]에서는 참나무의 상처에서 생명이 생성되는 순간을 말하고 있고, [D]에서는 그로 인해 나무의 고통이 멈추게 됨을 말하고 있다. 그러므로 이러한 생명 생성의 순간과 고통이 멈추는 과정을 대립적 관계로 볼 수 없다.
④ [D]에서는 버섯의 피어남으로 인해 참나무의 고통이 멈추게 됨을 말하고 있다. [E]에서 낙엽은 산비탈을 구르고, 바람은 골짜기를 떠돈다. 그러므로 참나무 모습에 일어난 변화와, 낙엽이나 바람이 처한 상황을 인과적 관계로 설명할 수 없다.
⑤ [E]에서 참나무 주변에 존재하는 낙엽, 바람 등은 [F]에서 나무를 채워 주는 존재로 제시된 대상 즉 '버섯'과 동질적 존재가 아니다.

34. 외적 준거에 따라 작품 감상하기

정답 pick ③
'넌출'은 길게 뻗어 나가 늘어진 식물의 줄기로 (가)에서 '넌출'은 채전 울타리에 덤불을 이뤄 자라는 작은 박과 호박을 감각적으로 묘사하는 구절의 일부이다. 이 '넌출'은 어우러진 생명체와는 관련이 있지만 현실의 삶에 자족하게 되는 계기와 바로 연결하기는 어렵다. (나)의 '홀씨'는 참나무 몸에 뚫렸던 상처에서 피어나는 버섯의 홀씨이다. 그러므로 썩어 가는 참나무의 몸에서 피어나는 버섯은 〈보기〉에서 말한 생명체들이 어우러져 살아가는 모습으로 해석할 수 있다.

[오답을 피하고 싶었어]
① (가)는 '한여름'을 시간적 배경으로 '채전'에서 자라고 영글어 가는 생명체들의 풍요로움을 감각적으로 형상화하고 있다. (나)는 '벌목'으로 썩어 가는 '참나무 떼'가 '겨울'을 나는 장면으로 시작하여, 참나무 상처에서 '버섯'이 피어나는 순간을 그리고 있다. 그러므로 여기서 '겨울'은 생명 파괴의 현실과 아울러 그 현실을 이겨 내는 시간적 배경이라 할 수 있다.
② 〈보기〉에서처럼 (가)가 만물의 조화로운 성장과 충만한 생명력을 그리고 있는 작품이라면 (가)의 '채전'은 '지극히 범속한 것들'이 함께 조화를 이루며 살아가는 공간이고, '울타리'는 그 경계를 의미한다고 할 수 있다. (나)의 '패역의 골짜기'는 벌목된 참나무들이 슬픔으로 서 있는 공간이다. 〈보기〉에 따르면 이 공간은 '벌목'으로 표현된 인간의 욕망이 투영된 장소로 해석할 수 있다.

④ (가)에서 '그늘'은 나비, 풍뎅이, 잠자리, 바람, 비, 햇볕 등과 함께 만물의 조화로운 성장을 이루어 가는 하나의 배경으로 해석할 수 있다. (나)의 '음지'는 참나무가 썩어 가는 '패역의 골짜기'와 비교해 볼 수 있다. <보기>에 따르면 '패역의 골짜기'는 상처와 고통으로 황폐화된 현실로 해석할 수 있다. '음지' 역시 그러한 공간으로 볼 수 있지만 그 '음지'에서 황홀하게 피어나는 '꽃'이 '버섯'이다. 그러므로 '음지'에서는, 황폐화된 현실이 강인한 생명력이 피어나는 공간으로 바뀌는 변화를 찾을 수 있다.

⑤ (가)의 '비'는 나비, 풍뎅이, 잠자리, 바람, 그늘, 햇볕 등과 함께 생명의 충만함과 조화로움을 갖게 하는 표상으로 볼 수 있다. (나)의 '소나기'는 '서서히' 썩어 가는 참나무들과 대비되어 '후드득' 피어나는 버섯의 의미에 연결되어 있으므로, 황폐화된 현실에 생명력을 환기하는 대상으로 해석할 수 있다.

2023학년도 수능 9월 모평 현대시

26 ④

📖 간단한 작품 소개

(나) 신경림, 「길」

(나)는 길을 통해 인생을 살아가는 바람직한 방법에 대한 깨달음을 전달하는 작품이다. 이 작품에서는 두 종류의 '사람들'이 나온다. 어떤 '사람들'은 길이 외부에 있다고 여기는데, 이들은 자신들이 길을 만들었다고 생각하고 길이 사람들에게 시련을 주는 이유도 사람들을 위해서라고 말한다. 반면에 어떤 사람들은 길이 내부로 나 있다고 여기는데, 이들은 자신의 내면을 들여다보는 것이 중요하고, 자신이 길을 만들었다고 말하지 않는다. 이처럼 이 작품은 시적 대상인 '길'을 의인화하여, 인간 중심적 사고를 하는 사람들에 대한 비판적 시각을 드러내고 있다.

주제 내면을 가꾸는 삶의 중요성

26. 맥락에 따라 작품 이해하기

정답 pick ④

[E]는 길이 밖이 아니라 안으로 나 있음을 아는 사람, 즉 진정한 길의 뜻을 아는 사람에게만 길이 고분고분한 태도를 보임을 표현하고 있다. 이는 길이 제 뜻을 아는 사람에게 꽃과 그늘을 선사하는 모습을 나타낼 뿐, 길이 자신의 뜻을 굽혀 '사람'에게 복종하는 것을 보여 주는 것은 아니다.

[오답을 피하고 싶었어]

① [B]에서 '길'이 큰물을 내어 길을 끊음으로써 사람들이 길을 버리게 한다고 했는데, 이는 [A]에서 '길'이 '사람들의 뜻'을 좇지 않는 구체적인 양상을 표현한 것이라 할 수 있다.

② [C]에서 '사람들'은 자신이 만든 길이 사람들에게 세상 사는 슬기를 가르치는 것이라고 말하고 있는데, 이는 [B]에서 사람들은 '길'이 사람들의 뜻을 좇지 않는 경험을 바탕으로 수용한 생각이다.

③ [C]에서 '사람들'은 길이 사람들에게 슬기를 가르친다고 여기는데, [D]에서는 이런 생각이 진정한 길의 뜻을 깨닫지 못하고 있는 것임을 밝히고 있다.

⑤ [F]에서 '사람들'은 자신들이 길을 만들지 않았다는 깨달음을 얻게 되는데, 이는 [A]에서 자신이 길을 만들었다고 말하는 '사람들'과 대비된다.

2023학년도 수능 6월 모평 현대시

32 ②

📖 간단한 작품 소개

(가) 신동엽, 「향아」

(가)는 '향'이라는 청자를 설정하여 허위와 가식이 넘치는 물질문명을 비판하고 소박하지만 순수하고 건강한 생명력이 넘치는 농촌 공동체가 존재했던 과거의 삶으로 회귀하고 싶어 하는 마음을 형상화하고 있다. 화자가 '향'에게 '돌아가자'고 한 '푸짐히 두레를 먹던 정자나무 마을'은 '전설 같은 풍속'이 있던 공간으로, 따뜻한 정이 넘치던 농경 문화가 지배하던 곳이다. 그렇기에 화자는 그곳에 가면 '병들지 않은 젊음'과 '싱싱한 마음밭'을 지닐 수 있다고 여기고 있다. 반면에 화자가 살고 있는 현재는 '무지갯빛 허울의 눈부심'이 가득하고, '기생충의 생리와 허식'이 존재하는 곳으로, 화자는 '향'에게 이러한 물질문명의 허위와 가식에 물들지 말 것을 당부하고 있다. 이처럼 이 작품은 현재와 과거의 대비를 통해 주제 의식을 강조하고 있으며, 청유형 어미를 반복적으로 활용하여 화자의 의지를 강조하고 있다.

주제 물질문명에서 벗어나 순수한 과거로 돌아가고 싶은 바람

(나) 기형도, 「전문가」

(나)는 동화 같은 상징적 이야기를 통해 권력자의 숨은 의도를 제대로 파악하지 못해 결국 자신이 누리는 행복과 자유마저 빼앗기는 어리석은 군중의 모습을 형상화하고 있다. '이사온 그'의 집에 세워진 유리 담장은 어두운 골목의 실체를 은폐하기 위한 장치로, '아이들'은 그 진실을 알지 못한 채 담장의 즐거움에 취해 '그'의 술수에 길들여지고, '그'의 달콤한 말에 현혹되어 간다. 그사이 잠시 제 목소리를 내는 '아이'도 있었지만, 소속 집단과 다른 생각을 가진 그 아이는 골목에서 추방당한다. 결국 모든 유리 담장이 사라져 골목의 진실이 밝혀졌을 때에는 이미 아이들은 '그'의 부하가 되어 자유를 빼앗긴 채 살아가는 존재가 된다. 이 작품에서 '그'는 권력자, '아이들'은 '우매한 군중', '유리 담장'은 권력자가 우매한 군중을 통치하기 위해 사용한 환영을 상징한다. 이런 점에서 시의 제목 '전문가'는 권력자들이 어리석은 군중을 교묘하게 길들이는 방법을 활용하는 데 매우 능통하다는 점을 우회적으로 표현한 것으로 볼 수 있다.

주제 권력자의 기만적 통치술에 이용당하는 우매한 군중의 모습

32. 표현상의 특징 파악하기

정답 pick ②

(나)는 '그'가 이사 온 후 골목에서 벌어진 사건을 그리고 있다. 사건의 핵심은 진실을 은폐하려는 '그'의 교묘한 술수에 말려 어리석은 '아이들'이 그의 부하가 되어 자유마저 상실하게 되었다는 것인데, 이는 기만적 통치술을 지닌 권력자에 의해 우매한 군중이 어떻게 이용당하는지를 상징적으로 보여 주는 사건이다. 이처럼 이 작품은 마치 한 편의 동화처럼 간단한 이야기로 제시되어 있지만, 그 속에는 권력자들의 비열한 통치 전략과 그 의도를 파악하지 못하는 어리석은 군중에 대한 비판이 담겨 있다.

[오답을 피하고 싶었어]

① (가)에서 화자는 '오래지 않은 옛날'로 '돌아가자'고 하며 옛날 고향의 풍경을 묘사하고 있으므로, (가)는 과거를 회상하고 있다고 할 수 있다. 그러나 현실에 대해 적극적으로 비판할 뿐 관망하는 태도를

보이고 있지는 않다.

③ (가)에서 '수수럭', '미끈덩'은 소리나 모양을 나타내는 표현으로 볼 수 있지만, 화자가 경이로움을 느낀 세계는 상상의 세계가 아닌 과거 경험했던 세계이다. (나)에는 음성 상징어가 활용되지 않았고, 경이로운 상상 세계가 나타나지도 않았다.

④ (가)에서 '돌아가자'가 반복되고 있으며, 이를 변주한 '가자', '가자꾸나'가 쓰이고 있는데, 이는 시적 분위기를 고조하는 효과가 있다. 하지만 (나)에는 동일한 시구의 반복과 변주가 활용되고 있지 않다.

⑤ (가)에서 화자는 시적 청자인 '향'에게 자신이 바라는 바를 청유형 어조로 전달할 뿐 위로하는 어조로 말을 건네고 있지는 않다. (나)에서 화자는 관찰자의 입장에서 골목에서 벌어졌던 사건을 객관적 태도로 전달할 뿐, 충고하는 어조로 시적 청자에게 말을 건네고 있지 않다.

제 11 강 문학 연습 2 기출 Pick #029

기출 #029   2023학년도 수능 9월 모평 고전 소설

18 ④   19 ②   20 ③   21 ④

📖 간단한 작품 소개

(가) 작자 미상, 「정수정전」

이 작품은 여성 주인공 정수정의 시련과 고난 극복 과정, 무용담 등을 그린 여성 영웅 소설이자 군담 소설이다. 정수정은 가정에 어려움이 닥치자 남장을 하고 과감히 남성 위주의 사회에 뛰어들어 장원 급제를 이루고 국가에 공을 세운다. 이 과정에서 남장은 정수정이 여성이라는 사회적 한계를 뛰어넘어 남성과 동등하게 경쟁할 수 있는 방법이 된다. 또한 남장 사실이 드러난 이후에도 임금은 정수정을 대원수에 임명하는데, 이러한 점은 정수정의 영웅적 능력을 사회적으로 공인받게 하는 역할을 한다. 그리고 정수정이 대원수로서 중군장인 남편 장연을 이끌고 전장에 나가 국가적 위기를 극복해 내는 장면에서는 주인공 정수정의 영웅적 면모가 극명하게 나타난다. 또한 가문의 원수를 갚는 장면에서는 주인공의 효녀로서의 면모를 엿볼 수 있다. 정수정이 여성임이 밝혀진 이후에도 남성을 압도하는 모습을 보이고 큰 공을 세우는 것은 조선 후기 여성들의 욕구가 반영된 것으로 새로운 여성상을 제시한 것으로 평가할 수 있다.

(주제) 정수정의 고난 극복과 영웅적 활약

18. 인물의 심리, 태도 파악하기

정답 pick ④

'한복'은 '정수정(대원수)'의 명령을 받고 군사를 지휘하여 '진량'의 귀양지로 가서 그를 결박하여 본진으로 돌아왔다. 그 후 본진에서 '정수정'이 무사에게 호령하여 '진량'을 처형한다.

[오답을 피하고 싶었어]

① '정 상서'가 병이 있어 상소하고 '황제'의 탄생일 조회에 불참하자 '진량'은 '정 상서'가 간악한 인물로 다른 생각을 하고 있다고 모함했다. '황제'는 자신이 가장 총애하는 '진량'의 말을 듣고 크게 놀라 '정 상서'를 처벌하려 하고 있다.

② '정 상서의 죄 명백함이 없으니 어찌 벌로 다스리오리까?'를 통해 '중관'이 '황제'에게 '정 상서'를 처벌하기에는 그 죄가 분명하지 않음을 주장하고 있다는 것을 알 수 있다.

③ '중관'이 '정 상서'의 집에 가서 '황제'의 명을 전하니 '정 상서'는 '내 일찍 국은을 갚을까 하였더니 소인의 참언을 입어 이제 귀양을 가니 어찌 애달프지 않으리오.'라고 말하고 있다. 즉 '정 상서'는 자신이 소인인 '진량'의 참언 때문에 뜻하지 않게 귀양을 가게 되었다고 생각하는 것이다.

⑤ 아들인 '장연'의 말을 듣고 '태부인'이 원통하고 분한 심정을 드러내자 '원 부인'과 '공주'는 '정수정 벼슬이 높으니 능히 제어치 못할 것이요, 저 사람 또한 대의를 알아 삼가 화목할 것이니 이제는 노하지 마소서.'라고 아뢰며 시어머니인 '태부인'을 진정시키고 있다.

19. 서사의 전개 이해하기

정답 pick ②

ⓒ 앞의 내용을 보면 이미 '정 상서'는 '중관'을 통해 자신이 귀양을 가게 되었다는 비보를 들었다. ⓒ은 '사관'이 '정 상서'에게 빨리 귀양지로 이동할 준비를 하라고 재촉하는 말이지, '정 상서'로 하여금 비보가 전해질 것을 짐작하게 만드는 말이 아니다.

[오답을 피하고 싶었어]

① '진량'은 '정 상서'가 병으로 '황제'의 탄생일 조회에 불참하자 이를 이용하여 '정 상서'를 모함하고 있다.

③ ⓒ '정 상서'가 귀양지에서 죽었다는 소식을 듣고 '부인'과 '정수정'은 혼절하게 되었다.

④ '정수정'이 침입한 '호왕'을 격파하자, '황제'는 '정수정'의 공을 인정하여 그녀를 좌삭로 평북후를 봉해 '정수정'의 노고에 보답했다.

⑤ ⓓ 앞의 내용 중 '태부인이 그렇게 여겨 이에 시녀를 정하여 서찰을 주어 청주로 보내느라.'를 통해 '태부인'이 '원 부인'과 '공주'의 조언을 듣고 '정수정'에게 기주로 오라는 화해의 편지를 보냈음을 짐작할 수 있다. ⓓ 다음의 '기뻐 즉시 회답하여 보내고 익일에 행장차려 갈새'로 볼 때, '정수정'은 ⓓ으로 전쟁에서 '장연'을 징계한 일로 인한 걱정을 덜며 떠날 채비를 하게 된 것이다.

20. 소재의 기능 파악하기

정답 pick ③

'첩서'는 싸움에서 승리한 것을 보고하는 글이다. '정수정'은 '호왕'을 격파하고 승전하였다는 내용인 ⓑ를 작성하여 '황제'에게 올린 것이다.

[오답을 피하고 싶었어]

① '장계'는 왕명을 받고 지방에 나가 있는 신하가 자기 관하의 중요한 일을 왕에게 보고하던 문서이다. '정 상서'가 귀양지인 절강에서 죽자 절강을 다스리던 관리인 '절강 만호'가 ⓐ를 작성하여 '정 상서'의 죽음을 '황제'에게 보고한 것이다.

② 이 글에서 '절강 만호'는 '황제'와 갈등 관계를 이루고 있는 것이 아니다.

④ '대군을 지휘하여 경사로 향하여 여러 날 만에 궐하에 이르니, 황제 백관을 거느려 대원수를 맞아 치하하시고'로 볼 때, '정수정'은 승리를 보고하는 첩서를 먼저 올린 후 경사(수도)로 개선하여 '황제'를 직접 만난 것이다. 이 글에서 '정수정'이 '황제'와의 대면을 피한다는 내용은 찾을 수 없으며, 대면을 피할 목적으로 ⓑ가 작성된 것도 아니다.

⑤ '정 상서'가 죽었다는 소식은 '절강 만호'가 '부인'에게도 알렸고, '호왕'을 격파했다는 소식은 '황제'가 백관을 거느리고 '정수정'을 맞아 치하하는 상황을 통해 많은 사람에게 알려졌다고 볼 수 있다. 즉 ⓐ와 ⓑ 모두 황제 외의 사람들에게 소식이 알려진 것이다.

27

21. 외적 준거에 따라 작품 감상하기

정답 pick ❹

'장연 징계한 일로 심사 답답'한 '정수정'의 고민은 〈보기〉의 국가적 위기를 해결하는 영웅이면서도 부녀자로서의 덕목을 지녀야 하는 장씨 가문의 여성인 '정수정'의 서로 다른 역할과 관련한 갈등에서 발생한 것으로 볼 수 있다. 그러나 이러한 '정수정'의 답답한 심사는 시어머니인 '태부인'의 편지를 받으면서 해소가 되고 있다. 이 글에서 '정수정'이 답답한 심사 때문에 군대를 통솔했던 국가적 영웅으로 돌아가고 싶어 한다는 내용은 찾을 수 없다.

[오답을 피하고 싶었어]

① '정수정'이 '진량'의 귀양지를 물은 후 '한복'에게 철기를 거느리고 가서 '진량'을 결박하여 오라고 명하는 내용에서 부친의 한을 풀어 주기 위한 것임을 알 수 있다.

② '정수정'이 무사를 시켜 '진량'의 머리를 벤 후 제상을 차려 부친의 제사를 지내는 내용에서 부친의 원수를 갚는 효녀로서의 소임을 수행하여 죽은 부친의 넋을 위로하고 있음을 알 수 있다.

③ '호왕'의 침입에 맞서 출전한 군대에서 아내인 '정수정'은 대원수이고, 남편인 '장연'은 그 부하인 중군장의 임무를 맡고 있다. '태부인'이 '장연'의 말을 듣고 '전쟁터에서 부인에게 욕을 보고 돌아'왔다며 통분하는 모습은 자신의 며느리인 '정수정'이 군대의 지위를 내세워 남편인 '장연'을 함부로 대했다고 여기는 것으로 볼 수 있다. 즉 '정수정'이 아내의 역할보다 대원수의 역할을 중시한 것에 대해 못마땅한 심정을 드러내는 것임을 알 수 있다.

⑤ '정수정'이 기주로 갈 때 '홍군 취삼으로 봉관 적의에 명월패 차고 수십 시녀를 거느'리고 이동하며, 용맹한 장수인 '한복'이 '정수정'을 호위하는 상황을 통해 국가적 영웅의 면모를 유지함을 알 수 있다. 그리고 기주에 도착하여 '태부인'에게 예의를 보이고 '태부인'을 지성으로 섬기는 모습에서 며느리로서의 역할도 충실하게 수행함을 알 수 있다.

2023학년도 4월 학평 고전 소설

28 ④

📖 간단한 작품 소개

작자 미상, 「현수문전」

이 작품은 현수문의 영웅적 일대기를 그린 영웅 소설로, 그 안에 가난한 사위 박대 이야기를 담고 있다. 이러한 내용은 「소대성전」 등에서도 찾을 수 있다. 그러나 이 작품에서는 가난한 사위와 처가와의 갈등 해결보다는 국가의 멸망과 건국에서 보인 주인공의 활약에 중심을 두고 있다는 점에서 차이를 보인다. 특히, 마지막 부분에서 작가가 오랑캐인 원나라의 건국을 인정하는 것은 역사적 사실에 따라 결말을 처리한 것으로 볼 수 있다.

28. 작품의 내용 이해하기

정답 pick ❹

'사관과 함께 길을 떠났는데, 좌승상 석침을 데리고 황성으로 향하니라'고 하였으므로 황성에서 사관이 좌승상 석침과 함께 있던 새 위왕을 만났다는 것은 적절하지 않다.

[오답을 피하고 싶었어]

① '적군이 견디지 못하여 불길을 무릅쓰고 달아나는데, 또 위왕의 군진을 만나니 ~ 죽은 자를 이루 다 셀 수가 없었다.'를 통해 남주성에서 진골대가 위왕의 군사로부터 크게 패했음을 알 수 있으므로 적절하다.

② '백성들이 길에서 울고 있는지라 그 까닭을 물으니 답하여 말했다'를 통해 화음현에서 백성들은 자신들이 우는 이유에 대해 말하고 있음을 알 수 있으므로 적절하다.

③ '구골대가 능히 대적하지 못하여 ~ 죽었다.'를 통해 거창산에서 벌인 전투 이후에 구골대는 죽음을 맞이했음을 알 수 있으므로 적절하다.

⑤ '도로 용상에 누워 혼절하니 ~ 만조백관들이 허둥지둥 어찌할 줄 몰랐는데'를 통해 궐내에서 혼절한 새 황제를 보고 만조백관들이 허둥지둥했음을 알 수 있으므로 적절하다.

2023학년도 3월 학평 고전 소설

32 ④   33 ②

📖 간단한 작품 소개

작자 미상, 「이대봉전」

이 작품은 제목이 남자 주인공의 이름으로 되어 있으나, 남자 주인공인 이대봉의 활약 외에도 여자 주인공인 장애황의 활약이 구체적으로 그려져 있다. 장애황은 남복을 입고 과거에 급제하여 벼슬을 하고, 전쟁에 나가서 싸워 큰 공을 세운다. 이와 같은 장애황의 이야기는 당대의 여성 독자층 증가, 시대에 따른 여성 의식의 성장과 관련이 있다. 이 작품에서 남녀 주인공인 이대봉과 장애황은 부모끼리 혼인을 약속한 사이이다. 그러나 두 사람은 어려서 고난을 겪고 따로 떨어져 생활하게 된다. 이후 두 사람은 뛰어난 능력을 발휘하여 국가를 위기에서 구하는 데 큰 공을 세운 후 만나 혼인해 태평성대를 이루고 부귀영화를 누린다.

주제 나라를 위기에서 구하고 사랑을 이루는 남녀 주인공의 활약상

32. 배경의 기능 이해하기

정답 pick ❹

대봉은 진언을 염하여 후토신장과 기백뇌공을 불러 ⓒ을 일으켰다. 이로 인해 급한 비가 크게 오고 뇌성이 진동하여 산천이 무너지는 듯하자 적진 장졸들이 겁을 먹고 대오를 지키지 못해 금사진이 무너진다. 그러자 대봉이 이리저리 다니며 여러 명의 적군 장수들과 수많은 군사들을 죽인다. 이와 같은 활약상은 대봉의 뛰어난 능력을 보여 준다. 이렇게 활약한 대봉은 흉노왕에게 항복을 요구하는데, ⓔ의 변화가 일어난다. 천지가 밝아진 것인데, 이를 통해 대봉에 의해 흉노의 수많은 군사들이 죽은 모습이 드러나고 있다. ⓒ으로 드러난 인물의 역량이 전투에서 발휘된 결과가 ⓔ 이후에 확인되고 있는 것이다.

33. 서사의 전개 이해하기

정답 pick ❷

장 원수는 장대에서 몽사를 생각하고 군사를 지휘하는데, 세찬 물결이 진중으로 달려드는 것을 확인한다. 장 원수는 이것이 촉날의 흉계인 줄 알고 물을 피하여 동으로 가는 체하다가 ⓐ에 들어가 군사를 쉬게 한다. 수공에 의해 수세에 몰렸던 장 원수는 수공을 피해 ⓐ로 가서 군사를 쉬게 한 것이다. 그리고 이어 원수는 자신의 군대를 뒤쫓아 온 촉날의 추격 병을 급습해 죽임으로써 자신의 군대가 ⓑ로 가서 매복하는 것

28

을 촉날의 군사들이 못 보게 한다. 장 원수의 군대가 ⓑ로 간 것을 모르는 촉날의 군대는 결국 같은 편인 굴막대의 복병에 의해 공격을 당해 많은 군사들이 죽게 된다. 그리고 촉날은 평구로 달아나다가 석용달의 복병을 만나 남은 군사들마저 거의 다 잃고 도망간다. 촉날은 장 원수 군사가 ⓐ에 매복해 있다고 생각하고 ⓑ의 좌편으로 갔다가 그곳에서 장원수를 만나 결국 죽게 된다. 이와 같은 일련의 과정은 장 원수의 군사들이 ⓐ에 있다가 ⓑ로 간 것을 촉날이 모름으로써 전황이 장 원수에게 유리하게 되었음을 보여 준다.

제 12 강 인문 기출 Pick #030~#031

기출 #030 2022학년도 수능 주제 통합

4 ①   5 ③   6 ④   7 ③   8 ②   9 ③

📖 간단한 지문 소개

(가) 인문, '변증법을 바탕으로 한 헤겔의 미학'

(가)는 정립-반정립-종합이라는 논리적 구조를 따르는 변증법에 대해 설명하고, 미학도 변증법적으로 구성된 체계 안에서 다루고자 했던 헤겔의 예술에 대한 견해를 제시하고 있다. 헤겔에 따르면, 미학의 대상인 예술은 종교, 철학과 마찬가지로 절대정신의 한 형태이며, 이들 셋은 절대적 진리를 동일한 내용으로 한다. 예술·종교·철학은 이념을 인식하는 형식의 차이에 따라 구분되며 예술·종교·철학에 각각 대응하는 형식은 직관·표상·사유이다. 헤겔은 이러한 형식 간의 차이로 인해 인식 수준에 차이가 발생하기 때문에 예술은 초보 단계, 종교는 성장 단계, 철학은 완숙 단계의 절대정신에 해당한다고 본다. 이에 따르면 명실상부한 절대정신은 최고의 지성에 의거하는 철학뿐이며 예술이 절대정신으로 기능할 수 있는 것은 머나먼 과거로 한정된다.

주제 변증법을 바탕으로 한 헤겔의 미학에서의 절대정신과 예술

(나) 인문, '변증법을 바탕으로 한 헤겔의 미학에 대한 비판'

(나)는 변증법에서의 종합의 의미에 대해 언급하며 헤겔의 미학이 변증법의 원칙에 엄밀하고도 정합적이지 않다는 점을 지적하고 있다. 헤겔은 변증법 모델에 맞춰 절대정신을 예술-종교-철학 순으로 편성하였으나, 실질적 내용을 보면 이를 진정한 변증법적 종합이라고 볼 수 없다는 것이다. 헤겔의 미학에서는 직관의 외면성, 예술의 객관성이 종합의 단계에서 완전히 소거되기 때문이다. 이 글에서는 변증법에 충실하려면 헤겔이 철학에서 성취된 완전한 주관성이 재객관화되는 단계의 절대정신을 추가했어야 함을 지적하면서 예술이 철학 이후의 자리를 차지할 수 있는 유력한 후보라고 말하고 있다.

주제 헤겔의 미학에 드러나는 변증법과 철학적 체계 간 불일치에 대한 비판

04. 글의 구조와 전개 방식 파악하기

정답 pick ①

(가)는 변증법에 기반한 헤겔의 미학에서 예술이 초보 단계의 절대정신으로 평가되고 있음을 설명하고 있다. 한편 (나)는 정립-반정립-종합이라는 변증법의 체계에 충실하고자 할 때 예술이 철학 이후의 자리를 차지할 수 있다고 보고 있다. (가)에서는 예술을 철학보다 인식 수준이 낮은 절대정신으로 보고, (나)에서는 예술이 철학 이후의 자리를 차지할

수 있는 것으로 보고 있으므로, (가)와 (나)는 모두 변증법에 기반한 체계를 바탕으로 예술의 상대적 위상을 제시하고 있다고 할 수 있다.

[오답을 피하고 싶었어]

② (가)와 (나)는 모두 변증법이라는 특정한 철학적 방법을 바탕으로 예술의 위상에 대해 설명하고 있다. (나)에서 헤겔의 미학이 변증법의 원칙에 최적화된 엄밀하고도 정합적인 것은 아니라고 지적하고 있기는 하지만, (가)와 (나)가 변증법 자체에 대해 상반된 평가를 제시하고 있는 것은 아니다. 따라서 (가)와 (나)가 모두 변증법에 대한 상반된 평가를 바탕으로 더 설득력 있는 미학 이론을 모색하고 있다고 설명하는 것은 적절하지 않다.

③ (나)는 헤겔의 미학에 드러나는 변증법과 철학적 체계를 살펴 헤겔의 미학이 변증법의 원칙에 최적화된 엄밀하고도 정합적인 것은 아니라는 아쉬움을 지적하고 있을 뿐이다. 따라서 (가)와 달리 (나)가 변증법의 시대적 한계를 지적하고 이에 맞서는 혁신적 방법을 제안하고 있다는 진술은 적절하지 않다.

④ (가)와 (나)는 모두 예술 장르를 유형화하지는 않았다.

⑤ (가)와 (나)는 모두 변증법의 통시적 변화 과정을 다루고 있지 않다. 또한 철학사를 단계적으로 설명하고 있지도 않다.

05. 세부 정보 파악하기

정답 pick ③

2문단에서 절대정신의 세 가지 형태로 예술·종교·철학을 제시하고, 각각은 절대적 진리를 동일한 내용으로 하며 인식 형식의 차이에 따라 구분된다고 하였다. 그리고 예술·종교·철학에 각각 대응하는 형식은 직관·표상·사유라는 지성이라고 하였다. 절대정신의 세 가지 형태인 예술·종교·철학이 각각 직관·표상·사유라는 인식 형식에 의해 구분되는 것이지, 이러한 지성의 세 가지 형식의 인식 대상이 각각 예술, 종교, 철학인 것은 아니다.

[오답을 피하고 싶었어]

① 2문단에서 헤겔의 미학에서 '예술·종교·철학은 절대적 진리를 동일한 내용으로 하며, 다만 인식 형식의 차이에 따라 구분된다.'라고 언급하고 있다.

② 1문단에서 세계의 근원적 질서인 '이념'의 내적 구조와 이념이 시·공간적 현실로서 드러나는 방식은 변증법적이기에, 이념과 현실은 하나의 체계를 이루고 있다고 하였다.

④ 1문단에서 '헤겔에게서 변증법은 논증의 방식임을 넘어, 논증 대상 자체의 존재 방식이기도 하다.'라고 하였다.

⑤ 3문단에서 '헤겔에게서 절대정신의 내용인 절대적 진리는 본질적으로 논리적이고 이성적인 것'이라고 하였다.

06. 구체적 사례에 적용하기

정답 pick ④

(가)에서 직관은 주어진 물질적 대상을 감각적으로 지각하는 지성이고, 표상은 물질적 대상의 유무와 무관하게 내면에서 심상을 떠올리는 지성이며, 사유는 대상을 개념을 통해 파악하는 순수한 논리적 지성이라고 하였다. 예술의 새로운 개념을 설정하는 것은 대상을 개념을 통해 파악하는 것이므로 사유를 통해 이루어지는 것이 맞지만, 새로운 감각을 일깨우는 작품의 창작을 기획하는 것은 물질적 대상을 감각적으로 지각하는 것이 아니므로 직관을 통해 이루어지는 것이 아니다.

[오답을 피하고 싶었어]

① 밤하늘의 별들을 바라보는 것은 물질적 대상을 감각적으로 지각하는

것이므로 직관을 통해 이루어지는 것이고, 고향의 하늘을 상기하는 것은 내면에서 심상을 떠올리는 것이므로 표상을 통해 이루어지는 것이라고 할 수 있다.

② 타임머신을 타고 미래로 가는 자신의 모습을 상상하는 것과 판타지 영화의 장면을 떠올리는 것은 내면에서 심상을 떠올리는 것이므로 모두 표상을 통해 이루어지는 것이라고 할 수 있다.

③ 그림을 보는 것은 물질적 대상을 감각적으로 지각하는 것이므로 직관을 통해 이루어지는 것이고, 작품을 상상력 개념에 의거한 이론에 따라 분석하는 것은 대상을 개념을 통해 파악하는 것이므로 사유를 통해 이루어지는 것이라고 할 수 있다.

⑤ 도덕적 배려의 대상을 생물학적 상이성 개념에 따라 규정하는 것과 감수성 소유 여부를 새로운 기준으로 제시하는 것은 모두 대상을 개념을 통해 파악하는 것이므로 사유를 통해 이루어지는 것이라고 할 수 있다.

07. 다른 견해와 비교하기

정답 pick ❸

(나)의 글쓴이는 헤겔이 절대정신을 예술-종교-철학 순으로 편성한 것은 외관상으로 변증법 모델에 따른 전형적 구성으로 볼 수 있지만, 실질적으로는 이를 진정한 변증법적 종합이라고 볼 수 없다고 말하고 있다. 직관으로부터 사유에 이르는 과정에서 직관의 외면성이 점차 지워지고 예술로부터 철학에 이르는 과정에서 예술의 객관성이 점차 지워지고 있을 뿐, 진정한 변증법적 종합은 이루어지지 않는다는 것이다. 즉 (나)의 글쓴이는 ㉠의 논리적 구조에서와 달리 ㉡에서는 범주 간 이행에서 첫 번째 범주의 특성이 갈수록 약해진다고 본 것이다.

[오답을 피하고 싶었어]

① (나)의 글쓴이는 헤겔의 변증법에서 종합의 범주가 두 대립적 범주 중 하나의 일방적 승리로 끝나면 안 된다고 하였다. 즉 (나)의 글쓴이는 ㉠과 ㉡ 모두에서 첫 번째 범주와 두 번째 범주가 서로 대립한다고 본 것이다.

② (나)의 글쓴이는 변증법에서 종합은 양자의 본질적 규정이 유기적 조화를 이루어 질적으로 고양된 최상의 범주가 생성됨으로써 성립한다고 하였다. 또한 헤겔이 절대정신을 예술-종교-철학 순으로 편성한 것과 관련하여 예술로부터 철학에 이르는 과정에서 주관성이 점층적으로 강화·완성되고 있다는 점을 지적하였다. 즉 (나)의 글쓴이는 ㉠과 ㉡ 모두에서 두 번째와 세 번째 범주 간에는 수준상의 차이가 존재한다고 본 것이다.

④ (나)의 글쓴이는 변증법에서 종합은 양자의 본질적 규정이 유기적 조화를 이루어 질적으로 고양된 최상의 범주가 생성됨으로써 성립한다고 하였다. 그러면서 헤겔의 미학에서의 변증법적 종합은 진정한 종합이 아니라고 말하고 있다. 즉 (나)의 글쓴이는 ㉠에서는 세 번째 범주에서 첫 번째와 두 번째 범주의 조화로운 통일이 이루어지지만, ㉡에서는 그렇지 않다고 본 것이다.

⑤ (나)의 글쓴이는 변증법에서 두 대립적 범주의 종합은 양자의 본질적 규정이 유기적 조화를 이루어 질적으로 고양된 최상의 범주가 생성됨으로써 성립한다고 하였다. 그러면서 헤겔의 미학에서는 직관의 외면성, 예술의 객관성의 본질이 종합의 단계에서 완전히 소거되어 있다고 지적하고 있다. 즉 (나)의 글쓴이는 ㉠에서는 범주 간 이행에서 수렴적 상향성이 드러나지만, ㉡에서는 그렇지 않다고 본 것이다.

08. 글에 대한 정서적 반응 이해하기

정답 pick ❷

(나)의 글쓴이는 실제로 많은 예술 작품이 사유를 매개로 해서만 설명된

다고 말하면서 헤겔의 미학에서 드러나는 방법과 철학 체계 간의 불일치에 대해 아쉬움을 표현하고 있다. 그러므로 〈보기〉에서 헤겔이 최고의 지성적 통찰을 진정한 예술미로 승화시킬 수 있다고 말한 것과 관련하여 (나)의 글쓴이가 이론적으로는 예술이 직관의 외면성에 대응하더라도 현실에서는 내면성을 바탕으로 하는 절대정신일 수 있다고 말하는 것은 적절하다.

[오답을 피하고 싶었어]

① 〈보기〉에서 헤겔은 인생의 완숙기에 쓰여진 괴테와 실러의 문학 작품에 대해 최고의 지성적 통찰이 예술미로 승화된 것이라고 평가하고 있다. 이는 (나)의 글쓴이의 입장에서는 괴테와 실러의 문학 작품이 '사유'를 매개로 예술의 고유한 본질적 규정을 잘 드러냈음을 헤겔 스스로 인정한 것이라고 볼 수 있다. 따라서 (나)의 글쓴이가 〈보기〉의 헤겔의 말에 대해 세 번째 단계가 현실에서는 그 범주들의 본질적 규정이 소멸되는 중화 상태로 나아간다고 말하는 것은 적절하지 않다.

③ 변증법적으로 구성된 체계 안에서 다루어지는 헤겔의 미학에서 예술은 정립 단계에 위치한다. 따라서 (나)의 글쓴이가 헤겔의 이론에 대해 예술이 이론에서 반정립 단계에 위치한다고 이해하여 말하는 것은 적절하지 않다.

④ (나)의 글쓴이는 변증법에 충실하려면 헤겔이 철학에서 성취된 완전한 주관성이 재객관화되는 단계의 절대정신을 추가했어야 한다고 지적하였다. (나)의 글쓴이는 〈보기〉에 언급된 괴테와 실러의 문학 작품처럼 최고의 지성적 통찰을 진정한 예술미로 승화시킨 작품은 재객관화된 단계로 볼 것이므로 〈보기〉의 헤겔의 말을 듣고 예술이 현실에서는 객관성이 사라진 주관성을 지닐 것이라고 이해하여 반응한다는 것은 적절하지 않다.

⑤ 헤겔은 예술을 절대정신의 한 형태로 보았고, (나)의 글쓴이는 예술이 철학 이후의 자리를 차지할 수 있는 유력한 후보라고 하였다. 따라서 괴테와 실러의 문학 작품을 최고의 지성적 통찰이 예술미로 승화된 것이라고 한 헤겔의 말을 듣고 (나)의 글쓴이가 예술이 진리의 인식을 수행할 수 없다고 이해하여 말하는 것은 적절하지 않다.

09. 단어 사용의 적절성 파악하기

정답 pick ❸

'귀결되다'는 '어떤 결말이나 결과에 이르게 되다.'라는 뜻으로, '일이 다 이루어지다.'라는 뜻의 ⓒ와 바꾸어 쓰기에 적절하다.

[오답을 피하고 싶었어]

① '소지하다'는 '물건을 지니고 있다.'라는 뜻으로, '바탕으로 갖추고 있다.'라는 뜻으로 쓰인 ⓐ와 바꾸어 쓰기에 적절하지 않다.

② '포착하다'는 '꼭 붙잡다. 요점이나 요령을 얻다. 어떤 기회나 정세를 알아차리다.'라는 뜻으로, '어떤 대상을 특별히 집어서 두드러지게 나타내다.'라는 뜻으로 쓰인 ⓑ와 바꾸어 쓰기에 적절하지 않다.

④ '간주하다'는 '상태, 모양, 성질 따위가 그와 같다고 보거나 그렇다고 여기다.'라는 뜻으로, '대상의 내용이나 상태를 알기 위하여 살피다.'라는 뜻으로 쓰인 ⓓ와 바꾸어 쓰기에 적절하지 않다.

⑤ '결성되다'는 '조직이나 단체 따위가 짜여 만들어지다.'라는 뜻으로, '어떤 대상에 의하여 일정한 상태나 결과가 생기거나 만들어지다.'라는 뜻으로 쓰인 ⓔ와 바꾸어 쓰기에 적절하지 않다.

기출
#031 2022학년도 수능 6월 모평 주제 통합

4 ③ 5 ④ 6 ④ 7 ② 8 ② 9 ①

📖 간단한 지문 소개

(가) 주제 통합, '새먼의 과정 이론'

(가)는 인과를 과학적 세계관에 입각하여 이해하고자 한 새먼의 과정 이론에 대해 설명하고 있다. 새먼의 과정 이론에서는 과정을 대상의 시공간적 궤적이라고 보고, 두 과정의 교차에서 표지가 도입되면 이후의 모든 지점에서 그 표지를 전달할 수 있는 과정이 인과적 과정이라고 설명한다. (가)는 이러한 새먼의 과정 이론을 구체적 사례를 통해 설명하면서 과정 이론의 한계에 대해서도 지적하고 있다.

주제 새먼의 과정 이론의 개념과 한계

(나) 주제 통합, '재이론'

(나)는 자연 현상과 인간사를 인과 관계로 설명한 동아시아의 대표적 논의인 재이론이 변용되는 양상을 시대의 흐름에 따라 설명하고 있다. 한대의 동중서는 재이가 군주의 권력을 입증하는 것이자 군주의 실정에 대한 경고라고 보았다. 그러나 동중서 이후, 인간사와 재이를 일대일로 대응시켜 설명하는 개별적 대응 방식이 부정적인 평가를 받는 한편, 재이를 인간사의 징조로 이해하는 예언화 경향이 나타났다. 이후 송대의 주희는 재이에 대한 개별적 대응 대신 전반적 대응설을 제시하고, 재이를 군주의 심성 수양 문제로 귀결시켰다.

주제 자연 현상과 인간사를 인과 관계로 설명한 재이론의 시대에 따른 변용 양상

04. 글의 구조와 전개 방식 파악하기

정답 pick ❸

(가)는 새먼의 과정 이론이 인과를 과학적 세계관에 입각하여 이해하려고 한 시도라고 말하면서 새먼의 과정 이론에서 말하는 인과적 과정을 구체적 사례를 통해 설명하고 있다. 또한 사회 규범과 형벌 사이의 인과 관계를 예로 언급하면서 과정 이론이 물리적 세계 바깥의 측면을 해명하기 어렵다는 한계를 지니고 있다고 지적하였다. 그러나 (가)에서 구체적인 사례와 관련지어 과정 이론의 전망을 제시하지는 않았다.

[오답을 피하고 싶었어]

① (가)의 1문단에서는 근대 이후의 서양의 철학자들은 이전과 달리 인과를 물리적 작용 사이의 관계로 국한하여 이해하려는 방향으로 인식 변화를 보였음을 설명하고 있다. 또한 인과가 과학적 개념인지에 대한 의심이 철학자들 사이에서 제기되면서 인과를 과학적 세계관에 입각하여 이해하려는 새먼의 과정 이론이 등장하게 되었음을 밝히고 있다.

② (나)의 1문단에서는 동중서의 재이론이 천견설과 천인감응론을 결합하여 체계화한 것이라고 밝히고 있다. 또한 재이를 군주권이 하늘로부터 비롯된 것임을 입증하는 것이자 군주의 실정에 대한 경고로 보았다는 동중서의 재이론의 중심 내용을 설명하고 있다.

④ (나)에서는 인과와 관련된 동아시아의 대표적 논의로서 재이론을 제시하고 시대의 흐름에 따라 한대의 동중서의 재이론, 동중서 이후의 예언화 경향, 송대의 주희의 재이론에 대해 설명하고 있다.

⑤ (가)에서는 인과를 과학적 세계관에 입각하여 이해하고자 한 새먼의 과정 이론을, (나)에서는 자연 현상과 인간사를 인과 관계로 설명한 재이론을 다루어 인과에 대한 동서양의 이론을 비교해 보도록 하였다.

05. 세부 정보 파악하기

정답 pick ❹

(나)의 1문단에서 한대의 재이론에서는 군주가 실정을 저지르면 변화된 음양의 기를 통해 감응한 하늘이 경고를 내린다고 하였다. 따라서 한대의 재이론에서의 하늘은 음양의 변화에 반응하는 존재라고 할 수 있다.

[오답을 피하고 싶었어]

① (가)의 1문단에서 과정 이론은 인과를 과학적 세계관에 입각하여 이해하려고 하였다고 밝히고 있다. 그러므로 과정 이론은 물리적 세계의 테두리 안에서 인과를 설명한 이론이라고 할 수 있다.

② (가)의 2문단에서 인과적 과정은 교차에서 도입된 표지를 이후의 모든 지점에서 전달할 수 있는 과정이라고 하였다. 그런데 4문단에서 과정 이론은 사회 규범을 어긴 것과 벌을 받아야 하는 것 사이의 인과 관계에 대해서는 해명하기 어렵다고 하였으므로 사회 규범 위반과 처벌 당위성 사이의 인과 관계는 표지의 전달로 설명되기 어렵다고 할 수 있다.

③ (가)의 1문단에서 근대 이후 서양의 철학자들은 인과를 물리적 작용 사이의 관계로 국한하려는 경향을 보였는데, 인과 관계 그 자체는 흄이 지적하였듯이 직접 관찰할 수 없기 때문에 인과가 과학적 개념인지에 대한 의심이 철학자들 사이에서 제기되었다고 언급하였다.

⑤ (나)의 3문단에서 천문학의 발달로 일월식이 예측 가능하게 되면서 일월식을 재이로 간주하지 않는 경향이 송대에 있었음을 언급하고, 주희가 재이를 근본적으로 이치에 의해 설명되기 어려운 자연 현상으로 간주하였음을 제시하고 있다. 이를 통해 송대에는 일월식을 기이한 자연 현상이 아니라 설명 가능한 자연 현상으로 보았음을 알 수 있다.

06. 구체적 사례에 적용하기

정답 pick ❹

바나나가 a 지점에서 b 지점까지 이동하는 과정 1이 바나나의 일부를 베어 내는 과정 2와 교차하면 바나나는 베어 낸 만큼 없어진 채로 b 지점까지 이동한다. 스크린상의 바나나의 그림자 모양이 변한 것은 과정 1과 과정 2의 교차에 따른 것으로, 바나나의 그림자가 스크린상의 a′ 지점에서 b′ 지점으로 움직이는 과정 3이 과정 2와 교차한 결과는 아니다. 2문단에서 교차는 두 과정이 한 시공간적 지점에서 만나는 것이라고 설명하였으므로 한 시공간적 지점에서 만날 수 없는 과정 2와 과정 3은 교차하지 않는다.

[오답을 피하고 싶었어]

① 과정 이론에서는 과정을 시공간적 궤적이라고 본다. 그러므로 [A]에서 바나나가 a 지점에서 b 지점까지 이동하는 과정 1과 바나나의 그림자가 스크린상의 a′ 지점에서 b′ 지점으로 움직이는 과정 3은 서로 다른 시공간적 궤적을 그린다.

② 과정 이론에서는 두 과정이 교차하여 표지가 도입되면 이후의 모든 지점에서 그 표지를 전달할 수 있는 과정이 인과적 과정이라고 말한다. [A]에서는 과정 1과 과정 2가 a와 b의 중간 지점에서 교차하였고, 이 교차로 인해 변화된 바나나의 물리적 속성이 b 지점까지 전달된다. 그러므로 과정 1이 과정 2와 교차하기 이전과 이후에서 바나나가 지닌 물리적 속성은 다르다.

③ [A]에서 과정 1과 과정 2의 교차로 도입된 표지는 b 지점까지 줄곧 전달된다. 그러므로 과정 1은 인과적 과정이다. 그러나 바나나의 그림자가 스크린상의 a′ 지점에서 b′ 지점으로 움직이는 과정 3과 스크린 표면의 한 지점에 스티로폼이 부착되는 과정 4가 교차하여 도입된 표지는 그 지점을 지나가면 사라진다. 그러므로 과정 3은 인과적 과정이 아니다.

⑤ 과정 3과 과정 4가 교차하면 바나나의 그림자가 스티로폼이 부착된 스크린의 한 지점과 겹치면서 일그러짐이라는 표지가 도입된다. 그러나 그 지점을 지나가면 그림자는 다시 원래대로 돌아온다. 즉 표지가 도입된 이후의 지점에서는 표지가 전달되지 않는 것이다.

07. 생략된 내용 추론하기

정답 pick ❷

동중서의 재이론에서는 군주의 실정이 재이를 불러온다고 하였다. 즉 인간사를 원인으로, 재이를 결과로 본 것이다. 그러나 이후 이러한 개별적 대응 방식은 ㉠으로 이어져 재이를 인간사의 징조로, 인간사를 재이의 결과로 대응시키는 풍조가 생겨났다. 결국 ㉠은 인간사와 재이의 관계를 역전시켜 인간사를 원인이 아닌 결과로, 재이를 결과가 아닌 원인으로 보고 재이를 인간사의 미래를 알려 주는 징조로 활용하였다고 할 수 있다.

[오답을 피하고 싶었어]

① ㉠은 재이를 인간사의 미래를 알려 주는 징조로 보는 것이지 과거의 인간사에 대한 경고로 이해하는 것이 아니다. 또한 ㉠이 직언을 하는 신하를 탄압하는 빌미가 되었다고 하였으므로 ㉠이 신하의 직언을 활성화한 것은 아니다.

③ ㉡은 군주에게 허물과 잘못이 쌓이면 하늘이 감응하여 재이가 일어난다고 본다. ㉡은 재이에 대한 개별적 대응이 아니라 전반적 대응을 강조하고 정치와 재이를 관련지어 이해한 것이다.

④ ㉡이 누적된 실정으로 인해 재이가 일어난다고 본 것은 맞다. 그러나 ㉡은 재이를 군주의 권력을 강화하는 데 활용한 것이 아니라 군주를 경계하는 방법의 차원에서 제시한 것이다.

⑤ ㉡은 군주를 경계하는 방법으로서, 군주의 누적된 실정이 재이를 불러온다고 보았다. 이는 하늘과 인간이 서로 감응한다는 생각을 바탕으로 하는 것이므로 ㉡이 과학적 인식을 기반으로 군주의 지배력과 재이가 무관하다는 인식을 강화하는 데에 활용되었다고 볼 수 없다.

08. 다른 견해와 비교하기

정답 pick ❷

㉡에서는 '인과 관계란 서로 다른 대상들이 물리적 성질들을 주고받는 관계'라고 하였다. 인과 관계를 대상 간의 물리적 상호 작용으로 보는 것이다. 이는 음양의 기를 통해 하늘과 인간이 서로 감응한다고 여기는 동중서의 재이론과는 부합하지 않는다.

[오답을 피하고 싶었어]

① 흄은 인과 관계 그 자체는 직접 관찰할 수 없는 것이라고 지적하였고, ㉮에서는 만약 인과 관계가 직접 관찰될 수 없다면 관찰 가능한 현상을 탐구하는 것이 인과 개념을 과학적으로 규명하는 올바른 경로라고 말하고 있다. 과정 이론은 과정을 대상의 시공간적 궤적으로 보고 대상의 변화된 물리적 속성의 도입과 전달로 인과를 설명하고자 하였다. 그러므로 흄의 문제 제기와 ㉮로부터 과정 이론이 과학적으로 인과 개념을 규명하려는 시도라고 평가할 수 있다.

③ ㉯에서는 덕이 잘 닦인 치세에는 재이가 없고 난세에는 변고가 일어난다고 하였다. 즉 치세와 난세의 차이를 재이의 출현 여부로 설명하였다. 이는 군주가 실정을 저지르면 하늘이 재이를 통해 경고를 내린다는 동중서의 생각, 군주에게 허물과 잘못이 쌓이면 변칙적 자연 현상이 일어난다는 주희의 생각과 상통한다.

④ ㉯는 덕이 잘 닦이지 못한 난세에 재이와 세상의 변고가 일어난다고 본다. 그런데 이 덕이 물리적 세계 바깥의 현상에 해당한다면 대상의 시공간적 궤적의 교차를 통해 인과를 설명하는 과정 이론을 통해서는 ㉯를 설명할 수 없다.

⑤ ㉰에서는 지방관의 실정이 원인이 되어 홍수가 일어났다고 말한다. 그런데 새먼은 표지가 도입된 이후의 모든 지점에서 그 표지를 전달할 수 있을 때 이를 인과적 과정으로 본다. 따라서 새먼은 지방관의 실정에서 도입된 표지가 홍수로 이어지는 과정으로 전달될 수 없다면 지방관의 실정이 홍수의 원인이 아니라고 할 것이다.

09. 어휘의 문맥적 의미 파악하기

정답 pick ❶

ⓐ와 '대책을 찾으려'의 '찾으려'는 '모르는 것을 알아내고 밝혀내려고 애쓰다. 또는 그것을 알아내고 밝혀내다.'라는 뜻이다.

[오답을 피하고 싶었어]

② '모르는 것을 알아내기 위하여 책 따위를 뒤지거나 컴퓨터를 검색하다.'라는 뜻이다.

③ '어떤 것을 구하다.'라는 뜻이다.

④ '원상태를 회복하다.'라는 뜻이다.

⑤ '잃거나 빼앗기거나 맡기거나 빌려주었던 것을 돌려받아 가지게 되다.'라는 뜻이다.

제 13 강 인문 기출 Pick #032~#033

기출 #032 　2019학년도 수능 인문

39 ①　　40 ②　　41 ③　　42 ④

📖 간단한 지문 소개

인문, '가능세계의 개념과 성질'

이 글은 일상 언어의 진술을 분석하고 철학 분야에서 흥미로운 질문과 통찰을 이끌어 내는 데 기여하고 있는 가능세계의 개념과 성질에 대해 설명하고 있는 글이다. 가능세계는 일상 언어의 진술 내용이 가지고 있는 필연성과 가능성을 분석하는 데 중요한 역할을 하고 있으며, 가능세계 중 현실세계와의 유사성 정도와 관련하여 일상적 표현에 담긴 의미를 이해하는 데 도움을 준다. 한편 가능세계는 일관성, 포괄성, 완결성, 독립성의 성질을 가지고 있으며, 철학은 물론 인지 과학, 언어학, 공학 등의 분야로 널리 응용되고 있다.

(주제) 가능세계의 개념과 성질

39. 세부 정보, 핵심 정보 파악하기

정답 pick ❶

4문단에 제시된 가능세계의 성질 중 완결성에 대한 설명에 따르면, 어느 세계에서든 임의의 명제 P에 대해 "P이거나 ~P이다."라는 배중률이 성립한다. 그러므로 배중률은 모든 가능세계에서 성립한다는 진술은 적절하다.

[오답을 피하고 싶었어]

② 2문단에 따르면 필연적이지는 않은 명제는 우리의 현실세계를 비롯한 어떤 가능세계에서는 성립하지만 어떤 가능세계에서는 성립하지 않는다. "다보탑은 경주에 있다."라는 명제나 "다보탑은 개성에 있다."라는 명제 모두 필연적이지는 않지만 가능한 명제인데, 전자는 우리 현실세계에서는 성립하는 데 비해, "다보탑은 개성에 있다."는 우리 현실세계에서는 성립하지 않는다. 따라서 모든 가능한 명제는 현실세계에서 성립한다는 말은 적절하지 않다.

③ 2문단에 따르면 "만약 Q이면 Q이다."를 비롯한 필연적인 명제들은 모든 가능세계에서 성립한다. 그러므로 필연적인 명제가 성립하지 않는 가능세계가 있다는 진술은 적절하지 않다.

④ 1문단에서 P와 ~P가 모두 참인 것은 가능하지 않다는 법칙을 '무모순율'이라고 하였다. 따라서 무모순율에 의하면 P와 ~P가 모두 참인 것은 가능하다는 진술은 적절하지 않다.

⑤ 3문단에서 전통 논리학에서는 "만약 A이면 B이다."라는 형식의 명제는 A가 거짓인 경우에는 B의 참 거짓에 상관없이 참이라고 규정한다고 언급하고 있다. 즉, A의 거짓임이 "만약 A이면 B이다."를 참인 것으로 만든다. 그러므로 "만약 A이면 B이다."의 참 거짓은 A의 참 거짓과 상관없이 결정되는 것이라고 볼 수 없다.

40. 내용들 간의 의미 관계 파악하기

정답 pick ❷

2문단에 따르면 "만약 Q이면 Q이다."를 비롯한 필연적인 명제들은 모든 가능세계에서 성립한다. "만약 다보탑이 개성에 있다면, 다보탑은 개성에 있다."라는 명제도 "만약 Q이면 Q이다." 형식의 필연적인 명제이므로 모든 가능세계에서 성립한다. 따라서 이 명제가 "성립하는 가능세계"란 모든 가능세계를 말한다. 그런데 2문단을 통해서 가능하지만 필연적이지는 않은 명제는 어떤 가능세계에서는 성립하지만 어떤 가능세계에서는 성립하지 않음을 알 수 있다. ㉠은 필연적이지 않은 명제이므로 어떤 가능세계에서는 성립하지 않을 것이고, 따라서 ㉠이 거짓인 가능세계는 없다는 진술은 적절하지 않다.

[오답을 피하고 싶었어]

① 2문단에서 "다보탑은 경주에 있다."는 가능하지만 필연적이지는 않은 명제라고 언급하고 있다. 따라서 이 명제는 어떤 가능세계에서는 성립하고 또 어떤 가능세계에서는 성립하지 않는다.

③ 1문단에 따르면, ㉠과 ㉡은 모순 관계가 아니다. 즉, 둘 다 참인 것이 가능하다. 그런데 ㉠이 참인 경우에는, "다보탑은 개성에 있지 않다."도 반드시 참이 된다. 그러므로 "다보탑은 개성에 있지 않다."와 ㉡이 둘 다 참인 것이 가능하다. 따라서 이 둘은 모순 관계가 아니다.

④ 1문단과 2문단의 내용에 의하면, ㉡은 다보탑이 개성에 있는 가능세계가 존재한다는 뜻이다. 그러므로 ㉡이 거짓이라는 것은, 다보탑이 개성에 있는 가능세계가 존재하지 않는다는 뜻이 된다.

⑤ ㉠ "다보탑은 경주에 있다."라는 명제와 ㉡ "다보탑은 개성에 있을 수도 있었다."라는 명제가 모순 관계가 아니기 때문에 1문단에 따르면 모두 참이거나 모두 거짓인 것이 가능하다. 그런데 다보탑이 경주에 있는 우리 현실세계에서는 모두 참일 수 있다.

41. 인과 관계, 상관관계 추론하기

정답 pick ❸

기차를 탄 가능세계들 중에는 기차가 제시간에 목적지에 도착하지 못해 여전히 지각을 하는 세계와, 기차가 제시간에 목적지에 도착해 지각을 하지 않는 세계가 모두 가능하다. 그러나 3문단에 따르면, 이러한 가능세계 중 후자가 전자보다 더 유사성이 높다고 했으므로 ③의 진술이 ⓐ에 대한 답으로 적절하다.

[오답을 피하고 싶었어]

①, ② 3문단의 내용을 고려할 때, ⓐ의 답을 찾기 위해서는 내가 그 기차를 타지 않은 가능세계들끼리 비교하는 것이 아니라, 내가 그 기차를 탄 가능세계들끼리 비교하여야 한다.

④ 3문단은 현실세계와 가능세계 사이의 유사성의 정도를 비교해서 ⓐ에 대한 적절한 대답을 찾아야 함을 말해 준다. 그런데 내가 기차를

타고 지각을 하지 않는 가능세계의 개수가 많다는 것은 유사성의 정도와는 상관없는 문제이다. 그러므로 ⓐ에 대한 적절한 대답이 될 수 없다.

⑤ ⓐ에 대한 답변은 가능세계의 개념을 통해 제시되어야 한다. 내가 그 기차를 탄 것이 현실세계에서 거짓이라는 것은 ⓐ와 같은 질문을 왜 하는지 이유에는 해당할 수 있지만 ⓐ에 대한 답변은 아니다. 따라서 적절한 대답이 아니다.

42. 인과 관계, 상관관계 추론하기

정답 pick ❹

"모든 학생은 연필을 쓴다."라는 명제와 "어떤 학생도 연필을 쓰지 않는다."라는 명제는 반대 관계이므로 〈보기〉에 따르면 둘 중 하나만 참이거나 둘 다 거짓인 것이 가능하다. 그런데 이 두 명제는 둘 중 하나만 참인 것이 가능하다. 즉 "'모든 학생은 연필을 쓴다.'가 참이거나 "어떤 학생도 연필을 쓰지 않는다."가 참'인 것이 가능하다. 이 말은 "모든 학생은 연필을 쓴다."와 "어떤 학생도 연필을 쓰지 않는다." 중 어느 하나만 참인 경우에도 성립하기 때문이다. 그런데 4문단의 가능세계의 포괄성에 대한 설명에 따르면, 어떤 것이 가능하다면 그것이 성립하는 세계가 존재하므로 위 주장이 성립하는 가능세계들이 존재할 수 있다.

[오답을 피하고 싶었어]

① 〈보기〉에 따르면 "모든 학생은 연필을 쓴다."와 "어떤 학생도 연필을 쓰지 않는다."는 모순 관계가 아니라 반대 관계이므로 배중률을 이야기할 수 없고, 따라서 완결성도 말할 수 없다. 더구나 완결성은 어느 가능세계에서나 P이거나 ~P라는 원리를 말하는 것이지 P인 가능세계가 있거나 ~P인 가능세계가 있다는 원리가 아니다.

② 4문단에 따르면 가능세계의 포괄성은 어떤 것이 가능하다면 그것이 성립하는 가능세계가 존재한다는 것이다. 그런데 "어떤 학생도 연필을 쓰지 않는다."라는 명제가 성립할 때, 한 명의 학생이 연필을 쓰는 것은 가능하지 않다. 따라서 그런 가능세계는 존재할 수 없다.

③ 배중률이 성립하려면 두 명제가 P와 ~P의 관계에 있어야 한다. 그런데 "어떤 학생은 연필을 쓴다."와 "어떤 학생은 연필을 쓰지 않는다."라는 두 명제는 둘 다 참일 수 있기 때문에 모순 관계, 즉 P와 ~P의 관계에 있지 않다. 따라서 완결성을 논할 수 없다.

⑤ 학생들 중 절반은 연필을 쓰고 절반은 연필을 쓰지 않는 것은 가능하다. 그런데 그런 가능세계는 존재한다는 것은 일관성이 아니라 포괄성에 따라 나오는 것이다. 일관성은 어떤 것이 가능하지 않다면 그것이 성립하는 가능세계는 존재하지 않는다는 성질이므로 달리 말하면 어떤 가능세계가 존재한다면 그 세계에서 일어나는 모든 일은 가능한 일이라는 뜻이다. 이 말은 어떤 가능세계가 존재한다는 주장을 하지 않는다.

기출 #033 **2021학년도 수능 주제 통합**

16 ① **17** ④ **18** ⑤ **19** ③ **20** ④ **21** ③

📖 간단한 지문 소개

(가) 인문, '18세기 북학파의 북학론'

이 글은 18세기 북학파들 가운데 박제가와 이덕무의 북학론 형성 배경과 견해 차이를 설명하고 있다. 박제가는 18세기 청의 현실이 중화가 손상 없이 보존된 것이자 조선의 발전 방향이라고 보고, 청 문물제도의 수용이 가져다주는 이익을 논하며 북학론의 당위성을 설파하였다. 이덕무는 박제가와 마찬가지로 물질적 삶을 중시하는 이용후생에

관심을 보였지만, '평등견'이라는 인식 태도를 바탕으로 청과 조선의 현실적 차이뿐만 아니라 양쪽 모두의 가치를 인정하였다. 하지만 이덕무는 중화의 중심이라 여겼던 명에 대한 의리를 중시하는 등의 모습을 보이기도 하였다.

(주제) 박제가와 이덕무의 북학론 형성 배경과 견해 차이

(나) 인문, '18세기 후반 청의 사회·경제적 현실'

이 글은 경제 발전이 정점에 달했던 18세기 후반 중국의 상황을 제시하면서 당시 청의 번영이 19세기 들어 내외의 위기에 직면해 급속한 하락의 시대를 겪게 되는 이유를 설명하고 있다. 18세기 후반 중국은 국내 교역이 활발했음은 물론 대외 무역이 발전하여 경제적 번영을 이루었다. 그러나 급격한 인구 증가로 인해 여러 문제가 나타나면서 불법 활동과 반란의 기반이 된 결사 조직이 출현하고 정체된 관료 사회의 부정부패가 심화되었다. 이러한 위기의 씨앗들은 통치자들의 불안으로 이어져 서양과의 교역을 축소하려는 경향이 나타나기도 하였다.

(주제) 18세기 후반 정점에 달한 청의 경제적 번영과 사회적 불안 요인

16. 글의 구조와 전개 방식 파악하기

정답 pick ❶

(가)는 1778년 함께 연행길에 올라 함께 일정을 소화했던 박제가와 이덕무의 연행록을 바탕으로 18세기 중국에 대한 그들의 견해를 제시한 글로, 1문단에서 개인적인 학문 성향과 관심에 따라 주목한 영역이 달라 18세기 북학파들의 북학론에서도 차이가 나타난다고 언급하고 있다. 2문단에서는 청의 현실을 중화가 손상 없이 보존된 것이자 조선의 발전 방향이라고 보았던 박제가의 견해를 제시하고 있다. 그리고 3문단에서는 청의 현실을 객관적 태도로 기록하고자 하면서 청에 대한 찬반의 이분법에서 벗어나 청과 조선의 현실적 차이뿐만 아니라 양쪽 모두의 가치를 인정하였던 이덕무의 견해를 제시하고 있다. 따라서 (가)는 18세기 중국에 대한 북학파 학자들의 견해를 제시하면서 그러한 견해의 형성 배경 및 견해 간의 차이를 설명하고 있다고 할 수 있다.

[오답을 피하고 싶었어]

② (가)는 청의 문물제도를 수용하자는 18세기 북학론 중 박제가와 이덕무의 견해를 제시하고 있을 뿐, 각 관점이 지닌 역사적 의의와 한계를 서로 비교하고 있지는 않다.

③ (나)는 명대 이래의 경제 발전이 정점에 달했던 18세기 후반의 중국의 사회상을 제시하고 있을 뿐, 다양한 사회상을 시대별 기준에 따라 분류하여 서술하고 있지는 않다.

④ (나)는 18세기 후반 중국의 경제 발전 양상을 다루고 있을 뿐, 18세기 중국의 사상적 변화를 제시하거나 그러한 변화가 지니는 긍정적 측면과 부정적 측면을 분석하고 있지는 않다.

⑤ (가)는 18세기 후반 중국을 다녀온 박제가와 이덕무의 북학론을, (나)는 18세기 후반의 중국의 현실을 제시하고 있을 뿐, (가)와 (나) 모두 중국의 현실이 당시 조선이나 다른 나라에 미친 영향을 예를 들어 설명하고 있지는 않다.

17. 세부 정보 파악하기

정답 pick ❹

(가)의 3문단에서 이덕무는 청 문물의 효용을 도외시하지 않고 박제가와 마찬가지로 물질적 삶을 중시하는 이용후생에 관심을 보였다고 언급하고 있다. 하지만 그는 중국인들의 외양이 만주족처럼 변화된 것을 보고 비통한 감정을 토로하며 중화의 중심이라 여겼던 명에 대한 의리를 중시하는 모습을 보이기도 했다고 언급하고 있다. 그러므로 이덕무는 청이 중화를 보존하고 있음을 인정하였다고 볼 수 없다.

[오답을 피하고 싶었어]

① (가)의 2문단에서 박제가는 당시 청의 현실은 중화가 손상 없이 보존된 것이자 조선의 발전 방향이라고 인식하였으며, 당시 조선은 나름의 독자성을 유지하기보다 중화와 합치되는 방향으로 나아가야 한다고 생각하였다고 하였으므로 청 문물을 수용해야 한다고 보았다고 할 수 있다.

② (가)의 2문단에서 박제가는 자신이 인식한 청의 현실을 단순한 현실이 아니라 조선이 지향할 가치 기준으로 받아들이고 있다고 언급하고 있다.

③ (가)의 3문단에서 이덕무는 잘 정비된 마을의 모습을 기술하며 황제의 행차에 대비하여 이루어진 일련의 조치가 민생과 무관하다고 지적하였다고 언급하고 있다. 따라서 그는 청의 현실을 관찰하면서도 이면에 있는 민생의 문제를 간과하지 않았다고 할 수 있다.

⑤ (가)의 2문단에서 박제가는 당시 청의 현실을 중화가 손상 없이 보존된 것이자 조선의 발전 방향으로 보았다고 언급하고 있으며, (가)의 3문단에서 이덕무는 중화의 중심이라 여겼던 명에 대한 의리를 중시하였다고 언급하고 있다. 따라서 박제가와 이덕무는 모두 중화 관념 자체에 대해서는 긍정적인 태도를 견지하였다고 할 수 있다.

18. 생략된 내용 추론하기

정답 pick ❺

(가)의 3문단에서 이덕무는 '평등견'이라 불렀던 인식 태도를 바탕으로 당시 청에 대한 찬반의 이분법에서 벗어나 청과 조선의 현실적 차이뿐만 아니라 양쪽 모두의 가치를 인정하였다고 언급하고 있다. 아울러 이런 시각에서 그는 청과 조선은 구분되지만 서로 배타적이지 않다고 보았다고 언급하고 있다. 그러므로 평등견은 청에 대한 배타적 태도를 지양하고 청과 구분되는 조선의 독자성을 유지하자는 인식 태도라고 볼 수 있다.

[오답을 피하고 싶었어]

① (가)의 3문단에서 이덕무는 청 문물의 효용을 도외시하지 않고 물질적 삶을 중시하는 이용후생에 관심을 보였다고 언급하고 있다. 아울러 그는 평등견의 시각에서 청을 배우는 것과 조선 사람이 조선 풍토에 맞게 살아가는 것은 서로 모순되지 않는다고 보았다고 하였다. 그러므로 평등견을 조선의 풍토를 기준으로 삼아 청의 제도를 개선하자는 인식 태도라고 볼 수 없다.

② (가)의 3문단에서 이덕무는 평등견이라는 인식 태도를 바탕으로 당시 청에 대한 찬반의 이분법에서 벗어나 청과 조선의 현실적 차이뿐만 아니라 양쪽 모두의 가치를 인정하였으며, 청과 조선은 구분되지만 서로 배타적이지 않다고 보았다고 언급하였다. 그러므로 평등견을 조선의 고유한 삶의 방식을 청의 방식에 따라 개혁해야 한다는 인식 태도라고 볼 수 없다.

③ (가)의 3문단에서 이덕무는 청을 배우는 것과 조선 사람이 조선 풍토에 맞게 살아가는 것은 서로 모순되지 않는다고 보았다고 언급하였다. 그러므로 평등견을 풍토로 인한 청과 조선의 차이를 해소하려는 인식 태도라고 볼 수 없다.

④ (가)의 3문단에서 이덕무는 평등견의 시각에서 청을 배우는 것과 조선 사람이 조선 풍토에 맞게 살아가는 것은 서로 모순되지 않는다고 보았다고 언급하고 있다. 하지만 그가 중국인들의 외양이 만주족처럼 변화된 것을 보고 비통한 감정을 토로하며 중화의 중심이라 여겼던 명에 대한 의리를 중시하는 등 자신이 제시한 인식 태도에서 벗어나는 모습을 보이기도 하였다는 내용을 고려할 때, 중국인의 외양이 변화된 모습을 명에 대한 의리 문제와 관련지어 파악하는 것은 평등견의 인식 태도에서 벗어난 것으로 볼 수 있다.

19. 핵심 정보 파악하기

정답 pick ❸

(나)의 1문단에서 18세기 후반의 중국은 명대 이래의 경제 발전이 정점에 달했다고 언급하고 있다. 그러나 2문단에서는 19세기에 접어들 무렵부터는 청이 심각한 내외의 위기에 직면해 급속한 하락의 시대를 겪게 되었으며 18세기 후반에도 이미 그 위기의 징후가 나타나고 있었다고 언급하고 있다. 이러한 위기의 징후들은 급격한 인구 증가로 인한 것으로, 인구 증가로 이주 및 도시화가 진행되는 가운데 전통적인 사회적 유대가 약화되거나 단절되자 사람들이 상호 부조 관계를 맺는 결사 조직이 나타났는데 이런 결사 조직들이 불법적인 활동으로 연결되곤 했고 위기 상황에서는 반란의 조직적 기반이 되었다고 설명하고 있다. 아울러 인맥에 기초한 관료 사회의 부정부패가 심화된 것 역시 인구 증가와 무관하지 않은 일로서 '위기의 씨앗'이 되었다고 언급하고 있다. 따라서 ㉠은 반란의 위험성 증가 등 인구 증가로 인한 문제점들이 나타나는 여러 상황을 가리키는 것이라고 볼 수 있다.

[오답을 피하고 싶었어]

① (나)의 2문단에서 급격한 인구 증가로 인한 여러 문제는 새로운 작물 재배, 개간, 이주, 농경 집약화 등의 민간의 노력에도 불구하고 해결되지 않았다고 언급하였으므로 ㉠은 새로운 작물의 보급 증가가 경제적 번영으로 이어지는 상황을 가리킨다고 볼 수 없다.

② (나)의 1문단에서 상인 조직의 발전과 신용 기관의 확대는 교역의 질과 양이 급변하고 있었음을 보여 준다고 언급하였는데, 이는 18세기 후반의 중국의 경제 발전이 정점에 달해 있었다고 말한 근거에 해당하므로 ㉠은 신용 기관이 확대되고 교역의 질과 양이 급변하고 있는 상황을 가리킨다고 볼 수 없다.

④ (나)의 2문단에서 급격한 인구 증가로 인한 여러 문제는 새로운 작물 재배, 개간, 이주, 농경 집약화 등의 민간의 노력에도 불구하고 해결되지 않았다고 언급하였으므로 ㉠은 조정에서 추진한 정책들이 실패한 상황을 가리킨다고 볼 수 없다.

⑤ (나)의 2문단에 따르면 인구 증가로 이주 및 도시화가 진행되는 가운데 전통적인 사회적 유대가 약화되거나 단절되자 사람들이 상호 부조 관계를 맺는 결사 조직이 나타나고, 이런 결사 조직들이 불법적인 활동으로 연결되고, 위기 상황에서는 반란의 조직적 기반이 되었던 것을 '위기의 씨앗'으로 볼 수 있다. 인맥에 기초한 관료 사회의 부정부패가 심화된 것은 인구 증가와 무관하지 않은 일이기는 하지만 사회적 유대의 약화로 인해 발생한 일이 아니다. 따라서 ㉠은 사회적 유대의 약화로 인하여 관료 사회의 부정부패가 심화되는 상황을 가리킨다고 볼 수 없다.

20. 글에 드러난 관점, 내용 비판하기

정답 pick ❹

(나)에서 대외 무역의 발전과 은의 유입은 중국의 경제적 번영에 영향을 미친 외부적 요인이었으며, 이를 통해 가능해진 은을 매개로 한 과세는 상품 경제의 발전을 자극하였다고 언급하고 있다. 〈보기〉의 '은이란 천년이 지나도 없어지지 않는 물건이지만, 약은 사람에게 먹여 반나절이면 사라져 버리고 비단은 시신을 감싸서 묻으면 반년 만에 썩어 없어진다.'라는 내용은 중국의 경제적 번영에 기여한 은의 효용성을 높이 평가하면서 은의 효용성을 간과하고 있는 당시 조선의 현실을 비판적으로 본 박제가의 견해를 드러낸 것으로 볼 수 있다. 따라서 (나)에 제시된 중국의 경제적 번영에 은이 기여한 요소를 고려할 때, 〈보기〉에 제시된 은에 대한 평가는 은의 효용적 측면을 간과한 것이 아니라 높이 사는 평가라 볼 수 있다.

[오답을 피하고 싶었어]

① (가)의 [A]에서 박제가는 이익 추구를 인간의 자연스러운 욕망으로 긍정하고 양반도 이익을 추구하자는 등 실용적인 입장을 보였다고 언급하고 있다. 〈보기〉의 '중국 사람은 가난하면 장사를 한다. 그렇더라도 정말 사람만 현명하면 원래 가진 풍류와 명망은 그대로다.'라는 내용은 [A]에서 제시한 실용적인 입장에 부합하는 것이라 볼 수 있다.

② (가)의 [A]에서 박제가는 청 문물제도의 수용이 가져다주는 이익을 논하며 북학론의 당위성을 설파하였다고 언급하고 있다. 〈보기〉의 '우리나라에서는 자기가 사는 지역에서 많이 나는 산물을 다른 데서 산출되는 필요한 물건과 교환하여 풍족하게 살려는 백성이 많으나 힘이 미치지 못한다.'라는 내용은 [A]에서 제시한 북학론의 당위성을 뒷받침하는 근거라 볼 수 있다.

③ (나)의 1문단에서 18세기 후반의 중국에서는 대부분의 주민들이 접근할 수 있는 향촌의 정기 시장부터 인구 100만의 대도시의 시장에 이르는 여러 단계의 시장들이 그물처럼 연결되어 국내 교역이 활발하게 이루어지고 있었다고 언급하고 있다. 〈보기〉의 '유생이 거리낌 없이 서점을 출입하고, 재상조차도 직접 융복사 앞 시장에 가서 골동품을 산다.'라는 내용은 상업이 융성하고 관련 활동이 활발했던 중국 국내 교역의 양상과 상충되지 않는다.

⑤ (나)의 2문단에서 인맥에 기초한 관료 사회의 부정부패가 심화된 것이 인구 증가와 무관하지 않으며, 관료 조직의 규모가 정체되고 경쟁이 심화되어 종종 관료들이 불법적인 행위를 하였다고 언급하고 있다. 〈보기〉의 '재상조차도 직접 융복사 앞 시장에 가서 골동품을 산다.'라는 내용은 (나)에서 제시된 바 없는 관료, 지배층의 다른 면모이므로 당시 청의 지배층의 전체 면모가 드러나지 않는 진술이라 볼 수 있다.

21. 단어 사용의 적절성 파악하기

정답 pick ❸

'한정되다'는 '수량이나 범위 따위가 제한되어 정해지다.'라는 뜻을 지닌 단어이다. '그치다'는 '더 이상의 진전이 없이 어떤 상태에 머무르다.'라는 뜻을 지닌 단어이므로 문맥상 ⓒ는 '그치지'로 바꿔 쓸 수 있다.

[오답을 피하고 싶었어]

① '보존되다'는 '잘 보호되고 간수되어 남겨지다.'라는 뜻을 지닌 단어이다. 따라서 '드러난'은 문맥상 ⓐ와 바꿔 쓰기에 적절하지 않다.

② '도외시하다'는 '상관하지 아니하거나 무시하다.'라는 뜻을 지닌 단어이다. 따라서 '생각하지'는 문맥상 ⓑ와 바꿔 쓰기에 적절하지 않다.

④ '자극하다'는 '외부에서 작용을 주어 감각이나 마음에 반응이 일어나게 하다.'라는 뜻을 지닌 단어이다. 따라서 '따라갔다'는 문맥상 ⓓ와 바꿔 쓰기에 적절하지 않다.

⑤ '성행하다'는 '매우 성하게 유행하다.'라는 뜻을 지닌 단어이다. 따라서 '일어났다'는 문맥상 ⓔ와 바꿔 쓰기에 적절하지 않다.

제 14 강 사회 기출 Pick #034~#035

> **기출 #034**   2020학년도 수능 9월 모평 사회

27 ⑤   28 ⑤   29 ②   30 ③   31 ①

📖 간단한 지문 소개
사회, '소유권의 공시 방법'

이 글은 물건의 소유권 양도와 관련한 다양한 규정을 설명하고 있다. 물건의 소유권이 양도되려면 유효한 양도 계약과 함께 소유권 양도가 공시되어야 하는데, 대부분의 동산은 점유를 넘겨주는 점유 인도로 소유권이 공시된다. 그리고 양수인이 간접 점유를 하는 경우 점유 개정, 반환청구권 양도도 소유권 양도 공시로 인정된다. 한편 양도인이 소유자가 아닌 경우에, 양수인이 충분히 주의를 했는데도 양도인이 소유자가 아님을 알지 못한 채 양도인과 양수인이 유효한 계약을 맺고 점유 인도로 공시를 하였을 때에도 양수인의 소유권 취득이 인정되는데, 이를 선의 취득이라 한다. 그러나 점유 개정으로는 선의 취득을 인정받지 못한다. 그리고 국가가 관리하는 공적 기록인 등기나 등록으로 공시가 인정되는 물건의 경우 선의 취득 대상이 아닌데, 이는 거래의 안전보다 소유자의 권리를 보호하기 위해서이다.

(주제) 물건의 소유권 양도와 소유권 취득이 인정을 받기 위해 필요한 조건

27. 세부 정보, 핵심 정보 파악하기

정답 pick ❺

3문단에서 물건의 소유권이 양도되려면 양도인과 양수인 사이에 유효한 계약이 있어야 하고, 또 소유권 양도를 공시해야 한다고 하였다. 그리고 소유권 양도의 공시는 점유를 넘겨주는 점유 인도에 의해 이루어지므로 공시 방법이 갖춰지지 않아도 소유권이 이전된다는 것은 적절하지 않다.

[오답을 피하고 싶었어]

① 1문단에서 점유는 물건에 대한 사실상의 지배 상태를 뜻한다고 하였으므로 가방을 사용하고 있는 사람이 그 가방의 점유자가 된다는 것을 알 수 있다.
② 1문단에서 점유자와 소유자가 항상 일치하지는 않는다고 하였으므로 가방을 점유하더라도 그 가방의 소유자가 아닐 수 있다는 것을 알 수 있다.
③ 3문단에서 물건의 소유권이 양도되려면 유효한 계약이 있어야 하고 소유권 양도를 공시해야 한다고 하였으므로 가방의 소유권 양도는 점유를 넘겨주는 점유 인도가 있어야 함을 알 수 있다.
④ 2문단에서 피아노, 금반지, 가방 등과 같은 대부분의 동산은 점유에 의해 소유권이 공시된다는 것을 알 수 있다.

28. 세부 정보 추론하기

정답 pick ❺

피아노, 금반지, 가방 등과 같은 대부분의 동산은 점유에 의해 소유권이 공시되는데, 점유에는 직접 점유와 간접 점유가 있다. 그리고 물건에 대한 소유권을 가지려면 양수인은 양도인과 유효한 계약을 체결해야 한다. 따라서 동산인 피아노의 소유자가 되기 위해서는 유효한 양도 계약이 있어야 하고, 직접 점유나 간접 점유 중 하나를 갖추어야 함을 알 수 있다.

[오답을 피하고 싶었어]

① 물리적 지배를 하지 않아도 간접 점유를 할 수 있으므로 물리적 지배 없이도 동산의 간접 점유자가 될 수 있다.
② 직접 점유와 간접 점유는 모두 점유에 해당하고, 점유는 소유자를 공시하는 기능을 수행하므로 간접 점유 역시 피아노 소유권에 대한 공시 방법이 될 수 있다.
③ 직접 점유는 물건을 빌려 쓰거나 보관하고 있는 것을 포함하여 물건을 물리적으로 지배하고 있는 상태이다. 물건을 빌려 쓰거나 보관하고 있을 때가 아닌 경우에는 물건에 대한 소유권을 가지고 있는 사람

이 직접 점유할 수 있으므로, 직접 점유자가 있으려면 간접 점유자가 있어야 한다는 설명은 적절하지 않다.
④ 피아노에 대한 소유권을 가지고 있는 사람이 다른 사람에게 피아노를 빌려준다면 피아노의 직접 점유자가 존재하면서 피아노의 소유자는 간접 점유자가 되므로 피아노의 직접 점유자가 있으면 그 피아노의 간접 점유자는 소유자가 아니라는 설명은 적절하지 않다.

29. 정보 간의 관계 파악하기

정답 pick ❷

② ㉠은 선의 취득을 인정하고 있는데, 이는 소유자의 권리 보호보다 거래 안전을 우선시하는 관점으로 볼 수 있다. 반면 ㉡은 선의 취득을 인정하지 않고 본래 소유권을 가진 사람의 권리를 인정하고 있는데, 이는 거래 안전보다 소유자의 권리 보호를 중시하는 관점으로 볼 수 있다.

[오답을 피하고 싶었어]

① 국가가 관리하는 공적 기록에 의해 소유권의 양도가 공시되는 것은 ㉠이 아니라 ㉡이다.
③ ㉡의 토지나 건물과 같은 부동산은 등기로 공시되는 물건이므로 ㉠과 달리 점유로 공시될 수는 없으나 물리적 지배의 대상이 아니라는 설명은 적절하지 않다.
④ ㉠과 같은 점유로 공시되는 동산의 경우 양수인이 충분히 주의를 했음에도 양도인이 소유자가 아님을 알지 못한 채 양도인과 유효한 계약을 하고, 점유 인도로 공시를 했다면 양수인은 소유권을 취득하는 '선의 취득'이 가능하다. 그러나 5문단에서 ㉡과 같이 국가가 관리하는 공적 기록인 등록으로 공시되는 물건은 선의 취득의 대상이 아님을 알 수 있다.
⑤ 3문단을 통해 ㉠은 점유 개정으로 소유권 양도가 공시될 수 있음을 알 수 있다. ㉡의 경우 소유권 양도의 공시는 등기에 의해 이루어지므로 ㉡이 점유 개정으로 소유권 양도가 공시될 수 있다는 설명은 적절하지 않다.

30. 구체적 상황에 적용하기

정답 pick ❸

점유 개정으로는 선의 취득을 하지 못한다는 4문단의 내용을 근거로 할 때 갑이 금반지의 소유자가 아니라면 을은 소유권 취득을 인정받지 못하게 된다. 즉 을은 소유권을 가지고 있지 않으므로 병이 을로부터 을이 가진 소유권을 양도받아 취득한다는 설명은 적절하지 않다.

[오답을 피하고 싶었어]

① 갑이 금반지의 소유자였기 때문에 을과 맺은 계약이 유효한 양도 계약이라면 계약 이후에도 갑이 금반지를 보관하더라도 양수인인 을에게 점유 인도가 이루어진 것으로 간주되는 점유 개정에 해당한다. 이에 따라 을은 반지에 대한 소유권을 가지고 있으므로 반환청구권을 병에게 양도할 수 있다. 반환청구권이 양도되면 병은 소유권을 취득하게 된다.
② 갑이 금반지의 소유자였기 때문에 을은 계약에 의해 소유권의 취득을 인정받는다. 그런데 갑이 계약 이후에도 여전히 금반지를 보관하고 있으므로 갑이 직접 점유를 유지하지만 을에게 점유 인도가 이루어진 것으로 간주된다.
④ 2문단에 따르면 반환청구권을 가진 상태를 간접 점유라고 하므로, 갑과 을의 계약에 의해 반환청구권을 가진 을은 금반지를 간접 점유하고 있는 것으로 볼 수 있다. 3문단에서 양수인이 간접 점유를 하여 소유권 이전이 공시되는 경우로 '반환청구권 양도'가 있다고 하였으므로 갑이 금반지의 소유자 여부와 관계없이 을은 반환청구권 양도로

병에게 점유 인도를 한 것으로 간주될 수 있다.
⑤ 병과 을의 계약에 따라 을은 반환청구권을 병에게 양도하였으므로 이는 간접 점유를 하여 소유권 이전이 공시되는 것에 해당한다. 그리고 병과 을의 계약에서 양수인인 병은 양도인인 을이 금반지의 소유자라고 믿었고, 을이 금반지의 소유자인지 확인하기 위해 충분히 주의를 기울였기 때문에 선의 취득의 원칙에 의해 갑과 상관없이 병의 소유권 취득이 인정된다.

31. 어휘의 문맥적 의미 파악하기

정답 pick ❶
ⓐ의 '일어나게'는 '어떤 일이 생기다.'의 의미이므로, 이와 가장 가까운 것은 '작년은 우리나라에서 수많은 사건이 일어난 해였다.'에서의 '일어난'이다.

[오답을 피하고 싶었어]
② '일어났다'의 의미는 '소리가 나다.'이다.
③ '일어나게'의 의미는 '약하거나 희미하던 것이 성하여지다.'이다.
④ '일어나지'의 의미는 '어떤 마음이 생기다.'이다.
⑤ '일어남으로써'의 의미는 '몸과 마음을 모아 나서다.'이다.

```
기출
#035     2017학년도 수능 9월 모평 사회
```

35 ⑤   36 ①   37 ⑤   38 ⑤   39 ②

📖 간단한 지문 소개

사회, '사단 법인의 법인격과 법인격 부인론'
이 글은 법인격의 의미를 중심으로 사단 법인의 개념과 성격을 소개한 다음 법인격 부인론을 부연 설명하고 있다. 사단은 법인으로 등기된 사단과 법인으로 등기하지 않은 사단으로 나눌 수 있는데, 법인이 되어야 법인격을 취득할 수 있다. 회사도 사단 성격의 법인이며 대표적인 회사 형태로는 주식회사가 있다. 일인 주식회사에서 사단 구성원인 사람의 인격과 법인으로서의 법인격이 잘 분간되지 않는 듯이 보이는 경우, 예외적으로 법인격 부인론이 제기될 수 있음을 설명하고 있다.

(주제) 사단 법인의 법인격과 법인격 부인론

35. 세부 정보 추론하기

정답 pick ❺
1문단에서 사단에 대한 정의를 소개하며 사단은 법인으로 등기되어야 법인격이 생기며, 사단성을 갖추고도 법인으로 등기하지 않은 사단은 법인이 아닌 사단이라고 설명하고 있다. 또 사람과 법인만이 권리 능력을 가진다고 진술되어 있으므로 사단이라는 제도 자체가 사람들이 결합한 단체에 권리와 의무를 누릴 수 있는 자격을 부여하는 것이 아님을 알 수 있다. 즉 일정한 요건을 갖추지 않은 사단은 법으로써 부여되는 권리 능력인 법인격을 취득할 수 없다.

[오답을 피하고 싶었어]
① 1문단 중간 부분에서 사단이 갖춘 성질을 사단성이라고 하며, 사단은 운영 기구를 둔다는 것을 알 수 있다.
② 1문단 중간 부분에서 사단의 구성원을 사원이라고 설명하고, 2문단 둘째 문장에서 주식회사는 주주들로 구성된다고 설명하고 있으므로 그 구성 측면에서 주주가 여러 명인 주식회사의 주주는 사단의 사원

에 해당함을 알 수 있다.
③ 1문단에서 권리 능력을 갖는다는 것은 소유권의 주체가 될 수 있다는 것을 의미한다는 것을 알 수 있다. 그리고 법인격을 가진 사단을 사단 법인이라 하는데, 사람과 법인만이 권리 능력을 가진다고 설명하고 있다.
④ 1문단에서 사단은 구성원의 가입과 탈퇴에 관계없이 존속하는 단체라고 정의되고, 사단 법인의 법인격은 구성원의 가입, 탈퇴에 관계없이 존속한다는 것을 추론할 수 있다.

36. 핵심 정보 파악하기

정답 pick ❶
3문단에서 대표 이사는 이사 중 한 명으로, 이사회에서 선출되는 기관이라고 진술되어 있다.

[오답을 피하고 싶었어]
② 1문단을 참고할 때, 회사는 사단의 성격을 갖는 법인으로서 법인격을 갖는다. 2문단을 참고할 때, 일인 주식회사도 회사의 일종이므로 법인격을 갖는 것은 일인 주식회사이다.
③ 3문단에서 이사의 보수는 주주 총회에서 경정하도록 되어 있다고 진술되어 있다.
④ 3문단에서 상법상 회사는 이사들로 이루어진 이사회만을 의결 기관으로 둔다고 진술되어 있다.
⑤ 2문단에서 여러 주주가 있던 회사가 주식의 상속, 매매, 양도 등으로 말미암아 모든 주식이 한 사람의 소유로 되는 경우가 있다는 것을 설명하고 있다.

37. 어휘의 문맥적 의미 파악하기

정답 pick ❺
ⓔ인 '허울'이 포함된 문장은 '심한 경우에는 회사에서 발생한 이익이 대표 이사인 주주에게 귀속되고 회사 자체는 허울만 남는 일도 일어난다.'이다. 이로 보아 '허울'의 문맥적 의미는 회사에서 발생한 이익이 회사에 돌아가야 하지만 그렇게 되지 않게 되어 회사 자체는 이익을 남기지 못하는 상태라고 볼 수 있다. 따라서 회사의 자산이 감소할 수는 있으나 회사의 자산이 감소한다 할지라도 권리 능력을 누릴 수 없게 되는 것은 아니다.

[오답을 피하고 싶었어]
①, ② ⓐ와 ⓑ는 문맥적으로 사단 법인과 사원 개인이 구별되어야 한다는 의미로 사용되고 있다. 즉 사원 개인은 법인의 법인격과는 구별되므로 사단이 진 빚을 갚을 의무는 사단에게 있는 것이지 사원 개인에게 있지 않다는 것이다.
③ 1문단에서 사단은 사람들의 결합체로서의 성격을 갖는다는 것이 설명되어 있는데, 일인 주주로 회사를 설립하는 경우 이러한 성격에 부합하지 않지만 법인으로 인정한 것이므로 ⓒ의 문맥적 의미는 '여러 사람이 결합한 조직체로서의 성격'이다.
④ ⓓ는 '법인인 회사의 운영이 독립된 주체로서의 경영'과 대비되는 개념으로 사용되고 있다.

38. 세부 내용 파악

정답 pick ❺
ⓛ을 포함하고 있는 부분에서 '이때 그 특정한 거래 관계에 관련하여서만 예외적으로 회사의 법인격을 일시적으로 부인하고 회사와 주주를 동일시해야 한다는 법인격 부인론이 제기된다.'라고 설명되어 있고, 또 '회사가

일인 주주에게 완전히 지배되어 회사의 회계, 주주 총회나 이사회 운영이 적법하게 작동하지 못하는데도 회사에만 책임을 묻는 것은 법인 제도가 남용되는 사례'라고 설명되어 있으므로 특정한 거래 관계의 경우 입각하여 회사가 아니라 일인 주주에게 책임을 물을 수 있음을 알 수 있다.

[오답을 피하고 싶었어]
① 법인격 부인론은 회사의 운영이 주주 한 사람의 개인 사업과 다름없이 이루어져 회사와 거래 관계에 있는 사람들이 재산상 피해를 입는 문제가 발생할 때 예외적으로 적용될 수 있다.
② 법인격 부인론은 법률에 명시적으로 규정되어 있지 않다.
③ 법인격 부인론은 특정 거래 관계와 관련하여서만 예외적으로, 일시적으로 회사의 법인격을 부인하는 것이다.
④ 법인격 부인론은 회사의 법인격을 일시적으로 부인하는 것이지 대표 이사 개인의 권리 능력을 부인하는 것이 아니다.

39. 어휘 선택의 적절성 판단하기

정답 pick ②
㉠의 '갖추다'는 '있어야 할 것을 가지거나 차리다'의 뜻으로 사용되고 있다. '구비(具備)하다'는 '있어야 할 것을 빠짐없이 다 갖추다'의 뜻이므로 ㉠과 유사한 의미를 가지는 단어는 '구비하다'로 볼 수 있다.

[오답을 피하고 싶었어]
① '겸비(兼備)하다'는 '두 가지 이상을 아울러 갖추다'의 뜻이다.
③ '대비(對備)하다'는 '앞으로 일어날지도 모르는 어떠한 일에 대응하기 위하여 미리 준비하다'의 뜻이다.
④ '예비(豫備)하다'는 '필요할 때 쓰기 위하여 미리 마련하거나 갖추어 놓다'의 뜻이다.
⑤ '정비(整備)하다'는 '흐트러진 체계를 정리하여 제대로 갖추다'의 뜻이다.

제 15 강 사회 기출 Pick #036~#037

기출 #036 · · · · · · · · · 2018학년도 수능 6월 모평 사회

22 ① 　 23 ⑤ 　 24 ① 　 25 ⑤

📖 간단한 지문 소개
사회, '통화 정책'
이 글은 중앙은행이 물가 안정 등 경제적 목적의 달성을 위해 통화 정책을 실시한다고 전제하며 대표적인 통화 정책 수단인 '공개 시장운영'이 경제 전반에 미치는 영향을 설명하고 있다. 한편 중앙은행의 통화 정책이 의도한 효과를 얻기 위한 요건 중 선제성과 정책 신뢰성이 통화 정책에 어떤 영향을 미치는지 분석하고 있다. 먼저 '정책 외부 시차'의 발생이나 경기 과열 등의 부작용을 고려하여 중앙은행이 통화 정책을 선제적으로 운용하는 것이 바람직하다는 것을 강조하고 있다. 또 중앙은행이 실시하는 통화 정책에 대한 민간의 신뢰와 관련해서는 '준칙주의'와 '재량주의'라는 두 입장이 있음을 제시하면서 각 주장의 핵심 내용을 설명하고 있다.

(주제) 중앙은행이 실시하는 통화 정책이 효과를 거두기 위한 요건

22. 내용 전개 방식 파악하기

정답 pick ①
이 글은 시작 부분에서 중앙은행의 통화 정책이 이자율이나 통화량을 조절함으로써 물가 안정과 같은 경제적 목적을 달성하는 것이라고 밝히고 있다. 하지만 이는 통화 정책의 목적을 간단히 드러냈을 뿐 통화 정책의 목적을 유형별로 나누어 제시하고 있는 것은 아니다. 오히려 중앙은행의 통화정책이 효과를 얻기 위해 필요한 두 가지 요건에 대해 주로 설명하고 있다.

[오답을 피하고 싶었어]
② 2문단에서 경기 과열과 같은 부작용을 사례로 제시하여 통화 정책에서 중앙은행의 선제적 대응이 필요하다고 설명하고 있다.
③ 1문단에서 중앙은행이 공개 시장에서 채권을 매수하면 이자율이 하락하고, 이자율이 하락하면 경기가 활성화되고 물가 상승률이 오르며, 채권을 매도하면 이자율이 상승하고 이자율이 상승하면 경기가 위축되고 물가 상승률이 떨어진다는 것을 인과적으로 설명하고 있다.
④ 1문단에서 '공개 시장 운영'이라는 용어의 정의를 바탕으로 통화 정책의 대표적인 수단에 대해 설명하고 있다.
⑤ 통화 정책의 신뢰성과 관련하여 중앙은행이 애초의 약속을 일관되게 지켜야 한다는 '준칙주의'와, 정책 신뢰성은 중요하지만 준칙에 얽매일 필요는 없다는 '재량주의'의 차이를 드러내고 있다.

23. 구체적 상황에 적용하기

정답 pick ⑤
〈보기〉에 제시된 내용 중 경제학자 병은 경기를 예측하고 있었으므로 선제적으로 통화 정책을 운용해야 한다. 이때 1문단에서 공개 시장 운영을 통해 시장 이자율이 기준 금리 수준으로 접근한다는 것을 전제로, 이자율(기준 금리)이 하락하면 물가 상승률이 올라가고, 이자율(기준 금리)이 상승하면 물가 상승률이 떨어진다고 밝히고 있어 기준 금리와 물가 상승률이 반비례 관계임을 알 수 있다. 따라서 2분기에 물가 상승률을 2%로 유지하려면 정책외부 시차를 고려하여 1분기 시작일인 1월 1일에 금리를 1.5%p 더 올려 5.5%가 되도록 해야 한다. 그리고 2분기 시작일인 4월 1일에도 1.5%p 더 올린 금리를 그대로 유지해야 3분기의 물가 상승률을 2%로 유지할 수 있다.

[오답을 피하고 싶었어]
① 기준 금리를 인하하면 물가 상승률이 올라가기 때문에, 1분기에서 기준 금리를 2.5%로 인하하게 되면 2분기의 물가 상승률 예측보다 추가로 1%p가 더 상승하여 4%가 될 것이고, 2분기 기준 금리를 2.5%로 유지하게 되면 3분기 물가 상승률 역시 예측보다 1%p가 높은 4%가 될 것이다.
② 1분기에서 기준 금리를 2.5%로 인하하면 2분기의 물가 상승률은 4%가 된다. 그리고 2분기에 기준 금리를 4%로 인상하면 3분기의 물가 상승률은 다시 3%가 될 것이다.
③ 1분기 기준 금리에는 변화가 없기 때문에 2분기 물가 상승률은 예측대로 3%가 되겠지만, 2분기 기준 금리를 5.5%로 인상하면 3분기 물가 상승률은 2%로 조정될 것이다.
④ 1분기 기준 금리를 5.5%로 인상하면 2분기 물가 상승률은 2%로 조정되겠지만, 2분기 기준 금리를 4%로 인하하게 되면 3분기 물가 상승률은 예측대로 3%가 될 것이다.

24. 정보 간의 관계 파악하기

정답 pick ①

'준칙주의'와 '재량주의'는 중앙은행의 통화 정책에 대한 민간의 신뢰와 관련하여 준칙을 수용하는 방식에 대해 서로 다른 견해를 드러내고 있다. '준칙주의'에서는 중앙은행이 준칙을 어김으로써 중앙은행에 대한 민간의 신뢰가 훼손되면 더 큰 부작용이 있다는 점을 강조하며 중앙은행이 준칙을 일관되게 지키는 것이 바람직하다고 판단한다. 즉 '준칙주의'의 입장에서는 경제 변동에 신축적인 대응을 못하는 한이 있더라도 준칙은 잘 지키는 것이 낫다고 생각하는 것이다.

[오답을 피하고 싶었어]
② 마지막 문단에 따르면 '재량주의'에서는 준칙주의의 엄격한 실천이 현실적으로 어렵다고 본다.
③ '준칙주의'는 정책 운용에 관한 준칙을 일관되게 지켜야 한다는 입장이므로 준칙을 지키지 않아도 민간의 신뢰를 확보할 수 있다는 생각은 하지 않을 것이다. 하지만 '재량주의'는 이와 달리 반드시 준칙에 얽매일 필요는 없다고 본다.
④ 마지막 문단에 따르면 '재량주의'에서도 정책 신뢰성은 중요하다고 판단하고 있다.
⑤ '재량주의'는 경제 여건의 변화에 따른 신축적인 정책 대응을 지지하는 입장이다. 그러므로 통화 정책의 탄력적 대응이 효과적이지 않다고 본다는 내용은 적절하지 않다.

25. 어휘의 문맥적 의미 파악하기

정답 pick ❺
ⓔ: '부양'은 두 개의 표제어를 가지고 있는데, 하나는 '생활 능력이 없는 사람의 생활을 돌봄.'이라는 의미이고, 다른 하나는 '가라앉은 것이 떠오름. 또는 가라앉은 것을 떠오르게 함.'이라는 의미이다. 지문의 ⓔ는 침체된 경기를 다시 활발하게 살린다는 의미이므로 후자의 경우에 해당한다. 그러나 '늙으신 부모와 어린 동생들을 부양하고 있다.'에서의 '부양'은 전자의 의미로 사용되었다.

[오답을 피하고 싶었어]
① ⓐ: '파급'은 '어떤 일의 여파나 영향이 차차 다른 데로 미침.'의 의미이다.
② ⓑ: '발현'은 '속에 있거나 숨은 것이 밖으로 나타나거나 그렇게 나타나게 함. 또는 그런 결과.'를 의미한다.
③ ⓒ: '수반'은 '어떤 일과 더불어 생김.'의 의미이다.
④ ⓓ: '유의'는 '마음에 새겨 두어 조심하며 관심을 가짐.'의 의미이다.

```
기출
#037        2018학년도 수능 사회
```

27 ①   28 ⑤   29 ①   30 ④   31 ③   32 ②

간단한 지문 소개
사회. '정부의 정책 수단'
이 글은 환율과 관련된 경제 현상을 사례로 제시하여 정부의 정책 수단을 설명하고 있다. 환율은 단기적으로는 지나치게 상승하거나 하락하는 경우가 있는데, 이를 오버슈팅이라 한다. 오버슈팅은 단기적인 물가 경직성이나 금융 시장 변동에 따른 불안 심리로 인해 촉발되는데, 시장의 조정 과정을 통해 장기적으로는 환율이 균형 환율 수준으로 회복하게 된다. 그러나 단기의 환율이 경제 여건과 괴리되어 과도하게 급등락하거나 균형 환율에서 이탈하는 등의 문제가 심화되는 경우를 예방하기 위해 정부는 다양한 정책적 수단을 동원하여 실물 경제와 금융 시장의 안정을 도모한다.

주제) 환율의 오버슈팅 사례로 본 정부의 정책 수단

27. 세부 정보 파악하기

정답 pick ❶
3문단의 마지막 문장에서 알 수 있듯이 국내 통화량이 증가하여 유지될 경우 장기에는 자국 물가가 높아져 장기의 환율은 상승할 것이고, 통화량을 물가로 나눈 실질 통화량은 변하지 않게 된다. 따라서 환율이 변하지 않을 것이라는 설명은 적절하지 않다.

[오답을 피하고 싶었어]
② 2문단을 통해 환율이나 금리, 주가 등의 경제 변수가 단기에 지나치게 상승하거나 하락하는 현상을 오버슈팅이라 하는데, 이는 물가 경직성에 의해 나타난다는 것을 확인할 수 있다. 따라서 물가가 신축적인 경우가 경직적인 경우에 비해 금리 하락의 폭이 작을 것임을 알 수 있다.
③ 3문단을 통해 환율은 단기에도 신축적인 조정이 가능한 반면 물가의 경우 단기에는 신축적이지 않다는 것을 알 수 있다. 이러한 물가의 조정 속도와 환율의 조정 속도의 차이가 오버슈팅을 초래하는 것이므로 적절하다.
④ 4문단을 통해 시장 금리가 하락할 경우 외국인 투자 자금이 해외로 빠져 나가게 되고, 이로 인해 자국 통화의 가치가 하락하면서 환율이 추가적으로 상승한다는 것을 알 수 있다. 따라서 외국인 투자 자금이 국내 시장 금리에 민감하게 반영할수록 오버슈팅의 정도가 더 커질 것이라는 것을 알 수 있다.
⑤ 4문단을 통해 시간이 경과함에 따라 물가가 상승하여 실질 통화량이 원래의 수준으로 회복되고 시장 금리가 올라가면서 단기에 과도하게 상승했던 환율이 장기에는 구매력 평가설에 기초한 환율로 수렴된다는 것을 알 수 있다. 그런데 물가 경직성이 클 경우에는 물가의 조정에 걸리는 시간이 길어질 것이다. 따라서 실질 통화량이 원래의 수준으로 회복되는 데까지 걸리는 시간이 길어질 것이므로 환율이 구매력 평가설에 기초한 환율로 수렴되는 데까지 걸리는 시간 역시 길어질 것임을 알 수 있다.

28. 다른 상황에 적용하기

정답 pick ❺
자동성은 정책 수행을 위해 별도의 행정 기구를 설립하는 것이 아니라 기존의 조직을 활용하는 정도를 말한다. 문화 소외 계층에 대한 복지 카드 혜택을 늘리는 정책을 위해 새로운 부서를 만드는 것이 아니라 기존 부서에서 이 일을 담당하는 것이므로 자동성이 높다고 할 수 있다. 반면 전담 부처를 신설하여 상수원 보호 구역을 감독하는 것은 자동성이 높지 않다고 할 수 있다.

[오답을 피하고 싶었어]
① 불법 주차 차량에 과태료를 부과하는 것은 정부가 개인이나 집단의 행위를 제한하는 정도가 높으므로 강제성이 높다고 할 수 있다. 반면 다자녀 가정에 출산 장려금을 지급하는 것은 특정한 행위를 제한하는 것이 아니므로 강제성이 높지 않다고 할 수 있다.
② 전기 제품 안전 규제의 강화는 예산 지출을 수반하지 않으므로 가시성이 낮다. 반면 학교 급식 제공을 위해 재원을 마련하는 것은 예산 지출이 수반되므로 가시성이 높다.
③ 자연 보존 지역에서의 개발 행위 금지는 특정 행위를 제한하는 것이므로 강제성이 높다. 문화재 발견 신고에 대한 포상금 지급은 특정한 행위를 제한하는 것이 아니므로 강제성이 높지 않다.
④ 정부 기관에서 특정한 정책을 직접적으로 수행하는 것일수록 직접성

이 높으므로 쓰레기 처리를 민간 업체에 맡기는 것은 직접성이 낮은 정책으로 볼 수 있다. 주민 등록 관련 행정 업무를 정부 기간에서 직접 수행하는 것은 직접성이 높은 정책이다.

29. 구체적 상황에 적용하기

정답 pick ❶
A국에 환율의 오버슈팅이 발생한 상황에서 B국에 해외 자금 유입이 증가한다면 B국에서는 통화량 증가에 따라 시장 금리가 내려갈 것이다. B국의 시장 금리가 내려가면 B국에 유입되는 투자 자금이 적어지는 반면 A국에 대한 투자 수요가 높아지면서 A국의 환율 급등은 다소 진정될 것임을 알 수 있다. 따라서 오버슈팅의 정도가 커질 것이라는 설명은 적절하지 않다는 것을 알 수 있다.

[오답을 피하고 싶었어]
② 금융 시장 불안의 여파로 A국의 금융 자산 가격 하락에 대한 우려가 확산된 상황이므로 A국 환율의 오버슈팅은 금융 시장 변동에 따른 불안 심리에 의해 촉발된 것으로 볼 수 있다.
③ A국에 환율의 오버슈팅이 발생하여 A국 환율이 상승하게 되면 A국의 수출이 증대되는 반면 수입은 감소하게 된다. 이로 인해 A국에 외환의 유입이 증가하여 A국 환율은 다시 낮아져 균형 환율 수준을 회복하게 된다. 이러한 과정은 정부의 직접적인 개입이 없이 시장의 조정을 통해 이루어지는 것이다.
④ A국의 환율이 상승하면 수출이 증대되고 수입이 감소하므로 A국 외환 보유액이 증가하게 된다. 이는 환율이 균형 환율 수준으로 회복되는 데 긍정적으로 작용할 것이므로 정책 당국이 직접적으로 외환 시장에 개입하는 데에 신중해야 함을 알 수 있다.
⑤ A국의 환율 상승은 수입품의 가격 인상을 초래하여 수입이 감소하게 된다. 따라서 수입품의 가격이 인상되면 A국의 내수는 위축될 것임을 알 수 있다.

30. 정보 간의 관계 파악하기

정답 pick ❹
[가]를 통해 알 수 있듯이 국내 통화량이 증가하여 유지될 경우 물가가 단기에는 경직적이어서 실질 통화량이 증가하고, 이로 인해 시장 금리는 하락하게 된다. 또한 자국의 통화 가치가 하락하면서 환율은 상승하게 된다. 한편 장기적으로 물가가 상승하게 되면 수입이 증가하고, 이로 인해 환율은 추가적으로 상승하게 된다. 그리고 장기에는 통화량을 물가로 나눈 실질 통화량은 원래 수준으로 돌아오게 된다. 따라서 일시적으로 높아졌다가 원래의 수준으로 돌아오는 실질 통화량을 그래프로 나타낸 것은 c이다. 한편 시장 금리의 경우 실질 통화량이 증가하면서 하락하였다가 실질 통화량이 원래의 수준으로 회복되면 반등하게 되므로 이를 그래프로 나타낸 것은 a이다. 환율의 경우 오버슈팅에 의해 크게 상승하였다가 장기적으로는 구매력 평가설에 기초한 균형 환율로 수렴되는데, 이는 자국 물가 수준을 외국 물가 수준으로 나눈 비율이다. 그런데 자국의 물가 수준이 높아졌으므로 균형환율 역시 국내 통화량이 증가되기 이전과 비교할 때 높은 수준이 될 것임을 알 수 있다. 이를 그래프로 나타낸 것은 b이다.

[오답을 피하고 싶었어]
①, ③ 이 글에 따르면 '시장 금리'의 경우 실질 통화량이 증가하면서 하락하였다가 실질 통화량이 원래의 수준으로 회복되면서 반등하게 되므로, 〈보기〉의 c를 시장 금리(ⓒ)로 보는 것은 적절하지 않다.
② 이 글에 따르면 '실질 통화량'의 경우 일시적으로 높아졌다가 시간이

경과함에 따라 물가가 상승하여 실질 통화량이 원래 수준으로 돌아온다고 했으므로, 〈보기〉의 b를 실질 통화량(ⓐ)으로 보는 것은 적절하지 않다.
⑤ 이 글에 따르면 '시장 금리'의 경우 실질 통화량이 증가하면서 하락하였다가 실질 통화량이 원래의 수준으로 회복되면서 반등하게 되므로, 〈보기〉의 b를 시장 금리(ⓒ)로 보는 것은 적절하지 않다.

31. 세부 내용 추론하기

정답 pick ❸
5문단에서 미세 조정 정책 수단을 설명하고 있다. 미세 조정 정책의 수단으로 정보 공개, 가격 규제 축소, 세금 조정, 환율 변동 보험 제공, 지급 보증 제도 등을 언급하고 있을 뿐 해외 자금 유출과 유입의 통제와 같은 강제성이 높은 정책에 대해서는 언급하고 있지 않으므로 적절하지 않다.

[오답을 피하고 싶었어]
① 5문단에 환율 급등락으로 인한 피해에 대비하여 수출입 기업에 환율 변동 보험을 제공한다는 정보가 제시되어 있다. 환율 변동 보험의 제공은 미세 조정 정책 수단에 포함된다.
② 5문단에 환율 변동으로 가격이 급등한 수입 필수 품목에 대한 세금을 조정한다는 정보가 제시되어 있다. 수입품에 대한 세금 조절은 미세 조정 정책 수단에 포함된다.
④ 5문단에 외화 차입 시 지급 보증을 제공한다는 정보가 제시되어 있다. 지급 보증 제도는 미세 조정 정책 수단에 포함된다.
⑤ 5문단에 외환의 수급 불균형 해소를 위해 관련 정보를 신속하고 정확하게 공개한다는 정보가 제시되어 있다. 환율 변동에 영향을 주는 요인들에 대한 정보를 제공하는 것은 미세 조정 정책 수단에 포함된다.

32. 어휘의 문맥적 의미 파악하기

정답 pick ❷
ⓑ '노출되다'는 '겉으로 드러나다.'의 의미로 쓰이는 말로, 사동의 의미가 없다. '드러낼'은 '드러나다'의 사동인 '드러내다'에 관형사형 전성 어미가 결합된 말이므로 '노출될'과 바꿔 쓰기에 적절하지 않다.

[오답을 피하고 싶었어]
① ⓐ '괴리되다'는 '서로 어그러져 동떨어지다.'의 의미로 쓰이는 말이고, '동떨어지다'는 '둘 사이에 관련성이 거의 없다.'의 의미이므로 바꿔 쓰기에 적절하다.
③ ⓒ '초래하다'는 '어떤 결과를 가져오게 하다.'의 의미로 쓰이는 말이고, '불러오다'는 '어떤 행동이나 감정 또는 상태를 일어나게 하다.'의 의미이므로 바꿔 쓰기에 적절하다.
④ ⓓ '복귀하다'는 '본디의 자리나 상태로 되돌아가다.'의 의미로 쓰이는 말이고, '되돌아오다'는 '본디의 상태로 되다.'의 의미이므로 바꿔 쓰기에 적절하다.
⑤ ⓔ '도모하다'는 '어떤 일을 이루기 위하여 대책과 방법을 세우다.'의 의미로 쓰이는 말이고, '꾀하다'는 '어떤 일을 이루려고 뜻을 두거나 힘을 쓰다.'의 의미이므로 바꿔 쓰기에 적절하다.

제 16 강 과학 기출 Pick #038~#039

기출 #038   2020학년도 수능 6월 모평 과학

37 ③   38 ④   39 ⑤   40 ②   41 ①   42 ④

📖 간단한 지문 소개

융합(인문, 과학), '개체성의 조건과 공생발생설에 따른 진핵생물의 발생'
이 글은 서로 다른 대상들을 동일한 개체의 부분들 혹은 동일한 개체로 판단할 수 있는 조건인 개체성의 조건을 제시한 후, 두 원생생물의 공생 관계가 지속되면서 하나의 진핵생물이 탄생했다는 공생발생설에 대해 설명하고 있다. 어떤 대상을 이루는 부분들을 동일한 개체의 부분들로 판단할 수 있는 조건은 부분들 사이의 유기적 상호작용이 강하다는 것이며, 상이한 시기에 존재하는 두 대상을 동일한 개체로 판단하는 조건은 두 대상 사이의 인과성이 강하다는 것이다. 철학에서 논의한 개체성은 생물학에서도 중요한 연구 주제가 되는데, 대표적인 것이 미토콘드리아의 개체성에 관한 것이다. 공생발생설은 진핵세포의 세포 소기관인 미토콘드리아가 원래는 박테리아의 일종인 원생미토콘드리아로 독립된 생명체였으며, 고세균의 세포 안에서 고세균과 원생미토콘드리아의 내부 공생이 지속되다가 진핵세포가 발생하였다고 설명한다. 미토콘드리아와 진핵세포 간의 유기적 상호작용이 매우 강하다는 점에서 이들의 관계는 공생 관계로 보기 어려우며, 독립된 생명체로서 개체성을 지니고 있었던 원생미토콘드리아가 진핵세포의 세포 소기관이 됨으로써 개체성을 잃게 된 것으로 이해할 수 있다.

주제 공생발생설에 따른 진핵생물의 발생 과정과 미토콘드리아의 개체성 판단

37. 내용 전개 방식 파악하기

정답 pick ❸

이 글은 먼저 어떤 부분들이 모여 하나의 대상을 이룰 때 그 대상을 하나의 개체로 판단할 수 있는 조건으로 부분들의 강한 유기적 상호작용을, 상이한 시기에 존재하는 두 대상을 동일한 개체로 판단할 수 있는 조건으로 두 대상 사이의 강한 인과성을 설명함으로써 개체성의 조건을 제시하고 있다. 그리고 이를 바탕으로 독립된 개체로서 원핵생물이었던 원생미토콘드리아가 진핵세포의 세포 소기관인 미토콘드리아가 된 과정을 공생발생설에 따라 서술하고, 미토콘드리아와 진핵세포 사이에 매우 강한 유기적 상호작용이 존재한다는 점에서 이들 간의 관계는 공생 관계가 아니라는 것을 설명하고 있다.

[오답을 피하고 싶었어]

① 1문단에서 자동차, 바닷물을 예로 들어 개체성에 대해 설명하고 있으나, 공생발생설에 대한 다양한 견해를 비교하고 있지는 않다.
② 1문단과 2문단에서 어떤 대상을 개체라고 부를 수 있는 조건인 개체성의 조건은 제시하고 있으나, 개체에 대한 정의를 제시하고 있다고 보기는 어렵다. 또 세포의 생물학적 개념이 확립되는 과정은 나타나지 않는다.
④ 개체의 유형 분류에 대한 내용은 언급되지 않았으며, 공생발생설을 중심으로 원핵생물이 세포의 소기관으로 변화한 과정을 설명할 뿐 세포의 소기관의 분화에 대해서는 설명하고 있지 않다.
⑤ 개체와 관련된 개념들로 개체성의 조건을 설명하고 있다. 한편 원생미토콘드리아가 개체의 일부분으로 변화하는 과정은 서술하였지만,

38. 세부 정보, 핵심 정보 파악하기

정답 pick ❹

6문단을 통해 미토콘드리아의 대사 과정에 필요한 단백질은 미토콘드리아가 아닌 세포핵의 DNA로부터 합성된다는 것을 알 수 있다. 따라서 미토콘드리아의 대사 과정에 필요한 단백질이 미토콘드리아의 막을 통과하여 세포질로 이동한다고 할 수 없으며, 오히려 세포핵에서 세포질을 거쳐 미토콘드리아로 이동할 것이라고 추론할 수 있다.

[오답을 피하고 싶었어]

① 1문단의 '부분들 사이의 유사성은 개체성의 조건이 될 수 없다. 가령 일란성 쌍둥이인 두 사람은 DNA 염기 서열과 외모도 같지만 동일한 개체는 아니다.'를 통해 유사성이 아무리 강하더라도 개체성의 조건이 될 수 없다는 것을 확인할 수 있다.
② 1문단의 '바닷물을 개체라고 하지는 않는다.', '부분들의 강한 유기적 상호작용이 그 조건으로 흔히 제시된다. 하나의 개체를 구성하는 부분들은 외부 존재가 개체에 영향을 주는 것과 비교할 수 없이 강한 방식으로 서로 영향을 주고받는다.'를 통해 바닷물을 이루는 부분들 사이의 유기적 상호작용이 약하기 때문에 바닷물을 개체라고 말하기 어렵다는 것을 확인할 수 있다.
③ 5문단의 '새로운 미토콘드리아는 이미 존재하는 미토콘드리아의 '이분 분열'을 통해서만 만들어진다.'를 통해 새로운 미토콘드리아를 복제하기 위해서는 세포 안에 이미 존재하는 미토콘드리아가 반드시 있어야 한다는 것을 확인할 수 있다.
⑤ 2문단의 ''나'가 세포 분열을 통해 새로운 개체를 생성할 때도 '나'와 '나의 후손'은 인과적으로 연결되어 있다. 비록 '나'와 '나의 후손'은 동일한 개체는 아니지만 '나'와 다른 개체들 사이에 비해, 더 강한 인과성으로 연결되어 있다.'와 5문단의 '고세균은 세포질에 핵이 생겨 진핵세포가 되고'를 통해 진핵세포가 고세균의 '후손'이며 원생미토콘드리아는 고세균과 별개의 개체였으므로, 진핵세포가 되기 전의 고세균이 원생미토콘드리아보다 진핵세포와 더 강한 인과성으로 연결되어 있다는 것을 확인할 수 있다.

39. 인과 관계, 상관관계 추론하기

정답 pick ❺

공생발생설이 한동안 생물학계로부터 인정받지 못한 이유는 미토콘드리아가 과거에 독립된 생명체였다는 것을 쉽게 믿을 수 없기 때문이었다. 그러다가 전자 현미경의 등장으로 미토콘드리아의 내부를 세밀하게 관찰하게 됨으로써 미토콘드리아가 DNA 복제를 통해 자신만의 고유한 유전 정보를 전달할 수 있는 독립된 생명체였을 수 있다는 사실이 밝혀지고, 공생발생설이 생물학계에 받아들여지게 되었다. 따라서 생물학계로부터 공생발생설이 인정받지 못한 이유는 미토콘드리아가 자신의 고유한 유전 정보를 전달할 수 있다는 것을 알지 못했기 때문이었음을 알 수 있다.

[오답을 피하고 싶었어]

① 당시 생물학계는 진핵세포의 소기관으로서 미토콘드리아의 존재를 알고 있었으므로, 진핵세포가 세포 소기관을 가지고 있다는 사실은 알고 있었다고 볼 수 있다.
② 공생발생설은 한 생명체가 세대를 이어 가는 과정 중에 돌연변이와 자연선택이 일어나고, 이로 인해 종이 진화하고 분화한다고 본 당시의 전통적인 유전학 이론에 어긋난다. 따라서 공생발생설이 한동안

생물학계에서 인정받지 못한 것은, 공생발생설이 당시의 유전학 이론에 어긋난다는 근거가 부족했기 때문이라고 볼 수 없다.

③ 내부 공생이란 어느 생명체의 세포 안에서 다른 생명체가 공생하는 것이며, 생명체 간 내부 공생의 사례는 당시 생물학계에도 이미 알려져 있었다. 따라서 한 생명체가 다른 생명체의 세포 속에서 살 수 있다는 근거는 충분하다고 볼 수 있다.

④ 당시 생물학계에는 미토콘드리아의 기능과 대략적인 구조가 알려져 있었다. 따라서 미토콘드리아가 진핵세포의 활동에 중요한 기능을 한다는 사실을 알지 못했다고 볼 수 없다.

40. 내용들 간의 의미 관계 파악하기

정답 pick ❷

ㄱ, ㄹ. 2문단에 제시된 세포의 조건과 5문단에 제시된 미토콘드리아가 원래 박테리아의 한 종류였다는 근거들을 통해 〈보기〉에 제시된 각각의 연구 결과가 세포 소기관이 박테리아로부터 비롯되었는지 여부를 판단하는 기준이 될 수 있는지를 확인할 수 있다. 세포 소기관이 자신의 고유한 DNA를 가지고 있다는 결과와 관련된 내용은 2문단에서, 세포 소기관이 이분 분열을 하고, 카디오리핀을 포함한 막으로 둘러싸여 있다는 결과와 관련된 내용은 5문단에서 확인할 수 있다. 따라서 ㄱ과 ㄹ의 세포 소기관은 박테리아로부터 비롯되었다고 판단할 수 있다.

[오답을 피하고 싶었어]

ㄴ. 3문단에 따르면 박테리아는 원핵생물이므로 세포 소기관이 진핵세포의 리보솜을 가지고 있다는 것으로 ㄴ의 세포 소기관이 박테리아로부터 비롯했다고 판단하기는 어렵다.

ㄷ. 5문단에 따르면 진핵세포막에도 수송 단백질이 존재하므로 막에 수송 단백질이 있다는 것만으로 ㄷ의 세포 소기관이 박테리아로부터 비롯했다고 판단하기는 어렵다. 막에 존재하는 수송 단백질이 진핵세포막의 수송 단백질과는 다른 수송 단백질인 포린이라는 점이 확인되어야 한다.

41. 구체적 상황에 적용하기

정답 pick ❶

대상이 각자의 개체성을 잃고 둘을 다른 존재로 볼 수 없을 만큼 유기적 상호작용이 강하다면 둘 사이의 관계를 별개의 개체 간 공생 관계가 아니라 하나의 개체를 이루는 부분들 간의 관계로 볼 수 있다는 것을 미토콘드리아와 진핵세포 사이의 관계를 통해 확인할 수 있다. 6문단에 제시된 미토콘드리아가 개체성을 잃고 세포 소기관이 되었다고 보는 근거 중 첫 번째는 진핵세포가 미토콘드리아의 증식에 관여한다는 것이다. 그러나 〈보기〉의 병원성을 잃은 '아메바의 세포질에서 서식하는 박테리아'는 미토콘드리아와 달리 아메바의 관여 없이도 스스로 복제하여 증식할 수 있다. 따라서 '아메바의 세포질에서 서식하는 박테리아'가 미토콘드리아와 같이 세포 소기관으로 변한 것으로 보기는 어렵다. 또한 6문단의 '두 생명체가 서로 떨어져서 살 수 없더라도 각자의 개체성을 잃을 정도로 유기적 상호작용이 강하지 않다면 그 둘은 공생 관계에 있다'를 통해 두 생명체가 서로의 생존에 관여하는 것은 두 생명체가 공생 관계에 있음을 부정하는 근거가 되지 못함을 알 수 있다. 따라서 박테리아의 생존이 아메바의 생존에 관여하는 것은 박테리아와 아메바의 공생 관계를 부정하는 근거가 되지 못한다.

[오답을 피하고 싶었어]

② 복어의 '체내에서 서식하는 미생물'과 '복어' 사이의 유기적 상호작용이 강해져 둘을 다른 개체로 볼 수 없다면 복어의 '체내에서 서식하는 미생물'은 개체성을 잃을 수 있다.

③ 복어는 독소를 생산하는 미생물에게 서식처를 제공하는 대신 포식자로부터 자신을 방어할 수 있는 무기를 받을 뿐 복어와 복어의 '체내에서 서식하는 미생물' 간에 DNA의 증식과 관련된 유기적 상호작용은 나타나지 않는다.

④ 6문단에서 진핵세포의 미토콘드리아가 개체성을 잃고 세포 소기관이 되었다는 근거 중 하나로 미토콘드리아의 유전자의 많은 부분이 세포핵의 DNA로 옮겨 가 미토콘드리아의 DNA 길이가 현저히 짧아졌다는 내용을 확인할 수 있다. 따라서 '아메바의 세포질에서 서식하는 박테리아'가 개체성을 잃었다면 박테리아의 유전자의 많은 부분이 아메바의 세포핵의 DNA로 옮겨 가 박테리아의 DNA 길이가 짧아졌을 것이라고 추론할 수 있다.

⑤ 〈보기〉의 복어와 복어 체내에 서식하며 테트로도톡신을 생산하는 미생물 사이의 관계는 복어 체내의 미생물을 제거해도 복어의 생존에는 지장이 없다는 점, 복어가 개체성을 잃지 않았다는 점을 통해 공생 관계로 볼 수 있다. 한편 〈보기〉의 생존한 아메바와 이 아메바의 세포질에서 서식하는 박테리아 사이의 관계도 공생 관계로 볼 수 있다. 박테리아가 죽을 경우 아메바도 죽었으나 6문단에서 '두 생명체가 서로 떨어져서 살 수 없더라도 각자의 개체성을 잃을 정도로 유기적 상호작용이 강하지 않다면'이라는 언급을 통해 각자가 개체성을 잃을 만큼 둘 사이의 유기적 상호작용이 강하지 않다면 한쪽을 제거했을 때 다른 쪽이 생존하지 못하더라도 공생 관계로 볼 수 있다는 것을 알 수 있다.

42. 어휘의 문맥적 의미 파악하기

정답 pick ❹

'조명(照明)되다'는 '어떤 대상이 일정한 관점으로 바라보이다.'라는 사전적 의미를 지닌 단어이므로, ⓓ의 '밝혀지면서'와 바꿔 쓰기에 적절하지 않다. ⓓ와 바꿔 쓰기에 적절한 단어로는 '어떤 사실이 판단되어 명백하게 밝혀지다.'라는 사전적 의미를 지닌 '판명(判明)되다'의 활용형인 '판명(判明)되면서'가 적절하다.

[오답을 피하고 싶었어]

① '구성(構成)하다'는 '몇 가지 부분이나 요소들을 모아서 일정한 전체를 짜 이루다.'라는 사전적 의미를 지닌 단어이므로 ⓐ의 '이룬다고'를 '구성(構成)한다고'와 바꿔 쓰는 것은 문맥상 적절하다.

② '존재(存在)하다'는 '현실에 실재하다.'라는 사전적 의미를 지닌 단어이므로, ⓑ의 '있고'를 '존재(存在)하고'와 바꿔 쓰는 것은 문맥상 적절하다.

③ '보유(保有)하다'는 '가지고 있거나 간직하고 있다.'라는 사전적 의미를 지닌 단어이므로, ⓒ의 '가지고'를 '보유(保有)하고'와 바꿔 쓰는 것은 문맥상 적절하다.

⑤ '생성(生成)되다'는 '사물이 생겨나다.'라는 사전적 의미를 지닌 단어이므로, ⓔ의 '만들어진다'를 '생성(生成)된다'로 바꿔 쓰는 것은 적절하다.

#039 **2017학년도 수능 9월 모평 과학**

31 ⑤   32 ②   33 ⑤   34 ④

📖 간단한 지문 소개

과학, '열역학에 대한 과학자들의 탐구 과정'

이 글은 열과 일을 둘러싼 과학자들의 탐구를 소개하고 있다. 카르노는 열의 실체인 칼로릭은 고온에서 저온으로 이동하며 일을 하는데, 열기관의 열효율은 이러한 두 온도에만 의존한다고 보았다. 한편 줄은 열과 일은 서로 전환이 가능한 물리량이며 상호 전환할 때 열과 일의 에너지를 합한 양이 일정하게 보존된다는 사실을 알아냈다. 그 후 톰슨은 칼로릭 이론에 입각한 카르노의 열기관 설명이 줄의 발견과 위배됨을 지적했다. 하지만 열기관의 열효율에 관한 카르노의 이론은 클라우지우스의 증명으로 유지될 수 있었다. 그리고 클라우지우스는 열의 방향성과 상호 전환 방향에 관한 비대칭성에 주목하여 엔트로피라는 개념을 창안하였다.

주제) 열역학에 대한 여러 과학자들의 탐구

31. 세부 정보 파악하기

정답 pick ❺
2문단에서 카르노의 열기관의 열효율은 두 작동 온도에만 의존한다고 설명하고 있다. 또한 4문단을 볼 때, 칼로릭 이론의 오류는 톰슨에 의해 밝혀졌는데, 톰슨은 열기관의 열효율의 오류를 지적한 것이 아니다. 이는 클라우지우스의 증명으로 유지되었다.

[오답을 피하고 싶었어]
① 2문단에서 '열기관은 높은 온도의 열원에서 열을 흡수'하고 '열기관 외부에 열을 방출하며 일을 하는 기관'으로 설명하고 있다. 따라서 열기관은 외부로부터 받은 일을 열로 변환하는 것이 아니다.
② 2문단에서 '물의 양과 한 일의 양의 비가 높이 차이에만 좌우되는 것에 주목'하였다고 설명하고 있다. 따라서 '물의 온도 차이'에 비례한다는 진술은 맞지 않다.
③ 1문단에서 칼로릭 이론은 열을 '질량이 없는 입자들의 모임'이라고 설명하고 있다. 따라서 차가운 쇠구슬이 뜨거워졌다고 해도 쇠구슬 질량에는 변화가 없다고 말할 수 있다.
④ 1문단에서 칼로릭은 '온도가 높은 쪽에서 낮은 쪽으로 흐르는 성질'을 갖고 있다고 설명하고 있다. 따라서 '온도가 낮은 곳에서 높은 곳으로' 흐른다는 진술은 맞지 않다.

32. 생략된 정보 추론하기

정답 pick ❷
카르노에 따르면 열기관은 높은 온도에서 흡수한 열 전부를 낮은 온도로 방출하면서 일을 한다고 보았다. 하지만 줄이 입증한 사실에 따르면 열과 일이 상호 전환될 때 열과 일의 에너지를 합한 양은 일정하게 보존된다. 따라서 칼로릭 이론으로는 열기관이 한 일을 설명할 수 없다.

[오답을 피하고 싶었어]
① 3문단을 볼 때, 화학 에너지, 전기 에너지 등은 등가성을 가지고 상호 전환될 수 있다. 또한 열과 일의 상호 전환을 볼 때 '화학 에너지와 전기 에너지는 서로 전환될 수 없다'라는 진술은 맞지 않다.
③ ⓐ는 줄의 에너지 보존 법칙과 관계된 것으로 에너지의 방향성과는 관계가 없다.
④ ⓐ는 열효율에 관한 카르노의 이론에 대한 지적이 아니라 카르노가 활용한 칼로릭 이론에 대한 톰슨의 지적이다.
⑤ ⓐ는 칼로릭 이론에 대한 톰슨의 지적이다. 다만 4문단에서 클라우지우스에 의해 열기관의 열효율에 대한 카르노의 이론이 지지되고 있다.

33. 정보를 바탕으로 추론하기

정답 pick ❺
3문단에서 일과 열은 상호 전환 가능한 물리량으로서 등가성을 갖고 있음을 알 수 있다. 또한 '상호 전환될 때 에너지의 총량은 변하지 않는다는 에너지 보존 법칙이 입증되었다'고 설명하고 있다. 그리고 5문단에

서 '열기관에서 열 전부를 일로 전환할 수 없다, 즉 열효율이 100%가 될 수 없다는 상호 전환 방향에 관한 비대칭성이 있다'는 것을 말하고 있다. 이를 바탕으로 〈보기〉를 볼 때, 열기관의 '열의 양(A)'과 '일의 양(B)'의 관계를 구하면 그 값은 100%를 절대로 초과할 수 없고 오히려 줄어들 수밖에 없다. 이때 열 전부를 일로 전환할 수 없다는 것은 열손실을 말하므로 '열기관이 흡수한 열의 양과 두 작동 온도'는 그 값과 상관없다.

[오답을 피하고 싶었어]
① 5문단을 볼 때, 값은 두 작동 온도의 차이가 일정한 것과 상관없이 줄이 구한 열의 일당량과 같지 않고 작다.
② 5문단을 볼 때, 값은 줄이 구한 열의 일당량과 같지 않고 작다.
③ 5문단을 볼 때, 값은 흡수한 열의 양과 상관없이 줄이 구한 열의 일당량보다 커지는 것이 아니라 작다.
④ 5문단을 볼 때, 값은 두 작동 온도의 차이와 상관없이 줄이 구한 열의 일당량보다 커지는 것이 아니라 작다.

34. 어휘의 문맥적 의미 파악하기

정답 pick ❹
ⓔ은 '기대에 맞지 아니하거나 일정한 기준에서 벗어나다'라는 의미를 갖고 있다. '그는 상식에 어긋나는 일을 한 적이 없다.'에서의 '어긋나다'와 같은 의미로 사용되고 있다.

[오답을 피하고 싶었어]
① ⓐ은 '무엇이라고 가리켜 말하거나 이름을 붙이다'라는 의미로 사용되었다. 그러나 '웃음은 또 다른 웃음을 부르는 법이다.'에서 '부르다'는 '어떤 행동이나 말이 관련된 다른 일이나 상황을 초래하다'라는 의미로 사용되었다.
② ⓑ은 '어떤 것을 소재나 대상으로 삼다'라는 의미로 사용되었다. 그러나 '그는 익숙한 솜씨로 기계를 다루고 있었다.'에서 '다루다'는 '기계나 기구 따위를 사용하다'라는 의미로 사용되었다.
③ ⓒ은 '액체 따위가 낮은 곳으로 내려가거나 넘쳐서 떨어지다'라는 의미로 사용되었다. 그러나 '이야기가 엉뚱한 방향으로 흐르고 있다.'에서 '흐르다'는 '어떤 한 방향으로 치우쳐 쏠리다'라는 의미로 사용되었다.
⑤ ⓔ은 '어떤 일이 일어나다'로 사용되었다. 그러나 '하늘을 보니 당장이라도 비가 오게 생겼다.'에서 '생기다'는 '일의 상태가 부정적인 어떤 지경에 이르게 되다'라는 의미로 사용되었다.

제 17 강 과학 기출 Pick #040~#041

기출 **#040** **2019학년도 수능 과학(융합)**

27 ② **28** ⑤ **29** ④ **30** ⑤ **31** ② **32** ②

📖 간단한 지문 소개
융합(인문, 과학), '서양과 동양의 천문 이론'
이 글은 서양 우주론의 발전 과정을 지구 중심설에서 태양 중심설로의 이행으로 설명한 후, 서양 우주론의 영향을 받은 중국의 우주론의 전개 양상을 살펴보고 있다. 고대의 아리스토텔레스와 프톨레마이오스는 지구 중심설을 내세웠는데, 이는 지상계와 천상계를 대립시키는 형이상학

적 관념에서 비롯한 것이었다. 코페르니쿠스가 내세운 태양 중심설은 케플러의 연구에 의해 그 정당성이 입증되었으며, 17세기 후반 뉴턴이 태양 중심설을 역학적으로 증명하여 만유인력의 실재를 입증하였다. 중국은 16세기 말부터 유입된 서양 과학의 영향을 받아 서양 과학과 중국의 지적 유산을 결합하여 우주의 원리를 파악하고자 했는데, 중국의 고대 문헌에 담긴 우주론을 서양 과학의 경험적 추론과 수학적 계산을 통해 재해석하고 확인하려는 경향이 19세기까지 주를 이루었다.

(주제) 서양 우주론의 발전과 이에 영향을 받은 중국의 우주론

27. 세부 정보 파악하기

정답 pick ❷
청 왕조가 1644년 중국의 역법을 기반으로 서양 천문학 모델과 계산법을 수용한 시헌력을 공식 채택하였고, 17세기 웅명우와 방이지는 실증적인 서양 과학을 재해석하여 독창적인 광학 이론을 창안하였으며, 17세기 후반 왕석천과 매문정은 서양 과학의 영향을 받아 우주의 원리를 파악하고자 하였다는 내용이 제시되었다. 따라서 서양의 우주론의 영향으로 변화된 중국의 우주론이 소개되었을 것이라는 예측은 본문의 내용에 부합함을 알 수 있다.

[오답을 피하고 싶었어]
① 서양 우주론의 지구 중심설과 태양 중심설의 개념이 2~4문단에 제시되고 있으므로 적절하다.
③ 서양에서 태양 중심설을 제기한 사람이 코페르니쿠스임을 2문단에서 확인할 수 있으므로 질문의 답이 제시되었다고 할 수 있다.
④ 중국에서 서양의 우주론을 접하고 회통을 시도한 사람으로 17세기의 웅명우와 방이지, 17세기 후반의 왕석천과 매문정을 제시하고 있으므로 적절하다.
⑤ 중국에 서양의 우주론을 전파한 서양의 인물은 본문에서 확인할 수 없으므로 적절하다.

28. 세부 정보 파악하기

정답 pick ❺
케플러가 브라헤의 천체 관측치를 활용하여 태양 주위를 공전하는 행성의 운동 법칙들을 수립하였으므로 서양에서 경험적 추론에 기초한 우주론이 제기되었다고 할 수 있다. 한편 중국에서도 왕석천과 매문정이 경험적 추론과 수학적 계산을 통해 우주의 원리를 파악하고자 하였으므로 경험적 추론에 기초한 우주론이 제기되었다고 할 수 있다.

[오답을 피하고 싶었어]
① 서양에서는 우주론을 정립하는 과정에서 천상계와 지상계를 대립시키는 아리스토텔레스의 이분법적 구도를 무너뜨렸다는 내용이 제시되어 있으므로 아리스토텔레스의 형이상학에 대한 재검토가 이루어졌다고 볼 수 있다. 또한 중국의 왕석천과 매문정은 웅명우 등이 성리학 같은 형이상학에 몰두하여 잘못된 우주론을 전개하고 있다고 비판하였으므로 우주론을 정립하는 과정에서 형이상학적 사고에 대해 재검토가 이루어졌음을 알 수 있다.
② 17세기 후반 왕석천과 매문정은 서양 과학의 우수한 면이 모두 중국 고전에 이미 갖추어져 있다고 주장했다. 따라서 서양 천문학이 들어오면서 중국에서 자국의 우주 전통을 재인식하였음을 알 수 있다.
③ 청 왕조가 1644년 중국의 역법을 기반으로 서양 천문학 모델과 계산법을 수용한 시헌력을 공식 채택하였으므로 중국에 서양의 천문학적 성과가 자리 잡게 된 데에는 국가의 역할이 작용하였다고 볼 수 있다.
④ 중국에서는 18세기 초를 기점으로 중국 천문학을 중심으로 서양 천문학을 회통하려는 입장이 공식 입장으로 채택되었다는 내용이 마지막 문단에 제시되어 있으므로 중국에서 18세기에 자국의 고대 우주론을

긍정하는 입장이 주류가 되었다는 설명은 적절하다.

29. 생략된 정보 추론하기

정답 pick ❹
지구가 우주 중심에 고정되어 있고 다른 행성을 거느린 태양이 지구 주위를 돈다는 우주론을 주장한 브라헤는 코페르니쿠스 천문학의 장점을 인정하면서도 아리스토텔레스의 형이상학과의 상충을 피하고자 했다. 따라서 브라헤의 우주론은 아리스토텔레스의 형이상학에서 자유롭지 못했다고 말할 수 있다.

[오답을 피하고 싶었어]
① 아리스토텔레스는 우주의 중심에 고정되어 움직이지 않는 지구의 주위를 달, 태양, 다른 행성들의 천구들과, 항성들이 붙어 있는 항성 천구가 회전한다고 주장하였다. 따라서 아리스토텔레스가 항성 천구가 고정되어 있다고 보았다는 설명은 적절하지 않다.
② 행성이 태양에서 멀수록 공전 주기가 길어진다는 점에서 단순성을 충족시킨 것은 프톨레마이오스의 우주론이 아니라 코페르니쿠스의 태양 중심설이다. 프톨레마이오스의 우주론이 행성이 태양에서 멀수록 공전 주기가 길어지는 것을 설명했다는 내용은 본문에서 확인할 수 없다.
③ 지구와 행성이 태양 주위를 공전한다는 코페르니쿠스의 우주론은 지상계와 천상계를 대립시키는 아리스토텔레스의 이분법적 구도를 무너뜨리는 것이었다. 따라서 코페르니쿠스의 우주론이 아리스토텔레스의 형이상학과 양립이 가능하다는 설명은 적절하지 않다.
⑤ 케플러는 우주의 수적 질서를 신봉하는 신플라톤주의에 매료되어 코페르니쿠스 천문학을 받아들였다. 그런데 신플라톤주의는 형이상학적 사고에 바탕을 둔 것이다. 따라서 케플러가 신플라톤주의에서 경험주의적 근거를 찾았다는 설명은 적절하지 않다.

30. 세부 내용 추론하기

정답 pick ❺
성리학적 기론에 입각하여 실증적인 서양 과학을 재해석한 웅명우와 방이지는 중국 고대 문헌에 수록된 우주론에 대해서는 부정적 태도를 견지하였다는 내용이 제시되어 있다. 따라서 그들이 중국 고대 문헌의 우주론을 근거로 서양 우주론을 받아들여 새 이론을 창안하였다는 설명은 적절하지 않다.

[오답을 피하고 싶었어]
① 웅명우와 방이지는 성리학적 기론에 입각하여 실증적인 서양 과학을 재해석하였으므로 자국의 지적 유산에 서양 과학을 접목하려 한 것으로 볼 수 있다. 또한 왕석천과 매문정 역시 중국 고전의 우주론을 서양 이론과 연결하였으므로 자국의 지적 유산에 서양 과학을 접목하려 한 것으로 볼 수 있다.
② 중국 천문학을 중심으로 서양 천문학을 회통하려는 입장이 『사고전서』에 반영되었으므로 서양 천문학과 관련된 내용이 『사고전서』에 수록되었다고 할 수 있다.
③ 방이지는 성리학적 기론에 입각하여 실증적인 서양 과학을 재해석한 독창적 광학 이론을 창안하였다는 내용이 제시되어 있다. 따라서 방이지가 서양 우주론의 영향을 받았지만 서양의 이론과 구별되는 새 이론의 수립을 시도하였다고 할 수 있다.
④ 매문정은 경험적 추론과 수학적 계산을 통해 우주의 원리를 파악하고자 했으므로 서양 과학의 수학적 방법론을 활용했다고 볼 수 있다. 또한 그는 고대 문헌에 언급된 증자의 말을 땅이 둥글다는 서양 이론과 연결하였으므로 중국 고대 문헌에 나타나는 천문학적 전통을 활용한 것으로 볼 수 있다.

31. 구체적 상황에 적용하기

정답 pick ❷

〈보기〉에 따르면 태양의 중심에 있는 질량이 m인 질점이 지구 전체를 당기는 만유인력은 지구를 구성하고 있는 껍질들의 합계와 동일한 질량을 갖는 지구 중심의 질점을 당기는 만유인력과 같다. 지구 중심에 있는 질량이 m인 질점이 태양 전체를 당기는 만유인력은 태양을 구성하고 있는 껍질들의 합계와 동일한 질량을 갖는 태양 중심의 질점을 당기는 만유인력과 같다. 지구 껍질들의 질량 합계는 태양 껍질들의 질량 합계보다 작고 만유인력은 질량에 비례하기 때문에, 한 질점이 m으로 같다면 만유인력의 크기는 다르다고 볼 수 있다.

[오답을 피하고 싶었어]

① 밀도가 균질한 하나의 행성을 구성하는 동심의 구 껍질들이 같은 두께라면 반지름이 큰 구 껍질일수록 부피가 크기 때문에 질량도 크다. 만유인력의 크기는 두 질점의 질량의 곱에 비례하므로, 구 껍질의 반지름이 클수록 만유인력은 커진다고 할 수 있다.

③ 지구와 달 사이의 만유인력은 지구의 각 부피 요소와 달 사이에 작용하는 만유인력의 합으로 구할 수 있다. 〈보기〉에 따르면 지구의 한 부피 요소와 달 사이에 작용하는 만유인력은, 지구의 한 부피 요소와 '달의 질량과 동일한 질량 m을 갖는 질점'이 그 중심(달의 중심과 동일)에서 지구의 한 부피 요소를 당기는 만유인력과 같다. 나아가 이러한 '달의 질량과 동일한 질량 m을 갖는 질점'의 중심과 질량이 M인 지구 사이의 만유인력은, 마찬가지로 '지구의 질량과 동일한 질량 을 갖는 질점'이 그 중심에서 '달의 질량과 동일한 질량 m을 갖는 질점' 사이의 만유인력과 동일하다. 따라서 질량이 M인 지구와 질량이 m인 달 사이의 만유인력은, 그 거리가 동일할 때 질량이 M, m인 두 질점 사이의 만유인력과 동일한 크기의 힘으로 서로 당긴다고 할 수 있다.

④ 태양을 구성하는 하나의 부피 요소와 지구 사이에는 만유인력이 작용한다. 지구는 무한히 작은 부피 요소들로 구성되어 있으므로 태양을 구성하는 하나의 부피 요소와 지구 사이에 작용하는 만유인력은, 지구를 구성하는 모든 부피 요소들과 태양의 그 부피 요소 사이에 작용하는 만유인력들을 모두 더해서 구할 수 있다.

⑤ ③과 같이, 반지름이 R, 질량이 M인 지구와 지구 표면에서 높이 h에 중심이 있는 질량이 m인 구슬 사이에는 만유인력이 작용한다. 이때 지구의 중심과 구슬의 중심 사이의 거리는 R+h로 계산된다. 따라서 '지구의 질량(M)과 동일한 질점'과 '구슬의 질량(m)과 동일한 질점' 사이의 거리가 R+h라면, 두 질점 사이에 작용하는 만유인력은 지구와 구슬 사이에서 작용하는 만유인력의 크기와 같다고 할 수 있다.

32. 어휘의 문맥적 의미 파악하기

정답 pick ❷

'고안(考案)하다'는 '연구하여 새로운 안을 생각해 내다.'라는 뜻이므로 '고안했다'는 '~ 우주 모형을 만들었다.'의 '만들었다'와 바꾸어 쓰기에 적절하다.

[오답을 피하고 싶었어]

① '진작(振作)하다'는 '떨쳐 일어나다. 또는 떨쳐 일으키다.'라는 뜻이다. ⓐ의 '일으킬'과 바꿔 쓰기에는 '발생시킬' 또는 '야기할' 등의 말이 적절하다.

③ '소지(所持)하다'는 '물건을 지니고 있다.'라는 뜻이다. ⓒ의 '지닌'은 '본래의 모양을 그대로 간직한'의 의미로 쓰이므로 바꾸어 쓰기에 적절하지 않다.

④ '설정(設定)하다'는 '새로 만들어 정해 두다.'라는 뜻이다. ⓓ의 '여겼다'는 '마음속으로 그러하다고 인정하거나 생각했다.'의 의미로 쓰이고

있으므로 '간주했다' 등으로 바꾸어 쓰는 것이 적절하다.

⑤ '시사(示唆)되다'는 '어떤 것을 미리 간접적으로 표현해 주다.'라는 뜻을 지닌 '시사하다'의 피동 표현이다. '갖추어지다'는 '있어야 할 것을 가지거나 차리다.'라는 뜻을 지닌 '갖추다'의 피동 표현이므로 바꾸어 쓰기에 적절하지 않다.

기출 #041 ┃ 2014학년도 수능 B형 과학

26 ③ 27 ②

📖 간단한 지문 소개

과학, '지구상의 운동하는 물체에 작용하는 전향력'

이 글은 지구상에서 운동하는 물체의 운동 방향이 편향되는 현상의 원인이 되는 전향력에 대해 설명하고 있다. 전향력은 지구가 시계 반대 방향으로 자전을 할 때 위도에 따라 그 속력이 다르기 때문에 발생하게 된다. 지구의 자전 주기는 위도와 상관없이 동일하기 때문에 자전하는 속력은 적도에서 가장 빠르고, 고위도로 갈수록 속력이 느려져서 남극과 북극에서는 0이 된다. 이에 따라 적도 상의 특정 지점(자전 속도 1,600km/h)에서 동일한 경도 상에 있는 북위 30도 지점(자전 속도 1,400km/h)을 목표로 어떤 물체를 발사했을 때, 물체는 겨냥했던 목표 지점보다 더 동쪽에 있는 지점에 도달하게 된다. 목표 지점(북위 30도)은 발사 지점(적도)보다 약 200km/h가 더 느리게 동쪽으로 움직이기 때문이다. 이러한 현상은 북위 30도(1,400km/h)에서 북위 60도(800km/h)의 동일 경도 상에 있는 지점을 목표로 실험을 진행할 때도 마찬가지이다. 다만, 두 지점의 자전 속도 차이만큼 발사된 물체가 동쪽으로 떨어지는 정도가 더 커질 뿐이다. 이러한 실험을 통해서 운동 방향이 편향되는 정도는 저위도에서 고위도로 갈수록 더 커진다는 것을 알 수 있고, 이에 따라 편향되는 정도는 북극과 남극에서 최대가 되고, 적도에서는 0이 된다. 이러한 편향 현상은 정지해 있는 물체에는 나타나지 않지만 북쪽뿐 아니라 다른 방향으로 운동하는 모든 물체에 마찬가지로 나타나게 되고, 지표를 기준으로 한 이동 속력이 빠를수록 전향력은 크게 나타난다. 그리고 전향력은 운동하는 물체의 진행 방향이 북반구에서는 오른쪽으로, 남반구에서는 왼쪽으로 편향되게 하는 원인이 된다.

(주제) 지구상에서 운동하는 물체의 운동 방향이 편향되는 이유와 그 양상

26. 세부 정보 파악하기

정답 pick ❸

2문단에서 지구의 자전 주기는 위도와 상관없이 동일하므로 자전하는 속력은 적도에서 가장 빠르고, 고위도로 갈수록 속력이 느려져서 남극과 북극에서는 0이 된다고 설명하고 있다. 이에 따라 남위 50도 지점은 남위 40도 지점보다 고위도에 위치하고 있기 때문에 상대적으로 남위 40도 지점보다 자전 방향으로 움직이는 속력이 더 느리다는 것을 알 수 있다.

[오답을 피하고 싶었어]

① 2문단에서 지구의 자전 주기는 위도와 상관없이 동일하다고 설명하고 있다. 따라서 북위 30도 지점과 북위 60도 지점의 자전 주기는 동일하다는 것을 알 수 있다.

② 5문단에서 지표상에 정지해 있는 물체에는 전향력이 나타나지 않는다고 설명하고 있다. 따라서 운동장에 정지해 있는 축구공에는 위도와 상관없이 전향력이 나타나지 않는다는 것을 알 수 있다.

④ 1문단에서 지구는 시계 반대 방향으로 자전하고 있고, 3문단에서 북쪽

으로 발사된 물체가 지구의 자전 방향에 따라 동쪽으로 진행하는 속력을 갖게 되면서 목표 지점보다 더 동쪽으로 떨어진다고 설명하고 있다. 따라서 남위 30도에서 정남쪽의 목표 지점으로 발사한 물체 또한 북쪽의 목표 지점으로 발사했을 때와 마찬가지로 지구의 자전 방향에 따라 동쪽으로 진행하는 속력을 갖게 되면서 목표 지점보다 더 동쪽에 떨어진다는 것을 알 수 있다.

⑤ 4문단에서 편향 현상은 북쪽뿐 아니라 다른 방향으로 운동하는 모든 물체에 나타나고, 5문단에서 지표를 기준으로 한 이동 속력이 빠를수록 전향력이 커진다고 설명하고 있다. 따라서 야구장에서 타자가 쳐서 날아가는 공은 이동 속력을 지니고 있기 때문에 그 이동 방향이 전향력에 의해 영향을 받는다는 것을 알 수 있다.

27. 다른 상황에 적용하기

정답 pick ❷

〈보기〉는 전향력을 확인할 수 있는 푸코의 진자 실험에 대해 설명하고 있다. 〈보기〉에서 진자의 진동면은 진자가 A에서 B로 이동할 때 나타나는 공간을 의미한다. 그런데 진자가 A에서 B로 이동할 때는 전향력에 의해 진자의 진동면이 C쪽으로 미세하게 휘어져 이동하고, B에서 A로 다시 돌아올 때는 D쪽으로 미세하게 휘어져 이동하면서 진자의 진동면이 시계 방향으로 회전한다는 사실을 보여 주고 있다. 이러한 현상을 지문과 연결하여 이해해 보면, ②의 설명이 적절하지 않다는 것을 알 수 있다. 4문단에서 위도에 따른 자전 속력의 차이가 고위도로 갈수록 더 커지기 때문에 운동 방향이 좌우로 편향되는 정도는 저위도에서 고위도로 갈수록 더 커져 북극과 남극에서 최대가 되고, 적도에서는 0이 된다고 설명하고 있다. 따라서 파리보다 고위도에서 동일한 실험을 할 경우에는 전향력이 더 커짐에 따라 진자의 진동면이 더 빠르게 회전한다는 것을 알 수 있다.

[오답을 피하고 싶었어]

① 5문단에서 전향력은 운동하는 물체의 진행 방향이 북반구에서는 오른쪽으로, 남반구에서는 왼쪽으로 편향되게 한다고 설명하고 있다. 따라서 남반구에서 이 실험을 할 경우에는 북반구와 반대로 진자의 진동면이 시계 반대 방향으로 회전한다는 것을 알 수 있다.

③ 2문단에서 남극과 북극의 자전 속력은 동일하게 0이고, 4문단에서 운동 방향이 좌우로 편향되는 정도는 북극과 남극에서 동일하게 최대가 된다고 설명하고 있다. 이는 남극과 북극에서는 동일한 크기의 전향력이 작용한다는 의미라고 할 수 있다. 따라서 북극과 남극에서 이 진자 실험을 할 경우 진자의 진동면의 회전 주기는 동일하다는 것을 알 수 있다.

④ 4문단에서 편향 현상은 위도가 다른 방향으로 운동하는 모든 물체에 나타나기 때문에 적도에서는 0이 된다고 설명하고 있다. 따라서 위도의 변화가 없이 적도 상에서 지구의 자전 방향과 같은 축에 해당하는 동서 방향으로 진자를 진동시킬 경우 진자의 진동면은 회전하지 않는다는 것을 알 수 있다.

⑤ 5문단에서 전향력은 운동하는 물체의 진행 방향이 북반구에서는 오른쪽으로, 남반구에서는 왼쪽으로 편향되게 한다고 설명하고 있다. 따라서 남위 60도에서 이 진자 실험을 할 경우 움직이는 추는 이동 방향의 왼쪽으로 편향된다는 것을 알 수 있다.

📖 간단한 지문 소개

기술, '검색 엔진의 웹 페이지 순서 결정'

이 글은 인터넷 검색 엔진에서 웹 페이지가 화면에 나타나는 순서를 정하는 방법에 대해 설명하고 있다. 순서를 정하기 위해 고려하는 대표적인 항목으로는 중요도와 적합도가 있다. 중요도는 웹 페이지의 중요성을 나타낸 것으로 링크 분석 기법으로 측정할 수 있다. 웹 페이지 A의 값은 A를 링크한 다른 웹 페이지들로부터 받는 값의 합이고, 이렇게 받은 A의 값은 A가 링크한 다른 웹페이지들에 균등하게 나눠진다. 이때 A가 링크한 다른 웹 페이지들이 실제 받는 값은 사용자들이 링크를 통해 다른 웹 페이지로 이동하지 않는 비율을 반영한 값인 댐핑 인자를 곱함으로써 구할 수 있다. 한편 적합도는 단어의 빈도, 단어가 포함된 웹 페이지의 수, 웹 페이지의 글자 수를 반영한 식을 통해 값이 정해진다. 해당 검색어가 많을수록, 검색어를 포함한 다른 웹 페이지의 수가 적을수록, 현재 웹 페이지의 글자 수가 전체 웹 페이지의 평균 글자 수에 비해 적을수록 적합도는 높아진다.

(주제) 인터넷 검색 엔진에서 화면에 나타나는 순서를 정하기 위한 항목인 중요도와 적합도를 구하는 방법

14. 세부 정보 파악하기

정답 pick ❷

3문단에 따르면, 댐핑 인자는 사용자가 링크를 따라 다른 웹 페이지로 이동하지 않을 확률을 반영한 값이다. 그 비율이 20%이면 댐핑 인자가 0.8이라고 하였으므로, 이동하지 않는 비율이 높을수록 댐핑 인자는 작아짐을 알 수 있다. 반대로, 사용자가 링크를 따라 다른 웹 페이지로 이동하는 비율이 높을수록 댐핑 인자는 커진다.

[오답을 피하고 싶었어]

① 2문단에 따르면 검색 엔진은 웹 페이지의 데이터를 수집하여 인덱스를 미리 작성해 놓는다. 그러므로 검색어를 입력한 직후에 작성되는 것이 아니다.

③ 2, 3문단에 따르면 링크 분석 기법은 적합도를 값으로 나타내기 위한 방법이 아니라 중요도를 측정하기 위한 방법이다.

④ 3문단에 따르면 특정 웹 페이지의 중요도는 해당 웹 페이지를 링크한 각 웹 페이지들로부터 받은 값의 합이다. 여기에 다른 웹 페이지에 나눠 주는 값을 더해서 구하는 것이 아니다.

⑤ 2문단에 따르면 인덱스는 단어를 알파벳 순서로 정리한 목록이다. 검색 엔진이 검색 결과를 제시하는 순서는 중요도와 적합도를 비롯한 다양한 항목을 고려하여 결정되므로, 인덱스에 정렬된 것처럼 알파벳 순서로 나타나는 것이 아니다.

15. 내용의 인과 관계 파악하기

정답 pick ❺

4문단에 따르면 해당 검색어가 많이 나올수록, 그 검색어를 포함하는 다른 웹 페이지의 수가 적을수록, 현재 웹 페이지의 글자 수가 전체 웹

페이지의 평균 글자 수에 비해 적을수록 적합도가 높아진다. 그러므로 흔히 다루지 않는 주제(해당 주제를 포함하는 다른 웹 페이지의 수가 적음)를 간략하게 설명(전체 웹 페이지의 평균 글자 수에 비해 글자 수가 적음)하되 주제와 관련된 단어를 자주 사용(해당 검색어가 많이 나옴)하면 ⓛ이 높아진다.

[오답을 피하고 싶었어]

①, ② ㉠을 높이려면 다른 많은 웹 페이지가 ㉠을 높이고자 하는 웹 페이지를 링크해야 한다. 화제가 되고 있는 검색어들을 웹 페이지에 나열하거나 유명 검색 사이트에 링크를 하는 것은 ㉠을 높이는 방법으로는 적절하지 않다.

③ 웹 페이지에 포함된 단어가 알파벳 앞 순서에 있는 것과 ⓛ은 관련이 없다.

④ 다른 많은 웹 페이지들이 링크하도록 하는 것은 ㉠을 높일 수 있는 방법이지만, ⓛ을 높이는 것과는 관련이 없다. 전체 글자 수를 전체 웹 페이지의 평균 글자 수에 비해 많게 하면 ⓛ은 오히려 낮아진다.

16. 구체적 사례에 적용하기

정답 pick ❺

e에서 c로 링크가 추가되면 c의 중요도는 b와 e로부터 받은 값의 합이 된다. e의 중요도는 16이고, 이를 b와 c에 8씩 균등하게 나누어 주게 된다. 여기에 댐핑 인자 0.5를 곱하면 b와 c가 e로부터 받는 값은 각각 4이다. 한편 b는 이렇게 받은 값을 a와 c에 2씩 균등하게 나누어 주는데, 댐핑 인자 0.5를 곱하면 b로부터 c가 받는 값은 1이 된다. c가 b와 e로부터 받은 값은 각각 1과 4이므로 이를 합한 중요도는 5이다.

[오답을 피하고 싶었어]

① a의 중요도는 d와 b로부터 받은 값의 합이다. d로부터는 16에 댐핑 인자 0.5를 곱한 8을 받는다. b는 e로부터 16에 댐핑 인자 0.5를 곱한 8을 받아 이것을 a와 c에 균등하게 나누어 주므로, b에서 a로 가는 값은 4에 0.5를 곱한 2가 된다. 따라서 a의 중요도는 8과 2의 합인 10이 된다.

② a가 d로부터 받는 값은 8이고, b로부터 받는 값은 2이다. 따라서 두 값은 다르다.

③ b에서 a로의 링크가 끊어지면 c는 b로부터 8×0.5의 값을 받게 된다. b의 중요도는 e로부터 받은 16×0.5이기 때문에 두 값은 다르다.

④ e에서 a로의 링크가 추가되면 e의 중요도 16은 a와 b에 균등하게 나눠진다. 8에 댐핑 인자를 곱하면 b의 중요도는 4가 된다.

17. 단어의 의미 파악하기

정답 pick ❶

ⓐ는 '일정한 시간, 시기, 범위 따위에서 벗어나 지나다.'의 의미를 가지고 있다. '자정이 넘었다.'에서 '넘다'는 문맥상 자정이라는 일정한 시간의 범위를 벗어난 것을 의미하기 때문에 ⓐ와 가장 가깝다.

[오답을 피하고 싶었어]

② '높은 부분의 위를 지나가다.'의 의미이다.
③ '경계를 건너 지나다.'의 의미이다.
④ '어려움이나 고비 따위를 겪어 지나다.'의 의미이다.
⑤ '일정한 곳에 가득 차고 나머지가 밖으로 나오다.'의 의미이다.

19 ④   20 ②   21 ①

📖 간단한 지문 소개

기술, 'CT(컴퓨터 단층촬영장치)'

이 글은 CT(컴퓨터 단층촬영장치)를 통해 인체 조직의 영상을 얻을 수 있는 원리에 대해 설명하고 있다. X선이 인체를 투과할 때 조직에 따라 투과율이 달라진다는 점을 이용하면 X선 사진을 얻을 수 있다. 그런데 X선 사진에서는 투과율이 비슷한 조직들은 구별하기 어렵다는 한계가 있는데 이를 극복한 것이 CT(컴퓨터 단층촬영장치)이다. 특정 방향에서 X선이 인체 조직을 통과하면 흡수되거나 산란되면서 감쇄되는데, 이렇게 감쇄된 총량을 환산값이라고 한다. 동일 단면에 대한 각 방향에서의 환산값을 활용하면 단면 영상을 재구성할 수 있고, 이런 단면 영상들을 조합하면 입체 영상을 얻을 수도 있다.

(주제) CT로 인체의 단면 영상을 얻을 수 있는 원리

19. 세부 정보 파악하기

정답 pick ❹

X선을 인체에 조사하면 X선의 일부는 조직에서 흡수·산란되고 나머지는 조직을 투과한다. 이것은 X선을 인체에 조사할 때 조직에서 흡수·산란되는 것이 많을수록 조직을 투과하는 X선의 세기는 약해지고, 흡수·산란되는 것이 적을수록 조직을 투과하는 X선의 세기는 강해진다는 의미이다. 따라서 조직에서 흡수·산란된 X선의 세기는 그 조직을 투과한 X선의 세기와 반비례 관계에 있다고 할 수 있다.

[오답을 피하고 싶었어]

① 3문단의 'CT 촬영기 한쪽 편에는 X선 발생기가 있고 반대편에는 여러 개의 X선 검출기가 배치되어 있다.'와 4문단 '이 값을 여러 방향에서 구하기 위해 CT 촬영기를 회전시킨다.'에서 확인할 수 있다.

② 2문단의 'X선 사진에서는 투과율이 비슷한 조직들 간의 구별이 어려워서'에서 확인할 수 있다.

③ 4문단의 '환산값은 특정 방향에서 X선이 인체 조직을 통과하면서 산란되거나 흡수되어 감쇄된 총량을 의미한다.'에서 확인할 수 있다.

⑤ 2문단의 '투과된 X선의 세기는 통과한 조직의 투과율이 낮을수록, 두께가 두꺼울수록 약해진다.'에서 확인할 수 있다.

20. 개념 이해하기

정답 pick ❷

역투사 결괏값은 여러 방향의 환산값들이 더해진 결과이기 때문에, 환산값이 클수록 역투사 결괏값은 커진다. 그런데 환산값은 X선이 조직에 흡수·산란되면서 감쇄된 총량을 의미하기 때문에 조직이 두께가 두꺼울수록 환산값은 커진다. 이것은 조직이 없거나 공기만 있는 부분은 환산값이 가장 작아 역투사 결괏값도 가장 작다는 의미이다.

[오답을 피하고 싶었어]

① 5문단의 'CT에서 영상을 재구성하는 데에는 역투사 방법이 이용된다.'라고 한 것으로 보아, 역투사는 X선 사진의 흑백 영상이 아니라 CT에서 영상을 재구성하는 데에 필요하다.

③ 6문단의 '역투사 결괏값들을 합성하면 투과율의 차이에 따른 조직의 분포를 영상으로 재구성할 수 있다.'에서 확인할 수 있다.

④ X선 투과율이 낮은 조직일수록 감쇄되는 X선도 많아 환산값도 커질 것이다. 그런데 5문단에서 '여러 방향의 환산값들이 더해진 결과가 역투사 결괏값이다.'라고 했으므로 X선 투과율이 낮은 조직일수록 역투사 결괏값도 커질 것이다.

⑤ 5문단에서 'CT 촬영기를 회전시키며 얻은 여러 방향의 환산값을 경로별로 역투사하여 더해 나가는데, 이처럼 여러 방향의 환산값들이 더해진 결과가 역투사 결괏값이다.'라고 했으므로 CT 촬영기에서 구한 환산값을 컴퓨터로 처리하면 역투사 결괏값을 얻을 수 있을 것이다.

21. 구체적 상황에 적용하기

정답 pick ❶
B는 ◼같은 모양의 물체를 45°방향에서 비추게 되므로, B에 투과되는 물체는 ◆모양이 된다. ㉮의 X선 투과율은 ㉯의 2배라고 하였으므로, ㉮의 ◆부분을 투과하는 X선 환산값은 물체 ㉯의 ▼모양(◆모양을 반으로 접은 모양)을 통과하는 것과 동일하다. 이때, ㉮는 정사각형이고 ㉯는 직각이등변삼각형이며 맞닿아 있는 변의 길이가 같으므로, ▼모양의 크기와 높이는 ㉯와 정확하게 일치한다. 즉, ㉮와 ㉯가 합쳐진 ◆모양의 물체를 투과하는 X선의 환산값은 물체 ㉯의 ◼모양을 투과하는 것과 같게 된다. 따라서 B 방향에서 해당 도형의 환산값을 구하면 0에서 시작하여 점차 상승하다가 일정한 값을 유지한 후 점차 감소하여 다시 0이 되는 ①번 그래프가 된다.

제 19 강 기술 기출 Pick #044~#045

기출 #044 **2019학년도 수능 9월 모평 기술**

29 ②   30 ③   31 ①   32 ⑤

📖 간단한 지문 소개
기술, '주사 터널링 현미경(STM)'
이 글은 주사 터널링 현미경(STM)의 특징과 이를 활용하기 위해 필요한 진공 기술에 대해 설명하고 있다. STM은 금속 탐침과 시료 표면 사이의 접촉 없이 전류를 흐르게 하는 방식을 이용하여 시료 표면 상태를 관찰한다. STM은 시료 표면의 관찰을 방해하는 기체 분자와 시료의 접촉을 최대한 차단하기 위해 진공을 필요로 한다. STM을 활용하는 실험에서 요구되는 진공도의 정도는 단분자층 형성 시간에 따라 달라진다. 단분자층 형성 시간은 단위 면적당 기체 분자의 충돌 빈도, 충돌한 기체 분자들이 표면에 달라붙을 확률, 고정된 온도에서의 기체 분자 질량, 기체의 압력 등에 영향을 받는다. 시료의 관찰 가능 시간을 확보하기 위해서는 초고진공이 요구된다. 초고진공은 스퍼터 이온 펌프를 이용하여 얻을 수 있다. 스퍼터 이온 펌프는 1, 2차 펌프 작용을 통해 기체 분자로부터 분리된 양이온을 고정시키고, 떠돌아다니는 기체 분자가 흡착되게 하여 초고진공 상태를 만든다.

(주제) 주사 터널링 현미경(STM)의 활용에 요구되는 진공 기술

29. 세부 정보, 핵심 정보 파악하기

정답 pick ❷
4문단에서 초고진공을 얻기 위해 스퍼터 이온 펌프가 널리 쓰인다고 설명하며 스퍼터 이온 펌프로 초고진공 상태를 만드는 과정을 자세히 제

시하고 있다. 따라서 스퍼터 이온 펌프가 초고진공을 만드는 역할을 한다는 설명은 적절하다.

[오답을 피하고 싶었어]
① 2문단에 따르면 진공은 기체 압력이 대기압보다 낮은 상태이며 진공도는 기체 압력이 낮을수록 높다. 따라서 진공은 대기압보다 진공도가 높은 상태이다.

③ 3문단에 따르면 기체의 압력이 낮을수록 단분자층 형성 시간이 길며, 시료의 관찰 가능 시간을 확보하기 위해 특정 수준 이하의 기체의 압력이 요구된다. 따라서 단분자층 형성 시간이 길수록 STM을 이용한 관찰이 용이하다고 볼 수 있다.

④ 2문단에 따르면 온도가 일정한 진공 통 내부의 기체 압력은 단위 부피당 떠돌아다니는 기체 분자의 수에 비례한다. 따라서 일정한 온도와 부피의 진공 통 안에서 떠돌아다니는 기체 분자의 수는 기체 압력에 비례한다.

⑤ 3문단에 따르면 단분자층 형성 시간은 시료의 표면과 충돌한 기체 분자들이 표면에 달라붙을 확률이 클수록 짧다.

30. 내용들 간의 의미 관계 파악하기

정답 pick ❸
3문단에 따르면 질소의 경우 단분자층 형성 시간이 760토르 대기압에서는 3 × 10^{-9}초이지만 압력이 10^{-9}토르로 낮아지게 되면 약 2,500초로 증가한다. 단분자층 형성 시간이 길어지는 만큼 시료의 관찰 가능 시간을 확보할 수 있으므로 시료의 관찰 가능 시간을 늘리기 위해서는 진공 통 안의 기체 압력을 낮추어야 한다는 진술은 적절하다.

[오답을 피하고 싶었어]
① 1문단에 따르면 STM의 탐침과 시료 표면 간의 흐르는 전류의 크기는 탐침과 시료 표면 사이의 거리가 원자 단위의 크기에서 변하더라도 민감하게 달라진다. 이러한 특징은 시료 표면의 높낮이 측정을 원자 단위에서 가능케 하므로 시료 표면의 높낮이를 원자 단위까지 측정할 수 없다는 진술은 적절하지 않다.

② 1문단에 따르면 STM을 이용해 시료를 관찰하기 위해서는 금속 탐침과 시료 표면 간에 전압을 걸어 주어 전류가 흐르도록 해야 한다. 이때 전류가 흐를 수 없는 시료의 표면 상태는 STM을 이용해 관찰할 수 없다고 명시되어 있다. 따라서 시료의 전기 전도 여부에 관계없이 시료를 관찰할 수 있다는 설명은 적절하지 않다.

④ 2문단에 따르면 떠돌아다니는 기체 분자들이 시료의 표면에 붙어 표면과 반응하거나 표면을 덮어 시료 표면의 관찰을 방해한다. 시료 표면의 관찰을 위해서는 시료와 기체 분자의 접촉을 최대한 차단할 필요가 있으므로 단분자층 형성 시간이 길어지도록 진공이 요구된다.

⑤ 1문단에 따르면 탐침과 시료의 거리가 매우 가까우면 양자 역학적 터널링 효과에 의해 접촉 없이도 둘 사이에 전류가 흐른다.

31. 세부 내용 추론하기

정답 pick ❶
4문단에 따르면 스퍼터 이온 펌프는 영구 자석, 속이 뚫린 원통 모양의 양극, 타이타늄으로 만든 판 형태의 음극으로 구성된다. 이때 자기장은 자석에 의해 형성된다. 고전압의 영향으로 ⓒ의 '음극'에서 방출된 전자는 이러한 자기장의 영향을 받아 양극으로 이동한다. 따라서 ⓒ의 '음극'이 고전압과 전자의 상호 작용으로 자기장을 만든다는 진술은 적절하지 않다.

[오답을 피하고 싶었어]
② 4문단에 따르면 양이온이 ⓒ의 '음극'에 충돌하면 타이타늄이 떨어져

나오게 되는데, 이 타이타늄은 높은 화학 반응성 때문에 떠돌아다니던 기체 분자를 흡착한다. 따라서 음극이 기체 분자를 흡착하는 물질을 내놓는다는 설명은 적절하다.

③ 4문단에 따르면 음극에서 방출된 전자는 기체 분자와 충돌하여 기체 분자를 양이온과 전자로 분리시키며, 이 과정에서 생성된 양이온은 전기력에 의해 ⓒ의 '음극'으로 당겨진다.

④ 4문단에 따르면 기체 분자가 분리되는 과정에서 생성된 양이온은 ⓒ의 '음극'에 박혀 이동 불가능한 상태가 된다. 따라서 ⓒ의 '음극'이 양이온을 고정시킨다는 설명은 적절하다.

⑤ 4문단에 따르면 양극과 음극 간에 걸린 고전압의 영향으로 음극에서 전자가 방출된다. 음극에서 방출된 전자는 기체 분자를 양이온과 전자로 분리시킨다.

32. 구체적 상황에 적용하기

정답 pick ❺

3문단에 따라 시료의 표면과 충돌한 기체 분자들이 표면에 달라붙을 확률이 작을수록, 단위 면적당 기체 분자의 충돌 빈도가 낮을수록 단분자층 형성 시간은 길다는 것을 추론할 수 있다. E와 D의 통 내부에서 기체 분자들이 표면에 달라붙을 확률은 같기 때문에 단위 면적당 기체 분자의 충돌 빈도만 비교 대상이 된다. E의 압력은 D와 같으나 분자의 질량은 D보다 크기 때문에 단분자층 형성 시간이 긴 경우이며, 이때 E의 충돌 빈도는 D보다 낮다.

[오답을 피하고 싶었어]

① 3문단에서 질소를 예로 들어 온도가 20℃, 압력이 10^{-9}토르일 때 단분자층 형성 시간이 대략 2,500초가 된다고 설명하고 있다. 따라서 조건이 같은 〈보기〉의 진공 통 A 내부에서의 단분자층 형성 시간은 대략 2,500초이다.

② 2문단에 따르면 기체의 압력은 단위 부피당 기체 분자의 수에 비례한다. B는 기체 압력이 10^{-9}토르인 A보다 단위 부피당 기체 분자 수가 적으므로 기체 압력이 10^{-9}토르보다 낮을 것이라고 추론할 수 있다.

③ 2문단에 따르면 진공도는 기체 압력이 낮을수록 높아지고, 기체 압력은 단위 부피당 기체 분자 수에 비례한다. 따라서 진공도는 기체 분자 수가 많을수록 낮아진다. C는 B에 비해 단위 부피당 기체 분자 수가 많으므로 C 내부의 진공도가 B 내부의 진공도보다 낮을 것이라고 추론할 수 있다.

④ 3문단에 따르면 기체 분자의 질량이 클 때 단분자층 형성 시간이 길다. D는 A에 비해 분자의 질량이 크므로 D 내부에서의 단분자층 형성 시간은 A의 경우보다 길 것이다.

기출 #045

2022학년도 수능 기출

14 ④   15 ②   16 ④   17 ①

📖 간단한 지문 소개

기술, '운전자에게 차량 주위 영상을 제공하는 장치의 원리'

이 글은 운전자가 자동차 내부에서 모니터를 통해 주변을 볼 수 있도록 해 주는 장치의 원리를 설명하고 있다. 차량 주위 360°의 상황을 위에서 내려다본 것 같은 영상으로 제공하기 위해서는 먼저 차량 주위 바닥에 바둑판 모양의 격자판을 펴 놓고 광각 카메라로 촬영을 해야 한다. 그런데 이 광각 카메라는 큰 시야각을 갖고 있어 사각지대가 줄지만, 렌즈 고유의 곡률로 인해 왜곡이 발생한다. 그분만 아니라, 차량에 장착된 카메라의 기울어짐 등으로 인해서도 왜곡이 발생한다. 이러한 왜곡은 촬영

한 영상과 실세계 격자판을 비교하면 보정할 수 있다. 한편 위에서 내려다보는 시점의 영상에서는 거리에 따른 물체의 크기 변화도 없어야 하므로 왜곡이 보정되면 보정된 영상의 점들과 이에 대응하는 실세계 격자판의 점들 간의 대응 관계를 이용해 원근 효과를 제거한 위에서 내려다보는 시점의 2차원 영상을 만드는 시점 변환이 필요하다. 이렇게 해서 얻은 각 방향의 영상을 합성하여 차량 주위를 위에서 내려다본 것 같은 영상을 운전자에게 제공하게 된다.

(주제) 차량 주위 상황을 위에서 내려다본 것 같은 영상으로 제공하는 장치의 원리

14. 세부 내용 파악

정답 pick ❹

2문단에 따르면, 렌즈 고유의 곡률로 인해 영상이 중심부는 볼록하고 중심부에서 멀수록 더 휘어지는 현상, 즉 렌즈에 의한 상의 왜곡이 발생하는데 이러한 왜곡은 왜곡 모델을 설정하여 보정할 수 있다.

[오답을 피하고 싶었어]

① 1문단에서 차량 전후좌우에 장착된 카메라로 촬영한 영상을 이용하여 차량 주위 360°의 상황을 위에서 내려다본 것 같은 영상을 만들어 차 안의 모니터를 통해 운전자에게 제공한다고 하였다. 따라서 위에서 내려다본 것 같은 영상은 카메라 하나를 이용하여 만들어진 것이 아니다.

② 2문단에서 왜곡에 영향을 주는 카메라 자체의 특징을 내부 변수라고 하고 차량에 장착된 카메라의 기울어짐 등으로 인해 발생하는 왜곡의 원인을 외부 변수라고 한다고 하였다. 따라서 외부 변수로 인한 왜곡은 카메라 자체의 특징을 아는 것으로 해결할 수 없다.

③ 3문단과 4문단에 따르면, 왜곡 보정이 끝난 영상을 2차원으로 시점 변환해서 각 방향의 영상을 합성하면 차량 주위를 위에서 내려다본 것 같은 영상이 만들어진다. 즉, 왜곡을 먼저 보정한 후 그 영상들을 합성하는 것이므로, 촬영된 영상을 하나의 영상으로 합성한 후 왜곡을 보정한다는 설명은 적절하지 않다.

⑤ 3문단에서 카메라는 3차원 실세계를 2차원 영상으로 투영한다고 하였다. 그리고 4문단에서 왜곡이 보정된 영상의 점들을 실세계 격자판에 대응시킨 가상의 좌표계를 이용해 영상의 점들을 격자의 모양과 격자 간의 상대적 크기가 실세계에서와 동일하게 유지되도록 한 평면에 놓으면 2차원 영상으로 나타난다고 하였다. 따라서 위에서 내려다보는 시점의 영상은 2차원으로 표시된다는 것을 알 수 있다.

15. 중심 내용 파악하기

정답 pick ❷

㉠은 렌즈 고유의 곡률이나 카메라의 기울어짐 등으로 인해 왜곡이 발생한 영상을 의미한다. ㉡은 왜곡 모델이나 실세계 격자판과의 비교를 통해 ㉠에 발생한 왜곡을 보정한 영상을 의미한다. 3문단에서 '왜곡 보정이 끝나면' 카메라로부터 멀리 있을수록 물체가 작게 나타나는 원근 효과를 제거하기 위해 시점 변환이 필요하다고 하였으므로, 시점 변환 이전의 영상인 ㉠과 ㉡은 모두 같은 크기의 물체일지라도 멀수록 작게 보이는 원근 효과가 나타나는 영상임을 알 수 있다. 따라서 ㉠과 ㉡에서는 렌즈와 격자판 사이의 거리가 멀어질수록 격자판이 작게 보일 것이다.

[오답을 피하고 싶었어]

① 2문단에서 광각 카메라는 큰 시야각을 가지고 있어 사각지대가 줄어든다는 장점이 있지만 렌즈 고유의 곡률이나 카메라의 기울어짐 등으로 인해 상의 왜곡이 나타난다고 하였다. ㉡은 ㉠에서 나타나는 왜곡을

보정하여 얻은 것이다. 따라서 ㉠의 시야각은 ㉡에서 그대로 유지될 것이다.

③ 2문단에서 렌즈에 의한 상의 왜곡, 즉 영상이 중심부는 볼록하고 중심부에서 멀수록 더 휘어지는 현상은 렌즈 고유의 곡률로 인해 발생한다고 하였다. 따라서 ㉠에 나타나는 휘어짐이 렌즈와 격자판 사이의 거리에 따른 렌즈의 곡률 변화로 생긴 것이라는 진술은 적절하지 않다.

④ ㉢은 ㉠을 보정한 ㉡에서 거리에 따른 물체의 크기 변화를 보정한 영상이다. 격자판의 위치 변화는 카메라의 기울어진 각도 등을 알아내 왜곡을 보정할 때 이용되는 것이므로 ㉢이 실세계 격자판을 비교하여 격자판의 위치 변화를 보정한다는 진술은 적절하지 않다.

⑤ 렌즈에 의한 상의 왜곡은 렌즈 고유의 곡률로 인해 영상이 중심부는 볼록하고 중심부에서 멀수록 더 휘어지는 현상을 말한다. 따라서 ㉡에서 렌즈에 의한 상의 왜곡 때문에 격자판의 윗부분으로 갈수록 격자 크기가 더 작아 보인다는 진술은 적절하지 않다.

16. 구체적 사례에 적용하기

정답 pick ❹

3문단과 4문단의 내용으로 미루어 볼 때, 가상의 좌표계를 이용하여 시점을 변환하기 전의 영상에서는 원근 효과가 제거되지 않는다. 그래서 같은 크기의 물체라도 멀리 있는 것이 작게 보인다. 그러나 시점을 변환하여 원근 효과가 제거된 위에서 내려다보는 시점의 영상이 되면 거리에 따른 물체의 크기 변화가 없으므로 물체의 상대적인 크기가 실세계에서와 같게 나타난다. 〈보기〉의 그림은 차량의 운전자에게 제공된 위에서 내려다보는 시점의 그림이므로, 전진 방향을 고려할 때 A는 B보다 차량의 카메라로부터 멀리 있고 크기는 작은 도형이다. 따라서 시점을 변환하기 이전의 영상에서는 카메라로부터 B보다 멀리 있는 A가 〈보기〉의 그림보다 작게 나타났을 것임을 알 수 있다.

[오답을 피하고 싶었어]

① 〈보기〉의 그림은 위에서 내려다 본 시점의 영상이므로 원근 효과가 제된 것이다. 따라서 C는 원근 효과가 제거되지 않은 영상에서는 차량의 카메라 렌즈에서 먼 윗변이 짧게 보이므로 윗변이 아랫변보다 짧은 사다리꼴 모양일 것이다.

② 〈보기〉의 그림은 원근 효과가 제거된 것이므로 시점 변환 이후의 영상이다. 따라서 시점 변환 전의 영상에서는 차량의 카메라 렌즈에서 가까운 D가 C보다 더 크게 보일 것이다.

③ A와 B는 왜곡이 보정된 영상의 모든 점들과 실세계 격자판의 점들 간의 대응 관계를 이용하여 나타낸 것이다. p와 q 간의 대응 관계를 이용하여 나타낸 것이 아니다.

⑤ 〈보기〉에서 A는 바닥에 그려진 도형이 운전자에게 제공된 영상에서 나타난 것이고, p는 영상 속 임의의 한 점이다. 따라서 p에 대응하는 실세계의 점이 시점 변환을 통해 선으로 나타난 것이 A라는 진술은 적절하지 않다.

17. 어휘의 문맥적 의미 파악

정답 pick ❶

ⓐ의 '지나다'는 '어디를 거치어 가거나 오거나 하다.'의 뜻으로 사용되었다. '교차로를 지나고'의 '지나다'가 문맥상 이와 가장 유사한 의미로 사용된 경우에 해당한다.

[오답을 피하고 싶었어]

② '어떠한 상태나 정도를 넘어서다.'의 의미로 쓰였다.
③ '시간이 흘러 그 시기에서 벗어나다.'의 의미로 쓰였다.
④, ⑤ '어떤 시기나 한도를 넘다.'의 의미로 쓰였다.

제 20 강 독서 연습 1 기출 Pick #046

기출 #046 **2023학년도 수능 6월 모평 사회**

14 ①   15 ⑤   16 ④   17 ②

📖 간단한 지문 소개

사회, '이중차분법'

이 글은 경제학에서 사건의 효과를 평가하는 방법인 이중차분법을 설명하고 있다. 이중차분법은 시행집단에서 일어난 변화에서 비교집단에서 일어난 변화를 뺀 값을 사건의 효과라고 평가하는 방법이다. 이중차분법은 평행추세 가정에 근거해 사건의 효과를 평가하는데, 평행추세 가정이란 사건이 없었더라도 비교집단에서 일어난 변화와 같은 크기의 변화가 시행집단에서도 일어났을 것이라고 가정하는 것이다. 평행추세 가정이 충족되지 않은 채 이중차분법이 적용되면 사건의 효과는 정확하게 평가되지 못하기 때문에 평행추세 가정을 충족시킬 수 있는 여러 가지 방법들을 통해 이중차분법의 신뢰도를 높일 수 있다.

(주제) 평형추세 가정을 바탕으로 하는 이중차분법의 사건 효과 평가

14. 세부 내용 파악하기

정답 pick ❶

1문단에서 실험적 방법에서는 사건을 경험한 표본들로 구성된 시행집단의 결과와, 사건을 경험하지 않은 표본들로 구성된 비교집단의 결과를 비교하여 사건의 효과를 평가한다고 하였다. 따라서 시행집단에서 일어난 평균 임금의 사건 전후 변화를 어떤 사건이 임금에 미친 효과라고 평가한다는 진술은 적절하지 않다.

[오답을 피하고 싶었어]

② 1문단에서 두 집단에 표본이 임의로 배정되도록 사건을 설계하는 실험적 방법이 이상적이지만 사람을 표본으로 하거나 사회 문제를 다룰 때에는 이 방법을 적용할 수 없는 경우가 많다고 하였으므로 사람을 표본으로 하거나 사회 문제를 다룰 때에도 실험적 방법을 적용하는 경우가 있을 수 있다.

③ 2문단에서 평행추세 가정을 사건이 없었더라도 비교집단에서 일어난 변화와 같은 크기의 변화가 시행집단에서도 일어났을 것이라는 가정으로 설명하였다. 이러한 가정에 따르면 특정 사건만 두 집단의 변화에 차이를 가져오게 된다.

④ 3문단에서 스노는 이중차분법을 1854년에 처음 사용했다고 하였으며, 수원이 바뀐 주민들과 바뀌지 않은 주민들의 수원 교체 전후 콜레라로 인한 사망률의 변화를 비교하였다고 하였다. 스노가 이중차분법을 사용할 수 있었던 것은 시행집단과 비교집단의 사건 전 상태가 평균적으로 같지 않아도 되기 때문이다. 즉 스노의 연구에서 시행집단과 비교집단의 콜레라 사망률은 사건 전에도 차이가 있었을 수 있다.

⑤ 3문단에서 스노는 수원이 바뀐 주민들과 바뀌지 않은 주민들의 수원 교체 전후 콜레라로 인한 사망률의 변화를 비교함으로써 콜레라가 공기가 아닌 물을 통해 전염된다는 결론을 내렸다고 하였다.

15. 생략된 내용 추론하기

정답 pick ❺

평행추세 가정이 충족되는 경우, 노동자 교육 프로그램(사건)이 없다면

양혜정의 기출이 나비효과

시행집단과 비교집단에서의 고용률 증가 정도는 동일할 것이다. 그러나 ㉠의 경우, 시행집단은 일자리가 급격히 줄어드는 산업에 종사하는 노동자의 비중이 비교집단에 비해 크므로 사건 전의 상태(프로그램이 없는 상태)에서 비교집단에 비해 고용률 증가가 작게 된다. 따라서 ㉠의 경우 이중차분법을 적용하여 평가한 프로그램의 고용 증가 효과, 즉 시행집단에서 일어난 변화에서 비교집단에서 일어난 변화를 뺀 값은 평행추세 가정이 충족되는 비교집단을 이용하여 평가한 프로그램의 고용 증가 효과보다 작게 나타나게 된다.

16. 구체적 상황에 적용하기

정답 pick ❹

4문단에서 고용처럼 경기변동에 민감한 변화라면 집단 간 표본의 통계적 유사성보다 변화 발생의 동시성이 이 가정의 충족에서 더 중요할 수 있다고 하였다. 따라서 〈보기〉와 같이 임금 상승이 고용에 미친 효과를 분석할 때는 비교집단의 변화를, 시행집단의 다른 시기의 변화로 파악하여 표본의 통계적 유사성을 높이는 것이 신뢰할 만한 평가를 얻는다는 것은 적절하지 않다.

[오답을 피하고 싶었어]

① 시행집단은 P주의 저임금 식당이다. 따라서 시행집단에서 일어난 변화는 20.9-19.6=1.3명이다.
② 5문단에서 시행집단과 여러 특성에서 표본의 통계적 유사성이 높은 비교집단을 구성하면 평행추세 가정이 위협받을 가능성을 줄일 수 있다고 하였다. 따라서 시행집단과 비교집단이 여러 특성에서 통계적 유사성이 높을수록 신뢰도가 높다고 할 수 있다.
③ 비교집단을 Q주의 식당들로 택할 때, 시행집단인 P주의 저임금 식당과 비교하면 임금 상승에 따른 고용 효과는 1.3-(-2.1)=3.4명 증가로 평가할 수 있다.
⑤ 5문단에서 여러 비교집단을 구성하여 각각에 이중차분법을 적용한 평가 결과가 같음을 확인하면 평행추세 가정이 충족된다는 신뢰를 줄 수 있다고 하였다. 비교집단으로 제시할 수 있는 Q주 식당이나 P주 고임금 식당은 모두 -2.1의 변화를 보여 평행추세 가정의 충족에 대한 신뢰도를 높인다고 볼 수 있다.

17. 어휘의 문맥적 의미 파악하기

정답 pick ❷

'수원을 바꿨는데'와 '생각을 바꿔'에서 '바꾸다'는 '원래의 내용이나 상태를 다르게 고치다'의 의미로 쓰였다.

[오답을 피하고 싶었어]

① '결과에 차이가 날 이유가'에서 '나다'는 '어떤 작용에 따른 효과, 결과 따위의 현상이 이루어져 나타나다.'의 의미로 쓰였다. 반면 '오늘 신문에 났다'에서 '나다'는 '신문, 잡지 따위에 어떤 내용이 실리다.'의 의미로 쓰였다.
③ '결론을 내렸다'에서 '내리다'는 '판단, 결정을 하거나 결말을 짓다.'의 의미로 쓰였다. 반면 '건조 주의보를 내렸다'에서 '내리다'는 '명령이나 지시 따위를 선포하거나 알려주다. 또는 그렇게 하다.'의 의미로 쓰였다.
④ '통계적 유사성을 높이려고'에서 '높이다'는 '값이나 비율 따위를 더 높게 하다'의 의미로 쓰였다. 반면 '목소리를 높였다'에서 '높이다'는 '어떤 의견을 다른 의견보다 더 강하게 내다.'의 의미로 쓰였다.
⑤ '가능성을 줄일 수 있다'에서 '줄이다'는 '힘이나 세력 따위를 본디보다 약하게 하다.'의 의미로 쓰였다. 반면 '이만 줄입니다'에서 '줄이다'는 '말이나 글의 끝에서, 할 말은 많으나 그만하고 마친다는 뜻으로 하는

말'로 쓰였다.

2023학년도 EBS 수능특강 118쪽

3 ⑤

📖 간단한 지문 소개

사회, '이민과 이중차분법'

이 글은 이민자가 유입되면 임금이 하락할 것이라는 통념을 경제학적으로 설명하고, 이를 검증하는 방법론으로서 이중차분법을 소개하고 있다. 이중차분법을 이용하는 이유는 현실에서 드러나는 현상만으로 이민자 유입과 임금의 인과 관계를 파악하기가 쉽지 않기 때문인데, 이중차분법은 특정 사건이 일어나지 않을 때를 대신할 수 있는 상황과 특정 사건이 일어난 결과를 비교함으로써 특정 사건의 영향을 측정하는 방법이다. 결론적으로 이중차분법을 이용한 연구에서 이민자 유입이 현지인의 임금에 큰 영향을 미치지 않은 결과를 소개하고 그 이유에 대해 해석한다.

(주제) 이민자 유입이 임금에 미치는 영향을 파악하기 위한 이중차분법의 활용

03. 구체적 상황에 적용하기

정답 pick ❺

㉴인 갑 도시의 2019년과 2020년 2월의 주당 평균 임금을 이용하면 A는 $20이므로 이민자 유입이 임금에 미친 순 효과는 -$50-$20=-$70이다. 이 경우 임금이 하락한 것으로 결과가 나온다. 반면 ㉮를 이용할 때는 -$50-(-$70)=$20로, 갑 도시의 임금이 상승한 것으로 결과가 도출된다. 따라서 M이 ㉮, ㉴ 어떤 경우는 이민자 유입이 갑 도시의 임금을 하락시켰는지에 대해 같은 결론에 도달한다는 진술은 적절하지 않다.

[오답을 피하고 싶었어]

① B는 이민자 유입 후 시점의 임금에서 전 시점의 임금을 빼서 구하는 것이므로 맞는 진술이다.
② 이민자 유입이라는 사건이 발생하지 않은 병 도시에서 나타난 임금 변화(=$930-$1,000)이므로 -$70이 맞다.
③ 이중차분법에 의하면 B에서 A를 빼야 하므로 이민자 유입이 임금에 미친 순 효과는 -$50-(-$70)=$20로, 갑 도시의 임금이 오히려 상승한 것으로 나타난다.
④ 이민자 유입이 나타나기 전 갑 도시의 동일한 길이의 기간인 2019년과 2020년 2월 임금을 이용하면 A는 $20이므로 병도시의 임금 변화를 이용할 때의 A보다 크다.

제 21 강 독서 연습 2 기출 Pick #047

기출
#047 2023학년도 수능 과학

14 ③   15 ④   16 ④   17 ①

📖 간단한 지문 소개

정답 및 해설

과학, '생명체의 기초 대사량 측정 방법과 그 의미'

이 글은 생명체의 기초 대사량의 개념과 측정 방법을 소개하고, 기초 대사량 측정 결과의 의미에 대해 설명하고 있다. 기초 대사량은 생존에 필수적인 에너지를 의미하는 것으로 직접법을 통해 측정하거나 간접법을 통해 추정할 수 있다. 이러한 기초 대사량에 대한 19세기의 초기 연구에서는 체표 면적이 (체중)$^{0.67}$에 비례하므로 기초 대사량이 (체중)$^{0.67}$에 비례한다고 보았다. 1930년대 클라이버는 L-그래프를 이용하여 체중의 증가율과 기초 대사량의 증가율 간의 관계를 직선의 기울기로 나타내고, 최소 제곱법에 근거하여 기초 대사량이 (체중)$^{0.75}$, 즉 대사 체중에 비례한다고 결론지었는데, 이를 클라이버의 법칙이라고 한다. 대사 체중은 치료제의 허용량 결정에도 이용되고 있다.

(주제) 생명체의 기초 대사량 측정 방법과 그 의미

14. 세부 정보 파악하기

정답 pick ❸

5문단에 따르면, L-그래프에서 X축에는 체중에 상용로그를 취한 값을, Y축에는 기초 대사량에 상용로그를 취한 값을 표시하였음을 알 수 있다. 또 6문단에 따르면, L-그래프의 기울기에 체중의 증가율에 대한 기초 대사량의 증가율이 반영되며, 체중의 증가율에 비해 기초 대사량의 증가율이 작을수록 기울기가 작아지고, 체중의 증가율과 기초 대사량의 증가율이 같으면 직선의 기울기가 1이 된다. 즉 L-그래프에서 직선의 기울기는 체중의 증가율에 대한 기초 대사량의 증가율을 나타내는 것이므로 L-그래프에서 직선의 기울기가 가로축과 세로축 두 변수의 증가율의 차이와 동일하다는 진술은 적절하지 않다.

[오답을 피하고 싶었어]

① 9문단에서 클라이버는 기초 대사량이 대사 체중에 비례한다고 결론지었으며 이를 '클라이버의 법칙'이라고 한다는 내용을 확인할 수 있다.
② 1문단에서 기초 대사량은 근육량이 많을수록 증가한다는 내용을 확인할 수 있다.
④ 8문단에서 가로축과 세로축 두 변수의 관계를 대변하는 최적의 직선의 기울기와 절편은 최소 제곱법으로 구할 수 있다는 내용을 확인할 수 있다.
⑤ 7문단에 따르면 L-그래프에서 생물의 어떤 형질이 체중 또는 몸 크기와 직선의 관계를 보이며 함께 증가하는 경우 그 형질은 '상대 성장'을 한다고 하였다. 또 동일 종에서의 심장, 두뇌와 같은 신체 기관의 크기도 상대 성장을 따른다고 하였다. 그러므로 동물의 신체 기관인 심장과 두뇌의 크기는 몸무게나 몸의 크기에 대하여 상대 성장을 하며 발달한다고 볼 수 있다.

15. 생략된 정보 추론하기

정답 pick ❹

코끼리에게 적용하는 치료제 허용량을 기준으로, 체중이 아니라 대사 체중에 비례하여 생쥐에게 적용할 허용량을 정하면 적정량을 결정할 수 있다. 코끼리의 체중을 100, 생쥐의 체중을 1로 가정할 때 코끼리의 대사 체중은 100$^{0.75}$, 생쥐의 대사 체중은 1$^{0.75}$이므로 체중에 비례하여 정한 양은 대사 체중에 비례하여 정한 양보다 적다. 따라서 체중에 비례하여 허용량을 정하는 경우 적정량보다 적은 양을 먹이게 된다.

[오답을 피하고 싶었어]

① 1문단에서 기초 대사량은 개체에 따라 대사량의 60~75%를 차지한다고 하였으므로, 기초 대사량은 하루에 소모되는 총 열량 중에 가장 큰 비중을 차지한다고 볼 수 있다.
② 9문단에서 클라이버는 기초 대사량이 (체중)$^{0.75}$에 비례한다고 보았음

을 알 수 있다. 체표 면적이 (체중)$^{0.67}$에 비례한다고 본 것은 19세기 초기 연구자들이었음을 3문단에서 확인할 수 있다.
③ 3문단에서 19세기의 초기 연구에서는 기초 대사량이 (체중)$^{0.67}$에 비례한다고 보았으며, 이에 따르면 체중이 2배 증가할 때 기초 대사량은 2$^{0.67}$인 약 1.6배가 된다는 사실을 알 수 있다. 그러므로 19세기 초기 연구자들은 체중의 증가율보다 기초 대사량의 증가율이 작다고 생각했음을 알 수 있다.
⑤ 3문단의 내용을 통해 19세기의 초기 연구에서는 기초 대사량이 (체중)$^{0.67}$에 비례한다고 보았음을 알 수 있다. 또 9문단의 내용을 통해 클라이버는 기초 대사량이 (체중)$^{0.75}$에 비례한다고 보았음을 알 수 있다. 그러므로 동물의 체중이 증가함에 따라 함께 늘어나는 에너지의 필요량은 19세기 초기 연구에 비해 클라이버의 법칙을 따를 때 더 많다는 것을 알 수 있다.

16. 세부 정보 파악하기

정답 pick ❹

㉠은 온도가 일정하게 유지되고 공기의 출입량을 알고 있는 호흡실에서 동물이 발산하는 열량을 열량계를 이용해 측정하는 방법이라고 하였다. 그러므로 일정한 체온에서 동물이 체외로 발산하는 열량을 구할 수 있다. 한편 ㉡은 체내에서 생성된 열량을 추정하는 방법이다. 1문단에서 체내에서 생성된 열량은 일정한 체온에서 체외로 발산되는 열량과 같다고 하였다. 그러므로 ㉡ 역시 일정한 체온에서 동물이 체외로 발산하는 열량을 구할 수 있는 방법이다.

[오답을 피하고 싶었어]

① ㉠은 온도가 일정하게 유지되고 공기의 출입량을 알고 있는 호흡실에서 동물이 발산하는 열량을 열량계를 이용해 측정하는 방법이다. 환경 온도에 따라 체온을 조정하는 변온 동물이라고 할지라도 ㉠을 적용할 때에는 온도가 일정하게 유지된 환경에서 열량을 측정하기 때문에 변온 동물이라는 요소가 ㉠에 의한 열량 측정에 영향을 미치지 못한다.
② ㉡은 호흡 측정 장치를 이용해 동물의 산소 소비량과 이산화 탄소 배출량을 측정하고, 이를 기준으로 체내에서 생성된 열량을 추정하는 방법이다. 그러므로 ㉡은 동물이 호흡에 이용한 산소의 양을 알아야만 체내에서 생성된 열량을 추정할 수 있다.
③ 1문단에서 기초 대사량은 생존에 필수적인 에너지로, 쾌적한 온도에서 편히 쉬는 동물이 공복 상태에서 생성하는 열량으로 정의된다고 하였다. 그러므로 ㉠과 ㉡ 모두 격한 움직임이 제한된 편하게 쉬는 상태에서 기초 대사량을 구한다.
⑤ 1문단에서 기초 대사량은 생존에 필수적인 에너지로, 쾌적한 온도에서 편히 쉬는 동물이 공복 상태에서 생성하는 열량으로 정의된다고 하였다. 공복 상태에서 생성하는 열량이라고 하였으므로, 기초 대사량에 해당하는 에너지를 공급하면서 기초 대사량을 구해야 한다고 이해하는 것은 적절하지 않다.

17. 구체적 상황에 적용하기

정답 pick ❶

6문단에 따르면, L-그래프의 X축에 표시된 체중의 증가율에 비해 Y축에 표시된 기초 대사량의 증가율이 작다면 그래프의 직선의 기울기가 1보다 작다고 하였다. 그리고 체중의 증가율과 기초 대사량의 증가율이 같다면 직선의 기울기는 1이 된다고 하였다. 이에 따를 때, <보기>에서 최적의 직선의 기울기가 1보다 작다면 가로축인 ⓐ의 증가율이 세로축인 ⓑ의 증가율보다 크다는 것을 의미한다. 그러므로 ⓐ의 증가율에 ⓑ의 증가율이 비례하는 것이지 ⓐ에 ⓑ가 비례한다고 할 수는 없다.

[오답을 피하고 싶었어]

약해정의 기출이 나타효과

② 점들이 최적의 직선으로부터 가로축에 수직 방향으로 멀리 떨어진다는 것은 곧 편차가 커진다는 것을 의미한다. 편차가 더 커지면 편차의 제곱 합도 더 커진다.

③ 5문단에 따르면, '일반적인 그래프'에서 가로축과 세로축 두 변수의 증가율이 서로 다를 경우 순서쌍을 나타낸 점들이 어떤 곡선의 주변에 분포한다. 그러나 〈보기〉와 같은 L-그래프에서는 직선의 주변에 점들이 분포한다.

④ 6문단의 내용에 따르면, L-그래프에서 체중의 증가율에 비해 기초 대사량의 증가율이 작으면 직선의 기울기가 1보다 작고, 둘의 증가율이 같으면 기울기가 1이 된다. 그러므로 ⓐ의 증가율보다 ⓑ의 증가율이 작다면, 점들 사이를 지나는 최적의 직선의 기울기는 1보다 작다.

⑤ 5문단에 따르면, '일반적인 그래프'에서 가로축과 세로축 두 변수의 증가율이 서로 다를 경우, 그 둘의 증가율이 같을 때와 달리 순서쌍을 나타낸 점들은 어떤 곡선의 주변에 분포한다. 따라서 둘의 증가율이 같다면 점들은 직선의 주변에 분포하게 된다.

2023학년도 EBS 수능특강 289쪽

10 ⑤

📖 간단한 지문 소개

사회, '최소 제곱법과 엥겔의 법칙'
이 글은 많은 학문 분야에서 실증 연구 방법으로 광범위하게 쓰이는 최소 제곱법을 가계의 식료품 지출에 대한 소득의 영향 추정을 사례로 소개하고 있다. 최소 제곱법은 이론상 설명 변수가 종속 변수에 비례적인 영향을 준다고 가정하고, 설명 변수가 변화할 때 종속 변수가 변화하는 평균치를 계산하는 방법을 제시한다. 이 글은 최소 제곱법을 이용하여 소득과 식료품 지출액의 관계를 해석함으로써 널리 알려진 엥겔의 법칙을 설명하고 있다.

(주제) 최소 제곱법의 개념과 이를 적용한 엥겔의 법칙 해석

10. 구체적 상황에 적용하기

정답 pick ❺
〈보기〉에서 설명 변수는 '재학 연수'이고, 재학 연수가 1년 증가할 때 월 임금 변화의 평균치가 16만 원이므로 재학 연수가 2년 증가할 때는 월 임금이 평균적으로 '32'만 원 증가하며, 극단적으로 월 임금이 높은 관측치를 제외하고 기울기를 다시 구하면 재학 연수의 월 임금에 대한 영향은 이전보다 작게 추정될 것이므로 기울기도 '작아질' 것이다.

제 22 강 화작 기출 Pick #048~#050

기출 #048 2022학년도 7월 학평 화법

35 ⑤   36 ②   37 ④

35. 발표자의 말하기 방식 파악하기

정답 pick ❺

암산 대회의 경험, 갖고 싶었던 물건을 갖게 되었을 때의 경험 등이 나타나 있기는 하나, 이 경험에서 청중의 행동에 문제점이 있다고 지적하고 있지는 않다.

[오답을 피하고 싶었어]
① '기준점 효과의 내용이 생각나시나요?'라고 묻고 청중의 대답을 들은 뒤 '기준점 효과'의 정의를 설명했다는 점, 갖고 싶었던 물건을 갖게 되었을 때 점차 행복감을 느끼지 못하게 되는 이유를 묻고 청중의 대답을 들은 뒤 그 이유를 설명했다는 점에서 질문과 대답을 통해 청중과 상호 작용하고 있음을 알 수 있다.

② 1부터 8까지의 곱이 얼마인지, '우리 반 친구들'과 '다른 반 친구들'이 정답을 추측한 기준값이 어떻게 다른지 등을 구체적인 수치로 제시하여 청중의 이해를 돕고 있다.

③ 마지막 단락에서 '노력해 나가는 것이 좋지 않을까요?'라는 설의적 질문을 사용하여 청중의 공감을 유도하고 있다.

④ '반 분위기'를 가라앉게 만든 상황을 '찬물을 끼얹'다라는 관용 표현을 사용하여 나타내고 있다.

36. 발표 계획의 적절성 파악하기

정답 pick ❷
'계산식'을 화면에 제시하겠다는 계획은 발표에 반영되었으나, 계산식이 의문을 갖게 된 이유라고 말하지는 않았다. 발표자는 '우리 반'이 '평소 수학을 어려워하는'데도 암산 대회에서는 우승을 했다는 사실에서 우리 반이 암산 실력만큼은 정말 뛰어난지 의문을 갖게 되었다고 밝히고 있다.

[오답을 피하고 싶었어]
③ '행동경제학'이라는 학문에 대해 배우면서 알게 된 '기준점 효과'라는 개념을 근거로 발표 내용의 타당성을 확보하고 있다.

④ '기준점 효과'를 바탕으로 '우리 반 친구들'이 정답을 떠올리는 과정과 '다른 반 친구들'이 정답을 떠올리는 과정의 차이가 '우리 반'을 우승으로 이끌게 되었을 것이라고 추측하고 있다.

⑤ '토마스 아퀴나스'의 말을 인용하여 인간이 행복과 불행을 느끼는 것에 '기준점'이 큰 영향을 끼친다는 점을 강조하고, '단번에 큰 성과를 내려 하'는 것보다 '조금씩 성장하기 위해 노력'하자는 삶의 방향을 제안하고 있다.

37. 반응의 적절성 파악하기

정답 pick ❹
'학생 1'은 발표를 들은 후, 자신이 '약한 체력'을 가지고 있지만 '동네 뒷산'을 오른 경험이 새로운 기준점으로 작용해 앞으로 '지리산'도 오를 수 있을 것이라고 생각하게 되었으므로 자신이 처한 상황에 긍정적으로 영향을 끼쳤던 경험을 떠올리며 들었다고 볼 수 있다. 이와 달리 '학생 3'은 '미래의 목표'를 '기준점'으로 삼아서 시험 결과에 '낙담했던' 경험을 떠올리고 있으므로 자신이 처한 상황에 대해 부정적인 감정을 유발했던 경험을 떠올리고 있다고 보는 것이 적절하다.

[오답을 피하고 싶었어]
① '학생 1'은 기준점의 변화로 인해 지리산도 오를 수 있을 거라는 자신감을 갖게 되어 이전보다 행복해질 수 있었다고 볼 수 있으므로 '기준점으로부터의 변화량'이 행복을 위해 중요하다는 말이 자신의 경험과 부합한다고 생각했을 것이라 보는 것이 적절하다.

③ '학생 3'은 '현재의 자신의 상태'만이 아니라 '미래의 목표'도 기준점이 될 수 있다는 점을 언급하고 있을 뿐, 미래의 목표를 기준점으로 삼는 것이 옳다고 말하고 있지는 않다.

⑤ '학생 2'와 '학생 3' 모두 기준점이 '자신도 모르는 사이'에 '자신의 선택과 판단'을 결정한다는 사실에 대해 동의하고, 그것이 유발할 수 있는 부정적인 상황에 대해 언급하고 있다.

기출 #049 2022학년도 10월 학평 화법+작문

38 ④   **39** ②   **40** ⑤   **41** ③   **42** ①

---

38. 대화의 의미와 기능을 이해하기

정답 pick ❹

ⓔ에서 '학생 3'은 '학생 1'이 '행복한 대화 벤치 사례에 대한 글을 봤'는데 '이 사례를 신문 기사에 활용하는' 것이 어떠하냐고 제안하자, 이에 대해 구체적인 내용을 조사해 보겠다고 답하고 있다. 상대에게 프로그램 소개에 필요한 자료를 요청하고 있지 않다.

[오답을 피하고 싶었어]

① ㉠에서 '학생 3'은 '학생 2'가 학생회 임원이 등교하는 학생들을 맞이하는 프로그램을 진행한다고 설명하자, '인사하며 맞이하는 프로그램을 통해 학생들의 외로움을 달래 주려는 것 같'다고 프로그램의 내용을 추측하며 짧게 인사를 나누는 것이 외로움을 덜어 주는 효과가 있는지 의문을 드러내고 있다.
② ㉡에서 '학생 2'는 '학생 1'이 말한 동아리들의 점심시간 학생 휴게실 운영 방안의 효용에 대해 동의하며 '전자 기기에 빠져서 대면 소통이 부족한 학생들에게 도움이 될 것 같'다고 말하고 있다.
③ ㉢에서 '학생 2'는 '학생 3'이 또래 상담 동아리의 '행복한 대화 벤치' 프로그램의 내용을 설명하자, 이를 재진술하며 자신이 이해한 바가 맞는지 질문을 통해 확인하고 있다.
⑤ ㉤에서 '학생 2'는 '학생 3'이 학생이 이동하는 동선에 따라 행사 프로그램을 소개하고 각 프로그램의 기대 효과를 덧붙이자고 하자, 좋은 생각이라고 긍정적으로 평가하며 행사 개최의 이유를 밝히기 위해 기사 앞부분에 외로움의 위험성에 대해 언급하는 게 필요하다는 자신의 의견을 덧붙이고 있다.

---

39. 발화의 의미와 기능 이해하기

정답 pick ❷

'학생 1'의 첫 번째 발화에서 '친해지길 바라' 행사를 학교 신문에 싣기로 하고 기사문 작성을 위해 관련 내용을 조사하기로 했다는 지난 회의의 결정 사항을 환기하며, 인터뷰 내용을 공유한 후 초고의 내용 구성을 어떻게 할지 이야기하자고 회의 진행 순서를 제시하였다.

[오답을 피하고 싶었어]

① '학생 1'의 네 번째 발화에서 '학생1'이 회의 중에 각자 인터뷰한 내용을 모두 이야기했는지 확인하고 있을 뿐, 논의된 사항을 정리하지는 않았다. 따라서 문제점 또한 지적한 바가 없다.
③ '학생 1'의 다섯 번째 발화에서 기사문 작성을 위한 역할 분담을 어떻게 할지 물었을 뿐, 그 역할을 개인별로 배분하지는 않았다.
④ '학생 1'은 회의 첫 부분에서 인터뷰 내용을 공유하고 초고의 내용 구성을 어떻게 할지 이야기하자고 하였을 뿐, 인터뷰 자료를 효과적으로 공유할 수 있는 방안을 제안하지는 않았다.
⑤ '학생 1'은 회의 마지막 부분에서 각자 조사한 자료의 출처가 믿을 만한지 확인해 달라고 요청하였지만, 자료 점검의 필요성을 제시하거나

출처를 점검하는 방법을 구체적으로 안내하지 않았다.

---

40. 글쓰기 계획의 반영 여부 파악하기

정답 pick ❺

(가)에서 언급된, 짧은 순간에 친근감을 표현하더라도 혼자라는 느낌이 덜 든다는 연구 결과가 (나)에서 활용되지 않았다. 그리고 (나)의 외로움이 미치는 해악에 대한 전문가의 견해는 외로움의 위험성을 지적하는 것이지 (가)에서 언급된 연구 결과를 뒷받침하기 위한 것이 아니다.

[오답을 피하고 싶었어]

① (나)에서 학생회장의 말을 직접 인용하여 행사의 취지를 설명하였다.
② 행사에 참여하는 공연 동아리들의 프로그램과 관련해 (나)에서 추가 정보가 제시되었다.
③ (나)에서 영국에서 시작된 '행복한 대화 벤치'의 효과를 들어 또래 상담 동아리의 '행복한 대화 벤치' 프로그램이 학생들로 하여금 학교 공동체와 연결되어 있다는 느낌을 받게 할 것이라는 기대 효과를 제시하였다.
④ (가)에서 학생의 이동 동선에 따라 행사 프로그램을 소개하자고 한 내용 구성 방법에 따라 (나)에서 '등교 시간에 학교 정문에서는', '정문에서 학교 건물로 들어가는 길에', '학교 건물 1층의 학생 휴게실에서는' 등으로 이동 동선에 따라 각 프로그램을 소개하였다.

---

41. 글쓰기의 내용 점검하기

정답 pick ❸

[전문]에서 '친해지길 바라' 행사가 언제, 어디에서, 왜 진행되는지 제시되어 있지 않으므로, 육하원칙을 모두 지켜 요약적으로 제시했다는 점검 결과 '예'는 적절하지 않다.

[오답을 피하고 싶었어]

① [표제]에서 외로움을 줄이고 친밀함을 높이는 목적으로 행사가 열린다고 밝혔으므로, [표제]에서 행사의 목적을 나타냈다는 점검 결과 '예'는 적절하다.
② [부제]에서 행사의 명칭과 함께 감염병으로 끊어진 관계를 연결하려는 행사의 배경을 담았으므로, [부제]가 [표제]를 보완하는 기능을 하였다는 점검 결과 '예'는 적절하다.
④ [본문]에서 이번 행사를 위해 참여자들의 상호 소통을 중시하는 자율적인 성격의 프로그램들을 학생회와 여섯 개의 동아리가 준비했다고 하였으므로, [본문]에서 행사 프로그램의 성격을 밝혔다는 점검 결과 '예'는 적절하다.
⑤ [본문]에서 학생회와 여섯 개의 동아리가 진행하는 프로그램을 소개하였으므로, [본문]에서 누가 무슨 내용의 프로그램을 진행하였는지를 전달하였다는 점검 결과 '예'는 적절하다.

---

42. 글의 내용 고쳐쓰기

정답 pick ❶

[A]를 고쳐 쓴 〈보기〉는 학생회장이 행사를 통해 바라는 점이 삭제되었는데, 삭제된 내용은 (나)의 앞부분에서 행사를 통해 외로움을 느끼는 학생들이 도움을 받았으면 좋겠다고 한 학생회장의 말에 이미 언급된 내용이다. 그리고 〈보기〉에 '친해지길 바라' 행사 소식을 접한 학생들이 행사에 대한 기대감을 드러내는 내용을 추가하였다.

[오답을 피하고 싶었어]

②, ④ [A]에서 삭제된 내용은 학생회장이 행사를 통해 바라는 점으로 주

제와 관련된 정보라고 볼 수 있다. 또한 〈보기〉에서는 행사에 대한 잘못된 정보를 바로잡거나 학생들에게 적극적인 행사 참여를 호소하고 있지 않다.
③ 〈보기〉에서는 학생들에게 행사 참여 방법을 추가하여 소개하고 있지 않다.
⑤ 〈보기〉에는 행사 프로그램이 추가되어 있지 않다.

기출 #050 **2023학년도 3월 학평 작문+화법**

38 ③   39 ④   40 ④   41 ①   42 ①

38. 글쓰기 방법 파악하기

정답 pick ③

2문단에서 치유 농업 여행의 세부 프로그램 내용과 소감을 시간적 순서에 따라 제시하고 있다.

[오답을 피하고 싶었어]

① 치유 농업 여행에 참가해서 경험한 사례들이 제시되어 있지만, 그 사례에서 겪은 어려움은 제시되어 있지 않다.
② 치유 농업 여행에 참가한 경험을 다른 참가자의 경험과 비교하고 있지 않다.
④ 치유 농업에 대한 전문가의 견해를 직접 인용하고 있는 부분은 없다.
⑤ 치유 농업 여행에 대한 만족감을 표현하고 있지만 프로그램이 지닌 장점을 다른 교육 여행 프로그램과 대조하고 있지는 않다.

39. 검토 의견을 반영해 고쳐 쓰기

정답 pick ④

〈보기〉의 네 번째 문장에서 고맙다는 말을 전하는 행위가 미치는 객체를 분명하게 표현하라는 조언을 반영하지 않고, 해당 문장을 수정하였다.

[오답을 피하고 싶었어]

① 〈보기〉의 첫 번째 문장에서 중복되는 의미인 '도움이 되는'과 '유익한' 중 '도움이 되는'을 삭제하였으므로, 의미가 중복되는 표현을 수정하라는 조언을 반영하였다.
② 〈보기〉의 두 번째 문장에서 부적절하게 사용된 '탓'을 대신하여 '덕분'으로 어휘를 바꾸었으므로, 부적절하게 사용된 어휘를 바꾸라는 조언을 반영하였다.
③ 글의 내용과 관계없는 〈보기〉의 세 번째 문장을 삭제하였으므로, 글의 통일성을 고려해 해당 문장을 삭제하라는 조언을 반영하였다.
⑤ 〈보기〉의 다섯 번째 문장을 치유 농업에 관한 자료를 찾아보고 더 깊이 이해해 보겠다는 계획을 세웠다고 구체화하였으므로, 해당 문장의 내용을 더 구체적으로 제시해 달라는 조언을 반영하였다.

40. 발화의 의미와 기능을 이해하기

정답 pick ④

[A]의 대화에서 '학생 1'의 첫 번째 발화는 '학생 3'의 발화를 자신이 이해한 바에 따라, 여행을 통해 학업에 지친 마음을 치유할 수 있었다는 소감문의 내용을 홍보하는 글에 포함하자는 의미인지 '학생 3'에게 확인하고 있다. [B]의 대화에서 '학생 1'의 첫 번째 발화는 '학생 2'의 발화를 자신이 이해한 바에 따라, 여행 관련 정보를 좀 더 자세하게 안내받을 수

있는 별도의 방법을 홍보하는 글에 제시하자는 의미인지 '학생 2'에게 확인하고 있다.

41. 대화 맥락에 맞게 내용 정리하기

정답 pick ①

(나)에서 '학생 3'은 다음번 모임을 위해, 학생회 게시판에 올라온 소감문에서 지난번 치유 농업 여행의 부족한 점이나 다시 생각해 봐야 할 점과 관련된 내용을 정리해 논의할 사항을 메모해 오겠다고 하였다. 소감문에는 안전 교육에 대한 언급이 없으므로, 참가자 안전 교육과 관련한 검토는 '학생 3'이 작성한 메모의 내용으로 적절하지 않다.

42. 대화 내용이 글쓰기에 반영된 양상 이해하기

정답 pick ①

'학생 2'가 작성한 초고에는 소 껴안기 프로그램을 추가하였다고 했는데, (나)의 학생들 대화에서는 이에 대한 언급이 없다.

[오답을 피하고 싶었어]

② 치유 농업 여행에서 학업에 지친 마음을 치유할 수 있었다는 소감문의 내용을 학생 2의 초고에서 확인할 수 있으므로, 치유 농업 여행이 준 만족감을 표현한 소감문의 내용을 홍보하는 글에 포함하자는 의견이 반영되었다고 볼 수 있다.
③ 치유 농업 여행 후 진행된 설문 조사에서 만족도가 매우 높았다는 내용을 학생 2의 초고에서 확인할 수 있으므로, 설문 조사의 만족도 결과를 홍보하는 글에 간단하게 언급하자는 의견이 반영되었다고 볼 수 있다.

제 23 강 화작 연습 기출 Pick #051~#052

기출 #051 **2023학년도 수능 작문+화법**

38 ④   39 ④   40 ③   41 ②   42 ④

38. 성찰 글쓰기 표현 전략 사용하기

정답 pick ④

3문단을 보면 '다 함께 식물 지도 만들기'를 위해 식물을 조사하는 과정에서 몇몇 친구들은 힘들다고 포기했지만, 자신은 '누군가는 이 지도를 보며 마을의 식물에 관심을' 가질 수 있을 것이라고 생각하며 끝까지 포기하지 않았다는 점을 언급하고 있다. 따라서 식물 조사에 임하는 자신의 참여 자세를 친구들의 참여 자세와 대조하는 방식으로 서술하였다고 볼 수 있다.

[오답을 피하고 싶었어]

① 1문단을 보면 식물 지도 만들기 행사에서 자신이 깨달은 점을 밝히고는 있으나, 문제점과 해결책을 제시하는 방식으로 서술하지는 않았다.
② 2문단을 보면 식물 지도를 만든 과정을 순서에 따라 제시하고 있기는 하지만, 원인과 결과를 제시하는 방식으로 서술하지는 않았다.
③ 2문단을 보면 학급마다 특색 있게 식물 지도를 그렸다는 언급은 있으나, 그러한 학급별 식물 지도의 특색을 나열하지는 않았다.
⑤ 3문단을 보면 식물을 조사하는 과정에서 힘들다고 포기한 학생들이 있

39. 성찰 글쓰기 내용 점검, 조정하기

정답 pick ④
(가)의 마지막 문단에는 교실 밖 관찰 활동을 위해 책을 활용한 학습을 선행해야 한다는 내용은 언급되지 않았다. 오히려 교실 밖 관찰 활동을 하니 책으로만 접했을 때보다 식물에 대한 관심이 더 커지는 것 같다고 하였다.

[오답을 피하고 싶었어]
① 〈보기〉에는 교실 밖에서 관찰한 식물을 언급하지 않았으나 (가)의 마지막 문단에는 '화살나무나 분꽃 등의 식물'을 관찰했음을 언급하고 있다.
② 〈보기〉에는 이번 행사를 통해 자신이 어떤 점을 반성했는지를 언급하지 않았으나 (가)의 마지막 문단에는 '그동안 주변의 식물에 무심했던 나 자신을 반성하게 되었다.'와 같이 자신의 어떤 점을 반성했는지 밝히고 있다.
③ 〈보기〉에는 다른 학교에서도 식물 지도 만들기 행사를 열면 좋겠다는 생각만 언급하고 있으나 (가)의 마지막 문단에는 '더 많은 학생들이 자연의 소중함을 느낄 수 있을 것'이라고 다른 학교에서도 이 행사를 개최했을 때 예상되는 기대 효과를 제시하고 있다.
⑤ 교실 밖에서 이뤄지는 관찰 활동의 효과로, 〈보기〉는 '학업으로 인한 부담감을 덜어 준다'는 점을 언급하고 있으나 (가)의 마지막 문단은 '책으로만 접했을 때보다 식물에 대한 관심이 더 커지는 것'을 언급하고 있다. (가)의 마지막 문단과 같이 수정한 것은 교실 밖 관찰 활동의 긍정적 효과를 '식물에 대한 관심을 높이자'는 본 행사의 취지와 관련짓기 위한 것이라 볼 수 있다.

40. 대화 맥락 분석하기

정답 pick ③
[B]에서 '학생 1'은 '약효가 있는 식물은 그 정보도 제시하자는 거지?', '식물이 사람의 정서에 어떤 영향을 미칠 수 있는지에 대한 내용을 싣자는 말이었어?'와 같이 질문을 주고받는 과정에서 자신이 상대의 발화 내용을 잘못 이해했음을 깨닫고 있다. 그러나 '학생 3'은 '학생 1'의 발화 내용을 잘못 이해하고 있지 않다.

[오답을 피하고 싶었어]
① [A]에서 '학생 2'는 '여러 종류의 식물이 있는 곳도 좋지만, 나는 우리 학교 학생들이 볼 지도이니 학생들에게 친숙한 장소가 더 좋을 듯해.'와 같이 '학생 1'의 발화를 일부 재진술한 후 자신의 견해를 밝히고 있다.
② [A]에서 '학생 1'은 □□ 농장에는 매실나무만 많다는 점을, '학생 2'는 □□ 농장은 아무나 들어갈 수 없는 곳이어서 가 본 학생이 거의 없다는 점을 들어, 각기 다른 이유로 '학생 3'의 제안에 반대하는 입장을 드러내고 있다.
④ [B]에서 '학생 2'는 '그거 좋은데?'와 같이 '학생 3'에게 공감을 표한 후, '우리가 행복산에서 조사할 꽃과 나무 중 일부에는 그런 내용도 추가로 표시하면 되겠다.'라고 말하며 '학생 3'의 제안을 구체화할 방안을 제시하고 있다.
⑤ [A]의 첫 번째 발화에서 '학생 3'은 '□□ 농장에 갔으면 하는데, 너희 생각은 어때?'와 같이 자신이 제안한 바에 대한 '학생 1'과 '학생 2'의 의견을 묻고 있다. 또한 [B]의 첫 번째 발화에서도 '학생 3'은 '식물 이름과 함께 식물이 어떤 효용이 있는지도 제시했으면 하는데, 너희는 어떻게 생각해?'와 같이 자신이 제안한 바에 대한 '학생 1'과 '학생 2'의 의견을 묻고 있다.

41. 정보 전달 글쓰기 내용 생성하기

정답 pick ②
(나)에서 '학생 2'는 다섯 번째 발화에서 '국가 보호종을 비롯해 주목할 만한 몇몇 식물만 표시해야 할 듯해.'라고 말하고 있다. 그리고 (가)의 2문단에서 ○○ 고등학교 학생들은 '최대한 여러 종류의 식물 사진을 찍은' 후에 '학급마다 특색 있게 그린 지도 위에 조사한 모든 식물의 이름을 표시'했음을 알 수 있다. 따라서 (나)의 학생들이 '(○○ 고등학교처럼) 우리도 몇몇 주목할 식물만 지도에 표시한다.'를 수용할 점으로 논의했다는 내용은 적절하지 않다.

[오답을 피하고 싶었어]
① (가)의 2문단에서 '식물의 이름을 알려 주는 누리집을 이용해 식물 이름을 편리하게 찾았다.'라는 내용을 확인할 수 있고, (나)의 '학생 2'는 다섯 번째 발화에서 '식물 이름은 ○○ 고등학교처럼 누리집을 이용해 편리하게 찾자.'라고 제안하고 있다. 따라서 (가)의 아이디어를 (나)에서 수용하고자 했음을 알 수 있다.
③ (가)의 2문단에서 식물 지도의 범위를 '△△동 전체'로 했다는 점을 알 수 있다. 그러나 (나)의 '학생 2'는 첫 번째 발화에서 '학교에서 걸어갈 만한 거리만 지도의 범위로 삼는 게 좋지 않을까?'라고 제안하고 있으며 이에 대해 '학생 1'이 '그러자.'라고 동의하고 있다. 따라서 (나)에서는 (가)의 지도의 범위에 대한 아이디어를 수용하지 않았음을 알 수 있다.
④ (가)의 2문단을 통해 ○○ 고등학교에서는 식물 지도의 범위를 '△△동 전체'로 했다는 점을, 3문단을 통해 학생들이 '평소 우리가 잘 모르던 곳까지 꼼꼼히 살피며' 조사를 진행했음을 알 수 있다. 그러나 (나)의 '학생 2'의 두 번째 발화를 보면 '우리 학교 학생들이 볼 지도이니 학생들에게 친숙한 장소'를 조사하자고 제안하고 있으며 이에 대해 '학생 3'은 '듣고 보니 일리가 있네.'라고 동의하고 있다. 따라서 식물을 조사할 장소에 대해서는 (나)에서 (가)의 아이디어를 수용하지 않았음을 알 수 있다.
⑤ (가)의 2문단에서 ○○ 고등학교에서는 '학급별로 만든 지도를 이어 붙여' △△동 식물 지도를 완성했음을 알 수 있다. 그러나 (나)의 '학생 2'의 여덟 번째 발화를 보면 '○○ 고등학교가 이어 붙이는 방식으로 지도를 만든 건 참신하긴 한데 통일감이 없어 부자연스러울 듯해.'라고 말하고 있으므로 (가)의 지도를 이어 붙이는 방식은 (나)에서 수용하지 않았음을 확인할 수 있다.

42. 대화 내용 이해, 평가하기

정답 pick ④
'학생 2'의 일곱 번째 발화에서 '장소마다 대표 식물을 하나씩 선정해서 그 식물 이름 밑에 식물의 사진도 함께 제시하는 건 어때?'라고 제안하였다. 그러나 ⓔ에는 식물의 이름만 제시되어 있고 식물의 사진은 제시되어 있지 않다. 각 장소마다 하나씩 대표 식물의 사진을 제시하기로 했으므로 ⓔ의 사진을 추가해야겠다는 반응은 적절하다.

[오답을 피하고 싶었어]
① '학생 2'의 다섯 번째 발화를 보면, '국가 보호종을 비롯해 주목할 만한 몇몇 식물만 표시해야 할 듯해.'라고 밝히고 있으나, 식물이 있는 곳의 핵심적인 특징을 제시하기로 논의한 내용은 (나)에 제시되어 있지 않다.
② '학생 3'의 일곱 번째 발화를 보면, '행복산은 갈림길이 많으니 걷기에 더 편한 길을 화살표로 표시도 하고.'라고 밝히고 있으나 국가 보호종 식물이 있는 곳으로 가는 길을 동선으로 표시하기로 논의한 내용은 제시되어 있지 않다.

③ '학생 3'의 두 번째와 세 번째 발화, '학생 1'의 네 번째 발화, '학생 2'의 세 번째 발화를 통해 □□농장은 식물을 조사하는 장소로 선정되지 않았음을 알 수 있다.

⑤ '학생 3'의 일곱 번째 발화를 보면, '군집을 이루고 있는 식물은 모두 빗금으로 표시하자.'라고 밝히고 있으나, 군집을 이루고 있는 식물 중 학생들에게 낯선 식물은 빗금으로 표시하기로 논의한 내용은 제시되어 있지 않다.

기출 #052   2022학년도 수능 작문+화법

38 ①   39 ①   40 ③   41 ①   42 ②

38. 건의 글쓰기 맥락 분석하기

정답 pick ❶
(가)는 학생회에서 개최하는 토론 한마당의 예선 방식에 대한 학생들의 불만 내용을 제기하며, 주최 측인 학생회에 이러한 문제를 해결해 줄 것을 요구하는 내용을 담고 있는 건의문이다. 즉 (가)는 공동체의 문제를 해결할 수 있는 학생회 운영진을 예상 독자로 설정하여 작성된 글이다.

[오답을 피하고 싶었어]
② (가)는 토론 한마당 예선 방식의 문제를 언급하며 주체인 학생회를 독자로 하여 예선 방식 변경의 필요성을 강조하고 있다. 공동체 구성원 개개인의 인식 개선이 필요하다는 내용은 언급되지 않았다.

③ (가)는 토론 한마당 예선 방식의 개선을 제안하며 주최 측에 공동체 문제의 해결을 요구하고 있는 글이다. 그러므로 깨달음에 대한 성찰이 작문 목적이라는 분석은 적절하지 않다.

④ (가)는 학교생활 중에 일어난 문제와 관련하여 학교 구성원들이 함께 이용하는 학생회 누리집 게시판에 올린 글이다. 그러므로 개인적인 성격이 강한 작문 매체를 선택했다는 내용은 적절하지 않다.

⑤ (가)는 건의문 형식에 맞게 문제점에 대한 분석과 그 해결 방안에 대한 내용으로 구성되어 있다. 하지만 분석 절차와 결과가 잘 드러나도록 보고하는 글의 형식을 갖추고 있지는 않다.

39. 건의 글쓰기 내용 이해, 평가하기

정답 pick ❶
2문단은 시간, 공간, 운영할 인원, 심사자 확보 등의 문제로 예선 참가 인원을 한 학급당 한 팀으로 제한하게 되었다는 내용을 제시하고 있다. 즉 2문단에서는 현행 예선 방식으로 인해 발생한 문제에 대해 언급하고 있는 것이 아니라 현행 방식으로 운영하게 된 배경을 설명하고 있다.

[오답을 피하고 싶었어]
② 설문 조사는 전교생을 대상으로 진행된 것이므로 학생들의 의견을 반영하고 있는 자료라고 할 수 있다. 3문단에서 설문 조사 결과를 인용하여 토론 한마당 예선 방식에 대한 학생들의 불만이 높다는 점을 사실에 근거하여 뒷받침하고 있으므로, 이는 ⓑ를 충족하고 있다고 할 수 있다.

③ 3문단에서 예선에 참가할 수 있는 인원을 학급당 한 팀으로 제한한 현행 예선 방식의 한계로 토론 한마당에 대한 학생들의 불만이 고조되었다는 점을 지적하고 있다. 이는 문제의 원인을 제시하고 있는 내용이므로 ⓒ를 충족하고 있다고 할 수 있다.

④ 4문단에서 우리 학교와 유사한 문제를 겪은 인근의 학교들 중에서 대면 토론의 기간을 연장하거나 예선에서 토론 개요서를 활용하는 방법으로 문제를 해결한 학교들이 있다는 점을 제시한 것은, 문제 해결의 사례를 통해 해결 방안의 실행 가능성을 점검해 보았다고 할 수 있으므로, 이는 ⓓ를 충족하고 있다고 할 수 있다.

⑤ 5문단에서 토론 한마당 예선 방식을 개선하면 학생들이 더 많이 참가할 수 있어서 학생들의 불만이 해소될 것이라고 언급한 것은 문제 해결을 통한 기대 효과를 제시한 것이다. 그러므로 이는 ⓔ를 충족하고 있다고 할 수 있다.

40. 대화 내용 생성하기

정답 pick ❸
(가)에서는 토론 한마당 예선 방식 개선을 위해 예선의 기간을 연장하는 방안과 현행의 대면 토론을 토론 개요서 제출로 대체하는 방안이 제시되었다. 하지만 (나)에서 '학생 1'은 첫 번째 발화를 통해 일정상의 문제로 예선 기간 연장이 불가하다는 점을 밝힘으로써 예선 기간 연장을 논의 대상에서 제외하고 있다. 대신 '학생 3'이 제안한 동영상을 활용한 방안을 논의 대상으로 삼고 있다. '학생 1'의 세 번째 발화를 통해 (가)에서 제시한 토론 개요서 제출 방식과 '학생 3'이 새롭게 제시한 동영상 활용 방식에 대한 장단점을 판단하게 하며 논의를 진행하고 있음을 알 수 있다.

[오답을 피하고 싶었어]
① '학생 1'은 토론 한마당 예선 방식 개선을 요구하는 (가)의 내용을 언급하며 논의를 시작하고 있다.

② '학생 1'은 시간과 공간, 심사자의 부족 등의 예선 참가 인원 제한의 배경을 언급하면서 대면 토론을 대신할 방안 마련의 필요성을 제시하고 있다.

④ (가)의 2문단에서 현행 예선 방식이 현장감 있는 대면 토론으로 진행된다는 장점이 있다고 언급하였다. '학생 1'은 '청중이 모인 가운데 진행되는 대면 토론만큼의 현장감 있는 토론을 경험하기는 어려울 테니 그것 말고 얘기해 줄래?'라며 현행 예선 방식의 장점에 해당하는 내용은 발언에서 제외하도록 논의 내용을 제한하고 있다.

⑤ '학생 1'은 마지막 발화를 통해 토론 개요서로 평가하는 방식을 사용하면 참가 기회가 제한된다는 현행 예선 방식에 대한 학생들의 불만이 해소될 것이라는 기대 효과를 제시하면서 토론 개요서 제출 방안의 도입을 논의의 결론으로 제시하고 있다.

41. 대화 표현 전략 사용하기

정답 pick ❶
㉠은 ㉠ 직전에 '학생 2'가 말한 동영상 촬영은 별도의 장비가 필요하니 참가 팀들의 입장에서 번거롭다는 내용과 동영상을 심사하려면 대면 토론만큼 시간이 필요하므로 심사자의 평가 부담이 크다는 두 가지 내용 중 후자의 내용에 대해 동의하고 있다. 그리고 그에 덧붙여 토론 개요서로는 참가자들이 소통하는 과정을 평가하기 어렵다는 의견을 추가로 제시하고 있다.

[오답을 피하고 싶었어]
② ㉠은 ㉠ 직전의 '학생 2'가 말한 내용 중 일부에 대해서만 동의를 표하고 있다. 그리고 동의를 표한 의견과 관련하여 자신의 의견을 덧붙이고 있을 뿐, '학생 2'의 의견에 대한 상세한 설명을 요청하고 있지는 않다.

③ ㉠은 ㉠ 직전의 '학생 2'가 말한 내용에 대해 특별한 이의를 제기하거나 근거의 타당성을 지적하고 있지 않다. 오히려 심사자와 관련된 내용에 대해서는 긍정적인 반응을 드러내고 있다.

④ ㉡은 ㉡ 직전의 '학생 3'이 말한 내용 중 '토론 개요서 평가는 참가자

들이 소통하는 과정을 평가하기 어려워.'라는 말과 관련하여 토론에서 중요한 것은 논증 능력임을 강조하며 이의를 제기하고 있다. 그러므로 '학생 3'의 의견에 대해 공감을 드러낸다는 내용은 적절하지 않다.

⑤ ⓒ 직전의 말에서 '학생 3'은 동영상 촬영을 활용하는 방식은 토론 개요서 활용 방안보다 심사자 부담이 크다는 것을 인정하면서도 토론 개요서 평가는 참가자들이 소통하는 과정을 평가하기 어렵다고 주장하고 있다. ⓒ에서 이런 내용을 재진술하는 부분은 없다.

42. 대화 맥락 분석하기

정답 pick ❷

(나)에 제시된 대안은 '토론 개요서 평가 방식'과 '동영상 촬영 평가 방식'이다. 이 두 대안에 대해 학생들은 장단점을 파악하며 검토를 진행하고 있는데, 동영상 방식과 관련해서는 심사자 평가 부담이 크다는 점이 언급되었고 학생들은 이에 대체로 동의하고 있다. '학생 2'의 세 번째 발화에서 확인할 수 있듯이 심사자 섭외의 부담을 줄일 수 있다는 것은 토론 개요서 방식의 장점이다.

[오답을 피하고 싶었어]

① '학생 3'의 두 번째 발화에서 동영상 방식의 장점으로 참가자들이 토론 시간이나 장소를 자율적으로 정할 수 있다는 점이 언급되고 있다.

③ '학생 2'의 네 번째 발화에서 동영상 방식은 참가 팀들이 별도의 촬영 장비를 준비해야 한다는 점이 언급되고 있다.

④ '학생 2'의 세 번째 발화에서 토론 개요서 평가 방식은 학생들의 참가 기회를 제한하지 않기 때문에 현행 방식보다 더 많은 학생들이 예선에 참가할 수 있다는 점이 언급되고 있다.

⑤ '학생 3'의 세 번째 발화에서 토론 개요서 평가 방식으로는 참가자들이 소통하는 과정을 평가하기 어렵다는 점이 언급되고 있다. 이는 현장감 있는 대면 평가가 이루어지는 것은 아니라는 점을 고려할 때 적절한 내용이다.

제 24 강 언매 기출 Pick #053~#058

기출 #053 2018학년도 수능 9월 모평 언어(문법)

11 ②

11. 단어 형성의 원리 적용하기

정답 pick ❷

ㄷ의 '사대'는 '사범'과 '대학'에서 첫 음절만 따서 형성된 경우로, 선생님의 마지막 설명 중 '인터넷'과 '강의'가 합쳐지면서 줄어든 말인 '인강'과 형성 방식이 동일하다. ㅁ의 '비빔냉면'은 용언의 활용형 '비빔'과 명사 '냉면'이 결합한 경우로, 선생님의 설명 중 '건널목, 노림수, 섞어찌개'와 형성 방식이 동일하다.

[오답을 피하고 싶었어]

ㄱ의 '선생님'을 줄여 '샘'을 만든 것은 앞말과 뒷말의 일부 음절을 딴 방식에 해당하지 않는다. ㄴ의 '개살구'는 접두사 '개-'와 명사 '살구'가 결합한 파생 명사이기 때문에 제시된 수업 대화의 사례로 보기 어렵다. ㄹ의 '점잔'은 '점잖은 태도'를 뜻하는 명사인데, 형용사 '점잖다'로부터 만들어

진 말임을 확인할 수 있을 뿐 합성 명사가 아니기 때문에 제시된 수업 대화의 사례로 보기 어렵다.

기출 #054 2019학년도 10월 학평 언어

14 ①

14. 단어의 품사 이해하기

정답 pick ❶

ㄱ의 '그곳'은 어떤 처소를 지시하는 대명사에 해당하지만 ㄴ의 '그'는 어떤 처소나 대상을 지시하는 대명사에 해당하지 않는다. ㄱ의 '그곳'은 지시 대명사, ㄴ의 '그'는 지시 관형사이다.

[오답을 피하고 싶었어]

② ㄱ의 '아주'와 ㄴ의 '잘'은 모두 용언 앞에 놓여서 그 뜻을 한정하는 부사에 해당한다.

③ ㄱ의 '구울'(굽다)은 'ㅂ' 불규칙 용언, ㄷ의 '지어'(짓다)는 'ㅅ' 불규칙 용언이다. 즉 ㄱ의 '구울'과 ㄷ의 '지어'는 모두 용언의 어간이 불규칙적으로 활용되는 동사에 해당한다.

④ ㄱ의 '쉽게'(쉽다)와 ㄷ의 '멋진'(멋지다)은 모두 어떤 대상의 성질이나 상태를 나타내는 형용사에 해당한다.

⑤ ㄴ의 '가'는 주격 조사, ㄷ의 '에서'는 부사격 조사이다. ㄴ의 '가'와 ㄷ의 '에서'는 모두 앞말과 다른 말과의 문법적인 관계를 나타내는 조사에 해당한다.

기출 #055 2018학년도 수능 6월 모평 언어

14 ②

14. 문장의 짜임새 파악하기

정답 pick ❷

ⓒ에는 '피곤해하던'이라는 관형절과 '엄마가 모르게'라는 부사절이 안겨있다. 또한 ⓔ에는 '그가 시장에서 산'이라는 관형절과 '값이 비싸다'라는 서술절이 안겨 있다. ⓒ에는 ⓔ과 달리 서술어의 기능을 하는 안긴문장인 서술절이 안겨 있지 않다.

[오답을 피하고 싶었어]

① 체언을 수식하는 안긴문장은 관형절을 의미한다. ㉠에는 '따뜻한'이라는 관형절이, ⓒ에는 '내가 만난'이라는 관형절이 안겨 있다.

③ ㉠에는 명사절 '봄이 빨리 오기' 속에 부사어 '빨리'가 포함되어 있고, ⓒ에는 서술절 '마음이 정말 착하다' 속에 부사어 '정말'이 포함되어 있다.

④ ㉠에 안겨 있는 문장인 '따뜻한'에는 '봄이'라는 주어가 생략되어 있고, ⓔ에 안겨 있는 문장인 '그가 시장에서 산'에는 '배추를'이라는 목적어가 생략되어 있다.

⑤ ⓒ에서 부사절 '엄마가 모르게'는 부사어의 기능을 하는 안긴문장이고, ⓔ에서 관형절 '그가 시장에서 산'은 관형어의 기능을 하는 안긴문장이다.

기출
#056
2016학년도 3월 학평 언어

11 ③

11. 음운 변동과 표기법 파악하기

정답 pick ❸

'낫다'는 활용될 때 '낫다[낟:따], 나아[나아]'와 같이 음운의 교체와 탈락현상이 일어난다. 이에 비해 '낳다'는 '낳다[나:타], 낳아[나아]'와 같이 음운의 축약과 탈락 현상이 일어난다. 따라서 '낫다'와 '낳다'가 활용될 때 공통적으로 일어나는 음운 변동은 '탈락'이다. 그리고 활용의 유형을 보자면, 같은 'ㅅ' 받침을 가진 '웃다'는 '웃고, 웃지, 웃어서, 웃으니'와 같이 어간과 어미의 활용이 규칙적인 데 반해, '낫다'는 '낫고, 낫지, 나아서, 나으니'와 같이 어간의 'ㅅ'이 탈락하므로 불규칙 활용을 한다. 따라서 '낫다'는 활용될 때 일어나는 음운 탈락이 표기에 반영되는 단어이다. 한편, '낳다'는 '낳고, 낳지, 낳아서, 낳으니'와 같이 규칙 활용을 하는 단어로, 어간의 형태가 변화하지 않는다. 따라서 '낳다'는 활용될 때 일어나는 음운 탈락이 표기에 반영되지 않는 단어이다. 따라서 (가)에는 '탈락'이, (나)에는 불규칙 활용이면서 표기에 반영됨을 나타내는 기호 ⓒ가, (다)에는 규칙 활용이면서 표기에 반영되지 않음을 나타내는 기호 ⓑ가 들어가야 한다.

기출
#057
2017학년도 수능 언어

13 ③

13. 중세 국어와 현대 국어의 비교하기

정답 pick ❸

동사는 목적어를 필요로 하는 타동사와 목적어를 필요로 하지 않는 자동사로 구분된다. 우선 중세 국어의 '큰 ᄆᆞᅀᆞᄆᆞᆯ(ᄆᆞᅀᆞᆷ+ᄋᆞᆯ) 여러(열-+-어)'와'번게 구르믈(구름+을) 흐터(흩-+-어)', 현대 국어의 '큰 마음을 열어'와'번개가 구름을 흩어'에서 '열다'와 '흩다'의 목적어가 모두 드러나 있으므로 중세 국어와 현대 국어에서 두 동사는 모두 타동사로 쓰였음을 알 수 있다. 그리고 중세 국어의 '自然히 ᄆᆞᅀᆞ미(ᄆᆞᅀᆞᆷ+이) 여러(열-+-어)'와 '散心은 흐튼(흩-+-은) ᄆᆞᅀᆞ미라(ᄆᆞᅀᆞᆷ+이라)'에서 '열다'와 '흩다'는 목적어를 필요로 하지 않으므로 자동사임을 알 수 있다. 그러나 현대 국어의 경우 '열다'와 '흩다'는 ⓐ와 ⓑ의 첫 번째 문장에서처럼 목적어가 있을 때는 자연스럽게 쓰이지만, '자연히 마음이 열리어(열-+-리-+-어)'와 '산심은 흩어진(흩-+-어지-+-ㄴ) 마음이다.'에서처럼 목적어가 없을 경우에는 피동 표현이 결합돼 쓰이는 모습을 통해 자동사로는 쓰이지 않고 타동사로만 쓰임을 알 수 있다.

기출
#058
2022학년도 수능 6월 모평 매체

40 ③ 41 ④ 42 ③

40. 매체의 유형에 따른 특성 파악하기

정답 pick ❸

웹 페이지 화면 하단부에 '관련 기사(아래를 눌러 바로 가기)'를 제공하여 기사와 연관된 다른 기사를 열람할 수 있도록 하였다. 수용자는 제시된 기사 중에서 관심이 있는 기사를 선택하여 정보를 추가로 확인할 수 있다.

[오답을 피하고 싶었어]

① 기사의 아래에 '⇗SNS에 공유' 기능을 제공하여 기사를 누리 소통망[SNS]에 공유할 수 있도록 하였다. 하지만 이러한 공유 기능을 통해 기사 내용을 직접 수정할 수 있는 것은 아니다.
② 기사의 아래에 '👍좋아요 (213), 👎싫어요 (3)' 기능을 제공하여 기사에 대한 수용자들의 선호를 확인할 수 있도록 하였다. 하지만 이 기능은 수용자들의 선호를 반영할 뿐 이를 바탕으로 기사에 제시된 정보의 신뢰도를 검증할 수는 없다.
④ 기사에는 문자뿐만 아니라 사진과 그래프 등의 양식이 복합적으로 사용되었다. 사진, 그래프와 같은 시각 자료를 통해 기사 내용의 이해를 돕고 있지만, 청각을 결합한 부분은 찾아볼 수 없다.
⑤ 기사의 하단에 최초 작성 시간과 수정 시간이 나란히 제시되어 있지만, 이 정보는 다른 수용자들이 기사를 열람한 시간과는 관련이 없다.

41. 정보 전달과 설득 방식 이해하기

정답 pick ❹

[A]에는 '△△군 관광객 및 숙박 시설 수 추이'와 '여행 1회당 지출액'에 대한 시각 자료가 나란히 배치되어 있다. 왼쪽의 시각 자료는 △△군 관광객 수가 해마다 늘어나고 있는 것에 비해 숙박 시설 수는 증가하지 않았다는 사실을 보여 주고 있으며, 오른쪽의 시각 자료는 당일 관광보다 체류형 관광에서 여행비 지출이 많다는 사실을 보여 주고 있다. 이들 시각 자료를 통해 체류형 관광 지출액이 증가하고 있는 현상은 확인할 수 없다.

[오답을 피하고 싶었어]

① '인근에 숙박 시설이 거의 없어 체류형 관광객을 유인하는 데 한계가 있다는 평가를 받아 왔다.'라는 내용 뒤에 시각 자료를 배치하여 ○○초등학교를 숙박 시설로 조성하는 사업을 추진하게 된 배경을 부각하고 있다.
② 왼쪽에 배치된 시각 자료에서는 △△군 관광객 수가 늘어나고 있는 현상을 시각적으로 강조하기 위해 우상향하는 화살표 모양의 이미지를 활용하고 있다.
③ 오른쪽에 배치된 시각 자료에서는 여행 유형에 따른 지출액의 차이를 지폐 이미지를 활용한 그래프로 제시하여 체류형 관광의 경제적 효과를 부각하고 있다.
⑤ 사업에 우호적인 의견을 담고 있는 지역 경제 전문가 오□□ 박사의 말을 직접 인용하여 △△군이 추진하는 사업이 지역 경제에 끼칠 긍정적 영향을 부각하고 있다.

42. 매체 언어의 표현 방법 이해하기

정답 pick ❸

학생이 작성한 메모 중 '셋째 장면(#3)'에서는 '건물 내부와 외부에 조성될 공간의 구체적 모습을 방문객의 동선에 따라 순차적으로 제시'한다고 하였다. 하지만 '영상 제작 계획'의 셋째 장면(#3)에서는 메모의 내용과 달리 주요 시설을 건물 내부 공간과 외부 공간으로 나누어 한눈에 볼 수 있도록 항목화하여 제시하고 있으므로, 메모를 반영한 영상 제작 계획으로 적절하지 않다.

[오답을 피하고 싶었어]
① 기사의 제목 '○○초등학교, 특색 있는 숙박 시설로 다시 태어난다'를 활용하여 '○○초등학교, 폐교의 재탄생'이라는 제목을 넣어 도입 장면을 구성하는 계획은 적절하다.
② 시설 조성으로 달라질 전후 상황을 서로 대비가 되는 배경 음악과 이미지를 통해 전달하는 계획은 적절하다.
④ 숙박 시설을 중심에 배치하고 숙박 시설과 인근 관광 자원과의 거리를 표시하여, ○○초등학교가 지리적으로 지역 관광의 거점이 될 수 있다는 점을 전달하고 '지역 경제 활성화'라는 자막을 구성하여 기대 효과를 드러내는 계획은 적절하다.
⑤ 기사의 댓글 내용을 반영하여 가족 단위 관광객이 즐겁게 시설을 이용하는 모습을 연속적인 그림으로 제시하는 계획은 적절하다.

제 25 강 언매 연습 기출 Pick #059~063

#059 2023학년도 수능 언어(문법)

35 ② 36 ④

35. 단어의 구성 요소 파악하기

정답 pick❷
㉯와 ㉱를 형태소 단위까지 분석하면, 각각 '(집+안) + (싸우-+-ㅁ)'과 '(논+밭) + (갈-+-이)'로 분석되어 '(어근+어근) + (어근+접사)'의 내부 구조가 동일함을 확인할 수 있다. ㉮는 '새우 + (볶-+-음)'으로 분석되고, ㉰는 '[탈+(추-+-ㅁ)] + (놀-+-이)'로 분석되기 때문에 ㉯, ㉱와 내부 구조가 동일하지 않다.

36. 단어의 구성 요소 파악하기

정답 pick❹
'입꼬리'와 '도끼눈'에서 주변적 의미를 나타내는 어근은 각각 '꼬리'와 '도끼'로, 그 위치가 서로 다르다.

[오답을 피하고 싶었어]
① '칼잠'과 '구름바다'에서 중심적 의미를 나타내는 어근은 각각 '잠'과 '구름'으로, 그 위치가 다르다.
② '머리글'과 '물벼락'에서 중심적 의미를 나타내는 어근은 각각 '글'과 '물'로, 그 위치가 다르다.
③ '일벌레'와 '벼락공부'에서 주변적 의미를 나타내는 어근은 각각 '벌레'와 '벼락'으로, 그 위치가 다르다.
⑤ '꼬마전구'와 '꿀잠'에서 주변적 의미를 나타내는 어근은 각각 '꼬마'와 '꿀'로, 그 위치가 같다.

#060 2023학년도 수능 언어

37 ①

37. 한글의 창제 이해하기

정답 pick ❶
'붇, 짝, 흙' 외에 '스ᄀᆞᆯ'에서도 종성 글자 'ㄹ'을 확인할 수 있다.

[오답을 피하고 싶었어]
② ⓑ는 ㅂ 순경음의 표기에 대한 내용으로, '사ᄫᅵ, 스ᄀᆞᆯ'에서 'ᄫ'을 확인할 수 있다.
③ ⓒ는 초성과 종성 자리에 쓰이는 병서에 대한 내용으로, 'ᄢᅵ니, 짝, 흙'에서 각각 'ㅄ, ㄸ, ㄺ'을 확인할 수 있다.
④ ⓓ는 초성 글자 아래에 쓰이는 중성 글자에 대한 내용으로, '붇, 스ᄀᆞᆯ, 흙'에서 'ㅜ, ㅡ, ᆞ'를 확인할 수 있다.
⑤ ⓔ는 초성 글자 오른쪽에 쓰이는 중성 글자에 대한 내용으로, 'ᄢᅵ니, 사ᄫᅵ, 짝'에서 'ㅣ, ㅏ'를 확인할 수 있다.

#061 2023학년도 수능 언어

39 ①

39. 문장의 짜임새 파악하기

정답 pick ❶
㉠의 관형사절 '내 친구가 보낸'에는 '누군가에게 혹은 어디에' 정도의 필수적 부사어가 생략되어 있고, ㉡의 명사절 '테니스 배우기'에는 '내가' 정도의 주어가 생략되어 있다.

[오답을 피하고 싶었어]
② ㉠의 명사절은 '를'과 결합하여 목적어 기능을 한다.
③ ㉠의 명사절만 '받다'의 주체인 주어가 생략되어 있다. ㉢의 안긴문장은 관형사절 '우리 가족이 점심을 먹은'이며, 주어가 생략되지 않았다.
④ ㉢의 안긴문장은 전체 문장에서 관형어 기능을 하며, ㉣의 안긴문장 '신이 닳도록'은 전체 문장에서 부사어 기능을 한다. ㉢에서의 보어는 '우리 가족이 점심을 먹은 식당이'이다.
⑤ ㉢의 관형사절 '우리 가족이 점심을 먹은'에는 목적어가 생략되지 않았으며, ㉣의 관형사절 '아름다운'에는 주어가 생략되어 있다.

#062 2023학년도 수능 언어

38 ④

38. 표준어 규정의 주요 내용 이해하기

정답 pick ❹

ⓓ의 '안겨라'는 '안- + -기- + -어라'로 분석되는데, 이때의 '-기-'는 피·사동 접사이다. 즉, 용언 어간에 피·사동 접사가 결합한 경우이기 때문에 'ㄱ'이 된소리로 발음되지 않는 것이다.

[오답을 피하고 싶었어]

① ⓐ의 '푼다'는 용언 어간에 종결 어미 '-ㄴ다'가 결합한 경우로, 'ㄴ'과 'ㄷ'이 모두 어미에 속하는 소리이기 때문에 된소리되기가 일어나지 않는다.

② ⓑ의 '여름도'는 체언 '여름'과 조사 '도'가 결합한 경우이기 때문에 된소리되기가 일어나지 않는다.

③ ⓒ의 '잠가'는 '잠그- + -아'로 분석되는데, 'ㅁ'과 'ㄱ'이 모두 '잠그-'라는 하나의 형태소 안에 속하는 소리이기 때문에 된소리되기가 일어나지 않는다.

⑤ ⓔ의 '큰지'는 용언 어간에 어미 '-ㄴ지'가 결합한 경우로, 'ㄴ'과 'ㅈ'이 모두 어미에 속하는 소리이기 때문에 된소리되기가 일어나지 않는다.

기출 #063 2023학년도 수능 매체

40 ②   **41** ①   **42** ③   **43** ⑤

---

40. 매체 언어의 복합 양식성 이해하기

정답 pick ❷

(가)에서는 누리집의 특정 페이지에서 제공한 정보가 충분한지에 대한 만족도 표시 기능을 활용하여 정보의 충분성에 대한 누리집 이용자들의 만족도를 확인하고 있다. 따라서 지역에 대한 만족도 표시 기능을 활용하여 지역 정책에 대한 주민들의 반응을 확인하고 있다는 것은 적절하지 않다.

[오답을 피하고 싶었어]

① '댓글 등록' 기능을 활용하여 누리집 이용자가 제공된 정보에 대한 질문을 하고, 이에 대한 담당자의 답변을 확인할 수 있도록 하였다.

③ 누리집 하단에 '민원 서비스 메뉴'를 제공하여 주민들이 '증명서 발급'과 '주요 행정 서식'을 선택하여 관련 서비스를 이용할 수 있도록 편의를 도모하고 있다.

④ 누리집 상단에 '우리 곁에 살아 숨 쉬는 자연, ○○군'이라는 홍보 문구와 함께 ○○군의 아름다운 자연 풍경 그림을 제시하여 지역의 특성을 강조하고 있다.

⑤ 누리집 하단에 '○○군으로 놀러 오세요'에서 ○○군의 관광 명소인 '두루미 생태 공원'과 축제인 '국화 축제'의 동영상을 볼 수 있도록 하여 관광객을 유치하려 하고 있다.

---

41. 매체 언어의 표현 방법 파악하기

정답 pick ❶

㉠의 '우리 군에서 홍보 포스터를 모집합니다.'에 쓰인 '에서'는 단체를 나타내는 명사 뒤에 붙어 앞말이 주어임을 나타내는 격 조사이다. 여기에서는 '우리 군'이라는 단체 명사 뒤에 결합하였으며, 이를 통해 포스터 공모 주체가 '우리 군'이라는 단체임을 드러내고 있다.

[오답을 피하고 싶었어]

② ㉠의 '모집합니다'에 상대 높임의 종결 어미 '-ㅂ니다'가 쓰였으나, 이는 기부에 동참한 기부자를 높이는 것이 아니라 (가)를 접하는 일반 독자들을 높이는 것이다.

---

③ ㉡의 '제한함'에 명사형 어미 '-ㅁ'이 쓰였으나, 포스터에서 제외해야 할 내용 항목을 간결하게 드러내는 것이 아니라 공모의 대상이 ○○군 주민으로 한정됨을 간결하게 드러내는 것이다.

④ ㉢의 '기부금을 내면'에 연결 어미 '-면'이 쓰였으나, 제공 혜택 중 하나를 선택하는 조건을 제시하는 것은 아니다.

⑤ ㉢의 '제공됩니다'에 피동 접사 '-되다'가 쓰였으나, 오히려 피동 표현이 쓰임으로써 혜택 제공의 주체가 명시적으로 드러나지 않는다.

---

42. 매체 언어의 의미 전달 방식 파악하기

정답 pick ❸

'수영'의 발화 중 '직접 말로 설명하려면 회의가 길어지니까 첨부 파일 보내 줄게.'라는 내용과 이어지는 채팅창의 내용을 고려할 때, '수영'은 회의 시간을 절약하기 위해 회의 중에 참고할 수 있는 파일을 '종서'에게 전송했다는 진술은 적절하다.

[오답을 피하고 싶었어]

① (나)는 학생들이 온라인 화상 회의를 하는 장면으로, 회의 참가자들은 음성 언어를 통해 의사소통하고 있다.

② 회의 중간에 '해윤'은 화면 공유 기능을 활용하여 자신이 만든 그래픽 자료를 함께 보며 포스터의 구성 방식에 대한 참가자들의 의견을 구하고 있다. 따라서 참여자들의 의견을 반영하며 그래픽 자료의 오류를 수정하였다는 것은 적절하지 않다.

④ '설아'는 회의에 참석하지 못한 '나연'을 위하여 '회의를 녹화해서 나중에 보내 주려고 해.'라고 말하며 참석자들의 동의를 구한 후, 화면 녹화를 하였다. 따라서 '나연'에게 문자 메시지를 이용해 회의 내용을 실시간으로 전달하였다는 것은 적절하지 않다.

⑤ '설아'는 첫 번째 발화에서 '해윤'에게 소리가 너무 작다며 마이크 음량을 확인할 것을 요구하고 있다. 그리고 '해윤'은 '설아'의 요청에 따라 마이크 음량을 키웠다. 따라서 '설아'가 특정 참여자에게 발언권을 부여하기 위해 해당 참여자의 음량을 조절했다는 것은 적절하지 않다.

---

43. 매체 언어의 표현 방법 이해하기

정답 pick ❺

'수영'의 마지막 발화에서 정부가 제공하는 세액 공제 혜택의 제시 방법에 대해 '세액 공제는 두루미가 말을 전해 주듯 설명하면 되겠다.'라고 말하였다. 그런데 포스터에는 '수영'의 이러한 의견이 반영되지 않고, 두루미가 아닌 스피커 모양의 그림에 말풍선을 제시하여 관련 정보를 안내하고 있다.

[오답을 피하고 싶었어]

① '설아'는 '제도가 활성화되려면 ~ 기부자를 가운데에 두자.'라고 말하였다. 포스터에서는 이러한 '설아'의 의견을 반영하여 기부자를 중심에 배치하였다.

② '수영'은 '화살표를 곡선으로 해서 하트 모양으로 하'자는 의견을 제시하였다. 포스터에서는 이러한 '수영'의 의견을 반영하여 기부 행위에 담긴 긍정적인 마음을 연상시키는 하트 모양을 사용하였다.

③ '종서'는 '찾아보니 인삼이 우리 지역 답례품이네. 이걸 그려 넣자.'라고 말하였다. 포스터에서는 이러한 '종서'의 의견을 반영하여 기부자가 받을 수 있는 답례품인 인삼을 그려 넣었다.

④ '해윤'은 '우리 지역은 ~ 두루미 캐릭터로 나타내 보자.'라고 말하였다. 포스터에서는 이러한 '해윤'의 의견을 반영하여 ○○군을 두루미 캐릭터로 표현하였다.

25일의 성장 기록

공부한 날	공부한 내용	꼭 복습해야 할 문제, 선지	복습
월 일 월 일	01강 현대시 기출 Pick #001~#003	#	☐ ☐
월 일 월 일	02강 현대시 기출 Pick #004~#006	#	☐ ☐
월 일 월 일	03강 현대시 기출 Pick #007~#009	#	☐ ☐
월 일 월 일	04강 고전 시가 기출 Pick #010~#012	#	☐ ☐
월 일 월 일	05강 고전 시가 기출 Pick #013~#015	#	☐ ☐
월 일 월 일	06강 현대 산문 기출 Pick #016~#018	#	☐ ☐
월 일 월 일	07강 현대 산문 기출 Pick #019~#021	#	☐ ☐
월 일 월 일	08강 고전 산문 기출 Pick #022~#024	#	☐ ☐
월 일 월 일	09강 고전 산문 기출 Pick #025~#027	#	☐ ☐
월 일 월 일	10강 문학 연습 1 기출 Pick #028	#	☐ ☐
월 일 월 일	11강 문학 연습 2 기출 Pick #029	#	☐ ☐
월 일 월 일	12강 인문 기출 Pick #030~#031	#	☐ ☐

me
mo

윤혜정의
기출의 나비효과

네 꿈에 날개 달아 줄 만점 국어의 마무리.

지금부터 우리의 수능 날,
함정을 알아보고,
그 함정을 안전하게 지나쳐가게 해 줄
'기출의 나비효과'

스스로 생각하고,
나의 실수의 유형을 파악하고,
같은 패턴의 문제들을 찾아
연습함으로써 성장하는
그런 진짜 네 공부를 하기를.

이제까지 그 귀한 수능 기출문제들을
마냥 풀고 채점하고
점수 체크하기에 급급했다면
이제부터 제대로 된
기출문제 공부를 해 보자.

윤혜정의
기출의
나비효과

윤혜정 선생님과 함께 네 꿈에 날개를 달아 줄, 만점 국어의 시작과 끝

개념의 나비효과 입문편

국어 공부 시작의 방향을
잡아주는 국어 입문서

개념의 나비효과

개념부터 제대로 꼼꼼히
공부하는 수능 국어 개념

패턴의 나비효과

수능 국어의 패턴 연습으로
부족한 약점 보완

기출의 나비효과

변별력 높은 기출문제로
완성하는 수능 국어